福建武术人物志

福建省社会体育指导中心　福建省武术协会　审定

主　编　林建华

厦门大学出版社
XIAMEN UNIVERSITY PRESS
国家一级出版社
全国百佳图书出版单位

福建省社会体育指导中心　资助

编委会

主　编　林建华
副主编　黄惠玲　黄良杵
编　委　（以姓氏笔画为序）
卢义荣　苏君毅　李　帅　李　强　李仁松　邱靖娜
张晓峰　陈　升　陈仁忠　范庆星　林志生　胡　建
胡立虹　茹军强　黄诗堪　曾卫红　游清文

　　林建华，福建漳州人，厦门大学国术与健身研究中心主任、教授、教育部全国高等学校体育教学指导委员会委员、第四届中国武术协会委员、福建省武术协会副会长、福建省武术中心技术顾问、国际级武术裁判、中国武术八段。

　　1968年毕业于漳州一中，1969年作为知青下乡到长泰坂里山区插队劳动。1973年进入福建师范大学体育系专修武术。毕业后在福建林学院、福建师大体育系任教，1983年调至厦门大学体育部，1984年担任厦门大学体育部副主任、1996年至2008年担任体育部主任、校体委副主任。曾担任教育部直属综合大学体育协会理事长、福建省大学生体育协会秘书长等职。

　　1964年开始习练精武弹腿、少林洪拳等。大学期间师从郭鸣华、林景德、胡金焕教授专修武术。1979年在武术教育家温敬铭、刘玉华教授的指导下研习形意拳、八卦掌、翻子拳等拳技和理论。广拜名师，得到何福生、康绍远、王景春等前辈的传授和指导。40年来致力于大学体育教育、训练和理论研究工作，被评为"厦门大学教学名师"。多次应邀前往美国、日本、澳大利亚、菲律宾、印尼、越南、卡塔尔、印度等国家和地区讲学和执行武术裁判、交流任务。担任福建省及全国武术套路锦标赛、精英赛、冠军赛、世界传统武术节武术比赛、海峡两岸传统武术大赛、厦门国际武术大赛、澳门国际武术大赛等重大赛事总裁判长、副总裁判长。参与《武术套路竞赛规则》的修订工作。两次被国家体委授予"全国优秀体育裁判员"荣誉称号；被教育部、国家体育总局评为"全国学校体育卫生工作先进个人"；被授予"高等学校体育工作功勋奖"。

　　发表30多篇学术论文，出版的主要专著、教材有：《福建武术史》、《世界流行技击术》、《中国形意拳》（英文版）、《形意强身功》、《八闽武术》、《现代大学武术与健身教程》等。获得省部级优秀社科成果一等奖、二等奖、三等奖。近年来，着重研究闽台传统武术文化及传统养生理论与方法，先后创编了"形意强身功"、"形意养生功"、"白鹤长寿功"等适合于大众健身养生的功法，其中《形意强身功》于2005年被国家体育总局评为全国"全民健身优秀健身方法一等奖"，在国内外广为传播。

《福建武术人物志》编审委员会

名誉主任：

李　静（福建省体育局副局长、福建省体育总会副主席）

孙君梅（福建省体育总会副主席、福建省武术协会会长）

周焜民（泉州市人民政府原副市长、国际南少林五祖拳联谊总会第十届理事会主席）

刘立身（福建省财政厅原副厅长、福建省烹饪协会会长）

颜智伟（厦门市体育局巡视员、中国武术协会常委、福建省武术协会副会长）

主　　任：

林文贤（福建省社会体育指导中心主任、福建省体育总会常委、福建省武术协会常务副会长）

副 主 任：

叶晓天（福建省社会体育指导中心书记、福建省武术协会副会长）

代林彬（福建省武术运动管理中心主任、国家级武术教练、福建省武术协会副会长兼秘书长）

林建华（厦门大学国术与健身研究中心主任、教授、福建省武术协会副会长）

林荫生（厦门安防科技职业学院院长、教授、福建省武术协会副会长）

委　　员：

马永鑫（福建省社会体育指导中心副主任）

王海飞（福建省社会体育指导中心副主任）

伍少杰（泉州市武术协会主席）

庄昔聪（华侨大学体育学院教授、福建省武术协会副会长）

刘忠路（福建省武术协会顾问、福建省武术协会原主席）

李跃光（福建省社会体育指导中心科长、福建省武术协会副秘书长）

杨　凯（福建省社会体育指导中心副科长、福建省武术协会常委）

张晋生（福建省武术协会副秘书长）

陈　颖（华侨大学体育学院副教授）

陈君琬（福建省武术协会常委）

陈超文（龙岩市武术协会主席、福建省武术协会副秘书长）

苏作华（福建省武术协会常委）

郑　仁（福建省武术协会顾问、福建省武术院原院长）

郑旭旭（集美大学体育学院原院长、教授、福建省武术协会副会长）

林生禄（宁德市武术协会主席、福建省武术协会副秘书长）

胡成武（福州市武术协会副会长）

胡金焕（福建师范大学体育科学学院教授、福建省武术协会顾问）

柯永荣（南平市武术协会主席、福建省武术协会副秘书长）

洪日新（厦门市武术协会副会长、福建省武术协会常委）

洪光荣（莆田市南少林武术协会会长、福建省武术协会常委）

贾建欣（漳州市少体校校长、福建省武术协会副秘书长）

高楚兰（集美大学体育学院院长、教授、福建省武术协会副会长）

郭琼珠（厦门大学体育教学部总支书记、教授、福建省武术协会常委）

曾乃梁（中国武术协会专家委员会委员、国家级武术教练、武术九
　　　段、福建省武术协会顾问）

蔡金星（国际南少林五祖拳联谊总会名誉副主席、福建省武术协
　　　会副会长）

魏齐祺（福建省武术协会顾问、福建省武术院原副院长）

《福建武术人物志》编撰说明

  《福建武术人物志》是福建省武术史志的一项基础工程,是一部大型武术人物工具书。它荟萃了福建省从古至今著名的武术人物,包括历代武状元、武进士、武举人,各武术流派和各拳种的创始人、代表人物、主要传承人,各界武艺超群者,长期从事武术专业或业余武术教练、学校武术教师、武术管理干部、民间拳师、运动员、裁判员、武术理论工作者等,全面反映福建省武术人物的历史与现状,为广大读者提供一部珍贵的史料;同时为弘扬尚武精神,真实记录和宣扬福建省武术事业的成就及其为之做出贡献的人们。

  《福建武术人物志》的编撰工作是一件十分认真、严肃而繁重的任务,必须以高度负责任的态度,坚持用历史唯物主义和辩证唯物主义观点,坚持实事求是的原则,力求做到科学性、真实性和知识性的完整统一。

一、人物志收集范围

  《福建武术人物志》收集的范围为福建省历代与武术有关的人物,以现、当代人物为主,并尽可能地收集古代和近代对福建武术有贡献和影响的人物。具体为:

  1. 各武术拳种、流派的创始人、主要代表人物、主要传承人;

  2. 在地方以武艺著称的人物。如历代的武状元、武进士、武举人、武将、名镖师,以及各界武艺超群者;

  3. 曾担任过全国、省、市体育局、武术协会、武术院、武术运动管理中心的武术管理干部;县级以上武术协会正、副会长,正、副秘书长;正式注册的武馆、武校的正、副馆(校)长;

  4. 获得副高级职称以上的武术教师、教练、理论研究工作者、作家、记者以及培养出著名运动员或在武术理论、技术研究和发展上做出贡献者;

  5. 获得国家一级武术运动员以上证书、一级武术裁判员、武术六段资格者;国家体委、国家体育总局武术运动管理中心主办的全国武术锦标赛前六名、社会武术比赛一、二等奖获得者;福建省武术比赛全能前三名、单项第一名、省武术观摩赛一等奖或优秀奖获得者;

  6. 获得省、市级以上武术工作先进集体主要组织者及先进个人;

7. 以上包括在国外、省外工作的福建籍人士和在福建工作和生活的武术知名外籍人士。

二、编辑事项

1. 编辑内容包括:姓名、性别、民族、出生年月、籍贯、职称、习武经历、竞赛名次、重要武术活动、贡献、代表成果、现在工作、任职等;

2. 编辑内容力求准确、表达简练、用词客观,一般不用修饰语;对有争议的问题,只取通行的一说,确实不清的可存疑待考;

3. 人物生卒年可考者,均须注明,不详者则用(?)表示,只知其大约者加"约"字,或注明"世纪"、"朝代";

4. 籍贯一般只写到省(区、市)、市(县)两级;民族只注明少数民族。

5. 各地参与编写人数 30 人以上者列为本书编委,如本人已是编审委员,则不再列入编委。

三、编排原则

1. 以汉语拼音为准,按其固有特征,索引编排;

2. 人物生卒,尽可能收录至年、月;

3. 姓氏相同者,以出生年先后为序;同年者,以出生月先后为序;

4. 各市、区、县武术协会、福建华武功夫中心、福建华夏武术发展中心按照本人物志收集范围及要求,遴选入选名单及撰写内容,经初审后送编辑委员会,由编辑委员会统一编撰整理,再由编审委员会进行审议、增减、补充等。

全书共收录词条 3490 条,80 余万字。

限于条件与时间,在海外的福建武术人物大部分还暂未收入。

序　一

孙君梅*

新年伊始，厦门大学林建华教授的新作《福建武术人物志》即将出版，这是福建武术界又一喜事。2013年，他的专著《福建武术史》问世，反响很好。时隔2年，又出新作，令人高兴。这都将填补了福建武术史料之空白，使福建武术史料研究日趋深入、完善。这也向圆弘扬中华优秀文化之梦，迈进了可喜的一步，实感欣喜万分。

文化是民族的血脉、精神的家园，也是社会经济发展的支撑。武术是中华民族的文化瑰宝之一。它博大精深、历史悠久、广为流传，已成为一种文化软实力，成为中华民族文化的重要组成部分。自古以来，根植于民间沃土之中的传统武术，在其漫长的发展历程中，层出不穷地涌现了万千的武术人物，他们犹如镶嵌在武术历史长河之上，星星点点，熠熠生辉，并谱写了福建瑰丽的武术历史篇章，推动了中华武术文化的传承发展。

福建省武术协会换届以来，即存挖掘、整理、组织编写出版福建武术系列丛书之志。《福建武术人物志》汇集了众多福建武术英豪，忠实客观地记录了他们的武术成就和贡献，展示了他们的风采和高尚的精神境界，令人钦佩。

认识林建华教授还是在20世纪的七十年代初期。那时，他风华正茂，刚刚跨进高等院校的殿堂专修武术。每日清晨，浓雾未尽，曙光初照，准能在操场上看到他一丝不苟地压腿、拉韧带，勤学苦练基本功的身影。业成从教后，他长期以来孜孜不倦，锲而不舍，潜心钻研武术。"周身积得英华在，斗艳争芳总有时。"信念、勤奋和才智，使他遨游在武术教学、训练、竞赛以及科研等诸多领域的知识之海洋，成就了累累的硕果。

《福建武术人物志》正是通过80多万字浩瀚的篇幅，以历史辩证主义观点，坚持实事求是的原则、认真严谨的态度，力求做到科学性、系统性、准确性、真实性和知识性的完整统一。该书所录的人物自古至今，以近、现代为主，并尽可能延伸到古代。其中涵盖了历代福建省各武术拳种、流派的创始人、主要代表人物、主要传人，在地方以武艺著称的人物，如历代的武状元、武进士、武举人、武将、名镖师、民间武师、优秀武术运动员、裁判员、教练员以及武术管理干部等，共3490名之多，并对每个人物的基本情况尽可能地作了客观的介绍。此外，为便于查阅索引，采用汉语拼音其固有的特征进行编排，亦为独到之处。该书收集的人物时间跨度之大，内容涉及面之广，素材之丰富充实，堪称福建武术史料之佳作，倾注了作者对武术的满腔热情，以及辛勤耕耘智慧心血之结晶。该书的出版，将使读者透过林林总总的福建武术人物弥足珍贵的史料，纵览八闽武术发展之脉络，为福建武术的深层次持续发展推波助澜。

受林建华教授之托，借先睹此书，有感而发不足为序。"风劲正扬帆，追梦谱新篇"，以此表达心中喜悦之情并寄予厚望。

2015 年 1 月 20 日

---

* 孙君梅，福建省体育总会副主席、福建省武术协会会长、福建省体委原副主任。

序　二

潘世墨*

在我国,武术活动有极其广泛的群众基础。作为国粹,武术与中医、京剧、国画齐名,是中华民族独特的文化现象。"习武育人,武以观德"是中华民族宝贵的文化遗产,它包含了极其丰富的内涵。中国传统文化不仅体现于武术的健身、防身之功能,尤其浸淫于武术的修身、养性之价值。在不同的历史时期,武德的标准和规范不尽相同,但是,无不包含着强身健体、陶冶情操、锻炼意志、讲礼守信、见义勇为……在中华民族几千年绵延的历史长河中,武术光芒灿烂,世代相传。

党的十八大提出建设社会主义核心价值观,倡导富强、民主、文明、和谐,倡导自由、平等、公正、法治,倡导爱国、敬业、诚信、友善。中国武术的"崇尚武德",具有广泛的价值共识和价值追求,体现了社会主义核心价值观。在新的历史条件下,要求我们进一步加强社会主义核心价值体系建设,巩固全党全国各族人民团结奋斗的共同思想基础,凝聚起实现中华民族伟大复兴的中国力量。盛世修史,林建华教授的《福建武术人物志》,以及他的另一部专著《福建武术史》(2013年出版),为我们实现中华民族伟大复兴的中国梦提供了强大的正能量。

《福建武术人物志》收录了福建古今武术人物、武艺超群者3490人,涵盖福建历代,特别是近现代的武术人物。全书处处可以感受到八闽武林豪杰的爱国爱乡、爱拼会赢的英雄气概。福建武术源远流长,其门派繁多,内容丰富,风格独特,技法全面,功法完整,形成了系统科学的理论和技术体系。《福建武术人物志》的出版,将填补中华武术文史编纂(福建部分)的空白,为人们研究福建地方武术发展脉络和福建武术人物风采提供全面、翔实的史料;更为广大群众,尤其是青少年习武健身、励志上进,传承文明、积极培育和践行社会主义核心价值观,提供明晰、可行的指导。

这部80多万字的浩瀚鸿篇,是作者从事武术教学生涯的写照,也是作者多年研究武术、弘扬中华民族传统文化的结晶。林建华教授是厦门大学的教学名师,曾任学校体育教学部主任。林教授不仅体育教学经验丰富,武艺精湛,而且文武双全,论著颇丰,多次荣获省、部级优秀科学成果奖。他创编了《形意强身功》、《形意养生功》、《白鹤长寿功》等健身功法,以及《中国形意拳》(英文版)、《八闽武术》、《民族传统体育系列课程》、《普通高等学校武术教程》、《现代大学武术与健身教程》等专著和教材,其中《形意强身功》被评为全国"全民健身优秀方法"一等奖,并在 2006 年第二届世界传统武术节比赛获大会一等奖。林教授还走出国门,弘扬中华传统文化。他多次到日本、美国讲学,传授中国功夫,受到热烈欢迎。此外,还到澳大利亚、印度、越南、菲律宾、加拿大、印度尼西亚等国讲学、交流。

  林建华教授希望我给《福建武术人物志》写序,我很是为难。在体育方面,我是个门外汉,要为武术专门著述写序,于理难当;我与建华教授在为学校的公共体育教育教学改革,尤其在"体教结合"、建设高水平运动队上,齐心协力,颇有收获,况且我们有二十多年的情谊,于情难却。

  为此,写一点感想,权作为序。

2015 年 3 月 2 日

---

* 潘世墨,教授、博士生导师、厦门大学原常务副校长、福建省人民政府顾问、厦门大学老教授协会会长、厦门大学校友总会副理事长。

前　言

福建是祖国东南的重要门户和古海上丝绸之路的起点。长达 3752 公里的大陆海岸线宛如巨龙、绵延不绝。这里背山面海,群峦叠翠、江河纵横、风景秀丽。早在二十几万年前的旧石器时代,古人类就在这里居住。先民们在这块美丽富饶的土地上生息繁衍,并创造了可与中原文化相媲美的悠久历史和灿烂的文化。这里民风朴实、崇文尚武、舍身重义、敢拼爱赢。独特的地理环境造就了福建人沉稳厚重而又宽阔博大、坚韧包容的性格和情怀。

福建武术源远流长。早在秦末爆发的陈胜吴广农民起义、项羽刘邦逐鹿中原时,闽越族首领无诸就率领着尚武强悍的部族挥师北上,闯关涉险,进入中原,进行了长达八年之久的反秦助汉战争,立下功勋,继而建立了强盛的闽越王国。两晋南北朝时期,战争不断,中原人民饱受战乱之苦,大批士族百姓和起义军相继向福建迁徙,形成历史上著名的"衣冠南渡"。唐初,陈阵、陈元光父子率兵入闽,与闽南土族进行了长达十数年的艰苦征战,最终平定啸乱建设漳州;唐乾符年间,黄巢率十万起义军入闽,由北到南,与唐朝军队和地方武装一路殊死鏖战,沿途又吸收了数万穷苦民众加入了义军队伍,继续向南奔杀;之后河南王绪、王潮、王审知又率军入闽,在多年的征战中终于平定了福建,又一次实现了汉闽交融;五代时期的福建群雄割据,内讧外斗,刀光剑影,战火连绵。从宋代金兵的铁骑踏入中原,受到了邵武名相李纲奋力抵抗,文天祥、张世杰、陆秀夫等南宋将领福建护驾抗击金兵,到闽南畲民陈大举、李志甫的抗元大起义和闽西北钟明亮、黄华抗元斗争的英勇壮烈;从明代俞大猷、戚继光在福建抗倭与倭寇的激烈厮杀,从而改革兵器、创造了狼筅、鸳鸯阵和兵车等破敌利器,到俞大猷传艺少林寺,振兴少林棍法,郑成功占据金厦弹丸之地抗击天下清兵,再到天地会、小刀会、红线会一次次武装起义……千百年的战争史、社会发展史,就是一部生动的武术发展史,展示了福建武术激昂跌宕的发展历程。一代代八闽豪杰用鲜血和生命谱写着一部部可歌可泣的壮烈篇章,为我们留下了传奇不朽的故事和一串串闪亮耀眼的名字。在为实现中华民族伟大复兴的强国梦而努力奋斗的今天,作为武术工作者,将这些不朽的名字连同他们的英勇事迹记录和保存下来,这是我们的历史责任和义务。

福建武术门派繁多、内容丰富、风格独特、技法全面,形成了系统科学的理论和技术体系,是我国南方一座无可复加的历史文化宝库。据统计,在福建大地上流行广、影响大、历史悠久、体系完整的传统拳种有:五祖拳、达尊拳、太祖拳、罗汉拳、永春白鹤拳、福州鹤拳、连城拳、地术犬法、龙尊、虎尊、梅花拳、金狮拳、花拳、猴拳、五兽拳、文拳、邱鹤拳、五枚拳、相公拳、何阳拳、洪拳、开元拳、畲族拳、女人拳、二郎拳、安海拳、俞家拳、香店拳、南佛拳、四平大镇拳、鸡拳、牛拳、鲟法、鱼法、儒法、鸟迹拳等近四十个拳种,近千个套路。这些南派拳种古朴刚阳,普遍高马硬技、步稳势烈、以气摧力、发声助势、短打实用,保持着极其鲜明的南派武功特色,是我国武术文化遗产中的灿烂瑰宝。而由北方传入福建超过五十年之久的拳种六合拳、罗汉拳、自然门、通背劈挂拳、太极拳、形意拳、八卦掌、翻子拳等优秀拳种,在福建也早已广泛传播,深深扎根于八闽大地上。

福建人杰地灵,历史上政治家、思想家、军事家、武术家璨若星河。在中国历史上,由福建人出任的宰相就达数十人次之多。仅在两宋三百多年间,福建学子考取进士者达 7600 余人,其中武进士 700 余人,武状元 21 人,仅福州地区就出了 12 名武状元。明代,漳州出了 52 名武进士,晋江县自明嘉靖乙未(公元 1535 年)至崇祯庚辰(公元 1640 年)就出了 45 名武进士。清代福建考取武进士共有 294 人,并有 5 人状元及第。从武进士的地区分布来看,福建的各个县府基本上都出武进士。每次科考,福建武进士少则一人,多则十几人同时中榜,有时一个县连中数人,甚至兄弟同科,叔侄同榜。至于历代的武举人更不胜枚举。

福建武术人物众多,影响深广,出类拔萃。早在春秋时期,欧冶子就在福建松溪冶炼出一批绝世宝剑,由越王勾践所佩戴之剑被称之为天下第一宝剑,开创了中国冷兵器之先河。我国第一部官修的军事巨著《武经总要》,为北宋仁宗时宰相、福建晋江人曾公亮所撰,该书汇集了宋以前的军事思想和军事技术,成为后世武学的必修课程。福建莆田人薛奕,于宋熙宁九年(1076 年)状元及第,是福建科举史上第一位可考的武状元,他文才武略,备受神宗皇帝的赞赏。史称"出将入相,南渡第一名臣"的宋代抗金名相李纲是福建邵武人,在元军铁骑踏入中原之际,他亲铸铁铜抗击金兵,铮铮铁骨万世传颂。而独得天地之造化者,武当派祖师张三丰就出生在福建邵武和平镇坎下村,他所创造的武当道家文化及武学,成为民族的珍贵瑰宝,为世人所敬仰。明代永春刘邦协、同安李良钦的棍法无敌于天下,令著名军事家何良臣不由地赞叹"刘邦协、李良钦、林琰之流,各有神授,世称无敌"。抗倭名将俞大猷在继承刘、李棍法及精研各派之后,成为一代棍术大家。他撰写的《剑经》被戚继光誉为"千古之秘,非欺人也",何良臣研究了明代棍法之后,终究认为"棍法之妙,亦尽于大猷"。俞大猷还将此棍法传授少林寺僧,从而振兴了少林棍法。明代的另一位抗倭名将戚继光两次入闽,与俞大猷并肩作战,抗击倭寇,在福建留下了许多传奇故事。明末清初民族英雄郑成功和他的精兵强将,骁勇善战,武艺高强。清末及民国时期,福建的武术人物更是名扬四海。福州身怀绝技的周子和、谢宗祥传下的虎拳和鹤拳,历经数代,高手辈出,并传至日本,演变成为日本上地流空手道和刚柔流空手道,并传播到世界各国。这两支世界闻名的空手道流派相继到福建寻根拜祖。1928 年，永春县组织了武术团赴南京参加国考获奖后，1929 年再应爱国华侨领袖陈嘉庚的邀请，组织了以潘世讽为团长，潘嗣清、潘孝德、林宝山、潘嗣回、潘瑞荡等 20 位白鹤拳家的中央国术馆闽南国术南游团到马来西亚各地巡回宣传表演，精湛的武艺在南洋各界引起轰动。泉州蔡玉明及他的五祖拳十大弟子，武艺精湛，绝技在身，将五祖拳在闽南地区发扬光大，继而传播到海内外，名震东南亚……福建杰出的武术人物，仿佛一颗颗熠熠生辉的群星，在浩瀚的苍穹之上发出耀眼的光芒。

新中国成立后，福建的武术事业取得了巨大的发展。特别是改革开放以来，福建竞技武术取得了辉煌的成绩，尤其在南拳和太极拳项目上，一直在全国保持强项和优势。福建武术队在国内和国际重大武术比赛中取得了数百枚金牌，并由此产生了数十名武术健将和国际级武术健将。同时，福建省已有 3 名国家级武术教练和 15 名高级武术教练，显示了武术教练队伍的雄厚实力。

民间传统武术经历了外来体育文化的冲击之后，又迅速发展起来。各地武馆武校恢复了往日的训练，积极参与各种武术活动。在福建省举办的海峡论坛·海峡两岸传统武术大赛、南少林华夏武术大赛、厦门国际武术大赛、国际南少林传统武术大赛、福建省传统武术精英赛、闽南文化节传统武术比赛、郑成功杯传统武术比赛、邵武三丰故里传统武术比赛等赛事，每年都吸引着数以万计的社会武术爱好者踊跃参加，传统武术强大的生命力可见一斑。

福建学校武术快速发展，对武术的传播和推广起到了至关重要的作用。早期仅福建师范大学和福建体育学院两所高校培养武术师资和武术专门人才，现在全省至少有十所大学都设置了武术专业本科和硕士培养方向，武术作为一个学科进入高等学府，极大地促进了武术学科建设和武术人才培养。现在，福建省高校武术教授就有 18 名，具有武术副教授职称逾 50 名，这在全国各省高校中是少有的。

在福建省武术协会、福建省武术院、福建省社会体育指导中心及省内外朋友的大力支持帮助下，花费了近十年时间的《福建武术史》终于 2013 年付梓。应该说，这是福建武术史研究的新成果，也是福建武术界的一件可喜的事。福建武术人物与福建武术史密切相关。研究福建武术史不能不涉及福建的武术人物，收集福建武术人物也绕不开在福建发生的武术历史和事件。因而，十年前在收集福建武术史资料的同时，也开始陆陆续续将历代的武术人物逐一收集。

然而，要收集自古至今的福建武术人物是一个巨大的工程。武术人物包括古代人物、近代人物和现代人物。古、近代人物不仅包括军队中的武官、武将，农民起义军首领；还包括地方上以武艺著称的人物，如历代的武状元、武进士、武举人、名镖师、各武术拳种流派的创始人或主要代表人物和主要传人，以及各界武艺超群者。现代武术人种包括武术教练、教师、裁判员、运动员、民间武师以及各级体育部门、武术协会的武术管理干部等。不仅时空跨越巨大、界别范围广、资料星落零散，而且历史上正反面人物、人物变化、功过是非评价、入选人物的甄别与确定等都非易事。例如，福建历史上出现过无数次的农民起义，对于这些与官府对抗的农民起义军及其首领，历代的统治者都视为洪水猛兽，称之为盗寇、盗贼或贼首、巨寇，因而采取了各种手段进行镇压。大部分史书站在统治阶级的立场上，也是这么称呼、记载的。而现当代教材资料中，历代的农民起义军包括他们的首领几乎都成了推动历史前进的重要力量和英雄人物。本书在收集人物时遇到了大量这样的问题。如以统治阶级为正统，摒弃起义军中的"贼首"、"盗寇"中的武艺高强者，显然不妥。若是只收录历代起义军中的武艺高强者而不收录各朝代军队中的武官、武将，更是于理不通。本着忠于历史、客观求实的态度，我们对这部分古代人物的武术经历，采取了保留原资料的记载形式，相信读者自会甄别。

福建省社会体育指导中心、福建省武术协会领导多次召开会议，组织省内专家进行讨论研究，提出总体原则和框架，并由福建省体育局发出"关于协助收集《福建武术人物志》有关材料的通知"至各设区市体育局，请各地体育局、武术协会给予协作支持。

由各设区市武术协会、福建华武功夫中心、福建华夏武术发展中心等团体根据人物志收录条件和要求，遴选入选名单及撰写内容，选送后经过审查、整理、核实、加工。经初审后再加工，反复多遍。个别区市没有选送材料的，则由编委会自行联系收集。

近年来，由于社会武术活动空前高涨，各类社会武术竞赛一场接一场。社会武术竞赛活动为广大武术练习者、爱好者提供一个交流、学习和展示自我的平台，深受欢迎。但是，有的赛事为了吸引参赛者，降低了竞赛要求，从而反映不出参赛者的实际水平。为了保证《福建武术人物志》收录人物的客观、公正，我们在收录词条时，主要以省体育局或国家武管中心主办的正式武术比赛成绩为准，地方举办的社会武术比赛成绩仅作为参考，不作为收录的依据。

厦门大学国术与健身研究中心担任《福建武术人物志》的编撰工作。根据福建省武术协会、省社会体育指导中心及《福建武术人物志》编审委员会的意见，编委会坚持历史唯物主义和辩证唯物主义的态度，坚持实事求是的原则，对自古以来的福建武术人物进行广泛收集、反复核实、认真筛选、详细分类、总结归纳。一次次补充、修改，一遍遍校对、完善。力求做到客观性、真实性和知识性的统一。对人物的撰写力求内容准确、用词客观、一般不用修饰词。全书共收录福建武术人物 3490 人。绝大多数在港澳台和在海外的福建武术人物暂时还未收录，在此深表歉意。本书在编写过程中，部分人物参考了人民体育出版社 1993 年出版的

《中国武术人名辞典》、福州市武术协会编辑的《福州武术》以及漳州市武术协会贾建欣主编的《漳州武术人物志》等资料，特此说明并深表谢意。

限于人力、物力、时间和水平，本书尚存不少问题，遗漏、偏差甚至错误一定在所难免，期望武术界的同仁、专家、朋友们给予及时纠正，以期更好地修正与完善。

编　者

2015 年 3 月 20 日

▍目　录

A

ai

cao

H

han

he

heng

hong

M

ma

mai

mao

mei

miao

min

ming

mo

mu

N

ni

nian

nie

O

ou

zhu

A

ai

艾　晋　晋江市人。

清乾隆二年(1737年)丁巳科武进士。会试中式,未殿试卒。

ao

敖　清嘉庆年间,选委烽火门把总,部兵浙江海上屡获退倭,功升总督广东备倭署指挥佥事。

B

bai

白　戒　明末崇祯年间人，福宁府教练寺传授的白鹤拳第二代重要传人。明末清初到台湾，1683年随福建水师提督施琅将军回到永春，传授"寸劲节力"功法，进一步完善了白鹤拳的技术内容，使白鹤拳弹抖寸劲的特点表现得更为突出，技艺更臻完善，达到更高的境界，是白鹤拳发展的一个重要转折点。从学者多，培养出林添、郑宠、郑畔、辜初、辜荣等著名的"后五虎"传人，被后世尊称为"后永春名师"。

白梦麟　字汉趾。清康熙二年（1663年）武举人，京师西直门事，武备将军。

白振武（1911.7—2003）　男，河北省河间市人。6岁习武，主修少林长拳，擅长形意、八卦等武艺。抗战时期曾参加当地的武工队手枪班，新中国成立后在河间市南马滩村从事民间武术教学工作，任河北省武术协会常务理事。1976年3月，应松溪县体委邀请，到松溪县少体校任职武术教练，悉心培养少儿武术运动员。多次参加福建省武术活动，1979年代表建阳地区参加在仙游县举办的福建省武术观摩赛，以一套八卦掌荣获特别奖。1980年因年事已高，辞去松溪少体校教练一职，回老家养老。享年92岁。

白　桦（1954—　）　男，厦门市人。自幼在北京随刘洪杰老师（祖籍宁波）学习少林五祖拳、金刚拳、二郎拳、吴式太极拳、形意拳、八卦掌及刀剑等。中学时移居厦门，又跟随林独英老师学习十二路弹腿、六合长、短拳、少林五行拳、醉拳、罗汉拳、武松脱铐拳、杨式太极拳及器械等。另蒙福州万籁声老先生传授李景霖剑法，洪正福先生解释自然门之秘，还经上海褚桂亭老先生指导过形意拳，亦得陈应龙老先生特别指导中医与针灸等。1974年移居香港至今，业余授徒传艺，培养了不少学生，其中包括被称为美国大力士的 Mr. B. K. Frantzis。数年后，经刘洪杰和林独英两位老师同意，又介绍他跟随两位老师继续深造。

bao

包　龙（约1538—1563）　又名鲍荣，龙岩市人。农民起义军首领。包龙为人豪爽侠义，武艺超群。嘉靖四十年（1561年），包龙与其弟包凤揭竿而起，乡里青年闻风响应。经一番筹划后，决定举旗南进连城，经连城转战汀、漳、闽西、赣南，与广东饶平、大埔等地的农民起义军张琏、林朝曦、罗袍、萧晚、赖赐、白兔等相互呼应。其声势震动明廷，诏命福建抚台游震、广东抚台张皋等派兵镇压。但包龙、包凤等战术机动灵活，且得各地农民支援,官兵难以取胜。后朝廷又下令闽、粤、赣三省集中兵力联合进"剿",义军被分割而势孤。至嘉靖四十一年(1562年)六月,形势急转直下,包龙被迫隐姓埋名潜回四堡,更姓鲍,改名鲍荣。后于嘉靖四十二年(1563年)被害。

包　凤(约1540—1563)　又名鲍美,龙岩市人,与包龙为同胞兄弟。农民起义首领。包凤平和大度,能言善辩,平时练拳习武,刀、枪、剑、戟、长矛、梭镖、弓箭等无不娴熟,乡里青年多聚集其左右。嘉靖四十年(1561年),与兄包龙毅然揭竿而起,率众进攻连城,转战汀、漳、闽西、赣南,与广东饶平、大埔等地的农民起义军张琏、林朝曦、罗袍、萧晚等相互呼应。其声势震动明廷,朝廷派兵镇压,但难以取胜。后朝廷又令闽、粤、赣三省集中兵力联合进"剿",义军被分割而势孤。至嘉靖四十一年(1562年)六月,形势急转直下,包凤与其兄包龙被迫隐姓埋名潜回四堡,更姓鲍,改名鲍美。后于嘉靖四十二年(1563年)被害。

保　昌　清道光十九年至二十二年(1839—1842年)福建将军。

鲍冠芳(1909—1979)　男,河北雄县人。原中央国术馆第一届毕业生。8岁开始向舅父学习鹰爪翻子等北派拳术,练就扎实的武术功底。19岁到南京参加全国擂台赛,获得名次。1928年考入南京中央国术馆,在王子平、孙禄堂、姜容樵等先生的指导下苦练弹腿、查拳、大洪拳、八极拳、形意拳、太极拳、劈刺等各种武技,成绩突出。1932年毕业后,任通讯兵团国术教官,曾兼任国民党总统府警卫团国术教官。抗战结束后在上海警察学校、财经学校任国术教员。1949年后定居漳州芗城,曾在龙溪国术馆任教,传徒授艺,将中央国术馆的武艺精华传播至漳州。1970年返原籍河北雄县,1979年去世。主要传人有:柯水木、何木水、邹督林、翁朝熏、黄渊、王宝德等。

bi

璧　昌　清道光二十二年至二十四年(1842—1844年)福建将军。

C

cai

蔡　能　晋江市人。宋绍兴五年（1135 年）武举人。成化年间任邵武府左千户所正千户。

蔡必胜（1139—1203）　字直之，莆田市人，后徙居温州府平阳县万全乡。南宋武状元。自幼习文练武，不仅学问渊博，人品、武艺均十分出众。宋乾道二年（1166 年）丙戌科武举第一名。中武状元后，被朝廷授予江东将军。由于为官清廉有为，不久相继被任命为邵州、光州知州和带御器械阁门舍人等职，倍受皇帝的信任。

蔡君泽（南宋时期）　漳州长泰县人。北宋宰相蔡确四世孙。祖上精通武功，后流寓长泰。其秉承家学，苦练武功，后开设武馆以授徒为生。因率众保卫县城，击退贼寇，曾被朝廷授予"武德将军"。

蔡期远（南宋时期）　龙溪石码镇人。从小师从"龙门山"和尚习武练拳。长大从军，官至将军。后反叛朝廷，参加义军。南宋绍定年间（1228—1233 年），兵败随兄蔡港和从石码下田头入漳浦县清宁里霞苑深田（今平和县小溪镇坑里村下坂）隐居，化名柯坚，在当地以行医教拳为业，为坑里村蔡姓开基祖。

蔡　淳（元朝时期）　漳州长泰县人。自幼习练家传武学。元至正五年（1345 年），由漳州路总管高杰推荐，随军剿贼，立大功被起用，任长泰县尹。

蔡春芳　福州市人。明嘉靖武进士，官都督。

蔡君命　南安市人。宋隆庆元年（1567 年）武举人，广州万州镇守。

蔡春及　龙溪县（今龙海市）人。明万历二年（1574 年）武进士，任潮州参将。

蔡仕达　龙溪县（今龙海市）人。明万历十四年（1586 年）武进士，任中都副留守。

蔡仕雅　晋江市人。明万历十七年（1589 年）武进士。镇抚，署千户。

蔡光宗　晋江市（今属鲤城）人。明万历三十五年（1607 年）武进士，卫军生。

蔡邦翰　漳州龙海市人。明天启二年（1622 年）武进士，任江南池河守备。

蔡全斌　晋江市（今属鲤城）人。明崇祯四年（1631 年）武进士。

蔡　敬　漳州市人。明崇祯十年（1637 年）武进士。

蔡文龟　漳州平和县人。明崇祯十七年（1644 年）武进士，任守备。

蔡　炳　平潭人。清康熙年间（1662—1722 年）入伍，为海坛镇署后勇。换班戍台湾，擢台中把总。以功绩显著升任江南琼州提督。告老陛见，御赐帑金建第。

蔡东渠（明朝时期）　漳州平和县人。行伍出身，当过把总。解甲返乡后经商。嘉靖年间，倭寇入侵平和山格、小溪等地。蔡东渠以坑里武馆为主体，组织百余人参与抗击倭寇。受到知县奖赏，并授予"抗倭先锋"牌匾。

蔡茂相　南平市人。清康熙六年（1667 年）武进士。峡西巩昌府岷州卫守备，怀远将军。

蔡国镇　永春县人。清康熙二十年（1681 年）辛酉科武举人，任澎湖千总。

蔡鹰扬　上杭县人。清康熙五十七年（1718 年）武进士。任严州营守备。

蔡盛策　闽县（今福州市）人。清乾隆十二年（1747 年）武举人。

蔡　禄（？—1674）　字全伍，又名蔡万七，又称"卖鱼七仔"，漳州市人。喜学拳棒，曾为郑成功部将。清顺治十八年（1661 年）投归清朝。后官至河北总兵，授左都督，加太子少保，赐爵阿思民哈番（男爵）。

蔡乌强（约清康熙至乾隆年间）　漳州云霄县人。生性好武，曾在诏安一带开设武馆，授徒传艺。后回云霄参加天地会组织，后被清兵捕杀。

蔡　牵（1761—1809）　同安西浦乡人，清代厦门义军首领。幼丧父母，家境贫寒。乾隆五十九年（1794 年）因饥荒率领渔民、船工在厦、漳、泉一带海面起事，并成为首领。他的船帮驰骋于闽、浙两广海面，劫船越货，封锁航道，收"出洋税"，并屡与清军交战，成为清朝在浙、粤、闽三省的大患。在他势力壮大之际，号镇海威武王。嘉庆七年（1802 年），率船队攻打厦门海口的大、小担山炮台，登岸夺炮。嘉庆九年（1804 年），他牵率领大船八十余艘，突然从台湾海面进入闽海，在浮鹰洋面与温州镇水师激战，炸毁总兵胡振声坐船，胡振声当即身亡。嘉庆帝闻讯，命浙江提督李长庚督率闽浙水师专门对付蔡牵。嘉庆十二年（1807 年）冬，李长庚与福建水师提督张见升在广东黑水外洋合击蔡牵，蔡牵在只剩三艘大船的情况下于船尾发炮，击中李长庚的指挥船，李长庚当场身亡。嘉庆十四年（1809 年），李长庚部将王得禄、邱良功分别接任福建、浙江提督，合兵围攻蔡牵于浙江台州渔山外洋，血战一昼夜，蔡牵在弹丸射尽之时竟以银圆为弹。次日因寡不敌众，开炮自炸座船，与妻小及部众 250 余人沉海而死，余众四千人降服。

蔡　梓　字孝武，漳州云霄县人。清乾隆二十五年（1760 年）武举人。

蔡雄文　漳州漳浦县人。清乾隆三十六年（1771 年）武进士。

蔡青云　闽县（今福州市）人。清乾隆四十四年（1779 年）武举人。

蔡本禧　号龙树，漳州漳浦县人。清乾隆四十五年（1780 年）武进士，任蓝翎侍卫。

蔡青龙　福州市人。清乾隆四十五年(1780 年)武举人,官广东千总。

蔡青华　福州市人。清乾隆五十四年(1789 年)武举人,重宴鹰杨。

蔡　山　漳州漳浦县。清乾隆五十五年(1790 年)武进士,任水师水营游击。

蔡攀龙　字礼魁,号嘉梅,福州市人。清乾隆五十七年(1792 年)武举人。官闽安千总。嘉庆十八年(1813 年),因剿匪舟至澎湖遇飓风覆舟而死。

蔡阑馨　闽县(今福州市)人。清乾隆六十年(1795 年)武举人。

蔡　俭(1818—1853)　本名懋俭,号懋能,晋江市东石镇人。蔡俭天生壮健骠勇,从小喜欢舞刀弄棍,后入武馆学艺,练就一身好功夫。生性豪爽,好打抱不平,深得盐工兄弟和乡里青年的尊崇和拥戴。咸丰元年(1851 年),太平天国起义爆发。蔡俭以东石武馆为活动据点,深入附近各乡村,组织发动人马,并以惠安塾师陈怀九为军师。同时与同安、永春等地反清会社组织取得联络,相互呼应。咸丰三年(1853 年)四月十五日,蔡俭在东石大觉山率众起义,集众数千人攻占安海镇,拆毁安海都司营署,焚烧新街陈益升典当铺。八月,蔡俭与林俊密约,会同惠安邱二娘等三路进军合攻泉州城。是月初九,蔡俭率三千多人马奔赴泉州,攻打南门。后因林、邱两路义军中途受阻,未能按时赶到,蔡俭孤军作战,于十一日被清军大队援兵击败,退回东石。十月上旬,蔡俭被出卖被捕,后被押往县城南校场凌迟处死,时年 36 岁。

蔡润泽　号济庵,同安县人。清代水师提督。嘉庆二十五年(1820 年),蔡润泽投身水军后营效力,驾兵船出洋,叠擒著名洋匪,历署本标左右营游击。道光二十二年(1842 年),英法侵略者侵犯厦门,润泽守屿仔尾炮台,发炮拒之,事平论功,越级升补烽火门参将,补署闽安协副将。所至除暴安良,兵民爱戴。咸丰三年(1853 年),被授予金门左翼镇总兵,兼署福建水师提督。在任三年,整军经武,不遗余力。后年老辞职,告老还乡,林下颐养十余年而卒。

蔡成功　漳州云霄县人。清道光十四年(1834 年)武举人。

蔡　燕　又名蔡衍,漳州云霄县人。清道光十六年(1836 年)武举人。

蔡振金　漳州南靖县人。清道光二十三年(1843 年)武举人。《漳浦县志》作漳浦县人。

蔡大欣　泉州永春县人。洪家拳主要传人。清光绪二十五年(1899 年)前后,由永春迁居漳州,闲余收门徒传艺。以后,他的徒弟设馆,堂号为"威德堂"。

蔡　梅　漳州云霄县人。清咸丰九年(1859 年)武举人。

蔡名扬　漳州云霄县人。清咸丰年十一年(1861)武举人。

蔡　禧(?—1906)　漳浦县人。仙拳会首领。早年,受漳浦天地会和义和团运动的影响,具有反清意识。与云霄东坑村人方凤鸣共同设立拳会,所练之拳称"仙拳",拳会称"仙拳会"。光绪二十九年(1903 年),该会发展到霞美上黄、眉田、巷内等村。光绪三十年(1904 年),蔡禧到各乡村广招农民入会,设馆练仙拳,与天主教对抗。光绪三十一年(1905 年)秋,漳浦县仙拳会会众发展到 1000 多人,并发展到邻县云霄、诏安、平和等地。蔡禧认为时机成熟,便令各处会众定期到梁山白泉洞聚会,名曰"接剑"。到会会众群推云霄人方齐为大头领,称"齐王",蔡禧为大盟主,订立排教灭洋、反清复明、惩办贪官污吏、团结民众、筹备军需、收复台湾等宗旨。该宗旨符合民心,参加者越来越多,声威大震。光绪三十二年(1906 年)正月,仙拳会捣毁梧田村天主教堂,并袭击县城,进入城中后占据文庙为营垒。后因中计失败,蔡禧逃到眉田,被诱捕送县,再被知县卢元璋解送漳州府,不久,在漳州被杀害。

蔡玉明(1853—1910)　原名蔡谦,又名怡河,字玉明(有称玉鸣),晋江市人。近代五祖鹤阳拳、五祖白鹤拳的创始人。幼嗜技击,家父在漳州开酱油店,早年随父居住漳州,从何阳师父学习五祖拳,又从安徽凤阳婆习练内、外功夫。其父病故后,留给他 7 间酱油店。蔡玉明痴迷武艺,仗义疏财,为了继续钻研技艺,他广交四方豪杰,凡到漳州的武林人士或江湖艺人,他都热情款待,提供膳宿。酒余饭后,互相切磋武功,理论用拳之道。只要有一招半式可取,他都虚心学习;客人不管武艺高低,他都一视同仁,故在江湖上有"小孟尝"之称。随着技艺的精进,蔡玉明对武功的追求更加执着。他云游大江南北,遍访名师,广交四方拳师,吸收各派武技精华,数十年如一日。他吸收南、北各拳派之长,取太祖之刚猛、罗汉之步法、达尊之运气、行者之灵活、白鹤之化柔,融汇于五祖拳法之中,进一步发展和完善了五祖拳的技法和理论。壮年时期的蔡玉明回到泉州,先后收了泉州五位著名的拳师为徒,后又培养出多位杰出的弟子,其中著名衣钵传人有:林九如、翁朝贤、魏隐南、尤祝三、陈京铭、何海、陈魁、狐狸仔、柯彩云、沈扬德。蔡玉明的门徒遍及八闽及海内外,五祖拳也在海内外广泛传播。

蔡大雪(清道光年间)　字劲松,漳州平和县人。从小习武,臂力过人,擅长轻功,能疾步如飞。曾考中武举人,任江西赣州典史。清道光年间,因病告假回乡。病愈后在坑里村教拳。后因参与天地会活动被官府通缉,逃往台湾,以教拳为业。

蔡荣祖(清乾隆年间)　别名蔡贡,漳州平和县人。从小文武兼修,18 岁中武举人。曾任广西钦州知县,后弃官返乡,在乡里设馆传教太祖拳。后渡台定居。著有《太祖拳探源》《太祖拳攻防要诀》《练功十法》等篇,但不幸散失于战乱之中。

蔡　苞(约清末年间)　漳州芗城区人。师从锦舍,习练洪拳,曾任漳州府副捕头。

蔡振辉（1909—1990）　男，字源煌，厦门市人。鹤武馆第二代传人。清宣统元年（1909年）正月初二生。15岁拜厦门鹤武馆"合伯"（杨捷玉）为师。因其有文化，悟性高，勤学苦练，深得合伯的喜爱，故得合伯倾囊相授。之后，蔡振辉代师授徒，且负责馆里的大小事务，并帮助合伯完成了对传统套路的整理与编撰。由于为人友善，聪明好学，武艺精湛，博得了师兄弟的尊重，大家送他一个别称——"小诸葛"，蔡振辉在鹤武馆直至合伯逝世才离开。蔡振辉离开鹤武馆后，开设了鹤振国术馆开始授徒，几十年里潜心钻研，不但汲取了合伯的武术精髓，而且精研了各源拳种，并把长处融进了鹤阳拳中，从而使传统的技法得到更深层的发掘。20世纪70年代后期至80年代，厦门体委一直聘蔡振辉为武术顾问。

蔡永清（1912—1980）　男，漳州芗城区人。太祖拳传人。自幼习武，师从永定师父徐建功，习练太祖拳。1958年曾在龙溪县武术表演赛获奖。

蔡传汝（1912—2003）　男，漳州芗城区人。漳州白鹤拳、太祖拳传人。自幼师从漳州捷元堂张杨华习练白鹤拳，后师从习艺堂康光辉习练太祖拳。民国二十四年（1935年），代表龙溪队参加在厦门举行的第五届省运会国术比赛，蔡传汝所在的龙溪国术代表队获男子团体第三名。民国二十六年（1937年），蔡传汝再次代表龙溪队参加厦门擂台赛。曾在芗城、龙海等地授徒传艺。

蔡胜和（1914—2000）　男，漳州芗城区人。漳州白鹤拳、太祖拳传人。蔡胜和自幼师从捷元堂张杨华习练白鹤拳，后又师从习艺堂康光辉习练太祖拳，精白鹤拳及太祖拳艺。1953年代表华东区参加在天津举行的全国民族形式体育运动会，蔡胜和演练太祖拳"燕子掠水"套路，和师兄弟蔡云对练"钩镰枪对藤牌刀"和"雨伞对锄头"，获表演奖。先后在漳州各地开馆授徒，颇有声誉。

蔡老泉（1917—1971）　漳州芗城区人。太祖拳传人。师从徐建功习练太祖拳。曾在长泰等地授徒。

蔡　云(1918.3—1990.1)　男,漳州芗城区人。白鹤拳、太祖拳传人。自幼师从捷元堂张杨华习练白鹤拳,后师从习艺堂康光辉习练太祖拳,精白鹤拳及太祖拳艺。1953年代表华东区参加在天津举行的全国民族形式体育运动会,演练太祖拳及与师兄弟蔡胜和对打"钩镰枪对藤牌刀""雨伞对锄头"套路,获表演奖。

蔡水松(1919—1976)　男,漳州芗城区人。太祖拳传人。师从徐建功习练太祖拳。1952年参加福建省第一届运动会武术交流比赛,获优秀奖。曾在漳州一带传徒授艺。

蔡福成(1922.6—1993.8)　男,漳州市芗城区人。漳州白鹤拳、太祖拳传人。15岁拜龙溪地区武术教头蒋少华为师学练白鹤拳,苦习6年得其真传。后又拜太祖拳名师康光辉学习太祖门的拳术、器械、对练以及狮阵等,苦练7年,尽得太祖门精髓。艺满出师后,他遍访武术名师,融汇各家之长,继续勤研苦练。漳州一带爱好武术的青少年接踵而来拜他为师,他总是毫不保留地倾囊相授。并在漳州天宝镇、塔尾村、过塘村、大寨村、康山村等十几个地方设馆授徒,传徒授艺共计400余人。每逢传统节日,他总是积极组织和指导弟子们进行武术和狮阵表演,深受民众喜爱。他对武术事业做出的贡献一直为人们所津津乐道。1993年8月逝世于古塘村老宅,享年71岁。

蔡春成(1922—2000)　男,漳州芗城区人。太祖拳传人。师从徐建功习练太祖拳。1952年参加福建省第一届运动会武术交流比赛,获优秀奖。曾在芗城、长太、龙海等地授徒。

蔡　尖(1926.11—1970.11)　男,福建晋江市人。从小习练太祖拳、五祖拳,后师从漳州名师苏文柏习练达尊拳,曾在芗城等地授徒传艺。培养了不少弟子。

蔡亚火（1931—　　）　男，漳州芗城区人。太祖拳传人。师从永定师徐建功习练太祖拳械。曾在芗城、龙海、南靖、长太、华安等地授徒传艺。

蔡亚卡（1933—　　）　男，漳州芗城区人，太祖拳传人。师从漳州康光辉师习练太祖拳艺。1964年赴厦门参加福建省武术比赛获奖。

蔡白棠（1937—2007）　男，漳州芗城区人，民间拳师、太祖拳传人。又名蔡良顺，人称"矮武"，11岁开始习武，先后师从永定师徐如龙、龙海师康光辉习练太祖拳艺，长期在漳州、泉州等地教拳授徒。

蔡亚地（1941—　　）　男，漳州芗城区人。太祖拳传人。师从漳州太祖拳师康光辉习练太祖拳艺。兼习父亲蔡传汝所传白鹤拳。曾在芗城、龙文等地授徒。

蔡海树（1945—　　）　男，漳州芗城区人。太祖拳传人，漳州市武术协会南拳分会副会长。中国武术五段。自幼师从永定师徐建功习练太祖拳。1960年再拜石码康光辉为师习练太祖拳，膂力过人，太祖拳艺功底深厚。曾多次代表漳州市与来访的日本、英国武术界人士进行交流表演活动。多次参加省、市武术比赛并获奖。2004年参加郑州首届世界传统武术节，获拳术二等奖、器械对练二等奖。长期在漳州一带传徒授艺，传播太祖拳术，具有较大影响。

蔡泗杰（1945— ） 男，漳州芗城区人。拳师，白鹤拳传人。从小师从漳州白鹤拳师黄金镇习武，曾随师在龙文等地传教白鹤拳。

蔡天元（1947— ） 男，漳州芗城区古塘人。拳师，太祖拳传人。师从父亲习练永定师徐建功所传太祖拳。曾在市、省武术赛中获奖。在芗城、龙海等地授徒。

蔡亚萍（1947— ） 男，漳州芗城区人。拳师，太祖拳传人。师从太祖名师康光辉习练太祖拳，兼习白鹤拳。曾在芗城等地授徒。

蔡楚贤（1950—2011） 男，福州市人。曾任福建省武协委员、福州武协副主席兼秘书长、福州市武术馆馆长兼总教练。1961年开始习武，先后师从著名武术家万籁声、陈依九、黄妹臬学练六合门、地术拳、纵鹤拳、少林罗汉拳等。1973年考入集美福建体校，师从洪正福习练六合门、自然门拳械，以及国家竞赛拳械套路、散打格斗等。毕业后任建阳县少体校武术教练，培养了一大批学生。1978年参加在成都体院举办的全国业余体校武术教练员培训班，并借调至福建省武术队任教一年；1979年代表福建省参加在南宁举行的"全国武术观摩交流大会"，表演了稀有拳种地术拳法，获特邀表演奖。1983年调至福州市体委任武术教练，并任福州市武术馆馆长兼总教练。多次承办福建省武术比赛。1984—1988年，先后作为福州市武术代表团成员出访日本、美国，进行武术交流表演。在日本出版《福建地术拳法》（英文版）一书。

蔡忠义（1950.6— ） 男，石狮市人。石狮市武术协会常委。2007年随卢义荣老师、邱金雄老师习练太极拳。2010年参加海峡两岸第二届传统武术交流大赛，获42式太极剑金奖、42式太极拳银奖。2012年参加在江苏举行全国传统武术大赛，获42式太极拳、剑银奖。2012年参加在重庆举行的第九届全国武术之乡武术比赛，分别获得42式拳金奖、42式剑铜奖。2013年参加在长春举行的第十届全国武术之乡武术比赛获42式太极拳金奖、42式太极剑银奖。

蔡永希（1952.6— ） 男，莆田仙游县人。莆田天妃大酒店保安经理兼莆田南少林武协常务理事。中国武术六段。1968年师从莆田民间拳师林庄、兰少周等人学习少林拳。1997年被莆田学院特聘为武术教练。2002年参加福建省武术院组织的武术对外（英国武术团）交流表演活动，福建省武术院授予其拳师证书。在2008年中央电视台《走遍中国》栏目拍摄的"鹤影禅踪"节目中表演"桂林拳"。多次参加海峡两岸传统武术大赛、南少林华夏武术大赛等，获得金牌、银牌。2009年获福建省武术工作先进个人。

蔡金星（1952.12— ） 男，泉州市人。福建省武术协会副会长，国际五祖拳联谊总会名誉副主席，国际五祖拳首批九段，五祖拳国家首批法定传承人，原泉州武术协会主席。20世纪60年代初期先后师承著名武术家、泉州市正骨医院创始人廖尚武、泉州武术社林春来。担任泉州市武协主席10年和洛江区人大常委会副主任12年，其间多次组织大型国际武术活动，如2002年在马来西亚组织国际五祖拳义演活动、2004年发起并组织中国首届"南少林国际武术大赛""南少林华夏武术大赛"等，大力推动泉州武术的发展。参加中国武术段位制《五祖拳》教材的编写工作，担任央视《武林大会》栏目专家评委；应央视《武林大会》邀请，于2006年组织五祖拳擂台赛，成为中国影视界传统武术实战首播节目。培养的学生如吕跃辉获两项世界铁拳吉尼斯纪录，黄文争获央视武林大会最具魅力运动员。发起并组织俞大猷研究和纪念活动，创办俞大猷国术馆和俞大猷研究会，筹集资金建设俞大猷公园、俞大猷纪念馆。几十年潜心研究传承《剑经》，在《中华武术》《武林》《中国功夫》等杂志上发表多篇武术学术论文，编写《俞大猷研究》《俞大猷纪念特刊》等书。出任第一届全国武术运动大会段位制五祖拳项目福建代表队教练。

蔡国平（1954— ） 男，美国通背劈挂拳武术会会长。师从洪传勋、王锐勋学习通背劈挂拳。并在美国纽约成立"通背劈挂拳武术会"教授学生。所教学生多次参加美国及北美洲中国武术锦标赛，并获得金、银奖。

蔡荣荣(1954.5—) 女,石狮市人。师从卢义荣、邱金雄习练太极拳。2005年参加在海口举行的第二届世界太极拳健康大会,分别获42式太极拳、剑银牌。2006年参加福建省首届武术之乡武术比赛,获得42式太极拳、剑二枚金牌。

蔡树仁(1955.9—) 男,晋江市人。现任福建省武协理事,泉州市武协副秘书长,晋江武协副主席兼晋江仁和武术馆馆长,一级武术套路裁判。中国武术六段。曾担任全国、省、市武术比赛裁判工作,多次被评为精神文明裁判员。蔡树仁自幼拜李克殿老师学习五祖拳,1976年考入福建师大体育系,师从郭鸣华教授专修武术,擅长五祖拳、长拳、太极拳等。毕业后分配到石狮石光中学,组织了学校武术队,参加全省武术比赛,并获得优异成绩。1978年参加福建省第六届运动会武术比赛,获得好成绩。1979年参加福建省传统武术比赛,获二等奖。2003年参加全国武术之乡比赛,获二等奖。1980年开始组织学校武术队,多次参加省、市武术比赛均获得优异成绩,为体育院校输送多名武术人才。1993年被评为泉州市体育先进工作者。1994年创办的仁和武馆被评为泉州市十佳武馆。

蔡长庆(1956.5—) 男,石狮市人。石狮侨乡武术馆副馆长,石狮市武术协会名誉会长,香港国际南少林发展公司总教练,香港易筋经总会会长,香港世界五祖拳促进会副会长。从小师从五祖拳名师周盟渊,系统地习练五祖拳械。后得到福建少林五祖拳研究会会长周志强的赏识,亲授秘传绝技"铁臂神功"和"易筋经"。1979年参加福建省武术观摩比赛,获得拳械、铁臂功一等奖。同年代表福建省参加在南宁举行的全国武术观摩交流大会,表演了"铁臂神功",获得大会特邀奖。1980年和1982年代表泉州市参加福建省武术比赛,再次获得拳、械一等奖。2002年,蔡长庆以左、右臂在90度棱角处连续击断15根80厘米×8厘米×8厘米的花岗岩石柱,获得上海大世界吉尼斯总部颁发的"最坚硬的手臂"纪录和证书。2004年,广东电视台专为蔡长庆先生拍摄了大型武术纪录片"天下第一铁臂"的专辑。蔡长庆目前旅居香港,担任香港文化促进会、廉文署和保良局武术教练,香港警察中国武术协会名誉武术顾问,传授五祖拳和易筋经养生功法,遍及香港、九龙十八个区。2004年代表香港警察总署武术协会,参与义演多场"铁臂神功",为该协会募集公益资金。

蔡裕能（1956.11— ） 男，晋江市人。灵源太极拳协会常务副会长。自幼习武，18岁师从蔡金龙习练五祖拳，28岁跟随钟卫军、许志阳习练太极拳。2006年获得福建省华夏武术陈氏太极拳高级教练称号。2006年华夏武术散打争霸赛组委会授予十佳教练奖。2008年被华夏散打争霸赛组委会授予技术风格奖和优秀教练奖。2009年参加在江苏举办的第七届全国武术之乡武术套路比赛，获一银一铜及"道德风尚奖"。

蔡国庆（1957.8— ） 男，莆田市人。上海国际食品城副总经理，莆田南少林武术协会副秘书长。自幼酷爱武术，2006年拜洪光荣为师，习练南少林传统武术。

蔡经义（1960.7— ） 男，石狮市人。福建省武术协会委员，泉州市武术协会名誉主席，石狮市武术协会荣誉主席，石狮市陈式太极拳协会技术顾问。自幼师从周盟渊习练五祖拳，后师从王西安习练陈式太极拳。多次参加福建省武术比赛，1985年获福建省武术比赛南拳第二名。常年坚持业余武术训练，积极推广五祖拳、太极拳的传承发展，为省、市武术事业发展做出贡献。

蔡雪棉（1965.3— ） 女，石狮市人，石狮市武术协会常委。2006年随卢义荣、邱金雄老师习练太极拳。2007年参加第六届全国武术之乡武术比赛，获得42式太极拳、剑铜牌。2008年参加第七届全国武术之乡比赛，获42式拳、剑二银。2009年参加福建省海峡论坛巾帼赛42式拳、剑获二银。2010年参加福建省第二届海峡论坛武术比赛42式拳、剑，获一金一银。2011年参加在山东举行的第八届全国武术之乡武术比赛，获得42式剑、拳一金一银。2012年参加江苏全国农民传统武术比赛42式拳、剑，获二金。同年参加第九届全国武术之乡太极拳赛，获42式剑、拳一金一银。

蔡品胜（1968—2013） 男，永泰县人。永泰县武协第七届副主席，曾拜郑荣灿学习虎尊拳和传统器械，从事社会武术教练工作。

蔡梅碟（1970.1— ） 女，石狮市人。石狮市武术协会常委。2009年随卢义荣、邱金雄老师习练太极拳。2009年参加第七届全国武术之乡太极拳比赛，获42式拳、剑二银。2009年参加福建省海峡论坛巾帼赛24式拳，获一银。2010年参加福建省第二届海峡论坛武术比赛陈式拳、42式剑，获二金。2011年参加在山东举行的第八届全国武术之乡太极拳赛，获42式拳、剑二金。2012年参加在江苏举行的全国农民传统武术比赛，获得陈式拳、武当剑等四枚金牌。

蔡金墩（1978.11— ） 男,石狮市人、石狮市武协常委。师从卢义荣、邱金雄习练太极拳。2011年参加山东第八届全国武术之乡太极拳赛,获42式拳、剑各一枚银牌。

蔡君麟（1980— ） 男,美国通背劈挂拳武术会副会长。师从洪传勋、王锐勋学习通背劈挂拳,现今在美国通背劈挂拳武术会教授学生,所教学生多次获得美国及北美洲中国武术锦标赛金、银奖。

蔡普弹（1980— ） 男,石狮市人。泉州剑影武校（现为泉州剑影实验学校）教练,一级武术裁判。10岁开始师从庄昔聪练武,在泉州剑影武术馆接受严格的武术训练,练就扎实的基本功。擅长拳、枪、剑及传统拳械。多次参加全国及省市武术比赛,曾获得全国武术之乡武术（套路）比赛枪术第一名、传统器械一等奖,福建省农民运动会获得枪术第一名、剑术第一名、对练第一名等。

蔡锦辉（1983.9— ） 男,漳州芗城区人。1991年进入漳州市少体校跟随郑雅恩教练习武。1994年随漳州体育代表团赴日本谏早市进行武术交流活动。2001年参加福建省青少年武术套路锦标赛,获剑术第一名。2002年考入福建中医学院。

蔡长乐（1986.4— ） 男,晋江市人。现任辉腾武道副馆长兼武术总教练,一级武术教练员。中国武术六段。自幼习武,10岁就读于泉州剑影武术学校,18岁考入上海体育学院。2002年在福建省青少年武术套路锦标赛中获枪术冠军、全能冠军。2004年参加第四届全国武术馆校武术比赛,获枪术亚军、螳螂拳冠军。2004年参加福建南少林国际武术大赛,获罗汉拳冠军、达摩棍冠军。2007年参加香港国际武术节武术大赛,获枪术冠军、螳螂拳冠军。

蔡智艺（1987.12— ） 男，漳州芗城区人。一级武术运动员。1994 年进入漳州市少体校跟随郑雅恩教练习武。1995 年开始参加漳州市武术比赛，2000—2005 年连续六次参加福建省青少年武术套路锦标赛，获 6 项第一名、5 项第二名、2 项第三名。2004 年到福建省公安高等专科学校集训。2006 年参加全国武术馆校比赛，获传统拳第六名。同年考入厦门大学，就读于公共事务管理学院。2008 年代表厦门大学参加全国大学生武术套路锦标赛，获传统拳术第一名。同年参加海峡论坛·海峡两岸传统武术比赛，获地术拳、达摩棍两项第一名。

蔡丽萍（1989.5— ） 女，漳州芗城区人。6 岁进入漳州市少体校跟随郑雅恩教练习武。2000—2005 年六次参加福建省青少年武术套路锦标赛，获得 5 项第一名、2 项第二名、5 项第三名。2008 年特招进入厦门大学。2009 年参加海峡论坛·海峡两岸传统武术比赛，获查拳、双剑两项金奖。2008 年参加福建省青少年武术套路锦标赛，获全能第一名，长拳、棍术第二名，刀术第三名。2010 年参加全国大学生武术套路锦标赛，获得女子甲组传统拳第三名，集体项目第一名。

蔡玉如（1991— ） 女，厦门市人。1998 年在同安区第一实验小学武术班习武。2002—2003 年在武汉体院竞校武术队训练。2004 年转到厦门体校武术班训练，师从洪日新老师。2006 年参加福建省第十三届运动会武术比赛，获得女子甲组长拳、枪术、集体项目三项冠军。2014 年毕业于集美大学体育学院。

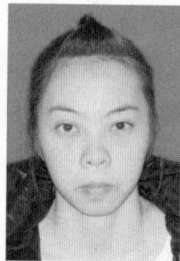

蔡小欢（1997.5— ） 女，漳州市人。2000 年跟随唐建伟教练习武。2002 年进入漳州市少体校武术班，跟随郑雅恩、林春梅、张毅慧教练习武。2013 年参加福建省青少年武术套路锦标赛，获得女子甲组一类拳第一名。

cao

曹　经　宋庆历年间（1041—1048 年）提刑官（武臣），见《福建通志》。

曹　翯　字元叔。宋嘉定十三年（1220 年）武举第二名。《三山志·人物》作"曾翯"。

曹春生　上杭县人，寄居明溪。业泥水匠。体质魁梧，膂力过人。民国二十二年

（1933 年），以一人而杀数匪。匪因拥至，阵亡。

曹闽健（1952— ） 男，厦门市人。中国武术六段。1966 年，师从厦门林独英习练六合门传统拳、械套路及对练、散打功夫。后练习洪门传统象形拳、传统杨式太极拳、吴式太极拳、械、太极推手、散手等。1992 年在福建省体工队武术队参加集训，专攻太极拳竞赛套路。1983 年获厦门市武术比赛太极拳第一名。1986 年获厦门市第十四届运动会太极拳第一名。同年参加福建省武术观摩太极拳、剑比赛，获杨式太极拳第一名，吴式太极拳、陈式太极拳、太极剑第二名。1987 年参加福建省武术比赛，获吴式太极拳、太极剑第二名、杨式太极拳第三名。1992 年参加福建省第十届运动会，获男子太极拳第一名，被评为省运明星。1999 年被厦门市体育总会授予"厦门市体育社团先进工作者"称号。2003 年 10 月，在北京参加"精武杯"第二届全国传统武术名人名家邀请赛，获得传统杨式太极拳、六合短拳两项金牌和 42 式太极拳银牌。1973 年开始义务授徒。

曹文萍（1962.1— ） 女，大田县人。1974 年开始在大田县少体校随著名武术家洪正福老师、郭天从老师练武。1976—1978 年代表三明市参加福建省武术比赛，获得拳术、短器械、长器械全能亚军、女子对练冠军。1976 年代表福建省参加在哈尔滨举行的全国武术比赛，1978 年参加在内蒙古举行的全国武术比赛。1984 年参加福建省第二届职工运动会。1988 年参加第九届省运会武术比赛，获得武术全能亚军、六合拳冠军。1978—1980 年任大田县县体校武术教练。后在大田县人事局、老干局工作，带领老干部练太极拳、剑、操，参加省、市比赛并获奖。

曹玲忠（1966— ） 男，厦门市人。厦门中和武术馆馆长，厦门市武术协会常务理事，福建省武术协会理事。中国武术六段。从小拜厦门武术名家林独英习练十二路弹腿、武松脱铐拳、象形拳及太极拳等拳艺。又随著名武术家何福生老师习形意拳、八卦太极拳等。后拜山东武术名家孙锡铭练螳螂拳、双手剑等拳械和擒拿格斗等。20 世纪 90 年代初又得到"太极皇后"苏自芳的指导，练习太极拳械、太极对练、八卦掌。1993 年创办厦门中和武术馆，任馆长兼总教练。大力推广传统武术，二十多年来培养了上千名学生，遍布海内外。多次带领学生参加省市和全国武术比赛，均取得优异成绩，并为省体工队、市体校和高等院校输送多名优秀武术运动员。

曹立辉(1968.11—   ) 男,长汀县人。长汀立辉散打俱乐部主任,一级武术散打裁判。1982 年开始习武,1992 年参加全国革命老根据地武术散打比赛。同年考入福建公安高等专科学校,师从林荫生教授习练散打。1995 年考取散打教练证,回乡创办立辉散打俱乐部。曾多次举办长汀县散打比赛,多次参加省、市散打比赛裁判工作。曾被评为 1999—2002 年度龙岩全市体育工作先进个人,2004 年被授予中国公益勋章。

chai

柴　肃　宋嘉祐元年(1056 年)提刑官(武臣),见《福建通志》(民国)。

柴自新　山东陵县人。清顺治六年(1649 年),委防将乐,任把总。至康熙元年(1662 年),始升延平左营守备。

chang

长　青　清道光十五年至十七年(1835—1837 年)福建将军。

常　在　清乾隆三十三年至三十四年(1768—1769 年)福建将军。

常　青　清乾隆四十九年至五十一年(1784—1786 年)福建将军。

chen

陈　政(616—677) 字一民,号素轩。祖籍河东(属山西省),后迁居河南光州固始县。陈政幼年随军习武;青年时以"良家子"随父克耕在秦王李世民部下从征,参与攻克临汾等郡,功拜玉铃卫翊府左郎将归德将军。唐总章二年(669 年),泉潮间发生"蛮獠啸乱",高宗命陈政为朝议大夫岭南行军总管,率府兵 3600 名出镇故绥安县地(今云霄)。陈政率兵入闽,因"蛮獠"势盛而退守九龙山,奏请朝廷增兵。高宗命政兄敏、敷率 58 姓军校来援,政母魏氏也随军举家南来。敏、敷病故于浙江江山途中,母谙兵法,带领其众入闽。援军会合后,政在九龙江下游插柳为营,暗中于上游结筏渡江进袭,一路南下,且战且抚,至梁山打败"蛮獠"主力,越盘陀岭进入云霄。仪凤二年(677 年)四月,陈政病逝,葬于今云霄城西将军山东麓,谥忠肃。嗣文光年(684 年)间,立庙崇祀,名"陈将军庙",后开漳圣王陈元光及主要将佐亦入祀此庙,朝廷颁诏赐名威惠庙。南宋绍兴二十年(1150 年)追封陈政为祚昌开佑侯。

陈元光(657—711) 字廷炬,号龙湖,开漳圣王。祖籍河东(属山西省),后迁居河南光州固始县。祖父陈克耕,父亲陈政,均为唐朝将领,陈元光自幼聪敏,博通经史,弓马剑戟,无所不精。唐总章二年(669年)随父陈政入闽出镇云霄。陈政病逝后,陈元光代父领兵。此时,广东陈谦联合少数民族首领苗自成、雷万兴等攻陷潮阳,守将不能抵御,陈元光以轻骑救援,获得全胜。隆开耀年(681年)入粤大破贼寇,安定闽粤边陲。晋正议大夫,岭南行军总管。耀永淳年(683年)八月,陈元光率军"辟草莽,斩荆棘,建宅第",实行屯田。垂拱二年(686年),陈元光上疏朝廷,请求在泉、潮之间增置一州。垂拱四年(688年)六月,朝廷批准建州,州名漳州。晋升陈元光为中郎将、持节漳州诸军事,漳州刺史。景云二年(711年),陈元光在一次战斗中因寡不敌众,被畲族首领蓝奉高杀伤致死,时年54岁。百姓为之哀号,将其葬在绥安溪的大崎原。朝廷闻报,赠豹韬卫镇军大将军。宋绍兴二年(1132年),追封辅国将军。漳州民间普遍奉祀陈元光,尊称为"开漳圣王"。遗著有《兵法射诀》《玉铃集》《龙湖集》等。

陈　珦(681—742)　字朝佩,名伯珙,号迁斋、行一,陈元光之子。河南光州固始人。少从学于许正天,讽诵有得,播诸楮翰。万岁通天元年(697年)举明经及第,授翰林院承旨直学士。创办松州书院,主管漳州学政。景云二年(711年)陈元光殉职后,袭领漳州刺史。开元三年(715年),陈珦亲率武勇夜袭敌巢,斩蓝奉高首级,并俘获余党。在漳州二十余年,剪除顽梗,训诲士民,泽洽化行,开元十九年(731年)登王维榜进士。开元四年(716年),迁州治至漳浦李澳川。遗著有《云溪遗稿》。

陈怀玉(704—718)　女,河南固始县人。人称"玉二妈"。开漳圣王陈元光之次女。自幼习武,随父征战闽南,平定獠寇啸乱。后人建庙祭祀。

陈洪进(914—985)　字济川,宋兴化军(今莆田市仙游县)人。出身贫寒,幼有壮节,攻读诗文,习兵法。及长,以才勇应募从军,为泉州指挥使留从效部属。在攻打汀州时,因战功卓著被提升为副兵马使。后晋开运元年(944年),被闽王王延政提拔为建州马步行军都校,曾为王延政攻下漳州。后王延政遣其回泉州,仍为留从效部将。保大七年(949年),留从效兼并漳州,元宗改泉州为清源军,改漳州为南州,封留从效为清源军节度使兼泉南观察使,陈洪进为统军使。宋乾德元年(963年),洪进自称留后,独居泉、漳二州。宋乾德二年(964年),宋太祖改清源军为平海军,以陈洪进为节度使兼泉、漳观察使、检校太傅,赐号推诚顺化功臣。宋太宗即位后,被加封为检校太师。太平兴国三年(978年),赴开封入觐,上《纳地表》,将泉、漳二州所辖14县正式纳入宋朝版图。次年,随太宗攻取太原。太平兴国六年(981年)被封为杞国公。雍熙元年(984年),又加封为岐国公。雍熙二年(985年)病逝。太宗下令罢朝二日以示哀,赠中书令,谥号忠顺,追封颍州会稽东海南康王,敕葬开封祥符县田村。

陈　诲　字巨训,建安人。赳捷有勇。初为王延政裨将,潘师逵率兵突袭建安,陈诲与之交战于城南,将其斩之。闽亡,归南唐,拜剑州刺史。福州戍兵叛,诏陈诲与查文徽攻之。吴越遣兵来救,战于闽江,文徽失利。诲素善水,没入江中,凿吴越楼船,船坏,及以木为蛟龙形,涌出江面,吴越兵惊溃,遂大败之。累迁忠义军节度使,进侍中,封闽国公,卒谥忠愍。

陈　淬（？—1129）　字君锐,莆田涵江区人。少时习武,胸怀大志。北宋绍圣元年 (1094年),参加礼部考试落第,遂"挟策西游"。北宋绍圣初年(1094年),陈淬入京应试不 第,准备到西北鄜延投笔从戎。他来到鄜延路安抚使吕惠卿帐中,言语间,吕惠卿见他有 才能,便安排其在三班禁军中奉职。在与西夏的一次作战中,他杀敌十余人,生擒其寨主, 因功升左班殿直、鄜延路兵马都监,累迁武经郎。宣和四年(1122年),转任真定路分都监 兼知北寨。淬镇守北寨,辽军惧怕他的威名,三年不敢入侵宋土,人称"河北第一将"。不 久,升任忠州团练使,真定路马步副总管。宣和七年(1125年),金兵入侵真定,淬率本部 与敌对阵,因无援军,部下三千余人阵亡,淬的家眷八人也在阵中丧生。淬与余部杀出重 围生还。建炎元年(1127年),朝廷升其为诸军统制,东京留守宗泽命他阻击金兵于南华。 淬大败金兵,被提拔为知恩州兼大名府都总管兵马钤辖。建炎三年(1129年),金兵大举 南侵,宋军溃退。淬孤军作战,力尽被俘,与从子仲敏同时被杀害。

陈　岩（849—892）　字梦臣,唐代熹宗年间邵武建宁县人。陈岩慷慨武勇有智略。 乾符年间,黄巢义军进入福建时,闽中诸州皆被攻破,陈岩率建州乡亲数千人,组成"九龙 军",抗击黄巢,保卫乡里,并先后攻克建州、福州两大重镇。唐朝论功行赏,封陈岩为福建 团练副使。后击败泉州刺史李连,取代郑镒成为福建观察使。在就任福建观察使的两年 间,陈岩注重家乡建设,复修城壁、公府、学校等。他威惠并行,民怀吏畏,名闻闽中诸郡。 光启二年(886年),王潮据泉州,遣使请降,陈岩奏请王潮为泉州刺史。大顺二年(891 年),陈岩因疾而病逝。

陈　旦　河北怀安县人,南唐左司员外郎守约八世孙。嘉定中,武举正奏,授忠翊 郎、江州统领,历知霍邱县。

陈师颜　晋江市(今属鲤城)人。宋政和三年(1113年)武举人。

陈师良　晋江市(今属鲤城)人,陈师颜之弟。宋政和五年(1115年)武举人。

陈　诏　晋江市人。宋宣和六年(1124年)武举人。

陈知言　永春县人。宋宣和六年(1124年)武举人。

陈致柔　晋江市人。宋宣和六年(1124年)武举人。

陈　驰（谥）　永春县人。宋高宗建炎二年(1128年)戊申科武举人。

陈　雷　字伯震,河北怀安县人。宋绍兴二十四年(1154年)武举人。

陈　煜　字叔英,长溪县(今福安市)人。宋绍兴三十年(1160年)武举人。

陈正己　字敦仁,闽清县人。宋绍兴三十年(1160年)武举人。

陈　万　字得一,福清市人。宋隆兴元年(1163年)武举人。终县尉。

陈　阅　字秀卿,河北怀安县人。宋隆兴元年(1163年)武举人。

陈 赞　字子襄，长溪县（今福安市）人。宋隆兴元年（1163 年）武举人。

陈表臣　字正甫，漳平永福镇人。宋乾道二年（1166 年）武举，知宜州。

陈 策　字子钦，侯官县（今福州市）人。宋乾道二年（1166 年）武举人。

陈 仪　晋江市人。宋乾道二年（1166 年）武举人。

陈仲坚　字秀实，侯官县（今福州市）人。宋乾道二年（1166 年）武举人。

陈端臣　字庄父，漳平永福镇人，表臣之弟。宋乾道五年（1169 年）武举人。

陈 谋　字深甫，漳平永福镇人，表臣之从弟。宋乾道五年（1169 年）武举人，终石门尉。

陈昭德　字士纮，闽县（今福州市）人。宋乾道五年（1169 年）武举人，终县尉。

陈彦直　晋江市人。宋淳熙二年（1175 年）武举人。

陈 说　字和中，闽县（今福州市）人。南宋武状元。陈说参加南宋淳熙五年（1178 年）戊戌武科考试，获第一名，该科共录取武进士 44 名。

陈 应　字定夫，宁德市人。宋淳熙五年（1178 年）武举人。

陈英准　字景平，长溪县（今福安市）人。宋淳熙五年（1178 年）武举人，终江西安抚司准备将领。

陈 勋　字德彰，宁德市人。宋淳熙五年（1178 年）武举人。

陈 缵　字嗣公（似公），长乐市人。宋淳熙八年（1181 年）武举人。淳熙十一年（1184 年），复中进士。两淮运使。

陈商霖　字汝作，长溪县（今福安市）人。宋淳熙十一年（1184 年）武举人。

陈介石　字岩生，闽县（今福州市）人，宋淳熙十四年（1187 年）武举人。

陈 纪　字仲礼，宁德市人。宋淳熙十四年（1187 年）武举人。

陈 昕　字子野，长溪县（今福安市）人。宋绍熙元年（1190 年）武举正奏。

陈 云　字瞻叔，漳平永福镇人。宋绍熙元年（1190 年）武举正奏。兄表臣、端臣，子教授士登。知昌化军。

陈从龙　莆田市人。宋绍熙元年（1190 年）武进士，州监税。

陈 时　宋绍熙元年（1190 年）武举正奏。

陈试伯　字伯著，连江县人。宋绍熙四年（1193 年）武举人。《三山志·人物》作"陈诚伯"。

陈 遇　亨衢之孙,叔安仁,叔祖亨道。宋绍熙四年(1193年)武举人。

陈大用　字□行,连江县人。宋庆元二年(1196年)武举人。

陈汝刚　晋江市人。宋庆元二年(1196年)武举人。

陈万石　宋庆元二年(1196年)武举人。

陈 著　字公叟,漳平永福镇人。宋庆元二年(1196年)武举人。

陈 涣　宋庆元五年(1199年)武举人。

陈良彪　字绰然,长乐市人。宋庆元五年(1199年)武举人,状元。武德郎。

陈万春　字东伯,长乐市人。宋庆元五年(1199年)武举人。

陈宗襄　宋庆元五年(1199年)武举人。

陈斌子　字全父,长溪人。宋嘉泰二年(1202年)武举人。

陈子衢　连江县人。宋开禧元年(1205年)武举人,历阁门舍人,终知封州。

陈天骥　宋开禧元年(1205年)武举特奏。

陈秉硕　长溪县(今福安市)人。宋嘉定元年(1208年)武举人。

陈孝严　字致叔,福清市人。宋嘉定七年(1214年)武举人,历任阁门舍人、知光州、汀州。

陈 端　宋嘉定十年(1217年)武举人。

陈聿甫　字齐吉,连江县人。宋嘉定十年(1217年)武举人。

陈 湜　字以清,长溪县(今福安市)人。宋嘉定十三年(1220年)武举正奏。

陈 森　宋嘉定十六年(1223年)武举特奏。

陈梦龙　罗源县人。宋嘉定十六年(1223年)武举特奏,终知兴化军。

陈武伯　宋宝庆二年(1226年)武举人。

陈 元　字仁之,长乐市人。南宋咸淳九年(1273年)武举人,政和县尉。

陈君用　字子材,南平延平区人。少年负气,勇猛过人。时有汀州盗寇侵犯,君用召集青壮,拿起武器以保乡里。海口陆梁进犯,亦被君用讨平之。有红巾军寇闽,帅府授以君用为南平县尹,命其募兵击之。君用以私财募兵,应者甚众,无不以一当十。每一战,君用必冲锋陷阵,接连收复被陷城池,以功授同知建宁路事。后红巾军又围福州,君用亲率建宁兵救援,大败红巾军。后率兵在连江与贼寇厮杀中不幸中枪身亡。被赠怀远大将军同知浙东道宣慰使事副都元帅,追封颍川郡侯,谥忠毅。

陈　概（1210—1292）　字梦新,号奇须翁,漳州诏安县人。南宋武举人,任漳州分曹参军转户部员外郎、南航行军统制。

陈吊眼（1250—1282）　又名陈大举,一作陈吊、陈钓眼。元朝初年漳州云霄县人。农民义军首领。陈吊眼自小在家乡南山保牛坑村习武,为人刚直豪爽,惯使长柄钢叉。17岁时,其父因率众抗粮,击杀衙役而外出逃亡。南宋景炎元年(1276年),陈吊眼兄妹在红竹尖起义抗元,应援文天祥。景炎三年(1278年),陈吊眼联合广东大埔畲洞许夫人和张世杰所部谢洪永等围攻泉州元军。宋祥兴元年(1278年),陈吊眼率众斩杀元军,收复了漳州城。不久,元将张弘范率舟师南下,陈吊眼自量难敌,主动撤离漳州城。至元十七年(1280年),陈吊眼再次率义军协同漳州民众攻破漳州,杀元招讨使傅全、万户府阙文兴,震惊全国。各地农民武装迅速响应,集兵结寨,纷纷树起了反元的旗帜,陈吊眼及其同盟军很快发展到十几万人,并占领了漳浦峰山寨、华安高安寨、水篆畲、梅陇长窑、客寮畲等八十多处山寨。至元十八年(1281年)十月,元朝调集各路元军前往闽南镇压起义军,高兴部以火攻战术突破大险,杀入陈吊眼主力所在的高安寨中。最后,由于寡不敌众,寨中义军首领大多战死,两万多义军壮烈牺牲。至元十九年(1282年)三月,陈吊眼部被元军重重包围,不幸在漳州千壁岭山寨被俘,不久被惨遭杀害。

陈友定（? —1368）　一名有定,字永卿,祖籍福清,后移居汀州明溪大焦乡。元朝末年福建行省平章政事。幼时家贫,十岁便在盐店当童工,喜欢结交朋友,常舞枪弄棍,青年时学得一身好武艺,投为明溪驿卒。因有勇有谋,被升为黄土寨巡检、延平路总管、汀州路总管等。陈友定善于作战,很受元朝的青睐,兵势日盛,渐渐跋扈专横。至正二十五年(1365年)二月,友定自恃兵强势盛,进击江苏农民起义军领袖张士诚占据的处州(今浙江省丽水县),被张部将胡琛击败。至正二十六年(1366年)四月,陈友定南下兴化、泉州地区,平定补恩巴奚人叛乱。五月攻下泉州。八月,擢升为福建行省平章政事。随后,发兵攻击漳州路总管罗良。友定尽有福建八郡之地,成为独揽全闽军政大权的最高统治者。洪武元年(1368年)五月,朱元璋派章胡美、何文辉为征南将军,率大军入闽。福建诸城相继被攻下,福州被攻陷,南平遂成孤城。不久,漳州、泉州、建宁(建瓯)皆落入明军之手。友定眼看大势已去,服药自尽未死,被明军押送京都处死。

陈　埙　字仲簋,陈芳之子。埙生于将门,双目炯炯,善骑射,性温雅,补福建水师守备,升金门游击,调台协中军。后授予烽火参将,调广东任参将。

陈泰箕　字天禄,漳州诏安县人。南宋末年武进士,任右军参将。

陈斌子　字令甫,福安市人。武科正奏,宋代雷州知州,武翼大夫。

陈霆发　字汝荣,福安市人。武科正奏,宋代滕州知州。

陈仪子　字则与,福安市人。武科正奏,南宋殿前正帅。

陈国弼　字汝直,福安市人。武科正奏,南宋德庆府都监,忠训郎。

陈端孙 字伯都。元朝天赐嫡孙。少年时即登武举首选。授总管府录事,后升至福建宣慰使,出镇福清州。当时陈友定欲占据八闽,拥兵攻打清州,陈端孙率兵迎战,不幸中箭落马被俘,友定劝他投降,被端孙断然拒绝,终被杀。

陈俊彦 石狮永宁镇人。明正统年间武德将军。

陈　俊 莆田市人。明嘉靖五年(1526年)武进士。

陈　珪(生卒不详)　字体敬,明朝嘉靖年间明溪县人。珪身躯伟岸,任侠有勇略,喜击剑,善骑射,城狐社鼠见之缩瑟。嘉靖十六年(1537年),流寇攻石珩,杀人劫物。石珩距县城二十里,城内人人自危。县令及诸父老请求陈珪御寇,陈珪即率城中丁壮驰击。贼寇见之惊走横墟,陈珪追杀过半,所掠男妇悉归。后贼寇又攻下觉及兴善等里,珪复领众往剿击御,杀戮俘馘无算。由是名震郡国,贼寇闻之胆落。嘉靖三十六年(1557年),流寇攻沂州。县令请珪御,时侄陈铎已然壮年,偕伯父同行。至沂州,与贼战数十合,贼败走。追之误入陷敌围,珪、铎合力战,杀贼十余。终因众寡不敌,被贼众所杀。父老哀之,上官以其忠勇,饬立特祠以祀。

陈　铎(生卒不详)　字振夫,为陈珪之侄,明朝嘉靖年间明溪县人。嘉靖十六年(1537),流寇攻石珩,杀人劫物。石珩距县城二十里,城内人人自危。县令及诸父老请求陈珪御寇,陈珪即率城中丁壮抗击贼寇,杀戮俘馘无算。嘉靖三十六年(1557年),流寇攻沂州,县令请珪御,时陈铎已然壮年,愿偕伯父行。至沂州,与贼开战。陈铎、陈珪侄伯等与贼合战数十,贼败走。追之误入陷敌围,铎、珪等合力战,杀贼十余。终于众寡不敌,珪身负重伤,仍奋杀数贼。铎见状,更是鼓力挥戈,纵横百出,与贼众战数十合。总因寡不敌众,陈铎与伯父陈珪俱战死。

陈　第(1541—1617)　字季立,号一斋,连江县人。明朝嘉靖年间抗倭将领,古音学家。六七岁读书,一目十行。少怀报国大志,博览群书,且爱藏书。闲暇学击剑,读兵书、研兵法,人以为狂。嘉靖四十一年(1562年)八月,戚继光从浙江追击倭寇到连江,倭寇逃入马鼻港口礁屿,潮退后四面烂泥,船不得进,陈第改造"土橇"供戚家军击敌,取得马鼻战役全胜,第随之名声大振,受到戚继光、俞大猷的器重。万历二年(1574年),陈第向俞大猷学兵法。万历五年(1577年),经谭纶荐为京营裨将,出守古北口,掌管边境贸易。时戚继光任总兵,擢升陈第为蓟镇游击将军。第对官兵申明约束,开设义学,掌执书册,以教民兵,兵民皆服。第在蓟镇任职期间,边关安宁,百姓乐业。万历十一年(1583年),陈第去官回乡,将自己多年薪俸积蓄,全部赠送给当地群众,仅留一剑随行。陈第回乡后,便专心读书著作,研究古音韵,成为中国古音韵研究的集大成者并驰名中外,是发明中国古音之第一人。万历四十五年(1617年)病终,享年76岁,葬连江官岭戈澳山。

陈有光 晋江市人。明万历十一年(1583年)武进士,都司。

陈王龙 厦门同安区人。明万历十四年(1586年)武进士。

陈文芳 晋江市人。明万历十四年(1586年)武进士,南日把总。

陈 著 晋江市人。明万历十七年(1589年)武进士。

陈俊贤 漳州市人。明万历二十年(1592年)武进士,任广东都司。

陈文焕 漳州龙海市人。明万历二十年(1592年)武进士,任应天坐营都司。

陈茂节 石狮永宁镇人。明万历二十五年(1597年)武举人,永宁卫中所千户。

陈廷良 漳州漳浦县人。明万历二十六年(1598年)武进士,任白沙钦总。

陈氏姑娘(1603—1622) 女,宁德市人。19岁时便臂力过人,双手能并举两大桶水。曾自比花木兰,矢志保卫家乡,其巾帼英风深受乡人钦佩。明末,福宁劝儒乡(今福鼎)东部沿海一带常受海盗骚扰,乡民遭戮,财物被劫。天启二年(1622年)八月,海盗千余人突袭秦屿。张鸢三带领乡勇坚守城堡,陈氏姑娘协助守城,多次打退海盗进攻。海盗复倾巢从樟岐登岸,绕八都桥攻城。张鸢三、陈氏姑娘率众殊死抗击,终因敌众我寡,城被攻破。张鸢三、陈氏姑娘等43人被擒。陈氏姑娘为不受辱而自尽,其余勇士亦从容就义。

陈士璇 漳州龙海市人。明万历三十二年(1604年)武进士,任镇抚。

陈有纲 号豫庭,晋江市人。明万历三十二年(1604年)武进士,殿试第三,武探花。广东都司,广东南头副总兵。

陈玉笥 南安市人。万历三十四年(1606年)武举人,福宁千总。

陈志巍 漳州芗城区人。明万历四十七年(1619年)武进士,任广东参将。

陈 泽(1617—1674) 字濯源,漳州海澄县人。明末清初郑成功部将。陈泽从小习武,武艺超群。在清兵南下时投奔郑成功。陈泽作战勇敢,每与清军交战,都一马当先,屡立战功,被提升为信武营统领、护卫中镇。顺治十六年(1659年),陈泽升为宣毅前镇,成为郑成功麾下的一员大将。五月,郑成功率大军北上,攻瓜洲、占镇江,势如破竹,直逼南京城下。甘辉、陈泽等部将建议火速攻下南京,但郑成功中计,坐失良机。清军援兵至,大败郑军,陈泽护卫郑成功撤回厦门。顺治十八年(1661年)四月,郑成功率师东征台湾,陈泽带领先头部队抢先在禾寮港登陆,迅速包围赤崁城。歼灭荷兰官兵,并击沉荷兰战舰"赫史托号",取得关键性战役的胜利。八月下旬,荷兰援军猖狂反扑,陈泽带领部下迎头伏击,击沉荷军战舰多艘,击毙荷兰舰长、尉官等侵略者百余人。荷兰总督揆一见大势已去,只好开城投降。郑军收复台湾后,陈泽就跟着郑成功到各地视察,安抚高山族,参加开发屯垦工作,请准郑成功把郑军将士的家眷从大陆接来台湾。陈泽的夫人郭氏和三个胞弟以及陈氏家族多人也迁至台湾。康熙十三年(1674年),陈泽随同郑经带兵到厦门,不久病逝,葬于厦门蔡坑山。

陈应遴 明万历年间漳州南靖县人。人称陈三爷。应遴年轻时嗜武,外出四处拜师学艺,练就一身功夫。回乡后,在南靖与华安交界的桃花岭李寨称王,自封为陈国公。他劫富济贫,颇受百姓拥戴,后遭伏击中暗箭身亡。

陈渭煌 漳州芗城区人。明朝武举人,任江南屯田守备。

陈四维 漳州平和县人。明朝武举人。

陈　斌(? —1657) 明末清初海澄人。曾任海澄守将,后降郑成功,成为郑家军的一名猛将。陈斌身大十围,其掌巨大,诨号大巴掌。能力举千斤,是一名武勇骁将。陈斌统领后劲镇,跟随郑成功南征北战,立下显赫战功。他在交战中常常身先士卒,提刀跃马,冲入敌阵砍杀,其势锐不可当。顺治十四年(1657年),护卫前镇陈斌奉命守卫罗星塔,被施琅遣人诱降,后被杀。

陈膺禄 永春县人,明熹宗天启四年(1624年)甲子科武举人。

陈一元 惠安县人。明天启五年(1625年)武进士。

陈弥心 厦门同安区人。明崇祯元年(1628年)武进士。任南京都司,历大同参将。崇祯十七年(1644年)殉于闯王之难。

陈　煜 永春县人,明崇祯间以武功任守备,镇守仙霞关。

陈　升(1644—1708) 漳州平和县人。清代将领。年少习武,曾在平和大溪一带传授武艺。后投靠清廷,任浙江乐清府副总兵左都督,授一品荣禄大夫。

陈　魁 明末清初郑成功的重要部将。清顺治十五年(1658年),郑成功调集各提镇舟师回厦门,在厦门港筑演武亭,精选良将锐卒,整编大军,训练营伍。并选壮勇者五千人编入左右武卫、虎卫亲军,戴铁面、穿铁甲,绘朱碧彪文,矢铳不能伤,专立于阵前砍马足,号称"铁人",由左虎卫陈魁统率。顺治十六年(1659年),郑成功率十七万大军北伐,一路势如破竹。在攻打南京时,遭清军突袭,大将甘辉被杀,数十员大将战死,为掩护郑成功大军撤退,陈魁率铁人军大战清军,最后战死。在晋江东石白沙国姓城遗址旁边,有一座三英公庙,内祀郑成功部将甘辉、张英、陈魁,以寄哀思和敬意,至今香火不断。

陈永华(1634—1681) 字复甫,清代同安县人。郑成功的重要部将、参军。从小好读书,有奇谋。清顺治五年(1648年),清军攻陷同安,他遂投奔郑成功抗清复明。郑成功与他谈及时事,终日不倦,称赞他为"今之卧龙也"。他深得郑成功信任,授为参军,参与重大战略决策。他遇事果断,定计决疑,绝不为群议所动,极力支持郑成功北伐攻南京。郑军北伐失利后,退守金厦根据地,陈永华支持郑成功复台决策。在郑成功挥师东征台湾时,他受命辅助郑经留守金厦,巩固后方。郑成功逝世后,他随郑经东渡台湾,辅佐郑经综理政务。在他执掌朝政期间,推行屯垦,修孔庙,创书院,开科举,促贸易,加快了台湾的开发和社会经济发展。

陈士恺　南平浦城县人。清康熙年间,以军功给左都督衔,官延平协副将,世袭拜他喇布勒哈番。

陈卧龙　安溪县人。清康熙二年(1663 年)武举人,京师东直门事。

陈雄健　安溪县人。清康熙八年(1669 年)武举人,兖州府界河营千总。

陈谢安　莆田市人。清康熙九年(1670 年)武进士。

陈　震　将乐县人。清康熙九年(1670 年)武进士。

陈龙骧　漳州平和县人。清康熙十一年(1672 年)武举人。

陈王路　漳州龙海市人。清康熙十八年(1679 年)武进士,任两广参将。

陈　勇(1664—1741)　原名陈崇,字芝俊,广东澄海市人。清代将领,少年时以捕鱼为业,经常出入海中,后投效福建水师,被提拔为把总,后押运粮至福建救灾,升为千总。两年后再升为烽火营参将、浙江温州左营游击、福建烽火门参将、福建澎湖营副将、福建海坛总兵。陈勇擅长打击海盗,威名远播,土匪窃贼闻之生畏。雍正十一年(1733年),陈勇署福建水师提督,主帅福建水师,并统辖金门、澎湖及台湾水陆营伍。雍正十二年(1734 年),告老回乡,卒于乾隆六年(1741 年),享年 77 岁。

陈师助(1671—1743)　字有功,漳州平和县人。清代将领。年少习武,后往湖广投军。因立战功,被皇上敕封御前侍卫,特授湖广武冒游击。清雍正十年(1732 年)升任岳州参将,暑州、国州总兵官参府事,晋加二级。四个月后,授四川省成都府总兵。

陈举安　莆田市人。清康熙十二年(1673 年)武进士。

陈伦炯(1687—1751)　字次安,号资斋,厦门市人。清代将领。年轻时博览群书,习拳练棒。清康熙年间承袭父荫,入京充侍卫。康熙六十年(1721 年),他奉命赴台参与镇压朱一贵起义,叙功被授为台湾南路参将,旋升安平协副将。翌年调台湾水师副将,建筑海岸保护安平城。雍正四年(1726 年),补台湾总兵。任内励己率属,清谦尽责,时有"总镇清廉补破靴"的民谣在台湾流传。以后历调广东高、雷、廉三镇总兵,又任江南崇明、狼山两镇总兵。乾隆七年(1742 年),任浙江宁波水师提督。五年后,解任归厦门。所著《海国闻见录》两卷,辑入《四库全书》,是一部言必有证的地理资料书。

陈大材　永春县人,清康熙二十三年(1684 年)甲子科武举人,任长淮卫千总(省志同安籍)。

陈天宠　永春县人,清康熙二十六年(1687 年)丁卯科武举人。

陈宝策　永春县人,清康熙二十九年(1690 年)庚午科武举人。

陈壮猷　霞浦县人。清康熙三十年(1691 年)武进士。

陈　飞　　罗源县人。清康熙三十三年(1694年)武进士,柳庆营守备。

陈维扬　　字季鹰,南平浦城县人。清康熙三十五年(1696年)武举人,官闽安镇标左营千总。

陈大武　　漳平市人。清康熙三十九年(1700年)武进士。

陈万言　　永春县人。清康熙四十四年(1705年)已酉科第一名武举人。

陈昆龙　　本姓曾,漳州南靖县人。清康熙五十年(1711年)武举人,康熙五十一年(1712年)武进士,任湖广守备。

陈万观　　漳州市人。清康熙五十年(1711年)武举人。

陈舜道　　上杭县人。康熙五十三年(1714年)武举人,岳州卫千总。

陈春泽　　龙海市人。清康熙五十七年(1718年)武进士,任广东新安营守备。

陈学圣　　上杭县人。康熙五十九年(1720年)武举人,凤阳卫千总。

陈　捷　　侯官县(今福州市)人。清康熙六十年(1721年)武进士,沙州卫守备。

陈名时　　福清市人。清康熙六十年(1721年)武进士。

陈　芳(清康熙年间)　字名侯,官至碣石游击。性严毅,身材魁伟,能挽数石弓。

陈鸣夏　　泉州惠安县人。清雍正二年(1724年)武进士。广东提督。

陈如雄　　泉州惠安县人。清雍正二年(1724年)武进士。游击。

陈　荔　　龙岩市人。清乾隆元年(1736年)武进士。

陈汝捷(?—1790)　字瑞远,别号三峰。明溪县人。清乾隆朝海坛总兵。清乾隆十四年(1749年),汝捷授江南宣州卫领运千总。任上清厘漕规积弊,措置裕如。后升任直隶昌平营守备,复改任闽安协左营守备。因对于闽海之梅花洋巡逻不懈,洋面肃清,提升台湾北路淡水营都司。淡水为粤民群萃州处之地,界连野番。迳捷上任后以恩威安抚,民夷服帖。叠升标右营游击,广东平海营参将,及龙门香山春江协副将。复以在粤东稽查洋艘,化洽内外,升授广东碣石镇总兵。调任福建海坛镇(今平潭)总兵。海坛在大海中,为全省咽喉,陈汝捷镇守海坛,历数十年无寇氛,百姓免受骚扰。迨署福建全省陆路提督军门,其年亦已老矣。及乾隆四十四年(1779年),乞假予告,蒙天语褒嘉,准假回籍。乾隆五十五年(1790年)正月十二日卒于家。著有《宦游记》及《水师辑要》二卷。《宦游记》已载本志《艺文》中。

陈国器　　泉州惠安县人。清乾隆二年(1737年)武进士。

陈文卿　　漳州诏安县人。清乾隆四年(1739年)武进士。

陈玉衍　漳州云霄县人。清乾隆六年(1741年)武举人。

陈定举　漳州诏安县人。清乾隆七年(1742年)武进士,任广东虎门守备。

陈青云　漳州云霄县人。清乾隆九年(1744年)武举人,清乾隆十六年(1751年)武进士。

陈涵虚　南平浦城县人。清乾隆十年(1745年)武进士。

陈汝翼　龙岩市人。清乾隆十年(1745年)武进士。

陈云龙　永春县人。清乾隆十二年(1747年)丁卯科武举人。

陈瑞图　古田县人。清乾隆十六年(1751年)武进士。

陈天琳　漳州云霄县人。清乾隆十八年(1753年)武举人,任崖州参将。

陈奋腾　(省志作奋鹏)永春县人。清乾隆十八年(1753年)癸酉科武举人。

陈大铖　漳州芗城区人。清乾隆十九年(1754年)武进士,任崖州参将。

陈华国　漳州漳浦县人。清乾隆十九年(1754年)武进士。

陈国珍　泉州惠安县人。清乾隆二十年(1755年)武进士。

陈拔山　漳州南靖县人。清乾隆二十一年(1756年)武举人。

陈炳南　漳州南靖县人。清乾隆二十一年(1756年)武举人

陈殿举　漳州云霄县人。清乾隆二十二年(1757年)武举人,任澎湖右营守备。

陈　琬　浙江省人。武举人,千总,乾隆二十三年(1758年)任将乐把总。

陈　斌　号镜堂,漳州漳浦县人。清乾隆二十四年(1759年)武举人,任棚户协镇。

陈宗器　漳州云霄县人。清乾隆二十四年(1759年)武举人。

陈大兴　漳州南靖县人。清乾隆三十三年(1768年)武举人。

陈　苞　漳州云霄县人。清乾隆三十三年(1768年)武举人。

陈超英　永春县人。乾隆三十三年(1768年)戊子科武举人。

　　陈大恩　浦城人。荫袭云骑尉,学习期满,题补守备。清乾隆三十六年(1771年)从阿桂用兵金川。乾隆四十一年(1776年)征服金川后,以军功升为湖北施南协副将,后升永州(今属湖南)镇总兵。乾隆五十二年(1787年),林爽文在台湾起义,次年八月,清廷任命福康安为将军,赴台湾镇压,陈大恩随军从征,破牛屏峡,解诸罗县围。乾隆五十三年(1788年)二月,林爽文被抓获,起义失败。陈大恩留守台北路。起义军余部由陈周全率领,围攻台郡,陈大恩闻讯,领兵三百去解围,途中在八卦山遭到起义军数千人伏击,陈大

恩突围不成,引佩刀自刭而死。

陈凤仪　漳州云霄县人。清乾隆三十九年(1774 年)武举人。

陈光昭　漳州市人。清乾隆四十年(1775 年)武进士。

陈殿举　漳州云霄县人。清乾隆四十二年(1777 年)武举人。

陈捷科　永春县人。乾隆四十二年(1777 年)丁酉科武举人。

陈瑞芳　泉州安溪县人。清乾隆四十三年(1778 年)武进士。

陈殿策　漳州云霄县人。清乾隆四十五年(1780 年)武举人。

陈名魁(？—约 1800)　字孚九,号春庭。漳州漳浦人。他少年习武,熟悉水务,清乾隆四十六年(1781 年)武科进士,授处州守备,调署金门游击。乾隆五十九年(1794 年)移镇铜陵(东山),卡阻海上商船,招降梁山土寇。不久调署闽安副将,授水师广东海门参将。因其善刀,众人呼为"陈大刀"。他巡警南澳海上时,于牌角澳猝遇谢凤、沈呈等海寇船,海战中身受 24 处伤,终因失援而遇害。赐恤如例,世袭云骑尉,祀金门昭忠祠。

陈玉衍　漳州云霄县人。清乾隆四十六年(1781 年)武举人,任广东宁营千总。

陈溶玉　漳州南靖县人。清乾隆四十八年(1783 年)武举人。

陈殿胪　漳州云霄县人。清乾隆五十一年(1786 年)武举人。

陈联登　永春县人。乾隆五十一年(1786 年)丙午科武举人。

陈钦宝　永春县人。乾隆五十三年(1788 年)戊申恩科武举人。

陈简书　泉州南安县人。清乾隆五十九年(1794 年)武举人,汀州中营把总。

陈大扬　泉州晋江县人。清乾隆年间武举人,任广东龙门镇副将。

陈逢时　清代乾隆年间厦门同安县人。年轻时进入清军水师,因功升为把总。乾隆年间,台湾爆发林爽文起义,逢时随师东征。乾隆五十二年(1787 年)二月,会战于大湖。义军屯众草尾店,官军力攻之,九突其阵,洲仔尾、鲫鱼潭、姜市诸役,皆奋锐前驱。已援诸罗,时诸罗围久,逢时至,并被围。粮尽,军士饥疲。起义军数次发起进攻,与官兵拼死杀斗,身经三十五战,婴城共守。大兵入,围解。次年正月,随参赞海兰察攻克牛庄、加芨庄,大破义军,南北路告平。

陈玉龙(1765—？)　原名逢笏,字天宝,号云台,福安县人。清代将领。青年时豪爽倜傥,仗义任侠,深为里人推重。乾隆五十一年(1786 年),玉龙资助闽县新科举人陈若霖进京会试。不久,若霖考取进士,授刑部主事。乾隆五十六年(1791 年),海盗猖獗,进扰三澎海域,偷袭兵舰,拦劫商船,海防吃紧。时李长庚任澎湖协副将,若霖便荐玉龙于其麾下任把总,随其剿盗。一次海战中,玉龙机智勇敢,身先士卒,冲散盗船,擒斩甚多,海盗遁逃。论功行赏,玉龙被擢为千总。嘉庆五年(1800 年),李长庚升任福建水师提督,提拔玉龙为金门镇守备。嘉庆六年(1801 年),长庚、玉龙等率水师于岐头、东霍等地击败蔡牵,俘其船只。嘉庆十二年(1807 年),玉龙率霆船 5 艘、小艇 30 余艘护送前往琉球册封使团,当进入台湾海域时,使船遭"土盗"袭击,玉龙奋力指挥还击,突出重围,安抵冲绳(当时琉球首府)。回国复旨后,仁宗以护航殊勋,特授玉龙为金门左营游击,署闽安协副将,并御题"海甸干城"条幅相赠。

陈化成(1776—1842)　字业章,号莲峰,汉族,同安丙洲人。行伍出身,精通武艺,熟习水性,历任台湾总兵、福建水师提督、江南水路提督。鸦片战争中著名的抗英名将。陈化成自幼端重,智勇过人。28 岁入伍,拔补水师额外,以杀贼功,拔外委。嘉庆十二年(1807 年)冬,攻蔡牵于浮鹰洋,获其船,升铜山守备。又屡获洋盗,补烽火参将。道光元年(1821 年),升澎湖副将;八月,升广东碣石总兵,旋调金门总兵。道光六年(1826 年)五月,调台湾总兵。道光十年(1830 年)二月,授福建水师提督。在厦凡十年,海贼慑服,莫敢动。道光二十年(1840 年),调任江南水陆提督,扼守吴淞口。1841 年 5 月,英国侵略者先攻陷江浙两省重镇乍浦,然后企图进攻上海,陈化成认为敌人必攻吴淞,乃积极备战,激励士卒,誓师抗战。英军见吴淞防备极严,未敢轻入。1842 年 6 月 16 日,英国侵略者以大小船只百余艘,陆军万余人,全力进攻吴淞要塞,67 岁的老将陈化成率官兵五千人把守吴淞炮台,与敌激战半日,击伤 4 艘敌舰。后因总督牛鉴被吓跑,其他将领也跟着溃逃,于是全军大乱,陈化成扼守的西炮台成了孤军。敌人乘势猛攻西炮台,陈化成率士卒死战,身受七处重伤,血流至胫,犹自秉旗促战,直到壮烈牺牲。

陈冠英　永春县人。清嘉庆三年(1798 年)戊午科武举人。

陈佐邦　永春县人。清嘉庆六年(1801 年)辛酉科武举人。

陈万周　永春县人。清嘉庆九年(1804 年)甲子科武举人。

陈基德　永春县人。嘉庆年间授邵武千总。

陈凌辉　永春县人。任福宁镇右协中军兼辖宁福寿。

陈登捷　清代嘉庆年间同安县厦门人。副将万山弟,兄弟并起戎行。登捷状貌魁伟,壮年入水师,屡著战功。嘉庆十四年(1809 年),任玉环参将。渔山之役,从攻蔡牵,迫近蔡牵船队,抛掷火斗,焚烧贼船,牵落海死,贼船二百余人并死。叙功例升副将,护黄岩总兵。

陈建勋　清代厦门同安县人。海澄武生,效力戎伍。时台湾林爽文率众起义,陈建勋奉调从征,大小三十六战,授水师提标中营把总。

陈应运(？—1862)　号生甫,平潭县人。其父官铜山营参将,应运随任入伍。清道光年间(1821—1850 年),陈应运补父职,后授南澳总兵,调署虎门水师提督。同治元年(1862 年)七月,积劳卒于官。

陈胜元(1797—1853) 字建珍,号晓亭,厦门市人。清代水师将领。陈胜元少年时家境贫寒,然素怀报国之志,每日习武不辍。18 岁投效清军水师,因胆识过人,很快由武生拔额外,再拔外委、把总、千总。道光十三年(1833 年),经福建水师提督陈化成保荐,补海坛右营守备、护金门左营游击。道光十九年(1839 年)九月,随陈化成巡洋,在东碇外洋遭遇海盗,提督座舰受伤,他以孤舟力战,持大刀跃登盗船,手刃数贼。官兵蜂拥而上,一举捕获海盗 18 名。是年冬升任副参将,负责厦门岛的防务。道光二十年(1840 年),率水师官兵击退英军。因身先士卒,指挥有方,擢中军参将。道光二十一年(1841 年)七月,英国公使璞鼎查率"威里士里号"等 36 艘战舰大举侵犯厦门,闽浙总督颜伯焘分兵三路阻击,他率军居中,在演武亭前迎战。狡猾的英军绕过石壁炮台,从白石头登陆袭击,左右两军皆溃。他孤军奋战,终因寡不敌众,退守同安,被革职戍边。新任总督刘韵珂素闻他忠勇,遣其督造战船。旋奉旨赏给守备。后历任福宁左营游击、铜山营参将、福建水师中军参将、山东文登协副将等职。咸丰二年(1852 年)升任江南福山镇总兵。翌年正月,太平军攻金陵,他奉清廷之命在芜湖江面堵截,因中炮坠江身亡。卒谥"刚勇",追赠振威将军。

陈世忠 字锦堂,清代道咸年间厦门同安县人。少从季父学兵法,明习水务,慷慨有用世志,深得季父器重。道光六年(1826 年),制府赵莅厦阅师,因擅长射箭,补提标前营外委。缉捕勤奋,累迁海坛左营守备。道光二十年(1840 年),监造战船,驾送金州,循例引见,补闽安右营都司,累升南澳游击,铜山营参将。道光二十八年(1848 年),制府刘韵珂以世忠精明强干,奋勇有为,请升署闽安副将。次年,复请署福宁镇总兵,俱俞之。二月,接统北帮巡船,先后在大崎山、黄湾澳等处获盗船无算。道光三十年(1850 年)六月,擢黄镇总兵。咸丰元年(1851 年)夏,调山东登州镇。咸丰四年(1854 年),升任黄岩镇总兵。咸丰九年(1859 年)三月,调防西江口;九月,因与统帅和春意见相左,被参劾夺职。世忠胸怀坦荡,淡于荣利,苟关利害,则力争无所屈,大府之贤者敬焉,其被谤亦率由此。家居有年,始卒。

陈兴隆(? —1851) 字徽亭,号石洲,清代厦门同安县人。少习骑射,应武试,后投入水师右营伍。道光十九年(1839 年),夷船窥闽海,兴隆随江南提督陈化成击之,拔金门把总。道光二十年(1840 年)七月,夷船阑入厦门,复随陈阶平击却之。旋署海坛镇标左营守备。道光二十四(1844 年)年,制府刘韵珂以缉捕勤奋,题补闽安右营守备。道光二十六年(1846 年),调护提标后营游击。道光二十八年(1848 年),负伤擒贼,以功升南澳左营游击。带伤与盗贼鏖战,擒贼百余名,获船、械无数,旋署提标参将。咸丰元年(1851 年),提督郑高祥素谂其能,调护左提标济南。秋,粤盗布兴有扰浙海,率部北上灭贼。时九月,朔风劲阻,抵温州,竟殁于军。

陈 彪(1808—1893) 清代永春县人,地术拳法第二代传人。陈彪自幼丧父,家境贫寒,由母亲陈氏辛勤养育。陈彪自小聪颖勤快,8 岁起就帮家里干活劳动。时有地术拳法创始人四月神尼受官府逼害,避难永春。陈彪遂拜女尼为师,学练地术拳法。陈彪苦练功夫,八年寒暑,终得神尼真传。一时,四方武者,来讨教的,来挑战的,陈彪一一点到为止,降服众人。陈彪一生唯将地术拳法传给儿子陈阿银。

陈世荣(1823—约1884) 字寿卿,号石洲,清代厦门同安县人。清朝水师游击。少年时勤奋好学,有远大志向。20岁时投军水师,以军功官至游击。清同治元年(1862年),沈葆桢任船政大臣,主持创办福建船政局,调其为监工。他认真负责,管理得法,为建设中国第一个近代造船厂贡献才智。后辞职,寓居厦门行医。他曾向一位江湖医生学得接骨整骨技术,从军后经常为军中官兵义务施诊,积久而医术益精,遂成为厦门骨科名医。他"活人不受谢,赠药不受酬",被誉为"良将良医"。英国皇家医院一位医生目睹其医术,赞叹"为西洋医术所未有"。卒后被清廷追赠武显将军。

陈进成 漳州长泰县人。清道光十七年(1837年)武举人(解元)。

陈开中 永春县人。清道光十七年(1837年)丁酉科武举人。

陈兰芳 三明大田县人。清道光二十六年(1846年)武举人,任漳州守备,恩赐世袭云骑尉。

陈超宗 永春县人。清道光二十九年(1849年)己酉科武举人。

陈耀宗(约清道光年间) 漳州芗城区人。洪拳传人。从小师从蔡大欣习练洪拳,后创立"耀德堂"武馆,在石码、角美、东美一带传拳。

陈诗魁 号成满,明溪县人。明溪县把总。深娴韬略,勇力过人。咸丰八年(1858年),发寇围城。撤退后,大军亦远撤。红巾忽乘机集龙湖圣宫。陈闻讯即率队进剿。刚至龙湖,贼党四面包围而来。因奋力格斗,顾左右仅四人,众寡不敌,乃拼命冲杀,手刃数贼而死。手下四人亦同时遇难。

陈凌霄 永春县人。清同治元年(1862年)壬戌恩科并补行辛酉正科武举人。任台湾守备。

陈炳星 漳州南靖县人。清同治四年(1865年)武举人。

陈维礼 泉州晋江(今石狮)人。清同治年间千总。往台从征阵亡,世袭云骑尉。

陈鸿翔 永春县人。清同治五年(1866年)丙寅补行甲子正科武举人。

陈鸿翱 永春县人。清光绪元年(1875年)乙亥恩科第六名武举人。(鸿翔之弟)。

陈庆元 永春县人。清光绪元年(1875年)乙亥恩科武举人。迪光之侄。

陈迪光 永春县人。清光绪元年(1875年)乙亥恩科武举人

陈涤先 永春县人。清光绪二年(1876年)丙子科武举人。

陈国泰 永春县人。清光绪八年(1882年)壬午科武举人,任桃源赤水把总。

陈应中　　永春县人。清光绪八年(1882年)壬午科武举人。

陈开成　　永春县人。清光绪十五年(1889年)已丑恩科武举人。

陈肇光　　永春县人。清光绪二十三年(1897年)丁酉科武举人。

陈肇恩　　永春县人。清光绪二十三年(1897年)丁酉科武举人。

陈应清　　三明大田县人。光绪二十三年(1897年)武举人,任桃源汛。

陈维阳　　漳州漳浦县人。清光绪年间武进士,任侍卫。

陈澄澜　　漳州龙海市人。清朝武进士,任侍卫。

陈廷魁　　漳州龙海市人(原籍台湾)。清朝武举人。

陈苍白(？—1906)　漳州云霄县人。父早逝,靠母及兄种田及制卖豆腐度日。他少负奇志,通熟武艺,在陈岱新圩村莲花庵加入反清白扇会组织,成为当地首领。清道光二十六年(1900年),他利用云诏东的交汇要冲莲花庵为据点,借奉祀祖师公之名招徕信徒,聚众数百人。会众以白扇为标志。光绪三十二年(1906年),爆发漳浦教案,清兵搜捕会众,陈苍白遭到拘杀。

陈祖德(1841—1914)　男,字作忠,号兰春,德化县人。出身习武之家,粗通武术。祖德少时,其母授以武艺,兼习正骨医术。祖德13岁时在瓷厂当窑工,以烧窑为生;尝于窑址周围设跑马道,供练武跑马学射;后得以弓马成名为武生,钦加五品衔,驻永春城。重视公益事业,不遗余力;乡中有忿争事,皆出面调解,众无不悦服信从;更有医轮接骨之术,凡人有染患,不论早晚,有请即行,以救人为急务。祖德官至永春州千总,同治十三年(1874年)辞官乡居。在家乡乐陶设武术馆,教人习武,一把近百斤的铁关刀留传至今;复兼行医济世,拯救危难,医德远至永安、三元、泉州、厦门,近至永春、大田、仙游等,民众无不感恩戴德,众口咸钦。清朝一知事特赠"救世真心"匾额。民国三年(1914年)逝世,年73岁。

陈阿银(1853—1941)　男,永春县人,武师陈彪之子。地术拳法第三代传人。陈阿银随父陈彪苦练地术拳法,十年后功夫大成。陈阿银为人仗义,好打抱不平,在20世纪初义和团运动期间,因差点闹出人命,不得已背井离乡,逃往新加坡。十余年间凄风苦雨,颠沛流离,居无定所,食不果腹。偶遇福建同乡同姓陈依九,在陈依九的关照资助下得以安享晚年。于是,陈阿银打破地术拳法传内不传外的家训,收陈依九为徒。并将自己所学,尽传于陈依九,使地术拳法在陈依九的努力下发扬光大。

陈焕拱(1857—1893)　也叫陈拱,字伯垂,又名建成,德化县人。义军首领。焕拱自幼习武,曾参加童生武试。光绪十七年(1891年),陈焕拱发动受盐税最苦的德化东北区民众反暴抗税,被众推为首领,发动起义。一举占领县城,与官兵激战,后因敌不过官军枪炮,终被击溃。陈焕拱率义军转移安溪、科山上格(今大田县属),继续抗击官军。光绪十八年（1892 年），入赤水大尖山蜈蚣仔厝，不幸被清提督孙开华捕获，次年就义于福州。

陈桂明 字金镛，清上杭县人。清代水师将领。光绪年间在福州船政学堂毕业后，任北洋海军管带，后擢升游击。陈治军号令严明，训练有方，体恤士卒，深得士兵拥戴，所领导的舰队作战勇猛，成为海军中的一支劲旅。光绪二十年（1894 年），甲午中日之战中，他率舰在鸭绿江与日舰作战，身先士卒，竭力督战。初曾打败日舰，上报告捷。因后援不继，军舰被日舰击中下沉，以身殉国。后追封云骑尉，世袭其职。

陈芑洲（1878—1951） 男，福州市人。福建省医药研究所原所长、人民医院原副院长，太极拳名师、名医。先后在北平体育社和行健会师从杨春圃、刘采臣、孙禄堂、吴鉴泉、杨少侯、刘恩绶、刘彩臣、姜殿臣、纪子修等太极名师。经切磋、搭手、拆疑、精研达数十年。融汇不同式法，尤以八盘掌与形意参上唐拳，自成家数。讲究北长南短之拳理，注重提放技击术。陈工武医、擅艺文。民国十七年（1928 年），于福州女子中学、英华书院等教书。新中国成立后曾担任福建省医药研究所所长、人民医院副院长等职。留有《太极正宗》（三山书局出版）传世。

陈发炎（1881—1911） 连江县人。黄花岗七十二烈士之一。从小务农，淳厚朴实，沉默寡言，心中自有理想志向。平时好拳术，被称为国术教师。光绪三十四年（1908 年），与陈清畴一同加入光复会，教习拳术，商谈救国大计，表现积极。宣统三年（1911 年）春，孙中山决定在广州起义，发炎从吴适处得知消息后，积极报名参加。1911 年 3 月 25 日，自马尾乘船转香港抵广州；29 日编入黄兴率领的第一路"敢死队"。当日下午 5 时 30 分，同连江志士一起参加攻打两广督署，在激烈巷战中壮烈牺牲，年仅 30 岁。

陈清畴（1882—1911） 男，连江县人。黄花岗七十二烈士之一。自小以农为业，勤劳朴实，有强烈民族意识，好谈政治时事。平时爱好技击，根基甚厚，空拳可敌十余人。光绪三十四年（1908 年），清畴邀陈发炎一同加入光复会。宣统三年（1911 年）春，孙中山决定在广州起义，清畴听到消息，积极报名参加。1911 年 3 月 25 日，随吴适一行自马尾转香港抵广州；29 日编入黄兴率领的第一路"先锋队"。当日下午 5 时 30 分，清畴随攻两广督署，后转战军械局，他发挥技击优势，左拼右杀，英勇作战，在巷战中不幸牺牲，年仅 29 岁。

陈飏臣（1883—1936） 原名许成瓜，厦门灌口镇人。16 岁连中文、武秀才。后考入福建师范学堂，毕业后于宣统元年（1909 年）回灌口担任凤山小学堂堂长、教员。同年，发起组织灌口同盟会，召集民众 200 多人，购买枪械，秘密军训，准备起义。辛亥武昌起义，八闽震荡。1911 年 9 月 29 日凌晨，庄尊贤、陈飏臣等率灌口革命军包围同安县城，与陈延香领导的同安青年自治会里应外合，一举光复同安。陈飏臣被推举代理民国首任同安县县长，不久调升晋江县县长。民国二年（1913 年）九月，国民党"二次革命"失败，陈飏臣弃职出亡南洋，为讨袁奔走呼号。至民国五年（1916 年）六月袁世凯败亡后，才回国寄居厦门。期间大力协助陈嘉庚先生争得演武亭地皮作为厦门大学校址。民国十二年(1923年),孙中山平定了粤军陈炯明叛乱,陈觇臣应李烈钧电召入粤,主持收编潮汕粤军洪兆麟部,孙中山亲委陈觇臣为闽赣边防军司令,命其率两团回驻闽南,以策应广东护法军再次北伐。孙中山病逝后,陈觇臣挂印归乡,寓居厦门,从此脱离军政界。

陈更新(1880—1911) 字铸三,又字耿星,号铁菴,侯官县(今福州市)人。黄花岗七十二烈士中"福建十杰"之一。擅击剑,精马术。清光绪三十一年(1905年)春,在福州加入反清秘密组织"汉族独立会"。同年,选派东渡日本,入陆军大学速成班学习,后进东京九段体育会学习马术和兵操。同年七月,在东京加入中国同盟会。翌年,辍学回国,在福州城南小学任数学及体操教员。教学之余,与林觉民、陈与燊等创办爱国社,宣传革命。光绪三十三年(1907年),考入闽口要塞炮科学堂。毕业后,赴京参加部试,名列第一。后被"城南体育会"聘为教授。宣统三年(1911年)春,闻孙中山准备在广州举行第二次起义,号召各地革命党人参加。1911年3月25日,更新随黄兴潜入广州。起义爆发,更新参加先锋队(即敢死队),攻打两广督署,击毙清军管带金振邦,继而跃登督署门楼,消灭兵勇十余人。激战中,伤亡惨重,更新孤身奋战三天三夜,不眠不食,弹尽力竭被捕。审讯中,清吏见更新眉清目秀,遂问:"你年龄还不大,怎么参加造反?"更新厉声应道:"我们是起义,杀身成仁。自古有明训,鼠辈宁知之,其速杀我。"后被押赴刑场,从容就义。

陈宝菁(1888—1950) 男,又名二俤师,福州市人。鸣鹤拳的主要传人之一。师从福州鹤拳名师谢崇祥习武,并协助谢师辅导学生练武12年。后自行设馆授徒15年。全面传承白鹤拳本门武艺,刀、枪、剑、棍、锄、钩、鞭、凳无不精妙,为鸣鹤拳中精绝一脉。

陈云安 闽清县人。清光绪十六年(1890年)武进士。

陈世鼎(1898—1976) 人称麻伙司,福州市人。福州鸣鹤拳师。古技新作,所编的"鸣鹤软八拳"把白鹤拳的内意和外形表现得淋漓尽致,能飞善鸣、栩栩如生。他功不厌精,熔形意与搏击于一炉,在技击格斗中以有组织的旋律和击拍,把组合拳发挥得极其敏捷,堪称一绝。

陈葆中 连江县人。清光绪二十四年(1898年)武进士。

陈 辰 闽县(今福州市)人。清光绪二十四年(1898年)武进士。

陈镇国 长乐市人。清光绪二十四年(1898年)武进士。钦点御前侍卫。

陈及锋 东山县人。清光绪二十五年(1898年)武举人。

陈京铭 男,泉州市人,著名五祖拳师。陈京铭从小好武,体魄魁梧,膂力过人,能举五百斤石狮子,为人仗义好友,谦虚抑己。礼聘蔡玉明传授五祖拳法。因其天资聪颖,习武刻苦用心,深得蔡师喜爱。因蔡要四处传艺授徒,无法长留在家中,陈学武心切,即追随蔡之左右而四方奔走,苦练五祖拳艺。经过十余年的勤修苦练,尽得五祖拳的精髓,为蔡玉明五祖拳门下十虎之一。陈京铭在泉州设立医馆,蔡玉明赐号为"仁德堂"。除行医济世,很少授徒,只传授族中少数子弟而已。自1918年起,数次南渡菲律宾,收徒传艺,行医济世。不管是在国内还是在国外，他都是古道热肠，淡泊名利，却又声名远播，为人所敬仰。

陈依九（1902.10—1997） 男，福州市人。福州武术馆原馆长，福州武协原总顾问，福建省武术协会原顾问，福建地术拳研究会原名誉会长，福州地术拳代表人物。自幼习武学医，先后向地方武师学习"龙形拳"、"罗汉拳"、"虎形拳"等。20世纪20年代到新加坡，又研学"泰拳"、"柔术"等。再缘遇地术拳传人陈阿银后拜其为师，勤学苦练得其真传。1929年，俄国大力士伯涅波夫在新加坡设擂，陈依九以"地术"下盘"金绞剪"等招法卡断俄国大力士的右脚胫骨，被誉为"神腿九"，驰名东南亚，后被推举为新加坡国术会会长。1979年，陈依九带徒参加在广西南宁举行的全国武术观摩交流会，表演地术"飞腿绑双人"等绝技，艺惊四座。1984年出任福州武术馆馆长。1986年随福州武术访问团访问日本，表演"地术拳法"，轰动日本武坛。1988年在"中国国际武术节"上，获"国际武术贡献奖"。陈依九武艺超群，武德高尚，培养了一大批武术精英，为地术拳法的传播和发展做出了贡献。他指导弟子所著的《福建地术》《福建少林狗拳》《少林狗拳师长术》等著作，全面系统地介绍了我国稀有拳种地术拳法的渊源、流传以及独特的技击特点，是留给世人的武术财富。陈依九于1997年逝世，享年96岁。

陈大鼻（1903—1976） 男，漳州芗城区人，洪拳传人。1918年师从吴大批习练洪拳（又称宋江拳或相公拳），后又师从长泰"海师"习练七尺棍和钩镰枪。1925年，得师叔柯长味指导，后在芗城传授武艺。

陈修如（1905—1991.7） 男，福州台屿乡人。福州三山武术协会、福州市武协、福州武协少林罗汉拳研究会原顾问，福州市武术馆原副馆长，福州罗汉拳代表人物之一。早年毕业于福州格致中学。1915年拜同乡人陈菜头习练基本拳术。1923年拜福州王于岐学罗汉拳、鹤拳、原式太极等。1929年在湖北宜昌拜东北籍人安常清学少林五拳宗法、十八手、九腿、小罗汉、太极十字连环掌、太极十三势等。1930年拜东北人居静师学七星迴旋掌、罗汉拳、罗汉神打、罗汉擒拿。1931年拜福州市郊柳挺金学飞鹤。1935年在上海拜河北人褚桂亭学习杨式太极、八卦、形意、太极推手、散打等。1940年在福州苍霞洲白龙庵组织创办福州市国术学会。1959—1965年，在省、市中医学院，省、市工人疗养院传授太极拳、剑、气功，学员数千余员。1979年任中华体育总会福州会委员、武术裁判员。1980年任省武协委员、科研副主任。1980年带高娅、林秋萍、代林彬、林丽钦、陈思坦学习太极十字连环掌。1985年任第三届体育分会顾问。

陈祥榕（1910—1934） 又名陈尚容，连江县城关镇人。陈祥榕读小学六年级时，到"打铜春"店学五金工艺，闲时习文练武。上海发生"五卅惨案"后，连江成立了"声援沪案雪耻会"，祥榕为敢死队队员，参加反日爱国斗争。1930年初加入中国共产党，不久成立中共城关支部，祥榕为书记。他发动农民，组织请愿，领导抗捐斗争。1934年任中共福建临时省委委员、省委军事部长。同年 2 月,受命回连江任县委书记、红军第十三独立团政委,挥师挺进罗源山区,接连消灭罗源、闽侯、古田边界地区的 18 支地主民团,巩固、扩大连罗苏区。1934 年 8 月被宪兵四团逮捕,在福州鸡角弄英勇就义,时年 24 岁。

陈铁球(1912.1—1999.7) 男,漳州芗城区人。洪拳传人。7 岁习武,师从吴大批习练洪拳(又称宋江拳或相公拳)。1964 年开始授徒传艺。

陈东官(1913—1979) 男,又名陈栋官,号天一,福州市人。福州罗汉拳的主要传人之一。12 岁师从永泰"浦岭四"习罗汉门拳艺,兼习鸡、猴、鹤、吴氏太极拳。1932 年参加福建省武术擂台赛获奖。曾任福州署警员武术教官。1957 年、1960 年、1962 年,参加福建省武术观摩表演并获奖。1963 年参加福州市春节武术会演,表演少林棍、吴氏太极拳。

陈家鸿 男,泉州市人。菲律宾中华鸣谦国术社社长。幼受庭训,7 岁入学攻书,并随母学白鹤拳。11 岁随其父陈京铭学练五祖拳法,十余年苦练,尽得乃父真传。1934 年因陈京铭率其门生客串了南京国术馆的国术队到南洋各埠进行武术表演,颇获侨界人士赞许,敦聘陈京铭到菲律宾传授五祖拳。陈京铭年近古稀,无意再远涉重洋,于是陈家鸿于 1935 年代父南渡菲律宾,创立"旅菲鸣谦柔术学社",1937 年更名为"菲律宾中华鸣谦国术社",教授五祖拳法,学员迅速增至数百人,传下五祖拳菲律宾支系。抗战时期,菲华侨界每有宣传抗日会,均邀请鸣谦国术馆和其他国术馆社一起举行国术联合表演,为宣传抗日贡献力量。

陈九龙 男,台湾人。台北忠义堂太祖拳师。师承吴大朝(吴氏原学蔡家拳,后学林恩木太祖拳)。新中国成立前渡海来闽,辗转至漳州娶妻定居,带艺投贴于白鹤门捷元堂赏师(张杨华)门下。在家中开设医馆,行医授艺。陈九龙膂力过人,硬气功颇佳,可以将启动的汽车车尾抬起;也可以躺在地上,肚子上铺块一门板,连过五辆军车而安然无恙。陈九龙家门前悬一杆大刀为医馆标识,上刻"陈九龙"三字,人称其"大刀陈九龙"。大门书对联"九转丹成长生药,龙吟虎啸浩春风"。曾在吴浦、长泰戴墘、石厝等地教拳。陈九龙于临解放时回台湾。

陈国珍(1917.11—2001) 男,永春县人。白鹤拳师。青年时期拜潘孝德为师,学习永春白鹤拳。1943 年参加永春县纪念"总理诞辰"的武术表演,积极参加各种武术活动,双刀的表演尤其出色。

陈国民（1926.11— ） 男,漳州龙海市人。洪拳传人。1944年,师从陈鲜习练洪拳（又称宋江拳或相公拳）。1979年,开始在龙海、芗城等地设馆授徒。

陈德仁（1927.4— ） 男,闽侯人。曾任福州市太极拳研究会常务理事分会秘书长,现任福州左海拳社社长、福州老年大学教育协会太极拳协会会长。中国武术六段。少年师从林显仁、舅父林传务习鹤拳。20世纪60年代初开始学习太极拳108式和太极剑等。1981年起,先后师从陈修如、曾乃梁、洪正福、夏伯华、胡金焕学习太极拳、剑、刀、棍、扇套路;1998年,在北京全国太极拳教练班结业。1993年参加中日武术表演,获美猴奖牌、证书、奖杯。2005年受市武协委托,承办中日武术交流会;同年举办两岸太极推手学术友谊交流会。发表论文10多篇。1982年起,在五一广场设辅导站辅导学员。1995年起,先后任市老年大学、市职工校、口山分校五个班太极拳教师。多次荣获市直老体协先进工作者。

陈 海（1928.4— ） 男,漳州龙海市人。洪拳传人。1944年,师从陈鲜习练洪拳（又称宋江拳或相公拳）。1963年开始在龙海、芗城等地授徒。主持"耀德堂"武馆。曾任龙海市武术协会顾问。

陈政禄（1930.7— ） 男,福州市人。福建省武术协会委员,福州郊区武术协会副会长兼总教练,福建省武术协会地术拳委员会原会长,福州市武术协会原副主席,现任福州市武术协会顾问。中国武术七段。自幼跟随父亲陈依九习武,系统地掌握了福建地术拳械,对地术拳技艺和理论有深入的研究。1983年、1984年被市体委评为体育先进工作者。1985年、1986年连续两年被省体委评为武术挖掘整理先进工作者。1983年被中国武术协会授予"全国千名优秀武术辅导员",并出席全国武术观摩表演。1985年参加由省体委组织的《福建武术拳械录·地术拳法》的编写工作。1991年代表福州市武术协会出访日本,荣获国际武术表演一等奖。其事迹入编《中国武术人名辞典》、《中华武术》。

陈东海(1932—1995)　漳州龙文区人。洪拳传人。师从陈鲜习练洪拳(又称宋江拳或相公拳)。曾在龙海、龙文、芗城等地授徒传艺。曾任龙海市武术协会顾问。

陈秀龙(1939.11—　)　女,漳州芗城区人。大学本科学历,副教授。北京陈式太极拳协会委员,国家级武术裁判。中国武术七段。1960年考入北京体育学院武术专业,毕业后留校任教。长期在北京体育学院从事武术教学、训练和学术研究,学生遍及海内外。擅长查拳、太极拳、形意、八卦和导引养生功。经常参加全国武术比赛和国际武术邀请赛的裁判工作,并多次担任裁判长工作,曾赴日本、越南等国担任武术教学和裁判工作。在报刊杂志和学术研讨会发表论文30多篇。参加《中国查拳》《武术理论基础》《中国武术百科全书》《中国武术段位制教程》等书的编写。创编的《健身太极扇》《健身旋力棒》和《中国功夫鞭》,获北京市大众健身项目优秀奖。2004年参加北京体育大学武术、太极拳国际邀请赛,以中国功夫鞭获第一名,为培养武术人才和推广中华武术做出贡献。

陈君琬(1943.7—　)　男,福州市人。中国体育科学学会武术分会委员,福建省武术协会常务副秘书长,万籁声功夫研究会会长。少年嗜武,跟长辈习南拳。后入福建体院,专修体操。1962年调任福清体委业余体校体操教练。1964年参加在漳州举办的福、厦、漳、泉武术教练员培训班,师从洪正福老师练六合拳。此后学习研究多种武术,于1974年经朋友引荐拜万籁声为师,学练六合自然门功夫。1976年调任福建省杂技团学员班武功教师。1983年调入福建省体委群体处,负责省武术协会工作,并参加福建省武术挖掘整理工作。其间,整理了大量的民间传统武术文字、影像资料,组织各种传统武术活动,开展武术馆校创建活动,被国家体委评为全国武术挖整先进个人及先进集体。1989年与中新社福州分社合作拍摄《闽海风——福建南拳录》大型传统武术纪录片。曾多次带队参加国内外各种武术交流活动。

陈彦鼎(1944.3—　)　男,福州市人。中国武术六段。1954—1956年,师从陈谦榜学习龙法套路(12套)及应用;1957—1958年,学习宗鹤拳套路(6套)及用法。1959年,拜陈依九为师习练狗拳及对打。1964—1969年,与黄拔萃一起拜江苏武协主席费隐涛(新中国成立前系南京国术馆馆长)为师,习练八卦掌等。1967年,拜上海徐汇区武协副主席、中国武当武术协会理事长裴锡荣为师,练习形意八卦掌、董海川八卦六十四路散打、龙形八卦掌等。1964年起，先后在南京、福州、闽侯、南昌、闽清、长乐等地教授拳术，主要有扁担法、棍法、杖法等。

陈万庆（1944.9—　）　男，又名亚宝，漳州芗城区人。福建省武术协会理事，漳州市武术协会常务理事，武协南拳分会会长，漳州芗城区卫生协会副主任，福建诏安县汾水关祺才学校武术总教练，中医骨科医师，太祖拳传人。中国武术六段。自幼酷爱武术，1960年师从石码太祖拳名师康光辉习练太祖拳艺和跌打医术，数十年练功不辍。1964年代表漳州市参加厦、漳、泉三市武术比赛，获太祖罗汉拳一等奖、叉盾对练一等奖。1978年代表漳州市参加福建省首届传统武术比赛，获南拳第一名、器械矛枪第二名。1984年获漳州地区传统武术比赛拳术第一名。1993年参加泉州中国南少林国际武术比赛，获太祖拳术一等奖。曾任龙海县武术队教练，担任省、市武术比赛裁判工作。多次与来访的日本空手道、英国武术界人士进行武技交流。2000年发起组织漳州市武术协会南拳分会，被推选为会长。先后组织七届传统武术比赛，致力漳州南拳挖掘整理和推广、教学工作。

陈金文（1945—　）　男，福州市人。鸣鹤拳社社长，原鸣鹤拳研究会副秘书长，教练，福州市武协委员。少年时师从吴福官习鸣鹤拳。1987年参加福州传统武术比赛获拳术套路第三名，器械第二名。1988年参加福州传统武术比赛，获中年组第二名。1990年获福州国际武术观摩表演大会"猛虎奖"。

陈亚知（1945.10—　）　男，漳州芗城区人。洪拳传人。1964年开始习武，师从陈大鼻、陈铁球习练洪拳（又称宋江拳或相公拳）。曾在芗城、龙海等地授徒传艺。现主持"威德堂"。

陈世明（1946—　）　男，福州市人。福建夏莲上乘梅花拳俱乐部顾问，石狮自然门武校顾问，力奥拳击俱乐部总教练。12岁拜福州上乘梅花拳宗师王鼎为师，学习上乘梅花拳、形意拳、太极拳、宗鹤拳、梅花刀、梨花枪。16岁师从自然门大师万籁声学习六合拳、青龙拳、黑虎拳、九州棍。20岁随王景春学习八卦门拳法、雪花双刀。1983年在长乐开馆传授上乘梅花拳。1993年任福州市武术协会委员，武协特聘教练。1998年组队参加福州市建城2200周年演武大会，获七项金奖和团体贡献奖。2004年与同门师兄弟创办了福建夏莲上乘梅花拳俱乐部，并任顾问。

陈其祥（1946.6—　）　男，福州市人。福州市鸟迹拳馆委员，福州市鸟迹拳社常务委员，福州柔武馆副馆长。自幼好武，曾向鸣鹤拳师九佰习武。1994年又师从福州市鸟迹拳创始人郑礼楷学习鸟迹拳。

陈金龙（1948.5—　）　男，福州市人。福州武术协会委员、福州九香拳社社长。中国武术七段。13岁开始习武。拜福州陈依九为师习练狗拳（地术拳法），又从福州地术拳法名家义香师、福州鸣鹤拳高手吴福官师傅学鸣鹤拳，为释济平法师俗家弟子，习练少林梅花桩精拳以及各种少林武术器械等。挖掘整理出福州狗拳套路"七星坠地"、"三狮滚"、"十八滚"等共一百〇八式。曾先后师从福州义香学狗拳、吴福官学鸣鹤拳、妙峰寺济平法师学少林梅花桩以及各种武术器械。1989年参加《闽海风——福建南拳录》的拍摄；同年创办九香拳社，任社长。1990年获福州国际武术观摩表演大会飞鹤奖。1993年获中国泉州南少林传统武术大奖赛传统棍术优秀奖。1999年获福建南拳研讨会优秀奖。2008年获闽台南少林传统武术交流大赛银奖。

陈秀姑（1948.5—　）　女，泉州市人。泉州市太极拳协会理事，鲤城区太极拳协会常务副主席。1978年向林丕琛学太极拳。后师从傅钟文、傅声远父子学习杨式太极拳。1987年向阚桂香学习陈式太极拳，并参加国家和省太极拳竞赛套路及推手对练培训班。30年来坚持义务授拳，培养出大批优秀运动员和辅导员，在全国及省、市比赛中取得佳绩。1983年起任文化宫辅导站站长，曾两次被评为全省先进辅导站，福建省优秀辅导员、省职工体育积极分子等荣誉称号。业绩入选《当代中华武坛精英》名录和《中华太极人物志》，多次组织太极拳表演等活动。常年致力太极拳普及推广，多次受到有关部门的表彰奖励。

陈天爵（1948—　）　男，厦门市人。工艺美术师，第一、二届厦门市武术协会副秘书长。中国武术六段。1962年师从厦门名师林独英先生习武。1965年师从曾谋尧先生习练五祖拳，并得到五祖鹤阳拳黄维姜、邱继仕、邱继德等老前辈的传授指教。1985年被聘为思明区武术队教练。1989年创办厦门包装总厂武术队，任总教练。1990年被聘为厦门万鹭武术馆副理事长。1990年、1991年为厦门武术队领队，参加福建省少年儿童武术赛。1986年与曾谋尧先生筹办思明武馆。1992年与师兄张朝坤创办神州武馆。1995年被聘为厦门消防一中队武术总教练。担任厦门海西武术大赛，厦门第一至第三届国际武术大赛裁判。为厦门武术协会、厦门国际武术大赛、厦门武术节、厦门全国空手道冠军赛设计的会徽，均被录用，并获得嘉奖证书。

陈以锦（1948.11— ） 男,美籍华人,长乐市人。美国福建南少林香店拳协会会长兼南少林香店拳武术教练。青少年时拜福州房利贵为师,习练香店拳。1979年参加福建省武术比赛,与师弟陈和銮表演八步对打,获二等奖。后在省内各大城镇设馆授徒,并被汕头海军某部队聘为武术教练。1984年当选福建省长乐县武术协会主席。1987年起旅居美国,任三山联谊会醒狮团团长。在庆祝香港、澳门回归活动中,带领醒狮团表演。1997年,受北美洲上地流空手道的邀请,前往波士顿进行学术交流。今在美国纽约广收弟子,传授香店拳。

陈必显（1949.1— ） 男,莆田市人。任职于福建医科大学附属协和医院。曾任福州宗德拳社副社长,福建东方功夫俱乐部太极拳推手培训中心副主任,福州青少年武术培训中心教练。现任福州市武协太极拳委员会副主任兼副秘书长,福州武术培训中心宗鹤拳培训部副主任兼总教练。1965年开始习武。1980年师从陈开明,习练罗汉拳等。1984年又师从陈永水,习练宗鹤拳。1990年获福州传统武术比赛拳术一等奖。1993年获福州国际武术观摩交流大会金牌。2009年参加福州武术——国际冲绳刚柔流空手道演武大会,获得金牌。2000年参加福州市建成2200周年群英演武大会,获一等奖。

陈华英（1949.1— ） 女,泉州南安市人。晋江太极拳协会常务理事,晋江老年大学太极拳、械教师。1992年师从庄长庚,习练太极拳、械。1993年从上海詹闲筱处学习传统杨氏太极拳。1994年在上海永年太极拳社高级讲习班学习。擅长传统杨氏太极拳及各式太极拳械竞赛套路。2001年获首届世界太极拳健康大会太极器械一等奖、杨氏拳二等奖。2005年获"华亚杯"杨氏太极拳西安国际邀请赛刀术金牌、拳术银牌。2006年获华夏武术散打王争霸赛太极刀第一名、24式拳第一名。2009年获第七届香港国际武术节女子F115东岳太极拳第一名。常年业余教拳,组织、辅导群众习武健身。

陈章琳（1949.2— ） 男,福州市人,福建省鸣鹤拳研究会副会长、副总教练。幼从堂兄陈世鼎习练鸣鹤拳法,并多次参加新加坡、马来西亚武术交流会。曾在海峡两岸武术交流会上获得金、银牌。在福州、南平、福清、长乐等地区传授传统鸣鹤拳。曾任福州市郊区武协副会长。

陈锦成（1949.11— ） 男,漳州芗城区人。白鹤拳、太祖拳传人,漳州芗城区东园武术馆馆长。15岁开始习武,师从张云、连杨剪,习练白鹤拳、太祖拳。担任东园武术馆馆长,积极组织社区群众练武健身,参加市、区各种武术活动。曾在芗城、龙海、华安、南靖等地授徒。

陈景云（1950.1— ） 男，漳州芗城区人。大学本科。漳州市体育局原副局长，漳州市武术协会会长，福建省武术协会常务理事。2003年受漳州市政府委派，率武术队赴印尼巨港市，与当地武术界乡亲进行武术友好交流活动。2006年赴香港进行武术交流活动。积极开展各项武术活动，推动漳州市群众性武术活动的蓬勃开展。

陈承海（1950.2— ） 男，福州市人。福建省武术协会地术拳委员会名誉会长，福州市武术协会会长。中国武术六段。1966年跟随陈依九老师习练地术拳法。1979年代表福建省参加在广西南宁举行的全国第一届武术观摩交流大会，演练了地术拳法，获特邀奖；并代表全国第一届武术观摩交流大会优秀项目运动员赴北京汇报表演。1980年作为全国十三名特邀杰出民间武术代表，参加第四届全国运动会武术比赛表演。1984年随陈依九老师代表中国武术代表团访问日本，在日本进行多场武术表演和交流。

陈至刚（1950— ） 男，厦门鼓浪屿人。厦门矿务局职工武术协会会长。中国武术六段。自幼学习地方传统南拳（五祖鹤阳拳）、猴拳等拳种。后在鼓浪屿通背武术社师从著名武术家孙振寰，学习通背拳、六合拳等。创办了厦门矿务局武术队，自任教练，教授竞赛套路及通背拳术等。

陈孟清（1950.3— ） 男，三明市人。永安太极拳协会常务理事，福建省社会武术准高级教练。中国武术六段。自幼随父陈明端学习少林南拳、刀棍、对练等。1966年向仓山区郭钦良老师学习四川峨眉罗汉拳系列。1980—1982年参加省武术观摩赛，获一、二、三等奖各一次。期间向大田刘新昌老师学习硬气功。1980年任三明地区武术协会委员，教练组教练。1992年参加省十届运动会武术比赛。2005年加入福建华武中心，任永安片片长，华武太极刀高级教练。2009年参加首届盛天杯太极拳比赛获一块金牌、两块银牌。先后培养一千余名武术及太极拳爱好者和一批太极拳教练员队伍。

陈诗佐（1950.3— ） 男，厦门市人。厦门市武术协会理事，中国武术六段。自1966年师从厦门武术名家吴志义先生习练五祖鹤阳拳。数十年习武、授武从不间断。2008年参加由中国武术协会主办的"全国武术段位制考评员和工作人员培训班"学习，经考核获合格证书。撰写的《五祖拳的技术特点和演变》论文，获福建省南拳研讨会论文优秀奖。该文于2008年刊登于《中华武术》第5期。与张国荣共同撰写的《谈五祖鹤

阳拳》，以及《老拳师吴志义创"剑刚武术社"》，发表于《八闽武坛》第 2 期。《三战拳理浅释》
一文，发表于《八闽武坛》第 3 期，并刊登于《中华武术》2008 年第 7 期。多次带领学生参加厦门
市武术比赛、香港国际武术比赛、"海峡论坛·海峡两岸传统武术交流大赛"等，获得优异成绩。

陈金水（1950.9—　）　男，漳州龙文区人。福建省武术协会理事，
漳州市龙文区武术协会会长，中医骨伤医师。中国武术六段。1970 年
师从漳州康寿领习练太祖拳、器械、舞狮和八卦阵。后又得到曾木（乌毛
师）的传授与指导。2006 年参加在郑州举行的第二届世界传统武术节，
获传统拳术和大刀两项二等奖。2007 年应邀赴台湾参加武术交流活
动。2008 年参加海峡两岸传统武术交流大赛，获拳术一等奖、刀术二等
奖。2009 年台北全球华人武术节，荣获拳术、棍术两个一等奖。2012 年参加郑州第九届
传统武术节，荣获拳术，棍术两个二等奖。培养一批优秀年轻传统拳选手。积极组织海峡
两岸民间武术交流和拳理研究，2007 年创办首届海峡两岸中华武术大家练，至今已成功
举办八届，接待过台湾同胞四百余人次，并四次应邀赴台进行武术交流表演。2007 年被
省武术协会评为全省武术工作先进个人。2008 年被市体育局评为全民健身先进个人。
2011 年被评为省级全民健身先进个人。

陈学荣（1951.3—　）　男，福州市人。福建省武术协会地术拳会
副会长。中国武术六段。从小酷爱武术，1966 年拜许发清师父门下学
习地术拳，由于尊敬师父，崇尚武德，勤学苦练，持之以恒，深得师傅的厚
爱和真传。1978 年经许发清师父引荐，又拜陈仕天名师学习"鹤拳"、
"猴拳"，直到师父仙逝。20 多岁在家乡设馆授徒，28 岁到长乐一带设馆
授徒。2011 年初成立福建省地术拳委员会地术拳精华武术培训中心，
任馆长，几十年来培训学员好几百人。经常带领学生参加省、市、区组织的武术大赛，共获
得奖牌两百多枚，其中一人还获得"王中王"的称号。

陈强岑（1951.3—　）　男，泉州市人。毕业于福建省艺术学院。
泉州鸟迹拳馆馆长，福建省鸟迹拳社副社长，福州市武协委员，泉州鸟迹
拳协会会长。国家一级演奏员。中国武术五段。1962 年在泉州承天寺
师从瑞吉习五祖拳。1970 年开始学习太极拳。1990 年师从福州鸟迹拳
创始人郑礼楷。自创一套《箫棍》，把吹箫的运气贯穿于整套棍路之中。
多次参加中日（那霸）（冲绳）（琉球）、上地流拳派武术交流活动。

陈超文（1953.3—　）　男，厦门市人。毕业于上海体院。福建省
武协常委、副秘书长，龙岩市武术协会主席。1965 年入厦门通臂武术
社，拜河北沧州大侠孙振环为师，习练通背劈挂门拳艺。1969 年到龙岩
永定插队劳动，1976 年代表龙岩地区参加在三明市举行的福建省"文
革"后首届武术比赛，获个人拳术、短兵、长兵、对练全能第四名。1977
年任龙岩市少体校武术教练，并负责市武术工作。受命组建、训练龙岩

武术套路队、散打队,参加福建省武术套路、散打比赛,取得优异成绩。培养的优秀运动员输送到省体工队和省内外高校。长期担任全国及省、市武术套路、散打比赛裁判工作,在省武术比赛中历任裁判长、副总裁判长、仲裁委员等,曾获得福建省优秀武术裁判员称号。20 世纪 80 年代,积极参加福建省武术挖掘整理工作,多次深入闽西大地进行深入调研,对福建连城拳和上杭五梅拳的挖掘、整理起到重要作用,并使五梅拳从此走向全国赛场。担任龙岩市武协主席期间,积极组织群众参加各项武术活动,大力促进龙岩武术事业的发展。

陈 弘(1953.4—) 男,永春县人。永春县永春拳协会会长,永春白鹤拳研究会会长,中国作家协会会员,国家三级导演。潜心研究永春白鹤拳四十年,创作了大量有关永春白鹤拳的文艺作品,曾担任永春白鹤拳首部电影《永春白鹤拳之擎天画卷》编剧与文学顾问,2014 年此片在全国上映。着力探求永春白鹤拳同咏春拳、日本空手道的渊源关系。论文《永春白鹤拳在东南亚的传播是历史发展的必然》参加"中华传统文化在东南亚的传播与影响"国际学术研讨会,并在《武魂》等杂志发表。担任永春拳协会首任会长五年来,团结和凝聚海内外永春白鹤拳各派力量,内凝外联,宏扬永春白鹤拳文化。保持同德国、英国、俄罗斯、乌克兰、美国、日本、东南亚各国及香港、台湾地区武术团体和爱好者稳定的交往;组织各馆会参加国内外大型武术比赛并屡获殊荣,创下永春白鹤拳历史上最好的成绩。

陈金夏 (1954—) 男,长乐市人。长乐市科技文体局副局长,长乐市体育总会主席,长乐市武术协会主席,福建省武术协会常委,福建省太极拳协会会长,一级武术裁判。自幼习武,1977 年考入福建省体校,拜洪正福为师,后再拜万籁声为师,毕业后把六合门和自然门引进长乐。1986 年,倡导发起成立长乐市武术协会。1992 年和 1996 年在其精心组织与策划下,长乐市分别被国家体委授予全国首批"武术之乡"称号和被评为"全国体育先进县(市)"。1990 年,参加福州市国际武术邀请赛,获鞭杆金龙奖。2000 年参加在三亚市举行的首届世界太极拳健康大会,获太极拳、太极剑两项一等奖。为此,获长乐市人民政府通报表彰,并被授予"长乐市武术事业贡献奖"荣誉称号。2009 年,参加在厦门市举行的"海峡论坛·海峡两岸传统武术交流大赛",获脆翻子、鞭杆两枚金牌。近年来常应国外武术团体或组织的邀请,前往美国、加拿大等 10 多个国家和地区,进行武术交流和讲学。

陈文锦(1954.3—) 男,福州市人。福建弘武国术馆副馆长,食鹤拳总教练。自跟随幼伯父陈利福习练食鹤拳,尤其擅长指功、腕功、掌功、臂功等。在食鹤拳原有八套108 手的基础上,自创一套多手战拳,使食鹤拳达到九套 136 手,丰富了食鹤拳的训练内容。2008 年参加中日演武大会,获铜奖。陈文锦擅长书法,热心公益,逢年过节应有关部门邀请进行书法义赠义卖。海峡都市报、福建新闻频道等多家媒体均有专栏或专题报道。

陈志清（1954.6— ） 男，厦门市人。厦门万鹭武术馆馆长、总教练。厦门武术协会常务理事，福建心武自然门武术研究院名誉院长、六合自然门传人。国际武道黑带七段。从小酷爱武术，10 岁拜厦门南普陀寺于欧道长门下，刻苦勤练。25 岁拜著名武术技击家万籁声为师，学练六合门、罗汉神打、自然门、张三丰太极拳等。1983 年在厦门创办首家武术馆"厦门万鹭武术馆"。1992 年，由万鹭武术馆承办了"厦门万鹭杯武术邀请赛"。1992 年，万鹭武术馆为残疾人连续举办了三天的募集善款大型义演活动。2011 年，由万鹭武术馆发起，在厦门举办了"海西武术大赛"，来自海峡两岸的 1500余名武术选手相聚海西厦门，进行武术交流比赛。陈志清创办万鹭武术馆 30 多年来，致力六合门、自然门的传播和推广，为社会做了许多公益事业，培养了一大批武术选手和骨干，活跃在社会的各个阶层。

陈静漪（1954.7— ） 女，厦门市人。厦门市职工文化体育协会太极拳专委会副秘书长，思明区老体协功拳操俱乐部主任，中国武术段位评审员。1993 开始习武，2003 年起师从施载煌练太极拳至今。2004年参加香港国际太极拳（慈善）交流大会，获女子天命组太极拳个人金奖、综合太极拳集体项目金杯。2005 年被选入厦门市队，参加在成都举行的全国友好城市老年太极拳、剑比赛，夺一等奖金杯。2007 年后多次参加香港国际武术大奖赛，获女子杨式传统太极拳、吴式太极拳、30 式太极拳、太极刀、太极剑对练等多项冠军。2008 年任厦门市武术队教练兼运动员，参加中国邯郸第十一届国际太极拳运动大会，获集体拳械混合项目第二名。多年来业余义务教拳，有美国、新加坡、菲律宾等中外学员共七百多人。多次担任厦门国际武术大赛裁判工作和武术段位评判工作。

陈经峥（1954.8— ） 女，福清市人。连江县原少体校校长、书记，连江县体育训练中心武术高级教练。1974 年师从郭鸣华、胡金焕教授练习武术，后得到洪正福、许金民等武术名师的指导。自 1975 年开始从事少儿业余武术训练工作至今，培养了一大批武术优秀骨干，在高校担任武术教授和各级武术教练。先后被评为"全国业余体校先进工作者"、"全国优秀武术辅导员"、"全国群众体育先进工作者"等。20 多次评为省、市优秀共产党员，先进个人及市劳动模范、标兵、女能人等。1982年作为福建省武术界代表，赴京参加第一次全国武术工作会议，受中央领导同志的接见。担任省业余武术训练技术指导小组成员，随省、市武术代表团出访日本。论文有《注重基层少年儿童业余训练在我国体育战略中的作用》《浅谈武术集体基本功的创编及训练》等。

陈永生（1954— ） 男，福州市人。福建省武术协会地术拳委员会副会长，地术拳水岸君山培训中心主任、福建省社会武术准高级教练。中国武术六段。1973—1976 年，师从许发清，后拜陈依九宗师学习地术拳，深得真传。1979 年参加福州市民间武术观摩交流大会，荣获一等奖。1983 年参加福州市技击散打赛，获得第二名。同年 4 月参加福建省武术比赛，获得男子单项技击散打第二名。1984 年参加福州市武术观摩表演赛，荣获成人传统组优秀奖。1983 年担任福州市郊区武术协会教练处副主任，授徒 300 多人，被评为优秀教练。同年 10 月与日本冲绳古武道访问团在省体育馆进行交流、切磋，并同宗师陈依九同台进行地术散打技击表演。1986—2011 年，在上海、北京、重庆、昆明等城市工作，传授单位保安人员地术散打技击法。2013 年退休回福州，带领弟子投入地术拳委员会的建设中。

陈向明（1955.2— ） 男，泉州市人。泉州市武术协会委员，泉州少林花拳研究会秘书长，任泉州丰泽大酒店行政经理。1963 年随恩师郑连来研习泉州少林花拳。1984 年参加泉州武术协会。1996 年帮助恩师郑连来、师兄郑昆明整理《泉州少林古拳谱译注》一书。2004 年 12 月组织泉州少林花拳方队参加中国（泉州）南少林武术大赛，进行开幕式表演并获得优秀表演奖。在 40 余年的习武期间多次参加不同级别的武术比赛和表演，多次与来泉的各国武术团体及个人进行多方位的学术交流，长年致力泉州群众性武术的发展，为保留泉州稀有拳种——南少林花拳做出贡献。

陈明华（1955.3— ） 男，福州市人。福州市武协理事，福建省庆香林香店拳协会副会长，台江少林香店拳武馆顾问、副馆长，美国南少林香店拳协会顾问。中国武术六段。自幼随房利贵练香店拳、硬气功、形气纵鹤拳、鸡法、刀剑术、棍术、扁担术、锄头术、烟杆拐杖术、雨伞法等及中草药风伤推拿。1979 年获福州市首届民间武术观摩大赛一等奖、优秀奖。2008 年获福建省传统武术大赛功力功法第一名；福州与日本国际冲绳空手道大赛功力功法金奖、南拳金奖。2008 年参加福建省闽台传统武术大赛及 2009 年海峡论坛·海峡两岸传统武术交流大赛，均获南拳金奖、银奖，长器械金奖，扁担术金奖，锄头术金奖。

陈鸿恩（1955.3— ） 男，福州市人。福州少林武术学校校长，福州白鹤武术馆副馆长。中国武术六段。自幼师从潘兆金学习白鹤拳。1979 年参加"文革"后第一届闽侯县及福州市民间武术演武大会。2003 年参加"福州武术—国际冲绳刚柔流空手道演武大会"。2005 年创办了福州少林武术学校。

陈志勇（1955.11—　）　男，莆田涵江区人。莆田市武协理事，涵江区武协副主席，莆田南少林武术协会副秘书长、中国武术六段。自幼随祖父陈子宏习武，得其真传，擅长飞鹤拳，兼习撩手拳及桂林拳等传统武术套路。1991年获莆田南少林拳种大汇赛优秀奖。1993年担任莆田南少林拳种大汇赛评委，同年被市南少林武术馆聘为传统套路客座教练，并被市体委、市武协评为市优秀武协委员。1995年代表莆田南少林参加在河南嵩山少林寺举办的首届国际武术观摩交流大会，获表演奖。1997年任福建省首届中等师范武术比赛拳术类裁判长。2008年在中央电视台第4频道的《鹤影禅踪》专题片拍摄中演练飞鹤拳。多次参加南少林武术交流活动。

陈秀兰（1955.11—　）　女，福州长乐市人。福建东方功夫俱乐部长乐金峰训练基地主任，福建省社会武术高级教练。自幼爱好武术，2005年师承自然门黄勤龙老师。2006年参加福建省首届全国武术之乡比赛，获女子A组太极拳、剑两项金牌。2007年参加香港"回归杯"第五届国际武术节，获32式太极剑第一名。同年参加新加坡举办的"金航杯"国际武术大赛，获42式太极剑、拂尘剑两项金牌。2008年参加闽台南少林传统武术比赛，获太极拳、剑、42式太极拳三项金牌。2009年参加全国农民运动会暨全国武术之乡武术比赛，获42式太极拳、拂尘剑两项金牌。2014年代表福建省参加首届全国武术运动大会，获42式太极拳金牌，太极剑银牌。

陈宗忠（1956.7—　）　男，福州市人。现任平安公司保险代理人。中国武术六段。1975—1979年，拜房利贵为师，学习香店拳。从此，对香店拳就产生了浓厚的兴趣，从不间断地刻苦习武，得到师兄弟们的认可。1983年春，开始利用业余时间向邻居和社会青少年传授香店拳，每年都会招收10余名学生。学生参加省级武术比赛均有获奖。2009年3月带领8名学生参加由福州市武协主办的"福州武术—国际冲绳刚柔流空手道演武大会"，学生获得4枚金牌、6枚银牌，陈宗忠也上台参加了表演。

陈俊仁（1957.12—　）　男，晋江市人。晋江深沪太极拳协会会长。从小爱好武术，年轻时学永春拳，1998年学练太极拳。2000年参加深圳市第二届传统武术比赛，获陈氏太极拳、剑第一名。2001年参加首届世界太极拳健康大会，获太极拳一等奖、太极剑二等奖、集体太极拳特等奖。2001年拜陈正雷弟子赵志方为师。2006年返回家乡晋江市深沪镇办服装厂并普及群众学太极拳。2004年元月成立太极拳协会。2005年带8名学生参加第二届世界太极拳健康大会比赛，获14个一等奖。

陈增德（1959.8— ） 男，石狮市人。石狮市武术协会名誉主席。自幼师从姜雄雄老师习练五祖拳、太极拳等。擅长太祖拳内养印堂功、朝阳桩内功，少林盘龙棍等功法。常年坚持业余训练，致力全民健身的深入开展，为石狮市五祖拳、太极拳的普及和提高做出了突出贡献。

陈 侃（1959.9— ） 男，福州市人。福建地术拳委员会常务理事，福建省社会武术准高级教练，现为福建地术拳委员会西园武术培训中心副主任兼教练。中国武术六段。从小师从陈依九学习地术拳。在多种赛事中被评为优秀教练员。

陈长发（1961.5— ） 男，漳州龙海市人。龙海市武术协会原副会长，现为漳州台商投资区武术协会常务副会长，漳州市武术协会南拳分会副秘书长，福建省武术协会委员。中国武术六段。1976年师从刘炳坤、刘文港学习五祖鹤阳拳、械。1993年参加在泉州举办的国际南少林武术演武大会，以拳术、棍术获奖。多次在漳州市传统武术比赛中担任裁判工作。学生陈子滨参加2014年在天津举办的首届全国武术大会，获两枚银牌。多年来致力漳州台商投资区武术的宣传、组织和推广工作，积极参与省、市各项武术活动。

陈灵恩（1961.12— ） 男，长乐市人。现任美国南少林香店拳协会副会长兼秘书长、教练，美国中草药病症中心医师。1976年拜房利贵为师，历任长乐县武术协会教练、福建省武术协会教练。美国福建武术大会、美国南少林香店拳协会创办人之一，任两会副主席、秘书长、教练。2009年参加福州武术国际空手道，获香店拳技击金牛奖、短器械银牛奖；获得"海峡论坛·海峡两岸传统武术交流大赛"拳术银奖、短器械铜奖、器械对打铜奖。2009年5月16日领队参加厦门"海峡论坛·海峡两岸传统武术交流大赛"，获技术风尚奖。

陈振南（1962.2— ） 男，晋江市人。自幼爱好武术，10岁起就跟随民间武师学习传统南拳，18岁就读泉州市少体校。后拜张晓峰等为师习练五祖拳套路器械。2010年参加第四届世界传统武术节，获南拳银牌。2010年参加第四届华夏武术争霸赛，获南少林拳金牌。2011年、2012年连续参加第九届香港国际武术节、福建省首届传统武术比赛、第三届"海峡论坛·海峡两岸传统武术交流大赛"、第八届全国武术之乡比赛、全国传统武术大赛、第五届世界传统武术锦标赛等大型武术比赛,均获得南拳、南棍金牌。

陈日东(1962.7—) 男,浦城县人。福建华武功夫中心外联部副部长,福建省社会武术准高级教练。1984年开始学习初级长拳、少林拳等套路。1993年学练太极拳。2001年参加福州华武功夫中心太极拳、剑培训。2012年参加第六届南少林华夏武术大赛,荣获3枚金牌。2013年在上海参加"曾乃梁和世界冠军太极拳高级班"培训。2013年9月参加邵武"三丰故里"传统武术大赛,获2枚金牌。2013年12月厦门武术精英电视赛,获太极拳搏击演练贡献奖。2014年11月参加第七届华夏南少林大赛,获4枚金牌。2014年福建省传统武术精英赛,获1枚金牌。2014年参加"三丰故里"传统武术大赛,获4枚金牌,男子壮年组全能第一名。

陈宏平(1962.9—) 男,平潭县人。福州路雅鞋业有限公司董事长,中国武术培训基地(平潭)、平潭新家园体育文化有限公司创建人。自幼随民间拳师学习飞鹤拳。1981年考入福建师范大学体育系,师从郭鸣华老师专修武术,并随林建华老师习形意拳、翻子拳术等。1983年参加福建高校武术比赛,获得传统拳术一等奖。参与由郭鸣华老师担任组长的"福建武术挖掘整理工作组"工作,并担任福建师大武术散打队队长。毕业后在平潭从事武术教育工作,相继举办了数期大型武术培训班,共培训学员3000多人。1988年应邀在中国新闻社拍摄的大型电视纪录片《八闽雄风》中演示南少林"飞鹤拳"传统套路。1988年赴日本留学,并担任武术教练。1995年回国后创办了福州路雅鞋业有限公司。2012年创办了平潭新家园体育文化有限公司。2013年5月,公司被国家体育总局武术运动管理中心、中国武术协会批准为"中国武术基地"。同年成功举办了"福建省形意强身功"培训班。2014年5月,基地又成功举办"海峡两岸太极拳提高班"和首次"福建省社会武术等级教练员岗位培训班"。

陈汉雄(1963.3—) 男,福州市人。福州市公安局保安培训中心主任,市武协委员,鹤龄拳社社长。中国武术六段。自幼喜爱武术,曾随福州军区屈金孝学习军体拳、捕俘拳以及技击散手、擒拿格斗等。1980年师从卢庆炳学习祖传飞鹤拳、杨式太极拳及刀、剑、棍、鞭杆、锄头、扁担等。1984年师从李应坚系统学习鸣鹤拳及技击散手。1994年参加全国武术教练员培训班学习并结业。1990年任福州市传统武术竞赛裁判员。1993年获福州国际武术观摩表演大会金狮奖。多次被市武协评为先进工作者。1990起任福州市保安服务公司武术总教练。

陈剑锋(1964.2—　) 男,永春县人。现任职于永春县国土资源监察支队,兼泉州市武协副秘书长。1978年师从永春大羽武术馆馆长郑文存。1990年8月入选泉州市武术代表团到日本冲绳进行武术交流。1993年11月至1994年4月应邀到新加坡中华武术体育会等教永春白鹤拳。1995年参加嵩山少林寺建寺1500周年庆典并进行武术表演。2007应邀到英国唐手道国际联盟教永春白鹤拳。自1990年以来,多次参加中日武术、南北少林、海峡两岸的武术交流活动,多次应邀到新加坡、马来西亚、英国等国家以及我国香港、澳门等地进行武术表演。常年免费进行永春白鹤拳的教学。2004年参加中国福建南少林武术赛,获鹤拳类金龙奖、器械金龙奖。2006年参加福建省民间传统武术赛,获男子传统拳术一等奖、传统器械一等奖。2006年9月参加"全国亿万农民健身活动"先进乡镇民间传统武术赛,获男子传统拳一等奖、传统双器械二等奖。2010年2月在首届海峡两岸闽南文化节国际南少林武术赛中,获男子C组鹤拳金奖,男子C、D组其他短器械金奖。

陈光明(1964.7—　) 男,福州市人。福建省地术拳委员会常务理事,社会武术地术拳高级教练,福州九香拳社副社长。中国武术六段。2008年参加闽台南少林传统武术交流大赛。2009年参加福州武术—国际冲绳刚柔流空手道演武大会,获C组其他拳术银牛奖、器械对练金牛奖。2010年在第二届海峡论坛·海峡两岸传统武术交流大赛中获中年组地术拳金奖、其他传统刀术银奖。2011年在福建华夏传统武术邀请赛中获齐眉棍一等奖,拳术、对练二等奖。在2011年郑成功杯传统武术大赛中获地术拳法银奖、地术棍优秀奖。2012年参加第五届世界传统武术锦标赛,获男子D组其他南拳和棍术铜奖。发表的论著有《狗拳中盘蝙蝠桩式技法应用》《狗拳(地术拳)实战技术介绍》等。

陈伟强(1964.10—　) 男,福州市人。毕业于中国人民公安大学。福州市温泉派出所副所长,福建省武术协会常务理事,福建省武术协会地术拳委员会会长,福州市武术协会副会长,国家级非物质文化遗产项目——地术拳代表性传承人。中国武术六段。自幼随祖父陈依九、父亲陈政禄习武,深得地术拳精传。1981—1983年任省人民警察学校武术教练。1982年被鼓山武术协会聘为武术教练、武协常务理事、地术拳武术馆馆长。1982—1983年兼任省警察学校武术助教。1983年被体委评为优秀武术教练员。1984年担任福建地术拳研究会副会长。1986年参加第二届全国公安系统武术散打比赛,获精神文明奖。1987年任福州市公安学校武术总教练,后担任教务科长。1989年参加中国新闻社教科片《福建南拳录》的拍摄。1990年分别参加了中日演武大会和显彰碑中日演武大会等。1993年被福建省人事厅评为省优秀教师及先进教育工作者。

陈泽红（1964.12— ） 女，福州市人。福建省武术协会地术拳委员会副会长。中国武术五段。1982年师从陈政禄老师练习地术拳。1983年参加福州民间武术汇演获得优胜奖。1985年再随地术宗师陈依九学习地术拳。先后担任福建青年武馆、福建地术武馆、地术拳"国家非遗"基地教练等。2001年任福建省武术协会地术拳委员会副秘书长，2005年任秘书长。2009年任地术拳委员会副会长。2010年任地术拳和日本冲绳古武道保存会联合办学基地教练。2011年担任福建闽中南少林武术院副院长兼教练。2013年领队参加福建首届传统武术争霸赛。

陈德文（1964.12— ） 男，莆田市人。莆田市康复医院院长，莆田南少林武术协会副会长兼武术科研部副部长。1975—1979年师从陈光强习练国家规定武术套路。1983—1987年师从蔡春霖习武。1988年师从蔡荔晶练习武术基本功和套路。1989—1999年师从南平市政和县民间拳师范金成学习民间传统武术和散打。

陈仁忠（1964— ） 男，厦门市人。福建省南少林文化研究促进会副秘书长，香港世界五祖拳促进会副会长，福建省武术协会理事，厦门市武术协会副会长兼秘书长，中共厦门市高殿社区党委书记，厦门高殿武术馆馆长、一级武术裁判。自幼师从王朝阳老师学习五祖鹤阳拳及中医骨伤科。1977年经王朝阳老师举荐，师从自然门第三代传人洪正福老师学习六合自然门武术及现代竞技武术。1984年创办厦门湖山武术队。1987年创办厦门高殿武术队。1989年创办寨上小学武术队。1990年创办禾山镇武术队。1992年创办厦门高殿武术馆。从教30多年来，学生有126人次分别获得全国大学生武术比赛、福建省少儿武术锦标赛、福建省中学生运动会武术比赛冠军，为不少高校输送了优秀学生。

陈赞喜（1965.5— ） 男，宁德市人。毕业于闽东技校。宁德市三都海上社区、蕉城区武协副会长。1974年开始习练龙桩拳。1980年在宁德市体育学校学习少林六合拳、自选拳、棍术、刀术等。1987年师从梁守忠学习罗汉拳、内家拳、散打技击等。1988年在宁德市少年宫传授罗汉拳与少儿武术套路。1992年在宁德蕉城区蕉南开设南雄武馆，传授龙桩拳法、少林六合拳、罗汉拳、散打技击等。

陈建平（1966— ） 男,建阳市人。福州市青年武术馆馆长。福建省武术协会理事,福建省武术协会地术拳委员会副会长。中国武术六段。自幼喜爱武术,学习龙桩、虎桩等拳术。1982 年师从陈依九老师,系统学习地术拳法。1988 年创办福州市少林地术拳馆(后改名为"福州市青年武术馆")。1994 年创办福州金桥学校,任校长,提倡文武兼修,开办武术队,代表校队参加各项武术交流比赛获奖。

陈思坦（1967.1— ） 男,福州市人。国际武英(健将)级运动员,美国思坦太极武术中心主任、美国太极健身气功中心主任。曾任福建省体工大队教练,福建省武术协会常务理事,福建省第八届政协委员、第十届全国政协委员。6 岁始随祖父陈修如习练罗汉拳。1975 年入福州市鼓楼区少体校,1977 年入选福建省武术队,1981 开始参加全国武术比赛获奖。1988 年获首届中日太极拳比赛男子 A 组冠军。1989 年获全国太极拳剑赛太极剑冠军。1990 年获第 11 届亚运会男子太极拳冠军。1993年获第七届全运会男子太极拳全能亚军。同年 11 月获第二届世界武术锦标赛男子太极拳冠军。1991—1997 年,7 次蝉联全国武术锦标赛男子太极拳冠军。1997 年获第八届全运会男子太极拳冠军。同年还获得第四届世界武术锦标赛男子太极拳冠军。至 1997 年,共获得国内外各类太极拳、太极剑比赛金牌 32 枚。1988 年被国家体委授予"武英级运动员"称号。1994 年、1997 年两次被授予体育运动荣誉奖章,并先后获得省政府记大功 2 次、三等功 1次,以及福建省团委授予的"福建省新长征突击手标兵"、福建省总工会授予的"五一劳动奖章"。1995 年当选"中华武林百杰"。1984 年参加《木棉袈裟》电影的拍摄。1989 年参加拍摄国际教材规定套路《四十二式太极拳》录像的示范演练。先后摄制出版《太极拳大系》《中华太极谱》等太极拳教学片及《精练 24 式太极拳》武术著作。曾出访十几个国家和地区,参加比赛和交流讲学。现定居美国,成立了思坦太极武术中心,在联合国以及各州广泛传播中华武术。

陈清伟（1968.3— ） 男,龙岩市曹溪人。龙岩市心随我动散打馆馆长。从小跟随地方武师练习传统武术。1991 年师从邱毅恒学习散打、通背劈挂拳。多次参加在龙岩市举办的散打赛并取得优异成绩。

陈 升（1968.4— ） 男,仙游县人。副教授,硕士生导师。福建师范大学体育科学学院武术游泳教研室主任,福建省武术协会常委,福州市武术协会副会长,国家级武术裁判。中国武术七段。《中国武术段位制》指导员、考评员。从小学开始参加仙游少体校武术业余班训练,高中毕业考入福建师范大学体育系专修武术。毕业后留校任教,从事高校武术教学、训练与理论研究。多次参加北京体育大学、上

海体育学院、国家武管中心举办的武术套路、散手裁判员、教练员培训班。多年担任全国武术锦标赛、传统赛裁判以及福建省武术比赛裁判工作,历任裁判员、裁判长、副总裁判长。2006 年作为福建省武术代表团成员访问台湾,与台南、台北、云林、高雄等地武术界进行武术交流、表演。曾主持和参与多项省级、厅级科研课题,发表 20 多篇研究论文;出版了《二十四式太极拳的教与学》《四十二式太极拳的教与学》《图解三十二式太极剑》等中国武术系列丛书七部。

陈健泳(1968.5—　)　男,泉州市太极拳协会副会长,石狮市武术协会荣誉主席,石狮市陈式太极拳协会会长。1997 年起习练陈式太极拳。常年坚持业余太极拳训练,致力全民健身的深入开展,为石狮市太极拳的普及和提高做出了重要贡献。

陈臣亮(1968.6—　)　男,宁德市人。曾任某部队警卫连武术教官,现任职于闽东宾馆。福建省武术协会理事,宁德市武术协会常务理事,蕉城区武术协会副会长,国家二级武术裁判。自幼受家庭习武风气熏陶,13 岁拜谢友寿为师,学习少林十八家拳法。多次被市、区武术协会评为先进工作者。

陈艺群(1968.12—　)　女。漳州芗城区人。大专学历,武术套路一级裁判。1979 年入漳州市少体校师从贾建欣习武。1980—1987 年参加省级武术比赛,多次获前三名。1986 年在徐州全国武术观摩交流大会上获雄狮奖。1987 年考入福建省体校。

陈初升(1969.1—　)　男,泉州南安市人。高级教师,福建省武术协会理事,泉州市武术协会副主席,泉州市养生理疗协会副会长,南安市武术协会主席,国家保健按摩师高级考评员。一级武术裁判。自幼跟随蔡金星老师习练五祖拳。1988 年 9 月就读于福建师大体育系武术专业,接受系统的武术套路、散打训练,得到武术名家郭鸣华、胡金焕、黄秀玉教授的精心指导。毕业后在中学任教,担任南安市武术队主教练和跆拳道队主教练。曾担任央视《武林大会》五祖拳教练、泉州电视台武术特邀嘉宾,被评为福建省优秀教师。所培养的学生曾代表泉州市参加福建省第十一至十三届运动会,参加央视《武林大会》等各级各类武术比赛,取得了优异成绩,为高校和省体工队

输送了优秀人才。其学生王阳腾参加 2007 年和 2008 年央视《武林大会》五祖拳擂台赛，均获得冠军。

陈火裕（1970.9— ） 男，安溪县人。安溪兴安武馆馆长。自幼酷爱武术，广拜名师。向南派武林名将苏文木、魏国良学习南少林五祖拳，并受自然门传人杜飞虎先生指点。后皈依嵩山少林寺释德扬门下，成为少林寺第三十二代俗家弟子，法号释行裕。1996 年在山东参加全国武术邀请赛，获拳术金牌。1997 年在福建省传统武术大赛中获传统兵器一等奖。1999 年在湖北武当山参加武当拳国际大赛，获拳术金牌。同年 12 月参加中央电视台《武术博览》。2005 年参加《武术风光》的拍摄。2000 年，安溪兴安武馆被安溪文体局定为县武术训练基地，并创立兴安武馆，在茶乡广泛传播少林文化。

陈　恩（1970— ） 男，河南温县人。集美大学体育学院武术教师。一级武术裁判。自幼跟随陈小旺、陈小兴、陈正雷、陈世通等大师学习陈式太极拳。曾多次在河南省、全国以及国际武术比赛中获得太极拳、散打冠军、亚军等佳绩。1993 年毕业于天津体育学院运动系。1994 年开始在集美大学体育学院任教，担任太极拳及散打课程教学。业余时间在厦门体育中心等地教授陈式太极拳，长期受聘于厦门市青少年宫、文化宫、市广电中心、湖里区工会、同安区国土局、厦门航空公司等单位教授陈式太极拳。所教授的学生数千人，有多名学生在市、全国、国际大赛中夺冠。被中国太极拳文化研究基地授予"太极拳名师"称号。在《体育学刊》《体育科学研究》上发表了《试论陈式太极拳缠丝劲的形成与特征》《试论陈式太极拳中的虚领顶劲》等多篇学术论文。

陈霞明（1971.9— ） 女，永春县人。副教授，二级武术运动员，一级武术裁判。中国武术六段。1991 年考入福建体育学院，在高楚兰老师的指导下学习和接受专业武术训练。1995 年到泉州师范专科学校（现为泉州师范学院体育学院）任教，担任体育专业武术普修和专修课程教学。1998 年在北京体育大学民族传统武术硕士班进修，在徐伟军教授指导下继续学习、研究，并于 2002 年获得民族传统体育学硕士学位。在 25 年的武术教与学期间多次参加省内外武术交流与培训，曾担任泉州市青少年武术锦标赛、福建省青少年武术锦标赛、大学生武术比赛、海峡两岸传统武术大赛等裁判工作。从事武术技术、理论教学与研究，撰写并发表武术相关论文十几篇。

陈龙发（1971.10— ） 男，漳州龙海市人。龙海市宏达武术馆馆长。自幼习武，先后师从邱榕、郭浩炘习练六合门、自然门拳术。2007 年创办龙海市宏达武术馆，任馆长兼教练，培养了一批武术人才。

陈　颖（1972.2—　）　女,泉州市人。毕业于北京体育大学,华侨大学副教授。泉州南少林国际学校常务副校长,泉州市武术协会副主席,洛江区武术协会主席,兼任中国武术协会青少年与学校武术工作指导委员会委员,武英(健将)级运动员,国家级武术套路裁判,国际级武术散打裁判。从小习武,曾获得全国武术比赛 9 枚金牌。从事武术教学工作近 20 年,所培养的学生在市、省、全国乃至国际武术比赛中共获得 2000 余项奖牌,600 多个冠军。曾参与由国家武术运动管理中心组织的《全国武术馆校教材》编写工作。在参加全国武术套路、武术散打锦标赛裁判工作中,多次被评为优秀裁判员、体育道德风尚奖。多次受国际武术联合会、国侨办、中国华文基金会、中国武术协会派遣,赴新加坡、葡萄牙、缅甸、菲律宾、印尼、马来西亚等国家以及我国香港地区执行武术教学、武术裁判及文化交流任务。曾获福建省新长征突击手、福建省优秀盟员等荣誉称号。

陈坤山（1973.7—　）　男,漳州芗城区人。大专学历,福建省民办教育协会常务理事,漳州安山文武学校校长。1990 年到福州精武馆随许国良习武,后拜散手道创始人梁守渝为师。1994 年回乡创办芗城精武馆,1996 年经教育部门批准为文武学校。现已成为包括闽南文武学校在内的福建安山教育集团。

陈伟强（1974.8—　）　男,漳州南靖人。龙岩市武术协会副秘书长,龙岩市心随我动散打馆副馆长。自幼酷爱武术,跟父亲习武。1995 年在龙岩城拜邱毅恒为师,学习通背劈挂拳和散打,在龙岩地区青年散打赛上多次取得好成绩。

陈　翔（1974—　）　男,泉州市人。经济学硕士。泉州南少林国际学校校长兼党总支书记,福建省青年联合会常委,福建省民办教育协会副会长,福建省武术协会副会长,武英(健将)级运动员,国际级武术裁判。从小习武,1996 年毕业于北京体育大学。1998 年担任泉州南少林武术学校校长,坚持武术学校走"以文为主、文武结合"的办学之路,注重抓好中华武术教育和国际交流两大特色,把学校定位为将中华武术文化推向世界的一个窗口。近年来,共接待世界约 50 个国家和地区 6000 多人次来校学习、交流,培养了一批荣获全省、全国、亚青赛的武术冠军。学校先后获得"福建省对外交流的窗口学校"、"全国最具影响力武术学校",是福建省人民政府侨务办公室的"福建省海外华文教育基地",被中国武术协会评为"全国十杰武术学校",被国家

体育总局确定为"全国青少年体育俱乐部"。陈翔也获得"首届福建青年创业奖"、中华职业教育社"黄炎培职业教育杰出校长奖"、福建省五四青年奖章等。

陈加新（1975.6— ） 男，漳州龙文区人。龙文区育英武术馆馆长，漳州市武术协会理事，龙文区武术协会副会长。自幼习武，高中毕业后师从黄文钟习练散手与拳击。1997 年参加漳州市第八届运动会赛手比赛，获 65 公斤级第一名。1999 年 6 月创办龙文区育英武术馆，任馆长。多次参与组织龙文区海峡两岸中华武术大家练活动，与台湾武术界进行深入交流。

陈　强（1975.11— ） 男，泉州市泉港区人。毕业于福建公安高等专科学校刑侦专业。在福建公安高等专科学校期间，任校散打队队长。曾多次代表福建省、福建公安高等专科学校参加全国第八届运动会、全国公安院校散手赛、全国武术散手赛以及第四、五、六、七届福建省散打赛、福建省公安武警岗位练兵赛等。1996 年荣获湛江全国武术散手擂台赛 75 公斤级冠军。同年获得"保平安杯"全国公安高等院校散打比赛 75 公斤级冠军。1995—1997 年获福建省散打擂台赛、精英赛等冠军五次，为福建省、福建公安高等专科学校多次赢得荣誉。1998 年，福建省公安厅给予该校散打队记集体二等功。陈强荣获三等功一次。

陈伟进（1977.4— ） 男，漳州芗城区人。大学本科，任职于漳州市边防支队。1986 年进入漳州市少体校跟随贾建欣教练习武。1988 年参加福建省业余体校武术比赛，获得剑术第一名，对练第一名，拳术、枪术第二名。1995 年应征入伍到漳州市边防支队。1998 年考入广州边防指挥学校就读大专。2005 年在西安政治学院函授法律本科。

陈庆波（1977.4— ） 男，莆田仙游县人。龙岩市心随我动散打馆副馆长。从小在龙岩矿山长大，酷爱武术。1998 年进入龙岩市恒友搏击馆学习散打，在龙岩市散打赛和地方武术赛上多次取得优异成绩。在龙岩武术的推广中做出贡献。

陈东明(1978.5—) 男,晋江市人。泉州剑影实验学校武术教练,国家级武术裁判。1990年师从庄昔聪习练武术基本功、传统拳械等,多次参加市、省及全国武术比赛并获奖。1992年参加全国第二届武术馆校比赛,获剑术第三名。长期在泉州剑影武术学校担任武术教练工作。任教期间,所训练的学生参加历届全国武术馆校比赛、全国武术之乡武术比赛、全国青少年武术锦标赛及全省武术比赛,获得上百枚金牌。特别在1998—2006年三届福建省省运会武术比赛中,共获得22枚金牌。多次参加福建省和全国武术比赛裁判工作,历任省武术比赛裁判员、裁判长。

陈剑锋(1978.5—) 男,漳州芗城区人。武英(健将)级运动员。中国武术六段。1987年进入漳州市少体校随贾建欣老师习武。1989年入选福建省体工队,师从代林彬、高佳敏。在省级武术比赛中获多项第一名。1998—2004年间参加全国武术锦标赛、全国太极拳锦标赛,获杨式太极拳、吴式太极拳和集体拳7项第一名。1992年参加电影《少林豪侠传》的拍摄。2001年以男主角的身份参加连续剧《少林武王》的拍摄。2004年到美国从事武术教学,并参加2004年美国国际锦标赛,获吴式太极拳、孙氏太极拳、42式太极拳、42式太极剑、全能五项第一名。现定居美国。

陈国林(1978.10—) 男,漳州龙海市人。大专学历,龙海市博立武术馆馆长,福建省武术协会理事。1986年进入龙海市青少年宫师从甘更生老师习武。1995年参加福建省少年儿童武术套路锦标赛,获南拳第一名。1996年考入集美大学体育学院。2001年毕业后到龙海市石码中心小学从事武术教学工作。同年创办龙海市博立武术馆,培养武术人才。

陈勇华(1978.12—) 男,漳州龙海市人。本科学历。泉州市农业银行职员。一级武术套路裁判。1993年进入龙海市青少年宫随甘更生老师习武。1995年考入集美大学体育学院。同年参加"莹源杯"海峡两岸武术邀请赛,获全能第三名。2000年参加第三届全国武术之乡武术比赛,获南拳第三名、传统器械一等奖。2001年在人民大会堂参加中央电视台主办的六一联欢晚会的表演。2004年参加泉州国际南少林武术大赛,获拳术金龙奖、器械银狮奖。

陈雪金(1979.1—) 女,厦门市人。厦门高殿武术馆副馆长兼教练,厦门市武术协会副秘书长,一级武术裁判。中国武术五段。1989年师从陈仁忠学习六合门、现代竞技武术等。1995—1998年就读于厦门体育运动学校,师从洪日新老师。1995年获得省第三届农民运动会武术比赛太极拳第二名。1997年获得省少儿武术比赛女子少年甲组刀术第一名。1998年获得省首届太极拳剑·推手比赛女子成年组杨式太

极拳第一名。1999年获得省第四届农民运动会武术比赛女子组南拳第四名、五祖拳第三名、太极拳第四名。2004年获得全国武术太极拳锦标赛女子吴式规定拳第八名。培养了不少学生，在省市和全国武术比赛中取得优异成绩。

陈衍灵（1980.5—　）　男，厦门市人。自1989年开始习武，师从陈仁忠学习六合自然门、现代竞技武术等。1992参加福建省少儿武术比赛，获得男子儿童组规定拳第一名、棍术第三名。1993获得福建省少儿武术比赛男子儿童组刀术第二名、棍术第二名、全能第三名。1994年获得福建省少儿武术比赛男子儿童组规定拳第六名、刀术第六名。2003年毕业于厦门职工大学。

陈俊杰（1980.12—　）　男，福州市人。福州市体育运动学校武术教练，武英（健将）级运动员。2000年在全国青少年武术锦标赛中获男子南拳第一名、对练第二名、全能第三名。2002年获全国武术套路冠军赛传统双器械（双刀）第一名、传统拳三类（地术）第二名。2004年获全国武术套路冠军赛南拳第五名、南棍第五名、南拳全能第四名。2007年在全国武术冠军赛（传统项目）中获男子象形拳第一名。同年在全国武术冠军赛（男子赛区）中获男子南拳第六名。2008年在第六届全国农民运动会中获男子传统拳第一名。2008年正式调入福州市体育运动学校担任武术教练。2005年受国家武管中心委派，任缅甸国家武术队教练并带队参加第二十三届东南亚运动会获奖。同年带缅甸国家队参加在河内举行的第八届世界武术锦标赛。2003年代表中国武术代表团赴法国参加中法文化年表演。2006年参加意大利欧洲武术锦标赛开幕式表演。

陈少珊（1980.12—　）　女，漳州云霄县人。大专学历。一级武术套路裁判。1986年入云霄县少体校随张文清老师习武。1995年考入集美大学体育学院，师从高楚兰老师。曾多次在省级武术比赛中获前三名。2000年参加全国武术之乡武术比赛，获专业组太极拳第四名、传统器械三等奖。

陈福春（1981.2—　）　男，厦门市人。自1989年开始习武，师从陈仁忠老师学习六合自然门、现代竞技武术等。1992年获得福建省少儿武术比赛男子儿童组枪术第一名。1993年获得福建省少儿武术比赛男子儿童组枪术第四名、剑术第三名、全能第三名。2004年毕业于集美大学。

陈衍财（1981.6—　）　男，厦门市人。厦门翔鹭小学教导主任，厦门高殿武术馆兼职教练。1989 年师从陈仁忠老师学习六合自然门、现代竞技武术等。1993—1996 年参加福建省少儿武术比赛获得枪术第二、三名，规定拳第二名，太极拳第二名，剑术第四名等好成绩。1997 年获得省少儿武术比赛规定拳第一名。1998 年获得福建省首届太极拳剑·推手比赛男子成年组孙式太极拳第一名。1999 年获省少年甲组太极拳第一名；参加省第四届农民运动会武术比赛，获得太极拳第一名、剑术第一名。2000 年获省武术比赛馆校组剑术第二名。2004 年、2005 年参加全国武术太极拳锦标赛，获得孙式规定拳第四名、孙式传统拳第六名。

陈雅蓉（1981.4—　）　女，厦门市人。厦门寨上小学教师，厦门高殿武术馆兼职教练。一级武术裁判。1989 年师从陈仁忠老师学习六合自然门、现代竞技武术至今。2000 年毕业于厦门师范学校，2005 年毕业于集美大学成人教育学院体育教育专业。1994—2002 年间，参加福建省少儿武术比赛、福建省农民运动会武术比赛、福建省中学生运动会武术比赛、福建省首届太极拳剑·推手比赛、福建省首届巾帼健身大赛，多次获得太极拳第一名、枪术第一名。2004 年参加全国武术太极拳锦标赛，获得女子组武式规定拳第五名、孙式规定拳第四名。

陈春辉（1982.2—　）　男，厦门人。厦门高殿武术馆兼职教练。1989 年师从陈仁忠老师学习六合自然门、现代竞技武术、技击等。1996 年参加福建省中学生运动会武术比赛，获男子组太极拳第一名。1997 年获省少儿武术比赛少年组太极拳第一名、棍术第一名。1998 年获得省首届太极拳剑·推手比赛男子成年组吴式太极拳第一名。1999 年获得省少儿武术比赛甲组南拳第一名。在省第四届农民运动会武术比赛中，获得男子组刀术第二名、南拳第三名、对练第三名。2000 年获得省武术比赛馆校组少年甲组棍术第一名。2004 年毕业于福州大学。

陈荣煌（1982.4—　）　男，永春县人。福建省社会武术中级教练，永春鹏翔武术馆副馆长。1989 年开始练武，1999 年师从永春鹏翔郑氏桃源殿祖庭一脉郑晓嵘系统地学习白鹤拳及多种器械，研习永春白鹤拳的理论及其历史渊源。弘扬白鹤拳鹏翔郑氏先祖郑礼、郑宠、郑樵的拳法。常年协助师父进行传帮带。近年多次参加市、县组织的武术活动，参加海峡两岸传统武术大赛等各级别的传统武术赛事，均获优异成绩，共取得 6 个金奖、3 个银奖、2 个铜奖。

陈聪妙（1982.10— ） 男，厦门市人。厦门煜和武术馆馆长（现为群英武术馆），厦门市武术协会副秘书长，一级社会体育指导员，一级武术裁判，1992 年开始在厦门华兴武术馆习武。1998 年入选厦门市武术代表队参加福建省第十一届运动会武术比赛，获得集体项目冠军。2004 年毕业于集美大学体育学院武术专科。2013 年毕业于北京体育大学武术专业，获学士学位。2012 年参加台湾全球华人武术大赛，获得全能冠军。2001 年至 2014 年连续参加厦门海西武术大赛和厦门国际武术大赛组织竞赛工作。

陈淑雅（1982.12— ） 女，厦门市人。现任北京东方信联无线通信有限公司福建分公司综合主管。1989 年开始习武，师从陈仁忠学习六合自然门、现代竞技武术等。2005 年毕业于福建公安高等专科学校。1993 年获得福建省少儿武术比赛女子儿童组全能第六名、刀术第四名、棍术第三名。1994 年获得福建省少儿武术比赛女子儿童组规定拳第一名、剑术第一名、枪术第一名、全能第一名。

陈东建（1983.2— ） 男，永春县人。永春县永春拳协会理事，永春鹏翔武术馆常务副馆长，永春县桃城中心小学校外武术教练。1989 年接触武术，1999 年师从永春鹏翔郑氏桃源殿祖庭一脉郑晓嵘系统地学习白鹤拳及多种器械。常年协助师父传帮带。专注系统地学习永春白鹤拳的理论及其历史渊源。弘扬鹏翔郑氏先祖郑礼、郑宠、郑樵的白鹤拳法。近年多次参加市、县组织的武术活动，参加第六届传统武术锦标赛、海峡两岸传统武术大赛等各级传统武术赛事，共获得 7 枚金牌、6 枚银牌和 2 枚铜牌。

陈峻宏（1987.2— ） 男，漳州芗城区人。1996 年进入漳州市少体校跟随郑雅恩教练习武。2000 年参加福建省青少年武术套路锦标赛获南拳第二名、刀术第四名。2001 年参加福建省青少年武术套路锦标赛获南拳第一名。2007 年赴澳大利亚留学。

陈吴霞（1988.11— ） 女，漳州芗城区人。1994 年进入漳州市少体校跟随郑雅恩教练习武。1999 年参加福建省青少年武术套路锦标赛获枪术第一名，规定拳、南拳、刀术第二名，全能第三名。2001 年参加福建省青少年武术套路锦标赛，获集体项目、刀术两项第一名。2007 年考入集美大学。

陈　霖（1989.2—）　男,漳州芗城区人。1995 年进入漳州市少体校跟随郑雅恩教练习练武术。2001 年参加福建省青少年武术套路锦标赛,获集体项目第一名、棍术第二名、刀术第三名。2008 年考入集美大学体育学院。

陈智坚（1989.10—　）　男,厦门市人。厦门蔡塘小学教师。1997 年始师从陈仁忠老师学习六合自然门、太极拳、现代竞技武术等。2008 年进入集美大学工商管理学院学习,师从陶凌荣老师。参加过福建省青少年武术套路锦标赛。2000 年获得馆校儿童组剑术第四名、枪术第五名。2001 年获儿童组枪术第二名、剑术第三名、全能第五名。2004 年获得少年乙组剑术第二名、枪术第六名。2007 年获少年甲组拳术、剑术两项第一名。在福建省第十二届运动会获男子乙组剑术第六名。2010 年在全国大学生武术比赛获男子甲组双器械第三名。2012 年获得福建省第七届农民运动会舞龙舞狮比赛自选套路第一名、障碍赛第一名、规定套路第一名、竞速赛第二名。

陈洲理（1989.11—　）　男,仙游县人。福建省武术队武英（健将）级运动员。自幼习武。1999 年入莆田市少体校。2000 年入省体校。2002 年入选福建省体育工作大队,在代林彬、李强教练的指导下,专攻太极拳械。2008 年就读于福建省警察学院。2005 年获全国青少年武术套路冠军赛青年组太极拳第一名。同年参加全国武术太极拳锦标赛,获男子武式传统拳第二名、规定拳第三名;中华人民共和国第九届中学生运动会武术项目,获男子太极拳第二名。2007 年获全国武术套路精英赛男子太极剑第四名。2008 年获全国武术套路冠军赛男子太极剑第四名、男子孙式规定拳第三名。2009 年获全国武术套路冠军赛(传统项目)男子武式规定拳第一名、男子 42 太极剑第五名。2011 年获全国武术套路冠军赛太极拳第二名、太极剑第四名。2012 年在第八届亚洲武术锦标赛中获太极剑第一名。2013 年在第十二届全运会武术套路决赛中获太极拳剑全能第三名。在 2014 年全国武术套路冠军赛中获得太极拳冠军。

陈耀鑫（1990.4—　）　男,厦门市人。中国武术五段。1998 年始师从陈仁忠老师学习六合自然门、长拳、现代竞技武术等。2008—2012 年就读于集美大学工商管理学院,师从陶凌荣老师。2004 年获得福建省青少年武术比赛馆校男子少年乙组剑术第八名。2007 年获得少年甲组枪术第二名、拳术第六名。2008 年获得少年甲组枪术第一名。2010 年参加全国大学生武术套路锦标赛,获得男子甲组单器械第六名。

陈武江（1990.4— ） 男，厦门市人。厦门市湖里区少体校武术教练。中国武术五段。1997 年师从陈仁忠老师学习六合自然门、南拳、现代竞技武术等。2008 年考入集美大学体育学院，师从马庆老师。参加福建省武术比赛，2001 年获得儿童组棍术第五名、刀术第四名。2004 年获得少年乙组棍术第二名、全能第八名。2002 年获得福建省第十二届运动会武术比赛乙组刀术第六名、棍术第八名。同年获得"西山杯"中学生运动会南拳第二名、刀术第七名。2010 年获得全国大学生武术比赛乙组地术拳第四名、南棍第七名；2011 年获省第七届少数民族运动会武术比赛男子对练第一名。2012 年获福建省第七届农运会舞龙舞狮比赛自选套路第一名、障碍赛第一名、规定套路第一名、竞速赛第二名。

陈欣妮（1990.8— ） 女，厦门市人。1998 年师从陈仁忠老师学习六合自然门、太极拳、现代竞技武术等。1999 年参加福建省少儿武术比赛女子，获得儿童组太极拳、剑术、规定拳、枪术前六名。2001 年获得女子儿童组剑术第一名、枪术第五名。2004 年获得"西山杯"中学生运动会武术比赛南拳第三名、剑术第三名。2007 年获得省武术比赛馆校组少年甲组枪术第一名。2008 年获得剑术第五名。2009 年获得福建省第八届中学生运动会武术比赛高中女子组长拳第四名，剑术第七名，枪术第五名。2013 年毕业于福州师范大学。

陈穗津（1991.1— ） 女，广东省人。福建省武术队武英（健将）级运动员。2003 年入选福建省体工队武术队。2005 年获全国青少年武术套路冠军赛 42 式太极拳第一名。同年获第二届亚洲青少年武术比赛 24 式太极拳第一名。2005 年获全国太极拳锦标赛孙氏太极拳第一名。2007 年获全国武术套路锦标赛（传统赛）太极剑第二名。2008 年获全国武术套路锦标赛（传统赛）孙氏太极拳第一名。2009 年获全国青少年武术套路锦标赛青年组 42 式太极拳第一名。2010 年获得全国武术套路冠军赛（传统赛）孙氏太极拳第一名。2011 年获得全国武术套路冠军赛（传统赛）太极器械第一名、42 式太极拳第三名。

陈雪洁（1991.1— ） 女，漳州芗城区人。1996 年进入漳州市少体校跟随郑雅恩教练习武。2000—2008 年八次参加福建省青少年武术套路锦标赛，获八项第一名、九项第二名和四项第三名。2009 年考入福建警察学院。2010 年参加华夏武术大赛，获得长拳、剑术、双剑三项第一名。2011 年、2012 年相继参加第三、四届海峡论坛·海峡两岸传统武术大赛，均获得长拳、双器械两项金奖。2012 年参加厦门国际武术大赛，夺得长拳、枪术金奖，剑术银奖，个人全能第一。2013 年毕业后就职于厦门大学保卫处。

陈耀斌（1991.7— ） 男，厦门市人。1999年师从陈仁忠老师学习六合自然门、现代竞技武术等。2009—2013年就读于集美大学体育学院，师从郭建生老师。2005年获得福建省青少年武术套路锦标赛馆校男子乙组枪术第六名、剑术第七名。2007年获得馆校组男子少年甲组剑术第一名。2008年获得少年甲组拳术第五名。2009获得少年男子甲组枪术第三名。

陈伟平（1991.8— ） 男，漳州龙文区人。10岁开始习武，师从陈金水习练太祖拳。2004年参加漳州市传统南拳演武大会，获两项一等奖。2006年参加漳州市传统武术比赛，获两项前两名。同年参加在泉州举办的中国福建南少林国际武术大赛，获对练、棍术两项银狮奖，拳术铜牛奖。2006年参加在河南郑州举办的第二届世界传统武术节，获棍术一等奖、拳术二等奖。2008年参加福建省南少林传统武术竞赛获棍术、拳术、对练三项第一名。同年参加闽台南少林武术交流大赛获三项金银奖。

陈志亮（1991.8— ） 男，漳州龙文区人。10岁开始习武，师从陈金水习练太祖拳。2004年参加漳州市传统南拳演武大会，获两项二等奖。同年参加在泉州举办的中国福建南少林国际武术大赛，获对练、棍术两项银狮奖，拳术铜牛奖。2006年参加在河南郑州举办的第二届传统世界武术节，获拳术二等奖、棍术三等奖。2008年参加福建省南少林传统武术竞赛，获三项前三名。同年参加闽台南少林武术交流大赛，获三项金银奖。2009年参加海峡论坛·海峡两岸传统武术交流大赛获两项金奖。

陈仕鹏（1993.3— ） 男，漳州龙海市人。2000年起在龙海市博立武术馆师从陈国林习武，2003年入选福建省体工队。2000—2005年在漳州市武术比赛及第十届省运会中获棍术、拳术多项第一名。2003年参加福建省武术锦标赛，获南拳第一名。2004年参加福建省武术锦标赛，获南拳第二名。同年参加香港国际武术节，获刀术第二名、棍术第三名。2005年参加香港国际武术节，获南拳、刀术两项第一名。

陈惠颖（1993— ） 女，福州市连江县人。福建省武术队武英（健将）级运动员。2000年开始在连江县少体校进行业余武术训练，2003年在福州市体校业余进行武术训练，2004至今在福建省体育工作大队武术队当运动员。2012年在全国武术冠军赛中获得女子棍术第一名。2012年在中国武术套路王中王争霸赛中夺女子王中王桂冠。2013年获全国武术套路冠军赛女子南棍第一名、女子南刀第一名。同

年在第九届世界运动会上再获得女子南拳南刀全能冠军,为福建、为国家争得了荣誉。2014年在中国武术套路王中王挑战赛中,夺得女子棍术之王的称号。

陈　睿(1994.11—　　)　男,漳州芗城区人。2001年进入漳州市少体校跟随郑雅恩、张毅慧教练习武。2004年入选福建省体工队集训。2004—2008年五次参加福建省青少年武术套路锦标赛,获十三项第一名、两项第二名、五项第三名。

陈雅丽(1998.1—　　)　女,莆田仙游县人。福建省武术队一级运动员。2003—2008年在莆田市少体校训练,2008—2009年在福建省少体校训练,2009年12月至今在福建省体工队武术队训练。2006年参加福建省第十三届运动会武术套路比赛,获得女子刀术第一名。2012年参加全国青少年武术套路锦标赛,获得女子南刀第一名。

陈　寅(1998.4—　　)　男,漳州芗城区人。2003年进入漳州市少体校跟随郑雅恩、张毅慧、林春梅教练习武。2007年参加福建省青少年武术套路锦标赛,获刀术、全能两项第一名、规定拳第二名、棍术第三名。2008年参加福建省青少年武术套路锦标赛,获集体项目第一名、剑术第二名、规定拳第三名。

陈鹏艺(1998.11—　　)　男,漳州龙海市人。8岁开始在博立武术馆跟随陈国林习武。三次参加漳州市武术套路锦标赛,获拳术、刀术、棍术七项前三名。2007年参加第四届香港国际武术节,获刀术、棍术两项第一名。2008年参加福建省武术套路锦标赛,获长拳第一名,刀术、个人全能两项第二名。

陈世新(2002.3—　　)　男,厦门市人。2007年师从陈仁忠学习六合自然门、现代竞技武术。现就读于厦门外国语学校湖里分校。2011年参加福建省青少年武术套路锦标赛,获馆校组丙组自选长拳第四名、少年规定拳第五名、自选剑术第五名、自选枪术第六名。2012年获得福建省少儿武术比赛馆校组男子丙组自选长拳第一名。2013年获得男子乙组自选剑术第二名、自选长拳第一名、自选枪术第二名、全能第一名。

cheng

程汝翼 字子献,连江县人。宋淳熙五年(1178年)武举第二名。

程元鼎 字和甫,连江县人。宋绍熙四年(1193年)武举。终知高州。

程君举 宋开禧元年(1205年)武举特奏。

程梦湜 宋嘉定十六年(1223年)武举。

程佐任 闽清县人。清康熙三十九年(1700年)武进士。

程 彩 清末漳浦县人。漳浦小刀会首领。程彩自幼务农,练就一身功夫,在民众中颇有威信。当时,闽南小刀会以厦门为活动中心,进行反清斗争,各地民众纷纷组会响应。漳浦县以程彩为首领,在盘陀组织了小刀会,用"过香"的形式吸收会徒,会众多至千人。咸丰三年(1853年),闽南小刀会在灌口起义,攻占海澄、石码、漳州和厦门,并在厦门建立政权。漳浦小刀会及时响应,发动起义。四月十二日,程彩率领千余名会众攻入县城,溪南村农民也趁机入城破狱,放出犯人。后小刀会撤回盘陀,以盘陀一带为根据地,继续进行反清活动。漳浦小刀会起义声威大振,清朝官府为之震惊,急从广东、江西调动军队,会同福建军队,攻占厦门等地。咸丰四年(1854年),清军"进剿"漳浦盘陀,小刀会抵抗失败,会众四散。程彩见大势已去,避往安南(今越南境内)。

程兆琪(1940.11—) 男,福州市人。福建弘武国术馆馆长,福州市郊区武术协会会长,福州中华梅花拳研究会会长,中国武术六段。11岁起师从王鼎(夏莲)系统学习梅花拳。1953年起代师授艺。多次参加省、市武术表演并获得优胜奖。1970—1980年带徒弟参加福州武术散手对抗赛,八人次获第一名。1982年起担任福州郊区武术协会会长、福州中华梅花拳研究会会长。2003—2005年任福建省少林武术馆副馆长。2005年起任福建弘武国术馆馆长,创编"程式梅花拳"并大力推广。2008年组建"弘武队"参加中日演武大赛,获组织奖与技术风格奖。

程兆清(1949.12—) 男,福州市人。曾任福州市武术协会委员、教练。福建夏莲上乘梅花拳俱乐部副主任。自幼跟随王鼎(夏莲)老师练习上乘梅花拳、太极拳等拳种,数十年来勤练不辍。与同门师兄弟创办福建夏莲上乘梅花拳俱乐部,继承和推广上乘梅花拳等传统武术。

程超英(1959.9—) 女,福州市人。丰泽太极拳协会常务理事,丰泽区太极拳协会竞训组副组长。曾代表福建省参加在广东顺德举行的全国武术(太极拳)锦标赛,获 42 式太极拳女子中年组第五名。2005 年参加西安国际杨式太极拳邀请赛,获女子甲组一等奖(金牌)。曾参加泉州市太极拳比赛连获三年冠。多年来致力于培养儿童太极拳运动员,在市太极拳锦标赛中常获前三名的好成绩。

程云旺(1962.8—) 男,福清市人。毕业于福建师范大学体育系。福建警察学院副教授、特警教研室主任。中国武术六段。1983 年师从郭鸣华学习武术与散打。1986 年获福建省武术散打 65 公斤冠军。同年获"少林杯"全国武术散打第三名。同年获"中原杯"全国武术散打第二名。1987 年任福建警察学校武术散打教练。1999 年获福建省第八届散打赛体育道德风尚奖裁判员。2002 年获福建省第十二届运动会体育道德风尚奖裁判员。2004 年获第四届全国武术馆校赛优秀裁判员。发表论文数篇。

程志明(1969.11—) 男,漳州芗城区人。大学本科,任漳州市绿色食品办公室主任。1982 年师从林其塔习练太祖拳、达尊拳。1991 年曾在福建农林大学担任学校武术协会会长,大力开展和宣传武术,组织学生参加各种武术活动和竞赛。1996 年参加福建省传统武术演武大会比赛,获传统拳术一等奖。

程超楠(1992.4—) 漳州芗城区人。二级武术运动员。2002 年进入漳州市少体校跟随郑雅恩、张毅慧教练习武。2004 年参加福建省青少年武术套路锦标赛,获枪术第一名、剑术第二名、全能第四名。2005 年参加福建省青少年武术套路锦标赛,获长拳第一名、集体项目第二名。

chi

池大熄（1955.3—　）　男，福州市人，厨师。福州香店拳房利贵的关门弟子，从 1974 年 10 月到 1980 年底跟随房利贵习练香店拳，同时学习治疗跌打损伤，得到伤草药组成秘方。

chong

崇　善　清光绪二十八年至三十三年（1902—1907 年）福建将军。

chu

储　申　晋江市人。宋绍定五年（1232 年）武举人。

储燕梅（1983—　）　女，江苏海安县人。本科学历。中国移动漳州分公司员工。1992 年进入漳州市少体校随郑雅恩习武。1994 年参加福建省青少年武术套路锦标赛，获规定拳、剑术、枪术、全能四项第一名。同年随漳州市政府体育代表团赴日本谏早市进行武术交流活动。2001年考入华侨大学。2004 年考入集美大学。

cui

崔升之　惠安县人。宋元祐六年（1091 年）武举人。

崔达年（1868—1933）　男，字伯深，闽侯县人。少年嗜武，从兄达珠学梅花拳与猴法，后师从古田县杉洋乡余祈贤学二路龙拳。民国初年挟技到福州设馆授徒。曾将龙拳拳谱、要诀及风伤正骨医术等整理成书留传后代孙崔忠贤。该书于 1986 年参加全国武术挖掘整理大会展览，具有一定的学术价值。主要学生有崔世霖、刘品铺、何永青、潘祥松、李依金、程天瑜等。

D

da

达冲阿　清嘉庆十四年（1809 年）福建将军。

dai

代林彬（1966—　 ）　男，莆田市人。福建省武术运动管理中心主任，福建省武术协会副会长兼秘书长，中国武术协会委员，中国武术协会教练委员会副主任，国家级武术教练，国家级武术裁判。中国武术八段。享受国务院政府特殊津贴。从小在莆田少体校师从陈光强习武，1977 年进入福建省武术队。1989 任福建省体工队武术队助理教练，1992 任武术队主教练。在竞技武术第一线工作二十六年，亲手培养出林凡、周斌、郑磊石、黄颖祺、林霞、吴倩彬、陈帅、宋林、彭荔丽、庄莹莹、陈穗津、陈惠颖、郑少谊等多位世界冠军、亚洲冠军和全运会冠军。多次担任国家武术队主教练，带队征战第八届和第十一届世界武术锦标赛、第十七届亚运会等，均取得优异成绩。所带运动员在世界武术锦标赛、北京奥运会、亚运会、全运会等国内外重大武术比赛中获得 200 多枚金牌，成为中国竞技武坛的一支劲旅，为福建省及祖国争得了荣誉。获得中华人民共和国体育运动荣誉奖章，福建省"五一劳动奖章"，获一等功、三等功，福建省优秀共产党员，全国十佳武术教练员等荣誉称号。发表了《南拳运动员无氧乳酸能训练手段的研究》《女子太极拳腾空 540 度接雀地龙技术动作研究》《南拳运动员专项功能代谢能力训练探析》《四十二式太极剑图解》等学术论文和教材。

戴君胄（703—778）　字汝孙，出生于云霄乌石山。府兵校尉戴元理之子，陈元光的二女婿。他少习武艺，任府兵校尉，追随陈珦继续治理漳州，为开发闽南立下了勋功。后荫封为钎辖司崇仪使郡马副元帅兼竭忠辅国大将军。

戴　燿（1542—1628）　字德辉，别号凤岐。漳州长泰县人。自幼时刻苦读书，练剑学武。明穆宗隆庆元年（1567 年）乡试举人，翌年春登进士。万历二十年（1592 年）任都察院右副都御使，巡抚广西，平定盘轮，提升兵部尚书。万历二十六年（1598 年），兼右都御使，总督两广。崇祯元年（1628 年）八月二十四日危坐而逝。

戴　鏻（？—1675）　漳州长泰县人。自幼随父生活在军营，喜好舞刀弄枪，习得军旅武艺。归乡后入县学，为长泰武学生员。后入漳州守军黄芳度标下任外委。康熙十四年（1675 年）六月，耿精忠作乱，联合郑经围攻漳州。戴鏻守城拒敌，城陷殉难。后朝廷追赠为都司佥事、入祀北京忠勋祠。

戴佐任 沙县人。清康熙九年(1670年)武举人。

戴吴璆 漳州南靖县人。清康熙十九年(1680年)武举人。

戴时新 字宜侯,南安市人。清康熙五十六年(1717年)武举人,湖广荆州卫守府管漕运。

戴秉魁 漳州长泰县人。清雍正四年(1726年)武举人,历任岳州卫千总,金华府都司佥事。

戴秀文 漳州长泰县人。清乾隆四十六年(1781年)武进士,任福宁府海坛镇右营游击。

戴书绅 漳州南靖县人。清乾隆五十四年(1789年)恩科武举人。

戴蜚声 号楷轩,南安市人。同治二年(1863年)武科进士,御前侍卫。

戴火炎(1892—1970) 男,字汝桂,号温陵老人,泉州市人。出生于武术名家,尚武好侠,与师弟姚金狮拜泉州魏国器为师,研习太祖拳。1933年任泉州温陵国术馆馆长,后出洋,办三生馆,弘扬技艺,拳名异域。1960年回国,协助完成《崇福寺太祖拳》的编写。1962年被推举为泉州武术研究社副会长,并到城郊、晋江授拳。其门徒中有名者首推周焜民、徐清辉等。晚年伏案整理拳经,秘授《太祖拳谱》予周焜民,《鲤城拳谱》授林孝朗,《少林拳谱》授吴国反等。今泉州、少林寺、南台寺、崇福寺、厦门白鹿洞等,俱戴火炎一派所传。

戴良鸿(1924—1984) 男,原名摩沙、伯雄,字仁杰,号宗豪,莆田市江口人。曾任莆田地区武术协会顾问,福建省针灸学会理事等。自幼遵父命,投福州陈圣标门下习武,后转师李燕青,学习宗鹤、鸣鹤、三狮拳、龙宗二十八宿、齐眉棍法等,尤擅宗鹤拳。良鸿拳医兼擅,悬壶济世数十载,救人无数,莆阳里间,有口皆碑。1958年参加福建省武术表演赛,获优秀奖,为莆田地区八个代表之一。其武术和医学成绩由后人整理成《南少林拳医汇宗》等六部专著出版。

戴义龙(1957.2—) 男,莆田市人。江口卫生院副院长,福建省武协委员,莆田南少林武术协会副会长。中国武术六段。出生于拳医世家,幼承家学,随父戴良鸿习武学医,习练宗鹤拳、鸣鹤拳、双狮拳、龙宗拳、扁担拳等,尤擅鸣鹤二十八宿。曾多次参加南少林武术会演和对外交流活动。央视及港台电视台、各种平面媒体曾作过专题报道。台湾东森电视台《两岸情》曾对其鸣鹤二十八宿作全套报道。2005年被高等中医骨伤研究会授予"中医骨伤专科突出人才"称号。同年被国家中医药

管理局授予"全国基层优秀中医"称号。已出版《南少林拳医汇宗》《袖珍草药图本》等六部专著。

戴晓秋（1982—　）　男，漳州长泰县人。厦门武状元武术馆馆长，国家一级社会体育指导员，国家武术段位制考评员及教练员，一级武术裁判。1996年在长泰一中武术队开始习武。1999年考入集美大学体育学院运动训练专业。主项是太极拳、刀术、棍术、双钩、通臂拳及朴刀进枪对练等。2006年创办了厦门武术状元武术馆，常年约有三百名在训学员。武馆学员多次参加省、市锦标赛及综合性运动会、国际武术大赛，均荣获佳绩。学员何坤录于2014年代表福建省参加首届全国武术运动大会，荣获南棍项目第一名、五祖拳荣获第三名。多次参加厦门市和福建省武术比赛裁判工作。

deng

邓　瞀　连城人，字晦之。宋朝开国侯彭孙之婿。身材魁梧，好读兵书，善计谋，以功升皇城使。善带兵，能与士卒同甘苦，因而士兵皆乐为拼命。邓瞀性刚毅忠勇，每遇战事皆陷阵先登。死于王事，赠武功大夫。四子以父荫补官，后皆通显。

邓　安　定远人。福建都指挥佥事，多智勇，有威望。明正统十四年（1449年），沙县邓茂七率众起义，攻劫城邑，附近乡民多逃入城中躲避。城中歹徒乘机危害百姓，邓安捕杀为首恶徒，又精选将士，勤训练，严查督促，地方遂以安定。

邓　城（约1507—1564）　字藩国，号寒松。祖籍福建沙县，先祖在洪武初授安徽滁州（治所在今滁县）百户，历传二世，调福建泉州卫，入籍晋江县。明代著名抗倭将领。邓城雄伟魁俊，青年时曾参加明经考试，因言辞质直，针砭时弊，不受考官赏识，转习弓马韬略，常奉檄捕捉贼寇。嘉靖己酉年（1549年）登武科第一，任泉州卫右所百户。后因战功卓著，授中军指挥，升广东佥事、游击把总、同泰参将、福建游击将军、累官至提督狼山副总兵，是著名抗倭名将。少年时与俞大猷等读书练武于泉州清源山上，精通武艺，尤擅拳法，远近闻名。时人有"俞公棍邓家拳"之称。俞大猷称他"技艺精巧，膂力超绝，勇足以摧锋陷阵，而勇于先登；才足以拊众辑士，而得其死力。报国之志出于性生"。邓城为人沉毅有谋，善骑射，擅海战，他率军大战徐功山、普陀、莲花洋、羊山、阳弋桥等处，斩倭首千余级，又在王江泾、陆泾坝与俞大猷共同斩杀倭寇，击沉倭船无数。在抗倭中屡建战功。嘉靖四十三年（1564年），邓城因戎马劳瘁，患病不起而逝，葬于泉州东郊桃花山。

邓　钟　字元宇，晋江市人，邓城之子。明万历五年（1577年）武进士。曾任铜山把总、贵州总兵、广东副总兵，护国大将军。

邓中溥　晋江市人。明万历十一年（1583年）武进士，卫千户，任都司。

邓　枢　晋江市人。明万历间武举人，卫指挥。

邓光汴 晋江市人。明天启二年(1622年)武进士,虎门副将。

邓诏熙 漳州诏安县人。清康熙五十一年(1712年)武进士。

邓美娟(1979.9—) 女,三明市人,本科学历。泉州南少林国际学校武术教练,武体教研组长,一级运动员,一级武术裁判员。2000年7月毕业于集美大学体育学院。1997年获福建省大学生运动会武术比赛全能第一名。1999年获福建省高校武术比赛全能第一名。同年7月,获全国体育学院七项全能赛拳术第四名。2004年获国际南少林武术邀请赛双鞭第一名。2012年被评为第九届全国武术之乡武术套路比赛"优秀教练员"。多次带队参加全省、全国武术比赛,并取得多个冠、亚军。被评为福建省民办学校优秀教师、泉州市中小学体育教育工作先进工作者等荣誉称号。

ding

丁　谏 宋天禧年间(1017—1021年)提刑官(武臣),见《福建通志》(民国)。

丁　泉 汶上县人。福建行都司都指挥佥事。明天顺元年(1457年),上杭草寇窃发,泉严备御之,邑赖以全。明年,寇复攻城,泉躬率士卒,且战且守,寇力屈,退去。未几,巡抚伍骥率诸军往剿,泉直捣其巢穴,攻破石马岐等寨,猝与贼遇,力战而死。邑民哀而祠之。

丁一鉴 晋江市人。明嘉靖三十五年(1556年)武进士,泉州卫指挥佥事。

丁一铠 晋江市人。明万历五年(1577年)武进士,卫千户。

丁衍忠 晋江市人。明万历十一年(1583年)武进士,都司。

丁天禧 晋江市人。明崇祯十年(1637年)武进士。

丁又显 古田县人。清雍正二年(1724年)武进士,御前侍卫,凤阳、大河二卫守备。

丁　晃 字汝明,南平浦城县人。清乾隆七年(1742年)武进士,官浙江金华协中军都司。

丁锦堂(1846—1902) 字笏初,号福三,上杭县人。清代武状元。少年时喜欢舞刀弄棍。在家里除了干重活外,还在汀江码头兼做搬运苦力,磨炼了过人的膂力。20岁时,在码头能一次肩挑12个大盐包,重达200多千克,一口气登完42级石阶,不用换肩歇脚。在少年时即立志攀登武科功名,家住城隍庙隔壁。庙里宽敞的大厅,是他习武的主要场地,通常鸡鸣即起,在城隍庙里舞刀、开弓、掇石,十年苦练,坚持不断。其练武使用的大刀长130厘米,重41.5千克。同治九年(1870年)参加福建乡试。在武科各项考试中大显身手,中举。次年,赴京参加会试,兵部以第六名进士录选,经殿试,被钦点为一甲状元及第,任侍卫职务,时年 26 岁。同治十二年(1873 年),同治帝大婚,特请他参加迎亲仪仗队,赏赐黄马褂在御前骑马护卫。光绪元年(1875 年),授他振威将军衔,任广东南澳厅游击,代理镇守总兵官职务。光绪十七年(1891 年),升任广西郁林营参将,统辖 5 个县。次年以母丧,告假守制离职。服满,因病未再出仕。光绪二十六年(1900 年),县内饥荒严重,抱病为民请命,促使县知事迅即采取救荒措施,赈济饥民。光绪二十七年(1901 年),因病去世,终年 56 岁。

丁秀清(1962.4—) 女,回族,石狮市人。石狮市武术协会常委。2009 年师从邱金雄、卢义荣习练各式太极拳、器械等。2010 年参加第二届海峡论坛·海峡两岸传统武术交流大赛获得一枚银牌、一枚铜牌。2011 年参加泉州市传统武术锦标赛,获三枚金牌。2012 年参加全国农民运动会武术比赛,获三枚银牌、一枚铜牌。同年在重庆举行的第九届全国武术之乡武术比赛中获得三枚铜牌。

丁玉仁(1962.9—) 男,平潭县人。高级工程师,平潭综合实验区交通建设局局长兼平潭神州功夫俱乐部副主任、教练,福建省社会武术准高级教练。自小喜武,数十年来多次参加太极拳系列培训班,特别在何永亨老师的精心指导下,潜心研修气功、太极拳艺和理论。多次参加各种赛事,如南少林华厦武术套路散打争霸赛、第一、第二、第三届海峡论坛·海峡两岸传统武术交流大赛、首届"盛天杯"神州太极拳大赛等,共获金牌 7 枚、银牌 3 枚。2010 年创办太极养生馆,积极推动平潭太极拳健身运动的发展。

丁辉龙(1987.7—) 男,晋江市人。特步总裁助理,辉腾武道馆长、一级武术运动员、一级武术教练。中国武术六段。自幼随父亲习武,11 岁就读于泉州剑影武术学校。18 岁考入北京体育大学。2004 年获第四届全国武术之乡武术比赛南拳第一名、刀术第一名。同年获第四届全国武术馆校武术比赛南拳冠军、刀术亚军。2006 年获香港国际武术节武术全能冠军。同年获高校武术比赛南拳第一名、地术拳法第一名、南刀第一名。同年又获全国传统武术锦标赛传统地术拳法第二名。2007 年获第五届香港国际武术节全能第一名。2005 年与于海一同出演《武术风光》,并担任武术指导。

dong

东 纯 清咸丰六年至十年(1856—1860 年)福建将军。

董 奉(200—280) 又名董平,字君异,号拔墩,侯官县(今长乐县)人。少年学医,信奉道教。年轻时,曾任侯官县小吏,不久归隐,在其家村后山中,一面练武,一面行医。董奉医术高明,治病不取钱物,只要重病愈者在山中栽杏 5 株,轻病愈者栽杏 1 株。数年之后,有杏万株,郁然成林。春天杏子熟时,董奉便在树下建一草仓储杏。需要杏子的人,可用谷子自行交换。再将所得之谷赈济贫民,供给行旅。后世称颂医家"杏林春暖"之语,盖源于此。由于医术高明,人们把董奉同当时谯郡的华佗、南阳的张仲景并称为"建安三神医"。晚年到豫章(今江西)庐山下隐居,继续行医。吴天纪四年(280 年),董奉逝世。

董　权　宋绍兴二年(1132 年)武举人。

董　兴　行伍出身,宋太祖朝太尉。

董晋轰　晋江市人。清康熙三十九年(1700 年)武进士。御前侍卫。

董胄英　晋江市(今石狮市)人。清康熙年间延平总兵。

董振德　山西霍州人。武举,清乾隆三十一年(1766 年)任延平右营守备。

董启狮(1957.2—　)　男,石狮市人。石狮市武术协会顾问,泉州东禅少林国术馆总顾问,石狮市锦尚镇卢厝狮阵武术馆顾问,香港世界五祖拳促进会副秘书长,一级武术裁判,一级拳击裁判。1968 年开始学习武术,拜泉州承天寺释瑞吉老和尚的弟子吴祥家、康若飞先生为师,学习南少林五祖拳。1975 年在安徽合肥参加华东地区武术表演大会获中学生组传统拳术二等奖、棍术三等奖。注重《武术套路竞赛规则》和《拳击裁判法》的学习与实践。曾担任福建省第十三届、第十四届运动会和泉州市第七届、第八届运动会以及中国泉州国际南少林武术邀请赛等赛事武术套路与拳击的仲裁委员、裁判长、检录长等裁判工作。

董欣勇(1971.10—　)　男,永春县人。永春白鹤拳常务理事,云鹤武术协会副会长。15 岁拜黄时芬学习永春白鹤拳。在 2002 年第四届泉州旅游节获永春白鹤拳演武大会三等奖。2010 年在国际南少林武术邀请赛中获 1 金 2 银。2011 年参加漳州第三届海峡论坛·海峡两岸武术大赛,获 2 金 1 银。2011 年参加南少林华夏武术大赛,获 2 金。2012 年参加感恩节第十届香港国际武术节,获传统拳术季军。

dou

窦振彪(1785—1850)　字升堂,广东吴川县人。清代金门水师总兵、福建水师提督。自小熟悉水性,精通武功。嘉庆十九年(1814 年),由行伍选拔补广东水师千总和水师提标中营守备。此后,历任提标中军参将、水师副将。道光九年(1829 年),署琼州镇水师总兵。道光十年(1830 年)九月,升任福建水师金门镇总兵。道光十二年(1832 年),台湾嘉义县张丙、陈办等人起事,他奉命于十一月带兵两千多名渡台,会同福建陆路提督马济胜,一同围剿。翌年初平定骚乱,获道光皇帝颁旨赏戴花翎。道光二十一年(1841年)一月,英军攻陷广东多处炮台,虎门炮台失守。他临危受命,于二月出任福建水师提督。八月,英舰再次进犯厦门。当时他刚好出洋缉盗,未能亲自在场指挥这场战斗,而当晚厦门就被英军攻陷,因而受朝廷处分。道光三十年(1850年),卒于福建水师提督任上。

du

杜　　该　宋熙宁元年(1068)提刑官(武臣),见《福建通志》(民国)。

杜伏威　漳州龙海市人。清朝武举人。

杜德全(1974.10—　)　男,安徽省金寨人。副教授,九三学社泉州师范学院主委、专业副主任。2000年毕业于安徽师范大学体育学院。2004年考入厦门大学研究生院,在导师林建华教授指导下攻读体育教育训练学,着重研习形意拳、八卦掌和地方传统武术。2006年获硕士学位。同年到泉州师范学院体育学院任教,主要从事传统武术、养生功法教学。多次担任福建省武术比赛裁判工作。近年来在《厦门大学学报》《中国体育科技》《北京体育大学学报》等重要刊物发表武术文化研究学术论文二十余篇,出版《五祖拳文化研究》学术著作一部,主持省市校级课题十余项,曾获福建省社会科学优秀成果二等奖、三等奖。

F

fan

范　滔（891—950）　浦城县人。闽王登位，范滔为浦城左先锋将。时逢吴播叛逆，范滔奔赴击溃吴播军，以功任上左厢虞侯。后晋天福五年（940 年），10 万越军攻建州，并重兵围浦城西岩山四个多月，范滔采取"昆阳之战"、"常山之阵"的战法，大败越军，以战功担任保胜西岩指挥使。后投南唐。南唐升元六年（942 年），任信州（今江西上饶）左先锋指挥使。南唐保大二年（944 年），先在建阳战败殷军，攻破西岩洞寨，进而向建州发起攻击，战退水陆两路殷军，夺水南大寨，升为殿直指挥使。保大四年（946 年），吴越占领福州，他被任命为浦城静边、保胜、弓弩诸指挥军使。保大八年（950 年）在抚州病故。

范　俊　闽清县人。清康熙四十二年（1703 年）武进士。

范学海　台湾人。清康熙五十七年（1718 年）武进士。

范廷宾　南平市人。清功加守备，邵武把总。

范庆星（1972.9—　）　男，龙岩新罗区人。龙岩市武术协会秘书长。1992 年开始习武，师从邱毅恒学习散打及通背劈挂拳，20 多年来坚持刻苦锻炼。龙岩武协成立以来，担任协会秘书长工作，负责武协的日常工作，积极组织开展各类武术活动。2013 年获得中国武术段位考评员资格。

樊仁远　闽县（今福州市）人。宋绍兴三十年（1160 年）庚辰科状元，武举人。后再登进士。

fang

方　审　侯官县（今福州市）人。宋绍熙四年（1193 年）武举人。

方于宣　侯官县（今福州市）人。宋嘉定四年（1211 年）武举人。

方　机　宋嘉定十六年（1223 年）武举特奏。

方　桷　宋宝庆二年（1226 年）武举人。

方　枢　侯官县（今福州市）人。宋宝庆二年（1226 年）丙戌科状元，武举人。

方南阜　宋淳祐十年(1250年)武举。

方　矩　漳州龙海市人。明万历十一年(1583年)武进士,任镇篁守备。

方日升　晋江市人。明万历十一年(1583年)武进士,泉州卫指挥同知。

方皋孺　漳州云霄县人。明天启四年(1624年)武举人。

方七娘(生于明末崇祯年间)　女,福宁府(今霞浦)人。永春白鹤拳创始人。浙江省丽水县少林拳师方种的独生女。七娘自幼得父亲精心传授,练就一身好拳艺,因婚姻失意,投白练寺为尼。在白练寺中经数年揣摩衍化,揉合白鹤的各种动作于少林拳法之中,创出别具一格的白鹤拳。永春拳师颜起诞与其徒曾四,访游各地,以武会友。七娘的高超拳艺使起诞心悦诚服,旋即命曾四拜七娘为师。七娘见曾四年轻聪慧,朴诚厚重,乃收为徒。曾四在寺中与七娘学习切磋拳艺10余年,并结为夫妇,其艺益精。康熙年间,传说曾四夫妇被谪居永春西门外后庙辜厝,开馆授徒,于是将白鹤拳传入永春,故白鹤拳又称永春白鹤拳。后人尊曾四为"前永春名师",其徒弟郑礼、辜喜、辜魁、乐杰、王打兴等称为"前五虎"。

方大洪(约明天启至清康熙年间)　男,漳州云霄县人。父辈以航海运货营商为业,方大洪少年时常随其父登船航海,经常攀爬桅杆帮助理帆、顺锚、观风等杂务,练就了矫健敏捷的身手。其不仅武艺出众,且练就了以瓦片漂飞水面,追踪飞奔的水上轻功绝技,因而得诨号"飞龙"。后组织天地会从事反清复明活动,被人称为"洪门前五祖"之一(该人为天地会秘密文件中人物,是否真有其人存疑)。

方伟男　漳州市人。清康熙八年(1669年)武举人,康熙四十八年(1709年)武进士,任金门游击。

方玉玑　南安籍。清康熙四十五年(1706年)丙戌科武进士,由晋江学中式,黄州卫掌印守备。

方拔山　漳州云霄县人。清乾隆六年(1741年)武举人。

方拔山　漳州平和县人。清乾隆九年(1744年)武举人。

方瑚辇(琏)　漳州漳浦县人。清乾隆九年(1744年)武举人。

方金城　漳州市人。清乾隆十八年(1753年)武举人。

方大捷　永春县人。清乾隆二十四年(1759年)己卯科武举人。

方　劝(约清乾隆年间)　漳州云霄县人。从小在西塘村习武,清乾隆二十七年(1762年)拜提喜为师,加入天地会。乾隆三十三年(1768年),参加漳浦卢茂、林咸、何哲等天地会众首义,因攻占漳浦县城事泄失败,被流放至乌拉(今吉林)充军。

方　象(约清嘉庆至同治年间)　又名方大象,漳州云霄县人。臂力过人,武功甚精,深得"虎派"真传,曾双手驯伏两头正在相牴的大水牛。他还练就一身轻功,可凭借一条四尺沾水纱巾直上高楼,远近闻名。

方　乐(约清嘉庆至同治年间)　漳州云霄县人。平生务农兼经商,长得满腮赤色胡须,以善耍棍棒著称,因得诨号"赤须乐"。有一次经商时骤遭山贼,他曾赤手空拳力敌三凶,留下《赤须乐赤膊收三刀》的故事。

方云腾　莆田市人。清光绪二十一年(1895 年)武进士,御前侍卫。

方凤鸣(约清道光至光绪年间)　又名方齐,漳州云霄县人。自少练武,尤擅仙拳。光绪二十六年(1900 年),在云霄白泉洞设拳馆授徒,演练仙拳。秘密组建白扇会,亦称仙拳会,被推为带头人,又称齐王、梁山王。其宗旨是"惩办贪官、仇教排洋、反清复明"。后在官兵的围剿下,他隐居梁山,不知所终。

方世培(1834—1886)　名徽石,字世培,福清市镜洋镇人。纵鹤拳创始人。方世培自幼从师学鹤拳。茶山村位于福清齐云山下,周围树竹丛生,鸟兽出没。一日练功后恰逢下雨,他看到寒鸦在树上抖动羽毛甩出水珠,而树干竟为之动摇;又看到灵犬落水起岸,身子一摇,水珠随之飞溅干净,深有感触。之后,他又常观察虾在水中应敌时的轻盈灵巧、进退有方、弹跃躲闪等,再观察鹤的各种舞姿动作动静清晰、虚实分明、上下起伏、刚柔飘忽,以寸劲力等,顿悟出轻捷与弹性所产生之力道无穷,悟出以身躯的微微抖动化解敌手之攻势的"内变力",并结合所学武技,练出非凡神功,创出纵鹤拳。《清稗类钞》说他:"练拳技二十年,法曰纵鹤,运气周其身,又聚周身之力透双拳而出,出时作吼声,久久,则并声而无之,但闻鼻息出入而已。手分金木水火土以御人,惟水出时,被中者如中恶,而世培之身已飞跃寻丈外,及不可见矣。""世培之徒遍闽中,其最知名者为王陵。陵尝一掌抵柱,柱皆为之撼动。"方世培的练武石重达 250 余斤,至今仍存放其祖厅之中。近代著名文学家、翻译家林琴南曾跟随方世培习武,在《方夫子遗事》《技击余闻》书中均有详载。

方阿庄(1875—1940)　男,莆田人。鹤拳名师。民国初年,受聘于福建省立体育学校任国术教师多年。1929 年担任福建省第三次联合运动大会国术裁判。

方　龟(1878—1949)　男,字延龄,号碧琅,人称"龟师"、"碧琅师"。漳州龙海市人。民国时期漳州开元武术的代表人物。方龟 9 岁入通元庙拜紫莲(亦称红莲)为师,苦练开元派武功,兼修岐黄之术。其鹰爪功十分了得,年轻时在通元庙练功,双手抓搓簸箕内的铜钱,铜钱都卷曲起来。他继承漳州通元庙传统武功和铙钹技法,技艺精湛,20 世纪 30 年代与高复明共同主持通元庙。

方秉端(1885—1947)　字诚平,侯官县(今福州市)人。民国时期福建教育厅国术馆教育长,武术家。其先祖方卿缙武术超群,传侄方道夫,成"道夫法"。秉端自幼习道夫法,稍大又拜福州虎拳大师周子和为师,后又学飞鹤拳,出手柔软,变化幽默,见力生门,功深莫测。秉端两法合一,自成一家。民国十七年(1928年)代表福建省赴南京参加国术"国考",名标黄榜,回省后任教育厅国术馆教育长,负责培训全省中、小学"国技"课,选送"国考"人选,还任中央国术体育研究会福建省分会委员、"国体"特训班大刀队顾问等。所训练的"大刀队"100多人,后编入国民军第52师卢兴荣部,赴上海抗日。秉端识五行,通易经,晚年以教拳为业,在福州、闽侯、福清等地设馆传艺,授徒无数。1947年病逝,年62岁。

方永苍(约1873—1940) 男,字恰庄,福清市镜洋镇人。纵鹤拳重要传人。方永苍为福清纵鹤拳创始人方世培的侄儿,自幼与其堂弟方永华(字恰谐)一起向其族叔方世培学纵鹤拳,颇得真传。民国初年,曾受聘于福建省立体育学校任国术教师多年,1929年任福建省第三次联合运动大会国术裁判。著名意拳大师王芗斋于民国七年(1918年)南游福建时,曾与方永苍试手,结果四胜六负,因而对福建鹤拳大为惊异,遂与方氏成为莫逆之交,意拳也因此受纵鹤拳影响。方永苍的弟子中最著名者为其子方绍翥和福州市盖山镇郭宅村人林国仲、张常球。林国仲于1947年赴台湾定居,传下台湾纵鹤拳一脉。

方声涛(1885—1935) 字韵松,侯官县(今福州市)人。早年在天津学习海军。光绪二十八年(1902年),东渡日本,入振武学校。翌年,参与组织拒俄义勇队。光绪三十年(1904年),毕业回国,任教于侯官小学。第二年再赴日本,入士官学校第四期骑兵科学习,同年在日本加入中国同盟会。光绪三十三年(1905年)毕业归国后,任保定陆军速成学堂教习。宣统元年(1909年)赴昆明任云南陆军讲武堂教官。次年,改任广西兵备道帮办兼学兵营管带。民国十六年(1927年)五月任省政府委员兼军事厅厅长。民国二十二年(1933年)十一月,十九路军发动福建事变,蒋介石任命他为行营特派员、福建省党务审核委员会委员。福建事变失败后,方去职。1935年在上海寓所病逝。

方邦再(1900—1968) 男,厦门市人,祖籍惠安。五祖拳在厦门的主要传人。1922年在厦门鼓浪屿拜著名五祖拳名师杨捷玉(合伯)为师。艺成后于1932年在厦门泰山路口兴办鹤武拳馆并开设远芝林药局行专治骨伤。1942年洄回惠安教馆。1946年又迁回厦门,先后在鹭岛的开元路、禾祥街等地教拳授艺,培养了不少学生。新中国成立后长期从事医疗工作,兼授徒传艺,推广和弘扬五祖拳法。20世纪60年代多次担任省、市武术比赛武术裁判工作。

方金辉(1938.10—) 男,莆田市人。中国体育报高级记者。曾任中国体育报华东记者站副站长、福建、江西记者站站长;中国武术协会新闻委员会委员、福建省和江西省体育记者协会副主席、福建省武术协会顾问等。1959年考入北京体育学院武术系,毕业后进入人民体育出版社任编辑,分管武术、重竞技等项目图书的编辑、出版工作。1987年采访了在日本横滨举行的首届亚洲武术锦标赛、1991年采访了在北

京举行的第三届世界武术锦标赛及国内多项武术赛事、活动和会议,对武术竞赛、武术人物和武术改革发展做了大量的报道。1987年,牵头编著出版了《中华武术辞典》一书。

自1989年起,对福建少林问题及莆田南少林寺遗址进行了深入调查、考证、研究,撰写了题为《论莆田林泉院即南少林寺》等学术论文。1991年9月,在由中国科学学会武术分会和福建省体委、福建省武术协会联合举办的莆田南少林寺遗址论证会上做专题学术报告,并经过了国内武术、历史、考古、宗教等各界专家的论证。1988年获得首届中国国际武术节组委会和中国武术协会颁发的"武术宣传奖";1991年获得国际武术联合会和首届世界武术锦标赛组委会颁发的"武术宣传奖";2009年在中国体育新闻工作协会成立30周年大会上,获得"金奖"和"成就奖"。

方德祯(1943—) 男,福清市人。纵鹤拳代表人物,系纵鹤拳创始人方世培的曾孙。1956年随父习练纵鹤拳,系统地掌握纵鹤拳内外功法和拳械。曾参加福建省武术拳械录《纵鹤拳》的挖掘整理活动。现从事伤科医疗工作和业余授徒。

方嘉禾(1962—) 男,厦门市人,原籍福州。原任教于厦门大学体育教学部,现为澳大利亚振华武术太极拳学院院长。自小热爱武术,1983年7月毕业于福建体育学院,同年分配到厦门大学体育教学部任教,并在林建华教授的指导下系统地进行武术训练,苦练形意拳、太极拳、翻子拳等拳艺。同时向形意拳名家王景春老师学习阴阳铁扇、拂尘剑等。1986年9月移居澳大利亚墨尔本。1988年在墨尔本创办澳大利亚振华武术太极拳学院,招收学生,传授形意拳、太极拳等传统武术。曾先后带领学生到中国进行武术交流和学习,致力中国武术的宣传和推广。

方美琼(1968—) 女,莆田市人。莆田城厢区人大常委,城厢区少体校校长兼莆田南少林武术协会副秘书长。担任城厢区少体校校长时,重视武术,使武术项目在该校实现了从无到有的变化。学校积极引进人才,狠抓实干,2007年秋季招收第一批学生,开办武术项目。学生从一、二年级开始以"三集中"的模式进行运动训练、思想文化教育和日常生活管理,效果良好,使学校武术项目得到蓬勃发展。同时也为省市一级体校输送了一批品学兼优的武术运动员。

方长灿(1968—) 男,福清市人。省级非物质文化遗产纵鹤拳代表性传承人,纵鹤拳第五代传人。福清市纵鹤拳协会常务副会长兼传习所总教练。方长灿为方世培第六代嫡孙,自幼随祖辈学习纵鹤拳及医术。2007年初,方长灿配合其弟方长玉组建福清市纵鹤拳协会。他多次组织协会对外进行武术交流,成功举办了纵鹤拳列入省级非物质文化遗产保护名录庆典大会暨海峡两岸纵鹤拳交流研讨会。2008年5月,方长灿参加福建省南少林传统武术比赛,获纵鹤拳第一

名。近年在福建省机电学校、福建省邮电学校培训近百名纵鹤拳学员,在福州传习所共培训优秀学员几十名。

方传杰(1971.11—) 男,福州市人。中学高级体育教师,福州市武术协会副秘书长,国家级社会体育指导员,一级武术裁判,健身气功裁判。1996年在福建师范大学体育教育专业毕业后,在福州格致中学任教至今。2010年起担任福建省残联太极队教练2012年起担任福州市委市直机关太极拳教练。1995年参加第二届全国高等院校武术比赛,获太极拳第八名。曾获福州市优秀青年教师、福州市体育类民间组织先进个人、福建省中小学教师教学技能大赛二等奖等荣誉称号。参加福州国际冲绳刚柔流空手道武术交流大赛、全国百城健身气功交流大赛、福建华夏传统武术比赛、福建省全民健身运动会武术太极拳比赛等裁判工作。

方长玉(1972—) 男,福清市人。福清市纵鹤拳协会会长兼纵鹤拳传习所总监,省级非物质文化遗产纵鹤拳代表性传承人。师从其叔公方美锦、伯父方德祯。为南少林纵鹤拳第五代传人,方世培第六代嫡孙,继承了其先祖的纵鹤拳拳法。为发扬纵鹤拳,2007年初,方长玉发起组建福清市纵鹤拳协会,经会员大会推选,任纵鹤拳协会会长。同年开办纵鹤拳传习所,向众多爱好者传授纵鹤拳法,为保护传承纵鹤拳做出了努力。他多次组织协会进行国内外武术交流,成功举办了纵鹤拳列入省级非物质文化遗产保护名录庆典大会暨海峡两岸纵鹤拳交流研讨会。协会还组织参加国际冲绳刚柔流空手道演武大会等活动。

方汝斌(1998.8—) 女,漳州芗城区人。少儿时进入漳州市少体校跟随郑雅恩、林春梅教练习练武术。2007年参加福建省青少年武术套路锦标赛,获枪术第二名、剑术第三名。2008年参加福建省青少年武术套路锦标赛,获剑术、集体项目两项一等奖。

房利贵(1903—1981) 男,福州市人。香店拳第五代掌门人。自幼为庆香林香店学徒,拜香店拳林金桐等人为师,习武学医。多次在武术擂台中获殊荣。他摒弃了传统的门派观念,将拳术传于社会各界,使得香店拳进一步发扬光大,习练者遍及全国各地。在海内外弟子几千人的习练下,香店拳得到挽救和传承。其中出类拔萃者均在各地开设香店拳武馆和医疗诊所。秘制的香店拳伤科秘被列为国家星火计划,给跌打损伤、中医推拿、疑难杂症等患者开辟医疗福音,被美

国多家媒体报道。2007 年成功申报"香店拳"为省非物质文化遗产名录,部分弟子被评为省非物质文化遗产代表性传承人。

房贞义(1950.2—) 男,福州市人。省级非物质文化遗产香店拳代表性优秀传承人,福州鼓楼区洪山社区卫生服务中心中医师,省级武术教练。中国武术六段。自幼随父房利贵学习香店拳及风伤骨科医术,得其真传。在登云、龙岩、漳平、猴屿、连江等地授徒。多次参加全国、省、市及两岸武术交流大赛,均取得优异成绩。对风伤骨科常见病、多发病的治疗与预防、康复后功能的锻炼深有研究,受到国内外病人的好评。2008 年荣获福州市"迎农运"民间传统武术表演赛个人项目和集体项目优秀奖。

房阿俤(1955.11—) 男,福州市人。晋安区登云社区兼福建庆香林香店拳协会副会长。中国武术六段。1970 年,随祖母陈乌妹学习扁担法、锄头法。1971 年,随父亲房利增学习罗汉拳和中草医。1972 年,随舅舅林祖登学习南棍以及其他器械。1973 年拜香店拳房利贵为师习练香店拳,历时 8 年。1983 年以来,利用业余时间不间断地招收学员,传授香店拳拳术。2008 年在福建省南少林传统武术比赛中获男子 C 组香店拳第一名。2008 年在闽台南少林传统武术交流大赛中获男子 D 组长器械两项金奖、男子 D 组南拳银奖。2007 年 5 月 21 日,在福州晚报发表《话说登云山武术文化》一文。

feng

冯焕 字著明,侯官县(今福州市)人。宋淳熙十一年(1184 年)武举人。

冯慕隆 字运昌,一字甸侯,归化人。为人魁梧奇伟,勇略绝伦。明崇祯十二年(1639 年)中式第四十六名武举,崇祯十三年(1640 年)连捷进士。时值云南寇扰,奉命摄兵往征。奋勇先登,贼众披靡。因冒险深入,中伤于石棚而殁。上嘉其忠勇,崇祀昭忠。夙能诗文,颇有著作,因乱稿失,迄无传。

冯廷揆 平南县人。武进士,清乾隆十二年(1747 年)任延平右营都司。

冯长清 陕西韩城市人。武进士,清嘉庆十二年(1807 年)任延平右营守备。

冯超骧(1880—1911) 男,字雨苍,号郁庄,南平市人。黄花岗七十二烈士之一。出生于南平城关一个世代以武功著称的家庭。善书法文章,又擅骑马狩猎。超骧迁居福州,目睹民众受清军欺凌,列强加紧瓜分中国,清政府腐败无能,因此绝意仕途,立志学武,游学南京,考入江南水师学堂。后转长门要塞炮术学堂学习。毕业后进京,分配至江口炮台任职,并加入中国同盟会。宣统元年(1909 年),超骧回南平筹划革命经费,奔走于邵武各地。宣统三年(1911 年),同盟会准备发动广州起义,林觉民与冯超骧联系。三月二十九日清晨,冯超骧同宋教仁、方声洞、林觉民及在港全体闽省志士潜入广州。当天下午 5 时 30 分,广州起义枪声打响。革命党人与清兵激战,因寡不敌众,超骧胸部中弹 10 余处,鲜血流溢,仍双手持枪血战;因面部又中一弹,倒在血泊中壮烈牺牲,年仅 32 岁。

冯金荣(1886—1944) 字秀山,又名冯复,顺昌县人。他少年好学,尤其爱习武术,后考进福建武备学堂,学习军事很有造诣,遂被送到保定军官学校深造。清光绪三十三年(1907 年),冯金荣由保定军官学校毕业回到福州,秘密加入同盟会福建支部,积极参与反清救国活动。当时,金荣被任桥南公益社体育教官,负责召集英华、格致等书院的爱国学生以及商行职工共二百余人,定期进行体育活动,操练枪法,制造手掷炸弹等,为光复福州做准备。他曾三次到顺昌、邵武一带,宣传反清救国的革命道理,发展同盟会会员,并筹集银圆三百元作为活动经费。宣统三年(1911 年)九月,金荣参加光复福州的战斗。同年,福州成立了中华民国军政府都督府,金荣被任命为闽北区宣抚使。民国四年(1915 年),金荣调任广东革命军团长。民国十二年(1923 年)十二月,随孙中山在广州前线讨伐军阀陈炯明,立过战功。次年调任广东虎门炮台台长。1944 年在兰州病逝,终年 59 岁。

冯义隆(1909.12—1986) 又名马生,字忠标,宁化县人。幼年只读过一年私塾,19 岁前为地主做长工、打短工。他平时习拳练棒。民国二十二年(1933 年),红军福建省军区在连城县举行的军事武术运动大会比赛,他一举获得射击、刺杀两个一等奖。民国二十三年(1934 年)四月,他在红十二军一〇一团一连轻机枪班当班长兼连党支部副书记,参加过建宁战役。后因病住院,愈后由医院转瑞金兵站,调长汀河田一军团军部教练大刀等武术。1983 年,申请离职休养,回归三明定居。离休后,撰写革命回忆录,并热心传授武术技能。1986 年 6 月,因病逝世,享年 76 岁。宁化故里为他建墓立碑。

冯顺意(1932.3—) 男,漳州龙文区人。大学本科,高级教师。1956—1960 年在福建师范学院体育系就学时,从胡金焕教授学习太极拳、剑。毕业后分配至漳州步文中学任教,至今坚持习武健身和从事武术普及活动。长期在学校从事体育、武术教育。

冯作财(1978.6—) 男,宁德市人。龙岩市武术协会副会长。自幼习武,1994 年跟龙岩邱毅恒学习散打,参加龙岩地区多届散打比赛,取得优异成绩。积极推动和参加武术协会在乡镇武术健身运动的宣传与推广,为龙岩武术的开展做出了贡献。

fu

傅　实（866—926）　男，傅氏始祖，字仲诚。南安市人。唐僖宗乾符元年（874 年），中原爆发了王仙芝、黄巢农民起义。乾符五年（878 年）间，起义军陷潭丰二州、刺史李绚被杀，建州刺史李乾佑弃城逃遁，守将李彦皓战死。当时闽是唐恃为财赋来源之一，必须安抚稳定，以保财赋来源。唐室敕赵国公镇入闽。镇举傅实为佐，唐僖宗授傅实为威武军节度招讨使。广明元年（880 年），傅实入闽，是时闽观察使郑镒驻福州，陈岩为团练使驻建州，泉州刺史左厢都虞侯李连骄傲不法，纵其徒为郡人患，傅实即进兵泉州逐之，籍土地，招流亡，民无干戈鱼肉之苦。状上，敕银印青绶。衔银青光禄大夫检校尚书左仆射。并赐太宗御像一帧，以示荣宠。自己则带兵驻扎南安北门周井堡（现桃源），招乡民练武修文，演练成独特的拳种——桃源太祖拳，傅氏族人代代相传流传至今。

傅应嘉　（1524—1568）　字德弼，号钟山，南安丰州人。明代抗倭名将。少年身体魁伟，稍长膂力过人，自幼从本乡武林先辈学得太祖拳、少林棍法及蛇脱壳阵法。又好读书，通孙、吴兵法。明嘉靖三十一年（1552 年）中武举第二名，授把总武职。嘉靖四十年（1561 年），应嘉受命带兵入粤，协同俞大猷、戚继光抗击倭寇。战捷升建宁行都司，统四卫二万余兵，民谣戏称"鼓手升都司"。嘉靖四十三年（1564 年），粤东人吴平纠众数万人造反，世宗命应嘉前往讨伐，并赐以剑、印，授生杀之权。先后擒拿吴平七次，粤东遂平，世宗称之为"蛟龙"。后被诬陷受重贿而放吴平，应嘉因此罢职归里。他在乡里广收民众操拳练武。隆庆元年（1567 年），穆宗下诏复应嘉前职。隆庆二年（1568 年），病故于家中，年44 岁，被敕封为"昭勇将军"。应嘉子孙后分派于金门。

傅　崇　南安市人。明崇祯九年（1636 年）武举人，浯铜营把总。

傅士芳　字秀野，号毅庵，连城县人。清康熙二十一年（1682 年）武进士。士芳孝友持躬，温良处世，于康熙庚申补戊午科乡荐。康熙二十一年（1682 年）中武进士，任山西高阳卫守备、大同府阳和卫掌印，兼理屯务事，诰授明威将军，历署天城、大同前卫，暨本学教授印篆。莅任十余载，重修文武两庙、启圣祠、尊经阁、明伦堂、诸贤祠宇。又设义学，课农桑，兴利除害，风化顿改。积劳成疾，于 50 岁时卒于任上。士民哀号遍野，佥请山西省各宪崇祀本卫名宦。

傅可选　漳州诏安县人。清康熙二十六年（1687 年）武举人，后奉命赴台湾。

傅启奏　号甫岩，南安市人。清雍正元年（1723 年）武进士，江南瓜州游击。

傅昆阳　上杭县人。清乾隆二年（1737 年）武进士。

傅　周　上杭县人。清乾隆二年（1737 年）武进士，侍卫。

傅长花　男，清末南安丰州人。泉州地区著名武师。长花自幼苦学勤练，年幼时父亲将其托付于名师傅人杰、伯掌二兄弟调教至 15 岁。后拜四都王腰老拳师为师。由于功底好又好学勤练,得到王腰师的真传,承袭了本村桃源太祖拳及蛇脱壳阵法的真传。在清末年间参加江西擂台搏击赛,名列前茅。回乡后创办了"泉义堂"商号。又开医馆为民众疗伤治病,并继承祖辈遗留下来的"育英武馆"收徒授艺。傅长花平时喜结武林人士,经常与妙月禅师、林九如、卢万定等武林高手切磋武艺,以武会友。长花的徒弟有傅孙鼠、孙周、子渲、接先、子屏等数百人。其众徒走向东南亚南洋群岛继续发扬传统拳及阵法。孙周、接先、维长等人继续收徒授艺,使祖辈遗传的拳种、阵法发扬光大。

傅子渲(1898—1984) 男,南安丰州人。南安县原侨联主席。自幼拜本村傅长花宗师为师,由于能吃苦勤练,得到了长花宗师的真传。青年时由于家贫及生活所迫漂泊至南洋群岛,经过多年的奋斗,在南洋有了发展,开办了兴源商号。由于爱好武术,经常与南洋的一些武林人士切磋武艺,并收徒授艺护院。在抗战时期,傅子渲回乡探亲,并在本村捐资与师兄傅孙周、傅接先兴办育英武馆,抗战胜利后又回南洋谋生。至 1959 年告老回乡。回乡后又慷慨解囊支持教学事业及家乡建设。在20 世纪六七十年代初被选为南安县侨联副主席、主席。回乡期间经常与武术界人士切磋武艺,20 世纪 70 年代时细心调教其孙傅飞腾并传授武术、槌法。资助及协同师兄弟们兴办育英武馆,使祖辈遗传下的桃源太祖拳及蛇脱壳阵法得以继承及发扬光大。

傅子嘉(1931.11—) 男,南安市人。泉州市武术协会名誉副主席,南安市武术协会顾问,原泉州市桃源育英武馆馆长。自幼跟随父亲傅孙周老拳师学习桃源祖辈遗传的拳法、太祖拳,达摩传下的各种器械,以及蛇脱壳阵法。练至 18 岁参加革命。参加工作期间保持锻炼,经常与武术界人士切磋武技。1990 年退休后在本村担任桃源育英武馆馆长、总教练,长期以来义务培养数千名学员,为本村祖传拳术及蛇脱壳阵法得以流传和推广做出了贡献。傅子嘉还长期作为武术教练、领队,带领学员参加省市及全国、国际武术比赛,均取得了优异的成绩。他带领泉州市桃源育英武馆申报并荣获了泉州市、福建省非物质文化遗产的保护单位。蛇脱壳阵法现正在作为国家级非物质文化遗产进行申报。

傅如川(1936—) 男,漳平市人。厦门大学体育部副教授,曾任厦门大学武术协会顾问、武术队教练、体育教研室教学秘书等。1958年毕业于福建师范大学体育系,后分配至厦门大学体育室,一直从事体育、武术教学与训练工作。1980 年参加教育部在武汉体院举办的"全国高校武术师资进修班"学习,在温敬铭教授、刘玉华教授指导下研习太极拳、八卦掌、太极拳等拳技和理论。带领学生参加省市、高校武术比赛,取得良好成绩,为高校武术的教学、推广和人才培养做出了贡献。

傅健生（1942—　　）　男，泉州市人。福建省武术协会原委员。少时承袭家传昆仑拳械，后师从吴序晓习少林五祖拳。1961年考入福建师大体育系，师从于郭鸣华老师。毕业后分配在漳浦一中任教，于1974年在漳浦少年业余体校办起武术班。多年来，傅建生培养了不少优秀学生，向福建师大、福建体院等高校输送了一批批武术专业人才。20世纪80年代初期，傅健生积极参与福建省武术挖整理工作，参与泉州南少林相关理论研究，工作突出，于1982年被评为"福建省体育积极分子"，1983年被评为"全国千名优秀武术辅导员"，1985年被评为"全国武术挖整工作先进个人"。专论有《泉州少林寺初考》《泉州少林寺》等。

傅世传（1949.5—　　）　男，厦门市人。中医师，五祖拳传人。1966年拜厦门新埯邱思炭为师，习练五祖鹤阳拳。后被邱师收为义子。在跟随邱思炭师父的十几年时间里，深得五祖拳各种套路技法、对打、器械八法等真传。工作闲暇之余，喜欢与志同道合之士切磋武艺，先后收过多名弟子。2011年被聘为翔安武协顾问，多次带领弟子们出访台湾，与台湾五祖拳同门交流切磋。2009年参加第一届海峡论坛·海峡两岸传统武术交流大赛，获得南拳、器械、对练三项金奖。2009年在第三届南少林华夏武术大赛中获男子E组南拳金奖、南棍金奖。2011年参加第三届海峡论坛·海峡两岸传统武术交流大赛，获男子老年组五祖拳金奖、南拳对练金奖，2012年参加台湾马祖杯国际武术大赛，获E组全能金奖。2013年再次参加海峡论坛·海峡两岸传统武术交流大赛，再获男子E组全能金奖。

傅玄声（1957—　　）　女，福州市人。福州实验小学高级教师。毕业于福建体育学院，师从武术教育家洪正福老师。多次在全省武术比赛中获得拳术、器械前三名。毕业后被分配在福州市实验小学，组织校武术队进行常规训练，积极培养少儿武术人才。1983年被评为全国优秀武术辅导员。合著有《防身术》。

傅飞腾（1959.8—　　）　男，南安市丰州镇人。泉州市武术协会第三、四届委员，省级武术教练员，泉州市桃源育英武术馆主教练。中国武术六段。自幼承祖父傅子渲的教诲及传授，每日练武，15岁师从本村傅仰炎、傅子嘉二位老拳师。在师父的精心传授下，勤学苦练，继承了桃源太祖拳法、太祖棍法、官刀及桃源蛇脱壳阵法。18岁参加南安市武术表演赛得奖。经常与师父到晋江、南安开武馆传授武术。多次作为南安市武术教练、领队参加省市及海峡两岸传统武术比赛等武术赛事，均获得良好成绩。参加桃源育英武术馆申报并荣获泉州市市级、福建省省级非物质文化遗产。2010年被聘为南安市武术协会第一届副主席。2010年度被评为南安市武术优秀教练。

傅亚芬（1961— ） 女，三明市人。高级教师，省武术协会委员，福建省社会武术高级教练，一级武术裁判。1972年拜民间拳师陈国平学习南拳。1976年参加福建省武术比赛，之后代表福建省参加全国武术比赛。1978年进入福建省体工队武术队，师从曾乃梁、张大勇，专攻南拳。1981年参加全国武术比赛，获女子南拳冠军。1982年被福建省人民政府授予二等功。多次参加省市武术比赛的裁判工作。1984年调入三明市青少年宫，教授武术和健身气功至今，多次获优秀教师指导奖。

傅子剑（1961.7— ） 男，南安市人。毕业于福建体育学院。现任邵武市少体校副校长，福建省武协委员，南平市武协副会长，一级武术裁判。中国武术六段。1975年进入邵武少体校武术班，师从庄昔义、庄昔聪。1978年代表建阳地区参加第七届省运会，获团体总分第一名、个人全能第三名。1979年考入福建体院运动系武术专业，师从洪正福、林荫生、郭建生。1982年代表福建体院参加第八届省运会，获团体总分第一名、个人全能第二名。1983年毕业分配至邵武少体校任武术教练。多次获建阳地区、南平市体育先进工作者，邵武市先进教育工作者。近年来，响应市委、市政府打造"三丰故里"名片，积极推广张三丰太极拳和张三丰太极文化，并认真组队参加省内及国际传统武术比赛，均获得较好成绩。

傅赛容（1963.11— ） 女，南安市人。曾任泉州市武术协会第三、第四届副秘书长，国际南少林五祖拳八段，泉州南少林五祖拳代表性传承人，泉州市、福建省蛇脱壳古阵法传习所非物质文化遗产传承人，泉州市南安丰州桃源育英武馆馆长。1983年参加福建省武术表演大会，获南拳表演奖。1984—1986年多次参加晋江地区武术比赛，获拳术第一名、刀术第二名。2004年参加国际南少林武术大赛，获刀术一等奖、拳术二等奖。2006年参加全国农运会武术比赛获金牌。同年参加福建省传统武术比赛，获女子长器械一等奖、五祖拳一等奖，并荣获全国民间传统武术大赛女子南拳一等奖。2005年及2012年作为泉州市武术代表团成员访问菲律宾等国家进行武术交流，多次参加与外国武术团体的武术交流表演。

傅永来（1974.4— ） 男，南安市人。南安市武术协会副主席，泉州市桃源育英武术馆常务副馆长，泉州市武术协会委员。1986年拜桃源育英武馆馆长傅世水为师学习太祖拳及器械。2004年荣获中国福建南少林国际武术大赛拳术金奖。2006年荣获国际南少林武术大赛拳术、器械金奖。2007年荣获泉州市第八届运动会武术比赛拳术第五名、器械第四名。2007年参加央视武林大会获五祖门八强。2008年担任央视"武林大会"五祖拳集训队教练。培养的学生曾多次在省、市武术比赛中荣获金、银、铜奖。

傅培钊（1974.8—　）　男，泉州市人。现任中共石狮宝盖镇委员会党委副书记。毕业于北京体育学院武术系，一级武术散手裁判。1989 年进入泉州剑影武术馆习武。1992 年获全国武术馆校散手邀请赛 48 公斤级冠军。1994 年获福建省散手锦标赛 52 公斤级冠军。1995 年获全国大学生运动会散手 52 公斤级亚军。1996 年获全国散手锦标赛团体赛冠军。1994 年获江西龙虎山全国散打邀请赛 56 公斤级亚军。

傅友南（1980.7—　）　男，南安市人。南安市武术协会副秘书长，泉州市桃源育英武术馆教练。1991 年拜桃源育英武馆总教练傅子嘉为师学习太祖拳及器械。2004 年荣获福建南少林国际武术大赛拳术、器械金奖。2006 年荣获国际南少林武术大赛拳术、器械金奖。2008 年荣获南少林华夏武术大赛拳术、器械金奖。2008 年曾参加南少林武术专场表演。2008 年参加央视"武林大会"五祖拳擂台赛。培养的学生曾多次在省、市武术比赛中荣获金、银、铜奖。

傅曲缘（1987.9—　）　女，山东省人。福州第十中学体育老师、校武术队教练，福建省武术协会地术拳委员会理事，一级武术裁判。1996 年跟随胡成武老师学习地术拳，1997—2006 年在福建省体育学校习武，担任队长、助理教练。2001 年获福建青少年武术套路锦标赛第一名。2002 年获大学生"迎春杯"武术大赛第一名。2003 年获大学生"力量杯"武术大赛第一名。2004 年获南少林国际传统武术大赛第一名。2008 年获福建南少林传统武术比赛第一名。多次担任福建省少年武术比赛、厦门国际武术大赛等裁判工作。

福增格　清乾隆二十七年至二十八年(1762—1763 年)福建将军。

富　昌　清嘉庆元年至四年(1796—1799 年)福建将军。

G

gan

干德源（1875—1940）　男，字其渊，永春县人。新加坡原中国国术馆创馆馆长。五祖拳名师。自幼习武，好技击，拜姑父李俊仁为师，潜心学习，取五祖（太祖、白鹤、罗汉、达尊、行者）拳艺之精华，合而为一。少年时即游遍南洋诸岛，为永春五祖拳的海外传人。1916 年，32 岁的干德源在马来西亚吧生埠创设国术馆医局，专治跌打风伤。由于医术精湛，声誉日隆。他先后在吉隆坡、马六甲、麻坡等地创办了中国国术馆，亲任主任、馆长之职。同时把吧生埠国术馆医局迁至新加坡，演变为今天的中华国术协进社，成为新加坡的一个重要武术团体。该社大力宣传国术强身自卫、祛病延寿妙益，向广大华侨青年传授五祖拳术，并设伤科为群众医伤治病，蜚声海外。所授门徒甚多，较负盛名者有号称"独行千里"的李载鸾，以及 1928 年参加南京第一届国考武术擂台赛获优胜奖的林宝山等人。1940 年在马来亚去世。其有三子：干湖海，干湖昌、干湖南，均为武林高手，都能克绍箕裘，善承父业，在海外传授永春五祖拳和家传中医术，使之发扬光大。

甘　辉（1625—1658）　海澄县人。明末清初郑成功麾下一员虎将。清顺治三年（1646 年），甘辉投于郑成功军中。辉为人重义尚勇，以骁勇善战，受到主帅的重用。顺治五年（1648 年）四月，郑军攻同安，甘辉出阵，即斩清军守备王廷于马下。守将祁光秋、廉郎及县令张效龄漏夜潜逃。拂晓，居民开城门迎郑军。七月，甘辉平定诏安五都林日灼的煽乱。顺治七年（1650 年）正月，甘辉任亲兵镇。八月郑军转战漳浦，漳州总兵王邦俊带兵救援，为甘辉所截击，漳浦守将眼见求援无效，只好献城投降。顺治九年（1652 年）正月，甘辉大败清军守将王进及总督陈锦，大振军威。三月，甘辉以功升任中提督。在历次战斗中，甘辉战功卓著，于顺治十二年（1655 年）升任正总督。顺治十五年（1658 年），甘辉等部将随郑成功大举北伐，大军攻瓜州、克镇江，直逼南京城。郑成功不听甘辉等建议，中清兵缓兵之计，结果坐失战机，以致清援军赶到被击。郑成功挥师撤退，争舟而渡。甘辉断后，击杀百数十人，且战且退，从骑仅剩 30 余人。甘辉马力疲而被绊倒，甘辉被俘。后与万礼、余新都被解至南京，清两江总督郎廷佐与固山金砺会审。甘辉挺立不跪，大骂不屈，终被杀。后郑成功以甘辉为首，在思明（今厦门）建忠臣祠。

甘国宝（1709—1776）　字继赵，号和庵，古田县（今屏南县）人。清乾隆时期历任台湾总兵、福建水陆提督、陆路提督等职。自幼聪颖好学，练就一身武艺，骑射长短兵皆精。雍正四年（1726 年），迁居福州文儒坊。雍正七年（1729 年）中武举。雍正十一年（1733 年）中武进士，会试第三名，殿试二甲八名，授御前侍卫。乾隆三年（1738 年），领侍卫内大臣,旋外放,任广东右翼镇标中军游击。后历任广东南雄、肇庆、虎门、香山游击,并升任参将;湖广洞庭协副将、贵州威宁、江南苏松、浙江温州、闽粤南澳总兵等。乾隆二十四年(1759年)十月,高宗授国宝任台湾总兵。乾隆二十六年(1761年),擢升福建水师提督。他勤于防务,使海防日益巩固。乾隆三十年(1765年),迁任广东雷琼总兵,奉令平息黎民起事后,复任台湾总兵。乾隆三十二年(1767年),升任广东提督。乾隆三十四年(1769年),任福建陆路提督,并兼闽阅操大臣。他在任内致力海防,热心公益事业,先后倡修古田汤寿桥、朝天桥、厦门天后宫、泉州元妙观等。乾隆四十一年(1776年),出巡八府,途经泉州府时,忽染重病,医治无效而逝,终年68岁。

甘　淮　南平人,清康熙九年(1670年)武进士。

甘更生(1940.12—　)　男,漳州龙海市人。中学高级教师。漳州市武术协会常务理事,福建省武术协会理事。中国武术六段。1959年就读于福建体育学院,师从洪正福习武。毕业后长期从事少儿武术业余训练工作,后担任龙海市青少年宫武术教练。培养的学生参加省、市各级武术比赛,共获得30多项冠军。其中,向福建省体工队输送了张杰等优秀武术运动员,在全国武术比赛中多次获得冠军。培养了多名优秀运动员输送到省内外多所高校。1992年被评为龙海市优秀教师。曾发数篇武术教学论文。

gao

高　石　又作"高名",福清市人。宋乾道八年(1172年)武举人。

高　栖　宋绍熙元年(1190年)武举人。

高　经　连江县人。宋嘉定元年(1208年)武举人。

高梦月　字惟明,连江县人。宋嘉定十六年(1223年)武举特奏。教授泰州,终知处州,太常少卿,吏部郎中。

高　盐　宋淳祐元年(1241年)武举人。万历《福州府志·选举》作"高盬",《三山志·人物》作"高监"。

高　兴(1245—1313)　字功起,蔡州人(今河南汝南县)。元朝大将,官至左丞相。少年豪放好武,多大节,能力挽二石弓。一次打猎时遇到猛虎,虎跳起大吼,众人皆惊跑,唯高兴神色自如,发一箭将虎毙之。至元间为元朝一大战将,长期征战福建,在福建镇压闽南畲民义军陈大举、闽西北钟明亮、黄华等农民起义军有功,晋为绍兴、福建等处征蛮右副都元帅,后以参知政事行福建宣慰使,迁福建行省右丞。以征爪哇功,拜福建行省平章政事。官至左丞相。

高士龙　漳州龙海市人。明万历十四年(1586年)武进士,任南京守备。

高　翔　石狮永宁镇人。明万历十九年(1591年)武举人,永宁卫后所千户。

高　跃　漳州龙海市人。明天启二年(1622年)武进士,任红厂营把总。

高　凤　南平市人。清功加都司金事。

高桂英　南平市人。清功加守备,邵武把总。

高　亮　南平市人。清署连江营守备。

高文忠　永春县人。清康熙二十年(1681年)特授云南广南镇参将。

高洪进　宁德顺昌县人。清康熙五十九年(1720年)武举人,官至荆州卫夔州守备、都司。

高登山　东山县人。清乾隆十七年(1752年)武举人。

高攀龙　山东濮州(今菏泽市)人。武进士,清乾隆五十七年(1792年)任延平右营守备。

高葆光　连江县人。清光绪十五年(1889年)李梦说榜武进士。

高　青　字玉铭,宁德霍童镇人。清道光二年(1822年)中壬午科武秀才,授福宁府武学堂武导师。林家成为当时名噪宁邑的武术之家。

高连升(1874.11—1960)　男,别名居璧,福建长乐人。1888年师从邱金明习金狮拳。1892年拜武举人陈依锦为师,学食鹤拳。1912年又师从武进士韩信国习地术拳法。1906—1919年在福州开馆授徒。1933年参加闽侯县国术比赛,获第一名。1943年参加福建省国术比赛,获第四名。1952年参加福建省第一届人民体育运动大会武术比赛,获甲等奖。主要传人有其子高云山,以及林国海、刘振芳等。

高　义(1879—1943)　原名高大扁,字子馥。出生于台北大龙峒,祖籍安溪县。义身材魁伟,膂力过人,讲义气,好打抱不平。光绪二十一年(1895年)中日《马关条约》签订,高义、赖乾、简大狮等闻讯揭竿而起,组织义勇军,投入抗击日本占领军的行列。后队伍不断壮大,接受招抚,提督孙道仁对高义的抗日事迹深为嘉许,任为卫队长。辛亥革命后,高义与革命党合作,光复泉属各县。他勇敢善战,由队长积功递升营长、团长、旅长。1918年,闽督李厚基整顿民军,仍命高义为旅长,坐镇泉州。1924年,高义任福建陆军第二师师长,仍驻防泉州。1927年春,全闽民军集中福州,整编为国民革命军新编第一军,谭曙卿任军长,高义为第一师副师长兼独立第一旅旅长,旋任师长,委为少将参议。所部驻防福州。同年10月,由高义代行军长职务。1942年,高义因病重谢世。

高复明(1880—1940)　男,原名高鹤明,惠安县人。清末民初高僧,漳州东桥亭寺庙、通元庙住持。少年出家,随师在长泰天柱山天柱岩修炼,光绪十八年(1892年)至漳州芗城东桥亭当住持。武艺高深,擅长开元拳法和铙钹技法。练就千斤坠、铁布衫功夫和梅花针等绝技。1927年任南山佛化学校国技教练。20世纪30年代与方龟（碧琅师）共同住持通元庙。

高参上人（1886—1960）　俗姓林，名亚鸿，一名天豹，惠安县南埔乡人。幼年父母双亡，依兄嫂为生。13岁投名武师曹彪习武，经三年四个月学成归家，与其兄林亚兴南渡新加坡，靠划小船为生。历三年，其兄不幸覆船遇难，他悲痛返乡，遂萌发出家之念。光绪二十九年（1903年），拜行亮上人为师，剃度于惠安清兴寺，法号高参；继赴莆田梅峰广孝寺，受戒于方丈微嘉禅师；又拜慧精大师修炼武功。慧精大师擅长岐黄堪舆之术，其尽得其秘。1907年南渡印度尼西亚，后发愿云游，海内足迹遍五岳，海外踏遍缅甸、印度、泰国、马来西亚、新加坡等地。50岁后，设帐授徒，所授弟子再传，已逾数万。1948年，应松辉法师之请，住持新加坡莲山双林寺。1954后，在新加坡创少华山国术健身社。1957年，又在槟榔屿创少林国术健身社。1958年续创少镇山国术体育会。进而组织南洋少林国术总会，为各埠少林国术会社指导中心。高参上人自任双林寺住持后，募捐重修，历四年而成，旋升为大方丈。高参上人于1960年5月16日圆寂。

高君珠（1913—　）　女，长乐市人。师从李汇亭、郑怀贤、肖德全、王子平、鲁振峰等老师学艺。在1937年全国第一届运动会武术比赛中获得女子冠军。1953年参加在北京举行的全国民族形式体育表演及竞赛大会，荣获武术优秀奖。

高铭聪（1950.11—　）　男，晋江市人。美国少林五祖拳联盟会长，铭聪五祖武术馆馆长。自幼喜爱练武，16岁拜菲律宾鸣谦国术社社长、五祖拳第三代传人陈家鸿为师，学习五祖拳法，后为该馆助教。1987年移居美国新州，创办铭聪五祖武术馆，任馆长，传授少林五祖拳拳术。

高芝瑞（1957.8—　）　男，长乐市人。福建省武术协会第三任会长，曾任福建省射箭武术运动管理中心主任、福建体育职业技术学院副院长、福建省游泳运动管理中心主任等，现任福建省体育中心主任、中国游泳协会委员。1999年当选福建省武术协会会长。在担任会长期间，福建武术工作得到省领导的高度重视和大力支持，习近平同志亲自担任省武协名誉主席，促使我省武术事业蓬勃发展。从1999年起，省武协、武术队得到福建华兴（集团）信托投资公司等多家企业的大力资助，为促进我省武术运动水平的提高奠定了基础。开展省直机关领导干部假日太极拳培训等形式多样、内容丰富的群众性武术活动，推进了群众武术健身。进一步挖掘、整理、研讨福建南少林武术拳种、拳术，展现了福建南拳的特色、作用和重要位置。多次与我国台湾以及日本、菲律宾等国家和地区开展武术交流活动，推进了与友好国家和海峡两岸的武术往来。大力培养优秀武术竞技人才，涌现出周斌、林凡、郑磊石、宋林、黄颖祺等武术名将，并多次在国内、国际武术大赛上获得冠军。在此期间，省武协被省民政厅授予"全省先进体育组织"称号，为推进我省武术运动发展做出了贡献。

高　娅（1960.10—　）　女，福州市人。福建警察学院教授，高级武术教练，专业技术二级警监。13岁开始习武，17岁进入福建省队训练。1981年考入福建体育学院，获学士学位。1985—1994年任福建省体工队武术队教练，共培养了武英级选手7人。1996年调入福建警察学院任教，率校队参加第十一、第十二、第十三届省大运会，均获团体冠军。曾任2000年、2007年省高校武术队教练，率队参加全国第六、第八届大运会，均取得优异成绩，两次获福建省体育教学成果一等奖。此外，一直致力应用体育社会学、体育人类学等方法，对当代太极拳运动在日本的发展进行科学研究，参与完成国家级社科课题1项、省部级课题2项，获福建省社科优秀成果三等奖。

高楚兰（1964.8—　）　女，仙游县人。集美大学体育学院院长、教授。福建省武术协会副会长，中国武术协会青年学者委员会主任委员，中国武术协会裁判委员会委员，福建省大学生体育协会武术分会副主席兼秘书长，国际级武术裁判。中国武术八段。1975年在仙游少体校习武，1980年获福建省青少年武术比赛女子全能冠军。1984年毕业于北京体育学院，同年任教于集美大学体育学院。多次担任全国武术锦标赛及全运会武术比赛裁判长、福建省运动会武术比赛和福建省大学生武术比赛总裁判长。担任2008年北京奥运会武术比赛执行裁判以及世界武术锦标赛、亚运会武术比赛、世界青少年武术锦标赛和东亚运动会武术比赛裁判长工作。参加《国际武术竞赛规则》和《武术套路竞赛规则》的修订工作。担任第四届"国际武术裁判员晋级考试培训班"和"全国武术套路国家级裁判员培训班"的主讲教师。先后担任亚洲区、欧洲区、非洲区"国际武术教练员培训班"教学工作。多次应邀前往美国、印尼、意大利、希腊、巴西等国家和台湾地区讲学和交流。2010年担任国家青少年武术集训队教学组组长；被评为厦门市拔尖人才、福建省教学名师。被授予"2010—2013年'全国十佳武术裁判员'"荣誉称号以及"北京体育学院运动荣誉奖章"等。连续四届担任福建省大学生武术队主教练，在全国大学生运动会上取得武术比赛金牌零的突破，获得"福建省体育成果一等奖"。为"省级特色专业建设点"和"省级精品课程"负责人。参加国际武联主办的《第三套国际武术竞赛套路》《中国武术段位教程》教师参考书、《中国武术教程》《传统体育养生教程》等教材的编写工作。

高佳敏（1966—　）　女，福州市人。国际武术健将。曾任福建省武术协会常委，省青联委员，第八届全国政协委员，第九届全国人大代表。1975年入福州鼓楼区少林体校习武，1977年入选福建省武术队，先后师从孙崇雄、曾乃梁等。1988年获全国武术锦标赛48式女子太极拳第三名，全国太极拳剑比赛第二名。1989年获全国武术锦标赛女子太极拳亚军，全国太极拳剑比赛太极剑冠军，杨式、孙式太极拳第三名。1990年获全国武术锦标赛个人赛太极拳冠军。1991—1992年4次获得9项全国武术比赛冠军，第七届全运会冠军，第十一届亚洲运动会女子太极拳亚军、第十

二届亚洲运动会冠军。同年获得世界武术锦标赛女子太极拳冠军。1992年11月，获第三届亚洲武术锦标赛女子太极拳冠军，以及在上海举行的东亚体育运动会太极拳冠军。至1993年，共获国内外重大武术比赛31枚金牌，被誉为"太极女皇"、"太极女神"。多次随中国和福建省武术代表团出访日本、新加坡、菲律宾、韩国等国家及我国香港、澳门等地区，从事教学和表演。拍摄太极拳、太极剑、太极气功八法等技术录像带和挂图，作为示范教材。曾多次获国家体委颁发的体育运动荣誉奖章，多次被福建省人民政府记大功，获福建省五一劳动奖章、"新长征突击手标兵"、"十大杰出青年"等荣誉称号。在"中华武林百杰"系列活动中，被评为"十大武星"。现定居美国，继续从事武术教学、推广和传播。

高文耀（1973.3—　）　男，石狮市人。师从卢义荣老师、邱金雄老师习练太极拳。2013年在长春举行的第十届全国武术之乡武术比赛中，获得陈式太极拳银牌、武当剑银牌。

高建东（1976.9—）　男，长乐市人。福州台江少林香店拳武术馆秘书长。自1992年拜福州香店拳拳师吴振光为师，经十几载勤学苦练，掌握了香店拳的硬三战、八步、十字、罗汉拳、少林108步、徒手对练等拳械套路等。擅长指功、肘功和神截手（又称闪电手）、四平马对搭马等搏击术。2009年在福州国际刚柔流空手道演武大会中获得香店拳套路银奖。同年参加海峡论坛武术比赛，获香店拳套路金奖。

高家兴（1980.6—　）　男，哈尔滨市人。福建师范大学体育科学学院武术教研室教师，一级散打运动员，一级武术套路运动员，一级武术裁判。1990—1997年在山东梁山进行武术学习与训练。在此期间，曾多次荣获山东省武术比赛的全能及单项冠军。1996年赴澳大利亚进行武术交流与教学工作。1998年在河南省嵩山少林寺国际武术表演馆进行训练与学习。2003年毕业于武汉体育学院武术系。发表武术论文五篇。

高浩楠（2000.11—　）　男，福州市人。福建省武术队武英（健将）级运动员。2007年开始在福州市体育运动中心进行武术训练。2011年9月至今在福建省体育职业技术学院武术队训练。2013年参加全国青少年武术套路锦标赛暨第七届亚洲青少年武术比赛选拔赛，获得男子B组42式太极第一名。2013年参加第七届亚洲青少年武术锦标赛，获得男子24式太极拳第一名。

ge

葛　茂（1968.9—　）　男，建阳市人。建阳市青少年宫武术培训中心总教练，南平市武协常务理事。从小爱好武术，1984年跟陶健老师学习六合拳。1989年拜龙拳第十代传人田在农先生为师，学习龙拳。1994—1996年先后为建阳市童游镇综合治理办、建阳市保安进行擒拿、格斗项目培训，长期从事青少年武术培训工作，参加短训和长训的学生近千人。注重武德、武术理论和法律常识教育，受到各界好评。2001年代表建阳市参加"南平市少儿武术比赛"，取得团体第五名。

gong

龚日东　南平邵武市人。宋熙宁六年（1073年）武进士。

龚兆耀　漳州云霄县人。清乾隆十八年（1753年）武举人。

龚建闽（1979.2—　）　男，石狮市武术协会名誉主席，一级武术裁判员。自幼师从庄昔聪习练罗汉拳、散打等。1993年获福建省武术套路锦标赛棍术冠军。1999年获福建省散打锦标赛60公斤冠军。2000年、2001年担任福建省散打锦标赛执行裁判工作。

龚书鑫（1986.04—　）　男，晋江市人。福建武术队武英（健将）级运动员。从小进行武术专业训练，1998年入选福建省体工队武术队，2002年参加全国青少年武术锦标赛获得男子枪术第二名。2006年从长拳项目转为南拳，2007年在集美大学体育学院就读。2005年全国第十届运动会男子武术套路预赛长拳获第十名。2006年全国男子武术套路锦标赛获个人全能第五名、南拳第七名。2007年全国武术套路冠军赛（传统项目）获双鞭第四名。获2008年全国武术套路冠军赛获男子南棍第四名。2009年全国武术套路冠军赛（传统项目）获男子传统南拳第六名、男子传统南棍第五名。

gu

辜　喜（1639—1706）　名良喜，字士美，明末崇祯年间永春西门外后庙辜厝人。永春白鹤拳第三代传人，为"前五虎"之一。据永春《儒林辜氏宗谱》载："公赋性骁勇，善音乐,精拳法,风声所播,一时趋赴乐从者,盖踵相接。"故后世辜姓子弟习武之风仍盛,其对永春白鹤拳的传播起了很大的作用。

辜　魁（1663—?）　名良魁,字士解,永春西门外后庙辜厝人。为永春白鹤拳第三代传人,也是"前五虎"之一。其白鹤拳法精湛,永春《儒林辜氏宗谱》载其:"宗士美公之技,凡拳法梃(槌、棍)法皆能,有精而著名,但惜其不壽耳。"

辜建良（1954.10—　）　男,福州市人,祖籍永泰。福建省武术协会万籁声功夫研究会常务副会长兼秘书长,福建海峡自然门研究院名誉院长。中国武术六段。1966年在福州拜万籁声老师学武,翌年被纳为入室弟子,学习六合门、罗汉门、自然门、养身健身功法及中医骨伤科。1976年参加福州市首届民间武术观摩大会。1983年参加"福州市—日本冲绳空手道交流大会"获优秀奖。1993年筹建福建省武术协会万籁声功夫研究会,任秘书长。2000年被聘为福州市武术培训中心副主任兼总教练。2007年应邀赴金门参加武术文化交流大会。2009年参加福建省体育文化交流团到台湾、金门进行海峡两岸武术交流。常年习武教拳,并多次参加国内外武术表演,培养的学生遍及国内外。

顾　辉　明嘉靖年间广东东莞人。嘉靖丁巳年(1557年)任夏阳司巡检。少年即学剑术,善阵斗,膂力过人,尤善用藤牌。作战时舍生忘死,摧锋冒刃,所向取胜。莅任仅数月,周边流寇纷起,侵扰明溪县之盖洋。兵巡道宪王时槐知顾辉武勇,令其率民兵清剿。顾辉率民兵与流寇大战,杀获贼首数十人。终因兵少寡援,不幸战死。上宪悯之,命县建义勇祠,与明溪县勇士陈珪、陈铎合祀焉。

guan

官正昺　字元旭,清初明溪大洋人。正昺从家乡明溪迁往江西石城。其磊落英才,武功出众,骁勇善战。顺治九年(1652年),贼寇攻打明溪乡寨,正昺的族兄正品及乡亲等被贼寇擒往禁锢。正昺闻讯后,即从江西率众返乡御寇。他率兵冲入贼巢,歼杀贼寇十余人,将族兄正品和乡亲等救出,并护送回家。乡亲们感其念族情谊,旋即宰猪会众,以彰义勇。

gui

桂　良（1785—1862）　男,满族,字燕山,满洲正红旗人。清朝大臣,历任闽浙总督、兵部尚书、吏部尚书、直隶总督等。嘉庆十三年(1808年)由贡生捐礼部主事,历迁部曹、道府。道光十四年(1834年)升河南巡抚,道光十九年(1839年)擢湖广总督,旋调闽浙总督,继任云贵总督。翌年兼署云南巡抚。道光二十五年(1845年)回京,署兵部尚书兼正白旗汉军都统。道光二十八年(1848年)将其女嫁与皇六子奕䜣为妻;授镶红旗汉军都统。咸丰元年(1851年)署吏部尚书,寻授福州将军。次年授兵部尚书。咸丰三年(1853年)太平军攻占南京,受命与僧格林沁协同防剿太平天国北伐军。1858年英法联军攻陷大沽炮台,直逼天津,奉派与花沙纳为钦差大臣先后与俄、美、英、法等国代表谈判,签订《天津条约》。又会同两江总督何桂清与英、法、美等国议定通商税则,签署《通商章程善后条约》。咸丰十年(1860年),英法联军重占天津,复赴津,会同直隶总督恒福与英、法议和,疏请全部接受英、法所提各项要求。因咸丰帝和战不定,未达成协议。是年九月,英法联军进攻北京,咸丰帝逃往热河时,受命与"督办和局"钦差大臣奕䜣办理议和事宜。十月签订中俄、中英、中法《北京条约》。翌年1月清廷设置总理各国事务衙门,出任大臣。同治元年(1862年)七月病死。

guo

果齐斯欢(1768—1828)　字友三,一字益亭,谥文僖。满洲镶蓝旗人,清宗室。嘉庆七年(1802年)进士。嘉庆十八年(1813年)后,历内阁学士、顺天府乡试副考官、户部左侍郎兼管国子监事务、拔贡阅卷大臣、署翰林院掌院学士等职。嘉庆二十二年(1817年)二月,署吏部左侍郎。嘉庆二十四年(1819年),授黄旗汉军副都统。次年被召回京。累迁广州将军,任福州将军等职。卒于道光八年(1828年)九月。

郭　荣　字景华。唐代福建招讨使张谨的偏将,赤颊长髯,颇似关羽。勇敢有膂力,能挽一石弓,举千斤石。唐僖宗乾符五年(878年),黄巢率领数万起义大军从浙江江山开辟800里山道翻越仙霞岭入闽,受到了福建唐朝军队和地方武装的抗击。在建州遭遇了福建招讨使张瑾率领官兵的拼死抵抗。两军从早肉搏到晚,杀声震天,尸横遍野。在激战中,郭荣及其诸将最终被义军所杀。郭荣初封佑灵侯,后进封公爵。

郭承规　宋庆历间(1041—1048年)提刑官(武臣),同提点刑狱,供备库副使充。

郭　山　晋江市人。宋绍兴二十七年(1157年)武举人。

郭　钦　宋绍熙四年(1193年)武举人。

郭云汉　闽县(今福州市)人。清雍正元年(1723年)武进士。

郭光朝　永春县人。清乾隆年间任福州中军府镇守南台。

郭光禄　永春县人。清乾隆年间都司,镇守南台副总府。

郭威扬　又称郭维扬,漳州市人。清乾隆九年(1744年)武举人。

郭洪基　大同市人。武进士,清乾隆十四年(1749年)任延平协镇副将。

郭履楷　漳州龙海市人。清乾隆三十一年(1766年)武进士,任潮州都司。

郭澄园(1901.8—1983.5)　男,曾用名廷元,字云鸿,龙岩市人。少年离乡,游学江苏,后就读北京中央大学法律经济系。1932年在上海沪松警备司令部任书记官,不久,万籁声也应聘到司令部当武术教官。因佩服万籁声的功夫,郭澄园拜小他两岁的万籁声为师,习练六合门、自然门武功,终生操练不辍。抗日战争时期,郭还专门到永安找万籁声继续求学(当时万籁声在永安体育学校),终其一生执弟子礼甚笃。郭澄园儒雅仁厚,得师之真传,文、武、道、医、德兼优,从不以武炫耀,只以医术行世。1937年抗日战争开始,先后辗转龙岩、厦门等地。1948年定居漳州芗城区,以行医为业,曾任龙溪地区中医院内科主任。

郭孔熙(1903—2003)　男,福州市人。福建省武术协会原委员,福州市武协原顾问。民间武术家。鸡法、女人拳代表人物。郭孔熙出生于武术世家,自幼随祖父郭道根习郭家拳。18岁拜周振群为师,学习鸡法、虎拳、女人拳等,功力深厚。1979年参加福州民间武术观摩交流大会获一等奖。1985年10月,81岁高龄的郭孔熙代表福建省参加在天津举办的全国武术观摩交流大会,表演了女人拳并获奖。媒体专门作了报道:该拳模仿古代女子生活中的常态,如女孩撒娇、少女掩面含羞、妇人烧香拜佛等动作,虚虚实实、飘飘盈盈,暗藏杀机,妙趣横生。1990年参加福州市国际武术观摩表演大会,获猛虎奖。

郭添福(1908.9—1992.8)　男,漳州龙海市人。五祖拳传人。12岁师从邱剑刚习练五祖拳。曾在龙海、南靖等地授徒传艺。

郭清河(1910—1994)　男,泉州市人。曾任福建省武术协会委员,泉州武术协会顾问,晋江联谊武术馆馆长,泉州崇德国术馆荣誉馆长。1924年在厦门随台湾名师曹炳章习练少林五枚花拳十余年。经苦心研练,终得大成。半个世纪以来,授徒甚众,乃闽南五枚花拳一代名师,在武术传承上颇有建树。

郭钦良(1918—　)　男,福州市人。福州飞鹤拳代表人物之一。1932年学习罗汉拳、鹤拳,1940年在四川学习韦陀拳、八极拳及器械。新中国成立后多次参加武术表演。1986年贡献给国家《二郎拳》《罗汉拳》的手抄拳谱,在福建省武术挖掘整理中受到奖励表彰。

郭增兴（1930.5— ） 男，福清市人。福清市武术协会江镜分会副会长。10岁随伯父郭发仔学习龙虎桩；13岁随郭上光学习杖法；15岁随翁亦妹仔（外号城坂师）学地趟拳；17岁师从福清西安灵岩寺和尚曾妙庆学习南少林点穴功夫与中草药。长期在家乡玉桂村及附近乡村开馆授徒，传播武艺，并为当地百姓医治疑难杂症。2009年参加福州武术国际冲绳刚柔流空手道演武大会，获两枚金牌。

郭鸣华（1934—2001） 男，永泰县人。副教授，原福建师范大学体育系武术教研室主任，福建省武术协会副主席。首批中国武术七段。自幼随父习虎鹤桩。1947年开始从陈芭洲练太极拳。1953年考进中央体育学院（今北京体育大学）从张文广习查拳。毕业后执教于天津南开大学，1957年调任福建师范大学体育系担任武术教师。1981年参加全国高等体育院系通用教材《武术》的编写工作，主编全国高校体育教材《游泳》。1982年作为福建省武术代表团成员，赴京参加全国武术工作会议，受到中央领导同志的亲切接见。1983年出任福建省武术挖掘整理工作组组长，为福建武术的挖掘整理做出了贡献。1985年被评为全国武术挖整工作先进个人。担任福建师范大学体育系武术教研室主任多年，重视学科建设和师资队伍建设，亲手组建了福建高校武术队、散打队，创建了福建高校第一个武术协会，培养了许多武术人才，是福建师大武术学科的开创者。他一生致力中国传统武术教学、传播与研究工作。他主编的《八闽武坛》，记载了福建武术的历史、流派、特点、对外交流等宝贵资料，并发表《业余体校武术运动员训练水平的测定与评价》等学术论文。

郭天从（1940—2013） 男，回族，泉州市人。一级武术教练，一级武术裁判。自幼习武，承祖辈练习五祖拳，后师从武术家洪正福老师习练六合门、自然门武术，武医并修。1974—1979年在大田县少体校武术班任教。1977年任省武术代表队教练参加全国武术比赛。1979年开始在泉州市少体校武术班任教。1984—1987年任福建省业余体校代表队教练参加全国少年"武士杯"武术比赛。1982年参加全国第一届武术工作会议，在人民大会堂受到中央领导的接见。大力挖掘民间传统武术文化遗产，创建泉州武术协会，任泉州武协首任秘书长。

郭宝仁（1944.6— ） 男，回族，惠安县人。惠安太极拳协会副会长、秘书长。多年来，坚持每天2～3个小时在辅导站担任太极拳教学、辅导。2009年参加泉州市第十届健身赛，获老年组32剑第三名。2009年参加市体育局组织的健身气功辅导班，同年选送参加省体育局举办的省一级社会体育指导员业务培训，修满规定课程，成绩合格，同时被泉州市助老服务中心、市太极拳协会聘为乡镇太极拳义务辅导员。担任惠安县太极拳协会副会长、秘书长以来，系统地撰写、整理协会的相关文书资料，积极筹备各类型会议及协会赛事编排组织工作，促进协会各项工作的正常、健康发展。

郭浩炘（1950.2— ） 男，漳州市人，祖籍龙岩。主治医师，一级武术套路裁判，漳州五中校医，漳州市武术协会副秘书长，福建省武术协会理事。中国武术六段。自幼随祖父郭澄园习武学医，后师从洪敦耕习练六合门、自然门和通背劈挂门拳术。曾多次担任福建省武术比赛裁判长、副总裁判长和漳州市武术比赛总裁判长。1985年被福建省体育局授予"全国优秀武术裁判员"；1990年被福建省体育局授予"1986—1989年度优秀武术裁判员"。论文《略论全民健身计划纲要与武术之关系》获漳州市首届武术论文研讨会二等奖，并在《漳州体育科技》发表。

郭新民（1955.3— ） 男，泉州市人。曾担任福建省武术协会委员，泉州市武术协会委员。泉州崇德国术馆馆长、五枚花拳的主要传人及代表人物。9岁随家父郭清河习练五枚花拳。20世纪80年代多次参加福建省武术比赛获优秀奖。多次在《武林》《泉州南少林文丛》《泉州南少林文库》上发表论文。20世纪80年代执笔整理《福建省武术拳械录·五枚花拳篇》。1994年创办泉州崇德国术馆。1998—1999年被柬埔寨王国柬华理事会聘为武术教练，执教于柬首都金边市，为中华武术在海外的推广与传播做出了贡献。

郭迈文（1957— ） 男，龙岩市人。1965年开始随父郭省庵习武，擅连城拳。曾参加福建省武术观摩交流比赛获优秀奖。1986年获全国武术观摩交流大会长器械盘龙棍金狮奖。

郭建生（1958.11— ） 女，仙游县人。副教授，厦门市木兰拳研究会副会长，厦门市职工太极拳协会会长，一级武术裁判。中国武术七段。1974年开始习武，1976年考上福建体校，师从洪正福老师。毕业后留校任教，担任武术教学训练工作。1992年参加福建省第十届运动会武术比赛，获得女子太极拳冠军。1993年代表中国队参加首届世界太极拳暨第五届中日太极拳的比赛。1994年参加首届国际南少林武术节比赛，获得女子42式太极拳第一名。1995年参加全国第五届少数民族运动会武术比赛。1999年参加福建省少数民族运动会武术比赛，获得女子拳术、器械两项冠军。同年参加全国第六届少数民族运动会武术比赛，获得女子器械类、拳术类第三名、第五名，并被大会评为体育道德风尚奖。此外，作为福建省教练员兼运动员参加全国木兰拳比赛、首届世界太极拳健康大会、福建省第五届少数民族运动会的武术比赛等，获得了集体项目第一名，个人拳术类、器械类冠军、亚军等好成绩。2006年担任厦门市太极拳代表队主教练，参加"海峡巾帼"健身大赛，获得集体太极拳第一名。

郭琼珠（1959.11— ） 女，漳州龙海市人。厦门大学体育部党总支书记，国术与健身研究中心副主任、教授、硕士生导师，福建省武术协会常务理事，厦门市武术协会副秘书长，一级武术裁判。中国武术七段。1980年考入福建师范大学体育系专修武术。1983年代表福建高校参加福建省武术比赛，获女子组传统拳术、传统器械两项第四名。1984年代表福建师大参加福建省高校武术比赛，获女子组个人全能、传统拳术、传统器械三项金牌。1987年代表厦门参加福建省太极拳、剑观摩赛，获孙式、陈式、太极剑三项银牌。1992年代表高校参加第十一届福建省运动会武术比赛，获女子组太极拳银牌。1998—2014年参加全国、省级以上武术竞赛裁判工作近30次，多次担任全国及国际武术大赛编排记录长，9次获大会"体育道德风尚奖"表彰。多次应邀到日本、泰国以及我国台湾地区讲学和交流。主要研究方向：民族传统体育、民俗体育、康复保健体育。主持和参与省级、校级基金项目课题研究6项。出版教材2部，参与编写教材2部，公开发表论文40多篇，其中核心刊物10多篇，多篇论文获得全国、省、市级一至三等奖。

郭宗保（1961— ） 男，永春县人。厦门市少体校武术教练，原福建体育学院教师。1974年入大田县业余体校，在洪正福老师的指导下开始习武，打下扎实的基本功。1976年代表三明市参加福建省"文革"后的首次武术比赛，获得拳术、短兵、长兵全能第二名。1977年入选福建省武术队。1978年代表福建省参加全国武术比赛，获乙组传统单器械冠军。1980年考入福建体育学院体育系本科，继续师从洪正福老师苦练六合门、自然门和张三丰太极拳艺和武术理论学习。1981年获全国武术表演赛传统拳第三名，同年获福建省人民政府授予的三等功。1984年以优异成绩毕业于福建体院，并留校担任武术老师。1985年获第二届全国工人运动会武术表演赛一等奖，多次担任省市武术比赛裁判工作。1989年赴澳洲留学，1993年学成回国。现为厦门市武术教练，继续培养少儿武术新苗。

郭丽燕（1961.7— ） 女，石狮市人。石狮市武术协会常委。2010年随卢义荣、邱金雄老师习练太极拳。2010年参加福建省第二届海峡论坛·海峡两岸传统武术交流大赛，获得铜牌。2012年参加在江苏举行的全国农民传统武术比赛，获得武当剑银牌、42式太极拳铜牌。

郭爱民（1963.9— ） 男，福清市人。莆田市武协副秘书长，福州鑫磊装饰工程公司总经理。自幼受父辈影响，对传统武术产生浓厚兴趣，十多岁拜莆田刘金明学习食鹤拳，掌握了三箭、藤手三奇、梅花八卦十八宝、齐眉棍等套路。擅长藤手三奇和梅花八卦十八宝。近年来多次参加南少林武术会演、海峡两岸武术交流表演赛及各种形式的武术文化对外交流活动。2009年6月1日《福建日报》曾对其事迹作过报道，其他媒体如港、台电视台等也曾有过相关报道。

郭卫华（1970.12— ） 女，龙岩市人。龙岩武术协会超威武术馆秘书长。1979年师从林芳华老师习武，后又跟随陈超文老师训练。1980年参加福建省武术比赛，获女子儿童组全能第四名。1985年在龙岩地区武术比赛中获女子少年组长兵、短兵、个人全能第二名。1986年获得龙岩地区少儿武术比赛拳术、长兵、个人全能第 名；1986年在福建省少儿武术比赛中获女子少年甲组对练第一名，女子组长拳、个人全能第四名。1987年获得女子少年甲组刀术第二名、棍术第四名、长拳第六名。

郭明奇（1977.9— ） 男，漳州龙文区人。1993年师从新坡邱武耀习练五祖拳。2004年参加漳州市传统南拳演武大会，获一、二等奖。同年参加在泉州举办的中国福建南少林国际武术大赛，获刀术银狮奖、拳术铜牛奖。2006年参加在河南郑州举行的第二届世界传统武术节武术比赛，获拳术一等奖、刀术三等奖。

郭文杰（1983.1— ） 男，回族，泉州人。泉州剑影武校教练。1992年7月进入泉州剑影武术馆习武。1993—1999年参加福建省少儿武术锦标赛，获全能、南拳、枪术、刀术等多项冠军。1999年考入上海体育学院，师从杨中平。参加2000—2003年全国青少年武术锦标赛，获得南拳第一名、刀术第二名、对练第三名；在2001年亚洲青年武术锦标赛中，获得南拳第一名。2002—2003年代表剑影武校参加全国武术之乡和全国武术馆校武术比赛，分别获刀术第一名、对练第一名、传统拳第一名。

H

han

韩　椿　宋绍熙元年(1190年)武举人。

韩旦升　漳州南靖县人。明崇祯三年(1630年)武举人,任广东北岸守备。

韩登坛　漳州芗城区人。明崇祯十三年(1640年)武进士,任浙江都司,福建上游巡抚、坐营参将。

韩　瑞　南平浦城县人。康熙年间,以军功官浙江金华协都司。

he

何去非　字正通,宋神宗、徽宗年间浦城人。广才博学,通兵法,我国历史上第一位武学博士。神宗皇帝对其才华颇为欣赏。宋元丰五年(1082年),命其为右班殿直武学教授,旋升为左侍禁武学教谕。受命校订武经《孙子》、《吴子》等7本书,统称《武经七书》。书成,升为武学博士。《武经七书》被朝廷定为武学官书。苏轼看过何去非的作品《何博士备论》之后,大为赞赏,曾两度鼎力推荐。何去非所著有《文集》20卷、《备论》4卷、《司马法讲义》3卷、《三略讲义》3卷,都是重要的军事学文献。《何博士备论》一书,评述战国至五代政治的兴衰成败及用兵得失,是古代第一部军事人物评论集、我国古代兵书的经典之一。直到今天,这部兵书仍具有重要意义与参考价值。去非于73岁病故。

何　说　闽县(今福州市)人。宋乾道八年(1172年)武举人。

何士龙　宋嘉定十六年(1223年)武举人。

何斌臣　漳州市芗城区人。明朝武进士,任南澳副总兵。

何　云　字从龙,明崇祯年间三明将乐县人。精力骁勇,武艺过人,掌上能载石臼,抛刀上马,手能接之。崇祯初年(1628年),由武库考选将才,巡抚邹公屡加擢用。历官延平守备,后镇汀州所岩前。营伍谨严,地方宁静。嗣致仕归,卒于家。

何　义　(1628—1698)　字忠甫,号平江,清初漳州云霄县人。14岁丧父,平日喜欢习武,人称其为"憨"。清顺治六年(1649年)在铜山加入郑成功队伍,被授为偏将。翌年,郑军攻广东潮州,守将郝尚久诈降,郑成功进城至湘子桥(浮桥,用船联结)中埋伏,坐骑被射伤,何义急砍断船组,换给坐骑,护卫撤退,一敌将纵马追赶,被何义手扼马项杀死。郑擢义为左虎卫将军,并将表亲马氏配其为妻。此后随郑征战闽粤沿海各地,屡立战功,升任虎卫总镇。郑成功逝世后,郑经袭位,何义属郑泰部下,岌岌可危。总督李率泰和黄梧趁机胁迫何氏宗族,敦促何义归降。康熙元年(1662年)五月八月,义以点军巡海为名,携幼子逃出,归降李率泰。康熙七年(1668年),被授为内大臣往山西屯田。康熙二十二年(1683年)随施琅武力统一台湾,被授为昂邦章京(都统)内大臣兼左都督,世袭骑孝尉、一等伯爵、光禄大夫,迁葬云霄马铺呈奇岭。康熙三十七年(1698年),何义病卒于京。

何 祐(1643—1718) 号钻子,漳州云霄县马铺乡人。郑成功麾下大将。年少习武。清顺治年间(1644—1661年)投于郑成功帐下,后任左武卫将军,参加驱逐荷夷收复台湾。郑成功病逝后,继佐郑经,于康熙四年(1665年)二月,率师驻守大线头一带。何祐英勇善战。康熙十三年(1674年)三月,随郑经率部从台湾渡海抵厦门,首攻同安获胜。同年十一月,何祐率兵与江胜进攻漳浦县,于不孝岭击杀千总杜养体和戎旗龙得云等将,获大胜;进至打石山,又打败王子玉军。月底,又随郑军总督赵得胜挥师攻打黄岗王国栋军,连斩数将,使清军丧胆。康熙十四年(1675年)正月,进军广东大埔县,又大破清军,清军死伤骑兵2000余众,仓皇逃窜。康熙十七年(1678年)七月,何祐统率黄球、林万侯、高奎等,转战闽中,攻克永春、仙游、德化、安溪等县。康熙十九年(1680年)二月二十七日随郑经退出厦门,同往台湾。康熙二十年(1681年),郑克塽继位,清朝廷派遣施琅出征台湾。时何祐为郑军北路总督,奉命率部众重建鸡笼(今基隆)城以作防御。何祐带领将士忍受种种困难,按旧城址筑城,开壕沟、砌围墙,以作固守。鸡笼城的重新扩建,为以后建成基隆海滨城市奠定了基础。清朝统一台湾后,何祐被封为广西梧州府副将,卒于康熙五十七年(1718年)正月初九。

何 椿 字得龄,福清市人。清康熙三十二年(1693年)癸酉科武进士,曾任荣禄大夫、大名府参将。

何士韬 闽县(今福州市)人。清康熙三十二年(1693年)武举人。

何日华 侯官(今福州市)人。清康熙三十三年(1694年)武进士,马边营守备。

何侗若 闽县(今福州市)人。清康熙三十九年(1700年)武进士,任赣州卫守备。

何宏坦 漳州平和县人。清康熙五十一年(1712年)武进士,任侍卫,旗籍。

何士钧 漳州海澄(今龙海市)人。清康熙五十七年(1718年)武进士,任琼州守备。

何昂驹 字右承,福清市人。清康熙五十七年(1718年)武进士。历任兵部郎中、汉中参将、河南提督等职。《福州府志》(清·乾隆)作"康熙五十年辛卯科武进士"。

何 捷 本姓邹,福清市人。清雍正八年(1730年)武进士。

何咸逵 当涂人。武进士,乾隆二十三年(1758年)任延平右营都司。《乾隆府志》作"何成逵"。

何 清 又名何青,漳州市人。清嘉庆五年(1800年)武举人。

何　阳（1816—1908）　男，又名阳仔伯，人称何阳师，永定客家人。漳州五祖何阳拳始祖。清道光二十五年（1845年），自永定到漳州谋生，客居在九龙江边瀛洲社，并开设一酒坊。乡民们得知其身手不凡，功夫了得，于是恳求他收徒传艺。其身怀绝技，也想择徒而传，看到瀛洲人忠厚朴实，便遂众意，在瀛洲开馆授徒，所传授的是少林五祖拳（传说少林寺被烧毁后，有第五代传人崔诸缘等7人逃出，其中两人在途中病亡，另5人改名换姓隐入民间传授武术，后人称之为"五代祖师"，所传拳术称"五祖拳"）。所开堂号叫"何阳堂"，人们为了纪念传艺师傅，又将该拳称为"五祖何阳拳"，世代相传。至19世纪20年代，瀛洲社几乎家家户户都练拳，代代有传人，其中不乏功夫深厚者。门徒中瀛洲的李腾辉、杉巷尾张大汉、帆寮山、林米高、李清连、叶敢、苏毕、巷口蔡玉明等均是清末民初名噪一时的武林人物，在闽南一带极负盛名。

何水道　闽西客家人。曾任清末漳州团练营总教练。

何特声　武平县人。清道光十二年（1832年）武进士。惠州守备。

何上先　惠安县人。清道光十六年（1836年）武进士。

何国宝　东山县人。清光绪十四年（1888年）武举人。

何国华（1902.3—1979.8）　男，号飞来师，福清市人。青年时在福州庆香林香店从师习香店拳法，回福州后又师从金伦司、培官司习儒、鱼、鸡、犬等拳法。民国时期曾于南平任十九路军国术教官，任大刀队队长。新中国成立后以行医（伤科）为业，兼授武术。主要学生有陈建忠、林炳文、林荣光、翁庆铨、陈观生、王幼杰、郑惠明、郭永强、刘兆平、林宝宏、江家骥、林则恩、王泉金、林祥庚、涂基清、陆榕、林文荣、郑健民、董国昌、陈子健等。

何苏武（约1906—1936）　男，厦门新垵五祖鹤阳拳的重要传人。何苏武是新垵五祖鹤阳拳名师沈扬德的高徒。1935年参加福建省第五届体育运动会武术比赛，获拳术第四名。1933年，应泉州国术馆的邀请，由师傅沈扬德派往泉州富美国术馆当教练，在富美国术馆教拳约三年，教下不少弟子，成为当今泉州五祖拳骨干。后因练功过度，不慎受内伤吐血，之后又因误食补品，使他伤情突发去世。

何志华（1911.1—1994）　男，惠安县人。中医师，原厦门市交通局医院特级医师，龙华棠药铺及龙泉宛茶庄老板。1923年从刘巷和杨合学习国术及骨科，得其师门铁砂掌的真传。1930年出师后于厦门鼓浪屿龙头路170号设立龙华棠药铺和龙泉宛茶庄，一边经营生意一边免费教拳，以一双铁砂掌闻名。1956年受聘于厦门市交通局医院为特级医师，以行医为主、教武为辅，门徒主要是劳苦大众，以搬运工及码头

工人为多。自创了一套以"一胆二势三力吞肩泻甲"为特色的五祖拳108式套路。曾任福建省武术比赛南拳裁判长。因未曾正式开馆授徒,其拳术及骨科医术均传于其孙何前进。

何永青(1916—) 曾用名慎楚,祖籍莆田,生于福州。福建省武术协会委员,福州龙拳代表人物之一。7岁始习地方南拳,13岁从崔达年习龙拳。1957年、1964年、1979年分别参加福建省武术观摩表演赛,获优秀奖等。1986年参加福州市武术代表团赴日本访问并表演龙拳。多次代表福州武术协会与日本等国武术同行交流,并传授龙拳、鹤拳等传统拳术和功法。

何永亨(1940.8—) 男,平潭县人。平潭县体委原副主任,曾任平潭县老体协常务副主席兼秘书长,福建省平潭神州功夫俱乐部副主任兼武术总教练,国家级社会体育指导员,福建省社会武术高级教练,一级武术裁判,中国武术七段。早年学练南拳、长拳,1984年后专练各式太极拳,先后拜在曾乃梁和陈正雷师傅门下潜心研练太极拳。在国内外太极拳系列大赛中,已获得金牌46枚、银牌10枚、铜牌8枚。数十年来扎根基层,坚持在教学第一线,致力发展太极拳事业,学生在国内外太极拳系列比赛中已获奖牌500多枚。1995年由平潭县委、县政府授予"优秀武术教练员"的称号。2001—2004年在美国任"美国福建武术协会"常务副主席兼纽约太极拳武术馆总教练。

何碧鸾(1944.3—) 女,宁德市人。1995年始师从林犹石先生习练太极拳、剑。1999年参加宁德地区老年运动会获24式太极拳第一名。同年获福建省第五届老年运动会女子24式太极拳第三名。2000年获宁德市"建设杯"赛天命组太极拳第一名。2002年获宁德市蕉城区第六届老年运动会太极拳、剑第一名。2004年参加在武夷山举行的"豪龙杯"全国太极拳交流大会,获得女子24式太极拳银牌、42式太极剑铜牌。2008年在泉州南少林华夏武术套路散打争霸赛上获42式太极拳、剑两枚金牌。

何文水(1955.8—) 男,莆田市人。莆田南少林武协副秘书长。自幼酷爱武术,1970年师从黄光兰练习太祖拳,后随师叔林壁习老鹰扑翅太极、推手等。2003年起从事国家职业培训工作,现任莆田市文华阳光职业培训学校、文华职业技能鉴定站法人。2004年,考取"工艺美术师"中级职称。2006年参加国家职业资格统考,取得国家二级"人力资源管理师"、"心理咨询师"资格。2008年,受聘为莆田南少林武协副秘书长。

何海乌(1975.11—) 男,漳州市人。厦门鹭福武术俱乐部主任。1990年在漳浦开始练习武术,1996年进入集美大学体育学院学习。2000年毕业后成立了鹭福武术队,期间也培养了不少的武术人才,并有多人参加省市的武术比赛和厦门国际武术大赛等赛事。在鹭福武术队成立多年的基础上,于2013年9月经民政局、体育局批准,创办厦门鹭福武术俱乐部。

何坤录(1997.9—) 男,厦门市人。2006年开始在厦门武状元武术馆师从戴晓秋、廖小斌习武。2010年入选厦门市武术队备战福建省第十四届运动会,并获得福建省第十四届运动会武术比赛长拳第三名。2013年参加福建省青少年武术套路锦标赛,获地市组甲组南拳、南棍第一名。2014年代表福建省参加在天津举行的首届全国武术运动会,获得男子南棍一等奖、南拳二等奖。

和世泰 清嘉庆二十五年至道光二年(1820—1822年)福建将军。

heng

恒 瑞 清乾隆五十一年至五十二年(1786—1787年)福建将军。

hong

洪文举 宋庆元五年(1199年)武举人。

洪 丹 侯官(今福州市)人。宋嘉定四年(1211年)武举人。

洪应宣 宋宝庆二年(1226年)武举人。

洪 震 宋端平二年(1235年)武举人。

洪梦鲤 字鸿川,漳州龙海市人。明隆庆五年(1571年)武进士,任南粤副总兵。

洪育鳌 字六生,晋江市人。残明桂王时贡生,总督两粤、滇、黔、晋、楚、豫等处军务。

洪 旭(约1604—1666) 字念荩,号九峰,同安县人。郑成功的重要将领。父洪公抡,明万历年间官至守备,卒于任上。洪旭幼年家贫,精练武功,体壮力大。壮年投奔郑芝龙,以军功任千总。郑芝龙降清后,洪旭跟从郑成功,成为反清复明的一员重要部将。洪旭为人老成持重,深谋远虑,深得郑成功器重。清顺治十一年(1654年),旭奉命取漳州,入城秋毫无犯,百姓不惊,深得郑成功赏识。次年升任郑军水师镇将、户官、水师右军提督等职,掌管兵船、粮饷、军器要务,参与筹划指挥战役,并受永历帝册封勋爵加少师。同年任总督,负责调度北征水师。永历十一(1657年)年,兼理兵官事务,封为忠振伯。郑成功北伐金陵、东平台湾期间,洪旭均奉命留守金厦,屡建奇功,累官至中提督。清顺治十七年(1660年)五月,洪旭会同黄廷、马信、周全斌等,在鼓浪屿附近大败清军黄梧所率水师,又智擒暗通清总兵施琅之右虎卫镇将陈鹏,交由郑成功处决。洪旭在厦门鹭江边驻地建营房,筑寨门,操练水师,抗击清兵。该处至今犹称"洪本部"。郑成功逝世后,郑经继位,仍信重洪旭。清康熙五年(1666年)九月十七日,洪旭因年老且操劳过度病逝。郑经痛哭不已，并以其子洪磊为史官。后归葬故里。

洪际元 晋江市人。明万历四十一年（1613 年）武进士。南京游击。

洪先春 晋江市人。明万历四十四年（1616 年）武进士。云南参将。

洪应斗 漳州龙海市人。明天启二年（1622 年）武进士，任福建水标把总。

洪有则 字可久，南安市人。明崇祯十七年（1644 年）武进士。广东黄岗守备。

洪象麟 永春县人。清康熙三十八年（1699 年）己卯科武举人。

洪继龙 晋江市人。清康熙五十二年（1713 年）武进士。侍卫，闽安烽火参将。

洪秉彝 晋江市人。清雍正年间武举人，龙门副将。

洪熙官（约清乾隆年间） 本名洪熙，漳州市人。以经营茶叶为业。据说曾两度入南少林寺从至善僧习武。艺成后"十指坚韧非常，任触铁石，亦如摧枯拉朽；且擅长纵跃术，能携满篮饮食纵跃而点滴不倾溢"。与洪门弟子为友，谋图反清复明。后至广东，隐居大佛寺内，同佛缘和尚开设武馆，传授洪拳，宣传"反清复明"思想。另据考证，洪熙官系清末侠义小说《圣朝鼎盛万年青》中的人物，实无其人。

洪　欉（1832—1863） 漳州长泰县人，居台湾彰化。家庭富裕，世代习武，创办镖局和团练，任总镖头和团练长。清同治元年（1862 年）参与天地会戴潮春起义反对朝廷，被封为"北王"，后战败被杀。

洪九畴 漳州长泰县人。清朝武举人。

洪偃卿（约清末年间） 漳州龙海市人。漳州开元寺下院青山岩俗家弟子，精通武艺，据传曾徒手击毙老虎。后在龙海石码等地设馆授徒。

洪大兴（1914—1996） 男，漳州石码镇人。漳州白鹤拳传人。洪大兴是白鹤门捷元堂赏师张杨华高足，立馆石码，因个高，人称其"高兴"。除精于白鹤拳外，他还擅长丹青，画过不少祖师图。擅跑，也称"飞毛腿"，年轻时，每日早起从石码跑步到漳州城内龙溪国术馆跟赏师学拳，晚上跑回石码。漳州城到石码有四十里路程，早出晚归，十分勤奋。绝技是"弓箭手"与"摇身骏胛"。常带弟子来漳与同门相会。

洪　明（1916—2005） 男，又名洪剑明，漳州芗城区人。漳州白鹤拳主要传人。14 岁拜漳州捷元堂赏师张杨华为师，习练白鹤拳。在赏师的赞许下，又跟龙溪国术馆的北方拳师孟强学习北派器械，跟广东拳师张昌辉学习南派器械和舞狮技艺，跟原漳厦铁路站站长学习姑娘拳、棍、大刀、梅花枪、虎头钩、三节棍、叉、耙、钩镰枪、斩马虎、烟杆、板凳、车柱、铁尺等，跟十九路军杜德标营长学习镖刀、青龙刀、连环刀法。博采

众长,为捷元堂武馆中器械最精者。他22岁开始协助赏师教授传馆。在龙溪国术馆期间,洪明曾参加1935年在漳浦举行的第五行政区武术比赛,获三节棍和白鹤拳两个第一名。1957年,赴榕参加省赛,以白鹤拳、姑娘棍以及与师兄许木可配合的藤牌刀与钩镰枪对练获奖。洪明一生中在漳州传下不少白鹤拳弟子,为白鹤拳在漳州的传播和发展做出了贡献。

洪剑影(1917.10—1998)　男,原名洪文侠,漳州龙文市人。福建省武术协会委员、漳州市武术协会委员。原省武术协会委员,一级武术裁判。八岁开始习武,师从伯父洪金标和白玉云、谢青湖等习练达尊拳、五祖拳。随表舅吴兆麟习练谭腿和太极拳。后又自学多种南北拳法,擅长猴拳。1958年参加福建省武术观摩赛,获二等奖。长期在芗城、龙海等地行医教拳。1977年应聘为龙海县少体校武术教练,培养了不少学生。多次担任省武术比赛裁判员。

洪崇麟(1920—1999)　男,漳州漳浦县人。10岁在漳浦正阳宫出家。14岁到东山古来寺习武。1950年回到漳浦杜浔镇龙兴庙,又从庙主自南师习武,其所学拳种有:四门、龙虎拳、梅花拳、鹤拳、猴拳和少林棍术。1994年9月被东山县南少林和天地会研究会聘为顾问。

洪正福(1923—2000)　男,安徽祁门县人。福建体育学院武术教研室原主任,福建省武术协会原副主席,国家级武术裁判。首批中国武术八段。自幼喜爱武术,4岁开始在家乡习武。15岁拜福州王于歧为师习练罗汉门拳法。17岁拜著名武术教育家、技击家万籁声先生为师,随师练功50余载,得到万籁声的悉心指教和真传。因其秉承师训,苦练精研六合门、自然门技艺,万老在临终前亲笔写下了"洪正福为我门传人"的遗书。1957年代表福建省参加全国武术评奖观摩大会,获表演奖。1958年任福建省体工队武术队、击剑队主教练。1960年任福建体育学院武术教研组长。1963年任福建省体育干部训练班武术教练员。1976年任福建体育学校综合教研组组长。1979年任福建体育学院综合教研室主任。1982年参加在北京举行的全国武术工作会议,受到中央领导同志的亲切接见。1984年任福建省武术挖掘整理领导小组副组长。洪正福是福建体育学院(现为集美大学体育学院)武术学科的创建人,40多年来,为福建体育学院武术学科发展建设和师资培养等做出了重大贡献。他长期担任福建省武术比赛总裁判长,全国武术比赛裁判长、副总裁判长。培训、指导一批批年轻教师、裁判骨干。由于他在武术教育方面的杰出贡献,自1956年以来,先后36次获国家、省、市级奖励,先后被评为劳动模范、优秀教师、先进工作者。主要论著有《气功与太极拳》《福建南拳技术资料》《永春白鹤拳》《福建武术拳械录》等。

洪长博（1925—1992.2） 男,原名洪沅博,南安市人。漳州通元庙末代住持,开元拳主要传人。1937年拜通元庙方碧浪、高复明为师,习练开元拳械武功和108法铙钹技法。又得到清末武营教头吴龙的传授,是漳州开元武术的主要传承者。

洪友宁（1936— ） 男,福州市人。原福建省武术队领队,福建省武术协会副主席。1958年毕业于上海体育学院。1976—1980年在福建省体委群体处工作期间,多次参与组织福建省武术竞赛和训练、裁判等工作。1980—1984年任省武术队领队、省武术协会副主席。

洪敦耕（1938— ） 男,南安市人。出生于厦门中医世家。现为香港"三师堂武术馆"馆长,菲律宾精华五祖拳社顾问,香港福建体育会顾问,国际南少林五祖拳联谊总会"荣誉十段"等。洪敦耕自幼嗜武,1953年拜沧州大侠孙振寰为师,习通背劈挂拳;再拜厦门五祖拳名师柯金木习练五祖白鹤拳。1957年拜万籁声为师习练六合门和自然门等。1959年被福建省体委选派赴京参加国家体委举办的全国优秀教练员、运动员训练班。1960年代表福建省参加全国武术比赛,获得南拳第5名。1961年参加华东区武术比赛,获得南拳冠军。同年参加全国第二届高校武术比赛,获传统项目第一名。1964年毕业于福建中医学院并留校任教。曾任福建省武术协会副秘书长,福建省五祖拳研究会副会长,福建省、市武术比赛裁判长、副总裁判长、总裁判长。在漳州龙溪地区中医院工作之余开始传拳授艺,从学者数百人,培养了一批武术人才。1983年被评为"全国千名优秀武术辅导员"。1985年移居香港后,创立了三师堂武术馆,以行医授拳为业。数十年来,洪敦耕经常为《武林》《中华武术》撰文,宣传武术知识,先后出版了《气功知要》《药功薪传》《武林琐谈》《自然门武功问答》等16部著作。

洪光华（1944.2— ） 男,石狮市人。新加坡玉明国术研究会主席。1955年师从沈扬德学习五祖拳,1962年于英国赫尔大学研读经济。1986年回新加坡,又在玉明国术研究会继续向沈扬德弟子林海龙学习五祖拳。1987年任新加坡玉明国术研究会副会长,推广、传教少林五祖拳。2009任新加坡玉明国术研究会主席。在新加坡政府部门任职。

洪鼎生（1951— ） 男,福州市人。福建省武术协会委员,福州市武术协会副秘书长。先后师从林鸿基、严章金、金祥宝、李玉等习北少林、太极、六合、螳螂等拳械。1980年师从万籁声习六合门、自然门武功。1986年作为福州市武术代表团成员出访日本,在日本进行多场表演,受到热烈欢迎。多次参加福建省及全国、国际传统武术比赛,获优秀奖、金奖。1985年被评为全国武术挖掘整理工作先进个人。

洪逐璇（1951.6—   ）　女，石狮市人。随卢义荣、邱金雄老师习练太极拳。2012 年参加在江苏举行的全国农民传统武术比赛，获得拳、械两枚银牌。

洪光荣（1952.1—   ）　男，莆田市人。武术高级教练，国家级社会体育指导员，国家级跆拳道裁判，莆田市重点业余体育学校原校长，莆田南少林武术学校校长，莆田南少林武术协会会长，福建省射击协会副会长，福建省武术协会常务理事，跆拳道协会常务理事。中国武术六段。自幼秉承父业习武学医，后师从兰少周习练南北少林拳械。1974 年入选省武术队。1974 年至今一直从事武术套路、散打、拳击、跆拳道、柔道、摔跤和硬气功项目的训练工作。1975 年获第三届全运会南拳第八名。1979 年获全国武术观摩交流大会三等奖。1980 年获全国武术观摩竞赛大会优秀奖。1980 年入选中国武术代表团出访日本。1981 年、1982 年获全国武术比赛表演奖。1979—1982 年连续四年获福建省武术比赛优秀奖。1983 年获全国千名优秀武术辅导员。1995 年获首届国际少林武术比赛金奖。1996 年获全国业余体育训练先进工作者。2000 年获全国青少年体育先进工作者，省青少年体育工作先进个人。2006 年和 2008 年连续两届获莆田市拔尖人才；2009 年获福建省优秀少体校校长。1989—1992 年连续四年被北京体育大学聘为武术指导老师。2005 年被莆田学院聘为体育专业建设与发展指导委员会委员及体育系客座副教授。2010 年担任福建省第 14 届省运会开幕式助理导演，训练了 1600 多人的武术团体操，并亲自上场演练了“南少林三十六宝”，得到省、市有关领导的赞扬。

洪光华（1955—   ）　男，莆田市人。中国武术六段。自幼秉承父业习武学医。后随兰少周学习南少林拳械。擅长“三十六宝”、“莆田白鹤拳”拳法、南棍、南刀和五行乩手。1977 年担任莆田市武术比赛裁判。后继承父业，在中医青草药治病领域颇有建树，治愈许多疑难杂症，为患者排忧解难。

洪跃坚（1959.7—   ）　男，漳州芗城区人。白鹤拳传人。5 岁开始跟随其父洪明习练捷元堂白鹤拳法，系统地继承了独脚鹤拳、器械、舞狮及伤科技艺，是漳州独脚鹤拳的第四代传人。从 1977 年起协助父亲到漳州芗城区石亭镇、天宝镇、龙海市颜厝镇和九湖镇院后村、岭兜村、南靖县苍溪村等地传授白鹤拳。2005 年其父去世后，即独立传艺授徒。2012 年，参与组建漳州市武术协会白鹤拳分会，并担任副会长。

近年来,率领同门及弟子200多人次参加各级武术交流活动以及海峡论坛·传统武术比赛、南少林传统武术大赛、厦门国际武术大赛、福建省传统武术精英赛、闽南文化节传统武术比赛等,共获得了数十枚金牌、银牌。是漳州市级非物质文化遗产项目独脚鹤拳第一批代表性传承人。

洪日新(1962—) 男,厦门市人,籍贯安徽。武术高级教练,厦门市体育总会委员,厦门市武术协会副会长,福建省武术协会常务理事,福建省万籁声功夫研究会副秘书长。中国武术七段。自幼随父亲洪正福习六合门、自然门及罗汉门拳法。1980年考入福建体育学院体育系武术专业学习,毕业后分配至厦门市体校担任武术教练至今。1980—1986年多次参加福建省武术比赛,获得省运会的多项金牌、银牌、铜牌及各种表演赛的优秀奖、一等奖。曾带队代表福建、厦门参加全国武术锦标赛及综合性运动会武术比赛。多次带队出访日本、马来西亚等国家以及我国台湾地区进行武术交流。多次担任国际武术邀请赛及省级武术比赛的裁判长工作。培养的学生在各级武术比赛中均获佳绩。1996—2000年在福建省中医学院中医临床医疗专业学习。多次参加全国、省级的气功教练员、裁判员培训班学习,担任福建省首届健身气功教练员培训班教学工作。曾主管过厦门市的健身气功工作,现任厦门市体校武术击剑教研组组长,厦门市中国武术段位制初段位考评委副主任委员等。

洪海山(1973.3—) 男,漳州龙海市人。福建省警察学院客座教官,福州市公安局特警支队客座教官,福建精武特卫学院特聘教官。从1991年起开始练习武术散打,1999年获得全国武警散打比赛56公斤级冠军。同年毕业于集美大学体育学院后入伍,先后在武警部队担任散打教官、中队长、大队长等职,曾经担任阿塞拜疆内卫部队散打教官。2001年获得中泰警察功夫对抗赛58公斤级冠军。2002—2004年连续两届获得国际警察搏击比赛58公斤级冠军。荣立二等功两次、三等功一次。2014年从部队副团职转业到福州市教育局工作。

洪耀金(1975.9—) 男,晋江市人。晋江市武术协会副秘书长、震焱国术馆馆长。自幼拜泉州苏再福先生为师。1996—2008年在泉州福威国术馆任教。2009年在晋江创办震焱国术馆。参加福建省第十一届运动会开幕式表演和全国第六届农民运动会开幕式表演。1995年参加福建省武术比赛,获拳术、器械一等奖。2001年参加福建省武术演武大会,获拳术、器械一等奖。2004年参加国际南少林武术大赛,获传统器械金牌。2009年参加香港世界传统武术锦标赛,获拳术、器械金牌。

洪容容（1988.8— ） 女，厦门市人。福建警察学院教师。1997年开始师从陈仁忠学习六合自然门、太极拳、现代竞技武术等。1999年获得女子儿童组枪术第二名、太极拳第一名。2000年获馆校儿童组剑术第一名、枪术第二名、规定拳第三名、全能第一名。2001年获儿童组剑术第一名、枪术第一名、全能第三名。2004年获得少年甲组剑术第二名，"西山杯"中学生运动会武术比赛太极拳第三名、剑术第四名。2005年获得福建省武术比赛馆校组女子少年甲组剑术第一名。

洪培培（1990.3— ） 男，厦门市人。厦门高殿武术馆副馆长、教练。1997年师从陈仁忠学习六合自然门、现代竞技武术等。2008—2012年就读于集美大学体育学院，师从王继娜。2001—2008年参加福建省青少年武术套路锦标赛，多次获得前六至前三名。2012年获得福建省第七届农民运动会舞龙舞狮比赛自选套路第一名、障碍赛第一名、抽签舞龙第二名、规定套路第一名、竞速赛第二名。

洪伟斌（1996.9— ） 男，漳州芗城区人。2002年进入漳州市少体校跟随郑雅恩、张毅慧、林春梅教练习武。2007年参加福建省青少年武术套路锦标赛，获剑术第一名、枪术第三名、全能第四名。2008年参加福建省青少年武术套路锦标赛，获枪术第三名、剑术第四名。

弘 昀 清乾隆三十五年至三十八年（1770—1773年）福建将军。

hou

侯 熊 漳州龙文区人。明隆庆五年（1571年）武进士，任中都留守使。

侯君宁 漳州龙文区人。明万历十四年（1586年）武进士，任松梅把总。

侯坤童 号寄南。明正德九年（1514年）授南京留守右卫军。

侯青山 又名大罗，漳州芗城区人，原籍湖北宜昌。擅武功，精医术，清光绪年间任宣武都尉，调台湾戍卫。参与乙未抗日之战。因不愿当亡国奴，于光绪二十一年（1895年）迁居漳州东浦头开设"明亮堂"医馆。

hu

呼良朋 字如兰，先世和州人。袭镇东卫千户。相貌魁梧，戚继光见其才智不凡，令其督兵。良朋善战，屡建奇功，升指挥同知，又升广东副总兵、福建督都金事，筑镇东城。后调至广西,佩征蛮将军印,平昭州,征府江,赐白金、文绮。后奏请乞归,去世后赠骠骑将军。

胡希广 晋江市人。宋绍兴五年(1135年)武举人。

胡上琛(约1615—1646) 男,侯官(今福州市)人,祖籍安徽凤阳。南明隆武元(1645年)年武状元。先祖为安徽凤阳人,因跟朱元璋起义有功,世袭福州右卫指挥使。16岁参加武举乡试,中武举人。明崇祯十六年(1643年)皇帝下诏天下勤王,胡上琛带领部下北上,恰逢京师沦陷,只得返回福建。唐王入闽称王,改年号为隆武,会试天下将才。胡上琛参加隆武元年乙酉科武举会试,获第一名,授都司金书,命他去江西联络义勇之士。不久被提拔为御营总兵官,授镇国将军,随唐王来到延平。后唐王赴汀州,而胡上琛到赣州招募援兵。途中听到唐王被捉的消息,部下纷纷离散。不久,清兵入城,胡上琛见南明王朝大势已去,与妾刘慧娘饮酒自尽,以死表达对明朝的忠诚。清廷敬重胡上琛忠节之志,于乾隆四十一年(1776年)特赐谥号"节愍"。

胡 贵(? ～1760年) 男,字尔恒,号洁峰,厦门湖里区人。清代将领。少有智略,喜读兵书,精骑射。平时留心海务,对风云气候、港汊险易等,无有不知。渐由行伍升至水师把总,荐升守备,继而升南澳游击、玉环参将、闽安副将,再升苏淞、潮州、琼州总兵、广东提督。调任浙江提督一年,次年调任广东提督。历官三十余年,改革陋规,勤于练兵,赈灾济民、安抚地方而享有盛名。乾隆二十五年(1760年)逝于广东提督任上,朝廷赐予祭葬,加赠一级,谥勤愍。

胡振声 男,胡贵之子,字子容,厦门湖里区人。清代水师将领。振声入伍十四年,补澎湖把总。乾隆五十年,随澎湖副将带兵赴杭操练,升为千总,署水师提标守备;奉命赴台湾从征起义军首领林爽文,捕获反清义士陈来等。因功补海坛守备,累迁浙江温州镇总兵官。因海上义军蔡牵在海上活动频繁,振声奉命调入堵截。嘉庆九年(1804年)六月,得知蔡牵北窜,振声同海坛镇孙大刚、闽安协蔡安国、澎湖协张世熊齐追至西洋。振声先众船进,各路人马因风浪所阻,不得前。振声所带兵士被围,混战中振声身受重伤。蔡牵欲全其命,以鸡皮裹药为其医创。振声揭去药,大骂不绝口,遂遇害。事后,加提督衔。赐祭葬,谥武壮,入祀昭忠祠,世袭骑都尉。子廷恩袭。

胡显达 漳州平和县人。清乾隆十五年(1750年)武举人。

胡 楷 南平人。任清湖南岳州水陆参将,署崇庆镇总兵。

胡应升(1872—1911) 连江县丹阳镇朱山村人。黄花岗七十二烈士之一。应升出生于一个贫苦农民之家。性浑厚,与人相处较随和。因家境贫寒,幼未读书,却爱习武,早年以泥瓦工为职业,青年时当过马江水师兵勇。光绪三十四年(1908年),应升随黄忠炳加入透堡光复会,受进步思想熏陶,放弃泥瓦匠职业,积极从事革命。经常往东塘村与同盟会成员吴适联系。他接触人多面广,频繁来往于本县主要乡镇,探察政治、军事情报,把革命大义传播闽江海隅。宣统三年(1911年)春,应升得悉同盟会将在广州起义,喜不自胜,遂与吴济霖同行;三月二十九日抵广州,编入黄兴领导的"先锋队"。当天下午五时半前往督署攻坚,后又转战军械局,左拼右杀,英勇顽强,一直战到翌晨被执,直陈大义,遂被害,时年 39 岁。

胡金焕(1933.12—) 男,莆田涵江区人。教授,福建华夏武术发展中心主任,福建省中国武术段位制评议委员,福建省非物质文化遗产武术组评委,福州市武术协会原会长。国家武术荣誉级裁判员、中国武术八段。先后拜著名教育家、武术家万籁声、余宝炎、王景春、郭孔熙为师,学习自然门、六合门、鹤拳、形意拳、拂尘剑、鸡拳、虎拳、女人拳和中医骨伤科等。1989 年、1991 年两次参加全国太极、剑教练员训练班学习。1998 年创办福州闽海武术俱乐部。多次担任福建省武术套路、散打及跆拳道等比赛的总裁判长、仲裁、编排长及省武术裁判员、教练员培训班主讲教师;多次担任全国、国际武术比赛裁判、编排长等职。1989—1993 年被评为福建省武术优秀裁判员。1977—1993 年先后五次担任福建省传统武术的领队、教练,参加全国、国际武术大赛。1986 年被评为福建省武术挖掘整理先进个人。两次参加中日演武大会,获优秀奖。在《卧虎雄杰》电视剧中担任主要演员。1998—2002 年多次被邀在福建电视台"健康宝典"栏目进行太极拳、剑讲座。多次被邀出访乌克兰、日本以及我国台湾进行讲学、交流。2004 年创办福建华夏武术发展中心。2008 年被评为福建省武术先进个人。负责编写福建省初、高中《体育与健康》及《教学参考书》的体育教材,编写出版武术专著 17 部,先后发表论文 30 多篇。2014 年作为福建省武术代表团教练,率队参加首届全国武术运动大会,取得了优异成绩。所撰写的"青少年武术运动员技能倦怠:成因及对策"荣获第一届全国武术科学大会一等奖。

胡明颖(1957.1—) 女,泉州丰泽区太极拳协会副会长。少年时学习南拳。1983 年向傅钟文老师学杨式太极拳,后又向门惠丰、阚桂香、于志钧、傅声远、李和生、郭正勋等老师学习各式太极拳械套路和推手。1996 年获泉州市名流杯赛一等奖。1998 年参加泉州市赛获孙式第一名。1999 年获赛远杯市赛一等奖。论文"浅谈太极拳中的轻重手"发表于 2005 年《太极》第 6 期。长期在市、区授拳并在晋江、德化、南安、华大、老体委等处教拳。长期担任市、区武术裁判工作。

胡英发(1962—) 男,厦门海沧区人。厦门海沧区东孚精英武术馆馆长、五祖拳传人。中国武术七段。18 岁师从五祖鹤阳拳名师叶峇连,成为师父的关门弟子。经师父悉心教导,勤学苦练,熟谙五祖鹤阳拳法,擅长头扎、四扎、朕头、天罡、千字打、柳公拐、青龙大刀、梅花枪、三战槌等拳械 72 套,兼通骨伤科医术。2011 年参加海西武术大赛,获得个人全能第一名。2012 年参加第六届南少林华夏武术大赛,获个人全能第一名。2013 年率弟子参加第二届厦门国际武术大赛,荣获团体第三名。同年参加福建省首届传统武术争霸赛,获得个人拳术第一

名。学生多次参加各级武术比赛，取得优异成绩，并有多名学生考上高等院校。

胡成武（1967.12— ） 男，福州市人。民盟成员，精武特卫学院院长，福建省闽中南少林武术院院长，国际功夫联合会传统武术专委会主任，福建省武术协会常务理事，福州市武术协会副会长（主持工作），福建省地术拳协会常务副会长兼秘书长，国家级非物质文化遗产保护项目地术拳代表性传承人，一级武术裁判。中国武术七段。师承福州地术拳法宗师陈依九，为陈师之入室弟子。后毕业于北京师范大学教育学院。曾荣获首届世界传统武术节武术比赛金奖，并在全国农运会武术比赛中获全能优胜奖及其他重大比赛等三十八次各类奖项。曾受聘于福建省武警总队、福州市公安局、市警察学校任总教官，被上海公安学校、厦门安防学院等多所高校聘为教授。荣获1999年福建南拳研讨武术论文优秀奖，在《中华武术》《武术》等杂志上发表多篇武术论文。2005年出访台湾参加海峡两岸南少林武术文化交流研讨会。武术事迹被中央电视台探索与发现栏目《中华武功》《武术博览》《中华武术》及福建电视台、海峡卫视和人民公安报、福建日报、海峡都市报等专访报道。

胡晓虹（1968.7— ） 女，莆田市人。福建华夏武术发展中心秘书长，加拿大国术总会顾问，一级武术裁判。中国武术六段。1990年至今先后受聘于仓山区三叉街小学、福州华南优教研究所、福州市太极拳委员会、省电力干部学校、师大老年大学等单位，担任教练工作。1995年至今先后十几次担任全国、省市各级别武术比赛的编排、裁判工作。1997年10月获福建省社会武术教练员证书。2002年4月移居加拿大多伦多。参与了《鱼拳》和《图解三十八式木兰扇》两本书的编写工作。

胡 建（1974.11— ） 女，莆田市人。国家级社会体育指导员，福建华夏武术发展中心副主任，福建省社会武术准高级教练员，一级武术裁判，一级健身气功裁判，中国武术六段。自幼随父胡金焕习武，1997年毕业于福建师范大学体育系，同年10月获福建省社会教练员证书。2003年度获福州市武术先进工作者。2004年12月参加中国福建南少林国际武术大赛，获女子鱼拳银狮奖。2008年12月任领队参加闽台南少林传统武术交流大赛。至今先后十几次担任全国、省市各级别武术比赛的编排、裁判工作。参与了《图解二十八式木兰拳》一书的编写。

胡海荣（1975.8— ） 男，江西省抚州市人。一级武术散打裁判员、荣誉酒店集团总裁。自幼随父亲胡腊生习武，1989年在石狮自然门武馆训练散手。1993年在林边武术馆特聘海南师范学院余建勋教授进行赛前集训。1994年参加全国第二届武术馆（校）武术散打比赛，荣获60公斤级散打第六名。1995年参加第二届全国武术之乡武术赛，荣获60公斤级散打第一名。1996年被评为石狮市最佳运动员。2004年创

立荣誉散手俱乐部并担任总教练。2009 年以武术功底集气功力学原理应用到"摇骰子"，成功创造两项吉尼斯世界纪录并荣获两枚金牌。

胡立虹(1976.1—) 女，漳州芗城区人，硕士、厦门大学国术与健身研究中心国术研究室主任、副教授，一级武术运动员，国家级武术裁判。中国武术六段。1985 年入漳州市少体校师从贾建欣习武。曾连续多年获福建省少儿武术比赛全能和单项第一名。1990 年考入福建体育学院，师从高楚兰、柳德明等。在校期间，曾获福建省第十届运动会武术比赛全能第一名、福建省第十届大学生运动会武术比赛全能第一名。1997 年参加首届全国体育教育基本功大赛，获武术第一名。1997 年毕业后分配至厦门大学体育教学部任职。担任厦门大学武术队主教练，率领运动队获得全国、省市武术比赛金牌近百枚。多年来致力高校体育、武术教学、训练、裁判及科研工作，尤其对民族传统体育、武术教学训练理论与方法、体育管理的研究与实践等方面颇有见解。多年担任福建省武术比赛、海峡论坛·海峡两岸传统武术大赛、厦门国际武术大赛等裁判长以及全国武术比赛裁判。此外，参与多项省级、校级课题研究，公开发表学术论文 20 多篇。

胡家霖(1979.2—) 男，连江县人。厦门市精斌武术俱乐部主任、总教练，一级武术运动员。中国武术六段。1989 年进入连江县少体校武术队习武，1995 年考入集美大学体育学院，2012 年毕业于北京体育大学。2009—2013 年任厦门市集美区体育运动学校武术项目总教练。2003 年至今多次任厦门市武术代表队教练并带领队伍参赛。近年来培养的学生代表集美区、厦门市参加全国、省级各类武术比赛共获得 193 枚金牌、175 枚银牌、142 枚铜牌，多次在比赛中夺得团体第一名。为集美大学、北京体育大学、厦门市体校等输送了多名优秀的武术人才。

hua

华文鹰 连城县人。清嘉庆二十四年(1819 年)武举人。汀镇中营，建宁左营千总，迁守备。

huang

黄克纲(655～737) 字善感，号幽轩。为安溪黄姓始祖。擅弓、马、剑、戟，好武艺。垂拱元年(685 年)因军功封车骑将军之职，不久后辞退。于垂拱二年迁居安溪葛盘(今凤城)。开元二十五年(737)十月二十一日病卒，葬于安溪县城东门外凤山之麓尾塘岭下。

黄定国 宋重和元年(1118 年)武举人。

黄　革　南平浦城县人。宋宣和武举人，官至武功大夫。

黄　申　晋江市人。宋绍兴二十一年(1151年)武举人。

黄　确　字少明，闽县(今福州市)人。宋隆兴元年(1163年)武举人。

黄　庚　字子西，福清市人。宋隆兴元年(1163年)武举人。

黄　唐　福清市人。宋隆兴元年(1163年)武举人。

黄如文　字元振，长乐市人。宋乾道二年(1166年)武举人。

黄　营　晋江市人。宋乾道五年(1169年)武举人。

黄　铖　字子授，宁德市人。宋乾道五年(1169年)武举人，终邵阳尉。

黄梦攸　字伯苟，长溪县(今福安市)人。宋乾道五年(1169年)武举人。

黄　章　字元吉，长溪县(今福安市)人。宋乾道八年(1172年)武举人，终权知万安军。

黄　玠　字介玉，永福(今永泰县)人。宋乾道八年(1172年)武举人。

黄　裳　字元吉，宁德市人。宋淳熙二年(1175年)武举人。

黄　凤　字士中，闽县(今福州市)人。宋淳熙二年(1175年)武举人。

黄　甫　晋江市人。宋淳熙二年(1175年)武举人，吉阳军知军事。

黄　旦　黄甫弟，晋江市人。宋淳熙五年(1178年)武举人。，钦州知州。

黄　赜　字子深，永福(今永泰县)人。宋淳熙五年(1178年)武举人。乾隆《福州府志·选举》及《三山志·人物》作"黄颐"。

黄　勋　字定功，宁德市人。宋淳熙五年(1178年)武举人。

黄梦攸　字伯苟，福安市人。武科正奏，南宋衡州知府。

黄万石　字万卿，长乐市人。宋淳熙八年(1181年)武举人。

黄　东　字叔鲁，连江县人。宋淳熙十一年(1184年)武举人。

黄公举　字保之，侯官(今福州市)人。宋淳熙十一年(1184年)武举人。

黄　浩　字直甫，永福(今永泰县)人。宋淳熙十四年(1187年)武举人。

黄　时　字景仁，宁德人。宋绍熙元年(1190年)武举正奏，开禧(1205年)初复登进士第。累官知德庆州，他勤于政事，又擅妙笔文章，在当地皆颇有声望。

黄天瑞　宋绍熙元年(1190年)武举人。

黄　枢　　宋绍熙四年(1193年)武举人。

黄　困　　字城定,宁德市人。宋绍熙四年(1193年)武举人。

黄昌辰　　宁德市人。宋绍熙四年(1193年)武举人。

黄季鹰　　宋庆元二年(1196年)武举人。

黄　宣　　宋庆元二年(1196年)武举人。

黄　度　　字特卿,宁德市人。宋英之兄,时之叔。宋庆元五年(1199年)武举人。

黄　熙　　宁化县人。宋嘉泰二年(1202年)武进士,饶州录事参军。

黄　桂(1190—1255)　字云卿,号春深,晚号荐藻,长乐人。福州道山黄氏始祖、御史中丞赠司徒谥忠义黄碣之裔。其父黄邦彦。本族黄公举、兄黄顺卿宋嘉定戊辰年进士官诰院主管。宋嘉泰二年(1202年)中武举,嘉定元年(1208年)登郑自诚榜进士第三(探花及第),官至太常少卿。

黄良箕　　字学之,永福(今永泰县)人。宋嘉定元年(1208年)武举人。

黄宋英　　字子有,宁德市人。宋嘉定元年(1208年)武举正奏。

黄宋强　　字恭叔,宁德市人。廷试第二人。宋嘉定四年(1211年)武举正奏。

黄子仪　　永福(今永泰县)人。宋嘉定十年(1217年)武举人。

黄应辰　　宋嘉定十三年(1220年)武举人。

黄元吉　　福州市人。宋嘉定十三年(1220年)武举人。

黄超叔　　字颖叟,宁德市人。起叔之兄。宋嘉定十六年(1223年)武举正奏,终修武郎、知辰州。

黄　复　　宋嘉定十六年(1223年)武举特奏。

黄朝举　　晋江市人。宋绍定二年(1229年)武举人。

黄东举　　永福(今永泰县)人。宋绍定二年(1229年)武进士,武举释褐任阁门使,知义州。

黄　浩　　改名吉,永福(今永泰县)人。宋绍定二年(1229年)武举人。

黄东叔　　永福(今永泰县)人。宋绍定五年(1232年)武举释褐第一人(武状元)。

黄南叔　　字叔柔,永福(今永泰县)人。东叔之弟。宋嘉熙二年(1238年)武举人。阁门舍人。

黄佑德　　宋宝祐元年(1253年)武举人。

黄　华（？—1284）　男，南平政和人。元初农民起义军首领。至元十四年(1277)夏,他在政和发动农民抗元起义,并联络畲族女英雄许夫人的抗元部队,共三万多人,断发文身,号头陀军,英勇抵抗元军,使元廷为之震惊。至元十七年(1280年)八月,元廷以征蛮副元帅重职招降黄华,利用黄华熟悉福建山区作战的特点,命黄华为前驱,清剿漳州陈吊眼抗元起义军。黄华当时经不起重职收买,成为元廷剿陈的马前卒,攻破陈吊眼五个起义军寨。黄华也因之被授为建宁路管军总管。至元二十年(1283),黄华再次起兵反元,打出反元复宋的旗号,人马发展到近十万,以政和为根据地,攻下浦城、崇安等县,围困建宁府,范围扩展到江西和浙江的部分地区,威震东南半壁和元廷朝野。次年正月,元廷调集江淮、江西及福建四省军队围剿黄华陀螺军,陀螺军拼死抵抗,最后兵败,黄华赴火自焚而死。

黄　绣　寿州人。明嘉靖间以千户会试武举中式,升授福建都指挥金事。

黄　钏（1510—1556）　字珍夫,号后谷,福安市人。明嘉靖十六年(1537年)中举,任浙江温州府丞。时东南沿海倭患频繁,温州首当其冲,黄钏亲督士兵修城墙、造战具,加强军备。嘉靖三十四年(1555年)冬,倭寇进犯温州,黄钏奉命统兵拒敌,倭寇闻风逃遁。有人建议即速追击,黄钏说:"不是我怕死,士卒尚未经训练,实无稳操胜算的把握。"遂收兵,加紧组织训练。嘉靖三十五年(1556年)三月,倭寇犯藤头,黄钏请战,倭寇不敢应战。是年四月二日,倭寇大举进犯温州,黄钏传檄各部出城拒敌。将温州守军分左、中、右三军,黄钏亲统中军,左右二军分驻叠石、铁场两地,做后卫。正当黄钏领中军奋勇杀敌之际,倭寇暗中分兵两队,袭取叠石、铁场;而叠石、铁场两军统帅均是纨绔子弟,遇敌即溃逃,致使黄钏所部中军腹背受敌。部下劝黄钏突围逃命,他不为所动,身先士卒,指挥所部浴血拼杀,终因孤军无援,兵败被俘。倭寇胁迫他投降,钏不为所动,倭寇恼怒,剥去其衣,寸割致死。

黄守魁（1551—1621）　字君贤,号哲斋,晋江市人。明代武进士、骠骑将军。万历七年(1579年)乡试第四名,得武举人。万历十七年(1589年)中武进士探花。初任南京浦子口守备,被王用汲升为河南都司金事,调江西升四川都司驻建昌,因征战杨应龙有功升大同参将转福宁参将。之后,原要擢广西参将却未就任。万历三十七年(1609年),调松潘副将,又升四川总兵官。万历四十八年(1620年),黄守魁升南京右军都督府金书兼提督大教场水陆二营事务。天启元年(1621年),黄守魁实授骠骑将军。同年秋,明政府与后金战争紧张,黄守魁实授都督金事。当他带亲属至重庆处理接兵后勤事务时,交兵的奢崇明却举起反旗,发起奢安之乱,杀死巡抚徐可求,并且前去追杀其他官员。当时只有数百名士兵在船上的黄守魁,与兵登岸搏战。因敌众我寡,黄守魁战到手无寸铁,最后自杀殉职,时年70岁。

黄思益　石狮永宁镇人。明万历十九年(1591年)武举人,永宁卫后所舍人。

黄文焕　漳州龙海市人。明万历二十年(1592年)武进士,任应天坐营都司。

黄梦允　漳州平和县人。明朝武举人。

黄天孕　漳州平和县人。明朝武举人（解元）。

黄　龙　晋江市人。明万历三十五年（1607年）武进士。

黄　精　万历武进士，癸未科，德州守备。

黄芳度（？—1675）　男，字寿岩，漳州平和县人。清朝将领。明敏有气略。父黄梧死后，帝降诏优恤，以芳度袭爵。康熙十四年（1675年）六月，郑经乘耿精忠反叛之机，率军从海澄登陆，分兵攻打汀、泉诸郡，为黄芳度所败。郑经便回师围住漳州，环列短墙，击以巨炮。黄芳度亲自坐镇漳州指挥，与郑军相持。漳州自五月被围至七月，郑军益众，竖云梯攻城，炮毁城堞三十余丈，芳度率将士拒战。郑经率部环攻不退，芳度连疏告急。十月，城中粮尽，将领吴淑投降，开东门引郑军入城。芳度率守兵巷战，兵溃力竭，芳度扳开开元寺井上横石，投井而死，时年25岁。朝廷优诏褒恤，赠芳度王爵，谥忠勇，遣大臣致祭。

黄芳世（？—1678）　字周士，漳州平和县人。黄梧胞侄。清朝将领。先于康熙元年（1662年）赍梧疏入觐，留京师，授一等侍卫。康熙十六年（1677年）袭一等海澄公加太子太保，同时任福建水师提督，赐宴禁中及貂帽、蟒衣、鞍马、弓箭，同时执掌十三支王令，可调各省兵马。康熙帝还赐玉章一枝，有急上闻。时漳、泉寇盗充斥，芳世既至，且抚且捕，贼多解散。有山寇自称伪太子，聚众数万，皆以白头为号，芳世一鼓破之，悉降其众。方提师誓灭海寇，然以病卒于军中。赠少保，封"忠襄王"。

黄芳泰（？—1690）　字和士，漳州平和县人。黄梧胞弟枢之子。清朝将领。

性醇厚，有文才武略。海澄公黄梧之从子、黄芳世之弟，时佐芳度守漳州。康熙十四年（1675年），耿精忠部叛清，围攻漳州，芳泰突围出求援。城陷后，父母妻子皆遇害。至广东，值尚之信叛，芳泰与芳世从巡抚杨熙力战得出。寻授江南京口总兵。芳世卒，袭爵。屡出剿贼，复平和、漳平诸县。总督姚启圣疏言芳泰年少，不能辖标兵。下部议，令芳泰诣京师。芳泰疏请暂驻汀州，为兄芳度营葬。康熙十八年（1679年），芳泰至京师，上言："臣久经行阵，不为幼弱。离漳已十月，不闻吴淑投诚。督臣无计办贼，以臣藉口。臣当壮年，乞仍驻闽疆督剿，以报主恩。"上慰谕之。康熙二十二年（1683年），许其回籍营葬。康熙二十九年（1690年）卒，以子应缵为芳度后，袭爵。

黄　翼　字辅卿，漳州平和县人。清朝将领。授公标左镇都督金事。康熙二年（1663年），任同安总兵。克复闽安、厦门、铜山、金门等处，改福建水师右路总兵，移镇兴化。时寇盗屡扰，翼剿抚，边海肃清，先后降贼将数十百人。康熙十三年（1674年），耿、郑交变。翼与兄端悉出家资助饷，佐芳度督兵缮守漳州，曰："尽心报国在此时矣。"遂冒死血战，引兵突出北门，斩杨福，收兵入，敌军不敢逼。出西门杀郑将蔡佑、林勇等，一军皆惊。又尝乘夜冲突敌营，斩获无算，芳度深倚重。未几，吴淑内叛。城陷被杀，一家四十八口同时死事,唯长子廷金得脱。康熙十六年(1677 年),褒赠。遣官祭葬,荫廷金卫千总。

黄奕熙 惠安县人。明天启二年(1622 年)武进士。

黄 裳 邵武市人。明崇祯十七年(1644 年)武进士。

黄 纬(1621—1627) 字树思,南安丰州镇人。行伍出身,清顺治初,与永春林兴珠聚众响应郑成功抗清,兵败后降清。随林兴珠平定平西王吴三桂叛乱,屡立战功,提为游击。康熙二十四年(1685 年),授命出征俄罗刹雅克萨(阿尔巴津)。又奉旨随福建将军林兴珠往征,授副将职。二月,同兴珠朝见圣祖于玉泉山并操练军队,全军纪律严明,军风整肃,圣祖赐宴赏银,并赐带镶黄披甲出征。大军于五月二十二日到达,黄纬即率部出击,奋勇直前。首挫俄军,俘获敌军数人,牛马数十匹而还。次日招抚不从,遂下令围城。二十四日,杀退援兵。是夜,同都督金事某越过三重沟壕,直抵雅克萨城下窥探,发现城墙系用大木筑成,遂定火攻。二十五日发火箭火炮点燃柴草堆焚城。城破。俄军军心散乱,城中呼号不绝,托尔布津计穷力绌,于二十六日请降,并率部撤离雅克萨回尼布楚。这一战自出兵至凯旋,前后只四个月时间,圣祖欣悦,出京郊十里迎接。黄纬因功升江西遂安总兵左都督,未赴任即病卒,享年 60 岁。著有《太平纪要》三卷留世。

黄 升 字泽源,海澄县三都人,清康熙年间浙江提督。幼失父母,由姨母养育,长大后从戎。由千总随征,先后克陈州十九寨及海澄、金门、铜山等地。又随将军施琅攻克澎湖三十六岛,直抵鹿耳门,战功显赫,累迁至浙江提督。在浙八年,廉洁率部,军政严明,又能救灾备荒,惠民恤商,以武臣而兼文治。康熙帝称之为"天下第一好提督"。康熙六十年(1721 年)移节泉州,雍正二年(1724 年)特加封太子少傅,赐摺匣,凡民生吏治,皆准许入告,保举纠参,自行陈奏,不必会衔。雍正四年(1726 年),再三乞休,准以原品致仕,终年 72 岁。

黄 龙 字见侯,明末清初永春和平里人。清朝初年武将。少负奇,当山海未靖,投笔从戎,随总兵陈龙大破江机、杨一豹于光泽,征明遗藩朱统昌有功。抚臣吴兴祚壮其才武,拔置麾下,从复永春、德化,解泉州围,败郑经将刘国轩于江东桥,克金厦二门,取南日、海坛诸岛,所向有功。任海州游击,转太平府参将,晋虎门副将,特授南澳总兵官,赐圣药蟒袍鞍马弓矢,原品致仕,诰授荣禄大夫。

黄 逵 原名宏让,永春县人。抗倭义士黄光甫孙。清顺治十一年(1654 年)甲午科武举人。

黄士钊(清朝初期) 漳州平和县人。从小勤奋吃苦,10 岁开始随父习武,练就一身武艺。因在国强霄岭打死一只猛虎而被称为"霄岭武松"。曾在霄岭贵宝武术馆传徒授艺。

黄绍谟 (榜姓洪)永春县人。清康熙八年(1669 年)己酉科武举人。

黄壮猷 邵武市人。清康熙二十四年(1685 年)武进士。

黄国栋　厦门市同安区人。清康熙三十三年(1694年)武进士。

黄腾甲　上杭县人。清康熙四十一年(1702年)武举人,柳沟卫守备。

黄正元　字太乙,罗源县人。清康熙五十二年(1713年)武进士,衢州镇总兵。

黄钧姜　漳州南靖县人。清雍正元年(1723年)武举人。

黄经邦　漳州平和县人。清雍正元年(1723年)武举人。

黄　榜　上杭县人。清雍正二年(1724年)武进士,侍卫,扬州卫守备。

黄国英　南安市人。清雍正二年(1724年)武进士,黄岩镇游击。

黄成绪　历城人。武进士,雍正六年(1728年)任延平右营守备。

黄世熺　晋江市人。清雍正八年(1730年)武进士,侍卫,陕甘总督中军副将。

黄廷玉　晋江市人。清雍正八年(1730年)武进士。

黄绍培　惠安县人。清雍正十一年(1733年)武进士,守备。

黄国士　连城县人。雍正十三年(1735年)壬子科武举人。

黄　恩　漳州南靖县人。清乾隆三年(1738年)武举人。

黄世煌　晋江市人。清乾隆七年(1742年)武进士,御前侍卫,广西游击。

黄世瑛　晋江市人。清乾隆十年(1745年)武进士,安南营守备。

黄　恩　漳州平和县人。清乾隆十八年(1753年)武举人。

黄苌忠　漳州平和县人。清乾隆十八年(1753年)武举人。

黄国泰　榜姓王,漳州平和县人。清乾隆二十五年(1760年)武举人。

黄有才　字公美,原籍同安,迁福清。乾隆时期提督。逾冠从戎,累官定海镇总兵,历温州、汀州、海坛诸镇。再调广东南粤,匪党猖獗于诏安、黄岗诸县,锋甚炽,有才剿平之。继调琼州,就升提督。乾隆十六年(1751年),皇上南巡,有才迎驾扬州,面奉谕旨,调广西随驾一月,锡予便番。仍命复任广东,数月后卒于官。赠左都督,赐祭葬。有才严操守,慎保举,望实素著,时论美之。

黄松江(约清康熙末至乾隆中后期)　漳州云霄县人。少时在荷步草坂村以农鱼为业,后出家任金山寺住持。因精通武术收了不少俗家弟子。后加入天地会,发展会徒,壮大会众。天地会第二次起义失败后,他在火田镇圆峰圩一带继续从事秘密活动,但因再次起义事泄,遭清军围捕擒杀。

黄腾凤　漳州南靖县人。清乾隆三十年(1765年)武举人,乾隆三十四年(1769年)

武进士。

黄鸣凤 漳州平和县人。清乾隆三十三年（1768年）武举人，乾隆三十七年（1772年）武进士，任守备。

黄嘉贤 漳州南靖县人。清乾隆三十三年（1768年）武举人。

黄国梁（1756—1795） 乳名老七，漳州平和县人。乾隆朝武进士（榜眼）。国梁出身于贫苦农家，才华聪慧，身材魁伟，臂力过人。其父黄天祥（朝廷诰赠武翼大夫）见国梁喜欢舞刀弄剑，酷爱武术，就倾尽家中积蓄，带他前往当时著名的严峰祖祠武馆，聘请名师，精心指导，传授武功。国梁秉性灵敏，勤学苦练，武功大进，刀枪棍棒样样精通，尤以刀功出众。乾隆四十二年（1777年），参加武举乡试中武举人。乾隆四十六年（1781年），登武进士，及殿试被钦点第二名（榜眼），授为一品御前带刀侍卫郎，任职终身。国梁常伴乾隆皇帝左右，竭尽忠诚、功德昭彰，乾隆为表其功，特赐白银13300两营建榜眼府第，乾隆亲笔题写"榜眼及第"的金匾，悬挂于府第正厅中堂。后又赐同样数目的白银，在榜眼府西北约300米处，营建了一座三层大土楼——余庆楼，让黄国梁族亲世代居住，还在朝阳楼前竖立石旗杆，彰显其荣耀。36岁任云南提督，平息叛乱，又以和感召，图耕励治，致使边陲安宁，民泰乐居。卒于乾隆六十年（1795年）。

黄浩然 晋江市人。清乾隆四十九年（1784年）武进士，直隶古北口前营游击。

黄金钟 漳州平和县人。清乾隆五十一年（1786年）武举人。

黄中汉 漳州南靖县人。清乾隆五十七年（1792年）武举人。

黄朝俊 漳州市人。清乾隆五十九年（1794年）武举人。

黄殿安 漳州平和县人。清乾隆六十年（1795年）武举人。

黄世忠 漳州市人。清嘉庆九年（1804年）武举人。

黄朝庆 漳州市人。清嘉庆十三年（1808年）武举人。

黄时忻 清嘉庆十四年（1809年）武进士，福宁左营守备、三沙副将。

黄时中 漳州市人。清嘉庆十六年（1811年）武进士。

黄金标 厦门市同安区人。清嘉庆十九年（1814年）武进士。

黄斌捷 永春县人。清嘉庆二十三年（1818年）戊寅恩科武举人，驻京提塘。

黄大勇 连城县人，广东籍。清嘉庆二十四年（1819年）武举人。韶州镇标守府。

黄文海 永春县人。清道光十一年（1831年）辛卯科武举人。省志作"文海"。

黄火立 永春县人。任西安副将。

黄相福　永春县人。清光绪间以随征台湾番社功授沪尾千总。

黄腾飞　漳州平和县人。清道光十二年（1832 年）武举人。

黄甘霖　连城县人。道光十九年（1839 年）武举人，福安白石汛千总。

黄德美（？—1853）　男，又名元中，清代同安县人。厦门小刀会首领。家境殷实，因不满官府欺凌百姓，遂号召农户揭起反清旗帜，在村中组织小刀会。咸丰三年（1853 年）黄德美和黄位领导的小刀会发动起义，几天内会众达到数千人，黄德美被公推为统领。小刀会几天内相继攻克了石码、海澄、漳州，紧接着攻占了厦门，建立政权，建号"天德"。清廷派巡抚王懿德、水师提督施得高、原浙江提督李廷钰率数万清兵围攻厦门，起义军粮绝不支，黄德美突围后逃回乌屿桥，后被俘杀。

黄　位（？—1877 年）　男，清代同安县灌口镇人。厦门小刀会首领。早年以贩卖牛皮为业，好打抱不平，深孚众望，后参加小刀会，被推为首领。咸丰三年（1853 年）黄德美和黄位领导的小刀会发动起义，几天内会众达到数千人，黄位任统兵大元帅。小刀会相继攻克石码、海澄、漳州，紧接着攻占了厦门，建立政权，建号"天德"。清廷派巡抚王懿德、水师提督施得高、原浙江提督李廷钰率数万清兵围攻厦门，起义军粮绝不支。黄位率部众乘船苦战突围，先在闽南沿海海面活动，后收复台湾基隆，旋又失守，遂将船队转移至广东一带海面，继续坚持抗清。

黄纪拔　连城芷溪人。有膂力。清咸丰七年（1857 年），贼寇攻打汀州，居民闻风惊惧，官府遂出资招募武勇抗击。上杭告急，纪拔率众往援，终围解。咸丰八年（1858 年）九月，大批贼寇又至，纪拔闻警后又赶往救援，这时贼众已攻陷县城。翌日，纪拔率乡勇千人，遇敌于南门外姚坊桥，纪拔手执大旗，连呼破贼。当时敌众遍野，乡团未经大敌，不能抵抗。纪拔独自陷阵，回顾左右无一人，乃手刃数人而死。事后，恤纪拔云骑，尉世袭。

黄宝善（约 1840—？）　后名黄宝林，龙岩上杭县人。五梅拳在上杭的传人。道光二十八年（1848 年）师从一个外来尼姑习五梅拳，后遵师命改名"黄宝林"，取保护少林意。

黄为麟　南安市人。清同治九年（1870 年）武举人，与黄高攀叔侄同榜。即用守备。

黄培松（1855—1925 年）　又名尔琴，字贤礼，号菊三，清末武状元。祖籍安溪县兴二里科名乡（今尚卿乡科名村）。其先祖移居南安县仁宅乡，至乃父黄嘉淑赴榕经商，后举家迁居福州。培松有兄弟四人，他居第四。少时习文，应泉州府试，屡试不中。因身体魁梧，膂力过人，便弃文习武，拜晋江大罗溪武举人黄纪堂为师，后中武秀才。清光绪二年（1876 年）丙子科武闱，中第二名武举人。光绪六年（1880 年）庚辰科会试，中第一名；及殿试，钦点状元及第，授御前一等侍卫（正三品）。不久，出任广东参政、游击，旋升琼州（今海南省）总兵，记名提督，协理提督事务，以军功受赏赐"卓卓普巴图鲁"勇士称号。清宣统三年（1911 年）四月二十七日，培松以协理提督身份参加会审广州起义

失败被俘的革命党人,并受命为监斩官,引起闽籍革命党人的愤慨。武昌起义后,泉州革命党人发动群众将泉州开元寺前为培松中状元树立的状元牌坊拆毁。民国二年(1913年),黄培松亦受任为福建护军使,授陆军中将,驻福州,但无实权。民国五年(1916年)六月,北洋军阀段祺瑞执政,任萨镇冰为福建清乡督办,黄培松为会办。培松目睹革命党人为国捐躯的壮举、清政府的腐败、袁世凯的卖国、南北军阀混战,对时局的认识有所提高。由此凡事持重,不滥施刑杀,国民政府为此赠以"培威将军"称号。1922年,培松解甲,隐居厦门,倡议建造厦门江夏祠。民国十四年(1925年),黄培松病逝于福州,享年72岁。

黄其龙(1851—1927) 男,人称磊舍,漳州龙海市人。清末武举人。自幼习武,先后师从山东谢龙山、永春苏兆仙、长泰炎师习练北派少林拳、白鹤拳、达尊拳等。还曾受教于安徽凤阳师和郑成功后人郑顺墙、郑顺壁等。精通多种拳法和雨伞、烟杆、乾坤日月刀等奇门兵器。擅长跌打医术。设馆"云从堂"传徒授艺和行医。

黄忠炳(1867—1911) 字亦中,连江县人。黄花岗七十二烈士之一。9岁入私塾读书,青年时期,相貌俊逸,气宇不凡,喜玩枪使棍,棍法尤熟。清光绪三十二年(1906年),忠炳与曾守辉、郑瑞声、黄克安等秘密组织"广福会",发展人员50多人。后"广福会"改称"光复会"。忠炳与吴适等一起积极发动农民群众,宣传救国必须革命的道理,揭露清廷专制腐败。不久,会员发展到300多人。黄忠炳在光复会是重要骨干,事事带头,认真贯彻同盟会的宗旨,积极推行孙中山的政治主张,使光复会组织不断巩固壮大,成为同盟会福建十四支部的一个坚强团体。宣统三年(1911年)春,孙中山决定在广州起义,派林觉民回福建招募爱国志士前往参加,忠炳积极响应,随吴适率领的26名志士组成的队伍,到马尾搭船转经香港赴广州。三月二十九日编入黄兴率领的"先锋队"。当天下午5时30分,先锋队由小东营出发,向两广督署发起进攻,忠炳等人首先冲入督署,见总督张鸣岐已逃跑,即转战军械局,遇水师提督李准卫队,忠炳力战至翌晨,被执不屈,英勇就义,时年44岁。

黄履安 闽清县人。清同治十年(1871年)武进士。

黄正元(1844—1906) 字抡卿,号舜廷,清惠北鳌塘铺(今泉港区)人。少时家境贫困,只读了几年私塾。他长得魁梧健壮,力气大得惊人,平日嗜好武艺,喜欢舞枪弄棒。成家后,在岳父何员外的帮助下,四处聘请名师,日夜学习各种科举应试的武艺。正元本来身材魁伟,颇有武术基础,又兼他颖悟灵敏,能刻苦磨炼,几年后,便出类拔萃,武艺超群。清穆宗同治十二年(1873年)中武举。光绪三年(1877年)中武进士,授御前侍卫,赏顶戴蓝翎,可在乾清宫、乾清门自由行走。不久又授武翼都尉,诰封修职郎。光绪二十六年(1900年),正元的父亲黄实芳逝世,正元回家奔丧并守孝三年。丁忧后表奏光绪皇帝,谎称自己体弱多病,已不宜外出当官了,只请求退休在家调养身体,光绪皇帝准奏。从此黄正元再也没有外出做官,亦没有去过京城,直至三年后病逝家中。

黄用斌　福州郊区盖山人。同治十三年(1874年)武进士。

黄步燊　永福(今永泰县)人。清光绪十二年(1886年)武进士,任三等御前侍卫,授江西兴国营都司,未履任卒。

黄　德　南安县人。清光绪二十年甲午科(1894年)武进士,御前侍卫。

黄允升　长汀县人。清光绪二十年甲午科(1894年)武进士,营用守备。

黄虎成(约清末年间)　漳州龙海市人。龙海石码著名拳师,与洪偃卿齐名。当时人称"上码洪偃卿,下码黄虎成"。

黄金镇(1888—1964)　男,人称麻糍镇,漳州芗城区人。漳州白鹤拳主要传人,为漳州捷元堂武馆第三代名师。年轻时因卖"麻糍"养家,故得绰号"麻糍镇"。自幼好武,先习战派双枝拳,后拜在赏师张扬华门下学习捷元堂武艺。龙溪国术馆成立后,赏师张扬华携首徒黄海西等入主馆务。金镇则受师命继承北桥捷元堂,守护毕生。金镇和其门下弟子们一直作为黄海西得力帮手,助其在漳州各地开馆。出身贫寒的金镇,授徒是不计钱财的义教,他的弟子大都是好武术能吃苦的穷孩子。金镇穷尽一生来传承鹤法,也穷尽一生来练拳,练出过硬的指掌、手脚臁以及铁喉功。那壶乌黑的铁砂陪伴他至生命的最后。

黄人武(1893—1960)　男,福州市人。1932年在上海国术馆练武,跟随吴鉴泉学习吴式太极拳。曾参加上海国术馆第七届国术比赛获优胜奖。1937年参加在福州举行的国术表演,获男子组拳术内功第一名。1940至1946年在崇安赤石示范茶厂组织国术研究社。著有太极拳手册等。

黄水章(1896—1972.9)　男,又名水昌,人称和尚师,福建南安县人。五祖拳传人。生于龙海石码。自幼习武,秉承家学,先后师从游俊岸、林九如、沈扬德习练五祖拳。曾设馆"鹤武堂"授徒传艺。后一度迁居厦门,并到槟榔屿、马六甲、印尼、新加坡等地授徒。

黄维姜(1905—?)　男,又名黄进步,厦门市人,原籍惠安。五祖拳名师,曾任厦门市武术协会名誉主席,福建省武术协会副主席,福建省五祖拳研究会名誉会长,厦门市思明武术馆名誉馆长等。少年好武。1917年从陈元成学拳,后拜杨捷玉为师,名列"鹤武馆八贤"之一。再从漳州名医高春德学医习武,后又拜蔡玉明的关门弟子沈扬德为师,系统地学习五祖鹤阳拳及中医骨伤科,成为厦门五祖拳的杰出代表。生前为厦门市第一医院骨伤科主治医生,在厦门培养了不少五祖拳优秀人才。

黄海西（1907—1986） 男,原名金狮,世人称其为"海师",漳州芗城区人。漳州捷元堂国术馆第三代掌门人。7 岁习武,师从赏师张杨华习练白鹤拳和骨伤科医术。全面继承捷元堂武艺、医术,为赏师首徒,软、硬、内、外功皆出类拔萃。又从同门师兄弟吴海番("赏师"外甥)处学得牙科医术。在 18 岁那年,与吴海番合开牙科诊所于断蛙池。诊所取名"海西",即两人名字各取一字("西"与"狮"的漳州话同音)。海师既尚牙科,也尚伤科,又兼教白鹤拳,医术医德俱佳,故此诊所深得时人赞赏,皆以店号"海西"称其名。海师跟随赏师数十年,致力传播捷元堂白鹤拳。龙溪国术馆成立后,赏师入主馆务,海师也相帮教学。1937 年正式受聘为龙溪国术馆教师,并在赏师逝世后,继承主教之职。新中国成立后,海师长期担任裁判员,活跃于漳州武坛。"文革"后,海师先后任第一联合诊所、手工业管理委员会、漳州市工人疗养院的骨伤科主治医生,致力行医治病,救世济人。1986 年,这位漳州捷元堂的第三代掌门人谢世,终年 79 岁。

黄性贤（1910—1992） 男,又名恩贤,号轩,字心贤、敏武,闽侯县人。武学博士。8 岁习武,从福州谢宗祥习鸣鹤拳门拳械。1928 年,复从谢宗祥弟子陈世鼎学罗汉。1929 年起,从潘椿年学永春白鹤拳。1932 年在上海三山会馆设馆授徒,传授白鹤罗汉。1934 年,参加福建省大型国术擂台赛获亚军,1937 年在福州成立"国术第一练习场",组织抗日大刀队进行训练。1941 年日军进犯福州,黄性贤出任北鼓台抗日特务大队长,只身潜入敌巢,徒手活擒一个名叫阿部文雄的日军军曹。1945 年师从万籁声学习骨伤科。1949 年赴台湾,师从郑曼青习太极拳。1951 年,任台湾省国术会指导组组长、台湾大学国术教授,蝉联多届台湾等地区武术比赛冠军。1959 年在新加坡创太极拳健身学会。后去马来西亚吉隆坡等地创建太极拳研究会。1971 年,获菲律宾、泰国、马来西亚等国家和我国台湾地区武术擂台赛冠军。1972 年黄氏太极总会在吉隆坡宣告成立。先后在马来西亚、新加坡、澳大利亚、文莱等国家以及我国台湾地区创办了三十余所武术学校,学员数以万计。曾被新、马一带的媒体称为"对世界有影响力的十大华人之一"。1989 年秋,黄性贤以马来西亚黄氏太极总会访华代表团团长的身份回国省亲。1992 年 12 月逝世于福州,享年 83 岁。

黄北溪（1911—1973.11） 男,漳州市人。漳州白鹤拳传人。早年拜张杨华为师,勤奋苦练,成为白鹤门捷元堂张杨华之高足。其功力深厚,家中设石臼装铁砂练指力,因经常练习脚臁的扫击,日积月累,将门前一棵树扫断。与长泰首领叶文龙为结拜兄弟,抗战前应邀到长泰县岩溪设馆授徒,传播白鹤拳艺。抗战时,赏师为躲避空袭,也受邀到长泰岩溪黄北溪馆地教拳,组织抗日。

黄时芬（1914.12—2000） 男,永春县人。永春白鹤拳师。自幼习武,曾师承郑文存、潘孝德等永春白鹤拳名师,精通永春白鹤拳套路及器械。1985年任永春翁公祠武术馆理事兼教练。组建翁公祠武术馆舞狮队,参加1985年泉州市武术表演赛,荣获二等奖及其他表演项目奖。几十年授徒无数,桃李遍地,其徒弟郑金峰、董欣勇等多次获得全国、省市各项赛事金奖。

黄泗滨 漳州漳浦县人。曾随江湖拳师、和尚等多位师傅习武。后融汇各家特点,自成一派,称"黄泗滨拳"。曾在漳浦县城设馆授徒。

黄飞鹏（1926.6—2004） 男,莆田市人。曾任莆田县武术协会副主席,莆田市武协理事,涵江武协顾问,福建省武协委员、荣誉委员。中国武术六段。自幼拜陈圣林(谢宗祥徒弟)为师习鸣鹤拳,为莆田鸣鹤拳的主要传人。1958年参加福建省武术比赛,获拳术一等奖。1980年获福建省武术观摩赛二等奖。1986年获福建省武术挖掘整理先进个人。港台信息报、莆田日报、莆田电视台等多家媒体曾报道了"黄飞鹏武术世家"的事迹。

黄清江（1927.4— ） 男,泉州市人。福建省武术协会委员、名誉委员,福建省五祖拳研究会副会长,泉州少林寺复建委员会副主任,泉州市武术协会副主席,鲤城少林武协副理事长,泉州市政协委员。中国武术七段。13岁开始在泉州富美国术馆拜沈扬德的高徒邱衡煌、邱剑刚为师,研习五祖拳法,无论是拳术套路、长短器械,还是狮头狮尾都样样纯熟。1957年首次参加福建省武术比赛,获一等奖。1960年代表福建省参加在河南举行的全国武术比赛,获得南拳第三名。1964年在济南获得全国武术比赛南拳第一名。1979年、1980年分别在南宁、太原获得全国武术观摩表演一等奖及优秀奖。1981年、1983年、1984年分别在沈阳、广州、福州获得比赛优秀奖及精英会演。1983年被评为"全国千名武术优秀辅导员"和全国挖掘"雄狮奖"。1980年作为中国代表团成员出访日本。1988年、1989年分别代表省市武术代表团出访菲律宾。2008年6月被泉州市人民政府评为泉州市非物质文化遗产项目泉州南少林五祖拳代表性传承人。2010年被国际南少林五祖拳联谊总会评定为五祖拳荣誉十段。

黄新锐（1929— ） 男,辽宁营口市人。曾任福建省体委群体处处长,1984—1986年任福建省武术协会副主席。在此期间,主要负责、组织福建省武术挖掘整理工作,并取得丰硕成果。1986年福建省被评为全国武术挖整工作先进集体,本人被评为全国武术挖整工作先进个人。1985年获国家体委颁发的"新中国体育开拓者"荣誉奖。后为省体委调研员。

黄添池（1932.4—　　） 男，漳州芗城区人。太祖拳传人。芗城岱山武术馆馆长。青年时师从康光辉习练太祖拳，后在本村授徒传艺。

黄树槐（1933.7—　　） 女，泉州市太极拳辅导站负责人。1973 年在上海师从永年拳社吴荣柏习练传统杨式太极拳，后师从傅钟文、傅声远、门惠丰、阚桂香诸多老师习拳。1977 年、1979 年分别参与发起组织泉州市太极拳辅导站、泉州市太极拳协会，曾任第一届至第五届理事、第六届名誉理事。数十年来在宣传组织带队领群众开展太极拳运动中发挥了积极作用。获"晋江地区群众体育工作积极分子"、"省职工体育积极分子"称号。1979 年 3 月 7 日中国《体育报》第二版刊载《黄树槐苦练回健康》的报道。业绩入选《中华武术大典》之《中华太极人物志》。

黄建武（1938.5—　　） 男，福州市人。民革党员。第六届福建省武术协会理事，福建心武自然门武术研究院名誉院长，福建灵令万籁声六合自然门武术研究院院长助理兼副院长，现任福州信龙电子工程有限公司、北京信龙亿智环保科技有限公司副总经理。中国武术六段。1958 年考入浙江大学，拜来校教武术的牛春明为师学习杨式太极拳，直至牛春明仙逝。1962 年拜自然门万籁声为师，学习六合门、自然门武术。1967 年开始教授武术至今。

黄奎祥（1938.7—2014） 男，连城县人。连城拳主要传人。连城县武术班第一位武术教练。福建省武术协会委员，连城县第七届人大代表。少年时期已喜爱武术，1944 年随父习武。新中国成立前曾参加全县国术比赛并获奖。1957 年获得龙岩市、省武术比赛观摩表演奖。同年在省武术比赛中获得南拳第二名、棍术对练第三名。1959 年参加华东区武术比赛，获南拳第二名、棍术表演奖。1960 年参加全国武术比赛，获南拳组棍术表演奖。1961 年参加华东区武术比赛，获南拳冠军。1964 年参加南拳编撰工作。1982 年编写《连城拳拳械录》（1985 年由省体委汇编出版），同时编写《"连城拳"源流》，后被省体委送到全国评委会宣读，并纳入武术文库。1961—1974 年任连城县业余体校武术班教练。1977 年在内蒙古巴盟全国武术比赛中荣获特约代表和教练员表演奖。1977 年参加全国武术表演赛，获优秀奖。1984—1985 年参加编写连城拳，被评为福建省武术挖整工作先进个人。

黄传勋（1938.11—　）　男，厦门市人，出生于缅甸仰光。香港大益跌打医馆中医师，香港通背劈挂拳武术会会长。中国武术六段。师承厦门鼓浪屿通背名师孙振寰，后再向孙师好友——万籁声学艺。1978年往香港考入香港机电工程署任公务员，同时在香港传授通背劈挂拳术。1998年退休后开设香港大益跌打医馆。

黄晋中（1940.2—　）　男，泉州丰泽区人。泉州市六中体育教师（退休），泉州市丰泽区武协副主席，泉州东禅少林国术馆馆长，泉州市武协委员。武术套路五段。7岁时，师承原泉州东禅少林国术馆馆长吕鹏琦父子习武。20世纪70年代开始授徒。1995年东禅馆复办，本人亲任馆长，并于2003年、2005年、2007年被评为泉州市业余训练先进工作者。在其努力下，东禅馆于1988年、1989年、1995年组队参加泉州市散打锦标赛，获团体第三名。总教练康若飞于2004年获国际南少林武术邀请赛太祖拳一等奖。教练董启狮、学员林铭煌、吴昆源等多次在全国公安院校散打比赛、全国武警散打擂台赛中获得冠、亚军。为省体工队，公安、院校输送多名德武兼备的体育人才。

黄鸿林（1941—　）　男，漳州龙文区人。漳州市武术协会理事，漳州市武术协会南拳分会副会长，龙文区武术协会副会长。1959年师从蔡尖习练达尊拳，1968年又师从张云习练太祖拳。同年开始任龙文区霞店美村武术馆馆长。2000年被推选为漳州市武术协会南拳分会副会长。

黄　辉（1942—　）　男，漳州芗城区人。太祖拳传人。师从康光辉习练太祖拳、习白鹤拳。曾在芗城等地授徒。

黄秀清（1942.4—　）　男，福州市人。福建华武功夫中心竞赛部部长。中国武术六段。1967年师从马善健学习南拳龙尊。1976年师从李逢良先生习练太极拳。1983年师从太极拳名师曾乃梁系统地学习各式太极拳械。期间曾向杨振铎大师学过传统杨式太极拳、向胡金焕教授学过武术裁判法等。多次随师出任省太极拳剑培训班教练及来闽进修的日本、韩国运动员的太极拳剑教练，多次担任省、市太极

拳比赛及市运动会武术裁判工作。1996 年参加北京第三届世界太极修炼大会,荣获杨式太极拳一等奖。1998 年荣获福建省太极拳推手套路冠军。2001 年担任福建省中老年太极拳代表队教练兼领队,率队参加全国中老年太极拳比赛并取得好成绩。1993 年至今担任福建老年大学太极拳械教师,曾多次荣获优秀教师称号。

黄勤龙(1942.5—) 男,福州市人。现任自然门武术总会主席,福建东方功夫俱乐部董事长,福建心五自然门武门研究院院长等职。曾任福建省体工大队武术教练,福建省体育总会委员。中国武术七段。第二批省级非物质文化遗产项目代表性传承人。1951 年师从庄炳武,1959 年师从万籁声习武。1963 年参加福建省武术教练员培训。1976—2008 年多次担任国际性、全国性武术比赛裁判、裁判长。1980—1983 年任福建省体育学校武术教练(兼职)。1988—2002 年任福建省体工大队武术队教练。1992 年参加国家武术院在上海体院举办的全国专业教练员在岗培训。曾多次随中国武术代表团、福建团出访日本、美国、新加坡、马来西亚、泰国、菲律宾等国以及我国香港、澳门等地区比赛、交流、讲学。曾在日本获自然拳术一等奖,在美国国际武术锦标赛中获武当原式太极拳、剑金牌,在青岛国际武术锦标赛中获名家“金腰带”大奖,被新加坡“金航杯”国际武术大赛组委会授予“武功超卓”荣誉称号。1999 年创办福建东方功夫俱乐部,任董事长。2005 年创办福建心五自然门武术研究院,任院长。2008 年创办中国自然门武术总会。主编《中华自然门简史》。

黄世杰(1943.6—) 男,晋江市人。安海南少林五祖拳协会会长,晋江市武协副主席。20 世纪 60 年代拜当地拳师郑青龙为师习五祖拳。1965 年毕业于厦门工艺美院,后分配到泉州工作。结识了泉州庄子深和林祺燕二位老师的儿子并由其带往老师家中习武。退休后回晋江原籍,随后组建安海南少林五祖拳协会,任会长。

黄金安(1945.6—) 男,新加坡人,原籍福建。毕业于剑桥学校。新加坡玉明国术研究会副秘书长、副总教练。1968 年在新加坡师从林海龙习五祖拳。2001 年为新加坡玉明国术研究会副秘书长兼副总教练,教授五祖拳。

黄初民(1947.12—) 男,石狮市人。2003 年随卢义荣、邱金雄老师习练太极拳。2005 年参加在海口举行的第二届世界太极拳健康大会,获得两枚银牌。

黄正明（1948.3— ） 男，漳州龙文区人。白鹤拳传人。13 岁开始师从漳州捷元堂第三代掌门人黄海西老师习练白鹤拳。数十年来练功不辍，深研白鹤拳法。

黄泽荣（1949.3— ） 男，福州市人。中国武术六段。1960 年初拜万籁声为师习武。万师晚年，整理、编撰自然门武术论著时，随师抄稿，一览全貌。1993 年 2 月被福建省博技武术馆聘为副馆长兼教练。1999 年 4 月被福建省东方俱乐部聘为副主席兼自然门教练。2003 年 3 月被福建武术培训中心聘为理事兼六合门武术教练。2004 年被山东枣庄自然门武术研究院聘为常年名誉顾问。2004 年被福州三山文武学校聘为教练兼福建自然门功学校办公室主任兼教研组主任。2005 年任福建心武自然门武术研究院副院长。2007 年任福建省宁德市心武自然门武术研究院聘为顾问。2008 年被福建灵令万籁声六合自然门武术研究院聘为副院长兼总教练。高校《体育与健康》教材副主编，《中国自然简史》编委。2009 年编著出版《自然门武功秘传》。

黄辉南（1949.11— ） 男，泉州市人。凌霄武术馆荣誉顾问兼教练。中国武术六段，国际南少林五祖拳联谊总会授予五祖拳八段。1961 年随父黄雨水习太祖拳。1962 年进入泉州市武术研究社练习太祖拳。1971 年拜大淮村林丕菜习五祖拳。1976 年拜沉洲村许妈应习五祖拳兼修正骨科。1982 年 4 月参加在永安举行的省武术比赛，获优秀奖。1984 年 9 月参加在泉州举行的第二届职工运动会武术比赛，获表演奖。2008 年 11 月参加在泉州举办的华夏南少林武术比赛，获两金。2008 年 12 月参加闽台武术交流大会，获两银。2009 年参加在厦门举办的海峡论坛闽台武术交流会，获两金。2011 年 6 月授予非物质文化遗产项目五祖拳代表性传承人。

黄持柱（1950.11— ） 男，福州市人。福州灵令万籁声六合自然门武术研究院副院长、副总教练。毕业于福建广播电视大学。在福州铁路公安处任职。1966 年 6 月拜万籁声为师习六合门、自然门拳术。1978 年在铁路公安处（南昌）举行的擒敌拳套路比赛获第一名、获擒敌拳对练第一名。1979—1982 年在福州铁路公安处任武术教练。

黄振家（1952.5— ） 男，宁德市人。宁德市蕉城区武术协会理事，绵拳第五代主要传承人之一。现任职于城区霍童镇茶厂。1968年师从霍童镇民间拳师钱益成习南派传统武术少林绵拳法。1985年6月开始，先后在宁德市区等地授徒。2007—2008年两次参加福建省南少林、海峡两岸传统武术交流赛，获金牌三面。2009年获民间拳师证。

黄秀玉（1952.6—2007） 女，莆田市人。教授。福建师范大学体育系原武术教研室主任，福建省高校武术协会常务理事，福建省武术协会常务理事，一级武术裁判。中国武术七段。出身武术世家，自幼随父黄飞鹏习南少林鸣鹤拳、械。1974年考入福建师范大学体育系。1977年毕业后留校，在体育系武术教研室担任武术专任教师。1979年参加教育部在武汉体育学院举办的全国高师进修班学习，2000年晋升为教授。历任福建省高校武术代表队教练和省武术比赛裁判长，获福建省武术比赛体育道德风尚奖。曾获福建省武术比赛八卦掌冠军。编写出版《鸣鹤拳·械》一书；任《高校武术教程》副主编；参加全国高校统编教材《武术》和《武术（专升本）》等七部著作、教材的编写，发表学术论文50多篇。与福建省武术院合作出版《福建南拳》VCD等。指导多届美国、日本、巴基斯坦和东南亚等外国进修生。福建日报等媒体曾对其事迹进行过报道。

黄坤瑞（1953.12— ） 男，漳州芗城区人。漳州市武协理事，漳州官园武术馆馆长兼总教练。中国武术五段。1969年随漳州太祖拳名师曾木、张云习练太祖拳法。1980年师从洪敦耕习六合门拳械、自然门武功。1984年参加福建省第二届工人运动会武术比赛，获得器械第三名、拳术第四名。1994年参加郑州嵩山—泉州少林武术大汇演，获传统器械优秀奖。2012年参加第四届海峡论坛·海峡两岸传统武术大赛，获传统拳术、传统器械钩镰枪两枚金牌。同年代表福建省参加在安徽举行的第五届世界传统武术节，再以传统拳术、传统器械获奖。常年在漳州芗城区、龙文区、长泰、同安、莆田等地授徒传艺。

黄国雄（1954.6— ） 男，莆田涵江区人。曾任莆田市武术协会副主席，莆田南少林研究会理事，涵江区武术协会常务副主席、秘书长，福建省武术协会委员。现任中医骨伤科医师兼莆田南少林武协副秘书长。中国武术六段。出身武术世家，自幼随父黄飞鹏习南少林鸣鹤拳、械。1980年参加福建省武术观摩赛，获一等奖。1983年获全国千名优秀武术辅导员。1986年任莆田市武术挖整组组长，获莆田市武术挖掘整理先进工作者。1991年莆田武术协会成立，任教练。配合姐姐黄秀玉编写《鸣鹤拳·械》一书。2008年在CCTV—4《鹤影禅踪》摄制中演练鸣鹤拳及鸣鹤对练。多次参加莆田南少林大赛及对外武术交流等，获组织奖、优秀奖。

黄国彬（1955.11— ） 男，莆田涵江区人。莆田市武协理会，涵江区武术协会副主席。中国武术六段。出身武术世家，自幼随其父黄飞鹏习武。1980年参加福建省武术观摩赛，获二等奖；莆田地区武术观摩赛，获一等奖。1994年4月参加首届莆田国际南少林武术节武术比赛，获优秀奖。多次参加莆田南少林大会武术赛并获优秀奖。为莆田鸣鹤拳、械的传人。被市武协评为优秀武协委员。2008年在中央电视台第4频道《鹤影禅踪》摄制中与其兄黄国雄一起演练鸣鹤拳对练。

黄榕生（1956.6— ） 男，福州市人。国家执业医师。台江区武协常务委员，福州市武协委员、理事。福州柔武馆馆长，福州柔迹拳社社长。毕业于福建省中医学院。自幼随父习武，从医后师从郑礼楷。擅长鹤拳、犬拳、鸟迹拳。1984—2009年4次参加中日"那霸""冲绳"上地流拳派武术交流活动。1986年得到著名武术家美籍华裔一班避先生赏识而创办柔迹拳功法研究会，并担任海外联络工作。1994年被福州市人民政府评为优秀教练员。发表的论文有《舞武艺术新探》《鸟迹拳功法与健身》《鸟迹拳教学纲要浅析》《论落地生根》等。1994年被福建省卫生厅收入《近代福州名医流派经验荟萃》。

黄水龙（1956.8— ） 男，石狮市人。石狮市武术协会副秘书长，石狮市紫云武术馆馆长。15岁跟石狮人陈谋末老师、晋江人柳大炮以及西安人崔玉山、何明亮四位拳师习武。先后学习五祖拳、南北跤、散打、长拳及各种器械。1977年5月参加在晋江县举行的武术比赛，获得优秀奖。1977年开办武馆传授武术。曾参加华夏武术大赛，获得南拳、单刀、青龙大刀三项一等奖。2007年、2009年参加香港国际武术节比赛，分别获得南拳、少林拳、象形拳、器械一等奖、二等奖；参加澳门国际武术精英赛，获刀术、棍术、五祖拳第一名。同年于石狮市宝盖科技园区创办紫云武术馆。2010年被澳门东方擂台赛国际传统赛组织聘任为理事长。

黄锦江（1956.9— ） 男，漳州市芗城区人。漳州市武术协会理事，漳州武术协会南拳分会副会长，万籁声功夫研究会副会长。自幼酷爱武术，15岁随本村长辈学习太祖拳，苦练石锁、沙包等基本功。1977年当兵（海军）在部队时，向浙江省武术队王义遵老师学习连环五掌、浙江南拳、广东洪拳等。1981年退伍还乡，在家中自练两年，参加漳州市武术比赛获第一名。同年参加福建省武术精英会演、中国新闻社八闽武术会演等。1983年拜洪敦耕为师学习六合门、自然门，苦练两年。后因洪老师赴港定居，于是请洪老师写信推荐，上福州求得万籁声师爷的指点，得到了万师爷的口授身传。2005年专门上山修炼洪老师及万师爷所传授的自然门功夫。

黄光康（1957.12—　）　男，石狮市人。石狮市武术协会副秘书长，石狮市体育总会委员，石狮市尚德武术馆馆长。1971年始拜师于印尼归侨拳师程文祥先生习武。1980年起，先后受聘于福建省龙岩市业余武术队、柘荣县业余体校、泉州市城东业余武术馆。1996年创办石狮市尚德武术馆。多年义务教拳授艺，培养出众多青少年武术人才，在全国及省市的各类比赛中均获得优异的成绩。

黄鸿生（1959.8—　）　男，福州市人。福州大学体育部副主任、副教授，福建省武术协会理事，福建省高校武术协会常委，福州市武术协会常委，福建华夏武术发展中心高级武术指导，一级武术裁判。中国武术七段。1974年开始先后师从黄家镇学习六合门拳、械。1978年考入福建师范大学体育系，专修武术，师从武术教育家郭鸣华、胡金焕教授等。1982年毕业后，任教于福州大学体育部，长期从事体育教育与武术教学、训练工作。1983年拜万籁声为师习自然门、六合门拳术。擅长六合拳、长拳、刀、棍术及太极拳、剑。同年组织举办福建省首届大学生武术表演赛。先后30余次担任全国、省、市武术比赛裁判工作。多次举办武术套路、散打培训班，从学者千余人。撰写发表《技击口诀》《论武术运动美》等论文多篇；为《普通高等学校武术教程》一书编委。

黄文书（1959.10—　）　男，莆田市人。北京市嘉泰木业有限责任公司董事长，莆田南少林武协副会长。中国武术六段。自幼酷爱武术，师从洪光荣学习莆田南少林传统拳术、器械以及散打，常年坚持锻炼，并积极支持莆田开展的各项武术活动。

黄国清（1960.1—　）　男，莆田市人。骨伤科医生。莆田南少林武术协会副秘书长，莆田市武术协会理事，涵江区武术协会副秘书长。中国武术六段。出身武术世家，自幼随其父黄飞鹏习武，得真传。擅长于鸣鹤拳、猴拳、刀术、猴棍等技艺。多次参加南少林拳种大会赛获优秀奖。1980年获福建省武术观摩赛二等奖。同年参加莆田地区武术观摩竞赛，获一等奖。

黄文华（1961.2—　）　男，惠安县人。惠安县太极拳协会副会长。1982年开始修习民间南拳，1983年以后主修学民间地趟拳、六门棍法和一些刀、剑、九节鞭等基础套路。1991年转修太极拳至今。1993—2003年担任惠安太极拳协会理事，2004年至今担任惠安县太极拳协会副会长。期间于1996—1998年兼南门太极拳辅导站站长，同时教授太极拳剑。1996年在泉州市鲤城区太极拳邀请赛中，获42式太极剑第二名。2000年5月开始在泉州市级太极拳比赛中担任裁判员。2005—2008年受聘于惠安老年大学成为太极拳老师,教授太极拳剑。2006年在华夏武术争霸赛中,获太极拳比赛第二名。

黄伟明(1963.2—) 男,长汀县人。毕业于厦门大学法律系,现为丹麦光华武术学校校长。1976年开始在龙岩少体校武术班,师从陈超文老师习武,参加福建省武术比赛获奖。1980考入厦门大学法律系。求学期间,师从曾谋尧习五祖拳,师从林建华习形意拳、八卦掌、翻子拳、查拳等。曾任厦门大学武术队队长,组织、创办了厦门大学学生武术协会,并担任首任校武术协会主席。曾两次参加厦门市武术比赛,获短器械第一名。1983年参加福建省大学生武术比赛,获刀术第一名。1984年毕业后执教于福建省人民警察学校。1991年移居丹麦,在哥本哈根注册成立光华武术学校,传播中华武术,为哥本哈根传授中华武术第一人。

黄　方(1964,1—) 男,泉州市人。泉州尚德国术馆副馆长,泉州市螳螂门研究会副会长,中华民间传统武术南派螳螂拳七段。五祖拳七段。1980年始师从香港洪敦品学南派螳螂拳。1986年继从林家业习五祖拳。十几年来参加各类武术比赛,均获得优异成绩。2005年在泉州旅游文化节南少林武术表演中获优秀奖。2008年、2009年连获南少林华夏武术套路散打王争霸赛南拳、南刀、螳螂拳、螳螂棍金牌。2010年在第二届海峡论坛·海峡两岸传统武术交流大赛、第四届南少林华夏武术大赛再获传统螳螂拳、螳螂棍双金牌。2011—2013年连续参加第三届海峡论坛·海峡两岸传统武术交流大赛、第二届闽台武术节厦门总决赛、郑成功杯传统武术大赛、泉州市传统武术锦标赛暨国际南少林武术邀请赛、第五届南少林华夏武术大赛等大型武术赛事,共荣获五祖拳、螳螂拳、双拐、棍对练、螳螂拳、螳螂刀、双拐、螳螂棍对练等共十几枚金牌。

黄峥嵘(1964.6—) 男,厦门市人。早年师从厦门孙庆、苏鹭建老师学练通背劈挂拳。后师从施载煌老师习练太极拳、翻子拳等。首次参加厦门武术比赛即获得长拳第一名,枪术第二名。在往后多次的比赛中,成绩优异皆名列前茅。与师弟黄小龙演练的通背门梢子棍进枪,多次获得兵器对练第一名。1983年参加福建省第二届职工运动会武术比赛,获得传统拳术第三名、软兵器第四名。多年来,兼任市青少年宫武术教练及多所小学武术教练。

黄小龙(1964.12—) 男,厦门市人。1977年师从厦门孙庆、苏鹭建老师学练通背劈挂拳。首次参加厦门市武术比赛即获得良好成绩。多次获得厦门市武术比赛长拳、枪术、刀术以及器械对练第一名。1983年参加福建省第二届职工运动大会武术比赛,获得传统拳术第二名、软兵器(三节棍)第三名的好成绩。

黄伟峰（1965.2— ） 男，福州市人。曾担任福州成武职业学校校长，省警安职专副校长，省精武保安培训学校副校长。福建省精武特卫培训学院执行院长，中国保镖协会福建省分会副会长，精武特卫（福建）保安有限公司副总经理，福建省武术协会地术拳委员会副秘书长。中国武术六段。1984年考入北京体育大学武术散打专业，随门惠丰教授学习地趟拳和太极拳，随王守忻教授学习拳击，随夏伯华教授和朱瑞琪教授学习武术散打。多次代表北京体育大学参加全国散打比赛，获一金二银。1985年参加全国拳击邀请赛，获63.5公斤级别亚军。1986年毕业分配至福州大学任武术教师。1995年被聘为福州少林武术学校担任副校长兼总教练、市公安干校警体教官；同年拜胡成武习地术拳。

黄章其（1965.4— ） 男，泉州鲤城区人。泉州市武术协会常委、泉州市山外山国术馆馆长助理。五祖拳六段。1986年师从苏再福先生习练五祖拳械。曾代表泉州市武术协会出访菲律宾。2008年参加福建省南少林传统武术比赛，获五祖拳第二名。参加南少林华夏武术套路散打争霸赛，获青龙大刀第一名、五祖拳第二名。参加第三届世界传统武术锦标赛，获青龙大刀铜牌，集体项目铜牌。2009年在海峡论坛·海峡两岸传统武术交流大赛中获传统大刀金牌、五祖拳银牌。2010年参加第七届全国武术之乡武术比赛，获传统拳金牌、传统大刀银牌。2012年参加第五届世界传统武术锦标赛传统，获大刀、南拳两枚银牌。

黄国强（1967.10— ） 男，莆田涵江区人。涵江区武术协会副秘书长。莆田鸣鹤拳传人。自幼随父黄飞鹏习武，擅长鸣鹤拳械、陈式太极拳、太极剑，虎头双钩、八卦掌等。1987年福建武术散打比赛，获太极剑第三名。曾获莆田市武术比赛太极拳第二名、太极剑第一名。1994年4月参加莆田首届国际南少林武术节，获表演奖。多次参加莆田南少林拳种大会赛获优秀奖、表演奖。

黄尤勇（1968.10— ） 男，石狮市人。担任石狮市武术协会常委。师从卢义荣、邱金雄习练太极拳、剑、推手等多年。2012年参加在江苏举行的全国农民传统武术比赛，获得一枚银牌、一枚铜牌。

黄秉忠（1968.11— ） 男,连城县人。马巷超限运输检测站站长。从小习武,1978年5月被选入连城县少体校武术专业训练,1980年被选入龙岩地区少体校训练。1987年毕业于龙岩华侨职业中专体育班,后分配至连城少体校工作并任武术教练。1989年9月考入福建体育学院运动训练武术专业,1993年毕业后分配在厦门市公路局工作至今。长期从事武术训练,多次参加全国、省、市武术比赛,均获得好成绩。1982年4月参加福建省武术观摩表演赛,获男子乙组个人全能冠军、传统拳和对练第一名。

黄 林（1970.4— ） 男,又名黄炎林,连城县人。连城县武术协会隔田分会会长,连城县连城拳传习中心主任,国家级社会体育指导员,中国武术六段。6岁开始习武,为连城拳第22代传承人。1995年获福建省第三届农民运动会拳术第四名。2005年获闽西传统武术比赛器械第二名。2006年获福建省首届武术之乡武术比赛对练第二名。同年12月参加福建省民间传统武术比赛,获男子拳术第一名。2005年获第五届全国武术之乡武术比赛男子拳术第三名、器械第三名。2007年获第六届全国武术之乡比赛男子拳术第二名、器械第二名。2008年获闽台南少林传统武术交流大赛男子对练第一名、器械第一名。2009年获海峡论坛·海峡两岸传统武术交流大赛男子南拳第二名、器械第一名。在邵武举行的全国传统武术比赛中获得传统拳术、器械两枚金牌。

黄晓鹏（1970.5— ） 男,宁德市人。副教授,一级武术裁判。福建体育科学学会理事,福建高校武术协会副秘书长。中国武术六段。10岁开始习武,1994年毕业于上海体育学院武术系,得到蔡龙云、王培琨、曾美英、邱丕相等老师的悉心指导。现任公安部警务实战训练基地教官。长期以来从事群体性武术和高校教学工作,治学严谨,以中国武术教育训练为研究方向。主持、参与多项省级、国家级课题的研究,发表科研学术论文30多篇,十多次担任全国性及全省性武术套路、散打比赛裁判工作。

黄惠玲（1970.10— ） 女,漳州南靖县人。硕士研究生,副教授,厦门大学国术与健身研究中心办公室副主任,一级社会体育指导员、一级健身气功裁判、中国武术五段。1992年考入上海华东师范大学体育系。1996年毕业后到厦门大学体育教学部任教。2007年考上厦门大学硕士研究生,师从林建华教授,研究方向为:地方传统武术、传统养生。2007年8月赴澳大利亚 RMIT English Worldwide 参加 REW English Business and Educational Administration 学习。多次担任厦门市、福建省武术比赛裁判编排工作。先后参与厦门大学普通高等学校《武术》《木兰拳》和《武术与健身教程》教材编写工作。参与厦门大学民族传统体育精品课程建设,该课程获得福建省级体育精品课程。参与《福建武术史》和《福建武术人物志》等多项武术课题的研究工作,发表论文数篇。多年来致力武术教学和科研工作,曾任体育教学部教学科研秘书。

黄光临（1971.7— ） 男，泉州市人。澳门南北武术学会副会长，武英（健将）级运动员，国际级武术裁判。1986 年师从庄昔聪。1992—1998 年在广东、山西、北京、四川、河南专业队训练，向黄建刚、庞林太、吴彬、熊长贵、乔骠等名家学艺。1993—1997 年随国家武术集训队训练。1992—1997 年六次蝉联澳门武术锦标赛全能冠军。1993 年获第二届世界武术锦标赛枪术铜牌。1994 年获广岛第十二届亚运会男子长拳类全能第四名。1995 年获第三届世界武术锦标赛枪术冠军、长拳季军。1996 年获第四届亚洲武术锦标赛枪术亚军。1997 年获第四届世界武术锦标赛枪术亚军。1995 年在澳门被评为最佳运动员。先后担任澳门福建体育会、忠信体育会武术总教练。

黄晶忠（1971— ） 男，莆田市人。高级工程师，曾任少林鹰派武术研究会秘书长，中国散手道协会副主席。莆田浩然太极健身俱乐部主任，中国散手道协会副秘书长，福建省社会武术准高级教练。先后毕业于厦门大学物理系和福建中医学院。自小习武，年少得师公太和释如心法师的指点习练南少林一指金光罗汉和指禅功。1988 年考入于厦门大学，师从林建华教授，系统地学习查拳、翻子、八卦、形意等多种拳械。大学毕业后跟随马虹老师学习陈式太极拳，后从周树生老师学习六合八法拳。1993 年开始从事社会武术教学。2006 创办莆田浩然太极健身俱乐部，多年来所教授的学生在国外各赛事中多次获奖。2005 年出版教学光盘《南少林一指金光罗汉拳》。2012 年出版《少林绝技金刚指》，在教学过程中也多次参与武术裁判工作。

黄文钟（1972— ） 男，漳州芗城区人。大学本科，福建省民办教育协会常务理事，漳州芗城区第七届政协委员，漳州市芗城区第六届、第八届人大代表，国家级拳击裁判，漳州市竹林文武学校校长，福建省拳击协会副会长，福建省武术协会理事，漳州市武术协会副会长，中国武术五段。1987 年到福州精武馆师从许国良习武。1991 年回乡创办漳州市芗城区青少年武术馆。1997 年创办文武学校，学校目前共有小学、初中、职业中专学生 1500 多人，是漳州市一所规模较大、独具特色、设施齐全、现代气息较浓的品牌民办学校。学校为漳州市承担了拳击、散打、摔跤、跆拳道、武术五大项目培养优秀运动员的任务。学校代表漳州市参加省级以上的各种大型比赛，共夺得了省运会金牌 60 多枚，区域性、全国性各种金牌 300 多枚。黄文钟现为曾应邀到北京参加全国新世纪民办教育改革与发展讨论会，到北京钓鱼台国家宾馆参加全国新世纪民办教育改革与发展研讨会并做典型经验介绍。

黄建华(1974.11—) 男,沙县人。本科学历,沙县大洪拳武校校长。从小爱好武术,因自幼体弱,6 岁起跟随当地拳师习武,16 岁拜江苏省杜姓拳师为师父专练大洪拳。1999 年创办三明市沙县大洪拳武校并担任校长。学校学生历年参加省、市、县级武术大赛,取得各类武术金银铜牌上百枚。

黄丽芳(1975.5—) 女,莆田市人。民革党员,莆田体育运动学校武术教练,福建省武术协会常务理事,莆田南少林武术协会常务理事,国家级武术裁判,武英(健将)级运动员。7 岁入福建宁德市少体校习武,至 1990 年多次获得省武术比赛冠军。1993 年入选福建省体工队,师从曾乃梁、代林彬。1995 年参加全国太极拳、剑比赛,获杨式太极拳第一名。同年参加全国个人套路锦标赛,获太极拳第四名。1996 年参加全国太极拳、剑锦标赛,获杨式太极拳第一名,42 式太极拳、剑第二名,全能第一名。1999 年参加全国太极拳、剑锦标赛,获 42 式拳和杨式太极拳第一名、太极剑第二名。2002 年参加全国太极拳、剑锦标赛,获女子杨式太极拳第一名、42 式太极剑第二名、集体太极拳第一名。1999 年担任莆田市少体校教练。2002 年、2007 年被莆田市委市政府授予"优秀教练员"称号。

黄振来(1976.3—) 男,漳州东山县人。东山县兴华武术馆副馆长。1989 年师从刘子铭习武。1992 年参加福建省第十届运动会武术比赛,获集体项目第二名。

黄旭顺(1976.4—) 男,漳州龙海市人。二级武术运动员,龙海市集友武术培训中心主任,漳州市武术协会理事,福建省武术协会理事。1983 年入龙海市少体校师从洪剑影习武。1996 年考入集美大学体育学院。1998 年参加省高校武术表演赛,获剑术一等奖。2001 年于厦门市社会福利中心文体部鹭福武术培训中心任教。2002 年参加福建省演武大会,获传统拳和传统器械两项一等奖。同年 7 月创办龙海市集友武术培训中心,培养的学生参加福建省及各类武术比赛,均取得良好成绩。

黄永广(1977.2—) 男,泉州市人。泉州海龙武术馆馆长,泉州市武术协会委员。1989—1998 年随五祖拳名师黄清江习练五祖拳。1996 年参加福建省武术比赛,获拳术第二名。2010 年参加第五届香港国际武术节,获拳术、长兵、短兵一等奖。2011 年参加泉州市武术锦标赛,获拳术金奖。2005—2012 年开办五祖拳浔埔训练中心,传授五祖拳械。2013 年开办泉州市丰泽区浔埔海龙武术馆,任馆长兼总教练。

黄其木（1977.3— ） 男,漳州芗城区人。中国武术五段。1992年到河南省周口地区从张杰民习武。1995年入选漳州市少体校武术班,师从贾建欣、郑雅恩习练长拳、南拳。1996年参加福建省农运会,获长拳第一名、南拳第二名;同年入选福建省公安高等专科学校武术队训练。1999年考入福建省公安高等专科学校就读;同年参加台州国际武术暨绝技大赛,获南拳第一名、三人对拳第五名。2000年全国大学生运动会武术比赛,获南拳第二名。

黄井叶（1977.6— ） 漳州诏安县人。诏安县五通宫武术馆馆长。1993年到河南登封县从释永安习武。2000年艺成回乡创办诏安县五通宫武术馆。

黄海滨（1977.8— ） 男,漳州龙文区人。1991年开始习武,先后师从黄坤瑞、蔡海树习练太祖拳法及舞狮等。1994年参加漳州举办的散打培训班,师从林建华、郑旭旭教授练习散打。两次参加漳州市传统武术比赛,获两项第一名。1995年参加福建省第三届农民运动会武术比赛,获器械第二名、拳术第三名。2004年参加在泉州举办的福建南少林国际武术大赛,获拳术、器械对练两项银奖。

黄洁锋（1977.11— ） 女,漳州云霄县人。1984年进云霄县少体校随张文清习武,多次在漳州市少儿武术比赛中获前三名。1995年考入福建中医学院,师从林旭老师,为院武术队成员。1999年参加福建省大学生运动会武术比赛,获得南拳和刀术两项第一名。

黄贺东（1978.1— ） 男,石狮市武术协会副秘书长。2002年起习练太极拳、器械等。从习练太极拳起一直负责市各级武术、太极拳比赛组织、编排等各项有关事项,为石狮市的全民健身工作做出了积极贡献。

黄海良（1978.7— ） 男，龙岩市人。龙岩市武术协会超威武术馆副馆长。1996 年到龙岩市恒友搏击馆学习散打。1998 年参军入伍，在部队学习和苦练散打技巧。在部队举行的散打赛中，取得 60 公斤级第二名。2010 年在龙岩市心随我动散打馆任教练。

黄良杵（1979.3— ） 男，漳州南靖县人。讲师，一级社会体育指导员，一级武术裁判，厦门市职工文化体育协会太极拳专业委员会委员。自幼酷爱武术。1990 年师从厦门大学林建华教授习武，1998 年考入集美大学体育学院武术本科。2002 年毕业后就职于厦门华夏职业学院，担任体育教学、训练和科研工作。多次参加福建省武术比赛、海峡论坛·海峡两岸传统武术交流大赛、南少林华夏武术大赛、厦门国际武术大赛等裁判工作。2004 年、2006 年 10 月参加在郑州举办的第一届、第二届世界传统武术大会武术比赛，获集体项目"形意强身功"一等奖。2003 年获福建省第十二届大学生运动会体育道德风尚奖裁判员。2005 年被评为华夏学院优秀工会干部。2009 年被评为福建省优秀裁判员。2011 年被评为华夏学院优秀教师。参加由林建华教授主编的普通高等学校《武术与健身》《形意强身功》《八闽武术》《福建武术人物志》等教材与专著的编写工作。

黄锦家（1979.8— ） 男，泉州市人。泉州剑影武校教练员。1995 年在泉州剑影武术馆开始接受武术训练。1998 年参加福建省第十一届省运会散打比赛，获 75 公斤级第一名。2001 年参加全国武术散打冠军赛比赛，获 75 公斤级第六名。2002 年福建省第十二届省运会散打比赛，获 75 公斤级第一名。

黄武龙（1979.10— ） 男，莆田涵江区人。中西医结合执业医师，硕士，一级武术运动员、教练员，国家武术二级裁判。毕业于福建中医学院。师从黄飞鹏、黄秀玉、陈思坦、林旭、林丽蓉习练鸣鹤拳械、太极拳、八卦掌、短棍、剑术、枪术、扁担拳、双铜等。曾获福建省第七届中学生运动会武术比赛太极拳冠军，莆田市第十二届中学生运动会武术比赛太极拳冠军、枪术冠军，首届中国莆田国际南少林武术节表演奖。多次参加莆田南少林拳种大汇赛，获优秀奖。

黄良寅(1980.1—) 女,漳州东山县人。东山县兴华武术馆副馆长。1989 年师从刘子铭习武。1992 年参加福建省第十届运动会武术比赛,获集体项目第二名。

黄 岚(1980.2—) 女,漳州芗城区人。大学本科。1990 年入漳州市少体校随贾建欣、郑雅恩习武。1996 年参加福建省青少年武术套路锦标赛,获规定拳、剑术第一名。同年考入集美大学体育学院。1998 年参加首届全国体育院校跆拳道比赛,获第五名。2001 年毕业后从事业余武术教学、裁判工作。2002 年考入上海体育学院函授本科。

黄晓芳(1980—) 男,泉州市人。毕业于集美大学武术系,现为泉州市公安局清源派出所警察。自幼师从泉州福威国术馆苏思义苦练基本功和五祖拳术。2007 年参加央视第 5 频道首届五祖拳擂台争霸赛,荣获五祖拳擂台争霸赛总冠军。曾于 1992—1995 年获泉州市少年武术比赛拳术、棍术、刀术三年冠。1995 年获福建省武术比赛传统拳术、传统器械第一名。1999 年获集美大学跆拳道第二名。2005 年获泉州市公安局散打比赛第一名。2007 年获福建省公安系统散打比赛第二名。黄晓芳在派出所工作的十余年中,共逮住各类违法犯罪嫌疑人 300 多人,荣获个人三等功四次。

黄进发(1982—) 男,厦门新坡村人。幼年即拜新坡五祖拳师邱丰庆为师习武。2003 年考入福建警察学院。2004 年参加泉州国际南少林武术比赛,分别获五祖拳拳术、双器械金奖,五祖拳对练银奖。2006 年参加福建省第十三届大学生运动会武术比赛,获南拳第一名。长期致力五祖拳的教学活动。

黄诗堟(1982.3—) 男,永春县人。厦门永春白鹤拳文化研究会副会长,一级社会体育指导员,一级武术运动员,一级武术裁判,一级健身气功裁判。1993 年被选入永春少体校武术队进行武术训练。2002 年 9 月考入集美大学体育学院民族传统体育专业,进行武术专项训练和理论学习。2003 年研习永春白鹤拳至今,擅长永春白鹤拳。2013 年 6 月代表福建省参加第六届全国健身气功交流大赛,获五禽戏竞赛功法

集体赛三等奖、六字诀竞赛功法集体赛二等奖、六字诀竞赛功法个人赛第七名。

黄太成（1982.9—　）　男，福州市人。福州市鸟迹拳社常务理事，福州市武协会员，台江区武协理事、教练。自幼随父习武，之后师从鸟迹拳创始人郑礼楷，擅长鹤拳、地术拳、鸟迹拳、太极拳。2002年前往俄罗斯留学攻读硕士学位，现在俄罗斯圣彼得堡俄罗斯科学院社会研究院攻读博士。留俄期间将鸟迹拳传入莫斯科、圣彼得堡等地，被俄罗斯国家武术训练中心聘为教练。现任福州市鸟迹拳社常务理事并担任海外武术活动联络工作。

黄珊珊（1985.4—　）　女，石狮市人。石狮市尚德武术馆副馆长兼教练。从小酷爱武术，1991年开始跟随父亲石狮市尚德武术馆馆长黄光康先生习练洪拳、花拳、象形拳、三节棍、九节鞭和长短器械。2003年开始担任尚德武术馆业余教练。2001年参加泉州市武术锦标赛，获传统拳术、棍术、刀术第一名。2001年参加福建省青少年武术套路锦标赛，获女子甲组规定拳第四名、女子团体基本功第六名。

黄俊涛（1985.10—　）　男，永春县人。中国武术六段。1994年师从永春桃源武馆郑少海先生习练白鹤拳，2000年跟堂兄黄诗塨习练长拳，2008年拜施亚斌先生习练五祖拳械。2011年参加泉州市传统武术锦标赛，获传统拳术金奖、传统长兵金奖、传统短兵金奖。2012年参加厦门国际武术大赛，获五祖拳金奖、三股叉金奖。2013年参加世界闽南文化节武术比赛，获五祖拳金奖、五祖棍金奖。参加第十届全国武术之乡比赛，获传统南拳金奖、传统棍术银奖和"道德风尚"运动员称号。参加福建省首届传统武术争霸赛。获五祖拳金奖、三股叉金奖。参加福建传统南拳精英赛，获五祖拳银奖、五祖棍金奖。

黄　麟（1986—　）　男，厦门市人。厦门高殿武术馆副馆长、教练。中国武术五段。1999年师从陈仁忠老师学习六合自然门、现代竞技武术等。2005年进入集美大学体育学院学习，师从王继娜老师。2004年参加福建省青少年武术套路锦标赛，获男子少年甲组棍术第四名。同年参加"西山杯"中学生运动会，获棍术第四名。2005年获得全国舞龙舞狮精英赛自选套路第一名、规定套路第三名。2008年获省第六届农民运动会舞龙舞狮比赛自选套路第一名、规定套路第二名。2012年获省第七届农民运动会舞龙舞狮比赛自选套路第一名、障碍赛第一名、抽签舞龙第二名、规定套路第一名、竞速赛第二名。

黄艺宝（1986.7—　）　女，漳州芗城区人。1993年进入漳州市少体校跟随郑雅恩教练习武。1999年参加福建省青少年武术套路锦标赛，获得南拳、集体项目两项第一名，刀术、棍术第二名。2001年参加福建省青少年武术套路锦标赛，获集体项目第一名、刀术第二名。2005年考入南昌航空工业大学。

黄诗鸣（1986.12— ） 男，永春县人。福建省莆田市体育工作大队教练员，一级武术运动员，一级武术裁判。1995年被选入永春少体校武术队进行武术训练，成为一名武术运动员。2005年考入集美大学体育学院民族传统体育专业，进行武术专项训练和理论学习。习练过武术竞赛套路、太极拳、形意拳、永春白鹤拳、健身气功等，擅长永春白鹤拳。多次参加省、市以及学院组织的武术比赛，获得好成绩。

黄颖祺（1987.1— ） 男，漳州芗城区人。武术国际健将。1993年入漳州市少体校随陆剑辉教练习武。曾多次获得省运动会、省武术套路锦标赛的全能、单项第一名。1998年入选福建省体工队武术队，先后师从李强、代林彬。2003年参加全国武术套路冠军赛，获太极拳第二名。2004年参加全国武术套路冠军赛，获太极拳、太极剑两项第一名。2005年参加全国第十届运动会，获太极拳、剑全能第二名。同年考入集美大学。2006年参加全国武术套路锦标赛，获太极拳第一名。同年赴伊朗参加"伊朗总统杯"武术邀请赛，获男子太极拳第一名。2006年应邀赴日本东京进行太极拳强化训练指导。2007年参加全国男子套路锦标赛，获男子太极拳冠军。2009年参加第十届世界武术锦标赛，获太极剑冠军。多次代表中国武术协会、中国武术奥委会、中国武术表演团赴雅典、意大利、波兰和台湾等地区表演。2014年再次获得全国武术套路冠军赛太极拳冠军。

黄文争（1987.5— ） 男，泉州市人。泉州俞大猷少林国术馆馆长。9岁开始跟随泉州蔡金星老师习练五祖拳和剑经。2003年入泉州少林寺又得到周焜民老师、常定方丈和徐清辉总教练的指导；2005年得到郑州少林武术专修学院朱天喜院长的指导，习得少林拳；之后拜韩建中教授为师习练梅花拳。参加第三届全国武术之乡武术比赛，获传统拳术一等奖。获泉州市第八届运动会传统拳术第一名。2006年获国际南少林武术比赛4项金奖。2007年参加中央电视台《武林大会》，被评为年度最具魅力运动员奖。2008年参加中央电视台《武林大会》五祖拳擂台争霸赛，获第三名。2007年被聘为武警福建总队建军八十周年阅兵俞大猷棍术团体操表演教练。2008年被聘为全国农民运动会开幕式《田野少林风》武术教练。2006—2009年担任泉州少林寺武僧团、鲤城区实验小学等馆校武术教练。

黄明赋(1988.11—) 男,石狮市人。石狮市尚德武术馆副馆长兼教练。8 岁跟随父亲黄光康习练洪拳、花拳、螳螂拳、醉拳、九节鞭、三节棍、梢子棍、国家规定长拳竞赛套路及器械等。2000 年参加福建省青少年武术套路锦标赛。2001 年获福建省青少年武术套路锦标赛男子团体第四名、乙组集体基本功第五名。2007 年领队参加福建省青少年武术套路锦标赛,夺得单项第三名、第四名。2008 年参加福建省南少林传统武术比赛,夺得螳螂拳第二名、九节鞭第二名、对练第二名。参加第二届海峡两岸传统武术比赛,获象形拳第一名、软器械第二名。

黄志坤(1991.11—) 男,泉州市人。福建省武术队武英(健将)级运动员。2010 年参加全国武术套路冠军赛(传统项目),获男子规定孙式太极拳第二名、规定孙式太极拳第一名、传统太极器械第三名。2011 年在全国武术套路冠军赛中获男子自选太极剑第三名、孙式太极拳第三名。2012 年在全国武术套路冠军赛中获男子太极拳第五名、传统太极器械第二名、自选太极剑第三名、对练第二名。2013 年在全国武术套路冠军赛中获男子太极拳第二名、世界太极拳精英赛男子自选太极剑第一名、全国武术套路锦标赛(太极拳)男子自选太极剑第二名、男子孙式太极拳第二名、对练第二名、男子全能第五名。2014 年在全国武术套路冠军赛(传统项目)获男子规定武式太极拳第一名、传统太极器械第二名。

黄裕隆(1992.6—) 男,厦门市人。厦门群英武术馆副馆长。1999 年开始在同安大同中心小学武术班习武,2004—2006 年就读于厦门市少体校武术队,2006 年转训福建省武术队,2009 年退役。2006 年代表厦门参加福建省第十三届运动会武术比赛,获集体第一名。2007 年参加福建省青少年武术套路锦标赛,获男子团体冠军,2008 年参加福建省青少年武术套路锦标赛,获男子甲组全能冠军。2013 年参加台湾全球华人武术大赛,获全能冠军。

黄少文(1992.9—) 男,漳州芗城区人。2002 年进入漳州市少体校武术班,跟随郑雅恩、张毅慧、林春梅教练习武。2007 年参加福建省青少年武术套路锦标赛,获集体项目第一名。2008 年参加福建省青少年武术套路锦标赛,获棍术第一名、长拳第三名。

黄锦堂（1992.10— ） 男,漳州芗城区人。1998年进入漳州市少体校跟随郑雅恩、张毅慧教练习武。2004年参加福建省青少年武术套路锦标赛,获集体项目、剑术、枪术三项第一名、全能第二名。同年进入福建省体工队集训。2005年参加福建省青少年武术套路锦标赛,获枪术第一名、集体项目第二名、剑术第三名。

黄嵩苑（1995.12— ） 女,漳州市人。武英（健将）级运动员。2002年开始在漳州市少体校进行武术训练。2009年至今在福建体育职业技术学院武术队。2011年参加全国武术套路冠军赛（传统项目）,获得女子翻子拳第一名,2013年参加全国武术套路冠军赛,获女子南刀第八名、女子南拳第七名、女子南棍第七名。2014年参加全国武术套路冠军赛（传统项目）,再获女子南拳第一名、女子南棍第一名。

hui

慧 照 漳州芗城区人。漳州开元寺第四十三世僧。武医双修,曾主持通元庙。

J

ji

吉小龙（1961.11— ） 男，厦门人，原籍山西翼城县。大学本科学历，厦门市精英保安培训中心主任，厦门日月星功夫协会会长，香港世界五祖拳促进会副会长，厦门超级功夫俱乐部主任、总教练，一级武术裁判。1967年拜新坡人邱明煌为师，习练五祖鹤阳拳、械。1980年考入福建体育学院体育系武术专业，师从洪正福、林荫生，习练少林六合拳及散打。1983年获参加福建省武术散打比赛，获第一名。期间曾参加过电影《台岛遗恨》《神腿莫天娇》《血海深仇》《绝处逢生》的拍摄工作，担任武打演员。1984年毕业后，任职厦门市总工会文宣干事。曾多次担任厦门市拳击队教练及武术散打队教练，率队赴省内外参赛。

纪舜俞 晋江市（今石狮市）人。明嘉靖年间把总。

纪朝佐 永春县人。以军功授左都督。

纪廷正 永春县人。任海山守备。

纪灼佾（1935.10— ） 男，福州市人。经济师，福州市武术协会常务理事，福州兴闽拳社社长，台江区武术协会副主席。曾担任福建省武术协会第二届、第三届理事，福州市武术协会办公室主任，福州传统武术队队长兼总教练。1946年开始习武，师从陈跃华习纵鹤拳、金狮拳。1956年在福州郊区及长乐县开馆授徒。1979年参加台江区和福州市武术观摩大会，获一等奖。1984年参加全国武术观摩交流大会，获表演奖。同年代表福州市武术代表团赴日本访问，获《感谢状》证书。1986年参加福州第十六届运动会，获拳术第一名、棍术第二名。1989年参加在厦门举行的东南亚地区武术邀请赛，获金狮拳、狮棍最佳运动员奖。1990年参加国际武术交流大会，获金龙奖、猛虎奖。1993年参加中国泉州南少林海峡两岸武术交流大会，获拳术一等奖，棍术优秀奖。同年11月担任国际武术观摩交流大会裁判员。1999年被评为台江区和福州市武术先进工作者。学术论文《金狮拳和福州狮法》获福建省南拳研讨会优秀奖。

纪彬荧（1985.8— ） 女，泉州鲤城区人。毕业于长沙理工大学，霞鹰武术馆教练。1992年师从黄清江、黄天禄两位老前辈习练五祖拳械。期间，参加各种武术比赛、各类武术表演活动、国际交流活动等，均获得好成绩。2004参加全国武术之乡武术比赛获套路一等奖、三股叉获器械一等奖。2006年参加福建省武术比赛，获拳术套路第一名、单刀获器械第一名。2009 年参加海峡论坛·海峡两岸传统武术交流大赛，获传统单刀金牌、五祖拳银牌。

纪智颖（1999.11— ） 女，漳州市人。2005 年进入漳州市少体校跟随郑雅恩、林春梅、张毅慧教练习武。2013 年参加福建省青少年武术套路锦标赛，获女子甲组枪术第一名、剑术第三名、长拳第四名。2014 年参加福建省第十五届运动会，获集体项目第一名。

jia

贾建欣（1955.12— ） 男，河北鸡泽县人。武术高级教练，漳州市少体校校长，漳州市体育总会副主席，漳州市武术协会常务副会长兼秘书长，福建省武术协会副秘书长。中国武术七段。1972 年师从洪敦耕习练六合门、自然门、通背劈挂、五祖拳等诸门拳械武功。1979 年 3 月开始任漳州市少体校专职武术教练，曾多次参加国家体委、省体委举办的武术专业培训班。向体工队、大专院校输送了大批优秀武术人才，培养的运动员在省、全国、国际武术比赛中取得优异成绩。1985 年发起成立漳州市兴华武术社，并主编社刊《闽南武苑》。1994 年创办漳州市武术馆，任馆长。曾先后赴日本、美国、印尼以及我国香港、台湾等地区进行武术交流活动。先后四次被龙溪地区行署和漳州市政府评为体育战线先进个人。1985 年被省体委评为武术挖整工作先进个人；2008 年被省武术协会评为省武术工作先进个人；2009 年被省体育局评为优秀少体校校长。先后主编、出版《漳州武术人物志》《芗江武踪》等，在《中华武术》《武林》等刊物上发表了多篇武术论文。

贾 利（1972.2— ） 女，安徽合肥市人。大学本科学历，副教授，公安部警务实战训练基地教官，一级武术裁判，福建高校武术协会委员。中国武术六段。自幼习武，1990 年考入上海体育学院，先后师从贾平、徐淑贞、蔡龙云、王培琨、曾美英等。1994 年毕业后，到福建警察学院从事警察格斗教学工作。曾多次担任全国性及全省性武术比赛裁判工作。以中国武术教育训练为研究方向。参与多项省级、国家级课题的研究，在省级、国家级学术刊物发表论文 20 多篇。

jian

简忠浩（1868—1900）　男，人称简大狮。出生于台湾淡水县，祖籍漳州南靖县梅林。大狮身材魁梧，胆量过人，疾恶如仇，富有民族气节，是台湾抗日义勇军首领，与柯铁虎、林少猫被称为台湾"抗日三猛"。少年时回南靖梅林祖籍地习武三年，能举起宗祠门前的石狮环宗祠走一周。人们夸其力大如狮，因此得名简大狮。大狮学武勤奋，善使刀枪棍棒，武艺精湛。出师后，曾在漳州、厦门、石码一带演武献艺，后返台湾设馆授徒。甲午战争后，日本帝国主义侵占台湾，亲人多惨死在日军刀下。大狮愤而变卖家产，募集义民 1000 余人在台北起义，多次突袭重创日本侵略军。清光绪二十三年（1897 年）五月八日，大狮与詹振、陈秋菊等爱国志士率 5000 余义军，分兵两路，攻打台北城，占领奎府街、大龙峒等地，与日军相峙于妈祖宫前，激战至翌日八时，日军死伤 300 余名，义军首领詹振英勇牺牲。大狮与秋菊等见日军防守甚严，主动退至大屯山中。1899 年，简大狮潜回漳州府，住在简氏祠堂（今漳州市芗城区新华西路 220 号）避难，筹划回南靖梅林积蓄力量以图再举。1900 年被清政府出卖，被日本人押回台湾，受绞刑而死。

简安邦　漳州南靖县人。清咸丰二年（1852 年）武举人。

简瑞斌　漳州南靖县人。清光绪十一年（1885 年）武举人。

jiang

江伯虎　字君用，永福（今永泰县）人。宋代武状元。南宋淳熙八年（1181 年）辛丑科武状元。江伯虎本名江地强（一作江南强），伯虎是孝宗皇帝放榜时御赐之名，希望他能在战场上势如猛虎，威震敌胆，收复故地，建立光复再造之功。入仕三年后，江伯虎又参加了"锁厅试"（即现任官员参加的科举考试），并一举中的，被授予大理评事之职，等同于当年的文状元。江伯虎作为文、武状元，的确才华横溢。他不仅对兵学很有研究，对武学颇有影响力，对儒学也具有相当的才学。清乾隆《福州府志》载：淳熙十一年（1184 年），为江伯虎在永福县八都立武状元坊。

江伯夒　伯虎之弟，字君俞，永福（今永泰县）人。宋淳熙十四年（1187 年）武举第二名。入仕后曾任阁门舍人，官终东南第十将。

江宗梁　上杭县人。清顺治十一年（1654 年）武举人，太原卫千总。

江升佐　连城县人。清康熙五十九年（1720 年）庚子科武举人。

江日昇　漳州诏安县人。清乾隆七年（1742 年）武进士。

江大鲲 漳州平和县人。清乾隆四十四年（1779年）武举人，乾隆四十九年（1784年）武进士。

江继芸（1788—1841） 字源选，号香山，清海坛（今平潭县）人。清朝将领。祖父江全韬，任福建水师提标参将。父江其祥，儒生。继芸少年爱习武艺，及壮加入清军水师。清嘉庆十三年（1808年），继芸随海坛镇总兵孙大刚出洋征剿立功，获朝廷颁奖，升外委，后升海坛千总。道光十九年（1839年），继芸代理南澳镇总兵。次年经邓廷桢举荐，继芸升为海坛镇总兵。上任后即大力整顿海防，加强防御力量，以抗御侵略者。道光二十一年（1841年），继芸调任金门镇总兵，时英军正策划进犯厦门，闽浙总督颜伯焘委派继芸为厦门前线副总指挥，出镇左翼防线。他慨然受命，驻扎湖里山炮台。七月初十，英军船舰36艘，向厦门和鼓浪屿发起猛攻。继芸指挥狙击，奋勇杀敌，连环开炮，多次击中敌舰。敌陆战队在舰炮的火力掩护下乘坐小舢板分路登陆包抄各炮台，继芸指挥官兵以枪炮和大刀长矛与敌搏战，斩杀无数。后因各路友军相继溃败，敌我力量悬殊，厦门与鼓浪屿相继陷落，继芸以身殉国，终年53岁。清道光二十三年（1843年），钦赐祭葬，派钦差带祭诏和恤银到海坛祭奠英灵。

江上达 漳州平和县人。清道光五年（1825年）武举人。

江玉角（清末时期） 漳州平和县人。平和一带颇有名气的拳师，曾率徒到台湾设馆教授武术。

江阿仗（1868—1939） 女，平和大溪镇人。清末白扇会首领。为拳术世家。父、兄为人侠义，喜抱不平。阿仗自幼受父兄熏陶，亦晓武术之道，经常随父兄往来于闽粤之间。20岁，嫁给大溪新荣村曾坑社陈财道为妻。阿仗富有组织能力，她带头反对妇女裹足，提倡剪短发，为人平易无矫饰，乐为人排难解纷，深受人们拥护，被推为白扇会首领。国民革命初期，阿仗从广州归来，即加紧组织平和、诏安、饶平等地会员，以大溪曾坑为暴动的根据地，编排队伍，制定旗帜，队伍名"义勇"。宣统元年（1909年）曾攻入县衙，因约期失误，诏安、饶平等处义勇后援不及。终因寡不敌众，阿仗引队退出九峰县城，回归石寨据点。事后，漳州府兵来援，阿仗走避乌山。江阿仗的暴动虽然失败，但她的巾帼形象愈传愈广。民国二十八年（1939年），病逝于家中，终年72岁。

江庆树（1945.2—1999.9） 男，别名二千，漳州芗城区人。民间拳师。少年时师从蔡尖习练达尊拳。1968年师从郭澄园习练自然门，曾在芗城、龙海、龙文、长泰等地教拳。

江耀明（1946.5— ） 男，福州市人。厦门市职工文体协太极拳专委会副会长，厦门市老体协太极拳专委会秘书长。1967年起在三明、厦门师从施载煌先生习武。青年时代主练长拳，后专修太极拳。2004年参加全国武术太极拳锦标赛，获集体项目季军、个人项目第七名。同年参加香港国际太极拳交流大会，获优秀团队、集体项目冠军金杯、个人项目金奖。2006年参加福建省第七届老运会，获男子拳、剑总分冠军。2008年第三届香港国际武术比赛，获MD组全能第六名、42式太极剑、杨式太极拳褚桂亭门、镜像规定太极剑双人练三项冠军、42式太极拳亚军。参加邯郸第十一届国际太极拳大会，获集体拳械混合亚军。参加首届海峡论坛·海峡两岸传统武术交流大赛，获传统太极拳、剑双金等。2006年退休后，积极参加各种社会武术活动，常受邀为机关、企事业单位传授太极拳。

江积森（1967.10— ） 男，龙岩连城县人。硕士研究生，现任中共连城县国土资源系统委员会副书记、纪委书记。一级社会体育指导员、连城县武术协会北团分会创始人。自幼习武，11岁开始随父在连城、清流、明溪等县传授连城拳，协助父亲运用中医疗伤救人。中学时期代父授徒，并带领舞狮队在正月到各地表演，期间拜过民间武术老师罗培四学习武当拳。大学时代习练散打、拳击，经常以连城拳与校武术队员进行交流切磋。2011年组建济阳堂武术队，2012年创建连城县武术协会北团分会。2012年参加在重庆举行的第九届全国武术之乡武术套路比赛，获男子c组其他拳术二等奖、传统器械二等奖，并获得"武德风尚奖"。2013年7月带队参加长春第十届全国武术之乡武术套路比赛，获男子c组其他南拳三等奖和"武德风尚奖"。2013年1参加福建省首届传统武术争霸赛，获男子c组棍术一等奖，器械对练一等奖和"优秀运动员"称号。参加在邵武举行的全国传统武术比赛，获得男子中年组其他南拳二等奖、器械对练一等奖。

江　云（1963.2— ） 女，福州市人。福建华武功夫中心副秘书长兼培训、外联部长，福州市健身气功协会副会长，福建省社会武术高级教练员。中国武术六段。1998年始师从中国当代十大武术教练曾乃梁老师学习各式太极拳、械。多年来认真研修并坚持不断学习、锻炼，提高武术运动技能和水平。2004年参加第二届香港国际武术节，获得42式拳、太极对练2枚金牌。分别在2004年、2010年参加武夷山全国太极拳交流大会、海峡巾帼健身大赛、闽台南少林传统武术交流大赛、国际冲绳刚柔流空手道演武大会、神州太极拳大赛等比赛，获太极对练、42式太极拳、24式太极拳、杨式太极拳、42式太极剑、武当剑、华武太极扇等金牌。2014年8月代表福建省参加在天津举行的首届全国武术运动大会，获得42式太极剑金牌，并获得武德风尚奖。10月参加福建省全民健身运动会站点联赛总决赛，获六字诀个人第一名。

江　凡（1999.5—　）　女，南平市人。2008 年开始在南平市松溪县少体校学习武术，从事业余训练。2009 年转到厦门市体校训练，2011 年转到福建省武术队训练。2013 年获得福建省青少年武术套路锦标赛女子甲组自选长拳冠军。2014 年参加福建省第十五届运动会武术套路比赛，获得女子甲组太极拳冠军、刀术第二名、棍术第三名的成绩。

姜必大　字信之，连江县人。宋绍熙四年（1193 年）武举。终万安知军。

姜雄雄（1957.10—　）　男，泉州市人。国际南少林五祖拳研究会副会长，泉州市五祖拳研究会副会长，石狮市武术协会荣誉主席。自 13 岁习武，16 岁拜五祖拳师王招来学习五祖拳法。18 岁边学边传教五祖拳。至今四十余载风雨不断，学生众多，并在国内外武术大赛中获金奖等诸多殊荣。擅长太祖拳内养印堂功、朝阳桩内功、少林盘龙棍等功法。常年坚持五祖拳、太极内功及各种拳械训练，致力全民健身的深入开展，为石狮市太极拳的普及和提高做出贡献。

蒋梦震　字震卿，侯官（今福州市）人。宋淳熙八年（1181 年）武举。

蒋　贵（1378—1449）　字大富，漳州南靖县人。明代前期将领。蒋贵身材魁梧，练就一身好武艺，娴熟骑射。少年时因误伤人命，逃亡到江苏省江都县，以后在燕山当卫兵。建文元年（1399 年）七月，随燕王朱棣起兵夺取帝位，积功升到浙江昌国卫指挥同知、北平彭城卫都指挥佥事。宣德二年（1427 年）七月，任右参将，因平定四川松潘叛乱有功，升任都指挥同知，调守河北密县。后松潘叛乱又起，蒋贵带兵征伐，捷还升为都督同知，镇守松潘。正统元年（1436 年）五月，蒙古阿台部进犯甘肃凉州一带，蒋贵任右都督，随兵部尚书王骥进剿。朝廷封蒋贵为定西伯，赐子孙世袭爵位。正统六年（1441 年）正月，云南麓川土司酋长思伦发及其子思任发相继叛乱。蒋贵任总兵官，随总督军务大臣王骥领兵进剿，连续攻破木笼山 7 寨及马鞍山象阵。朝廷晋封蒋贵为定西侯。正统八年（1443 年）五月，蒋贵会同王骥领兵 15 万赶赴云南平叛。蒋贵由于屡立战功，受到正统皇帝优厚赏赐。正统十四年（1449 年）正月蒋贵逝世，享年 71 岁。赠泾国公，谥武勇。

蒋思护　莆田市人。明嘉靖十四年（1535 年）武进士。

蒋继林（1943.5—　）　男，龙岩连城人。国家级社会体育指导员。中国武术六段。2001 年参加福建省首期太极拳提高班培训。2004 年、2005 年代表福建省队分别参加由国家体育总局举办的全国武术太极拳锦标赛，获得体育道德风尚奖、男子 24 式规定拳第六名。2010 年参加在河南登封举办的全国武术之乡武术比赛，获太极剑二等奖。2006 年、2010 年参加龙岩市第七届、第八届老运会，获男子太极拳剑第一名。

2009年参加海峡论坛·海峡两岸传统武术交流大赛,获42式太极拳金牌、杨式太极剑银牌。2010年参加在泉州举行的海峡两岸武术交流大赛,获吴式拳、42剑两枚金牌。同年10月参加福州"盛天杯"武术大赛,获42拳、杨式剑两枚金牌。

蒋春豪(1971.6—)　男,长乐市人。福建长乐市公安局刑侦大队副大队长,长乐市体育总会第二届委员会常委,长乐市武术协会秘书长。一级武术运动员。自幼师从陈金夏习武,多次参加省、市武术比赛,均获好成绩。1986年获省武术比赛全能、拳术、刀术、对练冠军及棍术亚军,并代表福建省参加全国武术比赛。1989年考入福建省体育学院,师从洪正福、吴姗姗老师,并担任院武术队队长,多次代表学院参加各种类型的武术比赛和交流,均获佳绩。

jiao

焦德裕　字宽父,雄州人。通《左氏春秋》,拳勇善射。世祖时累立战功,而宅心仁恕,不事苛刻。拜福建行省参知政事。

jie

揭　鸿　字于渐,号文冈,明溪县人。明嘉靖二十一年(1542年)拔贡,嘉靖二十八年(1549)举人。博览群书,知兵法。躯小而精悍,舞槊如飞。授潮州通判,署海阳县事。时岭海久苦海寇。鸿至即察地形险阻,按虚实据要害,令士卒百余骑,授之策,夜突营以撼之。寇以为从天而下也,日惴惴焉惧。鸿更令民筑土城,卫粮食。使寇至掳掠无所得。每击寇,均亲冒矢石,士卒无不鼓奋。前后出奇兵,所向寇皆披靡,解救被寇虏之乡众以万计。寇败,遂退围甲子所(在海丰县东南)。甲子所危在旦夕,揭鸿以兵三千驰救。然寇众数倍,寡不敌众,乃设计伏兵以击之。复暗凿空舰以沉之。寇遂平,凯旋。升连州知州,旋代廉州府知府。嗣因余阿五兄弟倡乱,鸿调狼兵征之,贼惮其威名请降。揭鸿后迁居将乐,卒时85岁。

揭木公　归化人。清顺治五年(1648年)武举人,福州卫千总。

揭翰绩　三明将乐县人。清康熙十一年(1672年)武举人。耿逆勒受伪职,诈病免,窜匿黄潭,三年不出户庭。

揭　洵　三明将乐县人。清康熙二十三年(1684年)武进士。

jin

金殿安　山东聊城市人。进士,清嘉庆七年(1802年)任延平协镇副将。

金静夫（1931— ） 男，福州市人。曾任鸣鹤拳研究会副会长兼秘书长，市武协教练，市武协励精、求知、至柔拳社太极拳研修会技术顾问。福建省武协委员，福州市武协常委，福州市武术馆副馆长。少年嗜武，幼随叔祖金亨禄习金狮拳，随父金能贤习祖传南拳。1965年师从房利贵习香店拳，又从杨森藩、李应坚习鸣鹤拳。1985年随林燧习太极拳、八卦掌。曾协助挖整鸣鹤拳套路流源工作，并撰写香店拳简介，以及在《闽海雄风》影片中演练鸣鹤拳、香店拳、长烟杆。1989年参加"石化杯"海峡两岸国际武术邀请赛，获一等奖。1990年任福州国际武术观摩表演大会评判员。1991年随福州武术代表团出访日本。1991年参加中国福州国际少林武术节，获优秀表演奖。1993年参加中国泉州南少林武术节大奖赛，获三等奖。多次为英国、日本等国学生教授鸣鹤拳、香店拳等。

金莲芳（1932—1999） 女，辽宁大连市人，祖籍安徽庐江。金祥宝之女。1953年代表华东区参加在天津举行的全国民族形式体育竞赛及表演大会，获武术优秀奖。1954年入选北京中央体育学院竞技指导科国家武术队。1955年在上海沪西体育场任武术教练。1956年代表上海参加全国十二单位武术比赛获评选项目第二名、表演项目第二名。同年任上海市体育宫武术教练。后调至福建三明工作。1953—1959年，先后在《新民晚报》和《新体育》等上发表《昆仑剑》《六合单刀》《翻子拳》《拐进剑》等文章和专著。

金　锬（1951.5— ） 男，福州市人。福建省武协常务理事，省武术中心技术顾问，福州市武协秘书长，闽光冷冻厂政工部副主任兼福州市老年大学太极拳、剑教师，福州太极拳研修会会长兼总教练，国家级武术裁判，《中国武术段位制》指导员、考评员。中国武术七段。5岁随父金静夫习祖传南拳及金狮拳、香店拳、鹤拳。先后师从郑金泉、陈修如、曾乃梁、洪正福、胡金焕、刘景秋、陈银明、李逢良等名师，习练少林罗汉拳、太极13式、太极连环掌、上乘梅花拳、八卦掌，及陈、杨、吴、孙式太极拳、剑等拳艺。1987年获"福州保险杯"武术散打比赛吴氏、孙式太极拳和太极剑三项第一名。1990年获福州国际武术观摩表演大会金龙奖。1991年获中日第三届太极拳交流大会杨氏太极拳竞赛套路第一名。1993年获中日第五届太极拳交流赛吴式太极拳第二名。1998年获福建省首届太极拳、剑、推手赛陈式42式、竞赛套路两项第一名。1989—1998年连续十年担任全国武术锦标赛（太极拳、剑、推手）裁判工作，多年担任福建省武术比赛裁判长等。

金尔启（1961— ） 男，永泰县人。永泰县武协第五届、第六届副主席。中国武术五段。曾跟随叶致余学习虎尊拳，并练习散打，多次参加武术比赛均取得好成绩。1999—2012年任永泰县武协第五、六届副主席，为永泰武术事业发展做出自己的努力。

锦　舍（约清道光年间） 漳州芗城区人。师从蔡大欣习武，为洪拳"威德堂"主要传人。

jing

荆福生(1952—) 男,原籍河南盂县,生于福建福鼎。1992 年当选为中国武术协会副主席,1992—2000 年兼任福建省武术协会主席。1972—1975 年在莆田地区柴油机厂担任团委书记;1975—1977 年任共青团莆田地委副书记;1977—1982 年任共青团福建省委宣传部副部长、部长;1982—1984 年任共青团福建省委副书记、党组成员;1984—1987 年任共青团福建省委书记、党组书记;1987—1989 年任中共莆田地委副书记;1989—1995 年任福建省体委主任、党组书记;1995—2001 年任中共宁德市委书记;2001—2002 年任中共福建省委常委、宣传部长、宁德市委书记;2002—2005 年任中共福建省委常委、宣传部长。

景 星(? —1910 年) 男,字月汀,清末满洲正白旗人。历官户部员外郎、郎中。清光绪十四年(1888 年)任江苏苏松常镇太粮储道。中日甲午战争爆发后,任督办军务处文案翼长。旋授陕西陕安道,光绪二十三年(1897 年)迁长芦盐运使。后历任山西、山东按察使,河南布政使,江西、湖北巡抚,补授福州将军。清光绪三十三年(1907 年)任资政院协理大臣,襄办资政院开办事宜。继派充全国禁烟大臣。

K

kang

康文麟 永春县人。清康熙五十九年(1720年)庚子科武举人。

康龙光 永春县人。清道光二十九年(1849年)己酉科武举人。任江淮漕运千总。

康蜚声 永春县人。清光绪二年(1876年)丙子科武举人。

康燕梁 永春县人。清光绪十一年(1885年)乙酉科武举人。

康守斋（约清光绪年间） 男,漳州龙海市人。师从杏元师习练太祖拳,再传给康光辉等,为漳州太祖拳主要传人。

康光辉（1889—1973） 男,漳州龙海人。漳州太祖拳主要代表人物,习艺堂堂主。自幼丧父,与母亲相依为命,家境清贫。幼年师从本村拳师康守斋习练太祖拳,长大成家后从岳父方白习武学医(内功和骨伤科医术),内外功深厚。25岁始设习艺堂,开始传徒授艺。1914年后,在岱东国术馆传授太祖拳械、舞狮法及阵法。1940年到漳州古塘村下间仔传授舞狮(四门狮、洗狮弄狮、比狮折狮)、阵法(八卦阵、连环阵、莲花阵、叠古井等)和太祖拳法。他不仅在漳州地区的芗城、龙海、龙文、长泰以及厦门等地广收门徒,还应聘前往我国香港、台湾地区以及印尼、新加坡、马来西亚等国家授艺,门徒遍布东南亚各地。新中国成立以来,长期以行医教拳为业。1973年12月,康光辉辞世西去,享年84岁。

康许旺（1910—1988） 男,龙海市人。原福建省武协委员,五祖拳师。先从清末武举人黄其龙习达尊拳,后再练五祖拳。在龙海广收门徒,教授五祖拳,具有较高声望。培养出庄燕北、吴鑫、林树根等优秀学生,在全国武术观摩交流比赛、福建省传统武术比赛、福建省职工运动会武术比赛等取得金牌、优秀奖等好成绩。1982年被评为全国千名优秀武术辅导员。

康寿领（1936— ） 男,漳州龙海市人。漳州市武术协会名誉副主席,龙海市武术协会名誉会长,香港太祖拳武术总会永远会长,香港传统武术总会名誉会长、香港武术散打协会名誉会长、漳州市海外联谊会常务理事、龙海市侨联常委,一级武术裁判。漳州太祖拳主要传人。自幼随其父康光辉习练太祖拳。20世纪五六十年代,康寿领参加县、地

区、省武术比赛均获优异成绩。1958年被福建省体委选拔到省体工大队武术、击剑队任队长。1959年参加第一届全国运动会武术比赛后,被保送到福建省体育学院本科班深造,任校武术队队长,师从洪正福老师。毕业后分配至漳州龙海一中任教。多次担任全国、全省武术比赛裁判工作,历任裁判长、副总裁判长。1981年举家徙居香港,在香港太古城开设"康寿领跌打医馆",以行医教拳为业。创立香港太祖拳武术总会,出任总会永远会长等职务。

康　强(1964.2—　　) 男,漳州龙海市人。英国格林尼治大学理学硕士,上海体育学院武术博士。香港太祖拳武术总会会长,香港武术联会执行委员,香港武术散打协会秘书长,香港国术总会名誉会长,国际级武术裁判。自幼随祖父康光辉和父亲康寿领习练太祖拳械。1981年随父定居香港。曾多次在香港武术比赛中获奖。曾在第十四届亚运会、2013年首届世界传统武术锦标赛、东亚运动会等重大比赛中担任裁判工作。多次担任香港武术代表团领队,率队参加国内及国际武术大赛,获得优异成绩。2006年11月与父亲康寿领创办了香港太祖拳武术总会,出任会长,参加各种武术活动,活跃在香港及国际武坛上。

康正龙(1965.10—　　) 男,漳州龙海市人。高级教师。中国武术五段。自幼习武,师从洪剑影习练五祖拳。1985年考入三明师范专科学校武术专业,师从柯英俊。毕业后到龙海乌礁中学任教,同时组建武术队,并在龙海少体校担任武术教练,培养出的学生多人考入大专院校武术专业。多次担任武术比赛裁判工作。论文《武术在学校体育教学中的渗透》《武术内涵与外扬的刍议》在漳州体育科技发表。

康锦平(1983.6—　　) 男,惠安县人。华侨大学厦门工学院综治办主任,惠安海滨文武学校副校长、总教练,一级武术套路、散打运动员,一级散打裁判,一级社会体育指导员,福建省社会武术高级教练。1993开始随父习武,并创办惠安海滨文武学校。2002年就读于集美大学体育学院,2006年于仰恩大学任教,2009至今于华侨大学厦门工学院工作。2000年参加福建省武术套路锦标赛,获南拳第一名。2001年获福建南少林武坛争霸赛65公斤级擂主。2004年获全国武术散打邀请赛65公斤级第二名。2006年获全国武术散打擂台争霸赛65公斤级第一名。2008年获中央电视台"武林大会"五祖拳擂台赛年度总冠军,曾获中央电视台《武林盛典》年度"最佳技法传承奖"、"武林大会"聚仙令特别节目"优秀贡献奖"等。

康阳慧（1989.8— ） 女，漳州龙海市人。2003年进入龙海集友武术培训中心跟随黄旭顺教练习武。2004年参加福建省青少年武术套路锦标赛，获太极拳第一名、剑术第二名、枪术第四名。同年参加武夷山全国太极拳交流大赛，获42式太极拳第二名。同年参加香港仁爱堂国际太极拳交流大赛会获得太极拳金奖。

ke

柯　熙　字仲嘉，永福（今永泰县）人，南宋武状元。曾在福建武举省试中夺得第一名。南宋绍兴十八年（1148年）戊辰科武科第一名，该科重新恢复武举考试，仅录取武进士七名，柯熙武艺超群，夺得本科武状元。绍兴二十六年（1156年），南宋恢复武学，柯熙被朝廷任命为武学谕，掌以兵书、弓马、武艺训练、教导学习者。柯熙官终承直郎，正六品。在政期间对百姓照顾有加，减少他们的劳役，深受当地老百姓的尊敬。

柯国良　宋庆元二年（1196年）宋武举人。

柯梦旗　永福（今永泰县）人，子冲之兄，国良之侄。宋嘉定七年（1214年）武举人。官至知雷州。

柯子冲　永福（今永泰县）人，梦旗之弟，国良之侄，省试第一人。宋嘉定七年（1214年）武举人。

柯安甫　漳州龙海市人。明万历二年（1574年）武进士，任北路守备。

柯　麟　永春县人。香山澳副将。

柯参天　漳州漳浦县人。台湾第三位武进士。清康熙四十四年（1705年）中武举人。康熙四十八年（1709年）乙丑科武进士，居台南。

柯治平　连城县人。清乾隆七年（1742年）武进士。

柯国缙　连城县人。清乾隆三十三年（1768年）武举人。南澳镇守备。

柯　彩　漳州芗城区人。清朝将领。清康熙年间任威宁总兵（今甘肃），康熙皇帝赐"三边节钺"石坊立于漳州上街，成名后在芗城区乌衣港（今大通北路）建柯衙内大宅。

柯　生　漳州市人。清嘉庆十三年（1808年）武进士。

柯金木（1904.6—1964.6） 男，厦门市人。五祖拳名师、名医，五祖白鹤拳主要传人。1917年开始习武，1921年在鹤协国术馆从五祖拳名师杨捷玉（合伯）学艺九年。1946年，柯金木在厦门嵩屿开设"鹤源堂"武馆，传授五祖白鹤拳艺。新中国成立后在大中路开设了柯金木医师伤骨科诊所，因其医术高明，深得患者信赖，慕名前来求诊患者众多。柯师傅白天行医，夜间教授徒弟习练五祖鹤阳拳，并积极参加省、市武术活动。1951年担任厦门市第一届运动会武术比赛裁判。1953年应福建省体委邀请，担任福建省武术运动会裁判长。1957年在福建省武术评奖观摩大会上，柯金木是大会九位评委之一，并在开幕式上表演了五祖拳。柯金木于1953年创立了厦门鹤源堂武术馆，全身心投入到武馆教学，培养了大量的武术人才，不少学生参加全国、省、市各级武术比赛都取得好成绩。著名学生有原福建省武协副主席许金民、福建省武协副秘书长洪敦耕以及柯仲庆、柯国丰等。因操劳过度，于1964年病逝。

柯仲庆（1938.3— ） 男，厦门市人。电工技师，厦门五祖拳名师柯金木之长子，五祖白鹤拳传人。从小随父习练五祖白鹤拳，在父亲的严格训练下，全面、系统掌握了五祖拳法、器械、散手技法等。1957年参加厦门市武术比赛，获优胜奖；同年被选参加福建省武术观摩评比大会，获优胜奖。1958年、1959年参加福建省武术比赛，获一等奖。在三明、漳州工作期间传授五祖拳，培养了不少弟子。

柯国丰（1947.10— ） 男，厦门市人。中医医师，福建省首届武术协会委员，五祖白鹤拳的主要传人。中国武术六段。自幼从乃父柯金木习练五祖白鹤拳，深得五祖白鹤拳、械之精要。1958年参加厦门市武术比赛获第一名、福建省武术比赛获一等奖。同年入选福建省体育集训大队，并代表福建省参加全国武术比赛获少年组一等奖。1963年获福建省少年武术锦标赛南拳、短兵、长兵全能第一名、表演项目一等奖。1964年曾两度参加省武术队集训，参加福建省武术比赛获南拳第二名。同年九月代表福建省参加在济南举行的全国十九单位武术暨射箭锦标赛，获得南拳第三名。20世纪70年代后经常参加福建省、厦门市武术比赛裁判工作，历任武术比赛副裁判长、裁判长。

柯永荣（1951.12— ） 男，南平市人。南平颐和房地产公司副总经理、南平市武术协会会长、福建武术协会常务理事、副秘书长。一级武术裁判、中国武术七段。1964年随外公林光勋学鹤拳，1969年从福州陈依九学地术拳法。1972年在福州训练少儿武术，并带队参加三省城市（福州、杭州、南昌）武术比赛。1976年带领运动员参加"文革"后首次在三明市举办的福建省武术比赛。1979年作为全国首届武术观摩交流大会的特邀代表，在大会上展示了福建地术拳法，并和陈依九老师进行了对练。1977—1988

年历任福建省武术比赛裁判长、副总裁判长、总裁判长、仲裁等；并历任全国传统武术套路比赛、全国散打比赛、海峡论坛·海峡两岸传统武术大赛、华夏南少林武术大赛等副总裁判长、仲裁委员、仲裁主任等。1985年在石家庄全国少儿武术比赛上，被评为最佳裁判员。1982年被评为全国千名优秀武术辅导员。2008年被评为省武术先进工作者。2012年国际武联在武夷山举行的第六届世界杯武术散打比赛中，担任比赛技术调研组成员。积极组织各县、市武术交流、培训和竞赛活动，大力促进南平市武术事业的发展。积极参与张三丰文化研究，与刘立身、叶芬一同发表了"张三丰与福建·邵武考略"一文，引起学界瞩目。

柯英俊（1960.7— ） 男，三明大田县人。副教授。福建省高校武术协会副秘书长兼对外联络部主任，福建省武术协会理事。一级武术裁判，中国武术六段。1974年入大田县少体校武术班，师从著名武术家洪正福。1978年9月考入福建师大体育系专修武术，1982年毕业后分配至三明师专体育科任教，任武体水教研组组长。1984年参加省职工运动会武术比赛获三项冠军、一项亚军。同年11月被三明市政府评为"新长征突击手"。1993—2004年调至大田县少体校工作，任副校长，兼大田县武术学校校长、总教练。1999年被评为三明市学校体育业余训练先进工作者。2003年被大田县宣教系统评为优秀共产党员。2004年调至三明学院体育系工作，任专业（二）教研室主任。发表学术论文十多篇，参加科研课题四项，参编《四十二式太极拳图与解》《武术健身教程》两部教材。2008年1月获"福建省高校优秀体育教师"称号。历任福建省、市武术比赛裁判长、总裁判长。

柯明玲（1968.1— ） 女，石狮市人。2009年开始随卢义荣、邱金雄等老师习练太极拳。2010年参加福建省第二届海峡论坛武术比赛，获得女子中年D组42式太极拳金牌、42式太极剑银牌。2012年参加在江苏徐州市举行的全国传统武术比赛、全国农民武术比赛，获得女子中年D组42式太极拳银牌、42式太极剑银牌。

柯国林（1972— ） 男，漳州芗城区人。渡头村武术馆馆长。师承洪跃坚习练捷元堂拳法，经常参加各大武术比赛和交流活动。曾获2013年"融信杯"第二届厦门国际武术大赛白鹤拳金牌、2013年首届福建省传统武术争霸赛日月刀金牌、2013年首届厦门翔安武术精英电视赛单刀金牌。

kong

孔　异　晋江市人。宋乾道五年(1169年)武举。

孔　元　宋淳祐元年(1241年)武举。

kou

寇用和　宋乾兴元年(1022年),宋朝提刑官(武臣),见《福建通志》(民国)。

kui

魁　麟　改名魁伦,清乾隆五十三年至嘉庆元年(1788—1796年)福建将军。

L

lai

赖嘉猷 字汝弼,闽县(今福州市)人,嘉言、鸣之兄。宋淳熙十一年(1184年)武举。

赖嘉言 闽县(今福州市)人,嘉猷之弟,鸣之兄。宋嘉定元年(1208年)武举。

赖　鸣 闽县(今福州市)人,嘉猷、嘉言之弟。宋嘉定元年(1208年)武举特奏。

赖此举 晋江市人。行伍出身,明崇祯间京都前营总镇府都督。

赖廷魁 漳浦县人。清乾隆二十六年(1761年)武进上。

赖廷芳 漳州平和县人。清乾隆五十一年(1786年)武举人。

赖维金 漳州平和县人。清乾隆五十九年(1794年)恩科武举人。

赖行善 漳州平和县人。清道光二年(1822年)武举人。

赖清俊 漳州平和县人。清道光五年(1825年)武举人。

赖英豪 字俊卿,永定县人。清光绪十八年(1892年)武进士,兼分江西守备。

赖松华(1953.10—　) 男,泉州市人。泉州市华龙国术馆馆长、泉州市武术协会副秘书长,泉州南少林武术协会副理事长。一级运动员、一级武术裁判,中国武术六段。泉州南少林五拳"龙、虎、豹、蛇、鹤"传承人。1982年参加福建省运动会,获南拳第一名。1984年参加福建省职工运动会武术比赛,获五项全能第二名。1996年参加全国传统武术大赛,获南少林五拳第一名,国家武术管理中心颁发特别奖。撰写《浅谈南少林五拳》,在《武林》上发表。培养的不少学生在各级比赛中获奖,1983年被评为全国千人优秀武术辅导员。多次参加福建省、市各类武术比赛的裁判工作。

赖评议(1973—　) 男,晋江市人。福建省批教练,晋江市青阳国术馆副总教练,二级社会体育指导员。参加晋江市第七届运动会武术比赛,荣获拳术、棍术、传统器械和对练第一名,并获全能冠军称号。参加晋江市第八届运动会武术比赛,荣获三枚银牌。参加中日武术代表团交流表演大会。1994年参加中国郑州嵩山—泉州少林武术大会演,获优胜奖。

lan

蓝　理(1649—1720)　男,畲族,字义甫,号义山,漳州漳浦县人。清康熙朝武将。蓝理身躯魁伟,武艺精强,刀盾剑戟各种武器无不精通。康熙十三年(1674年),蓝理投奔南下讨伐耿精忠的康亲王杰书,在浙江击败随同耿精忠叛清的曾养性等,入闽后又屡立战功,被授为松溪、建宁营游击。康熙十八年(1679年),收复长泰县,以功升任灌口营参将。康熙二十二年(1683年),蓝理随施琅征台,在海战中被郑军重炮击中腹部,腹破肠出,裹伤再战,被誉为"破肚将军"。康熙皇帝称其"台海血战,功在首先",赐予"平台首功"匾文,授昂帮章京内大臣兼摄左都督,世袭骑都尉,封一等伯。康熙二十六年(1687年),被授为陕西神木副将。赴任前,康熙又特授其任河北宣化府总兵官,挂镇朔将军印。三年后调补浙江定海镇总兵官。康熙四十二年(1703年),调蓝理为天津总兵官。康熙四十五年(1706年),升任福建陆路提督。康熙皇帝御书"所向无前"、"勇壮简易",赐给蓝理,在府城漳州建立坊表及提督府各一座,赐联"铜柱海疆曾著绩,铁衣戒略夙知名"。康熙五十年(1711年)秋,又因漳平陈五显造反案,蓝理被撤职。康熙五十六年(1717年),新疆准噶尔部策妄阿拉布坦进兵西藏,杀拉藏汗。朝廷派兵征讨,命蓝理军前效力。康熙五十八年(1719年),准部兵败,西藏平定,蓝理以年老,得赐还京。康熙五十九年(1720年),卒于北京,时年71岁。

蓝　瑷　男,畲族,字佑臣,号蓬侯,漳州漳浦县人。蓝理之弟,世称"四总爷"。跟随大哥蓝理征战,官至金门总兵。

蓝廷珍　男,畲族,字荆璞,漳浦人。清雍正朝福建水师提督。自幼性情朴直,胸怀大志。其族亲蓝理移镇浙江舟山,他不远千里,渡海投奔,请求入伍。蓝廷珍在军中刻苦练习骑射,挥舞刀枪盾牌,矫捷如风,又善于使用枪炮等军火器械,弹无虚发。康熙三十四年(1695年),被提升为把总。四年后,升磐石守备。康熙四十四年(1705年),升温州镇右营游击,经常带兵到外洋巡捕海贼,以巡守有功,调任温州镇中营游击。康熙五十八年(1719年)春,越级提升为澎湖副将;至夏秋间,又升为广东南澳总兵;不久,兼理碣石、潮州二镇军务。康熙六十年(1721年)夏,台湾朱一贵起义,很快就攻取全台。五月,朝廷命闽浙总督满保、福建提督施世骠征讨。满保进驻厦门,委令蓝廷珍总统水陆大军。二十二日,收复府治。闰六月,清军打败朱一贵起义军。七月,蓝廷珍奉檄暂理台湾总兵官事务,仍总统征兵事务。九月,提督施世骠亡故,蓝廷珍奉檄暂理提督印务,驻台处理善后事务。蓝廷珍驻台湾期间,整编保甲,实行团练,加强地方管理和防务工作,发动百姓开垦荒地,经努力,台湾很快就恢复秩序,农业生产得以发展。雍正元年(1723年),蓝廷珍升任福建水师提督,加左都督,世袭三等阿达哈哈番(即轻车都尉)。雍正七年(1729年)冬,卒于任上,时年66岁。赠太子少保,赐祭葬,谥襄毅。

蓝　凤(1699—1816)　又名林凤、蓝卿,漳州平和县人。年少习武,身高力大。清康熙五十四年(1715年)投军灌口营。因屡立战功,从把总晋升至总兵官,在广东等多省任职达五十年。授"荣禄大夫"、"三省大巡按"、"五福将军"、"义族公"、"子孙世袭"、"一品大夫"。因在台湾任职期间,曾组织广东、福建、浙江等地居民迁台开垦安居,被称为"开垦台湾第一蓝"。乾隆四十五年(1780年)告老还乡,乾隆念其功绩,御书"福"字金匾五个,御赐大铜钟一个,铜仗一支。嘉庆二十一年(1816年)终老,葬于老家平和县南胜镇禾仓村。

蓝元枚(1736—1787) 畲族,字卜臣,号苌溪,廷珍孙,漳州漳浦县人。清乾隆朝将领。袭其祖父蓝理之轻车都尉,官铜山营参将。后历官广东海门参将、龙门协副将、海澄副将,升台湾总兵,调金门总兵,江南苏松镇总兵。乾隆四十九年(1784年),擢江南提督。清乾隆五十一年(1786年),台湾林爽文起义,调任福建陆路提督。不久,改任福建水师提督,并任命为参赞大臣,统兵赴台湾镇压林爽文起义。因屡获战绩,乾隆皇帝谕:"着赏双眼花翎,以示优眷。"乾隆五十二年(1787年),因染病卒于军中。赐太子太保,赐祭葬,谥襄毅。子蓝诚袭职。

蓝大瑞(1953.9—) 男,畲族,宁德市人。霞浦县飞鹰武术培训中心主任,中国武术功力裁判、教练员,福建省第三批非物质文化遗产畲族传统武术盘柴槌第30代传人。中国武术六段。2006年和2009年先后两次参加香港国际武术比赛,获得盘柴槌、齐眉棍、功柔鹤法传统武术三项第一名。擅长风湿伤科的医治,长期从事武术教练工作,2007年被浙江省对外体育交流中心授予涉外教练员。2011年代表福建省参加在贵州举行的全国第九届少数民族运动会武术比赛,获得男子器械C类(畲家长棍)第三名。

蓝培在(1964.4—) 男,畲族,漳州漳浦县人。中国武术五段。1972年开始习武,先后师从广东袁义和漳州陈福龙。1991年参加福建省第二届少数民族传统体育运动会武术比赛,获器械第一名、南拳第五名。1999年参加福建省第四届少数民族传统体育运动会武术比赛,获对练第四名。曾发表论文《蓝枝拳对技击运用》。

le

乐 善 清道光十三年至十五年(1833—1835年)福建将军。

乐秀康(1932.9—　)　男,南平市人,中国武术六段。1958 年 8 月师从上海傅钟文老师习杨式太极拳,常年锻炼不辍。1987 年当选为南平延平区武术协会副会长。2000 年为延平区武协顾问。

lei

雷　协　宁化县人。宋政和二年(1112 年)武进士,兴化军教授。

雷三益　男,宋末元初清流县人。身材魁伟,臂力过人,智勇双全。宋末,文天祥为抗元引兵出江西、入福建,沿途召集义兵,八闽人民纷至响应。景炎初,文丞相兵败,入汀州府募兵,三益率子雷丙、雷戊、雷庚同时应招入伍抗元。元统治者调集大量武装镇压抗元运动,在激战中,父子四人同时殉难。三益殉难之后,清流人民前仆后继,继续开展抗元斗争。为纪念三益,特建专祠春秋祀奉。

雷　鹏　清流县人。清乾隆十三年(1748 年)武进士。崖州副将,署广东香山协镇。

雷　湖(1963.8—　)　男,贵州人。邵武市公安局民警。中国武术五段。1976 年入选邵武少体校武术班,师从庄昔义、庄昔聪老师。1977 年获福建省武术比赛少年组全能冠军及单刀、双刀第一名。1978 年与柳梓斌、傅子剑、张琪代表建阳地区夺得福建省第七届运动会男子武术团体冠军。1979 年获福建省武术比赛单刀、双刀及对练第一名。同年代表福建省武术队参加在内蒙古举行的全国武术观摩比赛,获双刀金牌。1980 年代表火车头参加(西安)全国武术观摩比赛,获双刀金牌。1986 年代表火车头武术队参加(杭州)全国第八届运动会。

雷勇昌(1968.5—　)　男,宁德市人。宁德蕉城区武术协会秘书长兼金涵畲族分会会长,内文拳传人。1985 年师从蔡作潘老师学习内文拳、械,系统地掌握了内文拳法,为内文拳第四代弟子,习武 30 年从不间断。多次参加宁德市武术比赛并获各类奖牌。2006 年至 2007 年度被评为蕉城区武协优秀会员。2008 年 5 月参加福建省南少林传统武术比赛,获男子中年组拳术与棍术冠军。2011 年 5 月参加福建省第七届少数民族运动会武术比赛,获得男子拳、械前六名,同年 9 月代表福建省武术代表团参加在贵阳举行的第九届全国少数民族传统体育运动会武术比赛并获奖。

li

黎鹏举 字冲霄,祖籍安徽合肥。生于福建,明代武将。在抗倭战斗中屡立战功,号称"忠勇将军"。嘉靖三十七年(1558年),任汀漳守备。倭寇犯境,他聚舟屯漳浦后江土城,设兵伏击,一举斩敌200多人,升为指挥佥事,移镇福清万安卫。倭寇从宁波南下,进犯福建沿海,闽江口失守,福州危在旦夕。鹏举率师在罗星塔、闽安镇一带与倭寇血战,收复五虎门后,又顺闽江南汉直追至长乐梅花、大金,八战八捷,使福州无虞。又挥师北上,大败倭寇于焰岭,斩敌1560多人,焚溺无数,敌巨船利器全数沉没。以功擢升参将,移守福宁(今宁德地区)。福州官绅在乌石山神光寺设宴欢送,并在寺后幞头岩上镌刻"黎公在,乌石在"六个大字,人称"黎公岩";附近建黎公亭。

黎国耀 晋江市人。明隆庆间武举人,副总兵。

黎　国 晋江市人。明万历十一年(1583年)武进士。

黎国杙 漳州市人。明万历十一年(1583年)武进士。

黎国烽 晋江市人。明万历十一年(1583年)癸未科武进士。卫舍人,任中都留守使。《晋江县志(道光版)》作"黎国燡",也有作"黎国杙"。

黎国炳 晋江市人。明万历二十九年(1601年)武科进士。卫舍人,历官广西总兵,两广都督。杀寇平倭,屡有奇功。明天启三年(1623年),任南澳副总兵,并兴建了南澳岛猎屿铳城下座炮台。

黎国耀 漳州市人。明朝武进士。

黎晓云(1972.9—　)　男,龙岩长汀县人。龙岩市武术协会副会长,长汀龙江体育集训中心主任。从小习武至今三十多年,对刀、枪、剑、棍、大刀、短棍、双节棍、散打、武当武术、陈式太极拳、杨式太极拳较有研究。长汀龙江体育集训中心自创立以来,培训了不少武术学生,为传播推广武术做出了应有的贡献。

利伯图(1980—　)　男,意大利人。心理医生。意大利通背劈挂拳武术会副会长。师从厦门洪传勋、王锐勋老师习练通背劈挂拳,和师兄祖凡尼在意大利开设通背劈挂拳武术会,教授学生中国武术,所教学生多次参加意大利及欧洲武术锦标赛,获得金、银奖。

李伯瑶 男,字昆宗。河南光州固始县人。唐卫国公李靖之孙,任营将,擅长武艺兵

法。唐总章二年(669年),以前部先锋从陈政入闽平"蛮獠啸乱"。在进军中,善谋略、巧用计,以"竖柳为营"布疑兵,智渡九龙江,击溃阻敌;又用反间计断绝敌垒水源,"断鹅平洞",轻取诸峒寨,屡立奇功。漳州建立后,以其翰略晋为漳州司马,后病逝于屯军所,葬于火田鹤坑。宋绍兴二十年(1150年),被追封为殿前检点威武辅胜上将军,夫人邵氏封为平德妙顺夫人。后世多有立庙奉祀李伯瑶,并配祀威惠庙,俗称"李王公"。李伯瑶为辅佐陈政平息"啸乱",还请命允许其在京的诸子随征。伯瑶殁后,13个儿子皆继父志,长子为防御团练使,次子为水军都统,其余诸子分戍闽地郡县。为此,古楼威惠庙李伯瑶殿有祠联"辅佐玉钤军一家父子资襄赞,顺搜金浦志半壁河山赖转圜",以褒其父子功德。

李　傅　宋宝元年间(1038—1040年)提刑官(武臣)。

李宗孟　宋嘉祐三年(1058年)提刑官(武臣)。

李　纲(1083—1140)　男,字伯纪,号梁溪居士,邵武市人。北宋末南宋初的大臣。宋徽宗政和二年(1112年)中进士,曾任监察御史兼殿中侍御史,徽宗时任太常少卿、钦宗时任兵部侍郎、尚书右臣、尚书兼中书侍郎等职。靖康元年(1126年)入相,后来被宋高宗周围的投降派设计陷害,迫使李纲辞职。李纲任宰相仅七十五天,就被驱逐出朝,不久贬鄂州(今湖北武汉市武昌),继又流放到海南岛的万安军(今广东儋州市东南)。直到建炎三年(1129年)底才获自由。李纲一生历事徽宗、钦宗、高宗三朝,在金兵入侵中原,国家、民族处于空前危机的历史紧要关头,他深明大义,将生死置之度外,旗帜鲜明地反对投降,力主反抗侵略,保卫百姓和国家。他身先士卒,指挥抗金,以实际行动维护民族和国家的尊严。为了指挥抗击金兵,他还专门请工匠督造了一柄宝剑,亲临督战。绍兴十年(1140年)元宵节殉于福州楞严精舍,终年58岁。

李国辅　字必强,侯官(今福州市)人。宋乾道二年(1166年)武举人。终沅州巡检。

李国勋　国辅之弟,闽县(今福州市)人。宋淳熙二年(1175年)武举人。

李兴时　字叔起,宁德市人。宋淳熙八年(1181年)武举人。

李叔淮　字伯海,闽县(今福州市)人。宋淳熙八年(1181年)武举人。《三山志·人物》作"李叔准"。

李若水　字善甫,永福(今永泰县)人。宋绍熙元年(1190年)武举正奏,知龙川县。

李叔瀛　宋嘉定元年(1208年)武举特奏。

李　亮　宋庆元五年(1199年)武举第三人。

李师武　永福(今永泰县)人。宋绍定五年(1232年)武举人。

李先登　连江县人。宋端平二年(1235年)武举人。

李文庆(南宋末—元延祐间)　男,字积德,连城县人。幼读诗书,长大后,身体魁梧,骁勇异常,路见不平即拔刀相助。元至元年(1264—1294)间,爪哇袭击东南沿海,骚扰掳掠频繁,而福建滨海一带受害尤深。元朝廷命福建行省派兵征剿,文庆得到消息后,立即投身入伍,誓为沿海百姓抵抗异族蹂躏。在连城招募勇士千余人,跟随江西左丞高兴奔赴祖国南疆海域,终于平定爪哇,收复士罕必阇耶以归。因立军功,授汀州总管。连城盗发,赐金牌统兵回县镇守。逝于家中。子仲山继父职,出任武平总管。适武平黎畲乱,奉命镇守。孙良辅、曾孙敬中,俱袭从义校尉。

李仲德 男,连城县人,时号三官人,文庆之子。仲德短健善射,好逐飞走。生有四子:良智、良弼、良能、良明,皆骁勇。元泰定元年(1324年),寇围连城,兄仲山继任总管,在武平。仲德率丁决战,杀其前队。贼败披靡奔十余里。后敌寇复来,仲德又率丁与战。丁不过百余,而贼寇数千,又尽杀之。后贼寇越来越多,仲德与长子良智、二子良弼出没如流星,以一当十,挡者皆死。然已身中数矢,而丁陷且尽,犹杀贼数十人。时三子良能刚17岁,四子良明15岁,见势将陷,又突入巷战。父子五人冲突奔杀,血战至死,而贼亦丧胆奔散去。民赖获全。兄仲山从武平旋,哭失声,合葬于邑西之姚家坪。

李　铉 字伯鼎。至正间袭兄钧副万户,守延平。擒宁化寨寇魏梅受,解福州围。击福安寇,战于泗洲桥,弗克死之。赋诗有"君亲恩莫报,忠孝事难全"之句。事闻,追赠镇国上将,江东道都元帅护军,陇西郡公。

李志甫(？—1340) 男,又名胜,漳州南靖县人。元代起义军首领。10岁开始习武,曾在平和多处开设武馆,传徒授艺。元至元三年(1337年)六月,李志甫集众起义,杀出南胜县(今平和县),直捣漳州府。龙溪元军守将搠思监与战失利,守将萧景茂与其兄集乡丁据观音山之险顽抗亦战败被执。起义军攻破漳城,杀长史晏只哥、同知郑戬、府制喜春令等。元统治者为之震骇,急调江南行省平章别不花统闽、粤、浙、赣的元军前往镇压。面对强敌,义军英勇奋战,元军累战累败。为挽回败局,别不花起用熟知当地情况的陈君用(与李志甫同县人)组织地方武装夹击义军。至元六年(1340年),义军经三年顽强抵抗,伤亡惨重,给养也陷入困顿境地,不得不采取化整为零的策略。志甫集少数强悍义军骨干,据守高坑霄岭乌泥洞。此地林深地险、易守难攻,元军难于得逞。陈君用见强攻不下,亲率敢死队数十人从小路突袭,直捣乌泥洞。义军猝不及防,大败。李志甫被箭射中被俘,后为元军所杀。义军余部由郑子箕率领,西向龙岩,后被捕。持续三年的反元起义遂告失败。

李良钦(1490—1580) 男,同安山边村人(今厦门海沧东孚镇)。明代著名武艺家。李良钦机宜超越,身材魁梧,生性秉忠,武艺超群。少任侠,结好友,重名节。他从异人习得齐眉棍法,常年演习不辍,深谙棍法之妙。后来他将齐眉棍加长为丈二棍,使棍发挥更大威力。嘉靖初年(1522年),同安遭倭寇屠城,李良钦带领族中弟子、地方百姓练棍习武,训练荡桥,向俞大猷输送擅于海舟作战的士兵,配合俞家军抗倭作战。并组织乡民在青龙山扎寨,多次抗击倭寇,取得胜利。李良钦以荆楚长剑授俞大猷,戚继光亦向其求教。其棍法在明代已闻名遐迩,妙绝天下,成为军队和各派武林的竞学之技。明代名将何良臣称"刘邦协、李良钦、林琰之流,各有神授,世称无敌"俞大猷所著《剑经》,作为训练军士的教材。该《剑经》多出其所传。戚继光盛赞《剑经》所揭示的"短兵常用之法,千古奇秘,非欺人也"。俞曾表奏其功于朝廷,李良钦辞不受官。

李 佐 漳州龙海市人。明隆庆二年(1568年)武进士,任延平卫镇抚。

李 璪 漳州漳浦县人。明万历五年(1577年)武进士,任湖广川沙营把总。

李廷邦 漳州芗城区人。明万历二十年(1592年)武进士,任漳州卫指挥。

李 鼎 漳州平和县人。明朝武举人。

李 协(明末时期) 漳州平和县人。从小习武,尤精箭法,以打猎为生,人称"治虎将军"。

李式开(约明天启至清康熙年间) 绰号"飞虎"。自幼入南少林寺习武,擅长棍法。曾在云霄马铺乡山区搏泗古村设馆传授武艺。后到广东南部设馆传徒,终老于广东高州。因曾参与组织天地会从事反清复明活动,被后人称为"洪门前五祖"之一(该人为天地会秘密文件中人物,是否真有其人存疑)。

李建郁 漳浦县人。明万历二十年(1592年)武进士。

李梦帅 晋江市人。明万历二十年(1592年)武进士。

李承魁 莆田市人。明万历三十二年(1604年)武进士。

李廷柱 石狮永宁镇人,李廷森弟,移居金埭。明万历三十七年(1609年)武举人,永宁卫舍人。

李光表 安溪县人。明天启四年(1624年)武举人,泉南守备。

李梦麒 南安市人。明崇祯元年(1628年)武进士,指挥使、广西右营都司金事。

李士淳 宁化县人。明崇祯元年(1628年)武进士,潮州程乡镇抚、吏部侍郎。

李懋梓 安溪县人。明崇祯三年(1630年)武举人,雷州总司。

李 乔 仙游县人。明崇祯十一年(1638年)武进士,第二名(榜眼),常州都司。

李肇镇 仙游县人。明崇祯十七年(1644年)武进士。

李 良 连城县人。明顺治五年(1648年)戊子科武举人。

李 春 字安海,明末清初福建人。安海拳创始人。因其参加反清复明活动,流落在永泰山区,在永泰漱下村王桂杖家传授拳法三年,授徒十几人。使该拳在永泰代代相传,因其字安海,所授拳法被称为"安海拳"。

李鸿猷 永春县人。任磁州千总。

李光裕　大兴人。武举人,清顺治十七年(1660年)任浦城游击。

李元烈　字士高,泉州南安市人。清顺治十七年(1660年)武举人,四十六都练总。

李　灿　闽清县人。清康熙六年(1667年)武进士。

李尔藏　厦门同安区人。清康熙六年(1667年)武进士。

李　默　泉州市人。清康熙六年(1667年)武进士,瑞州总兵。

李建功　南安市人。清康熙三十六年(1697年)武进士。

李天扶　龙岩连城县人。康熙三十八年(1699年)巳卯科武举人。

李孟芳　龙岩连城县人。康熙四十一年(1702年)壬午科武举人。

李庚籍　泉州永春县人。清康熙四十五年(1706年)武进士,江西南赣镇守备。

李千树　漳州平和县人。清康熙五十九年(1720年)武举人。

李六曹　漳州南靖县人。清雍正元年(1723年)武举人。

李应元　侯官(今福州市)人。清雍正二年(1724年)武进士。

李尚忠　漳州平和县人。清雍正十年(1732年)武举人。

李长明　南平浦城县人。雍正朝,以千总荐举侍卫,官广东大鹏营参将。

李元珠　清代乾隆年间福建永泰人。虎拳创始人。出生于永福(永泰)山区,自幼习武,膂力过人,通晓民间各种拳法。乾隆年间,他模仿山上猛虎之形态,取猛虎之特征,创造出永福虎尊母拳,并授拳于村中青年郑登光和李昭北。两人不分昼夜,勤学苦练,各练出虎拳绝技。登光擅长"虎腿",起腿踢柱柱偏移;昭北精"虎爪",以爪击木入木三分,击掌牛毙。后登光隐居深山传艺,昭北闯荡福州。该拳经历代传人的不断充实提高,虎拳的内容和技艺得到丰富,成为一个富有特色、影响广泛的拳种。

李玉堂　汝宁人。武进士,乾隆四年(1739年)任延平右营守备。

李昭北　男,清代乾隆年间永泰县洑口乡人。虎拳主要传人。膂力过人,精于拳术,是"永福虎尊"拳术创始人李元珠的两个得意门徒之一,得师传"虎爪"绝招;另一门徒郑登光,得其师"虎腿"技艺。故民间至今流传"登光腿,昭北手"。一天,他路过溪口湾,一头牛发狂飞奔,行人束手无策,惊惶万分。他伸出一手扼住牛项,另一手掣紧牛腹,估计人们已走很远才放手,不料此牛已被扼死。宰牛时,发现牛项、牛腹均有很深的指痕。另一天,他到福州买布,店主见其乡下佬土气,故意挑起争端,酿成角斗。他屡斗屡胜,未逢敌手,因此名扬三山。后被挽留在福州设馆授拳,门徒甚多。壮年投军,任把总、千总等职。晚年因不愿参与镇压太平军被罢职为民。随后在永泰县城关和西山一带授徒,对永泰虎尊拳术的发展与提高做出了很大贡献。

李其祖 福清市人。清乾隆十三年(1748年)武进士。

李玉山 福清市人。清乾隆十三年(1748年)武进士。

李朝琏 宁化县人。清代武举人,朝州卫领运千总。

李士斌 宁化县人。清代武举人,抚标守备。

李邦石 漳州云霄县人。清乾隆十五年(1750年)武举人。

李如筠 咸宁市人。武进士,侍卫,乾隆二十三年(1758年)任延平协镇副将。

李咸光(1735—1795) 字作揖,号韬序。漳州平和县人,清代武状元。清乾隆二十五年(1760年)庚辰恩科武状元。授广西提标左营游击,后调任浙江黄岩镇标水师中军游击,旋又晋升为福建烽火门参将。参加镇压台湾天地会林爽文起义后,晋升为台湾平安协水师副将。不久,调回闽安协副将,署任海坛、南澳总兵,浩封四世武功将军(从二品)。后因思母心切,解甲回乡。

李国梁 漳州诏安县人。清乾隆二十七年(1762年)武举人。

李长庚(1750—1807) 号西岩,同安翔风里后边村人。清嘉庆朝福建水师提督。少时警敏有远志,致力读书骑射。乾隆三十六年(1771年)辛卯恩科武进士。初授蓝翎侍卫,乾隆四十一年(1776年)补浙江衢州都司,累迁至乐清副将,调任福建海坛镇总兵。嘉庆五年(1800年)冬擢为福建水师提督。嘉庆六年(1801年),长庚请造的30只战船建成,配备新铸大炮400多门,和蔡牵战于歧头、东霍等洋。嘉庆七年(1802年)春又战于浙海潭头、闽海东沪。嘉庆八年(1803年)朝廷命长庚总统两省水师。嘉庆十年(1805年)夏,长庚调任福建提督,此后至嘉庆十二年(1807年)冬,李长庚与蔡牵多次交战于福宁外洋、台州海面、定海鱼山、闽海竿塘、温州三盘、粤海大星屿等。嘉庆十二年(1807年)十二月,长庚亲率浙师亲军专攻牵船,击破蔡牵坐船篷帆,在将获全胜之时,长庚身旁落下一炮,颈额中炮立毙。朝廷闻之,诏封李长庚三等壮烈伯,承袭16次,钦派巡抚张师诚亲到同安赐祭葬,赐谥"忠毅"。

李得胜 先居金门,后移厦门。清乾隆朝将领。由行伍累擢水师提标后营守备。乾隆间,两带凫水兵赴浙水操,赐银币。又随将军常青从征台湾林爽文。时海盗乘间起,奉檄率水师,防堵鹿耳门。乾隆五十二年(1787年)秋,击之涵西港,获其五艘。次年正月三日,战竹仔港,皆捷。复在打狗港擒林振等。经二十余战,以功授南澳左营游击,凯旋,调水师提标后营,获洋盗彭庇等六十余名,升乍浦参将。未赴任,以前防蚶江失察偷渡,贬秩留任。嘉庆元年(1796年),补水师提标参将。八月,击贼井尾洋,歼毙无数,生擒陈垒等,获舟三,余匪奔灯火,复为陆营截擒靡脱。越月,北巡草屿,擒陈科科等,获舟二。陆鳌之战,轰击粤盗,杀伤甚多,遁去。与金门镇李南馨军相犄角。嘉庆五年(1800年)十月,安南夷艇据苏尖,率舟师击之,破其船二。旋以蔡牵入大担,降千总,荐复原官,护金门总兵,升瑞安副将,未及上任即亡。子文澜,官守备。

李汉升　原籍晋江,住厦门。清乾隆朝将领。身躯魁梧。乾隆五十一年(1786 年)冬,从征台湾林爽文,先后三十八战。以蓝翎换花翎,累升澄海副将。嘉庆七年(1802 年)秋,从提督孙全谋平博罗县贼,授碣石总兵官。旋因脱犯,落职谪戍三载。释回,出洋随缉,汉升感奋。嘉庆十七年(1812 年)七月,遇贼乌土丘,中持牌刀,跃入贼船格杀,生缚邓石以献。越月,复擒陈登于小麦洋,拔把总。嘉庆十九年(1814 年)七月,有盗伺劫石空口洋,攻获其船,盗泅水遁。汉升击楫追之,窜伏山莽,搜擒贼党朱天记。录功补水师提标后营千总,署金门左营守备。移病归。子飞熊,官守备。

李尚华　清代同安县人。清嘉庆朝将领。编伍水师提标,拔千总。嘉庆十年(1805 年)闰六月,从提督李长庚攻蔡牵于青龙港。嘉庆十四年(1809 年)五月,从提督王得禄攻骆仔卢于白犬洋,并著劳绩。大吏汇叙南北洋剿捕功,奏列一等。时海上盗魁略尽,余贼吴属尚肆陆梁。嘉庆十七年(1812 年)五月,分舟泊空口澳,擒其党胡琼,获船二。七月,战大麦屿,贼败窜,穷追至东镶冲山,破其船,生致吴九诸贼。不数日,复捣于乌土丘,以火攻沉其船,囚王鸽辈四十三贼。越月八日,击唐沙伍帮匪于壁头洋,再击之小麦洋,获贼四十六名,获船四、炮械火药无算。总督汪志伊加犒赠焉。终金门右营守备。

李联桂　南安市人。清嘉庆六年(1801 年)武举人,中军府。

李攀桂　字子才,南安市人。嘉庆二十一年(1816 年)武举人,官至兴化协镇右营守备。民国《南安县志》误作道光八年(1828 年)戊子科。

李廷钰(1791—1861)　字润堂,号鹤樵,同安县人。承袭养父李长庚封爵,清嘉庆二十二年(1817 年)补二等侍卫。道光四年(1824 年)授江西南昌城守营副将,后历任署九江、南赣、广东、江南狼山等镇总兵、浙江提督。任内造船练兵,积极加强抗英海防建设,并建议海防章程数十款,为朝廷所重视。

李凤飞　男,南安市人。道光二十年(1840 年)武举人,签掣卫守府。

李志中　永春县人。清道光二十年(1840 年)庚子恩科武举人。

李师瀚　字克仁,永春县人。咸丰年间任南安洪濑都司,升陆路后营副总兵,移驻泉州。

李寿春　男,武探花。清咸丰朝将领。咸丰二年(1852 年)任延平协副将,有勇力,常持大刀四十勖。时值多事,讲求武备,至咸丰三年(1853 年)四月间,红巾黄有使作乱于永安,沙县既陷,随下攻郡城,李协春先出防西郊,贼至,急入城守,贼数千环攻数日,一旦昧爽,贼由东门龙山偷入,李寿春闻警,手提大刀驰上山,杀数人,旋击贼退,城得以全。适省授兵至,遂率兵开城出战,加攻破之。因月余积劳疾,卒于署。阖城士民,为之挂孝泣祭。

李腾飞（1838—1923） 男,字腾宗,漳州芗城区人。清末民初漳州著名武师、少林五祖何阳堂第二代重要传人。8岁从何阳师练习少林五祖拳法,他勤奋刻苦,不分昼夜苦练基本功及醉拳中的跌、扑、摔难度动作。常常摔得浑身青紫、脚手臃肿,从不叫痛喊苦,因此得了个"憨肉"的绰号。由于他天资聪颖,生性乖巧,甚得何阳师青睐,视其如子,加以严督,使其尽悉掌握内外功奥秘,从基本功到洞宾醉酒拳法、到五祖护体金刚功、铁砂掌、混元金刚爪功等尽得何阳师衣钵真传。洋老洲(古名瀛洲)依伴九龙江,清"道光"皇帝赐碑成立"瀛洲保",有南来北往船只停泊在码头上下货,"李腾飞"素有"指碎篙头,惊走龙岩放竹排的武师"的轶事流传后世为佳话。

李士嘉 明溪县人。幼习兵略,有勇力,常欲以骑射博取功名,未遂。咸丰年间,红匪长发并起,屡攻县城。咸丰七年(1857年)十月,士嘉与林协镇策勋,极力御战,贼败退龙湖。复与陈协守诗魁追击之。虽斩贼十余,然卒以众寡不敌,阵亡。

李应辰（1860—1922） 又名应时,字宗聘,祖籍同安县,出生于台湾台北。从小好学,又热衷武功。清光绪九年(1883年)参加淡水厅武学考试获第五名。光绪十七年(1891年)中文举,文武兼备,在当地一时传为佳话。光绪二十年(1894年)甲午战争爆发后,清政府战败,被迫签订了丧权辱国的《马关条约》,将台湾及澎湖列岛割让给日本。消息传到台湾,群情激愤,台北鸣锣罢市,决心抗日。当年五月,日本侵略军开始登陆,台湾各地民众群起抗击。五月十六日,台北沦陷,他率淡水十八庄壮丁500人展开长达两个月的游击战,终因敌我兵力悬殊,在龟仑岭炮战中受伤,后携家眷离开淡水,迁回厦门。面对清政府的腐败无能,他悲痛之余,吟诗明志,"临危仗剑事专征,一寸心强十万兵,闻敌仓皇走将帅,防秋功名付书生"。民国十一年(1922年),李应辰病逝,享年63岁。

李铭峰 建瓯市人。清光绪十二年(1886年)武进士。

李祥麟 仙游县人。清光绪年间武进士,光绪二十七年(1901年)授参将。

李载鸾 乳名德锵,东平乡冷水村人。民国初年(1912年)到南洋谋生。他体魄强健,好拳击,拜干德源为师,学有所成。他对少林、武当刚柔两派兼收并蓄,并继承和弘扬中医伤科治病之术。对西方拳击技艺也作过专门研究,深明中西技击之秘要。曾作腹部重压石条3000多斤及汽车辗腹表演,因而被群众称为李大力士。曾任柔佛蔴坡国术馆总教授、彭亨咾吻华人体育国术主任、吡叻江沙福建公会国术主任,著有《李载鸾治伤验方药册》。1949年春,曾回家乡探亲,后在南洋去世。

李万悦（1881—1959）　男,永春县人。老拳师。少时即习练太祖拳、罗汉拳。1928年参加在南京举行第一届国术国考,以优异成绩通过个人套路预赛。同年冬永春县国术分管成立,任教练。1929年参加闽南国术团出访新加坡、马来西亚,在当地表演、宣传国术,引起轰动。1930年后,在永春润中公学任国术教练。曾在南洋和本地教拳。

李万和（1895—1973）　男,龙岩市人。老拳师、五兽拳主要传人。自幼习武,12岁始拜龙岩徐玉山（字秀环）为师习五兽拳,精拳、械及内外功夫。19岁始教徒传艺。1928年从龙岩来到漳州,在芗城浦头等地设馆（龙武堂）授徒。1946年龙溪国术馆回复后,曾受聘在国术馆任教。曾在龙海浒茂、厦门等地广授门徒,传下漳州、龙海、厦门五兽拳（龙拳）一派。

李大增（1894—　）　福州古田县人。龙尊拳代表人物。1915年从龙尊拳师李矮铭习拳。1924年后,常年设馆授徒工作。

李炳辉　闽县（今福州市）人。清光绪二十四年（1898年）武进士。

李南全（1907—1932）　原名世混,学名果,笔名觉因,永春县人。幼年在其父执教的达新学校念书,后到泉州上中学。在校时喜好文学,博览群书,课余也曾阅读医书和苦练武术。民国十七年（1928年）秋,到中共创办的上海中华艺术大学读文科班,受文科主任沈端先（夏衍）影响,阅读大量的马列主义著作和革命文学作品,投身反帝反封建的爱国运动。民国十八年（1929年）加入中国共产党。翌年七月大学毕业后,受中共党组织派遣到故乡永春开展革命工作,先后担任中共永春县委宣传部长、代理县委书记、县委书记。民国二十年（1931年）初,陈国辉所部到处搜捕革命人士,县委指示特区委分散隐蔽,并调他到厦门、漳州、石码、同安一带工作,出任中共同安特支书记和中共同安县委书记。十一月,被任命为中共厦门中心市委特派员,领导安南永特区党的活动。民国二十一年（1932年）三月,他从安溪到佛子格开会,途经芸尾时,因地痞告密,遭到护路局（烟苗捐局）卜壳枪队的伏击。为掩护其他同志脱险,他返身突入敌阵不幸被捕。四月二十四日,在安溪县城英勇就义,年仅26岁。

李应坚（1909—1991）　男,福州市人。福建省鸣鹤拳主要传人和主要代表人物之一。幼承家学,随父学习宗鹤拳等。早年先后师从谢崇祥之高足萧铄德、陈宝菁学习鸣鹤拳和技击散手以及刀、枪、剑、棍、琉、铛、盾牌等长短器械,精研锄头、扁担、椅子等民间常见的生产与生活用具实战的方法及对练;曾任福建省福州市武术协会鸣鹤拳研究会顾问、福州市武术协会鹤龄拳社社长等职。李应坚毕生精研鸣鹤拳法,

博采众长,继承传统,着意求新,招式规范。在精研鸣鹤拳传统八步连、二十八宿、柔箭、中楠、七锦等套路的同时,根据自己几十年的研练心得,去芜存菁,创编软八步、连环箭等套路和鸣鹤拳技击对练 108 式,使鸣鹤拳这一传统拳法更趋完整。其主要弟子有:陈锋、陈时雍、翁庆政、孙其波、郑东炬、陈汉雄、黄煦耀等。

李　砚(1911.8—1991.1)　男,字若耕,号"砚哥",漳州芗城区人。少林五祖何阳堂第三代重要传人。6 岁从父亲李清莲及祖父李腾飞(何阳师嫡传首徒)习练五祖何阳拳。在父亲和祖父的严督下,勤练五祖拳身、手、马、步、眼法和五祖混元劲等基本功。又得师叔张寿和的严教,他谨遵师训,潜心修炼,功艺日精,练就"五祖混元金刚爪"功,擅长五祖"落地术"和"孤梁棍"法。1933 年,年仅 22 岁李砚主持洋老洲"少林五祖何阳堂"。为使充实武馆武艺,他聘请清末军营武术教头吴龙到何阳堂传授军队武营器械套路,使洋老洲何阳堂武艺更加全面和精彩,百年武馆更加盛名远扬。

李一端(1926.7—　)　男,福州市人。福州市武术协会原常务副主席。1948 年毕业于福州市英华学校,1968 年在福州体育运动委员会工作;1983 年负责组织成立了福州市武术协会并任常务副主席,工作期间曾四次应日本武术团体的邀请,带领福州市武术代表团前往日本进行武术交流活动;在福州多次接待来自日本、英国、俄罗斯等国家的武术代表团,建立城市间的武术友好交流活动。1992 年、2009 年组织邀请了十几个国家来福州参加国际武术比赛。

李启峰(1934—　)　男,晋江市人。厦门大学副教授,原省武术协会委员。1958 年毕业于福建师范大学体育系,后分配至厦门大学体育组(后改为体育教学部),长期从事厦门大学的武术教学与训练工作。曾担任厦门大学武术队教练、领队,多次带领学生参加省、市大学生武术比赛,取得优异成绩。多次担任省市武术比赛中裁判工作。

李逢梁(1939.5—　)　男,长乐市人。年少即喜爱武术。1954 年从福州茶亭何健兰学宗鹤拳,1955 年从黄人武习吴式太极拳,1967 年从福州林燧习八卦掌等拳术,1981 年从曾乃梁习 24 式、48 式太极拳。1982 年参加福州市太极拳比赛,获 48 式太极拳、32 式太极剑第一名。同年参加福建省武术观摩表演赛,获传统项目(太极拳、八卦掌)优秀奖。1985 年参加全国太极拳比赛,获吴式太极拳第二名、48 式太极拳第六名。1986 年参加福建省武术比赛,获吴式 48 式太极拳第一名。同年 11 月访问日本那霸,为太极拳班成员兼教练。1988—1990 年任福州武协委员,太极拳研究会副会长、太极拳教练。1991 年后赴美国新泽西州国际福音布置神学院中文学校和台塑在美国公司总部等处教拳。

李柳生(1939.5—) 女,福州市人。高级工程师,曾任福建省老体协省直机关拳、剑、操委员会副主席,一级社会体育指导员。中国武术六段。20世纪90年代起、在福州师从曾乃梁、卫香莲教授习练太极拳、械。参加福州华武中心太极拳比赛,获24式太极拳和孙式太极拳竞赛套路第二名。1998年获福建省煤炭系统福州片第六届老年人运动会24式太极拳个人第一名。1999年参加福建省第五届老年人运动会,获32式太极剑第五名。1999—2001年参加省直机关老年人运动会和省煤炭系统太极拳比赛,获24式太极拳、42式太极拳集体第一名。常年担任本单位义务教练,辅导会员练拳,参加太极拳比赛均获奖。

李 刚(1946—) 男,原名李成凉,南安市人。香港华英实业有限公司董事总经理,香港永春白鹤拳术学会会长,香港南北国术协会荣誉会长,中国泉州国际南少林五祖拳联谊总会副主席,永春怡云武术研究会名誉会长,国际南少林五祖拳联谊总会授予五祖拳九段。1961年始在香港拜郑文龙先生为师习永春白鹤拳。四十余载艺耕不辍。1965年任香港潮艺社国术班教练;1969年参与创办福建少林永春白鹤拳社并任助教。20世纪七八十年代先后参与创办香港国际武术协会、精华会主办国际性大型自由搏击大赛。2000年创办香港永春白鹤拳术学会任会长,公开传授永春白鹤拳术,兼主教"香港南北国术协会"永春白鹤拳班,从学者众。20世纪70年代起致力武术评论、武术文化传播工作,为香港各大报刊撰稿,担任《武林周刊》主笔、《新武侠》杂志特约撰稿人等。40多年来撰写并发表大量武术文章,有"武林铁笔"之誉。著有《武林启思录》《鹤拳述真》等问世。曾多次率团出访新、马、泰等国,2004年率团参加台湾举办的国际鹤法学术研讨会。

李永传(1947.6—) 男,武汉市人,定居福州。由部队正师转业地方工作,现为福建省武术协会陈式心意混元太极拳委员会副会长兼秘书长。从小酷爱运动和武术,在紧张的军旅生涯中,坚持习练军体拳、捕俘拳、公安拳、长拳、棍术。此后在繁忙的工作中也一直坚持习武健身。1994年拜江苏省南京市武协教练任友强老师习练太极拳、太极剑。1997年又拜福州何德康先生为师,习练太极拳、太极扇、武当太极剑等。2005年跟随刘文淇老师习练陈式心意混元功法及混元太极拳24式、38炮捶、38式混元太极刀、48式混元太极剑和直趟八卦掌等。参加2014年全国"市长杯"武术太极拳比赛,获男子组陈式心意混元太极拳第三名和"最佳男运动员"奖。

李家才(1948—) 男,厦门市人。福建省武术协会理事,厦门市武术协会副主席,一级武术裁判。中国武术六段。1961—1972年在厦门市鼓浪屿师从河北沧州著名武术家孙振寰学习通背劈挂拳。1980年被福建省工艺美术学校聘为校武术教练。1985年被华侨大学武术协会聘为教练,担任厦门大学武术协会副会长,培养了许多武术人才。1979—2009年,担任厦门市、福建省武术比赛裁判长、副总裁判长、仲裁

委员,先后六次获得优秀体育裁判员、精神道德风尚奖。1992年担任福建省第十届运动会武术比赛裁判长,获体育道德风尚奖。2003年在省农民运动会武术比赛中,获体育道德风尚奖个人奖。2009年至今,担任海峡论坛·海峡两岸传统武术大赛、华夏南少林武术大赛、厦门国际武术大赛等大型赛事的仲裁委员。多次与来访的美国、日本、澳大利亚、英国、菲律宾等国家以及我国香港、台湾地区的武术界朋友进行交流。

李　飞(1949.8—　)　男,福州市人。中医医师,灵令万籁声自然六合研究院副院长,兼副总教练。中国武术六段。1966年起拜万籁声为师习练自然门、六合门、灵令门功夫。

李学金(1949.11—　)　男,福州市人。福建省武术协会万籁声功夫研究会副会长,福建海峡自然门研究院副院长,曾任厦门大同武术馆副馆长兼总教练。中国武术六段。1968年跟随蔡祖炳老师学习鹤拳,后拜万籁声为师学习六合门、自然门、罗汉门等功夫及药功。先后在厦门、长乐、福清、闽侯等地业余授拳,为部队和地方培养了许多武术人才。并积极参加闽台武术交流赛,取得了好的成绩。参与中央电视台《走遍中国》之万籁声专辑和福建电视台综合频道自然门专辑等拍摄工作;担任万籁声老师纪念画册《万师百年》编委。1993年在厦门驻军部队担任武术教练,参加闽台武术交流比赛并获奖。

李生铨(1952—　)　男,福州市人。美佳房地产董事长,福建夏莲上乘梅花拳俱乐部主任(馆长)。1971年跟从福州著名武术家王鼎(夏莲)先生学习上乘梅花拳。目前正致力上乘梅花拳的整理、挖掘、发扬,并与同门师兄弟协力创办了福建夏莲上乘梅花拳俱乐部,任主任(馆长)。俱乐部成立以来在上级体委、武协的领导下积极开展了一系列的活动,取得了一定的成绩。

李梅生(1953.12—　)　男,泉州市人。五枚花拳研究会副会长,泉州崇德国术馆副馆长。自幼随武术名师郭清河习练五枚花拳。多次参加福建省武术比赛获优异成绩。参与编写《五枚花拳》一书。1994年开始任职泉州崇德国术馆副馆长兼副总教练,为五枚花拳的推广做出很大贡献,授徒甚众。2010年又兼任五枚花拳研究会副会长,长期从事五枚花拳的研究工作。

李建隆(1954—　)　男,福州市人。原福建省武术集训队教练。1970年师从万籁声习六合门。1976年参加全国武术汇报表演大会,被评为全国优秀运动员。1977年参加全国武术比赛。1977—1978年任福建省武术集训队教练。合著有《防身术》一书。现定居国外,继续推广和传播中华武术。

李英姐(1954.9—) 女,仙游县人。仙游县少体校原副校长、仙游县文体局副局长、莆田南少林武协副秘书长。1977 年于福建省体育学校毕业后,任仙游县少体校武术教练员至 1997 年,培养了大批的武术人才。任仙游县少体校副校长、体育局副局长、文体局副局长期间,重视武术人才的选拔和培养,先后培养出女子"南拳王"王慧玲、亚洲锦标赛南拳冠军陈帅、全国女子南拳冠军黄慧颖、全国青少年长拳冠军林莺等一大批优秀武术运动员。被县、市评为优秀共产党员,获莆田市劳动模范,福建省体委授予"武林园丁"称号,多次获县、市、省体育先进工作者。曾为《中国教育报》、《湄洲日报》刊登宣传的优秀武术教练员和体育工作者。

李在铭(1955.5—) 男,长乐市人。求知拳社社长,求知醒狮队队长、总教练,福州市武协委员。中国武术六段。出身武术世家,幼承家学,13 岁随其四叔父李述宜(依四师)学鹤拳、罗汉拳、猴拳、犬法、少林短打、五行十字手及大刀、棍、三股叉、锄头、扁担、椅、拐杖等多种拳械。22 岁又先后师从列宝塘学虎拳,师从老拳师李述容学飞鹤拳、舞狮拳。1990 年率醒狮队参加福州市国际武术观摩大会开幕式表演,获优秀奖与飞鹤奖。同年 4 月参加省体委武术培训班培训。1993 年 9 月参加中国武协、国家体委武术院培训班。1998 年求知醒狮队被评为先进单位。

李子季(1956.8—) 男,南安市人。南安市电影公司党支部副书记,南安市武术协会副主席,南安市柳城武术馆副理事长、副馆长。自幼拜师习练永春白鹤拳,擅长拳击擒拿格斗术。曾任南安诗山中学代课教师。1987 年开始从事武术教练工作,主授白鹤拳、拳击和擒拿格斗术。早年参加南安县第五届运动会武术表演赛获奖。后多次参加泉州市级以上拳击教练员、裁判员培训,担任泉州市第四届、第五届运动会、中国泉州南少林武术大奖赛、福建省第十一届运动会的武术(拳击)裁判员。历任南安柳城武术馆第二、第三届理事会副理事长,第四届理事会副理事长、副馆长,第五届理事会副馆长等职。

李韵琪(1957.10—) 女,漳州芗城区人。自幼习武,曾师从孙国政习练长拳、太极拳。多次参加漳州市太极拳比赛获多项第一名。1998 年参加福建省首届太极拳、剑、推手比赛,获 42 式太极剑第一名、42 式太极拳第二名。2002 年参加海峡两岸巾帼健身大赛,获 24 式太极拳第一名。2009 年参加海峡两岸妇女巾帼健身大赛,获 24 式太极拳一等奖。长期在市区中山公园太极拳辅导站授拳,多次组织学员参加省市各种武术交流和比赛,培养了一大批太极拳运动骨干。

李景祥(1958.7—)男,福州市长乐人。福建景祥飞鹤拳俱乐部理事长,福建景祥飞鹤拳馆馆长,飞鹤拳传人。11 岁开始师从连江飞鹤拳传人林慎生习练飞鹤拳及剑、棍套路,尽悉掌握 12 路飞鹤拳套路拳法。数十年来练功不辍,开馆授徒 3000 余人。2010 年率门下弟子参加第二届全民健身武术大赛获金牌 17 枚,银牌 19 枚。2015 年参加第七届海峡论坛.海峡两岸传统武术大赛获金牌 4 枚,银牌 5 枚。

李永清(1961.3—) 男,福州市人。福州树人武术培训中心主任。中国武术六段。少习武,先后师从梁守忠、蔡楚贤、胡金焕、曾乃梁、翁志兴习六合门、自然门、罗汉门、太极拳等拳械。历任福州武协训练部副部长,福州市武术馆副总教练,省武术队集训队教练,台一小武术队总教练,福州市武协委员。曾多次服务于省内外、国内外各种武术大赛。

李栋梁(1962.8—) 男,厦门同安区人。厦门市人民政府副市长,厦门市武术协会荣誉会长。中国武术七段。自幼嗜武,性情刚正,刻苦用心,勤敏好学,先后师从肖忠义、洪正福、王红军诸师。年少时,即习少林五祖拳的拳、械等套路十余套,打下扎实基础。1979年参军入伍,在部队学习军体拳、散手、擒拿格斗、摔跤等实用性较强的功夫。1984 年,又学习陈式太极拳老架、竞赛套路、传统器械,对陈式太极拳的"刚柔相济、源动腰脊、缠绕粘随"等风格要求颇有心得,有所创新。1997—1999 年在宁夏海原县挂职期间,又受教于西北传统通背拳师王红军,学习近两年之久。2000 年后,又开始习练万籁声嫡传的六合、自然、罗汉门等拳艺,在接触到新门派技术风格的同时,开阔了视野,丰富了内容,提高了境界,完善了技艺。在担任厦门市副市长期间,仍然勤练不辍,并大力支持武术事业,曾多次担任厦门国际武术大赛组委会名誉主任。2013 年 8 月参加全国市长杯武术太极拳比赛,荣获传统器械、传统太极拳第一名。

李祖煌(1962.10—) 男,莆田市人。福建省社会武术教练。中国武术六段。1974 年跟随何国华徒弟翁庆铨师习练罗汉拳、香店拳三战及八步法、鸡拳。1975 年随师跟随何国华习练鱼法并受何国华先生指点,时常参与区市表演赛,荣获各项奖状。后设馆授徒,培养了一批香店拳人才,为罗汉香店拳的传播推广做出贡献。2009 年 3 月参加国际冲绳刚柔流空手道演武大会,荣获"金牛奖"、"技术风格奖",并担任演武大会香店拳领队。

李忠京(1963.8—) 男,山东省人。武术副教授。1983年考入北京体育大学体育系,毕业后分配到福建师范大学体育科学学院武术教研室任教。长期从事高校武术教学、训练和研究工作,重点对于传统武术包括传统武术养生与技击进行研究。出版的专著和编著有《福建实战技击拳术——程式梅花拳》《体育气功学》《养生体育处方》《闽东畲族文化全书——体育卷》。研制出以语音方式自动播报击打力度的沙袋专利换代产品以及充气搏击护具等6项国家专利及实用新型专利。在各种期刊发表文章论文40多篇、专著1本、参编4本。多次参加全国武术论文报告会和世界太极拳论文报告会。

李景庭(1964.1—) 男,泉州市人。市非物质文化遗产项目南少林武术代表性传承人,大淮武馆副馆长兼教练。维扬国术馆馆长,泉州市武术协会常委,国际五祖拳研究会副秘书长。国际五祖拳八段。1981年师从林振祥老师习练五祖拳械、技击等。曾参加泉州市武术精英赛,获五祖拳第二名、器械第二名;参加国际南少林武术大赛,获南拳金奖。多次与国外武术团体交流表演五祖拳械,并出访菲律宾。1991年至今,在泉州、晋江、南安一带授徒传艺近千人,多次带领学生参加全国、省、市、区武术比赛并取得优异成绩。2011年创办维扬国术馆,任馆长。

李毓雄(1965.11—) 男,宁德福安市人,副教授,福建省武术协会委员。自幼习武,1985年考入福建体育学院运动系武术散打专业。在校期间,多次参加全省及全国武术散打赛、擂台赛。1987年参加福建省散打比赛,获65公斤级冠军。1988年参加全国散打邀请赛,获65公斤级冠军。1989年7月毕业后,分配到福建警察学院,主要承担学校武术散打、擒拿格斗等教学和散打代表队的训练工作。所带的散打队连续5次获全省比赛团体冠军,3次获全国性散打比赛团体第一名。1999年被中国前卫体育协会授予"优秀教练员"称号。多次参加学校、全省、全国公安系统散打比赛的裁判工作,发表学术论文10多篇。长期从事高校武术散打教学训练,培养了一大批专业强、素质高的学生,活跃在全省公干战线上。

李跃光(1965.11—) 男,华安县人。福建省武术协会副秘书长,福建省社会体育指导中心社体科科长,一级武术散打裁判、中国武术六段。自幼习武,1986年毕业于福建师范大学中文系。大学期间任学校武术队队长。1985年在全省高校武术比赛中获传统拳冠军及长器械第二名。1986—1993年在省体工队任教,1993年参与筹备福建省武术院,1998年调入福建省武术院工作至2011年,后在福建省社会体育指导中心担任社体科科长。从事福建省武术管理工作近20年,大力开展全民武术健身活动、武术对外交流活动,组织及承办全国性、国际性比赛。负责社会武术教练员的

培训、段位制等工作；组织七届全省武术散打擂台赛、十三次南少林武术散打争霸赛、五次全省武术套路锦标赛、多次全省性传统武术大赛；组织评审全省武术段位近 3000 人次。带队参加两届世界传统武术锦标赛，获得优异成绩；带队与台湾武术人士进行两岸武术交流，参与海峡两岸武术大赛的组织。参与《福建武术拳械录》的编写，主编《福建省体育志》1988 年至 2008 年武术部分。管理全省健身气功，并于 2004 年荣获全国健身气功管理先进工作者称号。

李建文（1966.3—　）　男，宁德市人。福建省武术协会常务理事，宁德武术协会副会长兼秘书长，福安市武术协会常务副会长，一级武术散打裁判，中国武术六段。8 岁在浦城县少年体校开始习武，1978 年到宁德市少年体校，1984 年到部队特务连侦察排，在地方和部队武术及军事比赛中获得好成绩。1999—2007 年参加福建省武术散打裁判工作。在市武协工作期间，举办了多届宁德市传统武术比赛、武术散打争霸赛等，并积极配合省武术院举办首届南少林传统武术比赛，被省武院授予"福建省武术优秀工作者"。2009 年担任福建省武术代表队领队，到台湾参加全球华人传统武术交流大赛，获得好成绩。2012 年举办宁德市和厦门市传统武术文化交流大赛、宁德市武术、散打、跆拳道的运动会赛事等，获得好评。

李庆豪（1966.5—　）　男，龙岩连城县人。连城县人大代表，福建省第六届武术协会理事，连城县地税局稽查局局长。自幼酷爱武术，拜众多连城拳拳师为师，汲取众家之长，逐步领略连城拳拳理，自创了"防身拳"和"双头棍"。2005 年参加"嵩山少林杯"第五届全国武术之乡比赛，获男子传统拳术二等奖、男子传统器械三等奖。2006 年参加福建省首届全国武术之乡比赛，获男子 A 组传统拳第一名、男子组传统类对练第四名，并获体育道德风尚奖。2007 年参加第六届全国武术之乡比赛，获男子传统单器械三等奖、男子传统拳术三等奖。2008 年参加闽台南少林传统武术交流大赛，获男子 C 组其他拳术金奖、器械对练金奖、男子 C 组棍术优胜奖。

李国平（1967.11—　）　男，长乐市人。现为福建省长乐市宏利武术馆馆长，福州市武术协会委员，福州市郊区武术协会委员兼教练员，福州市鸟迹拳社常委，福州鸟迹拳研究会会长。现任鸟迹拳掌门人。幼时习鹤拳和地术拳法，1986 年从郑礼楷习鸟迹拳。1988 年后到福建各地传授鸟迹拳。

李　强（1968.10—　）　男，龙岩连城县人。福建省武术管理中心武术高级教练，福建省武术协会常务理事，武英（健将）级运动员。11 岁开始习武，1984 年入选福建省体工队。1990 年获全国太极拳锦标赛 42 式拳第一名。1992 年在第二届中日太极拳对抗赛中获杨式太极拳第一名。1993 年获全国太极拳锦标赛杨式太极拳第一名。1994年获第三届中日太极拳对抗赛 42 式太极拳剑第一名。1995 年参加全国太极拳锦标赛，获孙式太极拳第一名。1996 年获全国太极拳锦标赛全能第一名。1997年任福建省体工队武术队教练，担任太极拳组主教练，培养出太极拳世界冠军、亚洲冠军、全运会冠军及多名全国冠军，连续多年在全国及国际武术大赛中取得优异成绩，为福建竞技武术太极拳项目保持全国领先地位做出了重要贡献。

李吉辉（1969.1—　）　男，龙岩连城县人。福建省武术队教练，省武术运动管理中心训练科副科长，福建省武术协会常务理事。9 岁开始习武，1979 年入选福建省体工队武术队。多次获得福建省武术锦标赛、全国武术比赛冠、亚军。1996—2007 年担任福建省体工队武术队教练，培养的运动员多次获得省武术锦标赛、全国武术比赛冠军。2007 年起担任福建省武术运动管理中心训练科副科长。

李仁松（1970.12—　）　男，南平松溪县人。硕士，厦门大学国术与健身研究中心养生研究室主任、副教授，中国大学生体育协会柔道分会裁判委员会副主任、亚洲柔道联盟信息技术团队负责人、福建省大学生体协武术分会民间传统体育委员会副主任，一级武术套路、散打裁判，国家级柔道裁判。中国武术六段。1992 年考入福建体育学院，主修武术、散打和柔道项目。1996 年到厦门大学从事武术教学、训练工作，同时随林建华教授习形意、八卦、太极、养生功法等技艺。多次参加福建省及全国武术、散打和柔道比赛裁判工作。2007—2008 年借调北京奥组委担任项目专家，全程参与北京奥运会柔道比赛的组织工作。担任第十一届全运会、第十二届全运会、广州亚运会、深圳世界大学生运动会、韩国亚运会和第二届青年奥运会等柔道比赛裁判工作。曾赴日本、西班牙、泰国、葡萄牙、澳洲等国家以及我国台湾地区进行武术、健身气功的讲学和交流。曾获省运会、全国柔道锦标赛"体育道德风尚奖裁判员"等荣誉称号。先后参与《普通高等学校武术教程》《武术与健身教程》教材的编写工作和《福建武术史》等多项武术课题的研究工作。

李秀斌（1972.4—　）　男，宁德市人。宁德技师学院体育专业高级讲师，宁德市武术协会副秘书长，蕉城区武术协会副会长，一级武术散打裁判。自小爱好武术，7 岁跟随祖父练习传统武术。1992 年 8月在福建体育学院师从郑旭旭老师和马庆老师学习武术散手，曾获得院散手比赛 60 公斤级亚军。参加工作后热心武术事业，配合市区武术协会组织各级武术比赛，受到武术同仁的好评。

李云鹏（1974.4— ） 男，漳州平和县人。大学本科学历，副教授，闽南师范大学体育学院武术教研室主任，一级武术裁判。从小酷爱武术，师从李云龙习武，中学阶段主要习练长拳和棍术。1993年9月考上福建体院专修武术，师从吴珊珊和郭建生老师，系统地学习武术拳械和理论。1997年7月毕业后进入漳州师院体育系任教。工作后又多次前往集美大学体育学院接受高楚兰老师、王继娜老师和陶凌荣老师的教导。也多次到厦门大学向林建华教授学习形意强身功和形意养身功等，并把功法带到闽南师大传播。还师从漳州龙文区的武术协会副主席陈金水老师习练太祖拳和五祖拳。多次参加福建省武术套路锦标赛、厦门国际武术大赛和福建省大运会武术比赛的裁判工作。

李禹蒨（1978.4— ） 男，龙岩连城县人。出身于武医世家，自幼习练连城拳和太极拳。在北京读大学期间，追随杨少侯太极拳传人杨锐先生习练杨式太极小架。经杨师引荐，2001年师从八卦掌第五代传人曹景昆研习程式八卦掌。2004年协助师叔麻林城拍摄《中华武术展现工程》之《程式八卦掌散手》后，向师叔麻林城系统地学习程式八卦掌实战散手技法。2004年参加北京市传统武术比赛，获八卦刀第一名。2005年代表北京队参加首届中国传统武术节，获八卦掌、八卦刀两枚金牌。2006年代表北京队参加第二届世界传统武术节，再获八卦掌、八卦刀两枚金牌。2005年5月9日《中国青年报》以"另类李禹蒨的武术人生"为题报道其求师习武经历。先后参与国家武术运动管理中心主办的中国武术散打超级联赛、国际八卦掌交流大会等大型赛事活动的组织策划工作。

李文棋（1978.5— ） 男，石狮市人。石狮市武术协会副秘书长，石狮市金太阳武术训练基地馆长。曾在河南省少林寺习武八年，擅长象形拳，少林派拳术以及刀、枪、剑、棍等器械。曾在安徽省体工队任教，多次参加全国、省市举办的大赛中荣获象形拳、少林拳、器械等多项冠军。2000年起，先后应邀在全国各地授拳讲课，弟子遍布新加坡、菲律宾、越南、澳大利亚等十多个国家。连续十多年率队参加国内外武术大赛，共获得数百枚奖牌。

李莘墨（1978— ） 男，石狮市人。2013年代表石狮武术之乡参加在长春举行的第十届全国武术之乡武术比赛，获得太极拳赛42式太极拳金牌、武当剑铜牌。

李艺斌（1982— ） 男，漳州龙海市人。漳州市武术协会白鹤拳分会理事，龙海市岭兜武术馆教练。师承洪跃坚习练捷元堂拳法，经常参加各大武术比赛和交流活动。2009年参加第三届南少林华夏武术比赛，获白鹤拳金牌。2010年在第四届南少林华夏武术比赛中获白鹤拳金牌、伏虎叉金牌。2011 年参加第三届海峡论坛武术大赛,获白鹤拳金牌、三股叉金牌。2013 年在世界闽南文化节国际南少林传统武术邀请赛中再获虎叉金牌。

李锦标(1983.10—) 男,泉州市人。泉州山外山国术馆教练。1997 年跟随泉州山外山国术馆馆长张晓峰学习五祖拳械。2004 年至今担任山外山国术馆教练。2004 年参加首届国际南少林武术大赛,获拳术金龙奖。2005 年参加首届中国传统武术节,获拳术一等奖。2006 年参加福建省首届全国武术之乡武术比赛,获器械第一名、拳术第一名。2006 年参加第六届"全国武术之乡"武术比赛,获拳术一等奖、器械二等奖。2008 年参加央视武林大会五祖拳擂台赛获单周冠军,总决赛四强。2010 年参加第四届世界传统武术锦标赛,获五祖拳金牌、大刀银牌。

李敬德(1991.9—) 男,山东枣庄市人。福建省武术队武英(健将)级运动员。2003 年由山东省引进福建,在福建省第十 届运动会武术比赛中获得长拳、刀、棍三项全能冠军。2011 年代表福建省参加全国武术套路冠军赛,获得男子南刀第三名。2013 年参加全国武术套路冠军赛,获得男子南拳、南棍、南刀三项第二名。2014 年在全国武术套路锦标赛(男子赛区)中获男子南拳第二名、南刀第二名、南棍第三名;在全国武术套路冠军赛中获南拳第一名、南棍第一名。在同年的全国武术运动大会武术套路自选项目比赛中,又获得男子南拳第一名、南棍第二名、南刀第二名。

李增威(1992.6—) 男,惠安县人。一级武术运动员,一级社会体育指导员、中国武术段位制指导员、考评员,现任泉州南少林国际学校武术套路一队教练。2008 年被选入河南省体工队集训半年,退役后留校担任武术教练。2011 年 9 月任职于泉州南少林国际学校武术队教练。2005—2011 年连续多年获得河南省武术套路锦标赛全能前三名。2008 年参加全国武术学校套路比赛,获得长拳、全能第三名。2009 年参加全国武术学校套路比赛,获少林拳、全能第二名。参加首届全国少林拳大赛,获得少林拳、全能金奖。2012—2014 年带队参加各级武术套路比赛与及各级大型武术表演,取得了多个全国武术比赛冠军、亚军。

李佳静(1994.9—) 女,泉州市人。维扬国术馆副馆长兼教练。自小酷爱武术,2001 年跟随作为五祖拳代表性传承人的父亲李景庭学习五祖拳、械。2011 年 8 月在厦门参加首届海西武术大赛,荣获传统类(五祖拳、长兵器、短兵器)三项全能第一名。同年 11 月参加国际南少林武术大赛,以最高分获得五祖拳、斩马刀、单刀三枚金牌。2013 年 7 月代表丰泽区赴长春参加第十届全国武术之乡武术比赛,荣获传统刀术一等奖、拳术二等奖。

李思源(1995.1—) 男,漳州市人。2003年进入漳州市少体校跟随郑雅恩、林春梅、张毅慧教练习武。2010年参加福建省第十四届运动会,获男子甲组太极拳第三名、枪术第二名。2011年参加福建省青少年武术套路锦标赛,获男子甲组剑术第一名、枪术第一名、太极拳第二名。2012年参加福建省青少年武术套路锦标赛,获男子甲组剑术、枪术、太极拳三项第一名。2013年考入集美大学体育学院。

李啟奇(1999.6—) 男,漳州市人。2010年进入漳州市少体校跟随郑雅恩、林春梅、张毅慧教练习武。2012年进入福建省体工队跟随代林彬、魏丹彤教练习武。2013年参加福建省青少年武术套路锦标赛,获男子甲组剑术第一名、二类拳第一名。2014年参加福建省第十五届运动会,获男子甲组太极拳第一名、集体项目第一名。

李丹祺(2004.1—) 女,安溪县人。2011年开始在厦门市湖里区少体校从事武术业余训练。2014年参加福建省第十五届运动会武术比赛,获女子丙组拳术全能冠军。

lian

连 骧 字德称,宁德市人。宋隆兴元年(1163年)武举人。

连 向 字伯震,怀安人。宋淳熙十一年(1184年)武举人。

连子奎(1516—1605) 讳仙,字子奎,号青冈。漳州长泰县人。在家乡江都三峰寺习武,后教习村民练武,组织团练,抗击倭寇。知县嘉奖其功,赐卫千总官司衔。

连国标 南平市人。清贵州安龙镇标,中营游击。

连杨剪(1913—1985) 漳州龙海市人。太祖拳传人。师从康光辉习练太祖拳。曾在芗城、龙海授徒传艺。

练山甫 字补之,浦城县人。宋代武德大夫。15岁能挽强弓,补国子生,后补武学。因论弓箭法忤神宗,罢归。有旨还本舍,后于徐衡榜登第。调泾源路总管,司教阅官。以功累官武德大夫。历夔州、广西、广东廉访使,以武德大夫奉祠。

练光超　武平县人。清道光二十一年(1841年)武进士,兴化守备。

练　星　武平县人。清光绪十五年(1889年)武进士,守备。

liang

梁　眩　莆田市人。清康熙二十一年(1682年)武进士。

梁守忠(1953.7—　)　男,福州市人。福建省武术协会理事,福州市武术协会副会长,福建心武自然门武术研究院副院长,一级武术裁判。中国武术段位制指导员、考评员。中国武术七段。1968年拜陈东官、万籁声为师习练六合门、自然门武功。1980年在福州市文化宫任武术教练,传授张三丰太极拳、剑。1983年起任台江区武术协会训练组组长、福州市武术协会教练、福州拼搏武术馆馆长。1988年前往日本东京全日本中国拳法联盟总部任武术教练。1990年受聘于武警边防检查站擒敌散打教练。2002年被聘为莆田南少林寺文武学校武术总指导。2004年应邀出席北京"中华武术展现工程"名家论坛。2006年参加福建省武术代表团出访日本。1985年后在《武术》《精武》杂志发表《福建少林罗汉门》《自然门软、硬、轻三功门径》《张三丰太极拳溯源》等论文。2003年、2005年由人民体育音像出版社相继出版发行由本人讲解演示的《自然门基功》《自然拳》《六合拳》《八步勾对练》《六合拳对练》《明八打》《暗八打》《外八锤》《内八锤》《外八腿》《内八腿》等DVD技术光碟。

梁永达(1990.8—　)　漳州芗城区人。福建省武术队武英(健将)级运动员。1996年进入漳州市少体校,随陆剑辉老师习武。2000年到福州市军事体育学校学习、训练。2002年入选福建省体工队武术队。参加省级武术比赛获多项前三名。2005—2007年三次参加全国武术套路冠军赛,获南拳三项第一名。2006年参加全国武术套路冠军赛,获南拳第五名。在2009年第十一届全运会武术决赛中获得南拳全能第六名。2010年参加全国武术冠军赛,获男棍第二名、南拳第六名。2011年获得全国武术冠军赛南拳第六名、南刀第四名。2012年再次获得全国武术冠军赛南刀第二名、男棍第三名。2013年获全国武术套路冠军赛(传统项目)传统器械(双刀)第一名。2014年在全国武术套路冠军赛(传统项目)中获得象形拳第一。在第六届东亚运动会上夺取南拳、南棍全能冠军。

liao

廖文明　字世辉,三明将乐县人。晋代。倜傥不群,膂力克敌,从刘裕内外讨贼,以功授北镇右副将军。

廖 汾 字元清,三明将乐县人。唐代。有膂力谋略,由武举授九江团练使。讨黄林儿贼有功,拜金吾大将军。

廖 晶 三明将乐县人。唐代。文武兼备,以多能报效,为招讨尉,历升隆平侯。荫一子。

廖叔政 字正臣,泉州晋江人。宋庆元二年(1196年)武举人。吉阳、高州知州。历上林、兴宁令。当时琼莞地区寇乱,叔政接命抓捕,皆能传以捷报。嘉定十一年(1218年)海寇猖獗,叔政与寓公储襄募集民船追击,擒获其头领。郡守真德秀荐叔政守金州,皇命未下而不幸逝世。

廖如篪 三明将乐县人。宋代。由武举,初任骁骑都尉,与番落战,得捷,升左都虞侯。

廖居仕 三明将乐县人。宋代。由乡举任曲江尉。御海寇被执,骂贼不屈,奋勇力刃数人,遂遇害。封韶阳郡守,谥"文忠"。

廖 恩 宋代三明将乐人。少习诗书,博览通史,尤精武艺,能挽六钧劲弓,抡舞百余斤铁枪。时值匪寇作乱,县令闻廖恩神勇,欲聘请其戡乱。廖恩因父亲尚在,故回去请示父亲。父亲说:"若能为国家效力,你还担心我什么呢?"于是,恩与弟伦应命而出,率子弟百余人,设计诱敌,斩杀寇首吴三郎等数十人,匪寇遂溃,余党悉平,境内平安,威震江、广。廖恩因功授南剑巡寇通判,出入文武。又升左翊保驾都虞侯,统督江淮枢密使,镇守边疆。时遇虏入寇,廖恩率兵直捣其营,生擒酋长撒没喝赤等数十番夷。众虏大惧,遂密遣人入营刺杀。当日半夜,忽觉叫声如雷,虏自攻杀,恩与弟伦率众杀贼,后遇害,虏亦惊退,不敢再犯。

廖 伦 宋代三明将乐人。廖恩之弟。少习诗书,博览群书,尤精武艺,能挽六钧劲弓,抡舞百余斤铁枪。时值匪寇作乱,廖伦与兄廖恩率子弟百余人,设奇诱敌,斩杀寇首吴三郎等数十人,匪寇遂溃,余党悉平,境内平安。伦因功授邵武提举。累功进升,出入文武,复为右翊随驾都虞侯,统督江淮枢密使,镇守边疆。时遇虏入寇,廖伦、廖恩兄弟率众直捣其营,生擒酋长撒没喝赤等数十夷。众虏大惧,遂密遣人入侵营刺杀。是日夜半,忽觉叫声如雷,虏自攻杀,伦与兄恩率众杀贼,后遇害,虏亦惊退,不敢再犯。

廖世恩(1573—1620) 泰宁县人。明万历年间连中两科武举人。

廖升恒 泰宁县人。清康熙五十年(1711年)辛卯科武举人。

廖英弼 安溪县人。清康熙五十九年(1720年)武举人,台协左营把总。

廖朝凤 惠安县人。清康熙年间武举人,上杭千总。

廖国宝 漳州诏安县人。清乾隆十六年(1751年)武进士,任侍卫游击。

廖奇勋 泰宁县人。清嘉庆九年(1804)甲子科武举人。

廖瑞开　字茂亭，永定县人。清道光二年（1822 年）恩科武进士，分发浙江水师守备，署严州府都司。

廖朝彬　清流县人。清道光二十六年（1846 年）武进士，厦门右营中军府守备。

廖桂林　清流县人。清咸丰六年（1856 年）武进士，殿试钦点二甲第五名，御前侍卫，广东永安营都司。

廖四公（1862—1942）　笔名七十二峰樵，福建人。文善书画，武精八卦。据传能掌劈碗口粗的槐树。9 岁随林玉贞习南派拳械，13 岁从静海和尚专习八卦掌。1876 年秋与福州设摊作画，时遇一英国人恃武强抢，四公愤而使掌，几乎毙其命。后奔湖南醴陵定居。1911 年 9 月 1 日，辛亥革命军攻打长沙，廖暗中配合，落旗断电，使攻城得便。

廖锦华　漳州市人。清光绪十二年（1886 年）武进士。

廖允宪　南平市人。清功加都司，邵武、大田、沙县把总。

廖尚武（1918.3—1974.12）　男，泉州市人。从小随父习武及青草正骨风伤及中医外科。先后拜永春潘孝德学习白鹤拳及中医骨伤科，跟随厦门柯剑峰和泉州林天德学习五祖拳及伤科，从河南蔡金标学习北少林拳术及北少林骨伤科。并于 20 世纪 40—70 年代间多次在参加全省武术比赛中获得奖项。是 20 世纪 60 年代泉州武术社的委员。于 1960 年 10 月创办福建省第一家中医骨伤专科医院——泉州正骨医院并亲任第一任院长。在 20 世纪 50—70 年代多次出席全国及全省卫生先进工作者表彰大会。一生研究泉州传统武术及骨伤科，并成为武医结合的高手，在闽南地区和东南亚地区享有较高名望。是闽南骨伤二圣之一。

廖青海（1925—1989）　男，龙岩市人。自幼爱学武艺，20 世纪 40 年代师从漳州捷元堂第三代名师郑文龙学习白鹤拳法，并曾在漳州跟其他捷元堂前辈学习白鹤拳械。50 年代追随文龙师的福建少林国术团在闽粤巡演。1958 年开始在汕头传授白鹤拳拳械，学生众多，多次参加各级武术比赛，获奖无数。2010 年 8 月 28 日，廖青海弟子们在汕头成立廖青海拳法研究会。

廖　贵（1948.10—　）　男，福州市人。福州台江少林香店拳武术馆副馆长、总顾问。曾任福州鼓楼区园林局、环保局、物价局局长。自幼随房利贵习武。毕业于安徽财贸学院。2008 年被评定为福建省非物质文化遗产代表性优秀传承人。持有省级香店拳教练证。2009 年 5 月在厦门海峡论坛·海峡两岸传统武术交流大赛中获南拳组金奖。曾被评为全国环保系统精神文明建设先进个人、福州市精神文明建设先进工作者、十佳思想政治工作指导员等。

廖德城(1946—) 男,泉州市人。泉州市正骨医院副院长,五祖拳传人。自幼随父亲廖尚武学习五祖拳。1958 年入选泉州业余体校武术队,1960 年参加泉州国术社,1964 年为泉州武术社剑影武术队队员。曾拜万籁声、孙振环、庄子深等名师学习长拳及器械,包括少林派系、花拳、地躺、滚动双刀、五龙枪、梅花枪等。积极参与泉州武术活动,曾参加省、市武术比赛荣获奖次。曾被聘为鲤城区少林武术协会名誉副理事长、俞大猷国术馆顾问等职。

廖小斌(1985.10—) 男,漳州长泰县人。厦门市武状元武术馆总教练。1992 年在长泰县少体校开始参加武术训练,2000—2005 年就读于集美大学体育学院武术专业。2006 年创办厦门市武状元武术馆并担任总教练,武馆常年约三百名在训学员。学员多次参加省、市锦标赛及综合性运动会、国际武术大赛,均荣获前三名,并被授予国家二级运动员称号。学员何坤录于 2014 年代表福建省参加在天津举办的首届全国武术运动大会,荣获南棍第一名、五祖拳第三名。

廖蓉蓉(1990—) 女,厦门市人。厦门翔鹭小学教师。武术五段。1998 年始师从陈仁忠学习六合自然门、南拳、现代竞技武术。2010 年进入集美大学工商管理学院学习,师从陶凌荣。参加福建省青少年武术套路锦标赛。在"西山杯"中学生运动会武术比赛中获得刀术、棍术、南拳、太极拳等好成绩。2009 年在福建省第八届中学生运动会武术比赛中获得高中女子组太极拳第一名。2013 年获得中国大学生武术套路锦标赛女子甲组传统孙式太极拳第一名。

lin

林仁肇(?—972) 男,五代时期建阳人。骁勇善战,刚毅有膂力,因文身为虎,人称林虎子。初为闽国副将,闽亡,受南唐招募,能与士兵同食均衣,在军旅中颇有威望。后周显德二年(955 年),周世宗挥军征伐淮河一带,仁肇以援救寿州(今安徽寿县)、收复濠州(今安徽凤阳县东)水寨功,授淮南屯营应援使。后周据正阳桥为粮道,仁肇率敢死队,逆风举火,未能焚毁浮桥而撤退。周驸马都尉张永德率兵击,都被仁肇挡去,永德惊退。后仁肇升润州(治今江苏镇江)节度使,移任武昌节度使。北宋建隆二年(961 年),南唐后主李煜即位。乾德三年(965 年),以仁肇为洪都(今江西南昌)节度使,留守南都(今湖北江陵)。开宝四年(971 年),仁肇认为北宋连年征战,师旅疲惫,淮南防务空虚,愿领兵渡江北上,收复失地,并表示事成,国家可受益;事败,甘愿受杀身灭族之祸。当时,南唐已奉北宋为正统,称江南主,仁肇建议最终未被李煜采纳。宋太祖赵匡胤想统一江南,又惧怕仁肇,于是派人窃得仁肇画像。一日,赵匡胤引李煜胞弟从善,指着仁肇的画像说,仁肇将前来投顺，先以此为信物。从善不知是计，将此事告诉李煜。开宝五年（972 年），仁肇被毒酒毒死。

林　珊　号二郎，唐代永春人。唐光化元年（898 年）偕父一郎自永春桃源移居小溪西头大洋井兜（今安溪县官桥镇莲兜美村）。五代后唐时科举及第。天成三年（928 年）恩授银青光禄大夫检校太子宾客兼监察御史。长兴元年（930 年）以武功加封金紫光禄大夫兼太子太傅上柱国。是安溪林氏金紫派开基祖。

林硕德（860—926）　字邦定，号天复，原籍河南光州固始县人。唐末闽王王审知部将。唐末参加寿州农民起义军，任前锋。后梁初，随王审知率中原十八姓入闽。后梁开平三年（909 年），闽王王审知封林硕德为开闽都统使。乾化三年（913 年）受闽王分封，食邑侯官县治。晚年，退居大屿头山（今上街村祖厝铺）的封第。为便利行人来往，他先后修建郑屿、合潮、玉浦、温阳 4 座木桥。贞明元年（915 年），在玉浦修建一座府第，并将屿头改称花屿。同年秋，建山后、玉垱两座木桥，合前所建，统称"六桥"，这便是上街"六桥林氏"始祖的由来。后唐同光二年（924 年）初，硕德参与闽王收复汀、漳二州的军事行动。得胜之后，受闽王加封食邑，敕封地于上溪，后化溪为街，遂称"上街林氏"。天成元年（926 年）十一月十八日，硕德在上街封地去世。

林汝弼　福清市人。宋重和元年（1118 年）武举人。县志及《寰宇志》以为政和五年（1115 年）进士。

林嘉谟　起莘之兄，字仲猷，福清市人。宋绍兴三十年（1160 年）武举人。

林起莘　字之任，福清市人。宋绍兴三十年（1160 年）武举人。《三山志》作"林起萃"。

林辅世　字成才，福清市人。宋隆兴元年（1163 年）武举人。

林尧臣　字安民，福清市人。宋隆兴元年（1163 年）武举人。终阁门舍人。

林　概　字元公，长乐市人。宋乾道二年（1166 年）武举人。终钦州沿海巡检。

林　桂　字景诜，侯官（今福州市）人。宋乾道二年（1166 年）武举人。

林　伟　字伯英，侯官（今福州市）人。宋乾道二年（1166 年）武举人。

林　几　字汝玉，闽县（今福州市）人。宋乾道五年（1169 年）武举人。

林惟扬　字季卿，福清市人。宋乾道五年（1169 年）武举人。《三山志·人物》作"林维扬"。

林　袭　字子述，连江县人。宋乾道五年（1169 年）武举人。

林宗臣（1133—1189）　字景何，晋江市人。南宋武状元。出生于武林世家，自幼开始习武，少时气质非凡，膂力绝人。宋乾道八年（1172 年），林宗臣参加武考，在廷试时，骑射、策问皆名列第一,被录为武科状元。初授襄阳(今湖北)帅府机宜官,后擢阁门宣赞舍人。宗臣为人忠勤正直,朝廷论对时,他言辞激烈,指出福建泉、漳、汀三州经界存在的弊政,他愤激深切,直指朝中奸臣,得到理学家朱熹的称赞。宗臣出任广西钦州时,即对边防状况进行详细考察,几经论证,上奏朝廷,为宋廷加强边备提供了翔实的第一手资料。宋淳熙九年(1172年)任军器副监,协助黄定监制兵器,以供军用。宋淳熙十四年(1187年),高宗病死,宗臣力陈抗金方略,并陪同陈亮视察江淮前线的要塞,深入研究分析金国现状,上奏孝宗,指出金国内部矛盾激烈,政局不稳,朝廷应积极备战,准备北伐。但他的主张遭到主和派的反对,无法施展抱负,最后卒于任上,终年56岁。

林汉辅 闽县(今福州市)人。宋淳熙二年(1175年)武举人,三县巡检。

林叔起 福清市人。宋淳熙二年(1175年)武举人。

林应趾 宋淳熙二年(1175年)武举人。

林 轼 福清市人。宋淳熙五年(1178年)武举人。

林 浩 字叔大,福清市人。宋淳熙八年(1181年)武举人。

林万全 字允成,永福(今永泰县)人。宋淳熙八年(1181年)武举人。

林 岳 晋江市人。宋淳熙八年(1181年)武举人。

林 嶙 字琪中,福清市人。南宋武状元。自幼习弓马刀枪,武艺出众。南宋淳熙十一年(1184年)甲辰科武举第一人。中状元后,其家乡东塘建有武状元坊。有文采,著有《永阳志》三五卷。曾任潮州知州,爱民如子,多有惠政。

林 获 字诚身,福清市人。宋淳熙十一年(1184年)武举人。

林可大 字之远,闽县(今永泰县)人。宋淳熙十一年(1184年)武举人。

林宋辅 字佐叔,闽县(今永泰县)人。宋淳熙十一年(1184年)武举人。

林之望 字知章,长乐市人。宋淳熙十一年(1184年)武举人。

林伯成 之望之弟,字知万,长乐市人。宋淳熙十四年(1187年)武举人。历阁门舍人,知高邮军,终知直州。

林 昂 宋绍熙元年(1190年)武举人。《三山志·人物》作"林昂"。

林伯玉 晋江市人。宋绍熙元年(1190年)武举人。

林 高 宋绍熙元年(1190年)武举人。

林 淮 太微之孙。宋绍熙元年(1190年)武举人。

林泰定 字清宇,宁德市人,居平江。宋绍熙元年(1190年)武举正奏,知象州。

林宋兵　宋绍熙元年（1190 年）武举人。《三山志·人物》作"林宋兴"。

林　翘　宋绍熙四年（1193 年）武举人。

林一飞　晋江市人。宋绍熙四年（1193 年）武举人。

林宜之　宋绍熙四年（1193 年）武举人。

林仲虎　字景瞻，号定窗，仲麟之弟，福建宁德人。南宋武状元。南宋庆元二年（1196 年）丙辰科，林仲虎获武举第二名。嘉泰二年（1202 年），林仲虎再次应试，终获廷试第一（武状元）。仲虎被任命为右骑卫中郎将，多次被朝廷任命为使臣，出使金国谈判，为议和起到重要的作用。

林实之　宋庆元二年（1196 年）武举人。

林　早　宋庆元五年（1199 年）武举人。

林　克　字宅之，永福（今永泰县）人。宋嘉泰三年（1203 年）武举人。乾隆《福州府志·选举》及《三山志·人物》均作"嘉泰二年"。

林　登　惟扬之侄。宋开禧元年（1205 年）武举人。

林岩起　宋开禧元年（1205 年）武举人。

林　訾　宋开禧元年（1205 年）武举人。

林复之　宋开禧元年（1205 年）武举特奏。

林卿云　宋嘉定四年（1211 年）武举人。

林汝浃（1178—?）　字伯深，号则庵，长溪县（今福鼎市）人。南宋武状元。林汝浃多才多艺，25 岁始入泮宫就读，课余习武，因日常刻苦磨炼，功艺超群。又兼学医，善治骨科。南宋嘉定四年（1211 年）辛未科武状元。该科共录取武进士 40 名，林汝浃中状元后，曾出任阁门舍人、殿前正将、武经大夫、武德大夫及琼州、郴州安抚使等。

林问礼　字子山，长溪人。宋嘉定四年（1211 年）武举正奏。

林以礼　宋嘉定十六年（1223 年）武举正奏。

林　嵩　宋嘉定十六年（1223 年）武举人。

林　霆　宋嘉定十六年（1223 年）武举人。

林一新　宋嘉定十六年（1223 年）武举人。

林元学　宋嘉定十六年（1223 年）武举人。

林　浩　宋嘉熙二年（1238 年）武举人。

林虎臣　宋嘉熙二年(1238 年)武举人。

林士珂　宋嘉熙二年(1238 年)武举人。

林袖然　宋嘉熙二年(1238 年)武举人。

林　国　宋淳祐元年(1241 年)武举人。

林　英　宋淳祐元年(1241 年)武举人。

林起岩　宋淳祐十年(1250 年)武举人。

林仲颖　宋淳祐十年(1250 年)武举人。

林宗卫　宋宝祐元年(1253 年)武举人。

林之望　字尚夫,福安市人。武科正奏,南宋殿将。

林初子(约元末明初)　漳州长泰县人。自幼习武,身材魁梧,力大过人。为救父亲,曾单身与老虎搏斗,使老虎负伤而逃。

林　察　漳州龙海市人。明正德年间(1506—1521 年)武举人,任广东总兵。

林承休(1511—1568)　名滋,号温泉,长泰县人。民间抗倭组织高安军首领。林承休出生于长泰善化里高安(今枋洋林墩),精通武艺,膂力过人。明嘉靖三十七至四十一年(1558—1562 年)间,倭寇屡犯长泰,他们围攻县城,手刹淫虐。林承休毅然组织了一千多人的乡民,号称"高安军",拿起武器抗击倭寇。在倭寇行将大举来犯、县城危如累卵之际,高安军壮士八百人,在首领林承休统率下,自备武器干粮,星夜奔赴县城应援,痛杀寇倭,不仅保护了村庄乡亲,支援官兵保卫县城,还多次率军支援漳州、安溪人民的抗倭斗争。林承休领导的这支队伍朝耕暮武,艺精胆高,招之即来,来之善战,多次打退了倭寇的进犯,在抗倭中打出了威风,震慑寇胆,立下了赫赫战功。

林凤至　晋江市人。明嘉靖三十二年(1553 年)武进士。百户。

林以静　漳州龙海市人。明嘉靖三十八年(1559 年)武进士,任漳州卫镇抚。

林日隆　漳州长泰县人。明隆庆元年(1567 年)武进士。

林润常　漳州龙海市人。明万历年间(1573—1620 年)武举人,任兴化协镇。

林　桐　漳州平和县人。明万历十年(1582 年)武举人。

林日瑞(1586—1643)　初名日娘,因避东宫太子慈娘讳,改名日瑞,字廷辑,又字浴元。明诏安县五都(今属东山县)康美村人。出生于士大夫家庭。其父林而兴,万历四十一年(1613 年)进士,由归德府推官累升南京户部主事。林日瑞自幼在父亲的教导下,勤学苦练,10 岁应童子试名列榜首,万历四十一年(1613 年)应乡试中举,万历四十四年

（1616 年）中进士。

林万春 厦门同安县人，明万历十四年（1586 年）武进士，铜山把总。

林宪南 漳州市人，明万历十九年（1591 年）武举人，万历二十年（1592 年）武进士，任建宁府守备。

林　慎 安溪县人，万历二十三年（1595 年）武进士，崇武千户所镇抚。

林武苴（？～1598） 字养万，号震宇。晋江人。有四世一品，父子乡贤，祖孙父子兄弟进士之称。祖上西滨（桂林）林氏，自古崇文尚武，在泉州一带颇有声望。武苴自幼投笔学剑，中万历二十年（1592 年）壬辰科武进士，授湖广行都司金事。时闽海告警，奉命守迁屿，迁广西永福守备，捕五山大王，下溆诸寇有功。在一次征战中不幸战死，以功赠都指挥使，骠骑将军，钦赐祭葬。著有《状献集》行世。

林应翔 字源渑，号负苍，又号止岩，厦门市人。明万历二十三年（1595 年）中进士，后任永嘉（今浙江温州）知县。他喜好道术，兼通佛学。

林　慎 泉州安溪县人。明万历二十三年（1595 年）武进士，崇武千户所镇抚。

林茂桂 石狮永宁镇人。明万历二十五（1597 年）武举人。永宁卫右所舍人。

林　璧 泉州晋江市人。明万历三十二年（1604 年）武进士，万安守备。

林　荣 漳州龙海市人。明万历三十八年（1610 年）武进士，任广东守备。

林兆鼎 福清市人。明万历四十一年（1613 年）武进士。

林　岩 初名同懋，晋江市人。明万历二十五年（1597 年）举人，会试被革，改名岩入武学。明万历四十三年（1615 年）顺天乡试第一名，明万历四十四年（1616 年）武进士，南京新江守备。

林开基 漳州龙海市人。明天启五年（1625 年）武进士，任云南副将。

林有功 莆田市人。明天启五年（1625 年）武进士。

林映兰 连城县人。明崇祯三年（1630 年）武举人。

林　锦 永春县人。明崇祯三年（1630 年）庚午科武举人。

林　春 本姓徐，改名永泰，字尔舒。明崇祯九年（1636 年）武举人，镇江参将。

林昌裔 晋江（今石狮）人。明永历年间藩前将军，郑成功部将。

林时深 明朝漳州平和县人。以乡兵讨贼，勒马仗剑，杀贼而死。相传马亦跃死而葬其下，故址宛然。今乡人社祭，必告义士之神。

林　忠 永春县人。清初任阶州协镇。

林　暹　永春县人。任都督金事湖广提标,随征有功授右都督。

林　孟　永春县人。任泉州城守中军守备。

林超英　永春县人。任浙江严州左协千总。

林日胜　永春县人。顺治初年,聚众数千,据永春马跳、帽顶诸寨以应明遗臣郑成功,成功表授日胜伯爵,令统率永春、德化间诸寨以牵制清军。后归清,任海澄协镇。

林兴珠(1628—?)　原名进周,字而梁,永春县(今蓬壶乡)人。清代将领。年轻时以屠宰为业。清顺治六年(1649年),与叔父林日胜响应郑成功抗清号召,聚众据三都帽顶和蓬壶马跳诸寨。清顺治十三年(1656年)夏,兴珠随日胜走漳州降清,历任福宁总兵、辰州副将等职,并屡立功绩。康熙十七年(1678年)闰六月,兴珠败吴三桂舟师于君山水寨。次年八月,兴珠又大破三桂主力吴国贵部于武岗。捷报传到京师,圣祖召兴珠入京,授銮仪使,封建义侯,使著籍镶黄旗。清圣祖即位,在平定三藩和统一台湾后,决心派兵反击沙俄侵略者。康熙二十四年(1685年)正月及二十五年(1686年)二月,兴珠两次率福建藤牌兵随队出征,两度攻克雅克萨。沙俄侵略者被迫遣使到北京求和。后经谈判,中俄两国于康熙二十八年(1689年)签订《尼布楚条约》。康熙三十五年(1696年),蒙古准噶尔部噶尔丹汗暗中勾结沙俄进行武装叛乱。圣祖决定御驾亲征,兴珠又以福建藤牌兵护驾从征。兵"至克鲁伦河,与敌遇,突其骆驼阵,大败之于乌兰布通"。后兴珠卒于北京,卒年未详。

林　孺(1639—1710)　字世德,号凤山,安溪县湖头竹山人。清朝将领。林孺状貌魁梧,膂力过人,豪迈精干有大志,弱冠即习知兵法。清康熙三年(1664年),任千总,初驻延平。康熙七年(1668年)移驻湖广。康熙十二年(1673年),平西王吴三桂反,林孺随大军进讨,攻克岳州七里山,立下战功。由于他熟悉水战,奉令带领水军前锋进攻洞庭湖。当时吴三桂在水面密布木桩,牢牢系住巨舰。他督率小快艇,点燃烈火,冒烟直进,烧毁敌舰,血战17次,克复岳州。后奉调回福建。康熙二十二年(1683年),林孺随施琅攻克海坛、金门、厦门等岛,又拿下澎湖36个岛屿。后随施琅征台,台湾归顺后,林孺任台湾镇游击,并驻台军中办理善后工作一年。秩满时,圣祖以该地重要,再予留任3年,擢升粤省督标参将。不久,被召见,升湖广宝庆协副将;数月后,升贵州安笼总兵官。康熙四十四年(1705年),林孺以老病请退休,上疏前已有调补福建海坛总兵官的命令,疏至,准原官致仕。林孺以前后战功议叙,累授至左都督、荣禄大夫,敕世袭。

林凤鸣　漳州东山县人。清康熙二年(1663年)癸卯科武举人,任大武镇总兵,左都督,台湾林凤营始祖。

林昇璘　永春县人。清康熙二年(1663年)癸卯科第一名武举人,任扬州卫守备。

林茗雅　(榜姓尤)永春县人。清康熙二年(1663年)癸卯科武举人,重宴鹰扬。

林凤翀　东山县人。清康熙五年(1666年)武举人。

林春辉 漳州云霄县人。清康熙八年(1669年)武举人。

林亮功 永春县人。清康熙八年(1669年)己酉科武举人。

林肤功 永春县人。清康熙九年(1670年)武进士。

林万选 字尔立,永春县人。清康熙九年(1670年)武进士。历任川、陕守备。

林肇章 永春县人。清康熙十一年(1672年)壬子科武举人。

林日熙 漳州云霄县人。清康熙十九年(1680年)武举人。

林赞贞 漳州南靖县人。清康熙二十年(1681年)武举人。

林睿功 永春县人。清康熙二十年(1681年)辛酉科第一名武举人。

林谋腾 永春县人。清康熙二十年(1681年)辛酉科武举人。

林　亮(约1665—1728)　字汉臣(或汉候),号惟执,漳州漳浦县人。清朝将领。幼年孤苦,长大从军,因作战英勇,由把总、千总升任澎湖协右营守备。清康熙六十年(1721年)随蓝廷珍赴台镇压朱一贵起义,屡建战功,由游击、参将升任台湾水师副将。雍正元年(1723年)升任台湾镇总兵。雍正五年(1727年)调任浙江定海总兵,后卒于任所,赐祭葬,其墓前石望柱镌刻对联:"克复东宁功第一,全归梁浦福无疆。"

林时叶　厦门市人。清军参将。康熙六十年(1721年)以把总随总兵蓝廷珍荡平台湾朱一贵。累官广东平海营参将。

林君升(1688—1755)　字圣跻,号敬亭,同安县翔风里井头人。清代将领。自幼聪颖过人,文武兼习。壮年投军,营帅见其魁梧奇伟,授偏裨。清康熙六十年(1721年),林君升奉命押饷到台湾,并勘察台湾地形,深得上司赞赏,擢为黄岩镇游击。雍正四年(1726年),晋升定海总兵。乾隆元年(1736年)赴京陛见,乾隆二年(1737年)调镇汀州,乾隆四年(1739年)、乾隆六年(1741年)先后担任碣石、金门总兵。这十数年间,四任总镇,严守御、饬巡逻,保地方安宁。其间雍正十年(1732年)、乾隆六年(1741年)发生天灾,军民乏食。林君升多方设法,筹划接济,使军民渡过难关。乾隆七年(1742年),升任广东提督。乾隆九年(1744年),再次晋见乾隆皇帝。此后,服母丧期满暂补台湾总兵,半年后恢复广东提督职务。一度调补福建水师提督。乾隆十七年(1752年)升任江南提督,总辖江苏、浙江、福建、广东四省军务,恩威兼施,军纪严明,使东南沿海防务井然,地方安定。公余纵观书史,善吟咏,工书法,颇具儒将风度。乾隆二十年(1755年)四月十六日,林君升在军中逝世。谥温僖,诰授荣禄大夫、左都督,钦锡祭葬,次年归葬故里。

林　秀　原籍晋江。清朝将领。以将才随林兴珠剿塞北罗刹,征厄鲁特噶尔旦,历升水师前营游击。康熙年间,台匪窃发,领先锋攻夺鹿耳门,手擒贼首朱一贵,授琼州副将,旋升金门总兵。

林　英　南平市人。清康熙三十年(1691年)武进士。

林士桂　连城县人。清康熙三十二年(1693年)癸酉科武举人。

林奏功　字廷臣,同安籍。清康熙三十九年(1700年)庚辰科武进士,黔澎营守备,重庆庆标游击。

林清拨　漳州平和县人。清康熙四十一年(1702年)武举人。

林士瑛　莆田市人。清康熙四十五年(1706年)武进士。

林天爵　漳州南靖县人。清康熙四十七年(1708年)武举人。

林大瑜　漳州长泰县人。清康熙五十一年(1712年)武进士,授卫守备。

林　驭　福清市人。清康熙五十二年(1713年)武进士。

林作楫　闽清县人。清康熙五十四年(1715年)武进士。

林廷昂　福州市人。清康熙五十六年(1717年)武举人,官山东临清卫。

林祖成　字庆维,号曲泉,清康熙年间宁德霞浦人。清朝将领。小时随父学医,生性好武,长大后身材魁梧,膂力过人,一心练武求取功名。康熙五十二年(1713年)考取举人。康熙五十七年(1718年)中武进士,选为蓝翎侍卫,赐花翎。雍正元年(1723年),擢升为乾清宫一等侍卫。世宗颁予"垂裕后昆"匾额一面,并题五个"福"字赐之,祖成后在故居建"五福堂"以纪念。不久,升光禄寺正卿,兼太医院副使,协领京营事务。雍正十二年(1734年),调任天津总兵。雍正十三年(1735年),调任湖广镇筸镇总兵,当地为汉、苗族人民杂居地区,过去常有纠纷,经祖成多方安抚,两族人民相处融洽,当地人民感激他的德政,特在武侯祠畔建生祠留念。乾隆三年(1738年),接任浙江黄岩镇总兵,积极训练士卒,整顿军纪,又捐俸帮助兴建营仓,用赈贷办法帮助困难军民,受军民称颂。乾隆八年(1743年),擢升狼山挂印总兵。时年届古稀,因骑马外出,不慎跌伤足部,卧床不起,卒年74岁。遗著医书十余卷,其治喉病药方流传至今。

林　英　又名林映,漳州诏安县人。清康熙六十年(1721年)武进士,任常德营副总。

林　贤　字克希,号尊一,晋江市人。行伍出身,清康熙年间海坛总兵。

林　达　字敏仲,号近亭,晋江市人。行伍出身,清康熙年间黄岩镇总兵。

林　政　晋江市人。行伍出身,清康熙年间泉州中营参将。

林　秀　晋江市人。行伍出身,清康熙年间金门镇总兵。

林中岳　晋江市人。行伍出身,清康熙年间浙江象山副将。

林时龙　南安市人。清雍正元年(1723 年)武进士。

林应易　连江县人。清雍正元年(1723 年)武进士。

林　明　霞浦县人。清雍正二年(1724 年)武进士。

林奋先　漳州平和县人。清雍正八年(1730 年)武举人。

林必达　同安人。清雍正八年(1730 年)武进士。

林奏凯　霞浦县人。清雍正十一年(1733 年)武进士。

林魁拔　永定县人。雍正十三年(1735 年)武举人,饶平千总。

林黄彩　晋江市人。行伍出身,清雍正年间福建水师左营游击。

林　洛　晋江市人。行伍出身,清雍正年间福建水师前营游击。

林开兴　漳州南靖县人。清乾隆元年(1736 年)武举人。

林有道　长乐市人。清乾隆元年(1736 年)武进士。

林际盛　永春县人。清乾隆三年(1738 年)戊午科武举人。

林光国　东山县人。清乾隆六年(1741 年)武举人。

林福振　福清市人。清乾隆七年(1742 年)武进士。

林炳星　连城县人,海阳籍。清乾隆七年(1742 年)武进士。御前侍卫,山东宁福营都司、江西建昌营游击、湖北荆州参将,督中协,署襄阳总镇。

林永遇　漳州平和县人。清乾隆九年(1744 年)武举人。乾隆十三年(1748 年)武进士,任淮安府守备。

林长蕃　漳州平和县人。清乾隆九年(1744 年)武举人。

林福挺　福清市人。清乾隆十年(1745 年)武进士。

林调燮　福清市人。清乾隆十年(1745 年)武进士。

林剑光　漳州龙海市人。清乾隆十三年(1748 年)武进士。

林光殿　东山县人。清乾隆十五年(1750 年)武举人。

林景仰　永春县人。清乾隆十五年(1750 年)庚午科武举人,严州府左协千总。

林润秀　漳州平和县人。清乾隆十五年(1750 年)武举人。乾隆十七年(1752 年)武进士,任肇庆协守备。

林　辉　漳州平和县人。清乾隆十五年(1750 年)武举人,任守备。

林建鼎　福清市人。清乾隆十七年(1752年)武进士。

林光玉　漳州平和县人。清乾隆二十一年(1756年)武举人,任厦门水师后营游击。

林明哲　字企山,号双溪,人称"武老爹",漳州漳浦县人。自幼习武,身材魁梧,臂力过人。清乾隆二十二年(1757年)丁丑科武进士,任职福建省提务厅。

林上苑　漳州龙海市人。清乾隆二十五年(1760年)武进士。

林象山　漳州云霄县人。清乾隆二十七年(1762年)武举人。

林　玉　(榜姓张)永春县人。清乾隆二十七年(1762年)壬午科第四名武举人。

林丹桂　漳州南靖县人。清乾隆三十三年(1768年)武举人。

林大茂　晋江市人。清乾隆三十六年(1771年)武进士,御前侍卫,浙江岩州副将,福建建宁镇,浙江衢州、处州镇。

林龙光　漳州诏安县人。清乾隆三十七年(1772年)武进士,任广东高罗右营都司。

林　彬　漳州南靖县人。清乾隆四十二年(1777年)武举人。

林云鸿　永春县人。清乾隆四十二年(1777年)丁酉科武举人。

林为邦　永春县人,林玉之子。清乾隆四十八年(1783年)癸卯科第五名武举人,署兴化府左协千总。

林天洛　浙江江山县人。进士,清乾隆五十年(1785年)任延平协镇副将。

林国珍　东山县人。清乾隆五十三年(1788年)武举人。

林朝辅　连城县人。清乾隆五十五年(1790年)武进士。湖北抚标右营守备,迁都司花翎果勇巴图鲁,升授连阳游击,调襄阳游击。

林梦魁　漳州云霄县人。清乾隆五十七年(1792年)武举人。

林桂中　永春县人。清乾隆五十九年(1794年)甲寅恩科武举人。

林占鳌　永春县人。清乾隆六十年(1795年)己卯科第七名武举人。

林南洲　男,漳州芗城区竹巷下人。清乾隆年间任京城御林军教头,年老还乡,传徒授艺。因慕漳州开元寺住持衍庆法师武功,登门求见,倾心交谈,竟成好友。彼此时常切磋武艺,林南洲将在军中传授的军伍器械等武艺,毫无保留地传授给开元寺众僧。自此漳州开元寺武艺多了林南洲所传之器械,流传至今。林南洲还有嫡传弟子多人,先后在漳州武营任职。清朝末年,漳州清军参加军事汇演,获得"漳州飞虎军"称号。

林　董　清乾隆年间永春县人,祖上有官荫,世称"董爷"。先师从郑煌,后再投林全门下习武,为永春白鹤拳第五代传人。一生经文纬武,深入研究白鹤拳法,晚年在前人口传身授的基础上,结合自己长期的教学实践,对永春白鹤拳的源流、练功方法、技术体系和套路内容,分别进行了理论性的总结,著有《白鹤拳家正法》一书,予后世学习永春白鹤拳有了较为全面系统的理论指导,是永春白鹤拳由实践到理论总结形成的最佳范文,被奉为圭臬,对永春白鹤拳的理论研究和发展做出了重要贡献。

林宗梦 惠安市人。清乾隆年间武举人。广东千总。

林 纲 晋江市(今石狮市)人。清乾隆年间云南左营千总。

林 贵 晋江市人。行伍出身,清乾隆年间福建水师中营参将。

林 圣 晋江市人。行伍出身,清乾隆年间福建水师前营游击。

林金榜 漳州平和县人。清嘉庆三年(1798年)武举人。

林河清 漳州南靖县人。清嘉庆五年(1800年)恩科武举人。

林振元 永春县人。清嘉庆五年(1800年)庚申恩科武举人。

林为高 永春县人。清嘉庆九年(1804年)甲子科第二名武举人。

林佩经 永春县人。清嘉庆十二年(1807年)丁卯科武举人。

林春光 永春县人。清嘉庆十三年(1808年)戊辰恩科第六名武举人。

林寅登 漳州漳浦县人。清嘉庆十四年(1809年)武进士,任侍卫。

林承昌 宁德古田县人。清嘉庆十五年(1810年)武举人。千总,海坛、南澳、铜山守备,福建铜山、闽安、安平协、浙江定海总兵。

林时青 永春县人。清嘉庆二十四年(1819年)己卯科武举人。

林捷云 永春县人。清道光元年(1821年)辛巳恩科武举人。

林时茗 永春县人。清道光元年(1821年)辛巳恩科武举人。

林 葵 永春县人。清道光二年(1822年)任台湾守备。

林安邦 永春县人。任将乐副将。

林武孝 永春县人。任顺昌千总。

林鸿元 永春县人。任蓝翎顺昌守备。

林柱国 漳州平和县人。清道光五年(1825年)武举人。

林世成(1790—1868)(一作林世咸) 名诘诺,永春县人。为永春白鹤拳前五虎之一王打兴及林椎派裔传人,福州鸣鹤拳世祖。其性好山水,精于技击,遍游各地,以武会友。

清道光年间,游玩于福州义序高堂庵,与罗汉僧较技结友,僧之徒林达崇受命送世成归永春,途中邀世成至其盘屿家中,遂拜世成为师,学习永春白鹤拳。林达崇有传谢宗祥、黄大彭等人。黄传林珠森,历三传至高国惠印尼一系,皆以白鹤拳名世。闻谢传冲绳人东恩纳宽量。故永春邑中故老传闻云王、林有传技于福建"上四府"。

林绍宗 永春县人。清道光八年(1828年)戊子科第五名武举人。

林朝聘(1803—1841) 字世珍,号以时,又号时庵,福建古田杉洋村人。抗英名将。朝聘青年时慷慨有才略,清道光十五年(1835年)援例考选从九品,分发浙江衢州府司狱。清道光二十年(1840年)六月,英军26艘军舰沿海北上,攻陷定海,又陷宁波,直指余姚。提督余步云、知府邓廷彩弃城而逃。朝聘力主坚守,被任为代理余姚篆。事后,道光帝御题"忠勇可嘉"匾额赐予朝聘,并授其六品衔戴蓝翎,委为余姚令。朝聘为防范英军再犯,发动百姓加固城池,广募义勇,组团练兵,同时联络镇海、宁波、定海等地总兵及农民起义军葛云飞部,联合抗英,共同御侮。清道光二十一年(1841年)正月,清廷对英宣战。道光帝授朝聘为定海直隶同知,赏换花翎、恭摺。同年六月,朝聘到定海任职。八月,英政府改派璞鼎查率兵大举北犯,再次进攻定海。葛云飞等将领先后牺牲,朝聘艰难力任,率领军民奋勇抗击,因过度劳瘁,不幸身患重病,殁于定海。朝聘死后,道光帝亦命古田县督工,在杉洋建祠褒扬他。同治元年(1862年),朝聘遗骸由余姚运回杉洋,安葬于伏龙岗。

林建猷(1805—1856) 字孝丕,号鸿轩,安溪人,后迁厦门。清代将领。通晓治军方略,娴熟骑射技艺,17岁为县学武生。初任水师提标左营额外外委把总,升为外委把总,以后递升把总、千总等职。又以军功升任铜山守备,迁古营游击,代理督标水师营参将,不久,实授闽安协副将,代理过海坛、金门、福宁各镇总兵。他在历次任内都能简军实、明训练,因而所到之处,军威振起,奸宄潜踪。咸丰三年(1853年)三月,奉派为福宁镇总兵官。同年,参与剿灭小刀会起义军。不久,浙江沿海宁波、奉化等郡县,遭到海上武装集团扰犯,人心震骇。总督推荐建猷代理浙江提督,带兵进剿,全歼浙洋海上武装集团。军民彩乐讴歌,于游仙庙树碑纪功,并立匾曰"永清"。咸丰六年(1856年)五月,建猷升任福建水师提督,建猷星夜赴任,途中积劳染病。是年十月,建猷病逝任上,享年52岁,诰授振威将军。

林荣茂(约1820—1856.2) 漳州南靖县人。清咸丰年间中武举人。曾在台湾任副将之职。

林廷珍 永春县人。清道光十九年(1839年)己亥科武举人。

林芳成 永春县人。清道光二十年(1840年)庚子恩科武举人。

林国恩 永春县人。清道光二十六年(1846年)丙午科武举人。

林春庆 字赠孝,号佩玉,永春埔头村人。自幼练武,膂力过人,其练武的大刀重达126斤。据说他可以用刀身托着重二百斤的义勇石,骑着马跑几个来回。林春庆后来得授武德骑尉,诰封武功将军。其妻室薛氏、陈氏,均得诰赠二品太夫人。永春白鹤拳史馆落时,特意仿照林春庆的兵器,铸造了一把重108斤的关公刀展出。现在其故居至今还保留着一方重200斤的古旧义勇石。

林　俊(1828—1857)　男,原名大俊,字士孝,号万青,永春县人。清末起义军首领。林俊生于士绅家庭,父林捷云是武举人。有兄弟三人,大哥林大伦务农,林俊和二哥林大广是永春州武生。林俊从小善骑射,武艺超群,好打抱不平,以豪侠闻名。鸦片战争后,林俊目睹社会黑暗,下决心要推翻清朝统治。他积极联络会党,以"调解械斗"、"教武术"为名,在永春、德化、南安一带发动并联络一批人。咸丰三年(1853年)五月,林俊领导红钱会在福建永春起义,他率领一千余人攻克德化县城,房知县申逢吉。三十日又率四五千人克永春州城。义军所至,开仓济贫,释放"监犯";以"洪秀全"的名义贴告示,号召人民起来推翻清朝。接着,又攻克了永安、大田、沙县、龙溪、仙游、安溪等县,并在仙游屡次击败清军的反攻。次年又在南安大败清军。咸丰七年(1857年),林俊率军北上拟于太平军会师,但这时太平军已折回江西,林俊会师的愿望未能实现。在路经光泽仁寿桥时遭遇团练袭击,落水身亡,年仅30岁。

林培基(1849—1893)　男,字发夔,号植斋,闽县(今福州市)尚干人。祖上世代务农,有兄弟四人,培基居长。清同治年间,尚干兴林寺(俗称帝爷寺)设有武馆,培基劳动之余到武馆为武童烧茶,免费学习武术。培基膂力过人,在武馆中学得一身好武艺。清光绪元年(1875年),培基参加福建省乡试中被选取第二名武举人。光绪三年(1877年),培基赴京应试,中第二名进士。殿试时,钦赐第一甲第三名(武探花),授御前二等侍卫。光绪十年(1884年),丁忧在籍。闻法国军舰侵入马江,领衔向闽浙总督何璟呈递"万民摺",提出自备干粮武器参战。后获准招募义勇,尚干乡"子弟踊跃争先",由培基率领驻扎于马江海潮寺右,与水军成掎角之势。七月初三下午,法舰发起突然袭击,福建水师几乎全军覆没。翌日,尚干义勇奉命移屯鼓岭。七月初十,法国侵略者慑于闽江下游两岸军民威力,全部撤出闽江口。光绪十九年(1893年),朝廷一再下诏宣召,只身进京供职,侍卫慈禧太后,恩宠有加,选授广西郁林协镇、总镇衔。同年,病殁于京师任上,诰赠荣禄大夫。

林宜春(1859—1898)　男,学名咸衵,大田县武陵乡人。父林高仰,清代增生,为家乡私塾教师。宜春从小随父读私塾六载,但他力气过人,更喜跟三位武秀才的叔父习武,常练大刀、提托"勇石"、拉弓,持之以恒,力大勇名。清光绪二十一年(1895年),他36岁,在亲友资助下赴京应试,中武进士,再捷武探花,被录为御前侍卫。是年,在本县宣化坊为其立探花坊。光绪戊戌年(1898年)返乡探亲,时其父已逝,他因未见父亲容颜,万分伤感,遂卧地守灵三个多月,因暴发不治之症而故,时年39岁。

林玉辉　永春县人。清咸丰五年(1855年)乙卯科第六名武举人。

林其诚　永春县人。清同治元年(1862年)壬戌恩科并补行辛酉正科第五名武举人。

林云腾　永春县人。清同治元年(1862年)壬戌恩科并补行辛酉正科武举人。

林上春　永春县人,林玉辉之弟。清同治元年(1862年)壬戌恩科并补行辛酉正科武举人(榜名攀龙)。

林清藻　大田县人。清同治元年(1862年)武举人,铨选守备。

林九如(1851—1928)　男,泉州市人,五祖拳名师。林九如身材魁梧,膂力过人,能提起400多斤奇勇石,练就一双铁砂掌。林九如原是泉州著名的太祖拳师,在泉州开设武馆,因与蔡玉明比试武技,对蔡的武艺武德十分钦佩,遂拜蔡玉明为师。由于林九如年纪比蔡玉明大两岁,蔡不肯接受而欲结金兰,后以芸生帖拜师,一时传为佳话。他是蔡玉明的首座弟子,为"闽南五虎"之首,精于拳术,手法奇特,赢得"奇手大师伯"之誉。林九如还擅长掌中木偶,故有"布袋戏九"之名。他与擅长腿功的师弟魏文豹有"狗(九)手豹脚"之誉。林九如在太祖拳的基础上,又吸收蔡玉明的技法和理论,形成了"五祖太祖拳派",在泉州和东南亚一代广为流传。林九如的门徒众多,著名者有吕鹏琦(原泉州国术总馆馆长)、妙月、林天恩(其子)、黄锡禧、陈隧、傅仲华等。

林朝栋(1851—1904)　台中雾峰人,祖籍漳州平和县人。抗法保台名将,官至中军统领。因少时练武伤及一目,人称"目仔少爷"。

林琴南(1852—1924)　名纾,号畏庐,福州市人。中国近代著名文学家、翻译家。林纾身材魁伟健壮,声如洪钟,早年学文之余亦习武,并受教于福清纵鹤拳宗师方世培,习练鹤法技击,并擅剑术。他所撰写的《技击余闻》于1913年6月由商务印书馆出版。《技击余闻》是一本以"武术技击"为专题的古文笔记小说集,记录了作者在福建及江、浙、粤沿海及台湾所见所闻的武林故事,从各个侧面、多种角度描述了武林中内功、外功、硬功、轻功、气功、点穴等高超的"技击术",以及武林中人各种品性德行,寓意深远,称得上是"闽海武林写真集",在民国及当代产生了较大的影响。

林光春　永春县人,林上春之弟。清同治六年(1867年)丁卯科武举人。

林寿麒　长乐市人。清同治十年(1871年)武进士。

林祖武　永春县人。清同治十年(1871年)武进士。

林登瀛　长乐市人。清同治十三年(1874年)武进士。

林克彰　字诒贤,永春县人。清同治十三年(1874年)武进士。

林联辉　永春县人,林光春之弟。清光绪元年(1875年)乙亥恩科第三名武举人。

林祖扬　永春县人。清光绪元年(1875年)乙亥恩科武举人。兵部差官。

林请高　字云峰,永春县人。清光绪二年(1876年)武进士,授侍卫,乞归养。(旧志

有传)

林遇春　字清臣。清光绪二年(1876年)武进士,钦点御前侍卫。

林天骥　漳州诏安县人。清光绪三年(1877年)武进士,授花翎侍卫,任广东岭南游击,南澳总兵。民国元年(1912年)当选福建省咨询局议员。

林向荣　东山县人。清光绪五年(1879年)武举人。

林其锋　永春县人。清光绪五年(1879年)己卯科武举人。

林国瑞　永春县人,克彰侄。清光绪六年(1880年)武进士。

林鸿钧　侯官(今福州市)人。清光绪六年(1880年)武进士。

林捷元　号锡连,永福(今永泰县)人。清光绪九年(1883年)武进士,任宁德汛千总。

林品铨　侯官(今福州市)人。清光绪九年(1883年)武进士。

林庆龄(1861—1919)　漳州南靖县人。清光绪十一年(1885年)考中武举人。同年参加闽浙两省比武大赛,夺得第十五名。两省总督亲授"武魁"牌匾。清光绪十三年(1887年)应邀赴台湾任教头。

林培元　永春县人。清光绪十四年(1888年)戊子科武举人。

林寿椿　连江县人。清光绪十五年(1889年)己丑科武进士。

林建三　漳州诏安县人。清光绪十六年(1890年)武进士,钦点守备。

林如彪　连城县人。清光绪十九年(1893年)武举人。高州镇标右营都司。

林高飞　长乐市人,慎思裔孙。清光绪十八年(1892年)武进士。钦点御前侍卫。

林捷鳌　字卓峰,永福人。清光绪十八年(1892年)武进士,任二等御前侍卫,乾清门行走。

林鸿猷　永春县人。清光绪十九年(1893年)癸巳恩科武举人。

林超元　连江县人。清光绪二十一年(1895年)武进士。

林鸿飞　侯官(今福州市)人。清光绪二十一年(1895年)武进士。

林宜春　大田县人。清光绪二十一年(1895年)武进士。

林其玉　永春县人。清光绪三十年(1904年)由千总署泉州蚶江汛。

林淮贵　字德和,福州台江区人。清光绪年间武举人。

林淮纲　字德泉，福州台江区人。清光绪年间武举人。

林继光　字迪友，号熙堂，清代同安县厦门市人，先世由安溪迁厦门。14 岁时，英爽如成人，入水师提标营伍。时海疆多盗，随参将陈允彩巡洋，击沉盗船，毙匪无数，复追余匪，并船获之，得记首功。提督李校阅部伍，继光以技艺娴熟，迁把总，调补福宁镇标，复以查办湄州石空口匪徒，升授水师提标右营千总。总督杨昌浚大阅水师，奖之，记名守备，逾年升中营守备。抚士卒，勤职守，恂恂如也。继光以将门之冑，技艺优长，常为大宪所赏识，所至盗贼敛迹，居民安堵。

林祖密（1878—1925）　原名资铿，字季商，祖籍平和，出生于台湾雾峰林姓望族。中日甲午战争，日军进犯台湾时，随父母内渡祖国大陆，择居于鼓浪屿。其间，一度返回台湾处理财产，未几，重回鼓浪屿。民国十年（1921 年），他应召赴粤任孙中山大元帅府参军兼侍从武官。嗣而孙中山率军入桂，改任林祖密为大本营参议，随军参赞戎机。

林　启　漳州漳浦县人。清末民初年间，师从一位广东流浪拳师习练南拳。曾在本县和海澄、南靖等地多出设馆授徒。

林天恩（1882—1945）　男，泉州市人。为林九如之子，五祖拳名家。幼随父苦练五祖拳法，身体魁梧，膂力过人，善铁砂掌。20 世纪 30 年代初与吕鹏琦等师兄弟创办"泉州国术总馆"，任副馆长，传授五祖拳。1933 年又开办"泉州富美国术馆"，任馆长。在传授的过程中，林天恩与师叔"玉面虎"沈扬德共同研究，进一步完善了五祖拳的发劲方法，形成了"脱脚、摇身、胛卸"的金刚劲法。林之门生众多，其中有周志强（福建少林五祖拳研究会会长）、林清潭（泉州国术社的资深教练）、林丕莱、许妈应、王招来、邱春晖、黄清江、黄天禄等人，皆后来泉州武术界之精英。

林西惠（1885—1911）　男，连江县人。黄花岗七十二烈士之一。性憨直剽悍，喜耍拳弄棍。20 岁时入长门练营当兵。因拳术精湛被称为国术教师。行伍时，对满清政府的政治腐败极为愤慨，已有参加革命的思想基础。退伍后，与"独眼龙枪"魏金龙一起游猎，并结成莫逆之交，同魏互相交流拳术枪法。光绪三十二年（1906 年），西惠与金龙一同加入透堡"广福会"组织，后拥吴适为"大哥"，改称"光复会"，成为同盟会的一个革命团体。西惠常与陈清畴、黄忠炳等一起谈论政治时势，更加坚定革命信念，并以超群拳技教练同志，共图革命大业。宣统三年（1911 年）春，西惠得知孙中山决定在广州举行起义的消息后，积极报名参加。三月二十九日，与连江一行 26 名爱国志士一起编入黄兴率领的第一路"先锋队"，在总攻督署中奋勇争先，在巷战中战死，时年 26 岁。

林尹民（1887—1911）　男，字靖安，号无我，闽县（今福州市）人。黄花岗七十二烈士之一。从小习武，膂力过人，能举石 300 斤。好狩猎，能手格猛兽。清光绪三十一年（1905 年），赴日入日本陆军士官学校学习。在校潜心研读兵书，成绩优良，毕业后考入日本第一高等学校医科，享受官费。时与好友林文、林觉民同住在东京"田野庐"，人称"三林"，尹民最小。宣统二年（1910 年），加入中国同盟会。同年冬，回福州，家人要其成婚，尹民决心以身许国,婉言推却。宣统三年(1911 年)初,返日继续求学。三月,黄兴等人决定继续举行武装起义。尹民和来自福建、广东花县、四川的志士以及海外华侨 130 人,组成"先锋队"(敢死队),由黄兴率领进攻督署。尹民冲锋在前,打死十余名清兵,自己受伤十余处,血涌如注,仍奋勇杀敌,牺牲时年仅 25 岁。

林宝山(1890—1951) 男,永春县人。白鹤拳名家。先后从北方拳师、永春县干德源习武。1928 年赴南京参加全国第一届国术考试(亦称国考),荣获中等第 16 名。同年 11 月,在当时县政府的支持下,择址五里街"翁公祠"为馆址,负责筹办中央国术馆永春县分馆的相关事项,出任首任馆长,负责馆务工作,系统地传授永春白鹤拳。1929 年10 月,应爱国华侨领袖陈嘉庚之邀,组织"中央国术馆闽南国术南游团"(简称"闽南国术团")到新加坡、马来西亚各地巡回表演,这是我国民间武术团体的第一次出访。后来,应广大侨胞的要求,闽南国术团留下林宝山、潘孝德等部分拳师,先后在新加坡、马来西亚等地设立国术馆传授永春白鹤拳。1937 年,抗日战争爆发后,林宝山先生毅然回国,与师弟陈桂芳组织起"抗敌大刀后援队",林宝山任队长,陈桂芳任副队长。所有受训队员全部参军,开赴前线杀敌。林宝山不仅是一名白鹤拳名家,其医术也很高明,治疗烧、烫伤和跌打损伤有独到之处。

林贞兰(1893.2—1983.4) 男,福州市人。贞兰拳社社长。号义洲番仔司,早年拜张子和学习纵鹤拳,后师从谢崇祥(号如司)学习鸣鹤拳。1945 年正式开馆授徒,其身高马大,出手似春雨无声,突发如雷劈,出招直截了当,让人防不胜防。曾为英、美烟草公司货银押镖,往返于省内外,其一把一米多长杆烟枪成为随身武器。林贞兰为人刚正不阿,疾恶如仇,遇见不平,拔刀相助。其从武简介入选《福建武术拳械录》和《福州武术》。福州鸣鹤拳其中的贞兰拳社是为纪念他而命名的。他于 1983 年去世,享年 91 岁。

林詠雩(1897—) 男,福州市人。老拳师,福州市武协顾问、市武协罗汉拳研究会名誉会长。幼承家学,习得齐眉棍,后师承河北李景曦学习"龙门三合拳"(少林、武当、峨眉综合拳术)。1984 年代表福建省参加在兰州举行的全国武术观摩交流大会,获优秀奖。并先后参加省武术观摩比赛、香港国际武术大赛、福州国际武术交流大会等。参加与来访的新加坡、日本等国外武术界朋友交流表演。曾被评为"全国健康老人"。

林文华(1899—1987) 字金勇,外号"保长拾",永泰县人。虎拳主要传人。8 岁习武,多方拜师求艺,习虎拳、走廊拳、罗汉拳等。29 岁开始在福州设馆授徒,门徒颇众。

林木金(1900 年—?) 男,闽侯县人,福州纵鹤拳代表人物之一。17 岁从熊青官习纵鹤拳,之后在福州一带传艺,门徒颇众。曾任福州台江区武协顾问。

林依俤（1903.9—2010.4） 男，福州市人。福建华武功夫中心顾问、辅导站教练，福建市太极拳辅导总站站长辅导员。1983年到福州市体委进修，从80多岁到108岁练太极拳，习武健身，寒暑不辍。在福州市工人文化宫传艺授徒，所教学生数千人。1985—2008年多次获得"福建省健康老人"称号。2009年获"全国健康老人"称号。事迹刊载在2004年8月《中华太极人物法》第386页。受福建华武中心邀请，多次带领一家四代进行太极拳比赛和特别表演，获得市总工会举办的太极拳比赛冠军。2006年带领双胞胎孙女参加"福建华武功夫中心日本燕赵园太极拳友好会"太极拳交流大会特别表演。

林传务（1905—1985） 男，闽侯县人，福州宿鹤拳代表人物之一。早年跟随连江县云虎山石门寺僧谷清习练宿鹤拳。1937年创办福建国术研究社，任社长，并亲自教授学生，为福州培养了不少宿鹤拳好手。

林燧（1907—1986） 男，又名秋浚，福州市人，自幼爱好武术，1921年离家到南京，拜杨少侯为师学习杨式太极拳，1922年在南京国术馆拜吴俊山为师学习八卦掌，1926年在广州拜顾汝章为师学习少林拳、梅花刀等。1927年被聘为南京太极拳社教练。1933年后又分别在南京铁路局、江西省九江市国术馆、湘黔铁路局传授武术；1943年，他同顾汝章在广西六寨国术馆传授武术。新中国成立后，林燧回到福州，1956—1986年先后在省民革、省委党校、省统战部、省政协以及省立医院高干病房等地辅导人们锻炼；同时，在省内传授太极拳、八卦掌、少林拳等，为我省培养了大批武术人才。林燧授徒严谨，因材施教，诲人不倦，尤其崇尚武德教育。林燧在福建首推传播八卦掌武学，被广泛誉为八卦掌入闽宗师，晚年著有《正宗八卦掌》一书，流传后世。

林祥彪（1910—   ） 男，福州市人。市武协顾问、峨眉爱国拳馆馆长、郊区武协顾问。1922年前往缅甸，1924年在"仰光鲁城行"武术馆学习。1925年四川峨眉山觉海禅师云游缅甸，林祥彪即拜其为师，学习铁臂金蹲功（一字地盆功）、混元太极功等。1941年回国，任重庆陪都国术馆教师，其时又拜该馆馆长本立和尚为师，学习红门长拳。1953年参加重庆武术观摩比赛，获二等奖。1963年参加福州市"春节武术表演赛"。

林森林（1912—1987） 漳州市市美社人。漳州市市美太祖拳重要传承人和代表性人物之一。森林早年拜游长春为师，学习太祖拳术，后随游振辉习练军营公步器械和武狮。勤奋苦学，朝夕演练，诸般技艺日益精进。他擅长的拳械很多，但以棍法为精。他演练丈八长棍（槌），步稳身正，发劲刚沉，力势兼雄，令人叫绝。林森林一生崇武尚德，练武授艺从不间断，几十年来一直以传扬太祖拳为己任，言传身教，桃李满园。他除在市美太祖拳拳社传授后辈族人习练太祖拳、械、狮、阵外，还偕游丰

源、游分、游嵩、游亚理等侪辈师兄弟,走出社门,先后在芗城、龙海、龙文、华安、南靖等市县(区)村社授徒传艺,从学者上千人,培养了一大批武术人才,很多弟子后来都成为市美太祖拳传承的骨干力量,为市美太祖拳的广泛传播和发展做出了重要的贡献。

林独英(1913.8—1985.2) 男,原籍福州。武术名家,厦门浑元武术协会创建者。幼年在福州老家习武,1931年就读于上海交通大学,毕业后在上海海关工作。先后师从太极名家陈微明、田兆麟习练杨式太极拳及推手,师从刘德生老师习练猴拳、武松脱铐拳、罗汉拳、醉八仙拳、螳螂拳、通臂猿拳等拳艺,又师从吴鉴泉老师习得吴式太极拳、推手、散手及太极内家功法,又随一隐士习得八卦掌。在20世纪30年代的大上海,他以武会友,与各门派武林高手一道切磋、研修武艺。林独英于50年代中期开始在厦门海滨公园传技授艺,学练者颇众。1961年成立了厦门市思明区太极拳研究班,后升格为"厦门市思明区浑元武术协会",协会下设"厦门市思明区武术辅导站"。1962年,林独英任福建省武术比赛短兵组裁判长。比赛结束后上场表演了太极拳与双刀,赢得广泛赞誉。1964年,任厦门市武术比赛裁判。半个世纪以来,林独英所创的浑元武术社从未停止武术活动。即使在"文革"期间,浑元武术协会还将毛主席诗词结合武术动作编成"五凤朝阳"的长拳套路与刀术套路,公开进行训练。几十年来,浑元武术社培养了一批批学生,在厦门各个阶层继续传播推广武术。

林春来(1915—1976) 泉州城区人。武术名家。师从泉州武林名宿何春先、林国治习练太祖拳、罗汉拳,之后又拜蔡玉明门徒陈隧深造,颇得五祖拳诸法。新中国成立后发起抢救传统武术运动,泉州政府遍访民间武师并征得众贤成立武术社,因其武艺武德俱佳,被聘为泉州武术社资深专职拳师。一生从事武术教习活动,门徒众多,颇有建树者如蔡金星、周建民、吴端溯、陈家捷、庄少平、曾焕平、庄昭聪等。

林 云(1915—1989) 漳州龙海市人。和(何)阳拳传人。年少习武,师从林矮古习练和(何)阳拳。1986年参加福建省武术观摩表演大会,获第二名。

林 海(1921—) 男,福州市人。市武协顾问,郊区武协顾问,郊区连潘少林武馆馆长。自幼好武,1946年到台湾,拜卢永钦为师,学习七星拳、南仙拳。后又拜杭州灵隐寺罗钦和尚为师,学习八仙拳、剑等。1983年参加福州市武协。1984年被评为福州市郊优秀武术教练和郊区武术先进工作者。

林丕琛(1927.5—) 男,泉州市人。鲤城区太极拳协会名誉委员,丰泽区太极拳协会顾问,丰泽区少林武术协会高级顾问。1946 年在泉州富美国术馆拜师邱剑刚、邱衡宏学南少林五祖拳;1975 年于泉州市体委太极拳培训班习练 24 式太极拳,随王建先生学杨式太极拳;1981 年和 1982 年从上海傅钟文、傅声远研练杨式太极拳、械及推手;1987 年跟北京阚桂香习陈式太极拳,尤擅传统杨式太极拳、刀、剑及杨式、吴式竞赛套路、42 式拳、42 式剑。为泉州市太极拳协会创建人之一,任第一、第二届副主席。在泉州市太极拳辅导站义务授拳 20 多年,众多学生在市级比赛中获得佳绩。1982 年市太极拳协会荣获国家体委、全国总工会"职工体育先进集体"称号。2009 年被泉州太极拳协会授予"开拓奖"。

林福慧(1928.2—) 男,永春县人。城区太极拳协会副主席兼秘书长,1992 年任鲤城区太极拳协会委员,1996 年任常委、秘书长。第四、第五、第六届继续担任秘书长兼副主席。2001 年任泉州市太极拳协会理事、组织组组长,现为该协会名誉理事。负责协会内部刊物《鲤城太极》的主要编辑工作,多次发表太极学术论文,作品被收录于泉州市太极拳论文集。长期积极培训太极拳爱好者,近年虽已耄耋高龄,仍授徒不辍。几十年如一日,孜孜不倦,尽心尽职为协会默默地工作,对太极拳运动的巩固发展起到一定的作用,被称为太极拳协会的"老黄牛"。

林德寿(1928—) 男,漳州龙海市人。和(何)阳拳传人。少年时随林矮古习练和(何)阳拳。

林海龙(1933—2001) 男,福建金门人。1954 年在新加坡拜沈扬德为师,学五祖拳法。1964—2000 年任新加坡玉明国术研究会总教练。1968—2000 任新加坡玉明国术研究会会长兼总教练,教授五祖拳。

林康顺(1933.10—) 男,福清市人。福清南少林武术研究会理事。15 岁开始拜南少林和尚延果为师,学医习武,习练南少林罗汉拳、飞鹤拳等,得法名释达顺。擅骨伤科及各种推拿医术。2007 年入选中国国际网络电视台"盛世英才风云榜",授予"盛世英才,时代楷模"称号。任乡村医生的 20 多年中,信守职业道德,千方百计为患者排忧解难,时刻牢记"健康所系,性命相托"的信念。在学武、学医中,以禅统武,以武明医,以医通禅。

林文荣(1935—) 福建莆田市人。福州儒法代表人物之一。1965 年从何国华习香店拳、儒法等。后在福州等地授徒传艺。

林锦德（1936—2000） 男，仙游县人。福建师范大学体育系武水教研室副主任、副教授。1961 年毕业于福建师范学院体育系本科，毕业后留校任教，1963 年开始担任体育系武术普修、游泳教学、训练工作。在长期的武术教学工作中积累了丰富的经验，培养了一大批热爱武术的学生和骨干，其中较出名者有林建华、杨少明、张召旗、林清景、林申奇、梅雪雄、庄昔聪等。

林犹石（1938.1— ） 男，福州市人。农工党，蕉城区政协联谊会常务理事，蕉城区武协副秘书长。毕业于福建省电影学院第三届。1967 年始在福州先后师从林燧、胡金焕习练太极拳、剑。1986 年起历任宁德市老体协理事兼太极拳、剑辅导组组长，宁德市老年大学太极拳、剑教师，宁德市蕉城区老年大学太极拳、剑教师。1987 年被福建省体委、省总工会评为群众体育工作先进个人。1999 年获福建省第五届老年运动会 24 式太极拳第四名。2001 年获宁德市太极拳、剑全能比赛金奖。2004 年在武夷山全国太极拳交流比赛中获 24 式太极拳银牌。几十年来致力太极拳的推广教学。受聘为宁德市老年大学太极拳、剑专业学会会长。

林进财（1938.9— ） 男，漳州芗城区人。漳州芗城区南少林搏击馆馆长。10 岁开始习武，随其父林泽清和祖父林文英习练鹤阳门南拳。1956 年师从王育英学习南少林罗汉拳，后又师从黄番根学习咏春拳及器械，也得到徐星俊及正慧大师的传授与指导。多次在漳州市传统武术比赛获一等奖。1957 年参加福建省武术观摩表演大会，获优秀奖。1998—2002 年创办芗城区南少林搏击馆，任馆长兼教练。

林德荣（1938.11— ） 男。福建省武协顾问，莆田市南少林研究会会长，原仙游县体委主任、莆田市体委主任、福建武术协会副主席。最早组建仙游少体校武术队，于 1972 年成立了全省首个市级武术班。1991 年 9 月组织调研、发掘、论证莆田南少林寺。1992 年 4 月在人民大会堂隆重举行"南少林寺遗址论证会暨重建南少林寺新闻发布会"，时任全国人大常委会副委员长陈丕显、全国政协副主席杨成武等领导同志出席了发布会。在任县、市体委主任兼体校校长期间，为国家输送了以王慧玲、陈帅、林凡等为代表的十多名亚洲、世界武术冠军。1994 年 4 月成功举办"首届国际莆田南少林武术节"，来自 33 个国家和地区的 47 支武术团队、321 名武林高手参加，盛况空前。

林关东（1943.8—2012） 男，厦门市人，原籍浙江平阳县。民间武师。自幼受家传南拳影响，在家乡平阳县习练五技刚柔门拳械。1954年在厦门拜五祖拳名师柯金木习练五祖白鹤拳，经过十年磨炼，掌握了五祖拳拳械及功法技理。1958年参加厦门青少年武术比赛，获三等奖，并参加市体委组织的武术表演队，到基层宣传表演。1967年在福州拜武术泰斗万籁声为师，练习六合门、自然门技法。1975年担任厦门市武术选拔赛副裁判长，1976年担任市武术集训队教练。从1964年开始，在民间广泛传授武术，从学者上千人。

林培松（1944.6— ） 男，福州市人。国家高级美术师。中国武术六段。1964年师从林光习鹤拳，后师从陈修如习南少林罗汉拳。1991年2月以画家、武术教练身份随团出访日本冲绳县那霸市，进行武术、书画交流活动，获表演一等奖。2006年6月曾与来访的日本东恩纳盛男率领的武术队进行武术交流。曾任市少林罗汉拳研究会副会长兼秘书长，省少林拳武馆副馆长。退休后，任省、市老年大学，省军区老年大学教师。

林芳华（1944.6— ） 女，福州市人。福建省武术协会委员、连城县少体校原校长。1978年担任连城县少体校武术教练，1981年当选为福建省武术协会委员。1982年代表福建省武术工作者赴京参加首届全国武术工作会议，受到中央领导的亲切接见。1991年担任连城县少体校校长，带领体校武术队活跃在全省武术比赛中，获得了数十枚金牌。在长期的武术教练员岗位上，为龙岩地区、福建省培养了大批优秀武术人才，为福建省武术队和高等院校输送了一批优秀运动员和学生，在全国武术大赛中取得了优异的成绩，较出名的学生包括李强、李吉辉、黄秉忠、伍文梅、吴晓华等。

林在培（1944.8— ） 男，福州市人。福建弘武国术馆副馆长，福建省武术协会地术拳研究会副会长，福州市武术协会顾问，国家级非物质文化遗产福建地术拳代表性传承人，现为福建建闽集团干部。中国武术七段。

1964年拜陈依九为师习练地术拳。1984年参加福州国际武术交流大会，获地术对练金奖。1985年受福州市武协委派，担任日本武术研修生仲本政博的指导老师。1986年同陈依九老师应邀出访日本，和老师一起表演了地术捆绑术，轰动日本武术界。1987年担任福州武术队领队兼教练，参加在河南安阳举行的全国武术擂台赛。1992年至今已收外国学员近百人，弟子遍布日本、英国、美国、俄罗斯、丹麦、加拿大、澳大利亚、意大利、荷兰等国，并被英国白鹤战术武馆聘为武术顾问。美国《少林功夫》杂志曾两度报道林在培的习武事迹。

林更生（1945.10— ） 男，福州市人。机械师，福建华夏武术发展中心副秘书长，国家级社会体育指导员，中国武术六段。从小跟父亲学习武术、气功等。2009年参加福州武术—国际冲绳刚柔流空手道演武大会太极拳比赛，荣获吴式金牌及56剑银牌。1974年拜管伯昌为师，学静功太极拳及吴派传统太极拳。2001年加入福州闽海武术俱乐部。2007年加入福建华夏武术发展中心，并拜胡金焕教授为师，学习太极拳、太极剑等。

林帝弟（1946.5— ） 男，福建人。现任新加坡玉明国术研究会副主席兼总教练。自幼喜爱练武，1967年在新加坡拜林海龙为师，学五祖拳。1968年为新加坡玉明国术研究会教练。2001年为新加坡玉明国术研究会副主席兼总教练，传教少林五祖拳。

林振祥（1947.1— ） 男，泉州市人。泉州市武协名誉副主席，泉州市非物质文化"泉州南少林五祖拳"代表性传承人。自幼师承先父林丕莱、谊父许妈应（均为富美国术馆学员）学习五祖拳械法，为蔡玉明派五祖拳第四代传人。1963年又在承天寺师承释瑞吉老师学习太祖拳法与白鹤拳法。与先父在晋江沿海及南安一带设馆授传，1986年回传南安桃源育英武馆部分器械法。1979年参加省武术观摩赛，获一等奖，1989年参加省首届农运会，获南拳第一名，并参加全国首届农运会。1995年参加省演武大会，获一等奖，随泉州武术团访问菲律宾。1998—1999年回传泉州少林寺部分拳法对练及部分器械法。曾任市武协第二、第三届副秘书长，多次参与国外武术团体交流表演。并代表中方参加国际南少林五祖拳联谊总会，组编南少林五祖拳竞赛套路。

林其塔（1947.2— ） 男，漳州市人，籍贯永春。漳州市武术协会南拳分会副会长兼秘书长、福建省武术协会理事，漳州太祖拳、达尊拳重要传人。中国武术七段。1961年师从漳州太祖拳名师曾木习练太祖拳。1963年师从孙甲水习练达尊拳。1965年开始传艺授徒，教授太祖、达尊拳，培养了不少弟子。1986年参加福建省武术观摩交流大会，获传统拳第四名、传统器械第五名。2004年代表福建省参加在郑州举行的"首届世界传统武术节"，获拳术一等奖、器械对练二等奖。2005年应邀赴台湾参加海峡两岸南少林武术论文研讨会。2006年应嵩山少林寺邀请，出席中国功夫之星全球电视大赛36强出关大典并演练太祖拳。曾任漳州市兴华武术社副秘书长和社刊《闽南武苑》副主编，撰写过《漳州武术史初探》等论文。多次与来访的海内外武术界人士进行武技和学术交流活动。

林水河（1947.3— ） 男，漳州芗城区人。漳州武术协会白鹤拳分会会长。市级非物质文化遗产项目独脚鹤拳第一批市级代表性传承人。1959年开始在漳州岳口武馆习练白鹤拳，1961年拜师北桥捷元堂名家黄金镇，成为其入室弟子，精研独脚鹤拳法。曾随师在龙文区等地传教白鹤拳。1979年参与恢复岳口武馆并重振独脚鹤拳法的传承。2012年成为联合独脚鹤拳传人，成立了漳州市武术协会白鹤拳分会并亲任会长，为漳州地区各流派白鹤拳、独脚鹤拳的继承和弘扬创造了平台，为港台和海外独脚鹤拳组织来漳寻根提供了对接窗口。2014年组织了福建、广东、台湾和香港独脚鹤拳的联谊和汇演，促进了闽粤港台地区独脚鹤拳同仁的传承和合作。

林庆瑞（1947— ） 男，长乐市人。福州市武协教练，长乐县武协委员，市罗汉门拳社社长。幼嗜武，从其二伯父学少林拳、锄头法、扁担法。20岁师从汪景惠学练柔鹤拳，1980年师从陈修如习罗汉拳、九腿十八手、太极十三式等拳法。

林锦添（1947.8— ） 男，闽侯县人。福建华夏武术发展中心副秘书长，国家级社会体育指导员。中国武术六段。2003年开始学习太极拳。2007年参加福州市武术协会太极拳委员会举办的第七届太极拳、剑比赛，获C组42式太极剑银奖。2009年参加福州武术—国际冲绳刚柔流空手道演武大会，荣获E组陈氏56式拳金奖、E组武当剑铜奖。2009年担任华夏代表队领队兼运动员参加厦门海峡论坛·海峡两岸传统武术交流大赛，获D组陈56拳银奖、D组42剑银奖。

林志谦（1947.11— ） 男，厦门市人。福建省武术协会万籁声功夫研究会副会长，福建海峡自然门研究院顾问。幼嗜技击，初习拳击，后投通背大师孙振环先生门下。孙师去世后，拜万籁声为师，从万师二十余载。1982年借调中央电视台拍摄电视连续剧《西游记》，饰演二郎神并任武术设计；后又拍电影《巴黎枪手》，任动作导演；电影《紧急追捕》任男主角兼动作导演；续拍《西游记》时任武术顾问。1986年组建福建省拳击队任总教练，并于1988年的华东拳击锦标赛中获团体冠军。自1985年以来，多次受聘于部队、武警、公安特警及多级警卫部门担任技击格斗教练，包括武警福建总队，省武警一支队、二支队，武警泉州支队，机动九·三师以及福州、厦门、泉州、深圳公安特警散打总教练。为解放军、武警、公安特警及多级警卫部门培养众多人才，为中国散打队、拳击队、前卫散打队培养了包括世界冠军、亚运会冠军、中泰对抗赛冠军、全国冠军等优秀人才。培养的学生多人仍然在武警、公安、解放军及地方专业队担任教练、大学教师等。

林宝金（1948—　）　男，漳州市人。漳州市武术协会南拳分会教练组教练，漳州市市美太祖拳传承人和代表性人物之一。1958年师从游丰源等前辈习练太祖拳，学习各种传统拳械套路、功法。1970年开始研究太祖拳（登龙堂）拳法、拳理，并积极参加市体委举办或民间组织的各项武术活动。1986年省挖掘传统武术期间，协助游丰源老师整编《登龙堂太祖拳拳械录》，并捐出一件古器械"青龙大刀"，荣获国家体育"雄狮奖"。在漳州芗城、龙文、华安、龙海，以及晋江、石狮等地进行授徒传艺，有众多徒弟，培养了一批武术优秀人才，多次获得国内武术比赛金、银奖，为市美太祖拳的传播和发展做出了贡献。

林金标（1949.6—　）　男，福州市人。中医骨伤科医生，福州振兴武术馆馆长，福州台江区武术协会常委。中国武术六段。11岁开始学习香店拳，13岁跟随陈楷榜学习龙尊拳，20岁以后学习多种门派拳法如麒麟拳、螳螂拳、鸣鹤拳、形意拳、狗拳、长拳、自然门六合拳、金狮拳、北少林金拳、沙拳等。1995年创办福州振兴武术馆，任馆长。1997年创办福建洋艺影视武打演员培训中心，任主任。目前还在行医教拳。

林为震（1949.9—　）　男，福州市人。福建省武术协会地术拳委员会副会长。1967年跟随陈依九老师学习地术拳。1982年在陈政禄师父开设的"福州市郊区武术协会"中担任教练，教学积极主动、认真负责、精心传授地术拳的上、下盘武功技艺，深得前辈好评和学生的赞扬。1984年任福州地术拳研究会常务理事，并担任地术拳社教练，培养了多名地术拳学员骨干。近30年来，积极参加各种武术活动，推广地术拳法，努力弘扬民族武术精神。2009年被推选为福建省武协地术拳委员会副会长。

林增辉（1950.8—　）　男，漳州市人，籍贯福州。漳州少华堂武馆馆主，漳州罗汉拳代表人物之一。自幼练武学医，先后拜在潘依八、界慧法师、姑娘师、妙印法师、和松和尚、张云等名师门下，学练罗汉拳、太祖拳、达尊拳、鹤阳拳、宋江拳、白鹤拳等内外拳械，以及中医、骨伤科等。于20世纪70年代创办漳州少华堂武馆，传授罗汉门等拳械功夫。所培养的学生多次在省、市及全国武术比赛中取得优异成绩，学生遍布闽南各地。我国香港、台湾地区以及日本、意大利、美国等国家的武术同行多次到漳州拜访求教，切磋武道。20世纪80年代初参加福建省武术挖掘整理工作，整理出漳州罗汉拳、达尊拳、猴拳，收入《福建省武术拳械录》中。中国新闻社专题录制了其弟子演练的"罗汉阵"和由百人集体表演的"少林罗汉功"。现在漳州开办少华堂中医诊所，继续行医授徒。

林景群（1950.12—　　）　男,闽侯县人。福建省夏莲上乘梅花拳俱乐部副主任、秘书长,福州市武术协会副秘书长,福建省汽车工业行业体协体育健身总顾问,国家武术段位制指导员,中国武术六段。自幼跟随长辈练武,初中时参加福建师范学院体育系武术班,并拜多位著名民间拳师为师,练习南北拳术和器械。历年来积极参加各级武术比赛,均取得良好成绩。组织整理、挖掘上乘梅花拳历史、特点,创办俱乐部会刊,组织创编《福建上乘梅花拳擒拿三十二式》等学习教材。负责福建夏莲上乘梅花拳俱乐部日常管理工作,组织福建上乘梅花拳福州地区非物质文化申遗工作并已获政府批准。

林运品（1951.2—　　）　男,福清市人。福清南少林武术研究会副会长。中国武术七段。8岁随祖父学习武艺,曾拜浙江顾金山为师,习南派武功。擅长罗汉拳、鹤拳、剑术、气功等。1981年参加莆田地区武术比赛,获第一名;参加福建省武术比赛,获第一名参加全国武术气功比赛,获第一名。1981年参加中央新闻记录电影拍摄武术《神功》并被授予荣誉证书。1991年随福建武术气功代表团出访新加坡进行交流表演。1992年参加"八闽民俗绝艺大观园"南少林气功表演。1994年出访香港等地参加武术气功表演。1995年参加中央电视台《二十一世纪的辉煌》纪录片的拍摄。

林荣烽（1951.10—　　）　男,福州市人。福建省武术协会地术拳委员会常务理事,福建省地术拳委员会地术拳新店精华培训中心副主任兼总教练。中国武术六段。自1966年起师从许华清师父学习地术拳功法、拳法,20岁起传教地术拳于福州各地。从事武术事业40多年,学员数百人。多次参加省、市武术大赛及各种武术活动,获奖数百枚,多次获得优秀组织奖与优秀教练员奖。学员曾获得海峡两岸三丰故里传统武术大赛女子全能王中王第一名,并参加省电视台武术节目拍摄、表演和2012年中国民间春晚福建分会场节目拍摄。

林建华（1953.4—　　）　男,漳州市人。厦门大学国术与健身研究中心主任、教授、教育部全国高校体育教学指导委员会委员、福建省武术协会副会长,曾任厦门大学体育部主任、教育部直属综合大学体育协会理事长、中国武术协会委员、福建省大学生体育协会秘书长等,国际级武术裁判。中国武术八段。1964年开始习武,1973年进入福建师大体育系,师从郭鸣华专修武术。毕业后留校任教。1979年参加教育部在武汉体院举办的"全国高校武术师资进修班",在温敬铭、刘玉华教授的指导下研习武技和理论,后又得到王景春、何福生、康绍远等武术名家的传授指导,专攻形意拳、八卦掌、太极拳等拳种。长期致力大学体育教育、管理工作,曾被评为厦门大学教学名师。多次应邀前往美国、日本、加拿大、澳大利亚等国家和地区进行讲学和交流。多年担任福建省武术比赛总裁判长、仲裁委员会主任;数十次担任全国武术套路锦标赛、精英赛、传统武术冠军

赛、全国少数民族运动会、世界传统武术节等大型赛事总裁判长、副总裁判长。参加国家《武术套路竞赛规则》的修订工作,多次担任"全国武术套路国家级裁判员培训班"的主讲教师。两次被国家体育总局授予"全国优秀体育裁判员"荣誉称号,并被授予"高等学校体育工作功勋奖"。出版《世界流行技击术》《中国形意拳》(英文版)《形意强身功》《八闽武术》《福建武术史》等专著和教材。创编"形意强身功""形意养生功""白鹤长寿功"等健身功法,其中"形意强身功"被评为全国"全民健身优秀健身方法一等奖",在国内外推广并在福建电视台体育频道宣传展播。

林善泉(1953.7—) 男,福州市人。执业医师,少林香店拳武术馆馆长、拳社社长,福建庆香林香店拳协会副会长。中国武术六段。师从徐心波习香店拳各种功法和少林医学。1988—1993年创办少林香店拳武术馆、拳社,任馆长、社长兼总教练。1999年创办林济堂—少林骨伤诊所,将少林医学应用于临床。1979—1995年先后参加省、市、中日多项武术比赛,获香店拳对打、硬气功一、二等奖。2008年参加福建南少林比赛,获银奖、铜奖。同年参加闽台南少林比赛,获两项银奖。2009年参加国际中日空手道比赛,获两项金牛奖。1995年,被原中国武术院院长张耀庭亲切接见并题词鼓励。

林荫生(1953.10—) 男,宁德福安市人。教授,博士生导师,厦门安防科技学院院长、中国武术学会委员、福建省武术协会副会长、中国大学生武术协会副主席、国际级武术裁判。中国武术八段。被国务院授予一级警监警衔,享受国务院政府特殊津贴。自幼习武,师从万籁声、洪正福。先后在武汉、上海体院学习,得到温敬铭、刘玉华、蔡龙云的悉心指导。长期从事高校管理、教学工作。1995年,其"散打格斗"课程被评为福建省教学成果一等奖;2008年,"警察散打格斗"课程被评为国家级精品课程,并被公安部授予个人二等功和集体二等功。多次率队参加国际警察搏击赛,所训练的散打队代表福建省参加第八、第九届全运会,共获得省级、国家级、国际散打比赛金牌100多枚,先后被福建省公安厅授予集体三等功、二等功各一次。曾赴美国、日本、德国、新加坡等国家以及我国香港、澳门等地区访问交流,多次举办全国公安系统擒拿格斗教练员培训班以及全国公安系统论文研讨会,主编《中国警察体育》。数十次担任全省性、全国性及国际性武术套路、散打比赛的仲裁、总裁判长等裁判工作。出版(含参编)《中国南少林》《福建武术拳械录》《实用搏击》《警体搏击教程》《永春白鹤拳》《畲族拳》《世界警察格斗大全》《福安畲族志》《万籁声嫡传自然门内功技击法》等专著、编著18本;2009年主持国家社科课题"南少林研究";先后发表学术论文80多篇。1984年、1986年两次被国家体委评为全国武术挖掘整理先进个人,1993年被评为福建省优秀教师、全国群众体育先进工作者,1997年被授予福建省优秀专家及优秀警察,2013年获厦门市校长管理奖。

林文通（1953.10— ） 男,莆田市人。莆田市体育局原局长,福建省武术协会副会长。1970 年入伍,曾任海军崇明岛号远洋救生舰政委、海军某部队政委。热爱和推广武术运动,在率领部队执行南沙巡逻任务时倡导官兵利用军舰飞行平台习练军体拳等健身武术、增强体质,抗击风浪、出色完成任务,受到中央军委领导表扬并荣立战功。转业后担任区委副书记期间,支持体育部门发展武术运动,鼓励民间武术挖掘传承;担任莆田市体育局长期间,重视武术项目的建设和发展,大力培养武术后备人才,多次积极承办全国、全省武术赛事,开展和台湾武术界的交流互动,全力支持群众性武术活动开展和武术协会工作。2009 年被国家体育总局授予全国群众体育工作先进个人,2010 年获得"福建省五一劳动奖章"。

林秀榕（1953.12— ） 女,漳州芗城区人。漳州市武术协会太极拳分会副会长,漳州市和芗城区老年大学太极拳教练。20 世纪 70 年代师从洪敦耕习武,以后又得到曾乃梁、何福生、洪正福、王景春老师的指导。1987 年参加福建省武术比赛,获太极拳、太极剑第一名。1989 年参加东南亚武术邀请赛,获杨式太极拳、42 式太极剑一等奖。1990 年参加全国太极拳、剑、推手比赛,获杨式太极拳第二名。2001 年参加首届世界太极拳健康大会,获吴式太极拳、张三丰太极剑两项一等奖。常年在漳州市区九龙公园开办太极拳辅导站,传授和推广太极拳。

林维从（1954.1— ） 男,号皮球,晋江市人。幼承家学,得太祖拳法中之扁担法,后从丁常昆习川槌。在族亲林孝朗的精心传授下,太祖拳有了很大的进步。后拜徐清辉老师继续深造太祖拳,又受新加坡赵春德、香港邱于灿、永春苏瀛汉的指点。在国际、全国、省、市各级武术比赛中获数十枚金奖。2006 年参加福建省首届全国武术之乡武术比赛,获扁担第一名,并荣获体育道德风尚奖。2007 年参加全国第二届武术之乡比赛,荣获二金、一银和扁担特别奖。同年参加全国农民运动会武术比赛,获等三块银牌。2010 年参加第二届海峡论坛·海峡两岸传统武术交流大赛,获二金一银。2012 年参加全国武术之乡比赛,荣获一金一银。

林朝元（1954.4— ） 男,福州市人。二级警督、福建省万籁声功夫研究会副会长、福建省武术协会八卦掌协会副会长、福建搏技武术馆副馆长、中国武术六段。1970 年起先后拜刘依通、万籁声、林燧为师,学习南少林龙尊门、罗汉门、少林六合门、罗汉门、自然门、八卦掌、太极拳等。1975 年开始从事武术教学活动。1990 年先后两次参加福建省中日彰显碑落成演武比赛,获优秀奖。1993 年担任福建省第二届武术散打擂台赛领队。2008 年参加福建省闽台南少林传统武术交流比赛并获奖。2010 年参加香港第八届"狮豸杯"国际武术比赛,获男子 M14 六合门、罗汉门、自然门金牌。培养的学生多

人多次在省、市武术散打比赛中获奖。2005 年参与万籁声纪念画册《万师百年》的编辑工作，并任常务编委。

林沅敦（1954.9—　）　男，福州市人。福建华夏武术发展中心副秘书长，高级武术指导，福州市武协贞兰拳社社长。中国武术六段。1973 年师从林建华学鸣鹤拳及传统技击功法，1985 年又师从福州鸣鹤拳研究会副会长郑惠生继续深造，1990 年向曾乃梁和魏丹彤老师学太极拳及综合南拳、刀术等。1979 年参加省武术观摩交流会，获鹤拳二等奖。2009 年在海峡论坛·海峡两岸传统武术交流大赛，获银奖。同年率学生参加福州武术—国际冲绳刚柔流空手道演武大会，获十枚金奖、四枚银奖，并获优秀组织奖、技术风格奖。多次担任福州市运动会、农运会等赛事的太极拳、剑、推手比赛裁判工作。

林明晓（1954.9—　）　女，石狮市人，石狮市武术协会常委。2002 年随卢义荣老师、邱金雄老师习练太极拳。2006 年参加福建省首届全国武术之乡比赛，获 42 剑金奖、42 拳铜奖。2007 年参加在山东举行的第六届全国武术之乡武术比赛，获 42 式太极剑银奖。2007 年参加泉州市全国健身月比赛，获孙式拳银奖、32 剑金奖。2010 年参加福建省第二届海峡论坛·海峡两岸传统武术交流大赛，获 42 拳金奖、42 剑金奖。

林玉平（1954.10—　）　女，福建华武功夫中心培训部部长，国家级社会体育指导员，福建省社会武术高级教练。中国武术六段。先后获得福建省"华厦杯"第一、二届比赛个人全能冠、亚军，参加国内外武术比赛共获得约 50 枚金牌。2008 年被国家体育总局评为"全国群众最喜爱的社会体育指导员十佳之星称号"。从 1997 年至今，被福州市老体协评为文明敬老积极分子、优秀辅导员、先进工作者。2006 年、2008 年、2012 年度获得福建省百名"优秀社会体育指导员"的称号。2010 年参加全国第四届体育大会社会体育指导员技能展示优秀奖。2012—2013 年度评为全国先进工作者。

林文贤（1954.12—　）　男，莆田市人。福建省社会体育指导中心主任、福建省武术协会常务副会长、福建体育总会常委、中国武术协会社会体育委员会委员、中国龙舟协会委员、中国轮滑协会委员、原福建省武术院院长、运动健将。1971 年进入福建省田径队，1981 年在天津体育学院学习，毕业后担任福建省田径队教练、高级教练、领队兼党支部书记。1995 年任莆田市体委副主任、市体育局副局长，对莆田武术给予大力支持，培养出陈帅、彭荔丽、林凡、黄燕慧、黄丽芳、林莺、游丽娜、庄莹莹、陈洲理等优秀武术运动员。2005—2011 年担任福建省武术院院长，大力发展地方传统武术，先后成功主办

了闽台南少林传统武术大赛、海峡论坛·海峡两岸传统武术交流大赛、南少林华夏武术大赛、"郑成功杯"传统武术大赛、厦门国际武术大赛、张三丰故里·传统武术大赛等有影响力的大型武术赛事,吸引来自美国、加拿大、日本、俄罗斯、越南、新加坡、菲律宾、以色列、澳大利亚、英国等国以及我国台湾、香港、澳门等地区选手前来福建参赛,其中来自台湾地区的武术选手达 2000 多人次。并多次组织海峡两岸学者、专家进行互访和学术研讨,有力地推动了福建武术与其他国家和地区,特别是对台的交流。组织专家编写《福建武术拳械录》《福建武术史》《福建武术人物志》等大型武术历史文献,并亲任该丛书的编委员会主任。2011 年担任福建省社会体育指导中心主任,继续大力开展各项群众性武术活动,并与福建电视台合作,录制体育健身名家讲坛,在省内外广为宣传。

林敬华(1956.9—) 男,安溪人。美国双龙武术馆馆长。美国少林五祖拳联盟秘书长,国语浸信会教育中心总教练。毕业于菲律宾商科大学。自幼喜爱练武,在菲律宾三巴义达健身学院拜邱允楚为师,学艺近十年之久。后又于菲律宾鸣谦国术社拜陈家鸿为师,学习五祖拳(邱与陈分别为"五祖十虎"之一的陈京铭之高足与其子)。1986 年后移居美国,2003 年在美国洛杉矶创办"双龙武术馆",亲任馆长,并担任国语浸信会教育中心总教练,传教福建五祖拳。

林予平(1957.9—) 男,福州市人。副教授,福建省警院警体基础教研室主任,福建省武术协会地术拳委员会副会长。中国武术六段。拜陈依九先生为师学习地术拳。1978 年考入福建师大体育系进行系统的学习训练,武术理论及技术技能均得到进一步的提高。1982 年大学毕业至今,坚持承担我省检察院校武术技能及相关的教务教学,并将地术拳倒地腿法擒拿锁挖技术科学地应用于警务研究,具有一定的实用价值。曾在专业刊物上发表过数篇武术教学、学术论文。2010 年由地术拳委员会选送,参加福建省第二届海峡论坛·海峡两岸传统武术交流大赛,获徒手对练金奖、中年组地术拳优秀奖。

林国安(1957.12—) 男,泉州鲤城区人。泉州汉龙国术馆馆长兼总教练。自幼酷爱武术,12 岁时拜邻里白鹤拳名师郑义琛为师学习白鹤拳基本功及拳法。1975 年拜刘振宗为义父,随后跟随义父练习南少林五祖拳及风伤骨科。1978 年受邀在晋江、石狮等地开馆授徒。1981 年协助义父组织泉州开元武术训练点,并担任教练。后该武术训练馆注册为汉龙国术馆。2006 年参加国际南少林五祖拳比赛,获金奖。2007 年、2008 年参加泉州海丝文化节表演南少林铁头功,多家媒体进行报道,并被市政府授予"武英奖"称号。福建电视台《发现档案》、中央电视台第 5 频道、第 10 频道《科技之光》、黑龙江电视台等曾报道过其拳法。2008 年参与中央电视台武林大会"五祖拳擂台赛"海选的安全协助工作,并有 3 名弟子参加,其一进入 16 强。

林　镔（1958.9—　）　男，福州市人。福建省武术协会地术拳委员会副会长，福建省社会武术准高级教练。中国武术六段。自幼爱好武术，1979 年练习地术拳，1983 年跟随地术拳宗师陈依九系统地学习地术拳。1985 年任福州郊区少林地术武馆教练，1987 年任福建青年武馆教练，1990 年任福建地术武馆教练，2010 年担任地术拳和日本冲绳古武道保存会联合办学基地教练，2010 年领队参加福州武术—国际冲绳刚柔流空手道演武大会，获银奖。2012 年参加北京国际传统武术比赛，获优秀教练奖。2013 年领队参加华夏武术邀请赛，获得团体第一名；同年 11 月获得省武协地术拳委员会颁发的贡献奖。

林志平（1958.12—　）　男，莆田市人。福建省武术协会常务理事，莆田南少林武术协会副会长。毕业于福州军区体工大队。1976 年师从林天龙等学五祖拳、鹤拳，1982 年师从郑永森习太极拳、太极推手，1983 年师从曾乃梁习 48 式太极拳，1985 年师从梁龙学散打，1989 年在北京国家武术研究院师从扬振锋、张继修、阚桂香等学太极拳，2004 年师从代林彬习武式太极拳。1986 年代表福建前卫体协参加全国公安系统武术散打比赛。1987 年参加福建省武术散打比赛，获 48 式太极拳第一名。1994 年参加首届中国莆田国际南少林武术节，获 42 式太极拳第一名。2004 年参加在厦门举行的全国武术太极拳锦标赛，获武式传统拳第一名、中年组 42 式太极拳第六名。1983—1987 年任福州武警指挥学校散打擒拿格斗教员。1992—1995 年任莆田市南少林武术馆散打教练员。

林友铭（1960.7—　）　男，福州市人。福州台江少林香店拳武馆副馆长、教练。1978 年拜福州香店拳拳师吴振光为师，习练香店拳拳械套路及中草药医术，擅长铁臂功。2009 年参加福州武术—国际刚柔流空手道演武大会，获香店套路铜奖。同年参加海峡论坛·海峡两岸传统武术交流大赛，获香店拳套路优秀奖。

林积栋（1962.11—　）　男，石狮市人。石狮市陈式太极拳研究会执行会长。自幼习练外家拳，2002 年起，师从河南王大春老师习练陈式太极拳。2008 年参加中国陈家沟太极拳邀请赛，荣获一金一银。2010 年参加第六届中国焦作国际太极拳交流大赛，荣获一金一铜。热心武术太极拳的普及工作，坚持无私奉献，赢得社会的赞誉。

林媛媛（1962.12—　）　女，莆田市人。厦门剑刚武术社教练，厦门市武协委员。12岁拜厦门剑刚武术社社长吴志义为师习练五祖鹤阳拳。1985年参加厦门市武术比赛，获优秀奖。1986年参加厦门市武术比赛，获女子传统器械第一名。1986年参加第九届省运会武术比赛，获女子南拳第二名。1987年、1988年蝉联厦门市武术比赛女子全能第一名。1988年参加省武术比赛，获第六名（男女不分组）。1988年代表福建省参加在锦州举行的全国武术观摩交流大会，获优秀奖和武德风尚奖。

林炜鉴（1963.2—　）　男，福建金门人。为新加坡五祖拳第三代传人林海龙之子，师从林帝弟学习五祖拳。现任新加坡玉明国术研究会秘书长兼副总教练，传教少林五祖拳。

林秋萍（1964—　）　女，福州市人。武术武英（健将）级运动员。1977年入选福建省武术队。1978—1988年在全国及国际性武术比赛中，共获太极拳冠军10次（其中全国性及国际性各5次，在第一、第二、第三届国际武术邀请赛上连续三次获得女子太极拳冠军）。在第五届、第六届全运会上均获女子太极拳亚军，被誉为"太极之花"。1984年在功夫片《木棉袈裟》中扮演女主角林樱。1985—1988年参加国家体委编写的24式、48式及杨式（竞赛套路）太极拳技术录像做动作示范演练。多次随国家和省武术代表团出访波兰、罗马尼亚、日本、菲律宾等国家以及我国香港、澳门地区。1982年、1983年被福建省政府分别记功、表彰各一次；1985年被评为福州十佳运动员；1989年获国家体委颁发的体育运动三级荣誉奖章。1987年入北京体院教练班深造。后定居德国。

林美华（1964.10—　）　女，长乐市人。长乐市武术协会常委，长乐市太极协会常务副会长。1992年跟随上海黄有成教练学习太极拳、械，1995年跟随李仕标师父学习传统拳、器械，2001年跟随福州华武功夫指导中心曾乃梁老师学习太极对练等，2003年跟随福建东方功夫俱乐部黄勤龙教练学太极与传统器械等，2004年跟随陈金夏教练学习太极传统系列。曾获得2006年福建省首届"武术之乡"比赛太极拳、太极剑全能双冠军。

林贤明（1964.12—　）　男，闽侯县人。龙岩市恒友搏击馆副馆长。1987年进龙岩市少体校练习散打。1987年参加闽南金三角散打邀请赛，获得48公斤级第一名。参加福建省散打比赛，获得52公斤级第三名。在龙岩市散打比赛中，连续六届取得48公斤级冠军。在新罗区培养了一批优秀的武术人才，为龙岩市武术事业发展做出了贡献。

林生禄(1965—) 男,宁德市人。宁德市武术协会主席、福建省武术协会副秘书长、一级武术散打裁判。中国武术六段。1986年考入福建体育学院,跟随林荫生、郑旭旭老师练习散打。1987年参加闽浙两省"闽日杯"武术散打比赛,获得75公斤级冠军。1988年获得华东六省一市散打邀请赛75公斤级冠军。1990年毕业分配到宁德市公安局工作,至今仍然坚持散打训练,同时也培养了一批优秀的散打运动员,为高等院校输送了许多散打人才。1992年在宁德成功举办了"四海杯"福建省第二届武术散打锦标赛,长期从事武术散打裁判工作。1997年参与筹建宁德市武术协会,任第一届宁德市武术协会副会长,2002年任会长至今。

林良菽(1965.3—) 男,厦门市人。厦门柯依达工贸有限公司总经理,翔安区商会副会长,香港·世界五祖拳促进会副理事长,翔安体育总会副会长,翔安区宋江阵文化研究会会长,翔安区武术协会会长。1981年开始习武,先随父亲学家传太祖拳器械,再学北少林拳和新埯五祖拳及擒拿格斗术,后研学武氏太极拳。组织厦门群英武术团队参加厦门海西武术大赛和厦门国际武术大赛,连续四次获得团体总冠军。为推动传统武术搏击演练和搏击挑战赛制,和厦门广电集团合作成功举办两届厦门翔安武术精英电视赛。在翔安区设立27个武术培训点,使武术进校园、进社区、进军营,开设区域武术交流培训班和外请老拳师武术传承班,积极推进武术文化交流和传统武术技击功法的继承,着力推行传统文化复兴工程。2013年被评为全国先进社区体育工作者和福建省优秀共产党员。

林国富(1965.6—) 男,长乐县人。福州市鸟迹拳研究会副会长。中国武术五段。1984—1986年担任福建省武警直属支队散打教官,负责编写散打教案、教材、训练纲要。研习太极拳、南拳。1988年师从鸟迹拳创始人郑礼楷师父系统学拳。2001年以后担任鸟迹拳教练。2009年担任鸟迹拳武术代表队领队参加海峡论坛·海峡两岸传统武术交流大赛,荣获四银二铜。

林玉梅(1965.12—) 女,永春县人。福建省社会武术准高级教练。1979年开始师从大羽武术馆郑文存练习白鹤拳。1993年参加首届泉州旅游节南少林传统武术大会演。2006年参加福建省民间传统武术比赛,获长器械、双器械、集体拳三项一等奖。2010在首届闽南文化节与国际南少林武术邀请赛中获双器械与拳术金奖。2011年在福建省第七届农民运动会中获传统南拳一等奖,长器械、短器械、集体拳二等奖。2014年参加第六届海峡论坛·海峡两岸传统武术交流大赛,获双器械金奖、传统南拳银奖。2014年在福建省全民健身运动会传统武术精英赛中获得传统拳术第一名、传统

器械第二名。

林正佳（1966— ） 男，福建平潭县人。佳信控股集团董事长，中国侨联常委，福建省政协委员，（平潭）中国武术培训基地创办人，平潭新家园体育文化公司董事长。自幼酷爱武术，1985年始师从陈宏平习武，后又师从厦门大学林建华习武。2005年创立了集基础建设、金融投资、文化传媒、贸易为一体的佳信控股集团企业。2011年与陈宏平等创办了平潭新家园体育文化有限公司。2013年5月，公司被国家体育总局武术运动管理中心、中国武术协会批准为"中国武术培训基地"。中国武术协会副主席邵世伟亲自为林正佳授牌，中华台北武术总会、省体育局、省武协、省社体中心、省武管中心以及平潭管委会领导和来自海峡两岸150多位武术名家和武术爱好者出席了授牌仪式。中国武术培训基地先后举办了福建省形意强身功培训班、海峡两岸太极拳提高班和福建省首次社会武术等级教练员岗位培训班。中国武协培训部章王楠处长亲自为来自全省九地市和台湾共120多名学员颁发中国武术协会结业证书。

林春杰（1966.6— ） 男，莆田市人。现任莆田市荔城区政协委员，莆田南少林武术协会副会长。自幼酷爱中华武术，向民间师傅学习莆田南少林传统拳术、器械和散打。

林丽蓉（1967.3— ） 女，莆田仙游县人。莆田市体工队副大队长、莆田体育运动学校武体运动管理中心负责人、武术高级教练，国家级武术裁判。8岁在仙游少体校武术队接受武术训练，多次参加全国赛、省赛并取得优异成绩。1987年毕业于福建体院运动系武术专业，同年分配于莆田市少体校任教并组建莆田市武术队。担任教练至今，先后培养和向省体工队输送了多名优秀运动员，在近几年的各类比赛中共获得全国赛金牌30多枚，银牌20多枚，铜牌20多枚，达运动健将的运动员有七位。其中，庄莹莹在2013年11月第十二届世界武术锦标赛获得太极拳冠军，陈洲理于2014年9月参加仁川亚运会武术套路比赛获得太极全能冠军。彭荔丽、庄莹莹、陈洲理曾在第四届、第七届、第八届亚洲武术锦标赛获得太极类冠军。2007年2月被市委市政府评为省十三届运动会"先进体育工作者"，2010年被福建省第十四届运动会组委会评为"先进个人"，2013年被国家体育总局评为全国群众体育（青少年体育部分）"先进个人"。多年担任福建省武术比赛裁判长及全国武术比赛裁判工作。

林黎明（1967.6—　）　男，漳州长泰县人。大学本科，高级教师，漳州市武术协会理事。中国武术五段。1983年开始习武，师从地方拳师林再明学习南拳。1987年考入福建省三明师范专科学校体育专业，师从柯英俊习练长拳、南拳、太极拳。毕业后到长泰一中从事武术教学，同时组建长泰一中武术队。1992年考入福建师范大学体育本科班，师从胡金焕教授学习陈氏、杨氏太极拳。1997年师从陈家沟曹景琪学习陈式老架太极拳。论文《体育高考中武术专项训练几点体会》在《漳州体育科技》发表。培养学生30多人考入体育院校武术专业。

林　伟（1967.10—　）　男，福州市人。福建融成律师事务所律师，福建博技武术馆副馆长兼教练，福州市武术协会理事。中国武术六段。毕业于四川大学。1979年师从梁守忠学习六合门、自然门、太极拳、太极剑等。1986年任福州拼搏武术馆教练；1992年任福建博技武术馆副馆长、教练至今；2005年兼任福建心武自然门研究院教练。2008年被选任为福州市武术协会的理事。2009年作为领队参加福州武术—国际冲绳刚柔流空手道演武大会，获技术风格奖和优秀组织奖。

林阳东（1967.12—　）　男，漳州龙海市人。现任福建警察学院警训部综合实战教研室主任、副教授，一级武术散打裁判。1982年开始在龙海少体校和青少年宫习练武术；1987年考入福建体育学院，学习武术套路、散打；1992年进入福建公安专科学校，从事散打格斗教学训练工作，兼任公安部警务实战训练福建基地教官。多年来，一直致力武术散打教学训练，并努力把武术散打与公安院校的警务实战技能训练有机地结合起来，参与的《散打格斗》课程获得国家级精品课程；潜心研究散打格斗理论，参与多本散打格斗著作的编写，参与国家级课题《中国南少林》的调查与研究，发表相关专业论文20多篇。从教以来，辛勤耕耘，多次立功受奖。悉心培养的数千名学生已成长为工作岗位上的骨干，为武术散打和公安教育事业的发展做出了贡献。

林章营（1968.10—　）　男，福州永泰县人。永泰县少体校武术教练，永泰县武协副主席副秘书长，福州市武协常委。中国武术五段。毕业于福建师大福清分校。自幼习武，1988年开始进行虎尊拳系统训练。2004年参加首届世界传统武术节，以虎尊拳获得男子C组南拳一等奖。在第二届至第七届全国武术之乡武术比赛中，连续获得传统拳术一等奖和传统器械一等奖。多次在省级及全国传统武术比赛中获得传统拳术、传统器械一等奖与第一名。2007年9月参加福建省体育总会所组代表团，前往金门进行文体交流。2008年当选为奥运火炬手，参加福州站的火炬接力。2008年6月被评为福建省省级非物质文化遗产项目永泰虎尊拳代表性传承人。

林美兰（1968.3— ） 女，连江县人。现任长乐市武术协会副秘书长兼武术教练。1978—1986年入连江少体校训练，师从陈经峥。多次参加省少儿武术比赛，获枪术第一名、剑术第二名、对练第二名、全能第二名。1986年参加福建省运动会武术比赛，获对练第三名。1989年受聘任长乐市少体校教练。2005年在石狮自然门武校当教练。2005年参加福建省第一届武术之乡比赛，获两项一等奖。2009年5月参加海峡论坛·海峡两岸传统武术交流大赛，获两项金奖。同年6月参加全国武术之乡比赛，获两项银奖。

林 童（1968.12— ） 男，福州市人。现任仓山区国家税务局城门分局副局长，福建博技武术馆副馆长兼教练，福州市武协理事。中国武术六段。毕业于空军党校。曾先后师从刘庆彪、梁守忠习六合门、自然门、罗汉门拳术。1984—1986年在福州拼搏武术馆学习；1986—1988年在福建省武警直属支队学习擒拿格斗术，并代表支队参加表演，荣立集体三等功。2008年参加闽台南少林传统武术交流大赛，获两枚银牌。2005年2月与梁守忠合拍《罗汉散打》（四碟）：外八打、内八打、明八打、暗八打。

林敦建（1969.3— ） 男，长乐市人。现为长乐市鸟迹武术馆馆长，福州市武术协会委员，福州市台江区武术协会委员兼教练员，福州市鸟迹拳社委员，福州鸟迹拳研究会副会长。任鸟迹拳掌门人。1977年开始在家乡学习梅花拳；1981年师从雄俤学习虎拳；1983年师从高子龙习八卦掌；1984年师从林国官习鹤拳；1985年师从陈国德学习散打；1988年拜福州市鸟迹武术馆馆长、鸟迹拳社社长郑礼楷为现学习鸟迹拳；后随郑礼楷教拳。1992年回家乡创办长乐鸟迹武术馆。2009年5月参加海峡论坛·海峡两岸传统武术交流大赛，获男子C组南拳类象形拳铜奖。

林 曦（1969.9— ） 男，罗源县人。福建华夏武术发展中心副秘书长，福州市武术协会委员，中国武术六段。毕业于福建农学院。现任职于仓山区建新镇人民政府。自幼习武，先后师从潘健、胡金焕、陈肇英、宋润宪等人学习长拳、六和拳、太极拳形意拳、八卦拳、鹤拳等。2004年参加中国南少林国际武术大赛，获鹤拳银狮奖。2009年参加福州武术—国际冲绳刚柔流空手道演武大会，获得鹤拳金牛奖。2014年8月6日至9日参加天津首届全国武术运动会，荣获特色项目鹤拳银奖、42式太极拳铜奖。

林添文（1969.7— ） 漳州东山县人。东山县兴华武术馆副馆长。1989年师从刘子铭习武，长年从事武术教学和训练工作。

林智瑛(1970.7—) 女,连城县人。自幼习武,1979年入选连城县少体校武术队,先后师从程依标、林芳华、陈超文老师,进行系统的武术基本功和套路训练,并主攻长拳和枪、剑等项目。从1980年至1986年多次代表龙岩地区参加福建省少年武术比赛,先后多次获得全能及各单项前六名次,其中曾获得枪术第一名、对练第一名、拳术第二名、全能第二名、剑术第三名的成绩,获国家二级武士称号。1987年以优异成绩考入厦门大学中文系。在校期间,成为厦门大学武术队队员,积极参加各项武术活动,在全省高校武术比赛中,获得长拳、剑术、枪术第一、二名。

林亚通(1970.10—) 男,漳州芗城区人。漳州武术协会理事,漳州光华武术馆馆长、光华学校校长。1983年师从漳州林其塔习练太祖拳、达尊拳。1999年创办漳州市光华武术馆,2007年改名为"漳州市光华学校",由单纯的武术馆转变为以文化课学习为主、以武术为特色的民办全日制小学和高中。有学生近1500人。2004年10月作为福建省武术队教练率运动员参加在郑州举行的首届世界传统武术节,学生谢艺辉、吴毅平、黄志杰、蔡剑鸿等获得了一金六银的好成绩。2005年作为福建民间传统武术专家代表应邀到台湾参加海峡两岸南少林武术研讨会。多次参加与来访的海内外武术界人士的交流活动。

林桢权(1970.11—) 男,福州市人。毕业于福建中医药大学,福州地术神犬武术馆馆长,福建省地术拳委员会常务理事,福州市武术协会常务理事。1982年起开始随父林在培学习地术拳,1986—1992年随陈依九宗师深造地术拳和少林内功。1986—1992年在福建中医药大学读书期间参加大学生武术队并传授地术拳,在父亲林在培教授外国学生时担任助教。2009年创办林氏武医伤科工作室。2004年以来参加泉州国际武术大赛、福建省"华夏杯"武术大赛、香港国际武术大赛、福建省首届武术争霸赛等,获得多项拳术、对练、器械的金奖、银奖。

林 俊(1971.2—) 男,浦城县人。副教授,一级武术裁判。1995年毕业于福建师范大学体育系武术专业,师从胡金焕教授和陈升副教授。现就职于武夷学院,长期在高校从事武术教学、训练和科学研究工作。发表学术论文10余篇,出版专著两部。多次担任福建省武术比赛裁判工作。为社会培养了一批德才兼备的优秀人才。

林 颖(1972—) 女,福州市人。武英(健将)级运动员。1992年、1993年参加全国太极拳、剑比赛,获杨氏、孙氏太极拳、剑前三名。1992年参与对日本外宾培训班的辅导工作。

林　旭（1972.1—　）　女，连江县人。美国思坦太极武术中心副主任、美国太极健身气功中心副主任。7 岁开始进入连江县少体校，师从陈经峥教练。1984—1987 年代表福州市参加福建省少年儿童武术比赛，获得福建省儿童组枪术第一名、剑术第二名，少年组枪术、剑术第一名、全能第二名等。1984 年作为福州市武术代表团成员出访日本。1987 年获全国武士杯枪术第五名。1987 年进入福建省体育学院深造，师从洪正福、柳德明老师等。1992 年到福建中医学院任教，并担任校武术队主教练，带队参加全国中医系统传统保健运动会、全国高校武术比赛、全国大学生运动会等，共获得金牌 31 枚、银牌 20 枚。三次被评为中医系统全国优秀教练员及中医学院优秀青年教师，获福建省体育成果优秀奖。2003 年移居美国，2006 年、2011 年与陈思坦共同创立美国思坦太极武术中心、美国太极健身气功中心，教学足迹遍布联合国总部、美国大学、医疗护理中心及普通中小学，传播中国武术健身文化。自 2011 年开始每年与海外最大的华文媒体星岛日报联合举办纽约太极拳大赛，与美国政府医疗保险合办纽约太极健身气功日等活动。

林建平（1972—　）　男，又名林杰雄。漳州龙海市人。龙海杰雄武术馆馆长，福建省跆拳道协会常务理事，漳州市武术协会理事。1989 年到河北秦皇岛武术学校师从石天龙习武。1998 年创办龙海杰雄武术馆，培养了一批青少年武术爱好者和骨干。

林仰硕（1975.1—　）　男，古田县人。国家级散打裁判，福建师大体育科学学院武术教研室教师。1989 年参加宁德第三届运动会，获武术套路比赛一等奖。1994 年考入福建体育学院。1997 年参加首届全国体育教育专业大学生基本功大赛，获武术比赛第一名、运动技术技能一等奖。2006 年作为福建师大武术队教练，带领师大武术代表队参加福建省大学生运动会，获甲组团体第一名、乙组团体第二名。多次参加省市武术散打裁判工作。

林大参（1975—　）　男，尤溪县人。上海大学体育学院武术教研组组长、副教授、上海市高校《中国武术段位制》考评委秘书、中国武术六段。自幼喜爱武术，从小跟随民间拳师练习中国南派武术，1996 年考进上海体育学院武术系深造，研习中国各派武术：诸如少林拳、长拳、南拳、心意拳、八卦拳、太极拳，以及器械中的刀、枪、棍、剑等。2000 年毕业后，由于成绩优异被评为"2000 年上海市高校优秀毕业生"。毕业后到上海大学体育学院任教，现担任上海大学体育学院武术教研组组长，长期担任武术、跆拳道等教学工作。

林志生（1977.2— ） 男，笔名三停、山亭，漳州芗城区人。福建省武术协会委员，漳州市武术协会副秘书长，漳州市武术协会白鹤拳分会副会长兼秘书长。自小随父亲林水河习练北桥捷元堂独脚鹤拳。2007年起，多次举办武术交流会。2012年组建了漳州市武术协会白鹤拳分会，并担任副会长兼秘书长。经常组织漳州各南拳流派选手参加各大传统武术赛事和交流表演活动。2013年率漳州市武协狮阵参加世界闽南文化节，获优秀表演奖。整编了北桥捷元堂11套拳法传统套路和桩法、技法教材并参与教学。弟子参加各大赛事均获佳绩。近年来更致力漳州南拳资料的收集、整理，参与编写《漳州市武术人物志》，主编了《漳州武术源流初考》，在《闽南日报》等媒体上发表了数十篇武术文章。2014年负责训练800人的武术节目《武道》，在福建省第十五届运动会开幕式上做了精彩表演。

林春梅（1977.6— ） 女，漳州芗城区人。武英（健将）级运动员，一级武术裁判。中国武术六段。1987年入漳州市少体校师从贾建欣习武。1989年入选福建省体工队，师从代林彬、魏丹彤。参加省武术套路锦标赛，获多项第一名。1998—2000年参加全国武术锦标赛（太极拳、剑、推手比赛），获个人、全能、集体项目多项前三名。2001年赴菲律宾，代表菲律宾国家队参加2002年釜山亚运会，获42式太极拳、剑全能第五名。2003年参加世界武术锦标赛，获女子对练第二名。同年参加菲律宾国家武术锦标赛，获42式太极拳、剑两项第一名。2004年回国后，在漳州体校从事武术教学、训练工作；同年受市政府委派，担任来漳集训的印尼巨港市武术运动员的教练工作。2007年参加"迎奥运"全国亿万妇女健身大会太极拳比赛和首届闽台太极拳、剑邀请赛，获两项一等奖、一项二等奖。2009年参加海峡两岸妇女巾帼健身大会太极拳比赛，获42式太极拳一等奖。

林永红（1980.12— ） 女，泉州市人，山外山国术馆教练。自幼习武，1994年参加泉州市武术比赛，获全能第三名。1995年获福建省武术比赛刀术第一名。1997年获福建省武术比赛规定拳第一名。2011参加第三届海峡论坛·海峡两岸传统武术交流大赛，获传统南拳金奖、传统南刀金奖。2011获传统武术锦标赛五祖拳金奖、青龙大刀金奖、单刀银奖、棍对练铜奖。2012获第五届世界武术锦标赛青龙大刀金奖、五祖拳银奖、对练铜奖。2013获传统武术锦标赛五祖拳金奖、青龙大刀金奖。同年参加厦门翔安电视赛，获五祖拳金奖、南刀金奖、青龙大刀银奖。

林毅钢(1982.6—) 男,漳州芗城区人。毕业于集美大学体育学院。1990 年入漳州市少体校师从郑雅恩习武。1994 年参加福建省青少年武术套路锦标赛,获刀术、棍术、全能三项第一名。2001 年考入集美大学体育学院。2002 年参加全国武术木兰拳比赛,获集体剑第三名。2003 年参加全国武术之乡武术比赛,获男子太极拳第四名。2005 年参加"红金赣杯"全国太极拳锦标赛,获武式规定太极拳第四名。2005 年毕业后赴菲律宾,代表菲律宾国家队参加第二十三届东南亚运动会,获太极拳、剑全能第二名。现任漳州吉马印刷职业技术学院体育教师。

林小辉(1983.1—) 男,福州市人。毕业于福建师范大学。自幼随母亲习武,14 岁师从黄勤龙习长拳、器械,16 岁后从曾乃梁老师习42 式太极拳。1997 年参加福建少年儿童武术比赛,获地市组乙组太极拳第二名。1999 年参加福建省青少年武术套路锦标赛,获地市甲组太极拳第一名。在 2000 年福建省青少年武术套路锦标赛中,获地市甲组太极拳第三名。2005 年参加福建师大第二十三届武术比赛,获男子乙组太极拳第一名。

林晓群(1983.4—) 女,安溪县人。厦门大学国术与健身研究中心培训部副主任,一级武术套路、散打裁判。中国武术六段。7 岁开始习武,12 岁被选入武汉体育学院代表队训练。1995 年参加湖北省农民运动会,获刀术、棍术冠军。1997 年获湖北省十一届运动会武术比赛全能冠军。1998 年参加全国青少年武术锦标赛,获女子乙组刀术第一名、棍术第三名。2000 年参加全国青少年武术锦标赛,获得甲组刀术第一名、棍术第三名。2001 年在全国体育学院武术对抗赛中又获得女子刀术第一名、棍术第二名。曾代表国家队到国外进行武术交流表演。2001 年考入武汉体院武术系就读本科。2005 年考入武汉体院研究生部,师从江百龙教授。2007 年毕业后到厦门大学体育部任教至今。现为厦门大学武术协会指导老师、厦门大学武术队主教练。多次带领学生参加全国大学生武术比赛、厦门国际武术大赛等,均获得优异成绩。

林容娟(1983—) 女,厦门市人。厦门第三中学教师,厦门高殿武术馆兼职教练。1989 年开始习武,师从陈仁忠学习六合自然门、现代竞技武术等。1993 年进入厦门少体校武术班,师从洪日新。2002 年进入集美大学体育学院,师从郭建生、朱月明。参加福建省少年儿童武术比赛,1991 年获得女子组刀术第一名。1993 年获得儿童组刀术第二名、规定拳第三名、棍术第五名、全能第五名。1994 年获得儿童组规定拳第二名、刀术第三名、棍术第四名、全能第四名。1997 年获得女子少年组太极拳第一名。2005 年参加全国武术太极拳锦标赛,获女子青少年组武式规定拳第六名。

林夏凉（1985.5— ） 女，泉州市人。泉州南少林国际学校武术套路教练，一级武术运动员，一级武术裁判。中国武术六段。2008 年 7 月毕业于北京体育大学。2006 年获全国太极拳锦标赛孙式传统套路第三名、孙式竞赛套路第四名。2006 年获纪念二十四国际太极拳交流赛孙式第一名、42 式太极剑第一名。2008 年代表北京市出访印度尼西亚进行演出。2009 年参加全国武术段位制培训并获段前级合格证书。2013 年参加全国武术健身操培训并取得合格证书。

林 莺（1985.12— ） 女，仙游县人。福建省武术队武英（健将）级运动员，现任福建省武术运动管理中心教练。1998 年 11 月入选福建省体育工作大队武术队训练学习；2002 年 7 月毕业于福建省体育技术学院；2007 年毕业于集美大学体育学院民族体育专业。2001 年参加第九届全运会，获女子全能长拳第六名。2003 年参加全国武术套路锦标赛，获长拳第一名。同年参加全国女子武术套路冠军赛，获团体第三名、集体刀第三名、太极剑第八名。2006 年参加全国女子武术套路锦标赛，获女子太极拳第七名。同年参加全国武术套路冠军赛，获太极拳第八名。2007 年参加第八届大学生运动会，获自选太极拳第五名。同年参加全国武术套路冠军赛，获传统项目第六名、女子太极拳第八名。2008 年参加全国武术套路冠军赛（传统项目），获 42 式太极拳第三名。2009 年参加全国武术套路冠军赛（传统项目），获 42 式太极拳第五名。

林 凡（1987.1— ） 女，仙游县人。国际武术健将，现任福建省武术运动管理中心教练。1993 在仙游县少体校训练，1998 入选福建省体育工作大队武术队训练，多次参加省、全国、国际武术比赛，并取得优异成绩。2002 年参加全国武术套路冠军赛，获传统三类拳冠军。2004 年参加全国武术套路冠军赛，获南拳亚军、南刀冠军。2005 年参加第十届全国运动会武术比赛预赛，获南拳、南刀全能亚军。2006—2008 年连续获全国武术套路锦标赛和全国武术套路冠军赛南拳、南刀冠军。2007 年获全国武术套路精英赛（上海和郑州两地区）女子南拳、南刀冠军。同年获第九届世界武术锦标赛女子南拳冠军。2008 年获第七届亚洲武术锦标赛女子南刀冠军。同年获北京武术比赛女子南拳、南刀全能冠军。2011 年参加第十一届世界武术锦标赛，获得女子南拳冠军。2013 年获得第十二届全运会武术决赛女子南拳全能冠军。

林 贤（1990.1— ） 男，漳州芗城区人。5 岁进入漳州市少体校武术班，跟随郑雅恩、张毅慧教练习武。2000 年参加福建省青少年武术套路锦标赛，获剑术、枪术两项第二名，全能、集体项目两项第三名。2004 年参加福建省青少年武术套路锦标赛，获剑术、枪术、集体项目三项第一名、全能第三名。2008 年参加第六届香港国际武术节武术套路大奖赛，获枪术、八极拳两项第一名。2009 年考入福建警察学院。2011 年参

加第三届海峡论坛·海峡两岸武林大赛,获男子青年组传统太极器械、传统太极拳两项金奖。

林　霞(1990.4—　) 女,仙游县人。福建省武术队武英(健将)级运动员。1998入仙游少体校,2002入选福建省体育工作大队武术队。2005年全国第十届全运动会武术比赛,获自选长拳第七名。2006年参加全国青少年女子武术套路锦标赛,获青年组南拳第二名。2006年参加全国女子武术套路锦标赛、全国女子武术套路冠军赛、第一届世界青少年武术锦标赛,分获南拳第三名、南拳第四名、南拳第一名。2007年参加全国女子武术套路锦标赛、全国女子武术套路冠军赛、第六届城市运动会武术比赛,分获南刀第二名、南拳第三名、南拳第一名。2008年参加全国女子武术套路锦标赛、全国女子武术套路冠军赛,分获南拳第三名、南刀第三名。2009年参加第十一届全运动会武术比赛,获南拳、南刀全能第三名。同年参加全国女子武术套路冠军赛(传统项目),获南拳第二名、南刀第三名。2011年获全国武术套路冠军赛南拳第四名。2013年参加第十二届全运会武术预赛,获南拳第六名。

林惠娟(1991.10—　) 女,漳州龙海市人。国家二级运动员。2003年进入龙海市少体校新洋武术队跟随钱春辉教练习武。2007年参加福建省青少年武术套路锦标赛,获刀术第一名、棍术第二名。

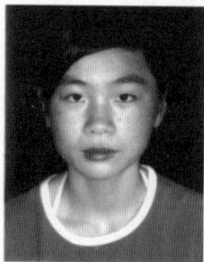

林俊杰(1994.4—　) 男,漳州龙海市人。2004年进入龙海市少体校新洋武术队跟随钱春辉教练习武。2007年参加福建省青少年武术套路锦标赛,获枪术第一名。同年参加第二届香港国际武术大奖赛,获剑术、棍术两项第一名,自选拳、刀术两项第三名。

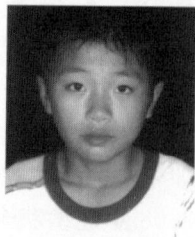

林伟杰(1996.4—　) 男,罗源县人。福建省武术队武英(健将)级运动员。2012年获全国武术套路锦标赛(太极拳)男子组双人武式太极拳第二名、男子组双人孙式太极拳第二名。2013年获全国青少年武术套路锦标赛男子A组太极剑第二名、A组太极拳第三名。2014年在全国武术套路冠军赛(传统项目)中获得男子鹰爪拳第六名。

林志雄(1996.8—　) 男,漳州市人。泉州南少林国际学校武术教练。2002年在漳州市训练基地进行武术训练,2003年进福建省漳州市少体校武术班训练,2009年进福建省少体校训练,2010年从福建省少体校退役。2007年参加福建省青少年套路锦标赛,获棍术第一名、刀术第一名、规定拳第一名,并获"体育道德风尚奖"。2008年在福建省青少年套路锦标赛中获棍术第二名、刀术第二名、南拳第二名。在福建省

第十四届运动会武术套路中获刀术第二名、棍术第三名，获"体育道德风尚奖"。2010 年获福建省青少年套路锦标赛棍术第三名、刀术第二名、南拳第二名。

林峰祥（1998.6—　　）　男，漳州芗城区人。2003 年进入漳州市少体校跟随郑雅恩、张毅慧、林春梅教练习武。2008 年参加福建省青少年武术套路锦标赛，获刀术、集体项目两项第一名、棍术第四名、全能第五名。

林郑义伟（2001.9—　　）　男。2007 年进入漳州市少体校跟随郑雅恩、林春梅、张毅慧教练习武，2012 年进入福建省体工队跟随代林彬、魏丹彤教练习武。2013 年参加福建省青少年武术套路锦标赛，获男子乙组南拳、刀术、棍术三项第一名。2014 年参加福建省第十五届运动会，获男子甲组南拳第一名、集体项目第一名。

林玮诺（2002—　　）　男，厦门市人。2009 年开始习武，师从陈仁忠老师学习六合自然门、现代竞技武术至今。现就读于厦门外国语学校湖里分校。2013 年获福建省青少年武术套路锦标赛馆校男子乙组自选太极拳第一名。

liu

留从效（906—962）　字元范，昭善里留湾（今桃城镇留安村）人。幼年丧父，好读书，尤其好读兵书。少年时为泉州衙兵，后升为散员指挥使。后晋天福九年（944 年），从效为都指挥使。后晋开运二年（945 年），南唐国主李璟遣将攻打建州，延政降，继勋也以泉州降。第二年，从效废黜继勋，自领军府事，称泉、漳二州留后，李璟命从效为泉州刺史。后李璟升泉州为清源军，任命从效为清源军节度使、泉南二州观察使，后又加授同平章事兼侍中、中书令，封鄂国公、晋江王。后晋开运三年（946 年），留从孝在泉州城之外，又建罗城。城高一丈八尺，有城门七：东门名仁风，西门名义成，南门镇南，北门朝天，东南名通淮，西南名临漳、通津，周围长达二十里，为子城周长的七倍。后周显德二年（955 年），周世宗发兵攻南唐，李璟大败，只得向后周称臣。从效也派牙将向后周表示归附之意。宋太祖统一中原后，从效一面与南唐周旋，一面向宋上表称藩，贡奉不绝，泉郡因而得以安宁。建隆三年（962 年），从效因背生疽卒，年 57。从效出身寒微，他治理泉州十七年，专以勤俭养民为务,建树甚多。他令士兵垦田,围垦海滩,疏浚和增建水利工程,使泉州"仓满岁丰";发展手工业,特别是与海外贸易有关的陶瓷业、冶炼业、丝织业等,均得到较大的发展,增进了亚非各地人民的往来和宗教的兴盛。

刘 逵 宋景祐年间(1034—1038年)提刑官(武臣)、福建将军。

刘子羽(1095—1146) 字彦修,崇安县(今武夷山市)人。南宋抗金名将。官至利州路经略使。禀赋刚毅,10岁粗通经史,11岁随父过军旅生活,"盛暑严寒,必清晨着单衫,入教坊学射矢三百"。青年时,已通晓韬略,武艺超群。政和五年(1115年),荫补将士郎,转宣教郎。宣和(1119—1125年)末,入主太府、太仆簿,迁卫尉丞。靖康初年(1126年),金兵南下,子羽父子死守真定(今河北正定),以功升朝请大夫。建炎三年(1129年),刘子羽与张浚密谋诛骄将范琼。浚宣抚川、陕,辟为参议军事,保全蜀地,子羽之力居多。绍兴八年(1138年),为御史常同所论劾,被贬居漳州。绍兴十一年(1141年),知镇江府兼沿江安抚使。后秦桧当朝,以不附和议论罢。刘子羽遂奉祠归里,时年45岁。从此淡泊功名,寄情山水,绍兴十六年(1146年)去世,赠少傅,谥忠定。淳熙五年(1178年),朱熹受彭城侯刘珙的委托,为其亡父、抗金名将刘子羽撰并书神道碑文。

刘子翼(1097—1144) 字彦礼,崇安县(今武夷山市)人。南宋抗金名将。以荫补承务郎,调秀州司录。与吴玠、吴璘兄弟共同协助张浚抗金,保卫南宋半壁江山。靖康元年(1126年),提升为江西转运使司,提举浙东茶盐事,转承奉郎、宣议郎。南宋建炎四年(1130)七月,建州盐贩范汝为起义,刘子翼为建州太守,将州治移至崇安,招抚起义军。不久离任,知南剑州(今南平市)。绍兴十四年(1144年)病逝。

刘师古 字子述,侯官(今福州市)人。宋乾道二年(1166年)武举人。

刘 骧 字伯扬,闽清县人。己立之子。宋乾道二年(1166年)武举人。

刘兴宗 长乐市人。宋淳熙二年(1175年)武举人。

刘方辅 字辅之,永福(今永泰县)人。宋淳熙十一年(1184年)武举人。

刘伯威 字朝右,福清市人。宋绍熙元年(1190年)武举人。绝伦,省元。兄八成之邵,叔庞。《三山志·人物》作"刘八威"。

刘汉臣 字少度,长乐市人。宋绍熙四年(1193年)武举人。

刘 益 琪之弟,浩之兄。宋嘉定七年(1214年)武举人。

刘 垕 宋嘉定十六年(1223年)武举人。

刘梦浩 长乐市人。宋绍定五年(1232年)武举人。

刘 纯 字君锡。宋代建阳人。少喜骑射,以父荫主簿沙县,绍定间调湖北帐干。当时邵武刘定国等盗寇群起作乱,延平、盱、抚、泉、漳之间民受其害。刘纯得知群寇已迫近邵武,即归散家财,招募乡兵义勇,以抗击贼寇。樵守王遂请命于朝廷,命纯为邵武知县。纯将县中兵士和周边的兵勇集中起来,于是军势大振,诏号其军曰"忠武"。在与贼寇激战中大获全胜,并俘获了盗首刘安国。翌日,纯率兵再与贼战时,不幸为贼所得,不屈而死。事后,获赠朝散郎。

刘日起 宋端平二年(1235年)武举人。

刘必成 字与谋,福安赛岐镇人。南宋武状元。南宋嘉熙元年(1237年)获得武举解试魁首(解元);第二年再试身手,终夺殿试第一,成为戊戌科武状元。任浔州知州、湖南安抚副使。其长兄刘德成、次兄刘有成、侄子先后于端平二年(1235年)、淳祐四年(1244年)、宝祐元年(1253年)中武进士,是个武术世家。

刘泾楫 字景卿,福安市人。武科正奏,宋代蕲州知州。

刘有龙 字葵仲,福安市人。武科正奏,南宋殿前帅将。

刘得成 字景祥,福安市人。武科正奏,南宋殿将。

刘和尚 福安市人。武科正奏,元代授管军万户、扈贺北行。

刘　益 字有谅。晋江(今石狮市)人。由良家子弟帅义兵,从帅府讨山寇吕甫,以军功补官。元至正中授晋江县尉,以运馈饷至大都,升南昌主簿。时西域那兀纳等据泉,虐州民以取货财,不得者多置于死。益悉捐家资赎之,所活者甚众。后谢事家居,无病而逝,年84岁。

刘　衡 字兼道,崇安(今武夷山市)人。抗金名将。曾从韩世忠大败金兵于濠州。晚年隐居武夷山,建"小隐堂"于茶洞终老。其子刘甫,尊父嘱终身不仕,逝世后被尊为水帘洞三贤(刘子翚、刘甫、朱熹)之一。

刘月波 晋江(今石狮市)人。明隆庆年间守备,以往江西剿倭功授。

刘鼎策 晋江(今石狮市)人。明隆庆年间昭信将军,以往江西剿倭功授。

刘廷藩 晋江(今石狮市)人。明万历三十五年(1607年)武进士,靖州都指挥佥事。

刘　捷 金门市人。明万历三十八年(1610年)武进士,庚戌科,金门所指挥同知。

刘宗魁 漳州龙海市人。明天启二年(1622年)武进士,任浙江都同。

刘光鼎 字尔铉,号禹金,晋江(今石狮市)人。明天启五年(1625年)武进士,青州守备。

刘国轩(1628—1693) 字观光,长汀县人。郑成功麾下的重要将领。幼年习武,娴熟弓马,臂力过人。清顺治三年(1646年),刘国轩只身到漳州投归清军,由城门守卒逐步升为把总、千总。因慕郑成功抗清义举,于顺治十一年(1654年)开漳州城门迎郑军入城,被郑成功授为都金事,管护卫后镇。此后,刘国轩跟随郑成功转战南北,屡立战功。顺治十八年(1661年)三月,刘国轩随郑成功东渡收复台湾。康熙五年(1666年),升为右武卫,驻守半线(今彰化县)。康熙十三年(1674年)六月,郑经入泉州,耿精忠派兵攻打,刘国轩奉命迎战,十月间,在涂岭打败耿军,追至兴化而归。康熙十四年(1675年)五月,刘国轩领诸镇兵进驻潮州,刘国轩与左虎卫何祐领兵,在鲎母山下与平南王长子尚之信军队鏖战,大获全胜。康熙十七年(1678年)二月,郑经以刘国轩为中提督,总督诸军。康熙二十年(1681年)正月,郑经去世,郑克塽嗣位,刘国轩晋升为武平侯。十月,率精锐驻守澎湖。康熙二十二年(1683年)六月,郑军惨败,刘国轩见大势已去,率残部乘小船逃回台湾,与文武大臣商议后,决定奉郑克塽降清。刘国轩被授为天津卫左都督总兵,委其扼守京畿门户。刘国轩在天津倡修水利,教民种植南方水稻,深受民众爱戴。康熙三十二年(1693年),刘国轩病逝,年65岁,赠光禄大夫、太子少保,葬于顺天府苏家口。

刘应汉 晋江(今石狮市)人。明永历年间藩前将军,郑成功之部将。

刘凤彩 字子韶,南平浦城县人。清康熙十九年(1680年)武举人。

刘　沂 莆田市人。清康熙二十七年(1688年)武进士。

刘　职 闽县(今福州市)人。清康熙二十七年(1688年)武进士。

刘大勋 原姓李,字建忠,南平浦城县人。雍正朝,以千总荐举侍卫,授广东虎门协副将,升碣石镇总兵。

刘　璋 字景隆,福安市人。清乾隆二年(1737年)武进士。《福安市志》作"刘彰"。

刘五福 榜姓施,晋江市(今属鲤城)人。清乾隆四年(1739年)己未科武进士,白石口都司。

刘国柱 漳州漳浦县人。清乾隆三十一年(1766年)武进士,任河南参将。

刘焕墀 漳州南靖县人。清乾隆三十三年(1768年)武举人。

刘　察 漳州漳浦县人。自幼好武,清乾隆年间入南少林寺习武。擅长达尊拳法。

刘龙标 漳平县人。清嘉庆四年(1799年)武进士。

刘肇元 惠安县人。清嘉庆六年(1801年)武进士。

刘梦超 惠安县人。清嘉庆十年(1805年)武进士。

刘大峰 惠安县人。清嘉庆十三年(1808年)武进士。水师左营守备。

刘时忻 南安市人。清嘉庆十四年(1809年)武进士。

刘志馨 漳州南靖县人。清嘉庆十五年(1810年)武举人。

刘时勇　漳州诏安县人。清嘉庆二十年(1815年)武进士,任提标守备。

刘开泰　惠安县人。清道光年间武进士,南赣总兵。

刘开基　惠安县人。清道光十五年(1835年)武进士。

刘藜山(生卒年不详)　同安县厦门人。清代将领。少年时投笔从戎,东渡台湾,依其舅练守备。练见藜山状貌魁伟,知为大器,就将小女许之。藜山得练守备的用心传教,熟娴弓马,武艺日精。于道光二十三年(1843年)参加武考,考中武举人。当时沿海匪盗猖獗,藜山常率兵出没在惊涛骇浪中,屡败海盗,所向披靡。以功升任闽安金门协,再升瑞安副将。瑞安人闻其名,喜与交往。藜山平时亦喜结交文士,每到军门昼静,宾从集廨舍中,烹武夷佳茗,掀髯纵谈,潇洒脱俗。藜山治军严明,故瑞安洋面,自藜山莅任后,盗寇几乎绝踪。

刘对扬　永春县人。清同治元年(1862年)壬戌恩科并补行辛酉正科武举人,任德化县汛把总。

刘开三　永春县人。清光绪二年(1876年)丙子科第三名武举人。

刘云龙　永春县人。清光绪二十年(1894年)甲午科第一名武举人。

刘志标(?—1900)　原名家福,原籍浙江江山。清光绪年间起义军首领。少曾读私塾,性好习武。曾加入反清的"终南会"。因率领饥民打开江山城内杨万昌粮行,并到清湖郑村惩罚土豪,遭通缉。逃到浦城九牧村,化名刘志标,开客栈为掩护,暗中收徒习武,与仙阳王受书联络,决定次年秋起义。光绪二十六年(1900年)六月,王受书被浦城县衙捕杀,起义计划泄露。志标于同月十四日在浦城揭竿起义,号称红巾军。当夜袭击渔梁守备署,缴获一批军械,队伍扩至千余人,直向城区进发。闻城内有备,遂在仙阳祭旗誓师挥戈北上,连夺枫岭、仙霞二关。十九日至江山峡口、凤林,沿途有柴鸿儒等率众投聚,至江山县清湖与吴嘉犹的起义军会合,起义队伍达万余人,连克江山、常山二县,乘胜北进围攻衢州府。衢州清军凭借高厚的城垣死守待援,志标率军连攻七日未克。清廷震惊,急令闽、浙、赣、皖四省发兵驰集兜剿。起义部队终因粮草不济,腹背受攻,退出战斗,挥师南下。七月十一日转战江西玉山县,攻城又失利。旋退至玉山八都镇,又遇江西清兵截击,义军大部被杀。志标负伤,率数十名随从,退隐浦城盘亭后垅山。后被杀。

刘逊谦(1874—1913.9)　名震,字逊谦,号舜卿,武夷山市人。光绪三十二年(1906年)入上海商业补习会,抱"强国必先强种"之志,锻炼体魄,研习武术。年底东渡日本,留学于东斌陆军军事警察学堂,接受资产阶级革命思想的影响,成为军事革命派人。光绪三十四年(1908年),刘逊谦毕业回国,担任上海澄衷学堂及商团公会的体操教员。次年,回籍办崇安警察教练所任所长,秘密宣传革命,联络反清力量。宣统三年(1911年)四月,上海书业商团成立,刘逊谦任书业商团司令。同年10月,武昌起义爆发,上海革命党人加紧筹备,策划响应。刘逊谦率领书业商团攻占硝磺局。11月5日,上海军政府成立。书业商团被编入商团义勇队,扩大招募至 100 余人,组成一个中队,刘逊谦任中队长。10 日移驻龙华寺,负责保卫龙华火药局。15 日,苏浙联军会攻南京,商团义勇队改编为沪军先锋队,刘逊谦任沪军先锋队中队长,于 19 日率部出征,会攻南京。民国二年(1913 年)七月,"二次革命"爆发,黄兴在南京出任江苏讨袁军总司令,密嘱刘逊谦(时任镇江勤务督察长)将警士数百人改编为讨袁军,并委任为镇江讨袁军司令。后被俘就义。

刘朝榜(1876—1928) 号金门,乳名日榕,永安县人。出生于商人家庭。清光绪二十年(1894 年)甲午科考中武举人,曾任将乐县和永安县千总。辛亥革命后,他从事商业,并出任永安县商会会长。

刘元栋(1884—1911) 字钟群,福州市人。黄花岗七十二烈士之一。年轻时身材魁梧,性格豪爽,疾恶如仇,善拳术。光绪二十六年(1900 年),他参加反清复明的会党组织——复明山堂。光绪三十四(1908)年,元栋被推选为救火会会长。每逢火警,他立即带人赶赴火场,不顾自己安危,深入火海指挥灭火,深得民众拥戴。他在暗中组织一批革命力量,偷制枪支和炸弹,准备武装斗争。宣统三年(1911 年),孙中山决定在广州举行武装起义,元栋得知后四处奔波,联络福州各地的革命同志和自己的部属,准备参加起义。农历三月十九日,元栋等人带领第一批 20 余人乘船前往香港,再由香港潜入广州。下午起义队伍攻打两广总督署。刘元栋奋不顾身左冲右杀,直冲署衙,迫使敌人弃枪投降。众人冲入内衙,后转攻督练公所。至东辕门遇水师提督李准的大队清兵。众人奋勇力战,但寡不敌众,元栋在奋战中头部中弹,血流满面,倒在地上,壮烈牺牲,时年 27 岁。

刘 锋(1887—1911) 字肩宇,又名六符,祖籍长乐人。黄花岗七十二烈士之一。幼聪敏,7 岁读书,稍长任侠好武,倜傥不羁,苦练拳术,并善舞剑。光绪二十八年(1902 年)考入闽县小学堂读书,勤而好问,警悟过人,尤致力于军书戎略的钻研。他耳闻目睹清廷丧权辱国,激于爱国热情,决心弃文习武,抵御外族入侵。1909 年加入连江光复会,1911 年与连江光复会同仁一道取道马尾港,前往广州,参加孙中山领导的武装起义。起义当天下午,革命志士组成先锋队(敢死队),进攻两广总督衙门。刘锋浑身挂满炸弹,挥弹纵击,勇往直前,迅速攻入督署,遍搜不见总督张鸣岐,乃复奋勇冲出,但清兵大批援至,团团包围数重,刘锋竭力奋战,身伤数处,浑身血迹,终因弹尽援绝不幸被捕。清吏审问他:"如此年轻,为何如此执迷不悟?"锋愤然回答:"血性青年为国为民,觉悟不迷,欲杀从速。"遂于四月初三从容就义,年仅 25 岁。

刘嘉宾(约清道光至咸丰年间) 漳州南靖县人。12 岁随父亲刘宗德习武。清咸丰五年(1855 年)考中武举人。因传其为虎神转世,能管虎、优虎,故称其为"虎举人"。

刘明勇 漳州诏安县人。清朝武进士,任提标守备。

刘 瑞 南平市人。清延协右营千总,署守备。

刘宝堂（1896.7—1982.8） 男，长乐市人。福州虎拳主要传人之一。早年拜福州名师周子和的学生金世田为师，刻苦学习虎拳。1942 年前后参加台湾举行的擂台赛，1965 年曾参加福州市武术会演。

刘振宗（1921.12—1994） 男，泉州鲤城区人。9 岁拜五祖拳名师刘鹏山（号丈二槌）为师，学练五祖拳械、硬气功、内劲桩功及风伤接骨。20 世纪 40 年代在泉州及尤溪传授五祖拳及行医，并注册医馆"汉龙堂"。1948 年代表工商联参加晋江行政公署组织的武术大赛，荣获"泉州铁汉"的称号。1953 年和廖尚武、张铁龙、连清江、陈学良共同组建泉州第五联合诊所（泉州正骨医院前身）。并再次代表工商联参加晋江行政公署组织的武术大赛，荣获"铜头铁肚"的称号。1981 年组织创办泉州开元武术训练点，并担任总教练。多年来积极参加海内外武术交流活动直至去世。

刘文港（1921— ） 男，漳州龙海市人。五祖拳传人。1937 年开始习武，先后师从邱剑刚、孙溪源习练五祖拳。1964 年开始在龙海授徒。

刘忠路（1931.1— ） 男，山东荣成县人。福建省体委群体处原处长，福建省武术协会首任主席。1945 年 7 月入伍，曾在八路军胶东军区卫生部后方医院任卫生员、文艺宣传队员，在胶东军区政治部国防剧团、华东军区政治部文工团、南下纵队文工团任团员、分队长、团委书记。1954 年 9 月至 1969 年先后任福建师院、福州大学团委书记。1969 年 11 月至 1971 年 2 月下放到漳平市永福镇文星大队。1971 年 2 月在省委党校学习 6 个月。1971 年 8 月到 1976 年 1 月任上杭体委常委，副主任。1976 年任福建省体委群体处处长。1978 年主持筹建福建省武术协会，1979 年武术协会成立，任主席（1979—1993）。在担任武协主席的 14 年时间里，努力团结福建省广大的武术工作者、民间拳师和一切武术爱好者，大力发展福建武术事业，开创福建武术事业发展的新局面。1982 年底，率领福建武术代表团进京参加全国武术工作会议，受到了中央领导同志的亲切接见。1983 年初，省武术协会在连江召开落实全国武术工作会议和全国武术挖整会议精神，成立以体委副主任王浩同志为领导小组组长、刘忠路为副组长的"福建武术挖掘整理工作小组"，亲自领导和部署福建省的武术挖掘整理工作。福建武术挖掘整理工作小组经过 2 年多时间的艰苦努力，取得可喜的成果，得到国家体委的表彰。

刘景锹（1935— ） 男，福州市人。福建师范大学副教授，省武协委员。1960 年毕业于上海体育学院武术系，先后师从蔡龙云、王菊蓉、王效荣等学习武术。毕业后分配在昆明体院任教。1976年调入福建师大体育系任武术教师,为体育系本科生开设武术普修课程和专修课程,培养了不少武术人才。

刘炳坤(1935.9—) 男,漳州龙海市人。五祖拳传人。漳州市武术协会南拳分会副会长。1948年师从孙溪源习练五祖拳。1990年开始在龙海设馆授徒。曾任龙海市武术协会顾问。

刘瑞媛(1942.3—) 女,江西吉安市人。福州武协木兰拳委员会副会长兼秘书长,省老干部武术协会副会长。1996年开始习武,师从曾乃梁、胡金焕教授、马美芳教练等。1997年以来经常参加各种重大表演和比赛活动,主要有闽台、中日武术交流和表演、八闽巾帼健身大赛、全国木兰拳比赛、上海国际木兰拳邀请赛、香港木兰拳精英大赛等,多次获得集体和个人项目的金奖、银奖。自2001年起至今,被福建省直机关老体协聘为老师,教授太极拳、木兰拳系列,并编写了有关普及教材,学员达数千人次。习武健身之余,还采写了关于武术的宣传报道。分别刊载在《人民日报》《华人之声》,以及香港《大公报》、美洲《华侨日报》、菲律宾《世界日报》等国内外主要报刊等各种媒体上。

刘用荣(1951.7—) 男,福州市人。福建省武术协会地术拳委员会副会长。中国武术六段。1970年拜陈依九为师,学练南少林地术拳,经过数十年习武,深得乃师真传。1985年为慕名前来福州学习的日本少林拳圣武道馆馆长金成昭夫传授地术拳技艺。1997年担任福州市少林武术学校武术总指导,任福州地术拳委员会常委。2001年与来榕的日本空手道养生馆武术代表团进行武术交流表演。2001年在武夷山荣获福建省"云龙杯"传统武术大赛金奖。2004年在西山武校与加拿大武术代表团进行武术交流。2008年在福建闽台南少林传统武术大赛中获金奖。2009年创办了福建省地术拳委员会荣承武术培训中心,培养训练了一批优秀的武术人才。

刘以忠(1952.7—) 男,泉州市人。丰泽区太极协会宣传组组长。2006年在邯郸举行的国际太极拳交流大会比赛中,荣获32式太极剑金牌、24式太极拳铜牌。2007年到山东泰安,师从门惠丰、阚桂香习练东岳太极拳、东岳太极棒。曾在市太极拳比赛中多次获得优异成绩。为市、区太极协会的发展事业做出了自己的努力。

刘小明（1956.2—　）　男，福州市人。福建博技武术馆副馆长。中国武术六段。1975年起，先后拜万籁声、林燧为师，学习北少林六合门、罗汉门、自然门、内家拳八卦掌、太极拳、徒手及器械对练以及刀、枪、剑、棍等。1983年起从事武术教育活动，多次参加各种武术观摩表演赛及日本、新加坡等国武术团体交流表演赛。历任福州市拼搏武术馆理事、教练，福建海峡自然门研究院理事等。出版发行《万籁声武学精粹》对练系列光碟武术教材。中国国际武术文化发展研究中心授予其"中华武坛经营奖"，入编《当代中华武坛精英名录》。

刘文淇（1957—　）　男，福建人。福建省武术协会陈式心意混元太极拳委员会会长，福州志强武馆馆长、总教练，北京志强武馆荣誉教练。少年时随家乡拳师习练长拳、南拳和少林五形八法。1990年起在北京跟李峻峪老师习练陈式太极拳。1995年起正式追随冯志强先生习练陈式心意混元太极拳近十年。曾在北京地坛公园和青年湖公园、江苏连云港担任混元太极拳辅导站站长。2004年秉承恩师嘱托，回福建传播混元太极拳至今。近年来，多次在北京、山东等地的国际太极拳年会上担任评委，还应邀到省直机关和企业开设"混元太极与养身"讲座并授拳。目前已在福州、泉州、厦门等地开设了辅导站和分会。

刘子铭（1964—　）　男，漳州东山县人。大学本科学历，东山县兴华武术馆馆长，福建省武术协会理事，漳州市武术协会理事。1982年考入福建师范大学，在校期间习练南拳、长拳。后师从漳州贾建欣习练六合门、自然门。1990年创办东山县兴华武术馆，广泛传播武术，为多所高校和社会培养、输送了许多优秀学生。1992年、1994年亚武联主席徐才到东山时，还专门视察了刘子铭的兴华武馆。子铭尚武，在书画方面也颇有研究和造诣，书画作品多被台湾和国内外行家收藏。

刘依通（1964—　）　男，福州港头人。延平区武术协会会长。中国武术五段。自幼随父亲、叔父练习传统南拳、龙虎拳、罗汉门，随后跟万籁生嫡传弟子林朝元习自然门、六合门功法。

刘瑞强（1968.3— ） 男。集美大学体育学院副教授，武英（健将）级运动员，国家级武术散打裁判。中国武术七段。1979年跟随青岛市民间著名拳师习武，练习螳螂拳。1986年入选青岛市精英散打队，1988年进入山东省武术散打集训队，1989年参加济南军区散打队，1990年考入武汉体育学院。湖北大学硕士研究生。1988年参加全国拳王擂台挑战赛，获70公斤级冠军。1989年参加国际散打擂台挑战赛，获70公斤级冠军。1991年在海南参加国际拳击散打擂台挑战赛，获70公斤级冠军。1991年参加武当国际武术文化节武术散打邀请赛，获70公斤级冠军。1992年参加全国武术散打锦标赛，获70公斤级冠军。1993年代表山东队参加第七届全运会，获得团体第五名。1997年出访韩国，被国际跆联执行长官授予跆拳道四段称号。

刘祖辉（1973— ） 男，宁德市人。教育学博士，副教授，硕士生导师。自幼习练闽东民间拳术，8岁进入宁德地区少体校武术队习练竞技武术。1995年毕业于宁德师专体育教育专业，1997年毕业于福建师范大学体育教育专业，同年留在福建师大体育系武水教研室任教。2000年考上上海体育学院硕士研究生，师从刘同为教授。2005—2008年于福建师范大学攻读教育学博士学位，师从陈俊钦教授；2013年5月起于上海体育学院博士后流动站研修，师从戴国斌教授。曾在权威、核心刊物上发表20多篇武术专业论文，为国家社科基金项目"南少林研究"重要参与者。2010年主持国家社科青年基金项目"新中国武术思想史"，2013年获福建省优秀社科成果三等奖。曾应邀前往日本进行武术交流讲学。

刘东山（1975— ） 男。现任莆田体育运动学校中级教练。中国武术六段。北京体育大学教练员专科毕业。自幼跟随舅舅洪光荣练习南少林传统拳术、器械，以及拳击、散打、跆拳道等多种武艺。1993—1994年进入福建省拳击队，多次获得省锦标赛冠军。1994年代表福建省参加在菲律宾举行的闽岷运动会，荣获拳击60公斤季军。自从任教练以来，培养输送了多名运动员，并在全国比赛中获奖。

刘 雄（1978.4— ） 男，长汀县人。福建省军区侦察兵集训大队特聘教练，龙岩市武术协会副会长，一级武术散打裁判，世界刘氏联谊总会理事，长汀刘雄武术道馆馆长。自幼习武，20世纪90年代闽西散打王中王，擅长散打、搏击、防身术。

刘小猛（1986.3—　）　男，惠安人。1995—2002 年就读于泉州剑影武校，2003—2006 年就读于福建公安高等专科学校。在校期间，参加 2003 年香港国际武术邀请赛，获剑术第一名、地术拳第一名。2005 年参加在杭州举行的全国大学生武术锦标赛，获地术拳第二名、剑术第五名。现任职泉州市交警支队机动大队。

刘声侠（1993.4—　）　女，重庆市人，泉州实验中学学生。8 岁跟爷爷练习家传武术，13 岁随山外山国术馆馆长张晓峰师傅练习五祖拳械。多次参加省市举行的大型活动开幕式表演。2008 年参加南少林华夏武术套路散打争霸赛，获女子 A 组五祖拳第一名、五祖棍第一名。2009 年参加海峡论坛·海峡两岸传统武术交流大赛，获女子 A 组五祖拳金奖、南拳类其他器械金奖、器械对练银奖。同年参加全国农民武术比赛暨第七届全国武术之乡武术套路比赛，获女子 A 组传统器械第一名、五祖拳银奖。2010 年参加首届海峡两岸闽南文化节国际南少林武术邀请赛，获女子 B 组五祖拳金奖。

刘芳芳（1994.11—　）　女，河北沧州市人。福建省武术队武英（健将）级运动员。2005—2010 年在广州市伟伦体校就读，2010—2014 年在武汉体育学院就读，2010 年至今在福建省武术运动管理中心武术队训练。2013 年在四川"体彩杯"全国武术套路锦标赛（太极拳）中获集体项目第一名、女子武式太极拳第一名、女子双人武式太极拳第一名、女子自选太极剑第二名、对练第二名。2014 年在全国武术套路冠军赛（传统项目）中获得女子武式太极拳第一名、太极器械第二名。

刘毅凯（1996.6—　）　男，漳州市人。福建武术队武英（健将）级运动员。2012 年参加全国青少年武术套路锦标赛，获男子 A 组南棍第三名。2013 年参加全国青少年武术套路锦标赛，获男子 A 组南拳第二名。2013 年参加全国青少年武术套路锦标赛，获男子 A 组南棍第二名。同年参加全国青少年武术套路锦标赛，获男子 A 组南刀第一名。2014 年参加世界青少年武术锦标赛，获男子 A 组南棍第一名。2014 年在南京举行的青奥会武术比赛中获男子 A 组南拳、南棍全能第一名。

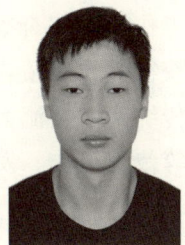

柳公藻　福安市人。武科正奏，南宋、武进教统、前军忠信郎。

柳光地　漳州芗城区人。清顺治八年（1651 年）府学武举人。

柳大抱(1923.2—) 男,晋江市人。晋江南少林八祖武术协会永远会长,晋江市武术协会副主席。8 岁起随父习武,18 岁拜晋江石刀山紫竹寺法空大师为师学习白鹤拳等,1958 年在北京师从马玉文学习北拳。2004 年参加中国福建南少林国际武术大赛,获棍术银狮奖、五祖拳铜牛奖。2006 年 8 月参加华夏武术散打王争霸赛武术比赛,获南拳、白鹤拳、白鹤棍、猴拳 4 个第一名。2007 年、2008 年参加第五届、六届香港国际武术节武术比赛,均获奖。

柳德明(1962—) 男,三明大田县人。澳大利亚墨尔本自然门功夫学院院长。1974 年随著名武术家洪正福习武,1976 年、1977 年参加福建省武术比赛,获全能冠军。1977 年考入北京体育学院运动系,师从张文广、成传锐、门惠丰等名师。毕业后回到福建体育学院任教,并担任武术教研室副主任、校武术队主教练。所训练的学生多次在全国、全省武术比赛中取得优异成绩。柳德明于 20 世纪 80 年代初曾到嵩山少林寺功夫学院执教。20 世纪 80 年代末,远赴澳大利亚发展,在墨尔本传授中国功夫,并于 1995 年成立了墨尔本自然门功夫学院。该院建院以来,为成千上万的功夫爱好者提供了健身气功、六合门、自然门、太极拳、搏击等武术专业培训,会员多达数百名,且男女老少各个阶层、年龄阶段的会员都有。联合国友好使者、中国武协副主席傅彪先生等曾赴澳大利亚墨尔本自然门功夫学院考察交流,与柳德明院长就中国传统武术文化如何在澳洲广泛推广进行深入探讨和交流。

柳志群(1969.9—) 男,漳州云霄县人。大专学历,小学高级教师,一级武术裁判,云霄华盛武术馆馆长,漳州市武术协会理事。1988 年 10 月师从贾建欣习武。1991 年开始在云霄从事武术教学训练工作。2009 年初创办云霄华盛武术馆,学生多次参加省市武术比赛均获得优异成绩。多次担任福建省武术散手比赛、海峡论坛·海峡两岸传统武术交流大赛、厦门国际武术交流大赛、华夏南少林传统武术大赛等裁判工作。发表论文《谈谈中小学生武术训练五大特点》《怎样提高武术的教学质量》。

柳剑光(1971.9—) 男,宁德寿宁县人。一级社会体育指导员,宁德市蕉城区武协副会长。中国武术六段。毕业于福建师大体育教育专业,师从陈正雷。2004 年参加"豪龙杯"全国太极拳交流赛,获青年组陈式太极拳第一名。2007 年参加"正超杯"全国传统武术交流赛,分获陈式太极拳、械第二、第三名。2009 年注册成立宁德市陈式太极拳研究推广中心,同时成立了陈家沟太极拳馆宁德推广中心。

lu

卢如金（648—735） 名铁，其先河北范阳人，后徙河南光州固始县。唐总章二年（669年）从陈政戍闽，任府兵校尉；率府兵 300 人，为岭南行军先锋。唐军南下抵柳营江畔扎营，首次遭受少数民族武装阻击。唐军先头部队在人地两疏、水土不服的困难条件下反击推进，先后摧毁蓝、雷两个部落 36 寨，进军至梁山。当地少数民族酋领又联合岭南诸族，组织更大规模的反击。由于力量悬殊，唐军先锋团奉命退保九龙山，占据险要地段，实行且耕且守的战略，静候援军。援兵到达后，继续执行先锋任务，经过多次战斗，终于平定啸乱。漳州建州后，卢如金任司户参军，掌管户籍、计账、道路、过所、蠲符、杂徭、良贱、逆旅、旌别孝弟、婚姻、田讼等政务。其时漳州初建，人才缺乏，如金兼领司仓参军，主掌仓库、市肆；又领屯田事务，兴建屯营于云霄修竹里，协助陈元光开拓山林，致力屯田工作，充实部队给养；推行中原先进农业技术、促进当地农业生产。景云二年（711 年）因陈元光战斗殉职，"蛮獠"酋领蓝奉高率部围困西林城，百姓惊怖，卢如金率兵反击，蓝奉高等溃退，城垒赖以保全。开元二十三年（735 年），卢如金逝世，享年 87 岁，葬于连批山。

卢南仲 南金之弟，字祥仲。宋淳熙八年（1181 年）武举。

卢德宣 字孝本，永福（今永泰县）人，宋嘉定十三年（1220 年）武举。上舍。

卢克仁（明朝时期） 字珍爵，号肖山，漳州长泰县人。身材魁梧，擅长剑术。后因战功授予威清卫千总。

卢若腾（1598—1644） 字闲之，又字海运，号牧州，晚年自号"留庵"，明末清初福建同安县金门贤厝人。明崇祯九年（1636 年）举人，明崇祯十三年（1640 年）进士，授兵部主事，升郎中。文才武略兼备。明崇祯十八年（1645 年），南明隆武立，授以都察院右副都御史，驻温州，巡抚浙东温、处、宁、台四州；后加兵部尚书。六月，清军攻城，他力战负伤，退往福州。后归居金门、厦门两地，勤于著述。郑成功至厦门，礼于上宾。他支持郑成功收复台湾并于 1664 年赴台投郑，至澎湖突然病重而卒。著有《留庵文集》《方舆互考》《岛噫诗》《与耕堂随笔》《岛居随录》等。他秉性刚直不阿，不顾个人安危得失，敢于上书弹劾朝中违法乱纪、贪污渎职的官吏，朝野敬畏。

卢岐嶷 漳州长泰县人。明代贵州按察使。自幼聪颖，饱读经书，勤练武术，是历史上文韬武略、文武双全的著名人物。以文官任武职，初任江西佥事，"适寇盗，公仗马锤，亲与贼转战，斩首虏千余级"。升迁为云南布政司参议，云南遇叛乱"公首摧其锋，提兵深入。夷人望见战像，咸悸"。后辞官归乡，教民习武，以备倭寇。重视子侄全面发展，留著作《吹剑集》于世。

卢宏佐 字昂卿，永定县人。清康熙五十七年（1718 年）武进士，钦点蓝翎侍卫。《永定县志》作清雍正二年（1724 年）武进士。

卢维城 漳州平和县人。清乾隆五十一年(1786年)武举人。

卢 植 山西朔州市人。武进士,清乾隆五十五年(1790年)任延平右营守备。

卢登铭 顺昌县人。清乾隆五十七年(1792)武举人,官至温州卫千总。

卢光烈 漳州平和县人。清嘉庆十五年(1810年)武举人。

卢菁华 漳州南靖县人。清嘉庆二十三年(1818年)恩科武举人。

卢青芝 漳州南靖县人。清道光元年(1821年)恩科武举人。

卢葆勋 字建堂,永定县人。清光绪十五年(1889年)武进士,钦点花翎侍卫。毕业于南洋陆军学堂,任处州左营游击,金衢岩水师统领。

卢言秋(1878—1944) 男,字桐,泉州市人。五祖拳名师,菲律宾光汉国术馆创馆馆长。幼年生性活泼,臂力过人。13岁师从泉州名师庄詹练习五祖拳法,后再从蔡玉明练武学医。1905年前往泗水、爪哇和香港等地传授武术。回国后曾在福建的一些武术比赛和表演中任裁判或指导员。1933年晋江国术总馆成立后,卢言秋任总馆顾问及名誉总教练。历任十九路军武术教练(教官)、顾问及名誉总教练兼军医等。后到南洋各国游访传艺,1939年在菲律宾创立中华光汉国术馆,任馆长。传武行医,广收门徒,致力于弘扬国术,倡导武德。1944年后,其子卢庆辉接任馆务,成为第二代馆主,并将光汉国术馆开设到多个国家,门徒遍及世界各地。

卢万定(1886—1958) 男,漳州石码镇人。五祖拳名师、印尼卢万定国术馆馆长。在石码镇开设金允合酒铺。臂力无刚,手能举鼎,嗜武,诚聘蔡玉明的门生尤俊岸至家中传教五祖拳法,待其如父,养其终生,尤则倾囊相授。后尤又介绍卢去师叔魏隐南、二师伯翁朝言和大师伯林九如处,继续深造和学习骨伤科医术。1927年卢万定南渡重洋到印尼行医,并创办印尼卢万定国术馆,教授少林五祖拳,门徒数以千计,传下印尼五祖拳支脉。其子卢绍准为现任馆长。

卢太南(约民国初年—) 漳州市人,原随其大舅子(黄姓)习捷元堂独脚鹤拳,曾拜在捷元堂张杨华(赏师)门下,后练朝鹤堂双枝鹤拳。成名后以"朝元堂"之名开馆授徒,朝鹤捷元各取一字。新中国成立前在南市偶遇便衣捉人,无意中犯下命案逃往台湾,后至香港定居,与郑文龙相会。卢太南硬功出众,以铁扁担日日击打头部,练就铁头功,以绳悬木板击肚练排打,手臁脚臁指掌皆下了苦功。

卢庆炳（1915.7—2004.1）　男，字俊英，福州市人。福州市飞鹤拳主要代表人物。幼承家学，随父卢宝桐（武术界徽号"桐傲"——福州鹤拳名宿）学习飞鹤拳、技击散手以及刀、剑、棍、锄头、扁担等长短器械；后又随陈苕洲系统地学习杨氏太极拳、刀、剑以及太极推手等，并深得苕洲先生赏识。卢庆炳学识渊博，为人谦和，淡泊名利，德艺双馨，18 岁即在福州地区开馆授徒，历 80 年练功不辍，特别精研飞鹤拳的五行变化，手法独特。其演练的拳法动作形象，舒展大方，刚柔相济，纵跃弹抖，吞吐浮沉，搓摩抬撞，这一独特的风格深受福州武术界的推崇。其在授徒时注重技击、讲求实战，课堂要求极严并十分注重武德教育，常常告诫学生不可挟技凌人，好高自大。

卢庆辉（1921—1995）　男，泉州市人。菲律宾光汉国术总馆馆长，国际南少林五祖拳联谊总会首任执行主席。7 岁随父卢言秋学五祖拳法，1939 年至菲律宾，1940 年在光汉国术馆担任馆务，1941 年主持菲律宾蜂省拉牛坂市第一分馆馆务兼总教练，1943 年任光汉国术馆馆主。多次参加我国台湾地区的擂台赛以及新加坡、马来西亚等国的邀请赛。抗日战争期间，曾在菲律宾参加地下抗日活动。新中国成立后，曾先后十多次率团回国寻根访友和参加各种武术活动。1978 年，卢庆辉应中国武术协会的邀请，率领菲律宾光汉国术馆弟子赴湘潭参访全国武术比赛，并在大会上做了精彩表演。这是最早来中国进行武术交流访问的国外武术团体，受到热烈欢迎。1989 年，卢庆辉邀请泉州武术代表团访菲，参加由光汉国术馆主办的"中国·东南亚南少林武术大汇演"。期间，卢庆辉率先提出成立国际南少林五祖拳联谊总会的倡议，得到了一致响应和支持。该会于 1990 年在泉州举行的"中国泉州南少林国际学术研讨会"上宣告成立，卢庆辉被推选为"国际南少林五祖拳联谊总会"首任执行主席。

卢绍准（1942—2013）　男，漳州石码镇人。印尼卢万定国术馆原馆长。自幼随其父卢万定（五祖拳第三代传人）学习五祖拳法，修炼铁臂功法。继父志，掌管卢万定国术馆，传教少林五祖拳，门生众多。曾多次派员参加东南亚国术擂台赛，名扬印尼群岛。

卢武概（1943.2—2013）　男，石狮市人。原卢厝狮阵武术馆副馆长。1973 年师承卢其突学习狮阵武术技艺，全面掌握狮阵各种套路和器械，尤以五祖拳见长。业余传授卢厝狮阵第五、第六代（馆）学员 100 余人，并多次参与组织各种大型狮阵文化表演活动，多次组织狮阵成员参加各种重要比赛。参与编辑《狮阵史略》。

卢武稿（1946.2— ） 男，石狮市人。泉州市级非物质文化遗产项目"泉州刣狮"代表性传承人，现任石狮市武协常委，卢厝狮阵武术馆副馆长。1958年师承父亲卢祖显学习狮阵、五祖拳、五祖棍。1976年参加卢厝狮阵武术第四代（馆）训练，全面掌握狮阵武术阵法操演法及拳械。义务传教本村第五、第六代（馆）学员的训练，并多次参与组织闽南文化节、国际南少林武术大汇演、狮阵武术大汇演等大型文化活动。参加第八届全国武术之乡武术比赛，获老年组棍术和传统南拳两枚金牌，并被大会评选为"武德风尚运动员"称号。

卢慰仁（1947.8— ） 男，石狮市人。自年轻时就开始跟随名师学习狮阵武术，从小勤学苦练，习武几十年。2010年沙美狮阵武术馆重新复兴开馆以后，就一直在武馆练武。擅长棍术、双鞭。2011年参加泉州市传统武术锦标赛暨国际南少林武术邀请赛，荣获男子老年组其他传统器械金奖，男子老年组传统棍术银奖。2012年参加"丰县杯"全国农民武术比赛，获男子E组传统棍术二等奖。

卢祖川（1950.11—2012） 男，石狮市人。原任泉州市武协常委，卢厝狮阵武术馆副馆长。1973年师承卢其突学习狮阵武术技艺，全面掌握狮阵各种套路和器械，尤以耙见长。业余义务传授卢厝狮阵第五、第六代（馆）学员100余人，并多次参与组织各种大型的狮阵文化表演活动，多次组织狮阵成员参加各种重要比赛。参与编撰《狮阵史略》。

卢武定（1951.6— ） 男，石狮市人。福建省级非物质文化遗产项目"泉州刣狮"代表性传承人，泉州武术协会副秘书长，石狮市武术协会名誉主席，石狮卢厝狮阵武术馆馆长。1973年师承泉州刣狮名师卢其突、杨式取等人，习练青狮舞弄及人与狮打斗盘打，全面掌握狮阵各种套路和拳械。其狮头表演摇甩刚、韧、猛、快巧，是泉州刣狮的狮头表演代表者。打狮能以武术攻防技法与青狮的滚翻跳跃默契配合，惊险逼真。曾多次参加闽南文化节、国际南少林武术大汇演、海峡论坛·海峡两岸传统武术交流大赛、狮阵武术大汇演等活动。参与《狮阵史略》的整理和出版。常年坚持义务传授狮阵武术，至今学员300余人。

卢义荣（1952.12— ） 男，石狮市人。福建省武术协会委员、泉州市武术协会副主席兼秘书长、国际南少林五祖拳研究会副会长（国际九段），泉州市太极拳协会名誉会长，石狮市武术协会主席，一级武术裁判，中国武术六段。1964年师从周志强、吴彦全习练五祖拳，1969年起师从王景春习练长拳、形意拳、太极拳。参加1977年福建省武术比赛

获南拳一等奖,1978年参加第七届省运会武术比赛获南拳第二名。1979—1992年参加福建省武术比赛、散打比赛裁判工作,历任裁判员、裁判长、副总裁判长。1988年担任全国武术锦标赛执行裁判员、第六届全国农民运动会武术比赛仲裁。1983年参加"福建省武术挖掘整理工作组",同年被国家体委授予"全国千名优秀武术辅导员",1984年被国家体委授予"全国武术挖掘整理工作先进个人"称号。担任第一、二届全国农民运动会武术比赛福建省武术队总教练。1988年代表福建省武术代表团出访菲律宾,1990年出访日本。1989—1990年应省体委聘请担任"福建省太极拳竞赛套路教练员培训班"主教练。先后有数十名学生多次在全国及国际武术比赛上夺金摘银。发表《五祖拳源流初探》,论文在全国武术挖整工作成果汇展大会上获奖。主编《狮阵史略》,参编《泉州南少林文存》等。2010年被授为国家级非物质文化遗产五祖拳代表性传承人。

卢文生(1956.5—　) 男,石狮市人。从小学习狮阵武术,跟随名师练武至今已有40余年。多次参加狮阵武术汇演与演练,教授过多名学徒,擅长棍术、南拳、绕阵。2011年参加石狮市武术比赛、泉州市传统武术锦标赛暨国际南少林武术邀请赛,均荣获传统长兵金奖。2012参加"丰县杯"全国农民武术比赛,荣获男子D组南棍一等奖、传统南拳二等奖。同年参加全国传统武术比赛,获男子D组南棍二等奖、五祖拳三等奖。2013年参加世界闽南文化节国际南少林传统武术邀请赛,获男子D组棍术一等奖。

卢清谊(1956.5—　) 男,石狮市人。卢厝狮阵武术馆教练。1973年师承卢承保学习狮阵武术技艺,全面熟悉狮阵武术阵法操演,尤以五祖拳和棍法见长。多次参与大型狮阵武术文化表演活动,常年坚持业余训练和传授狮阵学员。2010年参加国际南少林武术邀请赛,获成年组长兵金牌、南拳银牌。

卢天送(1956.9—　) 男,石狮市人。石狮市级非物质文化遗产项目"狮阵"传承人,卢厝狮阵武术馆副馆长。1973年参加卢厝狮阵武术第四代(馆)训练,师承狮阵名师卢友远、卢承保、邱华晒、杨仁添等人,掌握狮阵武术阵法操演和南少林拳械,擅长铁耙。义务传教本村第五、第六代(馆)狮阵学员,并多次参与狮阵组织闽南文化节、狮阵武术大汇演、石狮市民俗文化节等大型文化活动。参加国际南少林武术邀请赛,获成年组南拳、长兵两枚银牌。

卢远润（1956.10—　）　男，石狮市人。从小跟随武术名师学习狮阵武术，并教授学徒数十名。自 2010 年沙美狮阵武术馆重新复兴开馆以后，就一直在武馆练武。擅长刀术、对练。2011 年参加泉州传统武术比赛暨国际南少林武术邀请赛，荣获男子壮年组传统长兵金奖。2012 年荣获"丰县杯"全国农民武术比赛男子 D 组传统刀术二等奖。2012 年获"丰县杯"全国传统武术比赛荣获男子 D 组刀术二等奖、器械对练三等奖。

卢永联（1957.9—　）　男，石狮市人。15 岁开始苦练狮阵武术至今。在 2010 年沙美狮阵武术馆重新复兴开馆以后，就在武馆练武到现在。擅长扁担、器械对练。2011 年获得泉州市传统武术比赛暨国际南少林武术邀请赛男子壮年组传统长兵金奖，其他传统长兵、器械对练银奖。2012 年荣获"丰县杯"全国传统武术比赛男子 D 组传统其他器械二等奖。2013 年荣获世界闽南文化节暨国际南少林传统武术邀请赛男子 D 组其他传统器械一等奖、二人对练二等奖。

卢维忠（1957.12—　）　男，石狮市人。18 岁开始学习狮阵武术，并且教授学徒数十名。2012 年参加"丰县杯"全国传统武术比赛，荣获男子 D 组南棍二等奖。2013 年荣获世界闽南文化节暨国际南少林传统武术邀请赛男子 D 组棍术二等奖。

卢章来（1959.1—　）　男，石狮市人。从小对狮阵武术产生兴趣，习武至今。擅长锄头演、五祖拳。2011 年参加石狮市武术比赛，荣获壮年组其他传统长器械项目一等奖。2012 年参加"丰县杯"全国农民武术比赛，荣获男子 D 组传统器械二等奖。2013 年在泉州南少林传统武术邀请赛中获得男子 D 组其他传统器械项目一等奖。

卢文培（1959.3—　）　男，石狮市人。14 岁跟随名师学习狮阵武术，从小勤学苦练。多次参加狮阵演练。擅长棍术、锄头。2011 年参加石狮市武术比赛，荣获棍术金牌。2011 年参加泉州市传统武术锦标赛，暨国际南少林武术邀请赛荣获棍术金牌。2012 年参加"丰县杯"全国传统武术比赛，荣获男子 D 组南棍二等奖。

卢建华(1959.12— ） 男，石狮市人。从小习练狮阵武术，练武至今已有 40 多年，多次参加狮阵武术演练。擅长棍术、南拳。2011 年参加石狮市武术比赛，获得棍术金牌。2011 年参加泉州市传统武术锦标赛暨国际南少林武术邀请赛，荣获棍术金牌、传统长兵金牌；2012 年参加"丰县杯"全国传统武术比赛，荣获男子 D 组南棍一等奖、五祖拳二等奖。同年在全国农民武术比赛中荣获男子 D 组南棍一等奖。2013 年参加"金鑫杯"福建传统南拳精英赛，荣获男子 D 组传统南棍一等奖。同年在世界闽南文化节暨国际南少林传统武术邀请赛中荣获男子 D 组棍术一等奖。

卢文芳(1960.4— ） 男，石狮市人。17 岁开始学习狮阵武术，参加过多次狮阵绕阵与演练。擅长刀术。2012 年参加"丰县杯"全国农民武术比赛，荣获男子 D 组传统刀术一等奖。同年在全国传统武术比赛中获男子 D 组传统刀术二等奖。2013 年参加世界闽南文化节暨国际南少林传统武术邀请赛，获男子 D 组大刀一等奖。

卢天补(1960.6— ） 男，石狮市人。泉州市级非物质文化遗产项目"泉州刣狮"代表性传承人，泉州市武协常委，石狮市武协副主席，卢厝狮阵武术馆副馆长。1978 年参加狮阵武术第四馆训练，师承杨仁添、杨仁田、卢友锥学习五祖拳、棍、锄头及打斗盘练，全面掌握狮阵阵法演练和五祖拳械，并长期坚持业余训练，义务传教本村第五、第六代（馆）学员的训练。参加第八届全国武术之乡武术比赛，获对练（锄头贡牌）金牌、传统南拳银牌、其他器械（锄头）铜牌。参加国际南少林武术邀请赛，获成年组南拳金牌、长兵银牌、对练（锄头贡牌）金牌。

卢文侬(1961.9— ） 男，石狮市人。从小跟随名师勤学苦练，教授学徒数十名。在沙美狮阵武术馆担任虎旗。2011 年参加石狮市武术比赛，获男子壮年组南拳类长器械项目一等奖。2011 年在泉州市传统武术锦标赛暨国际南少林武术邀请赛中获得男子壮年组传统长兵一等奖、传统棍术一等奖。2012 年参加"丰县杯"全国传统武术比赛，荣获男子 D 组南棍二等奖。2013 年在世界闽南文化节暨国际南少林传统武术邀请赛中获得男子 D 组棍术二等奖。

卢仁式(1963.7— ） 男，石狮市人。泉州市武协常委，石狮市卢厝狮阵武术馆法定代表人，卢厝村委会主任。1983 年师承卢武稿学习狮阵武术技艺和阵法演练，尤擅五祖棍，常年坚持业余训练，积极参加闽南文化节踩街、狮阵武术大汇演、石狮市民俗文化节等大型文化活动。参与管理卢厝狮阵武术馆行政业务，推广狮阵文化，组织狮阵学员培训和参加各项比赛。参与编撰和出版《狮阵史略》。

卢章强(1963.7—) 男,石狮市人。自小勤练武术,跟随名师学习狮阵武术多年。在沙美狮阵武术馆任藤牌刀。擅长棍术、藤牌刀等。2012年参加"丰县杯"全国传统武术比赛,荣获男子D组南棍一等奖、五祖拳二等奖。同年参加全国农民武术比赛,荣获男子D组南拳一等奖、南棍一等奖。

卢明由(1965.1—) 男,石狮市人。习练狮阵武术至今已有20余年。擅长棍术、刀术等。2011年参加泉州市传统武术锦标赛暨国际南少林武术邀请赛,获得男子成年组传统长兵金奖、其他传统长兵银奖。2012年参加"丰县杯"全国农民武术比赛,荣获男子D组南棍二等奖。同年在全国传统武术比赛中荣获男子D组传统刀术二等奖。2013年参加世界闽南文化节暨国际南少林传统武术邀请赛,获男子D组棍术一等奖。

卢阿川(1966.7—) 男,石狮市人。石狮市卢厝狮阵武术馆教练。1983年师承卢武稿学习狮阵武术技艺,以五祖棍见长。参加多次大型的狮阵文化表演活动和比赛,常年坚持业余训练,义务传授狮阵武术。2012年参加全国传统武术比赛,获成年组传统南拳、传统兵器优秀奖。

卢维慎(1970.1—) 男,石狮市人。从小勤学苦练狮阵武术,多次参加狮阵武术演练。擅长棍术、刀术等。2011年参加石狮市武术比赛,获拷刀、棍术两枚金牌。2011年在泉州市传统武术锦标赛暨国际南少林武术邀请赛中获得棍术金牌、拷刀金牌。2012年参加"丰县杯"全国农民武术比赛,荣获男子D组传统南拳一等奖。在全国传统武术比赛中荣获男子D组传统南棍二等奖。

卢金表(1970.4—) 男,石狮市人。从小习武,11岁起跟随沙美狮阵武术馆副馆长卢远献习武至今。在沙美狮阵武术馆承担龙旗演练的重要位置。擅长绕阵、棍术等。2011年参加泉州市传统武术锦标赛暨国际南少林武术邀请赛,荣获男子成年组传统长兵金奖。2012年参加"丰县杯"全国传统武术比赛,荣获男子D组南棍二等奖。同年在全国农民武术比赛中获得男子D组南棍三等奖、南拳优秀奖。2013年世界闽南文化节暨国际南少林传统武术邀请赛,荣获男子D组旗一等奖。

卢荣智（1970.5—   ）　男，石狮市人。泉州市武术协会名誉主席，石狮市武术协会荣誉主席，石狮市厝狮阵武术馆理事会创会会长。1987年师承卢友远学习狮阵武术套路，擅长藤牌刀。常年坚持业余锻炼，积极参加闽南文化节踩街、狮阵武术大汇演、石狮市民俗文化节等大型文化活动。参与管理卢厝狮阵武术馆的行政业务，推广狮阵文化，热心武术事业。参与编撰并资助《狮阵史略》出版。

卢维兵（1971.8—   ）　男，石狮市人。从小勤学苦练狮阵武术，多次参加狮阵武术演练。擅长棍术、刀术。2011年参加石狮市武术比赛，荣获棍术金牌、挎刀金牌。2011年参加泉州市传统武术锦标赛暨国际南少林武术邀请赛，荣获棍术金牌、挎刀金牌。2012年参加"丰县杯"全国传统武术比赛，荣获男子 D 组传统南棍二等奖。同年参加全国农民武术比赛，荣获男子 D 组传统南拳二等奖。

卢鸿源（1971.12—   ）　男，石狮市人。泉州市武术协会常委，石狮市武术协会副秘书长。1990年师承卢武定、卢祖强学习狮阵武术技艺，多次参与组织闽南文化节、狮阵武术大汇演、石狮市民俗文化节等大型狮阵文化活动，积极推广狮阵武术文化，组织狮阵学员培训和参加各级比赛。参与编撰和出版《狮阵史略》。

卢冰林（1973.9—   ）　男，石狮市人。从小对武术产生兴趣，跟随武术名师学习狮阵武术多年。擅长棍术与对练。2011年参加泉州市武术锦标赛暨国际南少林武术邀请赛，获传统长兵银奖。2012年参加"丰县杯"全国传统武术比赛，荣获南棍二等奖。同年参加全国农民武术比赛，荣获南棍二等奖。2013年参加"金鑫杯"福建传统南拳精英赛，荣获其他传统长器械一等奖、器械对练一等奖。2013年参加世界闽南文化节暨国际南少林传统武术邀请赛，荣获挎刀一等奖、二人器械对练二等奖。

卢金炼（1974.4—   ）　男，石狮市人。石狮市卢厝狮阵武术馆教练。1993年师承卢武概学习狮阵武术技艺和阵法演练，熟悉狮阵表演阵法。擅长五祖拳和狮旗、长棍。常年坚持业余训练和义务传授学员，参与多次大型狮阵文化活动，参加多次大型赛事。2011年参加第八届全国武术之乡武术比赛，获地方特色项目展示（五祖拳）优秀奖。2012年参加"丰县杯"全国传统武术大赛，获成年组传统长兵金牌、传统南拳银牌、对练银牌。

卢文伟(1974.7—) 男,石狮市人。从小勤学苦练狮阵武术,参加多次狮阵演练。擅长绕阵、棍术和双刀。自沙美狮阵武术馆重新复兴开馆以来就一直在武术馆习武。2011年参加泉州市传统武术锦标赛暨国际南少林武术邀请赛获男子成年组传统双器械(双刀)金奖、传统长兵器金奖、传统拳术银奖。在2012年"丰县杯"全国传统武术比赛中获得男子C组南拳一等奖、南棍二等奖。同年参加全国农民武术比赛,荣获男子C组传统南拳一等奖、双刀二等奖。

卢振仪(1974.9—) 男,石狮市人。自小学习狮阵武术,勤学苦练。2010年自沙美狮阵武术馆重新复兴开馆以来即在武术馆练武至今。擅长丈二棍、五祖拳。2011年参加泉州市传统武术锦标赛暨国际南少林武术邀请赛,荣获男子青年组传统长兵金奖、传统特长兵器金奖。2012年参加"丰县杯"全国传统武术比赛,荣获棍术二等奖。同年在全国农民武术比赛中荣获棍术二等奖。

卢章立(1975.2—) 男,石狮市人。自小随父习练狮阵武术,参加过多次狮阵演练,教授多名学徒。擅长太祖棍、砍马刀。2011年参加石狮市武术比赛,获南棍一等奖、砍马刀一等奖、弄狮盘打一等奖、棍术对练二等奖。2011年在泉州市传统武术锦标赛暨国际南少林武术邀请赛中获传统刀术一等奖、棍术二等奖、拳术二等奖。2012年参加"丰县杯"全国传统武术比赛,荣获传统刀术一等奖。同年参加全国农民武术比赛,获棍术一等奖、拳术三等奖。

卢伟山(1976.10—) 男,石狮市人。从小喜爱武术,参加过多次狮阵武术演练。2011年参加泉州市传统武术锦标赛暨国际南少林武术邀请赛,荣获男子青年组传统双器械金奖、其他传统长兵金奖。2012年参加"丰县杯"全国农民武术比赛,荣获器械对练二等奖、传统南拳三等奖。同年在全国传统武术比赛中获男子C组刀术二等奖、器械对练三等奖。2013年在世界闽南文化节国际南少林传统武术邀请赛中获男子C组传统双器械二等奖、二人对练二等奖。

卢瑞艺(1977.9—) 男,石狮市人。石狮市级非物质文化遗产项目"狮阵"代表性传承人。1993年起师承卢武概、卢祖川、卢天补、许光平等人,全面掌握狮阵武术技艺,常年坚持业余训练,义务传教狮阵第六代(馆)学员百余人,并多次参与狮阵组织的各种大型文化活动和重要比赛。2011—2012年参加第八、第九届全国武术之乡武术比赛,连续获得青年组传统南拳、双器械、对练六枚金牌。2012年参加全国传统武术比赛,获成年组棍术金牌、拳术银牌。2010年参加国际南少林武术邀请赛,获男子组太祖拳

金牌、对练金牌、短兵银牌。

卢武祝（1978.3— ） 男，石狮市人。1993 年师承卢祖川、卢祖强、卢武定，学习五祖拳、棍法、刀法等武术技艺。熟练掌握狮阵表演阵法操演，尤以狮旗及弄狮盘打见长。多次参与大型狮阵武术表演和比赛。2012 年参加第八届全国武术之乡武术比赛，获青年组传统南拳二等奖、传统器械（大刀）三等奖。

卢庆丰（1984.10— ） 男，石狮市人。1993 年师承卢武稿学习南少林狮阵武术技艺。多次参与大型狮阵武术表演活动和比赛。2012 年参加全国传统武术比赛，获成年组对练二等奖、传统南拳、传统长兵三等奖。

卢加猛（1985.3— ） 男，石狮市人。9 岁开始跟随父亲卢远献学习狮阵武术。现在在沙美狮阵武术馆担任狮阵狮头。曾参加泉州市打狮对练，荣获一等奖。在 2011 年泉州市传统武术锦标赛暨国际南少林武术邀请赛中获得男子青年组传统长兵金奖、其他传统器械金奖。2012 年参加"丰县杯"全国农民武术比赛，荣获男子 C 组传统南拳二等奖，男子 C 组南棍三等奖；在同年的全国传统武术比赛中荣获男子 C 组南拳、传统棍术三等奖。

卢德乐（1985.5— ） 男，石狮市人。2001 年师承卢天补、卢武稿学习南少林五祖拳和棍法。熟练掌握狮阵武术阵法和技艺，坚持常年业余训练。多次参加各种大型狮阵表演活动。2011 年参加第八届全国武术之乡武术比赛，获青年组传统南拳、棍术两枚银牌。

卢荣灿（1991.6— ） 男，石狮市人。自小学练武术，至今苦练狮阵武术已有多年，并多次参加狮阵武术表演或比赛。2012 年参加"丰县杯"全国农民武术比赛，荣获南拳二等奖。2013 年参加世界闽南文化节暨国际南少林传统武术邀请赛，荣获其他器械二等奖。

卢世良（1995.1— ） 男，石狮市人。从小热爱武术，学练狮阵武术，参加过多次狮阵武术演练和比赛。在武术馆狮阵中担任狮尾。擅长绕阵、棍术等器械。2011 年参加石狮市武术比赛，获棍术金牌、双剑银牌。2011 年在泉州市传统武术锦标赛暨国际南少林武术邀请赛，荣获棍术金牌。2012 年参加"丰县杯"全国农民武术比赛，荣获男子 B 组传统其他器械一等奖。

卢嘉劲（1995.2— ） 男，石狮市人。2011 年参加泉州市传统武术锦标赛暨国际南少林武术邀请赛，获男子少年组传统长兵金奖、传统双器械银奖、南拳银奖。2012 年参加"丰县杯"全国农民武术比赛，获男子 B 组传统其他拳术一等奖、其他器械二等奖。同年参加全国传统武术比赛，获男子 B 组南拳二等奖、传统棍术二等奖。2013 年在世界闽南文化节暨国际南少林传统武术邀请赛中获男子 C 组双刀一等奖。

鲁思仁 邵武市人。清道光二年（1822 年）武进士。安海汛守备。《南平地区志》作嘉庆二十五年（1820 年）武进士。

陆　源 侯官（今福州市）人，洵之玄孙，竑之曾孙，彦敏之侄。宋嘉定四年（1211年）武举人。

陆　深 侯官（今福州市）人。宋宝庆二年（1226 年）武举。

陆荣光（1954.2— ） 男，宁德市人。武术高级教练，宁德市武术协会常务副会长，一级武术裁判。中国武术七段。1976 年考入福建体校跟随洪正福教授学习六合门、自然门、罗汉拳及长拳、南拳、太极拳、国家竞赛套路等。1988 年考入北京体育大学，跟随门惠丰、阚桂香、朱瑞其、杨伯龙、刘玉萍等教授学习八卦拳、劈挂拳、通臂拳、戳脚、各式太极拳和国家规定套路。曾随沧州武协副主席张少甫学习六合枪、劈挂掌。在宁德市少体校从事武术教学 36 年来，曾向省体工队培养和输送多名运动员，并荣获多项全国太极拳、剑锦标赛冠军，全运会太极拳、剑全能冠军及世界太极拳锦标赛冠军等优异成绩。

陆伟华（1960.3— ） 男，漳州芗城区人。漳州开元拳主要传人，漳州市武术协会南拳分会副会长。1970 年随蔡永基习练五兽拳、宋江拳。1976 年又随柯汉宗习练开元拳。1983 年师从通元庙末代住持洪长博习练开元拳拳械，常年苦练不辍。曾获 1982 年龙溪地区武术比赛二等奖。参加在福州举行的海峡论坛·海峡两岸传统武术交流大赛，获银奖。多次代表漳州武协参加各种武术表演活动，并多次与来自我国台湾地区及国外的武术界友人进行交流。

陆东强（1969.10— ） 男，宁德福安市人。自幼习武，先后师从陆荣光、林荫生、齐海、门慧丰、夏柏华等。1989年7月毕业于北京体育大学，9月到福建警察学院从事警察体育教学工作，主要承担武术散打、擒拿格斗教学任务。发表论文十多篇。其中《警体部警体教学改革方案》一文，获华东区公安院校第一届警务技战术教学论文报告会二等奖；《论武术教学训练中的想象思维练习》在全国体育科学与道学养生文化学术交流大会上进行了宣读，并被评为一等奖。

陆剑辉 （1972— ） 男，漳州芗城区人。武术中级教练，一级武术裁判。1983年入漳州市少体校师从贾建欣习武。1987年获福建省少儿武术比赛枪术第一名。同年考入福建体育学院五年制武术大专班。在校期间，多次代表学校参加福建省武术比赛取得优异成绩。1992年毕业分配到漳州市少体校任武术教练。在长期的教学训练中培养了一批优秀运动员，并向福建省体工队武术队输送了以黄颖祺、梁永达等为代表的一批武术国际健将级运动员。

陆雅玲（1993.5— ） 女，漳州芗城区人。二级武术运动员。2004年进入漳州市少体校跟随郑雅恩、张毅慧、林春梅教练习武。2007年参加福建省青少年武术套路锦标赛，获南拳、集体项目两项第一名、刀术第二名。2008年参加福建省青少年武术套路锦标赛，获南拳、刀术两项第一名。2012年考入集美大学体育学院。2013年参加全国大学生武术锦标赛，获女子乙组棍术第三名、南拳第四名、翻子拳第五名。2014年参加全国大学生武术锦标赛，获女子乙组棍术第一名。

陆莉莉（1994.5— ） 女，漳州芗城区人。国家二级运动员。2001年进入漳州市少体校跟随郑雅恩、张毅慧、林春梅教练习武。2003—2008年六次参加福建省青少年武术套路锦标赛，获三项第一名、四项第二名、三项第三名。2012年考入集美大学。2014年参加福建大学生运动会武术比赛。获刀术第一名、棍术第一名、长拳第二名。

陆晓玲（1994.12— ） 女，漳州芗城区人。国家二级运动员。2000年进入漳州市少体校，师从郑雅恩、张毅慧、林春梅教练习武。2007年参加福建省青少年武术套路锦标赛，获枪术、集体项目两项第一名，剑术、全能两项第三名。2008年参加福建省青少年武术套路锦标赛，获太极拳第一名、剑术第二名、集体项目第三名。

luo

罗奇会 晋江市人。明万历二十六年(1598年)武进士。

罗在震 归化人。清顺治五年(1648年)武举人,福州卫千总,升潞泽守备。

罗尚琏 连城县人。清康熙二十年(1681年)武举人。

罗禹服 泰宁县人。清康熙三十五年(1696年)丙子科武举。

罗 纮 长汀县人。清康熙四十七年(1708年)武举人,江南兴武卫守备,著有《卫道篇》《紫阳学统》。

罗应麟 将乐县人。清康熙四十七年(1708年)武举人,府学中式,泉州提标千总,署守备。

罗 鈇 沙县人。清康熙五十四年(1715年)武进士,南昌守营都司。

罗英笏(1709—1778) 字楷抡,号茂溪,沙县夏茂人。清雍正十三年(1735年)中武举人。乾隆四年(1739年)殿试赐武探花,点授御前侍卫。18岁入武学堂学习,精通用兵谋略。乾隆九年(1744年)授云南维西营参将。乾隆十三年(1748年)金川动乱,调任抚标参将,承办军务,智谋划策。金川平定之后,皇帝赐御书"福"字,并提升贵州定广协副将。乾隆二十年(1755年)升任陕西兴安汉羌镇挂印总兵。兴安汉羌处在万山之中,治安十分混乱。罗英笏到任后,整治武备,训练士兵,清理粮饷,德威兼用,军民心悦诚服。三年后迁任浙江时,当地军民勒碑以示怀念。乾隆二十二年(1757年),任全浙提督,任内地方平静。乾隆二十四年(1759年)任武科会试主考官。乾隆二十六年(1761年),皇帝召见后,又赐御书"福"字,加授武显大夫。罗英笏一生虽官名显赫,但生活朴素,廉洁持重,举止文雅,颇有儒将风度。晚年被乾隆皇帝戏称为罗聋子。乾隆三十年(1765年)告老还乡,以耕读勤俭勉励后人,年70而终。

罗定远 漳州市人。清乾隆六年(1741年)武举人。

罗光焰 字映寰,号朗亭,漳州漳浦县人。承袭祖职,初授闽安水师营都司。清乾隆五十一年(1786年)赴台湾参与镇压林爽文起义,升澎湖游击。嘉庆二年(1797年)擢川沙营参将。同年冬天,因奔父丧,超假回任,调降狼山营游击。后又升任吴淞营参将、京口副将。嘉庆二十四年(1819年)授浙江黄营镇总兵。道光九年(1829年)告老还乡。罗光焰文武兼备,精通诗文,在狼山任职时曾开设百蝶诗社,广交当地文士名流。著有《朗亭诗存》。

罗云台 连城县人。清嘉庆五年(1800年)武举人,武解元,台镇中协。

罗 垣 连城县人。贵州籍。清嘉庆十三年(1808年)武进士。

罗三元　连城县人。贵州籍。清道光二年(1822年)武进士。

罗传儒　字薪亭,连城县人。平时任侠好义,有威望。邻里如有争论,传儒稍一调解即止。咸丰八年(1858年),贼寇攻陷连城,围攻冠豸山。传儒协办团练,戎装御敌。后冠豸山被攻破,传儒不幸身亡。其子以安听到噩耗,深夜潜至山中寻觅,见父尸于积血中,手犹握刀,神色凛然。遂黑夜背负六十里至后埔乡成殓。事闻,赐恤。祀忠孝祠。

罗乃琳(1880—1911)　男,连江县人。黄花岗七十二烈士之一。为人朴实,不慕虚荣,幼时爱好拳棍武术,喜欢读史论学,且每有独特见地,常说:"汉以后学术不及秦前,究其因,应咎于专制约束。"他独尚宋儒邵雍授官不赴,耕稼自给,一生淡泊,亦崇陈亮民族气节。其胸襟与抱负,诚非常人所及。参加辛亥革命前,乃琳深受进步思想的影响,于光绪三十四年(1908年)加入光复会,决心为推翻腐败的清朝统治而斗争。宣统三年(1911年)春,林觉民奉孙中山之命,回福建联系各地爱国志士赴广州参加起义,乃琳积极报名参加,随吴适率领的一行26位志士赴广州举义,一起编入黄兴率领的第一路"先锋队"。三月二十九日下午五时半,乃琳参加主攻督署战斗,后转战军械局,在激烈巷战中阵亡,时年31岁。

罗隆华　明溪县人。本邑高小毕业。任侠有勇力。民国二十年(1931年)起,盗匪猖獗,屡犯明邑。隆华召集乡民,昼夜教练,编为义勇队,被举为队长。遇匪犯境,辄率队抵御,节节布防,匪不得逞,境赖以安。迨二十三年,匪益猖獗,盘踞邑城。隆华率队攻之,因过于奋勇,冲锋深入,中弹阵亡。

罗培琨(1965.6—　)　男,龙岩连城县人。连城县文体局副局长,连城县武术协会副会长,省武术协会常务理事。毕业于龙岩师专。自2001年3月以来,重视对连城武术工作的领导,建成了县武术综合训练馆,组织整理、推广连城拳,加强少体校武术队建设,成功组织了第十三届省运会武术套路比赛和两次闽西演武大会。连续多年带领连城武术队参加全国武术之乡武术比赛,均发挥出色,获得金牌、银牌,展示了连城拳的传统武艺。

罗伟文(1968.2—　)　男,福州市人。福建省武协地术拳委员会常务理事,福州九香拳社副社长,福建省社会武术高级教练。中国武术六段。2009年在福州武术—国际冲绳刚柔流空手道演武大会获鹤拳金牛奖、器械对练银牛奖。2010年在福州首届"武林杯"大赛中获地术拳对练金奖、青龙偃月刀金奖。2011参加"郑成功杯"传统武术大赛、"西山杯"国际空手道武术交流比赛、福建华夏首届传统武术邀请赛,获得地术拳、单器械、双器械、对练的金奖、银奖。2012年获第五届世界传统武术锦标赛,获其他器械、其他南拳三等奖。2013年获福建省传统武术争霸赛狗拳金奖、徒手对练银奖。发表了《狗拳中盘蝙蝠桩式技法应用》《狗拳(地术拳)实战技术介绍》论著等。

骆　俨　邵武市人。清康熙十五年（1676年）武进士，汀州镇左营游击。

骆腾昆（1982.2—　）　男，泉州惠安人。一级散打运动员，一级散打裁判。1997年在泉州南少林武术学校师从庄海系统学习散打。2000年考入北京体育大学武术学院。2005年在俄罗斯国立体育大学读研，在读期间在莫斯科传播武术。2009年到厦门大学体育部任教。

lü

吕若简　永春县人。清康熙八年（1669年）己酉科武举人。

吕怀珊（1936—　）　男，浙江东阳市人。福建精华武术委员会副会长。自小习武，师从尤孟良、万籁声等人。毕业于福建省立师范专科学校体育科。1996年退休后仍坚持太极技艺、文化的修炼与传播，曾任福建西山文武学校副校长。2008年参加华武第七届"盛天杯"太极拳竞赛大会，获42式太极拳第一名。2009年参加福州武术—国际冲绳刚柔流空手道演武大会，获42式太极拳金牛奖、武当剑第一名。

吕振杉（1948.9—　）　男，又名吕清杉，南安市人。南安市武协副秘书长，中医骨伤科医生。生于武术之乡南安水头朴里村，承本村武林前辈悉心传授青狮白眉舞狮阵中的武术。1967年受教于泉州崇福寺住持元镇师习五祖拳及伤科医术，后又跟其徒常诚师施纯钱习练。20世纪80年代参加南安县运动会武术赛，获优秀奖；代表南安参加在永春举行的晋江地区武术赛，获拳术对练第三名；之后又参加泉州国际南少林武术赛，获男子其他器械类金奖、男子五祖拳银奖。1991年起任朴里村朴一武术馆教练，该村舞狮阵已获县批非物质文化遗产保护。现任南安市武术协会副秘书长。

吕耀钦（1949.10—　）　男，福州市人。福州市自然门武术馆馆长，福州市自然门武术培训学校校长，福州市武术协会理事，福州市气功科学研究会理事，福州市人体科学学会理事，自然门武功主要传人之一。毕业于福建广播电视大学企业管理专业。15岁师从万籁声习武，苦练自然门武功、养身气功及张三丰太极拳等拳艺，略通骨伤推拿、气功疗法等医术。曾多次参加国内外武术赛事及交流活动，获得各种奖牌数百枚。1986年，创办了由万老亲自题写馆名的自然门武术馆，并与福建中医学院骨伤系联合开办骨伤推拿、气功点穴培训班。《中华武术》《武林》《福建日报》《福建侨报》、美

国《中国功夫》、日本《空手道》等报刊均对其作过专题报道。

吕尚滑（1954.7— ） 男，南安市人。南安市武术协会顾问，南安市水头朴里舞狮队总教练。自幼爱好武术，8 岁拜本村吕振喜、吕尚铿等老拳师为师学习传统武术（习练本村传统的刣狮各种阵法等套路及各种器械、俞家长棍），至今已达 50 多年。1987 年，参加泉州市元宵舞狮舞龙表演赛，荣获一等奖。1990 年 6 月，参加泉州市首届福建南拳锦标赛，荣获拳术二等奖、棍术二等奖。2010 年 2 月，带领南安代表队参加首届海峡两岸闽南文化节国际南少林武术邀请赛。2011 年参加福建华夏首届传统武术邀请赛，获得五祖拳、俞家长棍两枚金奖。1982 年为南安市水头朴里舞狮队总教练。2010 年被聘为南安市武术协会顾问。

吕岁红 男，南安市人。南安市柳城武术馆馆长，南安市武术协会副主席。自幼习练南少林五祖拳。1978 年福建漳州某部队入伍当兵。1981 年起在南安市电力责任有限公司工作。1990 年起历任南安柳城武术馆第二届理事会常务理事、第三届理事会副总教练，第四届、第五届理事会馆长。

吕良办（1959.5— ） 男，南安市人。南安市武术协会秘书长，南安水头朴里武术馆副馆长兼教练长，南安市水头镇朴一村党支部副书记。童年时代，师从本村武术老前辈、五祖拳名师吕尚册老师。后又有幸学得"隐藏暗喻，反清复明"青狮白眉狮阵、"青龙化蝴蝶"及长短兵器十余种，并将其技艺传授给村民进行舞狮排阵，服务民众。是水头朴里舞狮队的主要创始人。2009 年朴里舞狮队经南安市文化体育局批准为非物质文化遗产。20 世纪 80 年代参加南安市运动会武术赛，获得短兵器优秀奖。2010 年参加泉州市国际南少林五祖器械大会演，获得双鞭器械优秀奖。多年参加海峡论坛·海峡两岸传统武术比赛、南少林华夏武术大赛等社会武术比赛裁判工作。

吕良山（1961.3— ） 男，南安市人。南安市武术协会副主席，南安水头朴里武术馆馆长，水头朴里舞狮队队长。少年时师从少林罗汉拳一代宗师王于岐和陈修如的高徒田力老师，学艺几十年如一日，潜心于拳术研究和锻炼，后创建南安水头朴里武术馆，在家乡传授传统少林罗汉拳术。并在名师吕尚长的关心支持下建立水头朴里舞狮队，任队长，为地方的喜庆之事服务，深受民众的好评和欢迎。舞狮队在2009 年经南安市文化体育局批准为非物质文化遗产。积极组队参加 2010 年国际泉州南少林武术演武大会演，获得优秀奖。多次担任福建省举办的传统武术比赛裁判工作。

吕跃辉（1963.3—　　）　男，泉州市人。从小好武，1980 年开始师从泉州著名五祖拳传人蔡金星学习五祖拳。2006 年参加中国（泉州）国际南少林武术大赛，获特等奖。2002 年开始研习五祖拳的金刚拳、铁砂掌等硬功夫，2003 年开始苦练"铁拳头"。2007 年 5 月荣获上海大世界吉尼斯纪录，用裸拳连续击断五根 11.6 厘米×11 厘米×80 厘米的石头柱子，获得《右手中国最硬拳头》的大世界吉尼斯纪录。2009 年 11 月应《正大综艺》邀请进京，用自己的铁拳功夫，刷新手背砸碎核桃的吉尼斯纪录。他在一分钟内用手背砸碎核桃 112 个，超过了之前由他人创下的一分钟杂碎 51 个的纪录，刷新了世界吉尼斯纪录。

吕良苗（1963.09—　　）　男，南安市人。南安市武术协会副主席，南安市水头朴里武狮副馆长，南安市水头镇朴里村卫生所负责人。中国武术六段。自幼爱好武术，1975 年拜本村陈已战、吕毓洗、吕毓塔、吕水镜等老拳师为师学习传统武术（习练本村传统的刣狮各种阵法等套路及各种器械），至今已达 30 多年。1987 年参加泉州市元宵舞狮舞龙表演赛，荣获一等奖。1990 年 6 月参加泉州市首届福建南拳锦标赛，荣获拳术二等奖、棍术二等奖。2010 年 2 月带领南安代表队参加首届海峡两岸闽南文化节国际南少林武术邀请赛。2010 年当选为南安市武术协会副主席，并荣获 2010 年度南安市武术优秀教练。2011 年参加武佳杯香港国际武术节，荣获五祖拳第一名、南棍第三名、徒手对练第三名。

M

ma

马　仁（? —711）　河南光州固始人。武艺超群,善于谋略。唐总章二年(669 年),以营将从陈政入闽,绥靖安抚蛮獠啸乱。漳州郡建立后被授为司马。景云二年(711 年)十一月,潮寇陈谦复叛,袭击陈元光。马仁浴血奋战,拼力抵敌,被刀劈于马下而殉职。宋绍兴间,宋廷追赠其为明威将军、殿前都检、武威辅顺上将军,民间尊称为元帅爷公。

马万里　宋庆元五年(1199 年)武举。

马超兴（约明天启至清康熙年间）　又名马九龙,原籍江西。为"洪门前五祖"之一。生性好武,入闽练功,苦练数载,功力深厚。因断了一截手指,故得"九爪师"这一诨号。后马超兴至云霄高溪,在当地民众的支持帮助下,在大臣山西北麓虹岭建起一座寺庙,取名"雪云寺",后改名为应石寺,民间俗称下城树洞岩。马超兴主持应石寺后,不仅乐善好施,且时常仗义除恶,深受百姓的爱戴。后人将其塑像供奉在至今犹存的应石寺中,供人祭祀瞻仰。(该人为天地会秘密文件中人物,是否真有其人存疑)

马犹龙　福宁(今霞浦县)人。武举人,清顺治九年(1652 年)任南平中所千总。

马新庄　南安市人。清康熙三十六年(1697 年)武进士。

马　迅　连城县人。清康熙四十四年(1705 年)武进士。

马大用　安徽怀宁县人,回族。清雍正、乾隆朝武官、福建水师提督。其猿臂虎口,磊落有大志,娴熟韬略。雍正五年(1727 年)丁未科会试中进士,殿试一甲高中武探花,故居是名探花第。相继任陕西火器营参将、湖北宜昌镇总兵、福建漳州镇都督佥事、总兵。乾隆十八年(1753 年)奉旨接任陈林每担任台湾镇总兵,是台湾清治时期受台湾道制约的台湾地区最高军事首长。乾隆二十二年(1757 年)奉旨接任福建水师提督,于 1759 年以病乞休。其居官严肃慎重,任台湾镇总兵与福建水师提督期间,当时粤闽海氛不靖,自马大用抵辕后,奋力清剿海寇,遂臻平定,时人讴歌,谓之为东南半壁福星。

马负书　字易斋。清代将领。曾镇闽疆达 20 余年,惠政流于海内。乾隆三十二年(1767 年)以福建陆路提督驻阵泉州,在任颇有建树,后逝于任所。

马龙图　晋江市人,原籍广东潮州。清代第十七任福建水师提督。乾隆四年(1739 年)任台湾南路营守备,乾隆八年(1743 年)任台湾北路协副将,乾隆十一年(1746 年)任右营游击,乾隆二十一年(1756 年)任台湾镇挂印总兵,乾隆二十四年(1759 年)接任福建水师提督。

马　琳（清乾隆年间人）　字兰桂，号玉堂，别号仰斋，永定仙师乡人。少时先习儒业，成绩优异，后鉴于其父虽富才学却屡试不第，毅然弃文就武，苦练骑射。乾隆九年（1744年）中武举人，乾隆十三年（1748年）成武进士，以"营守备"分发到广东香山水师任守备。嗣后累功历升游击、协镇、总兵。他勤于学习水师军事知识技能，熟识海洋气象，谙练船务。治军严饬，尤重训练，将士技艺卓异者，破格提拔；低劣者，深加训诲，务令娴熟。每出海巡哨，身先士卒。从此将士无不爱戴，乐为用命。其管辖区内，治安长期良好。生平廉洁自持，历官30余年，囊无余积，对部下、友人、民众，却爱护有加。乾隆三十三年（1768年），粤东大饥，米价腾贵，他努力劝喻富户平粜，许多居民赖以保全。居常喜吟诗作字，曾有句"静临多宝帖，闲读少陵诗"，实为其自我写照。时人称誉他"彬彬然有儒将风"。64岁仍照常率部巡海。一次突遇飓风狂袭，漂流多时才得返回，因此得疾，终至不起，64岁殉职于南澳总兵任上。

马锡仁（1909.12—1981.7）　男，河北河间市人。8岁习武，主修少林长拳。16岁开始闯江湖，1926年只身从河北到广州报考黄埔军校，因文化水平不够落选，遂辗转至武汉，并在武汉参加了国术比赛并获得亚军。同年被国民政府武汉警察局聘为武术教授，18岁为武汉警察局典狱长。因不满当时国民党政府的行为，私自将狱中人员放跑，为躲避当局，只身跑到上海。在上海遇河北老乡，时任福建省省长秘书白某，并跟随白某至福州担任福建省省长私人保镖，尔后以武考第一名的身份考入福州军校。1931年因白某调任松溪担任县长，又跟随其到松溪任县警察中队队长；并在松溪铁巷开设北派武馆，从此将少林长拳带到松溪。1981年7月卒于松溪，享年72岁。

马　麟（1964.3—　）　男，河北省河间市人。松溪县人民检察院法警大队长，松溪县武术协会会长，松溪县少体校武术教练，南平市武协副秘书长。毕业于西南师范大学。1975年11月，师从河北武师白振武习武，主练少林长拳。1995年从军队转业后在松溪县人民检察院工作。1997年3月应松溪县体委邀请，担任松溪县少体校武术班兼职教练。利用业余时间从事武术教学工作。2008年12月被选为南平市武协副秘书长，2009年1月被选为松溪县武术协会会长。

马勋明（1966.2—　）　男，龙岩连城县人。连城县文体局局长，连城县武术协会会长；2002年6月以来任连城县文化体育局局长，兼连城县武术协会会长。任职期间，重视对连城武术工作的领导，建成了县武术综合训练馆，相继成功组织举办了16次大型活动和体育比赛，其中成功组织第十三届省运会武术套路比赛和两次闽西演武大会。在组队参加全国武术之乡传统武术比赛和省、市各类体育比赛中，获国家级奖牌10多人次、省级130人次、市级200多人次。

马永鑫（1966.8— ） 男，福建明溪县人。福建省社会体育指导中心主任、中国键球协会委员。1984年当兵入伍，曾任福建省军区某部大队长、福州市马尾区武装部部长。自幼喜爱武术，曾向民间师傅学习传统拳术，参军入伍后，刻苦习练军体拳、擒拿格斗术等，多次参加部队重大集会的军体拳表演。2011年转业到福建省体育局群体处任副调研员，后又任福建省社会体育指导中心副主任，分管社会武术、健身健美、跆拳道、舞龙舞狮等工作。在这期间，致力于全省群众性武术活动的开展，多次参与组织全国性、国际性特别是海峡两岸的社会武术赛事及学者、名家的武术学术交流，并担任赛事组委会副主任、秘书长。

马 庆（1969— ） 回族，河南开封市人。硕士，副教授，武英（健将）级运动员，一级武术裁判，国际级舞龙舞狮裁判。1987年进入河南省武术专业队，1988年考入北京体育学院武术系。毕业后分配到福建体育学院任教。长期从事武术专业、民族传统体育舞龙舞狮项目的教学训练与研究工作。参与高等体育教材《舞龙运动教程》《国际舞龙舞狮竞赛规则·裁判法》等编写工作，发表学术论文20余篇。多次担任全国舞龙舞狮锦标赛、全国体育大会、全国农运会、世界舞龙舞狮锦标赛的裁判长、总裁判长。参加多部电影片拍摄。1988至1992年代表北京体院武术队参加全国武术比赛，获男子双器械第一名、集体项目第二名，形意拳第二名、男子团体第三名，两次受到北京体院表彰。1992年获福建省第十届运动会武术比赛男子全能冠军。指导学生参加省第十届至第十四届大运会武术比赛，连续5次获男子丙组团体冠军。参加第五届至第九届全国大运会武术比赛，取得优异成绩，获得省体育成果一、二、三等奖。指导学生参加全国第四届至第八届少数民族运动会武术比赛，荣获金、银、铜等多枚奖牌。多次应邀前往菲律宾执教其国家武术队。在第八届亚洲武术锦标赛、第十二届世界武术锦标赛、第二十七届东南亚运动会等均取得优异成绩。

mai

麦朝清 漳州漳浦县人。清嘉庆二十三年（1818年）由台湾凤山学中式武举人。

mao

毛志坚（1966.5— ） 男，宁德屏南县人。屏南农机局局长，中国自然门武术总会副主席，福建省武协常务理事，宁德市武协副主席，宁德市心五自然门武术研究院院长，厦门万鹭武术馆副馆长，屏南县武协副主席兼秘书长。中国武术六段。1983年师从自然门陈志清，后随黄勤龙研习自然门、六合门、张三丰太极拳。1991年创办厦门万鹭武术馆屏南分馆。1991年参加宁德市第三届运动会武术比赛，获刀、棍、拳三项

第二名。2001年参加宁德市"燕京杯"武术比赛,获南拳第一名,被授予"武功超卓"荣誉称号。2001年创办宁德市心五自然门武术研究院。2009年参加香港首届世界国术大赛,获南拳、武当原式太极拳、棍术、对练四项金牌。

mei

梅应魁　漳州市人。明朝武进士,任南路参将。

梅雪雄(1955.9—　)　男,宁德寿宁县人。福建师范大学体育科学学院院长,教授,硕士生导师,亚洲残疾人体育协会副主席,福建省大学生体育协会武术分会副会长。1977年3月进入福建师范大学体育系学习,师从郭鸣华老师专修武术,1979年毕业后留校任教。1985—1988年就读于北京体育学院研究生部,获教育学硕士学位。2001年至2012年间任福建师范大学体育科学学院院长。长期从事武术、传统体育健身与养生、游泳、体育统计学等方面的教学与研究,为福建师大民族传统体育学硕士点第一学科带头人。曾被评为"省属普通高校优秀中青年骨干教师"、福建师范大学"师德之星"和"教学名师"。多年来致力民族传统体育人才的培养,曾为体育专业本科生、武术专修班、民族传统体育学硕士生开设《武术》《九节鞭》《民族传统体育概论》《太极运动理论与方法》《传统体育健身与养生》等课程;先后为邢雁灵、蔡楚贤、林建华等老师的七部武术专著的出版做汉译英工作(《T'ai ChiCh'uan》《T'ai-chi Swordplay/Eight Diagram Palm》《Chen Style T'ai Chi Ch'uan》《Fujian Ground Boxing》《Form and Will Boxing》《Aikido and Chinese Martial Arts》(1~2册)。多次应日本菅原综合武道研究所和中国武术健身协会邀请,赴日本东京都町田市进行访问交流,并传授传统武术与健身法。

miao

缪　震　字东尹,宁德长溪(今福安市)人。宋嘉泰二年(1202年)武举正奏第三人。端平间任武德郎。

缪晓飚(1974.10—　)　男,宁德市人。蕉城区民族中学教师,蕉城区武协副秘书长。1991年师从宁德市少体校龚晓芳、福建师范大学胡金焕教授及宁德师专张召琪教授,学习武术套路及散手。1999年、2001年参加省市武术散打擂台赛,获70公斤级亚军。2002年从事武术教学活动。2004—2008年当选为宁德市蕉城区武协副秘书长。2005年、2008年获区武协先进工作者称号。2006年获区武协优秀教练员称号。

min

闵　溶　其先河南人,明嘉靖年间抗倭将领。溶为人沉勇多智,善击剑。嘉靖末,倭寇入闽,溶以左卫指挥将兵御贼,前后累战海上,斩寇首千级。又与贼战于舟山,溶以火攻之,风急,溶力不敌,遂战死。诏与其子世袭,进二级。同时又有镇东卫指挥高怀德、戴洪,倭临城,力战死,亦诏与其子世袭,各进二级。仍立祠以祀。

ming

明　福　清乾隆二十八年至三十三年(1763—1768 年)福建将军。

mo

莫应辰　宋嘉定十三年(1220 年)武举正奏。

莫　淳　上杭县人。清乾隆十九年(1754 年)武进士。

mu

穆廷仪　石狮永宁镇人。明隆庆庚午科(1570 年)武举人,永宁卫中左所千户。

穆廷栻　号符公,永平府山海卫人。清朝福建陆路提督。康熙六年丁未科(1667 年)二甲武进士。康熙五十四年(1715 年),任福建陆路提督。督署上悬"天理、国法、人情"匾额。他严纪纲,束部伍,程功能,勤训练,因而百姓安居。康熙六十年(1721 年),台湾爆发朱一贵反清起义,朝廷派兵进讨,内地戒严。廷栻从容坐镇,约束营伍,稽查匪类,民不知兵,弦歌之声溢于街衢。暇则遍读群书,手不释卷,大有儒者气象。他自奉俭约,餐无精粮,食无大肉,囊无余财,家无余蓄。一切与军民同甘共苦,深得百姓爱戴。后在官舍逝世,兵民感泣悲思,勒石东关外纪德,建祠葶辉铺府后山以祀之。

穆图善　清光绪五年至十三年(1879—1887 年)福建将军。

N

ni

倪　震　闽县(今福州市)人。宋淳熙五年(1178年)武举人。

倪鸿范　字伯畴,号随庵,晋江市人。清康熙年间武举人,福建水师提督,广东、浙江提督。

倪　兴　晋江市人。行伍出身,清康熙间福建水师中营参将。

倪鸣銮(生卒不详)　男,民国时期福州武术名师。1928年担任福建省国术代表团团员兼领队,率队参加10月11日至19日在南京举行的首届全国国术考试。倪鸣銮以优秀成绩通过了个人套路预赛后,在正式散打比赛中遇到北平(京)代表队的万籁声,结果负于万籁声。

倪琼莲(1957.9—　)　女,晋江市人。晋江市太极拳协会副会长。1992年开始师从庄长庚习太极拳械,1993年随上海詹闲筱学习传统杨式太极拳。1994年参加上海永年太极拳社杨式太极拳高级讲习班。1996年参加泉州市"全民健身杯"武术比赛,获42式太极剑第一名。1999年获首届中国武当拳国际联谊大会表演奖。2000年获泉州市太极拳比赛拳、剑一等奖。2002年参加河南焦作第二届国际太极拳年会比赛。2004年参加"庐山杯"第四届全国武术之乡武术比赛,获传统拳、械一等奖。2005年参加"华亚杯"杨式太极拳西安国际邀请赛,获拳、剑两项银奖。长期从事太极拳教学推广工作。

倪红莺(1965.12—　)　女,福州连江人。集美大学体育学院教授,国家级武术散打裁判。中国武术七段。1976年始从陈经峥老师习武;1983年考入福建体育学院,师从洪正福教授;1987年大学毕业留校任教至今。2000年赴日访问交流。2004—2005年作为国内高级访问学者到北京体育大学访学,导师朱瑞琪教授。曾代表宁德地区、福建体育学院参加福建省第七、第八、第九届运动会武术比赛,获女子全能冠军、4个单项冠军。1989年获中日演武大会及首届海峡两岸武术比赛最佳运动员称号。2001年获首届太极拳健康大会张三丰太极剑一等奖、太极拳二等奖。1994年至今兼任集美老年大学太极系列教师。2009年被评为全国老年教育先进个人。长期跟踪研究中老年人太极拳健身效果,多篇论文在权威刊物上发表。多年参加福建省武术比赛裁判工作,担任裁判长、副总裁判长等职,并担任全国武术散打裁判工作。

nian

念美英（1964.5—　）　女,平潭县人。平潭神州功夫俱乐部秘书长,福建省社会武术准高级教练。中国武术五段。自幼酷爱各种体育运动。1985 年师从何永亨潜心研练传统太极拳、太极拳规定套路及各种器械。2007—2013 年参加南少林传统武术争霸赛、闽台传统武术交流大赛、海峡论坛·海峡两岸传统武术交流大赛、福建华武"盛天杯"神州太极拳赛等,共获得奖牌 22 枚,其中金牌 14 枚、银牌 4 枚、铜牌 4 枚。

nie

聂　升　宁化县人。清朝武举人,钦州游击。

聂宗贵（1947.9—　）　男,满族,福州市人。福建夏莲上乘梅花拳俱乐部副秘书长。中国武术五段。1966 年师从王鼎(夏莲)练习上乘梅花拳。长期坚持练武并收徒传授上乘梅花拳,与同门师兄弟协力创办了福建夏莲上乘梅花拳俱乐部,任福建夏莲上乘梅花拳俱乐部副秘书长兼教练。

O

OU

欧冶子（约公元前514—公元前423年）　春秋末期越国人，中国古代铸剑鼻祖，湛卢宝剑、龙泉宝剑的创始人，开创了中国冷兵器之先河。约公元前509年，欧冶子奉越王允常之命，携妻女及弟子干将等从宁波出发经丽水瓯江顺流而下，来到松溪湛卢山寻铁铸剑。他历尽千辛万苦，终在此山铸造了五把宝剑，曰：湛卢、纯钧、胜邪、鱼肠、巨阙。据载，湛卢宝剑为越王勾践专用，号称天下第一剑。吴越争霸时，越王勾践战败，将湛卢宝剑作为贡品献给吴王阖闾，吴王视为国宝，终日佩带在身。现湛卢山上还有欧冶子洞、欧冶子祠、铸剑炉、剑池等古迹。后欧冶子又到了浙江龙泉，铸造出了龙渊、工布、泰阿等龙泉宝剑。《越绝书》记载，欧冶子应楚王之邀与干将一起"凿茨山，泄其溪，取铁英，作为铁剑三枚：一曰龙渊、二曰泰阿、三曰工布（一作工市）"。楚王曾引泰阿之剑大破晋郑王三军。

欧建斌　漳州龙海市人。明万历八年（1580年）武进士，任湄州钦总。

欧阳彬　晋江市人。明万历八年（1580年）武进士。

欧阳寨　晋江市人。明万历十四年（1586年）武进士，南澳总兵。

欧建彬　高浦所人。明万历十八年（1590年）武进士，庚寅科，高浦所镇抚。

欧阳瑞曾　南安市人，欧阳深孙。明万历四十六年（1618年）武举人。以武举袭荫从戎，官至泉南游击。

欧阳定庵　晋江市（今石狮市）人。清康熙年间浙江左都督，从施琅征台。

欧阳铭（1906—?）　男，漳州西桥人。白鹤拳传人，民国时期龙溪国术馆名誉馆长。白鹤门捷元堂赏师（张杨华）弟子，也兼学太极拳。1925年漳州精武体育会龙溪国术馆创建，时任漳州农会主席的欧阳铭任名誉馆长。馆址在中山公园内的龙溪县民众教育馆（即新中国成立后的少年之家）内。龙溪国术馆秉承精武精神，抛弃门户之见，融合南北拳派。当时国术馆有赏师教授白鹤拳南派拳法、游古令教授南派器械、袁道教授北派拳术、孟强教授北派器械等，从学者甚众。1944年赏师去世后，馆务停顿。1945年3月抗战胜利在即，龙溪县参议会议长杨逢年与时任国民党监委的欧阳铭倡议恢复国术馆组织。1946年1月1日重新组织龙溪国术馆，杨逢年为董事长，龙溪县长陈石为名誉馆长，时任国民党监委的欧阳铭为副馆长兼国术训练班主任，馆址迁至杨老巷的西河小学内，即今比干庙边的幼儿园。

欧阳舒婷(1987.11—) 女,漳州芗城区人。武英(健将)级运动员。1993年入漳州市少体校从郑雅恩习武。1998年入选福建省体工队,师从代林彬、魏丹彤。多次在福建省青少年武术比赛中获第一名。2003年参加亚洲青少年武术套路锦标赛,获南拳第一名。同年参加全国城市运动会,获南拳第六名。2004年参加全国武术套路冠军赛,获南刀第三名。同年为中国武术代表团成员赴雅典、意大利、波兰等国访问、表演。2007年考入北京体育大学。

P

pan

潘元震　字子春,福清市人。宋乾道五年(1169年)武举人,后进士登科。

潘子礼　字和中,闽清县人。宋淳熙十四年(1187年)武举人。

潘子震　字伯威,闽县(今福州市)人,子直之从弟。宋淳熙十四年(1187年)武举人。

潘子寓　宋绍熙四年(1193年)武举人,终知复州。

潘达伯　宋嘉熙二年(1238年)武举人。

潘士烈　漳州龙海市人。明万历十四年(1586年)武进士,任广东电白参将。

潘为霍　永春县人。清康熙二年(1663年)癸卯科武举人。

潘知权　永春县人,省志作南安人。清康熙十一年(1672年)壬子科武举人。

潘允济　永春县人。清康熙十九年(1680年)庚申科武举人。

潘　仪　字文仪,南平浦城县人。清康熙二十九年(1690年)武举人,官浙江严州所千总。

潘鼎功　南平浦城县人。清嘉庆朝,以游幕陕西堵御贼匪,给八品顶戴。嗣白河县陷,率领乡勇杀贼,获县令尸以归,给六品顶戴。

潘宗达(1804—1861)　字乃亹,南安市人。少时聪颖过人,学有武功。清咸丰元年(1851年)始拨充恩贡,郁郁不得志,不满时政。咸丰三年(1853年),投身林俊农民起义军,他能文善武,同年就任兴明县(林俊义军取仙游县后更名)知县时,亲自撰写安民榜文,成为林俊起义军著名的文告。其中:"……凡厥庶民,有济世之奇才者,投诚而奉命,本师即隆以宾师之位,任以良将之权;充入营伍者,有功书赏,异日一体奏明,酬功勋以昭盛典。其余农工商贾,各安本职,自不使一兵一卒扰尔乐民。倘有顽夫,敢领满奴兵勇,大兵一临,即灭其身家,领首之奸,立夷其三族。至所到州郡,贪官即除之,良吏即宥之,无非欲救生民于水火,以效忠悃于圣王也。"文告原文,至今犹完整保存,炉内人多能传诵。咸丰七年(1857年)四月,潘宗达为林俊义军先锋,在攻打南安县城,围攻泉州府城不下后,转战永春、德化、大田、沙县、顺昌,北上欲与江西太平军会师。同年七月二十一日在顺昌仁寿桥遭当地民团袭击,队伍溃散,潘宗达潜回故乡隐居。咸丰十一年(1861年)卒,年57岁。

潘贞团（1845.10—1929.3） 男，永春县人。永春白鹤拳的一代宗师。于清同治、光绪年间在原有的基础上对永春白鹤拳进行改革，创编新套路，充实、丰富其技术内容，增加运动量，使其结构更加合理，更富有攻防意义和健身价值。曾在永春设馆授徒，他的学生遍布省内外，培养出潘世讽、潘孝德、王忠瑛等武术高徒。

潘世讽（1859.1—1931.2） 名禄咏，字世讽，榜名潘标，号韵斋，永春达埔镇人。永春白鹤拳名师。从小随外祖父习武，稍长拜永春著名白鹤拳家叶廷笑为师，专习永春拳械及弓马。世讽勤勉刻苦，每日闻鸡起舞，练就矫健身手，360斤重的义勇石双手拎起旋身一周再轻轻放下，刀枪剑戟样样精熟。叶师去世后，潘世讽再从名家宗叔潘贞团学习请益。潘世讽先后受教于13位武术名师，他熔诸家之长于一炉，对白鹤拳进行总结、整理、改革、提高，创编了新的套路，使白鹤拳套路内容更加丰富，结构更趋合理，颤抖寸劲更加突出，更具技击价值和健身价值。1928年，年逾古稀的潘世讽与潘嗣清、潘孝德、林宝山等10人经永春县选拔后，赴南京参加全国首届国术考试，以其精湛的白鹤拳武技得到考试委员长、中央国术馆馆长张之江的赞叹，特赠"国术超群"奖章牌匾一块。永春国术团载誉而归后，潘老等积极筹备成立中央国术馆永春分馆，并推举林宝山担任首任馆长。4个月后，永春分馆改选，潘世讽被推为馆长。1929年8月，应爱国华侨陈嘉庚先生邀请，永春组织了20人的"中央国术馆闽南国术南游团"，由潘世讽担任团长，赴新加坡、马来西亚等地进行巡回武术宣传表演，历时一年多，引起轰动，为永春白鹤拳传播海外推向世界做出了重要的贡献。1931年初，世讽因奔波劳顿，积劳成疾。病中复励后辈宜宣扬国术精神，谓为强国健身之本。于2月18日溘然长逝。

潘孝德（1881—1969） 字世道，号列卿，原籍永春，生于德化县赤水街。永春白鹤拳名师。自幼喜习武术，得其伯父潘贞团传授正宗白鹤拳。及长，又学习正骨医术，为人治疗骨折及风伤病症，精心研制丹膏丸散等药，治疗骨科、风伤等症有特效，远近闻名。民国十七年（1928年）八月，参加南京中央国术馆考试。全国400多人赴考，潘孝德以优秀成绩通过个人套路预赛，全国考试委员会委员长张之江赠予"国术俊选"匾额。第二年春，被南安县运动会聘为国术表演赛裁判长。同年8月任中央国术馆闽南国术团教练，率徒黄振田、陈添恩等赴东南亚巡回表演8个月，门票收入充作中华中学教育基金。民国十九年（1930年）受聘为新加坡国术馆馆长，挂上"天下无敌手"牌，教授门徒数百人，并选一批高徒亲授正骨技术及治风伤知识。爱国华侨陈嘉庚特赠"谁号东亚病夫，此耻可雪；且看中华国术，我武维扬"对联。民国二十一年（1932年），闽南国术团回国，受聘任中央国术馆永春分馆馆长。1950—1959年，先后受聘为省、地运动会武术裁判长、评判员。1958年，获省运动会武术优秀表演奖。潘孝德在德化赤水和永春等地传授门徒甚多，他宣扬爱国主义思想，认为武术既可增强国人体质，又要为人民群众服务。他授徒治病，尽心尽力，从不计较报酬，深受群众爱戴。1969年，潘孝德去世。他所研制的

丹膏药散及所著《国术真传》《三武戒约》，流传后人。

潘嗣泗（1882—1935） 名瑞泟，学名逢川，永春达埔镇人。永春白鹤拳传人。少从父潘世讽学习白鹤拳。清光绪三十四年（1908年）李州尊树敏取进州中学堂生第七名，后入福建法政学校，毕业后任教。1929年参加"闽南国术团"出访新加坡、马来西亚，历时一年，为该团主要骨干，曾留在马来西亚教拳。

潘簪缨（1890—1941） 男，永春县人。白鹤拳师。民国期间从戎旋任大田县国术馆教练主任，曾任前中央国术馆福建省永春县分馆教练。

潘吉昌 闽县（今福州市）人。清光绪十八年（1892年）武进士。

潘　涛 侯官（今福州市）人。清光绪二十一年（1895年）武进士。

潘家乾（1908—1983） 鸣鹤拳代表人物之一。

潘瑞荡（1903—1976） 字嗣涤，男，永春达埔镇人。永春白鹤拳传人。自幼随父潘世讽习白鹤拳，家学渊源。1929年与父世讽、兄嗣泗、侄儒宗参加"中央国术馆闽南国术团"出访新加坡、马来西亚，历时一年。1940年参加第四行政区第一届运动会武术表演及历次武术活动并获奖。1952年获晋江专区第一届运动会武术表演一等奖，1953年、1955年参加永春县第二、第三届人民体育运动会，获武术表演奖。1957年获福建省武术评奖观摩大会二等奖。自20世纪20年代至70年代先后在永春、德化、大田、永安、尤溪、晋江、南安等地设馆，授武行医50余年，生徒甚众，享誉一方。20世纪50年代任永春达埔国术馆馆长。其所遗拳谱实物，其子潘永康、侄孙潘超群送全国及省展，分别获福建省武术挖整工作"三贡献"一等奖。

潘嗣清 男，永春县人。永春白鹤拳师。曾参加1928年在南京举行的全国第一次国术考试，以优秀成绩通过个人套路预赛，获壮士称号。1929年参加闽南国术团巡回新加坡、马来西亚，进行国术宣传表演。

潘兴裕（1927.8—1980） 男，永春白鹤拳名师潘孝德长孙，医师。自幼便跟随潘孝德习武学医，全面继承永春白鹤拳和中医正骨医术，努力继承家传白鹤拳法。其功法特点是舒展精细，拳械兼通，体用结合，自成体系。1953年获永春县第三届运动会武术表演优秀奖。常年授徒不辍，是潘孝德晚年授徒的得力助手。20世纪70年代后期，潘兴裕

携儿子潘长安与永春武术界同仁经常组织武术踩街表演,努力推动武术复兴。结合长期的临床实践,对骨伤科疾患按其机理进行科学分期,形成代表方剂,并总结出大量的经方、验方,使潘家的正骨医术更臻成熟,形成了潘家正骨的理法方药体系,并在 20 世纪 50 年代多次在《福建医药》杂志发表论文。

潘锦标(1937.5—2000) 男,永春县人。自幼随祖父潘孝德学习永春白鹤拳,积极参加社会的各种武术活动。曾获 1952 年县首届体育运动会武术表演乙级奖。1986 年荣获国家体育"全国武术遗产挖整工作"三等奖及雄狮奖章。

潘成庙(1941.11—) 男,永春县人。永春翁公祠武术馆馆长,泉州市武术协会名誉副主席,永春县永春拳协会副主席。从小习练白鹤拳法,积极参加各种社会武术活动。1958 年参加省武术运动会,获三等奖。1959 年参加永春县武术运动会,获少年组第一名。1986 年获全国武术挖整工作贡献展品奖。1999 年获泉州南少林传统武术南拳一等奖。1999 年获积极筹建泉州南少林博物馆贡献,荣誉证书。1993 年 11 月至 1994 年 5 月被永春县政府派往新加坡传授白鹤拳。1990 年任永春代表队教练参加泉州市武术比赛。多年来,英国、法国、日本、意大利、以色列、新加坡、马来西亚、俄罗斯、印度、德国等国和我国台湾、香港等地区学生到永春翁公祠武术馆向潘成庙学习白鹤拳。2007 年 8 月前往英国参加国际空手道联合会传授白鹤拳。2008 年获闽台南少林传统武术交流大会银奖。参与中华武术文库《永春白鹤拳》的编著工作,发表白鹤拳《手足相应》的论文。多年来,中央台以及省、市、县电视台,香港、台湾电视台和报社等前来采访、录像。

潘超群(1946.4—) 男,永春达埔镇人。现为永春白鹤拳世讽研究会会长,永春怡云武术研究会顾问。出生于武术世家,为永春白鹤拳名师潘世讽之曾孙。自小从叔祖父潘瑞荡学习永春白鹤拳。1986 年获福建省武术挖整工作一等奖。常年教有一大批学生。

潘鸿铨(1954—) 男,福建省武协鸣鹤拳研究会副会长、副总教练,福建省鸣鹤拳协会副会长、副总教练。自幼随父潘家乾习武,1976 年随父参加福建省武术挖掘整理会议。1979 年参加福州地区六区县武术表演观摩赛。1985—1986 年参加日本友人渡嘉骏寻祖探讨会,即日本空手道刚柔流寻祖活动。

潘瑞兴（1957.1— ） 男，福清市人。中国散手道协会副主席，福建心五自然门武术研究院宣传部主任，武术研究会宁波分会名誉副会长，福清南少林武术研究会副会长，福清南少林寺办公室主任。2006年师从自然门黄勤龙。2005年在央视《南少林之谜》纪录片中表演南少林拳术，获优秀奖。2006年担任华夏武术散打王争霸赛裁判工作。2007年担任"鹤雀楼杯"首届国际散手道武术比赛裁判工作。

潘长安（1959.7— ） 男，永春县人。永春县侨联副主席，泉州市武术协会副主席，永春白鹤拳孝德研究会会长，国际南少林五祖拳八段。中国武术六段。8岁开始向曾祖父潘孝德和先父潘兴裕学习家传白鹤拳法骨伤医学。中学时代即开始授徒，辅助翁公祠武术馆开展活动，并任教练。2007年发起创办永春白鹤拳孝德研究会。常年举办培训班，推动永春白鹤拳进入校园、武警部队。其学生于全国、省、市及国际五祖拳比赛中屡次获奖，并多次赴新加坡、马来西亚、菲律宾、港、澳等地交流表演。举办"白鹤拳文化交流研讨会"，组织瑞士、德国青少年白鹤拳文化夏令营等多种形式的白鹤拳传承与交流活动，推动白鹤拳在海内外的发展。挖掘整理永春白鹤拳拳理、拳论及医学实践，多篇论文在《中华武术》《武魂》《精武》和新加坡《武坛》等海内外武术报刊发表，并编入由周焜民主编的《五祖门研究》《五祖拳文存》。2007年完成《永春白鹤拳谱校释》，并出版《白鹤圣手》一书。

潘立腾（1965.12— ） 男，福州市人。中华儒武道负责人，福建省武术协会香店拳委员会副会长兼秘书长，福州市武术协会副秘书长，武术段位制指导员、考评员。福建省社会武术准高级教练、中国武术六段。1979年拜涂基清为师。提供的儒家拳资料入录了《福建拳械录》一书，是福州市非遗儒家拳的主要申请者，多次获得海内外、省级武术南拳类金奖。多次担任省级武术比赛的裁判员。所编的传统南拳校园武术操在福州晋安附小得到普及。2012年晋安区学生运动会组织了数百人的大型表演，同时与有武术特色的台中赖厝国小缔结成友好校，得到国民党名誉党主席连战、吴伯雄的祝贺。现有入门学生数十人，其中包括从台湾专程来榕拜师学艺的学生。

潘金标（1968.1— ） 男，泉州洛江区人。清源山南台寺住持，泉州市武术协会副秘书长，国际南少林五祖拳段位八段，俞家棍传承人。先后跟随泉州释常凯、释常青、周焜民三位师傅学习太祖拳、五祖拳、俞家棍。1989年参加泉州市武术比赛，获成年组第一名。1991年参加泉州市第四届运动会武术比赛，获二金二银。1992年带队参加中国南北少林武术大会，任主教练。1993年参加全国首届武术之乡武术比赛，获南棍第一名。2004年参加国际南少林武术大赛，获太祖拳、器械、对练三枚金牌。所传教的学生至今有数千人。常年参加政府、社区、企业等各种公益活动，传扬南少林武术。积极

参加各级武术活动，带队参加省、市、国家以及世界性武术比赛和对台交流。2003年5月当选为泉州市武术协会副秘书长，2004年当选为泉州市洛江区武术协会副会长。

潘其晃（1968.12—　）　男。福鼎市太极拳协会副会长，一级社会体育指导员。中国武术六段。从小爱好武术，1986年开始练习太极拳，1999年迄今跟随曾乃梁老师研修太极拳。2008年成立福建省福鼎市太极拳培训中心，培训太极拳学员几千人次。其中带队参加省、市太极拳比赛，获得优异成绩。

潘琼琪（1971.4—　）　男，永春县人。福建永春翁公祠武术馆常务副馆长，永春县第十四届政协常委，泉州市武术协会常委，福建省社会武术准高级教练。中国武术五段。1985年参加晋江地区少年儿童武术赛。2008年参加香港国际武术节，获男子传统拳一等奖。同年参加闽台南少林传统武术交流大赛，获男子双器械金奖、鹤拳银奖。2010年参加国际南少林武术邀请赛，获男子鹤拳银奖。2011年在第三届海峡论坛·两岸传统武术交流大赛中获男子鹤拳金奖。2011年参加福建省第七届农民运动会武术比赛，获南拳一等奖、集体拳二等奖。多次为前来学习的德国、英国、日本、俄罗斯等国的武术爱好者传授永春白鹤拳。2007年8月受英国国际空手道网络联合会邀请前往授艺。2008年参加中央电视台《探索发现——中华武功》栏目的拍摄。

潘坚强（1974.7—　）　男，浙江缙云县人。建阳拳击散打馆总教练。少时喜爱武术，习练六合拳等传统拳术，师从胡少杰学习拳击、散打及自然门根基功夫数载。1994年考入宁德师专体系系，专修武术两年，注重技击训练及武术理论学习。1996年毕业参加工作，任教于建阳二中。多次带领弟子代表南平市参加福建省拳击锦标赛，数名弟子获省赛前三名，被南平市体育局、教育局授予业余训练先进单位和先进个人。拳馆被南平市体育局指定为第十三届省运会重点扶持单位。

潘景致（1982—　）　男，永春县人。永春白鹤拳世讽研究会副会长，永春怡云武术研究会常务理事，中国武术五段。出生于武术世家，自小从叔祖潘永康和苏瀛汉学习永春白鹤拳。2006年获国际南少林武术比赛获二金一银。2007年代表白鹤拳参加央视《武林大会》五祖拳擂台赛，进入16强，表现优异，获央视体育中心证书。2008年获"海峡两岸·闽台南少林传统武术交流大赛"2个金奖。2009年获首届"海峡论坛·海峡两岸传统武术交流大赛"一金一银。2010—2011年相继获得第二届、第三届海峡论坛·海峡两岸传统武术交流大赛男子壮年组传统南拳、传统棍术二金二银。2012年获中国·新加坡群英武术大赛一金一银。教授一批青少年学生。

庞　伟（1988.7—　　）　男，安徽省人。一级武术运动员，一级武术裁判员，一级社会体育指导员，中国武术段位考评员，现为武夷学院武术老师。1998 年在河南省夏邑县豫东少林文武学校开始学习武术。2007—2011 年就读于武汉体育学院武术学院民族传统体育专业。2003 参加安徽省青少年武术锦标赛，获枪术第二名、太极拳第四名。同年参加庐山杯全国武术之乡武术比赛，获刀术第一名、棍术第三名、传统拳术第三名。2004 年在安徽省青少年武术锦标赛中，获剑术第三名、太极拳第三名。2005 年在安徽省青少年武术锦标赛中获长拳第二名、剑术第三名。同年参加全国武术之乡武术比赛，获剑术第一名、枪术第二名。2006 年在浙江省青少年武术锦标赛中获剑术第一名、太极拳第六名。同年在第五届少数民族运动会上获剑术第三名、九节鞭第四名。2007 年在全国武术之乡武术比赛中再次夺得剑术、枪术两项第一名。2008 年参加世界传统武术节，获枪术第一名、剑术第二名、太极拳第五名。2009 年在全国武术传统比赛中获九节鞭第三名。2014 年带领泰国国家武术队备战第 28 届东南亚运动会。

peng

彭仲修（622—709）　号北山，出生宁德虎㳆熟洋村彭家墩，后定居城关。仲修幼时喜爱武艺，其父彭康智送他学武，15 岁考上武秀才，23 岁考中武魁，并留任武教官。唐贞观二十二年（648 年），26 岁的彭仲修赴京考上武探花，在兵部任职。永徽元年（650 年），唐高宗李治下诏封他为武毅大夫。仲修暮年告老还乡，在城关西山半山腰置山场一所，设书院名"西山草堂"，是宁德最早的书院，院边挖水井一口，名"定泉井"，以供村民饮水之用，留存至今。西山草堂先后改为灵溪书院和灵溪禅寺，并塑佛招僧，留存至今。仲修死后，葬于今蕉城福山，距今已达 1283 年，其墓是宁德保存完好、年代最久的一座古墓。1980 年 11 月 11 日此墓及其碑刻被列入县人民政府第一批文物保护单位。

彭安上　字伯礼，宁德市人。宋淳熙十四年（1187 年）武举人。

彭　孙　字仲谋，宋代连城人。少以勇敢自负，有智谋胆略。宋仁宗年间，周边盗起，彭孙率领乡众应募，围剿江南盗首刘石鹘，平陷辰州贼田元猛，又讨岭南、交趾等，皆有功。继而谕降大盗廖思，又招讨巨盗詹遇等，都以计谋擒戮之。彭孙历事三朝，备受朝廷恩宠。年七十九岁时，卒于颍昌。在连城冠豸山滴珠岩下原建有"彭侯祠"奉祀。后迁至南侧与"圣旨"牌坊合归一处。

彭博古　崇安县（今武夷山市）人。清乾隆七年（1742 年）武进士。

彭金海（1964.3—　）　男,福州市人。福建汇海建工集团公司工程处主任,福建省武术协会理事,福建灵令万籁声六合自然门武术研究院副院长、教练。中国武术五段。曾担任福建搏技武术馆副馆长,福建东方功夫俱乐部国际自然门拳法研究中心副主任,福建海峡自然门研究院理事长,福建心武自然门武术研究院副院长,福州市马尾区武术协会副会长。出身武术世家,13 岁始随其父习练龙尊拳,先后拜陈训德、雷祖木、林剑清为师,习练六合门、自然门、灵令门、八井畲族拳和禅宗少林拳等拳术。任《中华自然门简史》编委,出版《福建民间武术大观》。

彭成全（1978.11—　）　男,宁德市人。现任职于福鼎市公安局森林分局,宁德市武术协会理事,宁德市蕉城区武术协会副秘书长。中国武术四段。1988 年 1 月参加宁德青少年武术班学习武术。1995 年在宁德师专师从张召棋练习散手。1998 年 2 月拜鹰爪翻子拳第四代传人张修奇为师,学习鹰爪翻子拳系列套路及擒拿术,主攻鹰爪十八手,为鹰爪翻子拳第五代入门弟子。2002 年 7 月开始从事武术教学活动。

ping

平　青（1952—　）　男,出生于漳州华安县,籍贯四川。漳州武术协会太极拳委员会副主任兼秘书长。中国武术六段。1968—1969 年在厦门向范清津学习通背拳、六合拳和简化太极拳。1969—1971 年回四川省老家上山下乡期间学习峨眉派字门拳。1973—1976 年在哈尔滨工业大学期间,系统向李天骥的师弟黄恕敏老师学习杨式太极的拳、剑、推手和孙式太极拳。1973 年开始拜洪敦耕为师学习六合门和自然门。2003年向祝大彤老师学习自然太极拳。2009 年成立漳州市芗城区自然太极拳协会,任会长。2011 年向朱老虎师父学习陈式太极拳。2010 年参加第五届香港国际武术比赛,获自然太极拳金奖和最佳运动员奖。2011 年参加第三届海峡论坛·海峡两岸传统武术交流大赛,获男子老年组其他传统太极拳(张三丰原式)金奖。

pu

朴　寿　清光绪三十三年至宣统三年(1907—1911 年)福建将军。

普　从（约 1543—1568）　明代少林寺著名武僧、俞大猷棍法的重要传播者。嘉靖辛酉(1561 年),抗倭名将俞大猷奉命自云中(山西大同)赴沿海抗倭前线,路经嵩山少林寺,观看寺僧为之演棍,大猷云少林之棍已"传久而讹,真诀皆失。"少林寺住持小山请大猷指教,大猷说"非旦夕可授而使悟也"。于是小山从寺僧年少有勇者中选出普从、宗擎,随俞大猷赴抗倭前线。大猷谆谆教之实战俞家棍法三年之久,二僧练得"十步一人,千里不留行"。后二僧回归少林寺,将所学俞家棍法传于少林寺,精者达近百人。普从对俞大猷棍法的继承和传播,从而对少林棍法的发展作出了重要贡献。

普　恭　清道光八年至九年(1828—1829 年)福建将军。

蒲立勋(约 1781—1833)　字希之,后字树亭,同安人。清代水师将领。入伍水师,在福建水师提督衙门供职。清嘉庆四年(1799 年),以军功升外委。嘉庆十一年(1806 年)从提督许文谟击蔡牵于台湾有功,拔澎湖把总。嘉庆十四年(1809 年)从王得禄追蔡牵于黑水洋,得禄被创,督战益急,立勋拔佩刀斫舷呼曰:"今日不用命者死。"以所乘艨艟撞蔡牵船,船破,蔡牵自沉。立勋亦受伤,堕海得救。事闻,擢提标中营千总。嘉庆十五年(1810年)随总督方维甸渡台,搜捕闽越械斗诸犯。维甸改其名为立勋,字为树亭。嘉庆十八年(1813 年)调署提标右营守备,嘉庆二十二年(1817 年)补福宁左营守备,寻署金门左营游击。道光五年(1825 年)擢广东海门参将,道光六年(1826 年)擢龙门协副将,奏调平梅副将。道光九年(1829 年)保举堪胜总兵,署南澳镇,授浙江温州镇。以母老归养。道光十三年(1833 年)四月卒于家,年五十二。

蒲奋扬　漳州诏安县人。清乾隆二十七年(1762 年)武举人,任英清营千总。

Q

qi

耆　龄　清同治二年（1863年）福建将军。

戚继光（1528.11—1588.1）　字元敬，号南塘，祖籍江西赣州，后迁山东登州（今蓬莱）。明代著名抗倭名将，民族英雄，杰出军事家。继光自幼在父亲的严格要求和精心培养下，诵读诗文，习武练兵。17岁以世荫袭职登州卫指挥佥事，领兵戍守蓟门；后升署都指挥佥事，负责山东抗倭事宜；嘉靖三十四年（1555年），调任浙江都指挥佥事，升参将，先管辖宁、绍、台州，后管台、金、严三郡兵马，抗击倭寇；又招募金华、义乌丁壮，练成一军，取得高家楼、龙山、缙云和岑港等战役胜利。嘉靖四十一年（1562年），全歼浙江倭寇，"戚家军"名扬天下。同年七月，戚继光奉召援闽抗倭。戚家军一入闽，即与倭寇不断交战，在宁德、白水洋、藤岭、福清、建阳水吉、政和、寿宁、连江马鼻等，每战必斩倭寇数百、数千头颅，共歼灭倭寇7000多人，打得倭寇畏戚如虎。戚以战功擢总兵官。十月回军浙江休整募兵。嘉靖四十二年（1563年）四月再次率兵驰援莆田，与名将俞大猷等一道，共歼倭寇2200多人，收复平海卫。十月，升任总兵，镇守福建及浙江金华、温州两府。后又应诏北上，任神机营副将，最后以功升左都督。戚继光一生南平倭寇，北御鞑靼，身经百战，屡建奇功。他的军事思想在战场上发挥得淋漓尽致，创造了一个个战争奇迹。万历十一年（1583年）春，调守广东。万历十三年（1585年），引退还乡。万历十五年（1587年）十二月（1588年1月）卒。著有《纪效新书》《练兵实纪》等重要军事著作和《杂集》六卷、《将臣宝鉴》一卷、《禅家六籍》十六卷等行世。

qian

钱　铴　字廷用，安徽全椒县人。明代抗倭将领。初为永宁卫指挥同知。有才略，以荐协辅都指挥王伦，总督军务。时海寇严启盛恃险为乱。铴躬率舟师，追七日夜，至黑水洋及之，大小十一战，贼败走。寻复从征沙尤，斩贼酋萧政通，以功升福建都指挥佥事。铴知书，事母孝，教子严，治家有法，内外肃然。

qin

秦良弼　字景明，号德庵，晋江市人。府志作蔡良弼。明万历四十七年（1619年）武进士。直录副总兵，南京前军都督府左都督。

秦一麟　晋江市人。明万历间武生加捐，广东参将。

秦鸿瑞　晋江市人。明天启间武举人，临安都司。

秦经国　字嘉猷，其祖先为五河人。经国睿智刚毅，有远略。年轻时即任镇东卫指挥同知。时倭寇兵临城下，经国率兵一再将其歼灭。不久升为守备。带兵所至，擒林凤，剿曾一本，灭刘贵，势如破竹，大著战功。

qing

庆　桂　清乾隆四十九年（1784 年）福建将军。

庆　霖　清嘉庆四年至十年（1799—1805 年）福建将军。

庆　成　清嘉庆十四年至十七年（1809—1812 年）福建将军。

庆　山　清道光十三年（1833 年）福建将军。

庆　春　清光绪三年至五年（1877—1879 年）福建将军。

庆　裕　清光绪二十年至二十一年（1894—1895 年）福建将军。

qiu

丘知刚　晋江市人。宋乾道五年（1169 年）武举。

丘　嵩　宁化县人。明崇祯四年（1631 年）武进士，泉州新、旧营守备。

丘作训　连城县人。清乾隆十七年（1752 年）武举人，英德营守备，宜昌水师游击，施南协镇，署宜昌彝陵总镇。

丘龙蜚　连城县人。清乾隆五十四年（1789 年）武举人，南昌卫督漕清军府。

丘龙秀（1965—　）　女，龙岩上杭县人。1983 年开始学习五枚拳、舞狮等。1985 年参加省第一届农运会武术表演。1987 年参加连城武术比赛并获奖。1988 年 10 月代表福建省武术代表团进京参加全国首届农民运动会武术表演。1992 年参加舞狮武术表演，获第一名。1995 年 8 月参加龙岩地区第三届农运会武术比赛，荣获女子传统棍术第一名。1995 年参加福建省农运会武术比赛，荣获棍术第一名。1999 参加省农运会武术比赛，荣获传统拳术第四名、传统器械第四名。

邱唐杰　宁化县人。宋嘉泰二年（1202 年）武进士，沣州司法参军。

邱　隽　宁化县人。明崇祯四年（1631 年）武进士，泉州新、旧营守备。《宁化县志》

作"邱嵩"。

邱　瓒　上杭县人。清康熙三十六年（1697 年）武进士，神电卫守备。

邱世行　上杭县人。清康熙四十四年（1705 年）武举人，卫千总。

邱宗周　上杭县人。清康熙五十二年（1713 年）武进士，范县营守备。

邱天胜　晋江市（今石狮市）人。清康熙年间贵州参将，从施琅征台。

邱有道　晋江市（今石狮市）人，邱天胜子。清康熙年间揭石守备。

邱在标　连城县人。清乾隆二年（1737 年）武进士，德庆州守备、龙泉关都司、思南营游击、黎平营参将，署上江协镇。

邱在陆　连城县人。清乾隆九年（1744 年）甲子科武举人。

邱英略　惠安县人。清乾隆十六年（1751 年）武进士，浪山镇总兵。

邱有章　晋江市（今石狮市）人。行伍出身，清乾隆年间澎湖副总兵。《晋江市志》作清乾隆间福建水师中营参将。

邱懋功　晋江市（今石狮市）人。清乾隆年间厦门右营游击。

邱　章　龙岩市人。清乾隆四十五年（1780 年）武进士。

邱东屏　长乐市人。清光绪六年（1880 年）武进士。

邱良功（1769—1817 年）　字玉韫，号琢斋，同安县人。清代浙江提督。弱冠从军，初随金门镇总兵李芳国率舟师出洋追捕骚扰闽粤海面的安南夷艇，以军功累官外委、把总。自清嘉庆元年至三年（1796—1798 年），补千总之职。嘉庆四年（1799 年）秋，提升为守备，嗣再升任游击、参将、副将。自嘉庆七年（1802 年）起，他一直是浙江提督李长庚的得力部将，屡与以蔡牵、朱濆为首的海上反清武装势力交锋。嘉庆十一年（1806 年），攻破蔡牵在台湾鹿耳门洲仔尾的据点，进而率兵船至鸡笼（今台湾基隆），进剿朱濆，击沉其船数艘。嘉庆十二年（1807 年），他再战朱濆，与南澳总兵王得禄率兵南北夹击，最终捣毁了朱濆在苏澳一带的根据地，获一等功，晋升为安平（今台南）副将，再升为浙江定海镇总兵。时值李长庚战死于阵，朝廷以他富有海上作战经验，授浙江提督。嘉庆十四年（1809 年）八月，他与福建提督王得禄统率闽浙水师同蔡牵激战于渔山外洋，大败蔡牵。战役结束后，清廷赐封他为三等男爵，御赐白玉翎管等，其子孙享受世袭待遇。嘉庆二十二年（1817 年）八月三十日，他奉诏进京觐见皇帝，出都后病殁于途中的甘泉县（今属江苏省江都县）。朝廷授予建威将军称号，谥"刚勇"，并钦命使臣前往吊祭。

邱联恩 字伟堂,同安县人。浙江提督邱良功之子,清朝将领。当时广东逆贼赖凤翔扰畿辅,京师戒严。联恩奉命出兵,严阵以待,使贼不敢犯津、沽。不久升为南阳总兵,奉旨专剿捻军。前后经历大小百余战,捻军闻风披靡。然而,捻军往来飘忽不定,打败后又重新集聚。联恩率孤军,奔驰于豫、楚、江、淮者凡八年,疲于奔命。但他以忠义激励将士,得其死力,故师老犹壮。殉节之前,与捻军相持于河南省,不料被大府以逗留为由弹劾,在大捷之时,竟获严谴。联恩发愤图功,北舞渡之战,贼已被打散,联恩不幸以单骑陷阵而亡,过了三日,检尸于麦畦中,面如生,百姓殓之。乡民闻恩殁,扶老携幼,致奠道旁,哭声震天地。事闻,清廷予谥武烈,赐祭葬如典礼。

邱剑刚(1887—1974.6) 男,厦门市人。人称"黑铁师",五祖拳第三代主要传人、五祖拳名师。一生好武,8岁跟凤阳拳师习北拳。早年曾出南洋教拳,在沈扬德到新坡教五祖鹤阳拳之前,邱剑刚已是厦门有名的拳师,后因佩服沈扬德武艺武德,遂拜沈扬德为师。邱的大名也是沈扬德为他所起。邱是沈扬德派往泉州"富美国术馆"当教练的门徒之一,曾在厦门、同安、龙溪、南安、晋江等地立馆授徒,培养出不少著名弟子。抗战时期在厦门统一了"益同仁"救济会武馆。现在的厦门剑刚武术社就是邱剑刚的门徒吴志义所设立。

邱加注(1888—1951.10) 男,厦门市人。五祖拳第三代主要传人、五祖鹤阳拳名师。生性好武,一生中曾向五位拳师学艺,最终托盘拜帖五祖鹤阳拳大师沈扬德为师,并成为其得意门生。沈扬德在新坡执教期间,他曾代师传艺瓷灶社。抗战时期至1949年间,曾在长泰县东巷镇世美村传授少林五祖鹤阳拳,主要传人有杨丙坤、杨宝金等人。

邱继仕(1901.10—1978.3) 男,厦门新坡村人。五祖拳第三代主要传人、五祖鹤阳拳名师,邱继仕系五祖鹤阳拳第三代传人,沈扬德先生的高足。少年时期拜师学艺,天资聪颖,勤劳苦练,得师真传,技艺全面。1935年省会赴考,漳浦武场,技贯群雄,名列榜首。三市比武,担任裁判,并做表演,获得奖励。曾在龙海、石码授徒,后在南安县洪濑杨美村武馆任教。这所武馆成为当时中共闽中地下党活动联络点,掩护革命志士活动。

邱思志(1904.1—1951) 男,字述谟,厦门市人。五祖拳第三代主要传人、五祖拳名师。生于新坡书香世家,是丘春江(清举人)第八子。1913年师从沈扬德学五祖鹤阳拳,为沈扬德在新坡的首名五祖鹤阳拳传人。1926年毕业于集美中学,在校期间品学兼优,曾受集美中学派出参加远东运动会。民国二十四年(1935年)参加福建省第五届体育运动会,获得省武术冠军。随后在集美中学任教。1937年在仰光

华侨银行任职。1942年太平洋战争爆发后回新垵务农。20世纪40年代后期受聘往泉州富美国术馆当教练,在泉州培养了五祖拳骨干。于1951年逝世。

邱瑞全(1906—1966.11) 男,又名蔡瑞全,厦门市人。五祖拳第三代主要传人、五祖拳名师。少年时期师从沈扬德学少林五祖鹤阳拳,擅长双刀、钩镰。1935年代表海澄县参加在漳浦举行的福建省运动会,获得团体冠军、个人成绩武术第二名。新中国成立后,多次参加地、市、省级武术比赛,成绩优秀。曾在新垵、海沧钟山、石码、龙海榜山陈棣桥等地立馆教授少林五祖鹤阳拳。

邱衡乞(1908.10—1996.8) 男,又名邱天乞,厦门市人。五祖拳第三代主要传人、五祖拳名师。少年时期师从沈扬德学习少林五祖鹤阳拳,练就一身好本领(双斧、石锁)。1935年参加在漳浦举办的福建省运动会,获武术第三名。新中国成立后,曾多次参加地、市、省级武术比赛,均获佳绩。20世纪70年代后期,在晋江青阳、厦门江头、湖里等地教授少林五祖鹤阳拳。

邱思炭(1911—1979.2) 男,厦门新垵村人。五祖鹤阳拳名师,五祖鹤阳拳第三代代表人物。自小师从沈扬德习五祖鹤阳拳,精研五祖拳法,武艺过人。一生勤劳朴实,几十年如一日立足新垵,以武德高尚及纯朴的亲和力与同门师兄弟一起继承了沈扬德所创立的新江国术馆、新垵玉明武术研究会,培养和造就了众多新垵武术好手,使五祖鹤阳拳在新垵得到系统的传承、弘扬和发展。1947年主持新垵武馆,并支撑起沈扬德在新垵设立的五祖拳鹤阳馆,继承了新垵玉明武术研究社,社址改设在邱思炭本宅大厅前院。邱思炭在新垵培养的门徒甚多,其主要弟子有邱思德、邱跃土、邱武耀、邱大昕(女婿)、邱清江、邱珍厚、吴世明、邱继清、邱顶清、林明国等。

邱衡煌 男,厦门市人。五祖鹤阳拳名师。五祖拳第三代主要传人、少年时期师从沈扬德习练五祖鹤阳拳。1935年参加在厦门举办的第五届福建省体育运动会,获武术亚军。也是沈扬德派往泉州富美国术馆当教练的得意弟子之一。之后曾在泉州、晋江、石狮等地立馆教授少林五祖鹤阳拳。

邱思德(1928.11—2007.9) 男,厦门新垵村人。五祖鹤阳拳第四代杰出代表人物,曾任厦门市武术协会主席、福建省五祖拳研究会副会长。中国武术七段。出生于武术之乡新垵,师从邱思炭习武。20世纪七八十年代在厦门杏林开班授徒,厦、漳、泉乃至潮汕、香港前来拜师学艺者络绎不绝,其中曾国艺、邱丽礁等先后获得全国武术比赛冠军。

20世纪80年代曾多次作为总教练或领队带领厦门市武术代表队参加全省武术比赛,获奖无数;期间曾作为福建省武术代表队教练带队参加全国武术比赛。1988年作为五祖鹤阳拳的代表随福建省武术代表团出访东南亚。其三个女儿在其影响下纷纷习武,并都获得过省级以上武术冠军。1982年参与筹建成立"福建省少林五祖拳研究会",并担任副会长;先后收集整理《五祖(鹤阳)拳谱》《少林五祖鹤阳拳(自选拳)拳谱》等拳谱,大力推广少林五祖鹤阳拳;业余时间收集整理闽南非物质文化遗产"宋江阵",使之重现江湖。除精修武艺之外,还医术高超,尤擅跌打续骨推拿。

邱武耀(1932—) 男,厦门市人。厦门市武协顾问,香港世界五祖拳促进会顾问,新垵村武术馆名誉馆长,省非物质文化遗产五祖鹤阳拳代表性传承人,五祖拳第四代传人。中国武术六段。出生于武术世家,四代练武,8岁开始学艺,得其父真传。积极传承五祖拳,先后在新垵、龙海、石码、漳州等地的五个武馆和一所小学任教,培养了不少优秀武术人才,参加全国、省赛获优秀奖、一等奖。

邱继清(1933—) 男,厦门市人。新江武术馆顾问,五祖拳第四代传人。中国武术六段。1933年生于新垵,自小拜新垵五祖拳师邱思炭为师习武。1952年参加中国人民解放军,在部队期间参加华东军区武术表演并获嘉奖。退伍后回乡务农,几十年如一日,积极传承五祖拳,至今桃李遍布新垵。新江武术馆复馆以来,虽已年迈,但仍积极辅佐年轻一代致力新垵五祖拳的传承活动。

邱跃土(1933.9—) 男,厦门新垵村人。新垵华侨协会会长,新江武术馆顾问,五祖拳第四代传人。中国武术六段。自小拜新垵五祖拳师邱思炭为师习武,数十年从不间断。1958—1978年担任新垵村大队长,兼任新江国术馆馆长,大力弘扬五祖拳法。在"文革"期间,武术被当成四旧,遭到了严重破坏。但是,他以"传统武术是农民健身手段、农民需要习武强身、武术器械是日常农具"为由,积极保护地方拳师及传统器械、资料等,保护村民的练武热情,为新垵五祖拳的完整保护和发展做出了贡献。他的子女个个都是新垵五祖拳的好手。

邱丰庆(1935—2003) 男,厦门新垵村人。五祖拳第四代传人。中国武术六段。从小拜本村邱思炭为师,1952年参加中国人民解放军,在部队是一名业余武术教练,在剿匪斗争中屡建战功,并获得嘉奖。后来转业为税务干部、商业干部。几十年间从未中断过练习武术和传授武术,每走到一个地方总会留下五祖拳的足迹。从工作岗位退休后,他更是想尽方法使五祖拳的传统技艺能够流传下去,先后在漳州南靖县的郑店、草前、山城、金山和厦门的杏林、海沧石囷、新垵等地,进行系统性的传授;并且

建立了南靖郑店武馆、海沧石困武馆等，是一位五祖拳的辛勤传播者。2001 年参加福建省"云龙杯"武术演武大会，表演了方天画戟和千字打对练，荣获大会一等奖。

邱天福（1944.1— ） 男，厦门新垵村人。五祖拳第四代传人、厦门市新江武术馆顾问，曾担任厦门市第一届武术协会委员。1951 年随其父邱思炭习练五祖鹤阳拳及十八般兵器，1961 年毕业于厦门师范学校体育系。20 世纪 80 年代起陆续受聘于 31 军 7311 部队及厦门海军观通营，任武术教练，为部队培养了大批的武术人才。

邱清江（1944.5— ） 男，厦门新垵村人。杏林第二、第三、第四届政协委员，五祖拳第四代传人，中医骨伤科医师，香港世界五祖拳促进会顾问。中国武术六段。1951 年师从邱思炭学医习武。1960 年在集美汉口陈井任武装部民兵武术教练，同时在厦门第二农场杏林霞阳办两个武术班，并任教练。1986 年在新垵小学、杏侨中学义务任武术教师，至今义务教学 26 年，培养了大批学生。1972—1983 年在集美医院外科、放射科进修。1983 年取得福建省医师资格，厦门市卫生局核发开业医生许可证。1986 年被评为福建省先进卫生工作者，国家卫生部领导亲临诊所检查指导，并在《半月谈》、厦门日报、电视台等媒体进行报道。1993 年参加福建省体育局召开的福建南拳研讨会，所撰写的论文《浅谈五祖拳的技术风格》获得大会优秀奖，并获得福建省体育局颁发的证书。2001 年在福建省"云龙杯"武术演武大会上表演了五祖拳；和师兄邱丰庆表演千字打对练，荣获大会一等奖。

邱大昕（1945.11— ） 男，字晨光，号文圃山人，厦门市人。福建省非物质文化遗产保护项目新垵五祖拳代表性传承人，五祖鹤阳拳第四代传人，福建省武协委员。13 岁拜邱剑刚为启蒙老师，1962 年再拜叶水仪为师，1964 年进入新江武馆拜邱思炭为师，掌握了五祖拳法及气功功法，曾与国内外武林人士切磋技艺。组建厦门市杏林区武艺队，立有地方武馆 10 多处，担任总教练。进行大型宋江阵演练达 200 多场次，荣获省龙狮比赛优秀奖。在传统武术挖掘整理工作中被评为省体育工作先进单位代表。1976 年任省武术比赛裁判工作。2008 年参加省南少林传统武术比赛，获 D 组拳术第一名，器械第一名，对练优秀奖。参加华夏套路散打争霸赛，获拳术第一名，器械第一名，对练第二名，大会优秀运动员奖。在闽台南少林交流大会上，获二金一银。2009 年参加海峡论坛·海峡两岸传统武术交流大赛，获二金一银。论文有《福建南少林五祖拳鹤阳门功夫发展史》等。

邱明标（1955.7— ） 男，石狮市人。师从卢义荣、邱金雄习练太极拳。2010年参加福建省第二届海峡论坛·海峡两岸传统武术交流大赛，获两枚银牌。2011年参加在山东日照举行的第八届全国武术之乡武术比赛，获太极拳赛一金、一铜。

邱明煌（1955.9— ） 男，厦门新垵村人。现任厦门市新垵盐场场长，兼任厦门超级功夫俱乐部顾问，1965年师从新垵邱思炭习练五祖鹤阳拳及十八般兵器。1977年在厦门市杏林地区广收门徒。曾多次代表厦门队参加省级的比赛，并于1977年在福州举行的福建省武术观摩比赛中获得一等奖。

邱雄伟（1957—1999） 男，厦门新垵村人。自幼随其父邱丰庆习练五祖拳，1975年回乡务农（回乡知识青年）。1978年参加福建省第七届运动会，获拳术第一名。1979年代表福建省参加在广西南宁举行的全国武术观摩赛，获五祖拳一等奖。1999年发生车祸，不幸逝世。

邱明全（1958.4— ） 男，厦门新垵村人。五祖拳第四代传人、厦门新江武术馆馆长，新之光织造公司副总，香港世界五祖拳促进会副会长。中国武术六段。8岁拜新垵邱思炭为师习练五祖拳。1980年参加福建省武术观摩赛，获一等奖。在1980年太原全国武术观摩赛、1982年西安全国武术观摩赛、1985年杭州全国职工运动会上，均获佳绩。1985年参加福建省裁判训练学习。近几年来，回到新垵村努力投入到恢复新江武术馆活动中。2007年新江武术馆复馆时被推任为馆长至今。长年组织培训、推广五祖拳，并经常与来访的国内外武术同行切磋交流。2009年被确认为省级非物质文化遗产保护项目"新垵五祖拳"传承人。

邱丽礤（1961.12— ） 女，厦门新垵村人。集美大学体育学院讲师。中国武术六段。幼随其父邱思德习武，擅长五祖鹤阳拳、械。曾多次参加全国及省、市各级武术比赛并获前三名。1979年考入福建体育学院运动系。1980年、1981年相继代表福建省参加在太原、沈阳举行的全国武术观摩交流大会，以五祖拳、五祖棍荣获大会优秀奖、一等奖。1983年毕业后留校担任武术教师至今，一直致力武术教学及推广工作。

邱靖娜（1963.5—　）　女,厦门新垵村人。厦门市海沧区新江武术馆教练,香港世界五祖拳促进会副理事长,中国武术段位制考评员。中国武术七段。自幼随其父邱丰庆习练五祖鹤阳拳,全面掌握五祖鹤阳拳、械、散手技法。曾多次参加市、省武术比赛并获前三名。长期以来致力五祖拳理论、技艺的挖掘整理、弘扬、传播等活动。2005 年建立了五祖鹤阳拳门户网站。广泛联系海内外五祖拳同门,多次应邀前往新加坡和我国香港、台湾等地进行学术访问。2008 年被确认为非物质文化遗产项目"新垵五祖拳"市级代表性传承人。2010 年再次被确认为福建省非物质文化遗产代表性传承人。2004 年以来,多次任厦门武术代表队教练参加国际、国内武术大赛,取得优异成绩,并多次担任各级武术比赛裁判工作。2010 年参加《中国武术段位制系列教程——五祖拳》的创编。

邱丽卿（1964.2—　）　女,厦门新垵村人。任职于厦门市集美区杏林街道曾营社区居委会。自幼随其父邱思德习练五祖鹤阳拳,曾多次作为厦门武术代表队主力队员参加全国及省、市各级比赛,多次获前三名。20 世纪 80 年代协助父亲邱思德在厦门杏林等地教授武术,大力推广五祖鹤阳拳,在当地影响甚广。

邱金提（1964.2—　）　男,石狮市人。师从卢义荣、邱金雄习练太极拳。2005 年参加海口第二届世界太极拳健康大会,获陈式太极拳银牌、42 式太极剑银牌。2006 年在福建省首届武术之乡武术比赛中,获太极拳、太极剑两枚金牌。2007 年参加在山东日照举行的第六届全国武术之乡武术比赛,获得传统太极拳铜牌。

邱少春（1964.9—　）　男。福州市武术协会常务理事,福州市鸟迹拳研究会秘书长,闽西五梅拳传人丘正元后代。1993 年师从郑礼楷学习鸟迹拳。合著有《五梅拳》一书。2007 年参与编导、演出武术与音乐节目《树叶音乐太极风》赴香港表演。2009 年参与编导鸟迹拳与太极拳组合节目《武魂》,参加由省直机关拳剑协会举办的全民健身节主题晚会演出。

邱岩萍(1965.5—) 女,龙岩市人。本科学历。民盟盟员,龙岩市武术协会副会长,龙岩市新罗区人大退休干部。自幼习武,8 岁开始习练武术基本功及长拳,刀、枪、剑、棍等。1976 年参加福建省武术比赛,获刀枪对打第三名。在龙岩市武术协会太极拳俱乐部带领全体会员研习陈式太极拳。

邱明珠(1965—) 又名邱丽辉,女,厦门新垵县人。毕业于海沧中学。自幼拜邱思炭为师学习五祖拳。1983 年参加省武术赛,获少年组拳术第一名、器械第二名。多次参加市武术比赛,均获佳绩。长期致力新垵五祖拳的传承活动。2005—2007 年任新江小学武术教练,2007年任新江武术馆教练至今。多次以新江武术馆领队、教练参赛。

邱丽华(1966.5—) 女,厦门市人。毕业于厦门卫校,现任职于厦门市海沧区残疾人劳动服务站。自幼随其父邱思德习五祖鹤阳拳。曾多次作为厦门武术代表队主力队员参加省、市各级比赛,并获前三名。20 世纪 80 年代协助父亲邱思德在厦门杏林等地教授武术,大力推广五祖鹤阳拳,在当地影响甚广。

邱金莲(1966.6—) 女,龙岩上杭县人。上杭中都乡五梅拳传人。利用工余时间组织乡、村青年妇女潜心学艺,成立女子五梅武术队。1988 年 10 月邱金莲等 5 人代表福建省进京参加第一届全国农民运动会,获武术团体奖。1995 年 10 月代表龙岩地区参加在漳州市举行的福建省第三届农民运动会武术比赛,获传统器械第一名、传统拳术第二名、器械对练第四名。

邱毅恒(1966.9—) 男,龙岩市人。龙岩市武术协会副会长,龙岩市恒友搏击馆馆长。自幼喜好武术,1980 年进入龙岩市少体校练习武术。1984 年拜于沧州著名通背劈挂拳孙振寰先生高徒陈超文老师门下,学习通背劈挂拳术及散打技艺。多次代表龙岩市散打队参加福建省散打比赛。1995 年创办龙岩市恒友搏击馆。2000 年利用场馆优势对通背劈挂拳进行传习,并开始研习陈氏太极拳,积极推动龙岩市传统武术的传承与发展。

邱英明(1968.8—) 男,龙岩市人。龙岩市武术协会副会长。1985 年开始练习地方传统武术,1988 年到龙岩地区军体校学习散打、通背劈挂拳。1989 年参加福建省散打比赛,获第三名。

邱建明(1969.3—) 男,漳州芗城区人,原籍广东。漳州市精艺搏击馆馆长,漳州市武术协会理事。中国武术四段。1983 年师从杨建闽习练长拳、六合拳、散手、拳击等。曾参加福建省拳击邀请赛,获 60 公斤级第三名。1998 年创办漳州市精艺搏击馆。

邱金雄(1972.6—) 男,石狮市人。福建省武术协会委员,泉州市武术协会副秘书长,泉州市太极拳协会副秘书长,武英(健将)级运动员,一级武术裁判员。1985 年起在石狮跟蔡清岩、卢义荣习长拳、太极拳。1991 年入选福建省武术队,师从曾乃梁、代林彬、高佳敏研练太极拳艺。擅长南拳、长拳、各式太极拳、剑竞赛套路及太极推手。1991 年参加省农运会,获 42 式太极拳第三名。1992 年获第二届全国农民运动会太极拳冠军,并被评为十佳运动员称号。1993 年获全国太极拳锦标赛男子太极拳第五名。同年参加首届全国"武术之乡"武术比赛,获男子太极拳亚军、剑术第三名。1994 年获全国太极拳锦标赛男子 42 式太极拳亚军、男子推手 56 公斤级第三名、武术锦标赛男子太极拳亚军。同年获武英(健将)级运动员称号,并代表福建省武术参访团到香港进行武术表演。常年传艺授徒。参与 1991 年至 1999 年在福州举行的日本武术(太极拳)研修团教学工作。1999 年担任全国武术(太极拳)锦标赛裁判员工作。现在石狮市科技文体旅游局工作。

邱文亮(1974.5—) 男,厦门市人。一级舞龙裁判。中国武术五段。1981 年师从新垵邱清江老师习练五祖拳。1989 年参加厦门市传统武术比赛,获男拳第一名、棍术对练第一名。1991 年参加福建省第二届农民运动会,获传统拳术一等奖。2014 年参加厦门国际武术大赛,获得拳术、器械两项金牌。2013 年、2014 年连续组织、编排和指导数百名学生演练集体五祖拳,在厦门市运动会、厦门国际武术大赛开幕式上进行了表演,受到广泛赞誉。担任厦门新江小学武术教练以来,在全校学生中积极推广自编的五祖拳操和五祖拳法,为传统武术进校园做出了自己的努力。

邱三才（1980— ） 男，厦门新垵村人。新江武术馆教练。自幼拜邱丰庆为师学习五祖鹤阳拳。1999—2001年参加厦门市武术比赛，获一等奖。2004年参加国际南少林武术比赛，获双金一银。2006年参加福建省农运会，获拳术第一名、长器械第二名、短器械第二名。2008年参加闽台南少林传统武术交流大赛，获拳术金奖、器械金奖。长期致力新垵五祖拳的传承活动。2007年新江武术馆复馆至今任教练，并多次带队参赛。

邱晟栋（1987.1— ） 男，厦门新垵村人。出身武术世家，自幼从祖父习练五祖拳。2005年考入集美大学民族传统体育武术专业。2006年代表厦门市参加第六届福建省民族传统体育运动会武术比赛，获五祖棍术第一名、拳术第二名。2008年参加福建省南少林传统武术比赛，获五祖拳第一名、棍术第二名。2009年参加海峡两岸武术交流大赛，获五祖拳术、器械金奖。担任全国普通高校民族传统体育专业主干教材《武术套路基础教程——五祖拳》的技术示范。2011年参加福建省第七届农民运动会武术比赛，获拳术、棍术一等奖。代表厦门市中小学参加福建省优质课程选拔，以《五祖拳》获一等奖。2011年担任翔安武术协会武术教练，利用业余时间将新垵五祖拳传承在翔安中小学校园内，学生数百人。带领翔安武术队多次在省内外比赛中获得团队第一的好成绩。

邱晟梁（1987.1— ） 男，厦门新垵村人，毕业于集美体育学院。出身武术世家，自幼同哥哥邱晟栋从祖父习练五祖拳。2005年考入集美大学体育学院民族传统体育专业。2006年代表厦门参加福建省农民运动会武术比赛，获男子传统长器械第一名与集体项目第一名。2007年代表福建省参加在广州举行的全国第八届民运会，获器械C类第三名。2008年在福州参加闽台南少林传统武术交流大赛，获B组棍术金奖与器械对练金奖。2008年参加在宁德福建省南少林传统武术比赛，获B组长器械第一名和男子B组对练第一名。毕业后成为一名体育教师，利用课余时间在学校教授武术。2009年参加普通高等学校民族传统体育专业主干教材《武术套路基础教程——五祖拳》的技术示范拍摄。

秋 瑾（1879—1907.7） 女，原名闺瑾，易名瑾，字璿卿，号竞雄，自称"鉴湖女侠、汉侠女儿"，笔名秋千，祖籍浙江山阴（今绍兴）人，生于福建闽县（今福州）。近代民主革命烈士。少学经史诗词，喜武术，能骑马击剑，又习刀法和射击。其蔑视封建礼法，提倡男女平等，常以花木兰、秦良玉自喻。1904年自费留学日本，积极参加留学生革命活动，曾加入三合会。1905年先后加入光复会和同盟会，被推为浙江主盟人。1906年回国。1907年2月接任大通学堂督办，与徐锡麟等组织光复军，拟于7月6日在浙江、安徽同时起义，事泄被捕，7月15日从容就义于绍兴轩亭口。著有《宝刀歌》《剑歌》《精卫

石》等作品,后人辑为《秋瑾集》。

qu

屈应鳌　惠安县人。明隆庆年间武举人,千户。

que

阙永华　字嵩阶,永定县人。清同治七年(1868 年)武进士,钦点御前侍卫,历任龙泉关都司,闽浙总督府参将。

阙廷华　字月潭,永定县人。清光绪四年(1878 年)武进士,钦点御前侍卫,历任都司、游击、记名提督、简放照通镇总兵。

R

rao

饶廷选（1803—1862） 字枚臣，闽县（今福州市）人。清代将领。少年即入伍。清道光十一年（1831年），以千总随军东渡台湾镇压张炳起义，以功赏戴蓝翎。道光十四年（1834年）迁守备。翌年，再渡台湾平定沈知起义，赏换花翎，署各营游击。道光二十四年（1844年），驻同安马巷，擢都司，后升漳州游击。清咸丰二年（1852年），署中营。翌年三月，小刀会包围漳州城，廷选出兵击溃，升漳州镇总兵。咸丰四年（1854年），调贵州安义镇总兵，不久，升福建陆路提督。翌年，扼守衢州。咸丰六年（1856年），太平军围攻广信（今上饶市），守官沈葆桢妻林普晴（林则徐之女）血书求援，廷选以广信失守，玉山难保，也出于对林则徐的敬仰，于是背城出击，广信解围；但因未有军令赴援，屡褫公职。以后，太平军增兵围城，又被他击败，清廷赐"巴林图鲁"勇号。咸丰七年（1857年），补衢严镇总兵，收复江西婺源。翌年，太平军石达开部攻浙江，廷选固守衢州，相持三个多月后解围，授赣南镇总兵。咸丰十年（1860年），太平军李秀成部攻浙江，廷选由江西援浙，收复淳安，升授浙江提督。翌年九月，廷选攻下诸暨，援救省城。守城70余天，省城陷落，廷选终以革职留用提督身份战死。卒赠太子太保，谥"壮勇"，入祀昭忠祠。

ren

任闽生（1957.3— ） 男。山东人。中国武术六段。曾任福建省第六届武术协会理事，欧洲六合自然门研究院副院长，福建灵令万籁声六合自然门武术研究院副院长、院长助理，福建海峡自然门研究院外联处长，福建东方功夫俱乐部理事，福建博技武术馆副馆长。1970年师从黄家填习武。20世纪80年代初拜自然门宗师万籁声为师，习六合门、自然门武术及技击。

ruan

阮瑀 字季野，长溪（今福安市）人。宋隆兴元年（1163年）武举人。

阮灵 宋淳祐元年（1241年）武举人。

阮旻锡（约1627—1707） 字畴生，号鹭岛道人，清代同安县人。父伯宗，世袭千户后裔。明崇祯十七年（1644年）明朝灭亡，他年方弱冠感于时变，遂放弃科举，拜曾樱为师,与友人讲道论典,诸子百家,兵法战阵,医卜方技等学问无不通晓。1655 年投军郑成功,成为郑成功的幕僚。康熙二年(1663 年),清军攻占厦门后,他弃家避难,奔走四方,于康熙五年(1666 年)入京都,滞留燕云 20 余年。在此期间,他根据耳闻目睹,撰写了《海上见闻录》,详实地记载了从崇祯十七年(1644 年)福王朱由崧即位起,到康熙二十二年(1683 年)郑氏余部降清止,郑成功祖孙三代 39 年的兴衰史。该书成为研究郑成功的一部重要史料。

阮洪义 漳州龙海市人。清康熙三十三年(1694 年)武进士。

阮耀丹 漳州南靖县人。清乾隆三十九年(1774 年)武举人。

阮 东(1933—2010) 男,福州市人。曾任福建省武术协会鸣鹤拳研究会副会长及顾问,福州东方国术馆馆长,福州市晋安区武术协会会长,福建海峡自然门研究院顾问,福州市鸣鹤拳委员会会长,福建少林武术馆副馆长兼教练,福建省武术协会常务委员,福州市武术协会常务委员兼教练,鸣鹤拳主要传人,中国武术七段。自幼喜爱武术,8 岁随其父阮传水(谢宗祥徒弟)习练鸣鹤拳,传水卒后又得到同乡阮宝政指点。后又到新店东浦园村师从麻伙(原名陈世鼎,谢宗祥徒弟)继续学习鸣鹤拳。阮东为人谦逊有礼,不计名利,崇尚武德,历 70 年练功不辍。成名之后并不满足,还继续寻师学艺,闻本门有艺者必访之。毕生精研鸣鹤拳法,熔各家之所长于一炉,融会贯通,革故鼎新,将鹤的飞、鸣、食、宿等习性在套路中得以充分体现,使鸣鹤拳这一传统拳法更趋完整。出版书籍和鹤拳 VCD 光碟,使得后人得以比较完整地认识鸣鹤拳的发展历史及套路,多次在公开场合免费教拳。

阮宝翔(1954—) 男,福州市人。南平地区体委主任,福建省武协副主席,福建省武术院院长,福建省体工队大队长。1975 年进入福建师大体育系专修武术。1979 年 9 月参加在武汉举办的"全国高校武术师资进修班",在著名武术教育家温敬铭、刘玉华教授指导下研习武术。擅长鹤拳、翻子拳、剑术等,勤于钻研。毕业后在南平师专任教,后调任南平地区体委主任。2002 年调任福建省武术院院长,努力团结全省武术界人士,开拓进取,提出多项改革发展措施:大力发展群众性武术运动,举办全省传统武术交流比赛,推动全省传统武术的发展;加强全省武术馆校的管理和指导,使武术馆校不断朝着规范化、科学化方向健康发展;多次承办全国武术散打锦标赛,获得圆满成功。2004 年 3 月,阮宝翔代表福建省武术院在武夷山承办了"全国武术馆、校工作座谈会"。国家体育总局党组书记李志坚,国际武联秘书长、中国武术协会主席王筱麟,中国武术协会副主席王玉龙、杨战旗,以及省体育局领导、全国部分省市武术馆、校长集聚在武夷山上,共商全国武术馆校的发展大计,为推动福建以及全国武术馆校的发展做出了贡献。先后编写出版《戳脚》《福建少林拳》《鹤拳》《阴把猿猴棍》等专著。

阮长缨(1967.6—) 男,福州市人。任职于中国电信福州分公司,福州市武术协会副秘书长,福建弘武国术馆秘书长。中国武术六段。1982年起在福建师大胡金焕教授的少林六合拳培训班学习,后又随万籁声老师及其徒弟俞国进、梁守忠、林青松、赵洪武等人研习六合门、自然门,1984年底拜陈依九为师学习南少林地术拳。1995年—2008年期间先后任福建南少林武术学校、育才职业中专、福建警安学校武术教练、副校长等职务。2003年起参加闽中南少林武术院的筹划、组建。2007年受聘福建省武术协会地术拳委员会常务委员。2000年起多次在省市各级比赛中担任裁判工作,以及"迎奥运"系列武术节目拍摄的策划、编排。

S

sa

萨哈岱　清乾隆三十八年至四十年(1773—1775年)福建将军。

萨炳阿　清道光九年至十二年(1829—1832年)福建将军。

萨梦蛟　闽县人。清光绪十八年(1892年)武进士。

sai

赛冲阿　清嘉庆十一年至十四年(1806—1809年)福建将军。

shan

善　庆　清光绪十三年至十四年(1887—1888年)福建将军。

善　联　清光绪二十五年至二十六年(1899—1900年)福建将军。

shang

上官泊　唐乾符末邵武镇将。当时黄巢大军自浙东刊山开道进入福建建州时,上官泊与子上官兰率兵勤王,与黄巢义军大战,最终不敌而被杀。

shao

邵应辰　闽县(今福州市)人。宋淳熙二年(1175年)武举。

邵应魁　字伟长,号榕齐,同安金门所人。明代著名抗倭将领。应魁聪明颖悟,勤攻诗书。嘉靖间,倭寇大肆骚扰我沿海省份,俞大猷视察金门所,应魁敬仰大猷的豪情壮志,于是弃文就武,跟大猷学武术,立志卫国。应魁勤学苦练,不但学得一身武艺,而且精通兵法。明嘉靖二十五年(1546年)登武举,次年联捷武进士,授镇抚职。嘉靖三十四年(1555年),倭寇犯浙江,随俞大猷副总兵前往征剿,歼敌千余人;又在衢山海域上,亲自率兵冲入包围圈,大败倭寇,战后移师吴淞。此后,邵应魁转战嘉定、上海、江阴等地,打得倭寇闻风丧胆。嘉靖三十六年(1557年),俞大猷晋升都督,镇守浙江,请派应魁同去。适逢天下大雪,倭贼据险立栅死守。应魁利用天时地利,用蓑衣烧倭窝木栅,以奇兵制胜,以少胜多。此后,应魁在黄窑港、茶山、北洋、乍浦、三片沙等多次海战中连战皆捷,被擢为南直游兵把总、永宁卫指挥使,最后晋升为福建都司署都指挥金事,诰授昭勇将军。嘉靖四十二年(1563年),奉命又前往广东大破倭寇。后应魁请求离职回家,闭户读书,校对《春秋》《左传》,寄情诗酒,终年76岁。著有诗稿及《射法》一书行世。

邵龙光 南平浦城县人。清乾隆二十年(1755年)武举人,官江南庐州卫千总。

邵镇南 字十洲,南平浦城县人。清嘉庆朝。以军功补四川峨边营千总,题升酉阳营守备。

邵芝明(1955.3—) 男,漳州市人,原籍浙江温州市。一级武术裁判、一级拳击裁判。中国武术五段。20世纪70年代师从洪敦耕习练六合门等武术。曾多次担任福建省、市的武术和拳击比赛裁判工作。

邵灵杰(1975.1—) 男,漳州芗城区人。国家二级运动员,就职于漳州公安局芗城分局通北派出所,1985年进入漳州市少体校随贾建欣习武,1986年入选福建省体工队。1985—1987年参加福建省武术套路锦标赛,获拳术、刀术、棍术、全能7项第一名,3项第二名。1992年考入福建体育学院。

she

佘海宗 晋江市(今石狮市)人。清乾隆年间都司。

佘昭伯 晋江市(今石狮市)人。清嘉庆年间都督同知。

佘尚义 晋江市(今石狮市)人。清道光年间温州千总。

佘 建 漳州东山县人。清朝武进士,任镇标右营守卫。

舍图肯 清乾隆二十四年至二十七年(1759—1762年)福建将军。

佘婉珍（1962.10—   ）　女，石狮市人。石狮市武术协会常委。2012 年参加在江苏举行的全国农民传统武术比赛，获得一银二铜。

shen

沈世纪　又名彪，河南光州固始县人。唐代玉钤卫左郎将陈政部将。身材魁梧，能文善武。初为河南某县案牍吏，后投身军旅，为陈政部下。陈政受封玉钤卫左郎将时，世纪也获嘉奖。唐总章二年（669 年），世纪随岭南行军总管陈政入闽，率部进驻绥安，骁勇善战，一举攻陷 36 个畲寨。高宗闻世纪骁勇，颁诏赐名沈勇。唐仪凤二年（677 年），陈政病逝，子膺扬将军陈元光代领其众，出师潮州。世纪率所部随征，大小数十余战，终平息"广寇"。当时，世纪与许天正、李伯瑶等同为陈政部六营主将。后陈元光请朝廷建置漳州，并立行台于南诏。沈世纪奉令屯驻。军务余闲，披荆斩棘，开拓村落，营农积谷，广植桑麻，发展贸易，对开漳辟诏做出贡献。唐开元四年（716 年），为表彰陈元光等开漳功劳，诏令修庙崇祀陈元光、沈世纪等六将配享。宋绍兴二年（1132 年）追封沈世纪为威武辅美将军，绍兴十六年（1146 年）加封为殿前大将军武德侯。

沈有容（1557—1627）　字士弘，号宁海，安徽宣城市人。明朝末期爱国名将。自幼喜走马击剑，好兵略。万历七年（1579 年）中武举，被蓟辽总督梁梦龙用为昌平千总，此后屡立战功。万历二十三年（1595 年）秋，倭寇大肆骚扰我东南沿海，福建巡抚金学曾起用有容守海坛（平潭）。第二年调守泉州府，掌浯（屿）铜（山）游兵。不久两次歼击倭寇有功，擢升为浯屿钦依把总，驻守浯屿水寨。万历三十年（1602 年），移镇晋江石湖，十二月入台湾平息倭患。此后十年间，倭寇销声匿迹，海上桴鼓不闻。万历三十二年（1604 年）十一月，往澎湖谕退荷兰侵略者，澎湖的百姓特地竖一块镌刻着"沈有容谕退红毛番韦麻郎等"12 个大字的石碑，以作永久纪念。从此以后近 20 年荷兰侵略者不敢再来问津。沈有容战功卓著，是我国明朝末期一位爱国名将。他秉性刚直，廉洁奉公，敢于揭露时弊，因此得不到当权者垂青，一生郁郁不得志，曾数度乞归谢病于家，最后仅官至山东登莱总兵。明天启七年（1627 年）卒，赠都督同知。

沈　诚　漳州诏安县人。明崇祯年间武举人，随郑成功收复台湾，任澎湖总兵，崇祀延平郡王祠。

沈之骁　漳州诏安县人。清乾隆元年（1736 年）武进士，任石楼营都司，平寇有功，带当殿钦赐元戎，赠武德将军，封中宪大夫。

沈特起 漳州诏安县人。清乾隆元年(1736年)武进士,任韶州守备。

沈 培 漳州南靖县人。清乾隆元年(1736年)武举人。

沈 器 漳州诏安县人。清乾隆六年(1741年)武举人,任顺德镇标千总。

沈菁莪 漳州诏安县人。清乾隆十七年(1752年)恩科武举人,任御前花翎侍卫,湖广永州中营游击。

沈天香 漳州诏安县人。清乾隆十八年(1753年)武举人,任惠州提标千总。

沈作砺 漳州诏安县人。清乾隆二十六年(1761年)恩科武进士,任广东惠来营守备。

沈士蛟 漳州诏安县人。清乾隆三十三年(1768年)武举人,任运千总。

沈 琯 甘肃宁朔人。进士,清乾隆四十四年(1779年)任延平协镇副将。

沈长泰 漳州诏安县人。清乾隆五十四年(1789年)恩科武进士,任厦门前营游击。

沈葆桢(1820—1879) 字幼丹、翰宇,侯官县(今福州市)人。清代民族英雄林则徐之婿、两江总督、中国近代海军之父。清道光二十七年(1847年)进士,选翰林院庶吉士。道光三十年(1850年),授编修。清咸丰四年(1854年),改江南道监察御史。翌年,任江西九江知府。咸丰六年(1856年),调署广信(今上饶市)知府,与太平军作战,升任广饶九南兵备道和吉南赣宁兵备道。咸丰十一年(1861年),调赴曾国藩安庆大营办理军务。清同治元年(1862年),由曾国藩保奏,升江西巡抚,兼办广信粮台。同治五年(1866年),经闽浙总督左宗棠推荐,授总理船政大臣。次年六月,正式主办福建船政。经葆桢与左宗棠上疏力争,船政业务得到发展。葆桢重视学习外国科学技术,培养中国自己的科技人才。他设船政前学堂,培育造船人才;设船政后学堂,造就航海驾驶人才。葆桢主政期间,福建船政制造"万年清"等15艘船舰,并为国家造就一大批科技人才和海军骨干。清同治十三年(1874年)五月,清廷任葆桢为钦差大臣,率师入台。葆桢调兵驻守各处,建筑炮台,铺设海底电线,沟通闽台军务,加强台湾的行政管理,将福建巡抚移居台湾。清光绪元年(1875年)八月,受命为两江总督兼南洋通商大臣。任内修河堤、行海运、筹积谷、拔罂粟、减税收、整盐务、禁厚殓、修炮台、固防务、平冤案、选贤能。终因积劳成疾,病卒于督署。清廷追赠太子太保,谥"文肃",设专祠以祀。著有《居官圭臬》《沈文肃公政书》等。

沈承勋 连城人,贵州籍。清嘉庆二十三年(1818年)武举人,任广东乳源守备,花翎锐勇巴图鲁。

沈瑞舟 漳州诏安县人。清光绪三年(1877年)武进士,钦点二甲第九名御前花翎侍卫。民国时,被孙中山任命为陆军少将。

沈扬德（1881—1964.5）　男，南安官桥镇人。为蔡玉明的关门弟子，人称"玉面虎"（秀面虎），是五祖拳十虎之一。自幼酷爱武术，不惜倾家荡产学武。拜蔡玉明为师，被收为关门弟子，练就了五祖拳艺，惯使53斤的铁钯。1928年代表福建省参加在南京举起的全国第一届国术考试。后因犯命案被追查，避难到厦门。后经友人介绍来到新埯村，开办骨伤科西医诊所行医，并向新埯书香世家邱近卿（清秀才）学习文化，而邱近卿闻知沈扬德武艺高超，特意求教武艺，以文武进行交流。后来在新埯开设了鹤阳馆（新江武术馆前身）。在新埯二十几年间，蔡玉明统一了新埯六个不同派系武馆，后创立玉明国术研究会，培养出"新埯五祖拳十虎将"：邱思志（八舍）、邱剑刚（乌铁师）、邱衡煌、何苏武、邱加注、邱继仕、邱天乞、蔡瑞全、叶峇连、邱思炭等，成为享誉闽南的五祖拳师。同时，也打造了新埯武术之乡的响亮声誉。当时土匪、小偷等不法之徒皆不敢进犯新埯村，使得新埯村保持良好的治安秩序。因对新埯做出杰出贡献，新埯人称他为"沈仙"。抗日战争爆发后厦门沦陷，1938年沈扬德出洋南下，先到缅甸龙山堂，并在建德寺教授五祖拳；后转到新加坡定居，并在新加坡创办"蓝青国术馆"、"玉明武术研究会"。目前在福建闽南、香港、台湾等地区和新加坡、马来西亚、印度尼西亚、缅甸等国家的许多五祖拳拳师皆出自其门下。

沈建中（1959.5—　）　男，字马忠，漳州芗城区人。漳州洋老洲禅武何阳堂武馆主持人，五祖何阳拳第四代传人。自14岁始师从李砚（字若耕）习练五祖何阳拳、刀、棍等器械，并传承了九嶷山少霖寺崔殊缘祖师传下的舞狮法、大旗及阵法。2013年在龙海颜厝"四社李"何阳堂开馆授徒，传教五祖何阳拳法和器械。2013年5月到芗城西窑村开设禅武何阳堂武馆，传教何阳拳、械及舞狮、大旗、阵法。2013年组织参加"福晟杯"土楼论拳搏击争霸赛武术会演。经常组织武馆同仁参加漳州市大型武术表演活动等。

沈诏华（1979.7—　）　男，漳州诏安县人。诏安县精华武术馆馆长。1997年加入上海市武警总队散打队。2001年创办诏安县精华武术馆。

shi

施光缵　河南固始县人。唐朝武举人，任校尉，银青光禄大夫。随军入漳。

施梦枢　长溪（今福安市）人，字宋卿。宋乾道二年（1166年）武举人，南宋殿前都统领、司马、湖南节度使。《福安市志》字作"宗卿"。

施子礼　怀安人。宋淳熙八年（1181年）武举人。

施子美　字子美，怀安人，子礼之兄。宋淳熙十一年（1184年）武举人。

施国威　古田县人。宋开禧元年（1205年）武举人。

施显槃　晋江市人。明万历二十九年（1601年）武进士，烽火把总。

施　琅（1621—1696）　字尊侯，号琢公，晋江市人。清代首任福建水师提督。少时即从师习武。及长，体魄强壮，膂力过人，精兵法，足智谋。因生长在海滨，尤擅水上作战。初在明总兵郑芝龙部下，南明唐王朱聿键时为左冲锋，从郑芝龙降清。后投效郑成功抗清武装，成为郑成功麾下的重要部将。清顺治三年（1646年），施琅按军律处斩违犯军法的部下，由于小人从中挑唆，郑成功一时失察，逮捕施琅，并囚系施琅家属。后施琅用计逃脱，而其父、其弟及子侄都被杀戮，施琅遂归降清朝。后为清朝屡立战功，先后被授为同安副将、同安总兵。康熙元年（1662年）升任福建水师提督。康熙七年至二十年（1668—1681年），调入京师为内大臣，封伯爵，奉朝请。康熙二十年（1681年），施琅复任福建水师提督，并加太子少保荣衔，担负"专征"台湾的重要职责。康熙二十二年（1683年）六月十四日，施琅率舟师由铜山（东山）岛兴师，经过数日苦战，终于二十二日傍晚攻下澎湖。延平郡王郑克塽迫于形势，遣使议降。施琅率领大军登上台湾岛，完成了统一台湾的使命。因功晋封靖海侯，得到圣祖"授御衣、赐御诗"的殊遇。平台之后，圣祖采纳施琅的意见，决定在台湾设一府三县，与厦门合设道官一员，拨兵10000名防守，台湾遂成为福建省的一个府。康熙二十四年（1685年）升为台湾省。康熙三十五年（1696年）三月，施琅病逝于任上。时年76岁。

施世骠（1667—1721）　字文秉，一字文南。晋江县衙口村人。清靖海侯施琅第六子。清康熙七年（1668年），施琅被召入京中为内大臣，亲自传授世骠拳脚技击和军事知识。康熙二十二年（1683年），施琅受命"专征"台湾。世骠时年仅17岁，即委署守备职衔，与兄弟及施氏族人，随施琅出征。在澎湖海战中，世骠殊死奋击。平台后，以军功加左都督衔，授山东济南府参将，不久调山东临清副总兵。康熙三十五年（1696年），漠西蒙古准噶尔部贵族噶尔丹勾结沙俄，再次叛乱，清圣祖再次御驾亲征。天津总兵岳升龙推荐世骠随征。清圣祖召试骑射，命他为护粮官，护送粮草至奎素，大败噶尔丹。回师时闻父讣，乞假奔丧。服除，升任浙江定海总兵。康熙四十七年（1708年），世骠擢升为广东提督。康熙五十一年（1712年），调任福建水师提督，统辖全省水师军务，节制金门、海坛（平潭）、南澳三镇，兼辖台湾、澎湖。康熙六十年（1721年）四月，台湾发生朱一贵起兵反清，全台震动。朝廷命世骠与南澳总兵蓝廷珍提兵进驻台湾。是年闰六月，世骠率水师乘海潮骤涨入登台湾岛，镇压起义军，生擒朱一贵。清圣祖下诏特别嘉奖，赐东珠帽、黄带、四团龙补服。是年八月十三日，台湾行营一带突然"怪风暴雨，相逼为灾"，营中士兵和附近老百姓伤亡惨重。世骠终夜露立,一病不起。九月,卒于军中。赠太子少保,赐祭葬,谥勇果。

施尚瑗 厦门市人。清康熙四十二年(1703年)武科进士,癸未科。

施太英 字乔溪,号毅国,晋江市人。行伍出身,清康熙间铜山营参将。

施为良 晋江市人。行伍出身,清康熙间直隶大姑营参将。

施　玑 晋江市人。行伍出身,清康熙间福建水师前营游击。

施世泽 晋江市人。行伍出身,清康熙间温州总兵,左都督。

施五福 晋江市人。清乾隆四年(1739年)武进士。

施联登 晋江市人。清乾隆三十四年(1769年)武进士,四川忠洲营都司。

施必功 晋江市人。行伍出身,清乾隆间狼山镇总兵。

施凤俅 晋江市人。行伍出身,清乾隆间金门镇中军游击,右营游击。

施圣哲 南平市人。清建镇千总,署右营守备。

施国麟 平潭县人。自幼习武,清嘉庆年间(1796—1820)任碣石镇总兵、广东虎门提督。其父施恩,乾隆年间授浙江温州镇总兵。其子得高,于清道光三十年(1850年)由金门镇总兵升福建水师提督。

施一峰(1900—1974)　男,福州市人。最初师从清末武进士韩信国习地术拳。1929年11月,福建施一峰等6人参加在杭州举行的全国首届国术游艺大会,游艺大会由中央国术馆副馆长李景林担任评判委员长,施一峰担任大会监察委员(监察委员37人)。施一峰等在大会第一天比赛的下午表演了"地盘拳",获得好评。

施载煌(1939.9—　)　男,厦门市人。厦门理工学院原副校长、教授、福建省科协委员。现任厦门市武术协会常务副主席,市"中国武术段位制"考评委副主委,省武协常委,香港通背劈挂拳国际武术总会顾问,省万籁声功夫研究会第二副会长,连任第二届省心五自然门武术研究院荣誉院长,省高校武协顾问。中国武术八段。1951年开始习武,先后师从柯金木、孙振寰、于宝善、万籁声、王效荣、褚桂婷等人,学习五祖拳、通背、劈挂、太极、自然门、查拳、竞技武术等。1958年7月进安徽省体工大队武术队,为第一任队长。3次进福建省体委或体工大队集训,10次代表福建、安徽参加全国武术锦标赛(含第一、第三、第四届全运会)。1957年获福建武术评奖大会一等奖。1959年在安徽省第一届运动会获武术全能、长兵双冠。同年获全国青少年武术运动会对练一等奖,枪术第六名。获首届全运会对练第四名、男子枪术殿军。1960年获全国武术锦标赛男子太极拳第五名。第三、第四届全运会分获男子太极拳季军和亚军。1964年获福建省武术锦标赛男子剑术、太极拳双冠。1964年任三明市武协主席,1984年任厦门市武协第一副主席。1961年任全国武术邀

请赛短兵组副裁判长,1976年任福建省武术锦标赛副总裁判长,2002年任第二届亚太地区武术交流大赛副总裁判长,2006年到2010年连任香港国际武术比赛仲裁副主任和中国武术段位考评委委员、海峡论坛·海峡两岸传统武术大赛仲裁等。曾任中国民间武术家联谊会第一、第二届副主席。2006年被中共厦门市委、市政府表彰为武术先进个人。

施孟铿(1946.3—) 男,福清市人。福清南少林武术研究会副会长、办公室副主任,自然门武术总会福清推广中心主任,世界搏击联合会福清推广中心主任。1993年参加江西省萍乡市气功协会,擅武术硬气功。2005年5月参加福州市民族民间文艺专场展演演出《南少林神韵》节目,荣获表演优秀奖。2005年11月参加中央电视台拍摄《南少林之谜》纪录片,表演南少林武术获奖。2006年3月在国际武术散手道武术比赛中任裁判,获得表彰。2009年在首届军地武术争霸赛中任总裁判。

施养墩(1948.10—) 男,晋江市人。泉州太极拳协会理事,晋江市龙湖镇太极拳协会副会长,晋江市南少林康龙武术馆荣誉馆长兼顾问,福建省姓氏源流研究会会员,福建省姓氏源流研究会施氏委员会副秘书长,晋江地区临濮堂理事会副秘书长、办公室主任。自幼习武,12岁师从菲律宾光汉国术社武术教练谢天保师傅,专修少林五祖拳,刀、枪、剑、棍等传统南拳。曾在本地区开馆授徒。于2002年特邀泉州太极拳协会副会长庄奕玉老师来传授太极拳、剑、刀等。2012年12月被泉州市太极拳协会评为"太极优秀辅导员"。

施金龙(1953.8—) 男,石狮市人。2003年随卢义荣老师、邱金雄老师习练太极拳。2005年参加海口第二届世界太极拳健康大会,获42式太极拳、剑两项银牌。2010年参加福建省第二届海峡论坛·海峡两岸传统武术交流大赛,获一银一铜。

施亚斌(1954.9—) 男,泉州鲤城区人。泉州霞鹰武术馆馆长,泉州市武术协会常委。20世纪60年代开始习练五祖拳,师承泉州五祖拳名师黄清江、林清院师父。1976年开始传授五祖拳,20世纪80年代加入泉州鲤城区少林武术协会,1994年创办霞鹰武术馆并亲任馆长。霞洲青狮阵(宋江阵)经常参加各项武术比赛活动,均取得不错的成绩。"青狮阵"被评为省级非遗传习所,多次参加国内外大型踩街和武术表演,深受上级领导及海外同行重视和好评。

施宣辉(1957.8—) 男,石狮市人。石狮市武术协会副会长,石狮侨乡武术馆副馆长,香港世界五祖拳促进会副会长,泉州武协委员。师从五祖拳第五代传人周盟渊学五祖拳法 30 余载。1980 年参加福建省武术观摩比赛大会,以五祖拳和五祖棍荣获一等奖。1983 年参加福建省武术观摩比赛,获拳术第一名。同年代表福建省武术队参加在南昌举行的全国武术观摩大会并获奖。

施 威(1964.9—) 男,福州市人。龙岩市武术协会副会长。1984 年师从沧州著名劈挂通背拳孙振环先生高徒陈超文学习劈挂通背拳术及散打技艺。曾获得 1985 年、1986 年两届龙岩地区散打 65 公斤级、70 公斤级冠军及 1986 年福建省闽南金三角散打邀请赛 65 公斤级第三名。1984 年福建省武术传统拳比赛(建阳地区)及 1987 年福建省武术散打比赛冠军。1992 年曾任龙岩地区武警支队散打队总教练。

施众城(1983.5—) 男,泉州安溪县人。泉州山外山国术馆教练。自幼喜欢武术,师承苏思义、张晓峰先生,学习武术散打、五祖拳、器械、对练等。福建电力职业技术学院机电工程系团总支书记兼学工党支部书记;2001 年参加福建省"新华杯"武术散打比赛,获得 60 公斤级冠军。2008 年参加央视举办的"武林大会"顺利跻身 16 强,获得进京争夺总冠军的入场券。2010 年参加全国武术之乡比赛,获得拳术第一名、器械第二名。个人事迹曾刊登在《泉州晚报》《国家电网报》。此外同张晓峰师傅一道被邀请到我国台湾和日本等国参加武术交流活动。

施连江(1987—) 男,厦门市人。中国武术五段。1997 年师从陈仁忠学习六合自然门、太极拳、现代竞技武术等。现在集美大学体育学院读硕士,师从高楚兰、郑旭旭教授。参加福建省少儿武术比赛,1999 年获得儿童组刀术第一名,2000 年获得儿童组规定拳第一名、全能第一名,2001 年获得男子少年组刀术第二名、棍术第四名、全能第六名,2004 年获得少年甲组棍术第二名、刀术第三名。在福建省第十二届运动会武术比赛中获男子乙组刀术第一名。2008 年获得全国大学生武术锦标赛男子组双器械第一名。

石绍烈 武平县人。清康熙五十四年(1715 年)武进士,府学,肇庆卫守备,升广海寨游击。

石 城 晋江市人。宋嘉定十六年(1223 年)武举人。

石国泉（1937.8— ） 男，福州市人。福建夏莲上乘梅花拳俱乐部总顾问，福州上乘梅花拳俱乐部主任，曾任福州市公安干部学校校长。中国武术六段。12 岁开始练武，师拜民间拳师林清江、梅花拳宗师王鼎和省武术队教练宋国发，习练南北拳术和器械。在福州市第一、第二届武术比赛中取得良好成绩。在市公安系统内传授防卫擒拿术，曾编写《擒拿法四十招教材》《王鼎宗师上乘梅花拳手迹秘籍》等。退休后与同门师兄弟协力创办了福建夏莲上乘梅花拳俱乐部。

史长熺 漳州市人。清乾隆五十二年（1787 年）武进士，任侍卫。

史　弼 字君佐，一名塔剌浑，蠡州博野人。通国语，膂力绝人。至元二十九年，拜福建行中书省平章政事。

释义中（781—872） 俗姓杨，号广济禅师，俗号三平祖师公，祖籍陕西高陵，其父入闽为县吏。唐建中二年（781 年）正月，义中生于福唐（今福建福清市）。他从小勤奋好学，博览群书。14 岁随父仕宦至宋州（治在今河南商丘南），投高僧玄用门下，剃发出家。元和二年（807 年），义中 27 岁才受具足戒。禅师聪慧勤奋，凡事务穷玄秘。为求证佛法，遍访佛梵古刹，先后拜谒怀晖、智藏、怀海、石巩、大颠等高僧。宝历二年（826 年），义中辞大颠由广东潮州前往漳州开元寺，后至半云峰下建三平真院，宣扬佛法。禅师除精通佛学外，经、史、天文、历法、周易也深有造诣，尤擅长医道和武功。初至九层岩时，见此处草木丛生，禽兽出没，匪贼四伏，疾病流行，遂教民习武强身，传授拳法，以精湛医术为民诊治，救死扶伤。大中三年（849 年），漳州刺史郑薰主持修复漳州开元寺，特邀义中出山为开元寺开光，并为国开堂讲授佛经。咸通七年（866 年），义中思念三平寺，离开漳城重返旧地，直至咸通十三年（872 年）农历十一月初六日圆寂，享年 91 岁。其门人弟子在寺内塑其金身奉祀，号曰"祖师公"。海内外佛门子弟、善男信女更是敬仰备至，四时朝拜，香火绵延不绝，迄今不衰。

释妙月（1883—1944） 俗姓邵，名丕恩，晋江县安海镇邵厝村人。武医双馨，人称"铁罗汉"。13 岁出家，15 岁始练武功，又从瑞象岩仰华和尚学习太祖拳法，拜泉州林九如为师，潜心钻研拳术和医术，修炼铁砂掌，武医皆臻上乘。19 岁在厦门朝天宫剃度，拜觉明上人为师，得法号"妙月"。后回到了安海，在古庙开办云水堂，行医济世，招徒授艺。清宣统元年（1909 年），25 岁的妙月师再到厦门行医，又得到祥辉师等人的资助，筹集资金回到十六脚亭，重建普照寺。民国初期，各地兴起精武救国的热潮。妙月师力主国术界团结一致，弘扬尚武精神。他倡议全厦门国术界人士联合起来，共赴国难，并召开全厦门国术界代表大会。会上，妙月师应邀出场表演了一套拳术、一套空手对棍，又表演了硬气功等。后曾在厦门国术表演大会上担任裁判、主任，主持国术表演。之后又被聘为厦门精武馆名誉总教习。妙月常袒胸露臂，一双手又黑又粗，如威武的伏虎罗汉。高僧太虚法师路过泉州时，写了一副对联赠给妙月师："双拳铁罗汉，十亩老农禅。"从此，铁罗汉的称号传遍四方。民国三十三年（1944 年）十月二十三日，妙月师在泉州崇福寺圆寂，

享年 61 岁。妙月遗有拳术及医道文稿,后编订为《少林太祖拳法》3 卷、《伤科经络疗法》1 卷。

释瑞吉(1898.11—1978) 男,俗名陈礼岳(乐),泉州伍堡人。释瑞吉一生喜武,少时随陈坠先生习太祖拳术,壮年拜永春名师郑教先生,修学白鹤法,功力大进。解放初,出家承天寺为僧,一心奉佛,农耕禅武。泉州武术社成立时,聘其为教练。为人慈祥和蔼,不与人争,深得同仁和学员尊重。早年与卢言秋先生情笃,暮与戴火炎先生厚交。"文革"时,习武被禁锢,常叹拳术会失传,故于寺里暗中传授,师从者甚众。每逢节假日,常邀同仁携徒于寺中演武,师徒同乐。大师修行生活清苦,体貌俊瘦飘逸,精神抖擞。耄耋之年,身手伶俐,健步如飞。"文革"间,有学生参与社会上斗殴,"四人帮"迁怒于师。1972 年以"反动拳师"罪判刑 10 年,送清流改造,隔五载冤死狱中,寿 80 岁。1979 年平反。释瑞吉大师是一代太祖拳名师,穷毕生为传播拳术,经历坎坷,贡献卓越,影响深远。

释常凯(1916—1990) 讳禅即,俗姓洪,晋江市人。民国十四年(1925 年),常凯随父投拜晋江南岳寺住持释元镇为师,学佛、练武、习医。民国十六年(1927 年),在泉州崇福寺祖庭由释元镇披剃出家。从此追随元镇左右,钻研医学,苦练武功。民国二十年(1931 年),常凯入泉州开元寺依转道和尚座下受具足戒。越年往厦门万石岩佛学研究社进修。民国二十四年(1935 年),负笈云游江、浙、沪、杭等地名山古刹,参师学禅、听经习法,并先后就学于南京金陵佛学苑、宁波七塔寺报恩佛学院、上海圆通寺佛学研究社。民国二十六年(1937 年),卢沟桥事变爆发,常凯响应号召,参加僧侣救护队,在枪林弹雨中拯救伤员。"八·一三"上海战役后,常凯自沪回闽,初受聘于泉州承天寺任僧值。后返崇福寺祖庭任监院,并参加晋江佛教支会工作。民国三十三年(1944 年)主持崇福寺。此后,常凯经常往返于泉州与南洋诸国,弘扬佛教,悬壶济世,并培养了一大批正骨医师和武术的传人。1960 年当选为新加坡佛教总会副弘法主任。1964 年又当选为佛教总会的总务主任。1965 年参与发起组织新加坡佛教僧伽联合会,一直担任秘书长职务。1989 年当选为世界僧联会的副会长。1986 年当选为新加坡佛教总会副主席,1988 年升任主席。1989 年返晋江谒祖,走访泉州、厦门诸名山长老,策划扩建崇福寺。1990 年因病在新加坡伽陀精舍圆寂。遗有《戒月心珠》《正骨心要》《伽陀诗草》《名山记游》等著作存世。

释常定(1974.12—) 俗名杨建彬,泉州洛江区人。泉州少林寺首任方丈,泉州少林寺武僧团团长,泉州武术协会副秘书长。自幼跟随周焜民老师习练太祖拳,1989 年出家于泉州崇福寺。1990 年到厦门南普陀寺闽南佛学院进修。1994 年到厦门白鹿洞寺做知客。1997 年到泉州少林寺当住持至今。2000 年应法国巴黎福建同乡会邀请组团出访欧洲诸国,进行中华武术文化交流活动,教授南少林太祖拳,荣获巴黎市政府颁发的巴黎青年和体育金质奖章。2004 年担任香港电视剧《天下无敌》的武术指导。同年

应邀率领 16 名少林寺武僧前往印尼进行武术文化交流活动，并参加晚会赈灾筹款慰问灾区。2005 年带领少林寺武僧团到非洲进行少林功夫表演。2006 年出席新加坡总统星光慈善晚会并参加南少林功夫表演，为大会筹集善款，受到总统纳丹接见和好评。

song

宋　富　龙岩连城县人。元季，任晋江县簿。明洪武元年（1368 年），从指挥孙政通收军。洪武五年（1372 年），授河阳卫百户，改燕山右卫前所。

宋　桢　龙岩连城县人，富之子，袭职。明建文元年（1399 年），从指挥使朱崇征遵化等处，以功升燕山右卫副千户，改本卫镇抚。宋斌、宋彪、宋时中，俱袭职。

宋　德　龙岩连城县人，桢之弟。明建文元年（1399 年），同兄桢随指挥朱崇等征克雄县、郑州、真定等处。建文二年（1400 年），随驾征有功。建文三年（1401 年），升通州卫指挥同知。

宋廷光　永春县人。清乾隆六年（1741 年）辛酉科武举人，大嵩守备，升都司。

宋宝树　漳州南靖县人。清乾隆四十五年（1780 年）武举人。

宋鸿图（1849—1878）　字瑶轩，侯官县（今闽侯县南屿镇江口村）人。清代武状元。出身于农民家庭，年少时帮家里干些农活，有时也进私塾读点书，但从小志在练武。因身体魁梧，膂力过人，外号"金刚姆"。清同治八年（1869 年），堂兄宋泰生崇尚武术，用厚礼聘来一位永泰县的武师传授武艺，鸿图在堂兄帮助下也得以从师习武。他勤学苦练，武功大进，他练武的大刀重 180 斤。同治十二年（1873 年）乡试，主考官兵部右侍郎兼都察院右都御史王凯泰录取他为亚元（武举第二名）。光绪二年（1876 年），鸿图赴京应试，得中武进士，钦赐一甲第一名进士及第（武状元），授御前侍卫。光绪四年（1878 年），选任广东参将，正准备赴任，突闻母亲病逝，遂回闽奔丧。在家守制期间，乡里痢疾流行，鸿图亦染病不治身亡。

宋忠达（1882.12—1939.4）　男，永春县人。永春白鹤拳师。1926 年重阳节，永春二十几名著名拳师在县西校场比赛拳术及狮法等，宋忠达获得银奖。1928 年 10 月永春选拔出潘世讽、潘嗣清、李万悦、宋忠达、林宝山等武林英俊参加南京全国国术第一届考试，宋忠达获壮士称号。壮士载誉返回永春后，在各方的努力下，成立了永春国术馆，宋忠达被聘为国术馆教师。1929 年 10 月，应侨领陈嘉庚的邀请，宋忠达随闽南国术团赴新加坡、马来西亚进行武术巡回表演，并在当地传授永春白鹤拳。

宋国发（？—1970） 男，河北沧州人。武术家。20 世纪 60 年代初来到福建，经万籁声老师推荐、洪正福老师引进，到福建省武术队少年集训队担任教练，是万籁声、王景春等武术名家的好友。万籁声先生曾多次说宋国发老师武术"花样很多，玩意不少"。其看家拳有：迷踪拳、肘手拳、子母拳、金臂刀、六合刀、排风棍、梅花棍、梅花枪、子母剑、七星剑、判官笔、虎头钩等。在福州民间，宋国发老师传授了一批学生。他们有：吴依俊、陈祥荣、陈亚、郑启燕姐弟、熊舒心姐妹、翁治平兄弟及省杂技团和省京剧团的武生等。"文革"中，被造反派批斗并关在中州岛。

宋宏志（1960.3— ） 男，莆田市人。莆田市涵江区三江口学区校长，福建省武术家协会理事，莆田南少林武术协会副会长。毕业于北京汉语言大学。自幼喜爱体育活动，少年时代与武术结缘，得到万籁声的传授，擅长少林六合门和自然门功法，对其他各门户如八卦、太极、罗汉及枪器械均有涉猎。2007 年 5 月当选为莆田南少林武术协会副会长。福建省先进教育工作者，莆田市十佳校长，多次当选县区人大代表。

宋少华（1963.3— ） 女，仙游县人。大专学历，武术高级教练，一级武术裁判。1973 年进入仙游县少体校习武。1976 年参加在三明举行的福建省武术比赛，获女子枪术第一名、规定拳第二名。1978 年参加全国赛，获传统拳术第二名。1987 年 6 月毕业于福建省体育运动学校，同年 9 月在仙游县体育运动学校任教至今。1998 年被评为县三八红旗手，2002 年被评为县劳动模范，2007 年被评为市劳动模范，2009 年被评为福建省优秀基层教练员，多次被县、市评为体育先进工作者。培养和输送的优秀武术运动员有林凡、林莺、林霞、刘雅、李奕南、刘晟崴等。2012 年获得全国优秀教练员，2013 年 4 月被评为福建省劳动模范。

宋 林（1981.7— ） 男，龙岩市人。武英（健将）级运动员，现为福建省武术队教练。1991 年 10 月入选福建省体工队武术队训练，2008 年 6 月毕业于集美大学体育学院运动训练系。多次参加全国、省、市各类型的武术比赛，取得优异成绩：2002 年获全国武术套路冠军赛男子南拳冠军。2004 年获全国武术锦标赛男子南棍冠军；同年获全国武术冠军赛男子南拳冠军、第六届亚洲武术锦标赛男子南棍冠军。2005 年获第四届东亚运动会武术比赛男子南棍南刀全能冠军。2008 年获得全国武术冠军赛男棍第三名。2009 年参加第十一届全运会武术套路预赛，获南拳全能第五名。曾获得福建省体工大队优秀共青团员、福建省体育局运动技术标兵、福建省直机关"优秀共青团干部"、2006—2007 年度福建省体育局"青年岗位标兵"、2008 年度福建省体育局"优秀团干部"等荣誉称号。退役后留任教练一职。

嵩　溥　清道光十七年至十九年（1837—1839 年）福建将军。

su

苏　缄（1016—1076）　字宣甫,北宋泉州(今福建)晋江市人。宋宝元元年(1038年)进士。初任广东南海县主簿,后调任阳武尉。有政绩,升为秘书丞,知英州(今广东英德市)。宋神宗熙宁初,越南李朝正积极谋划进攻北宋,于是宋神宗任命苏缄为皇城使、邕州(今广西南宁)知州。苏缄打探到越南将要进犯,接连向桂州知州沈起告急,均未引起重视。熙宁八年(1075),越南军队大举入侵北宋,连下钦州、廉州,并合攻邕州。当时邕州州兵只有 2800 人,而敌人号称八万,情势危急。苏缄先安抚邕州的百姓,然后召集所属官员和郡里有才能的人,教给他们守城和打仗的方略,并安定民心,鼓舞士气。敌人进攻时,苏缄发神臂弓射击杀死许多敌兵,又烧毁了敌人用来攻城的云梯和攻濠洞子等工具。敌人久攻不下,准备撤军,后来却听说邕州并无外援,于是继续围城,最终城被攻破。苏缄依然率领士兵进行巷战,在意识到无法击退敌军时,他说:"吾义不死贼手!"于是先杀全家 36人,然后自焚。敌军找不到他的尸体,竟然大肆屠城。宋神宗得知苏缄殉国后,十分惋惜,赠奉国军节度使,谥曰"忠勇"。

苏十万（? —1280）　原名一侯,字万仁,号留义,德化县人。南宋将领。擅长习骑射,熟谙武略。性慷慨豪爽,平生忠肝义胆,诚以待客,常能温恤贫困乡邻,人皆乐与交游。南宋咸淳十年(1274 年),元军迫近临安,朝廷危在旦夕,下诏天下忠臣义士勤王。十万集聚乡民,倾家资充军饷,募集义兵,以境内的罗城寨、天平城为据点,屯兵积粮,又以邑南的肖田、蔡径和城郊的唐寨、相安院等为大本营。县属各地群起响应,参加义兵,遂有"一呼十万"之说。十万集上万义军勤王,至半途,惊闻临安失陷,张世杰、文天祥扶幼主赵昰、赵昺退至温州,十万赶赴温州接驾入闽,共扶赵昰即位于福州,改元景炎,十万受封为殿前都指挥使,匡扶宋室。闽陷入粤,昰、昺二帝相继殉难后,十万不屈,突围返回德化,在七台山的彰武寨和天马山的岭头寨再聚义兵,利用山区丛林茂竹复杂地形层层设防,用"竹林弓、蓬丛箭"的伏击战继续抗击元军。元兵持诏招降,十万答曰:"吾身为宋将,愿决一雌雄,死而后已,安肯屈事求荣乎!"后因兵穷无援,于元至元十七年(1280 年),在七台山水府被围,混战阵亡。清乾隆版《德化县志》载:十万"被刺挺立不仆,血渍石上,朱殷不灭"。

苏继元（1525—1602）　明嘉靖时永春桃场人。少学举子业,膂力过人,世称"苏关公"。随伯景和、父景文习练武艺,日与讲究操练,声称著闻。嘉靖年间,倭寇扰乱,邑令委景和为练长,乃与伯、父努力协众,御寇杀敌著绩,永邑赖之以安,县详宪司列奖有功,功诵口碑,名登邑志。旧《永春县志·忠义传》载:"其时诸乡义士起兵拒寇者,如黄光甫……苏继元皆数有战功",武绩可称,载为"义士"风世,颁额《忠义可风》褒扬。

苏鸣岗（1580—1644）　厦门同安区人。少时念过私塾,能文章,善武术。弱冠赴印尼谋生,初经商于西爪哇万丹,后在巴达维亚(今雅加达),通晓马来语和葡萄牙语。明万历四十七年(1619 年),被荷兰当局任命为首任华侨甲必丹,作为"华人之领袖,管理一切民事诉讼"。次年,还被荷兰在印尼的殖民当局聘为评政院议员。在任期间,注意调和万丹苏丹与巴达维亚殖民政府间的矛盾;凡有关华人利害事宜,无不据理力争,改善了华侨聚居于低洼地的恶劣条件以及向荷印当局争取减少华侨工作时间等问题,深得侨胞支持与拥护,任甲必丹 16 年。崇祯八年(1635 年),辞去甲必丹职务。次年离开巴城,准备取道台湾直抵厦门,后因明末海禁森严,侨外子民回乡辄受治罪原因,不得已逗留台湾,受聘于台湾总督府任翻译 3 年,于崇祯十三年(1640 年)重返巴达维亚。次年,巴城政府设立华侨遗产局,苏鸣岗被任命为局长。清顺治元年(1644 年)四月八日,鸣岗病逝于巴城,时年 64 岁。

苏梦仪 字羽若,晋江市人。明天启二年(1622 年)武进士,湖广总兵官,后军都督同知。

苏元琮 侯官(今福州市)人。清雍正二年(1724 年)武进士,御前侍卫,授銮仪卫,花翎,弓矢,司掌印汉治仪正。

苏徽典 南安市人。清雍正八年(1730 年)武进士。

苏懋师(1740—1803) 男,字范家,号正法,祖籍永春蓬壶观山。自幼贫困,师从"冠带六品"懋聪堂兄日珺等人,苦练白鹤拳术,能擒竹即破,起肚吊膳。将所学功夫传儿子及邻里,门徒甚多,并为人疗伤正骨,梓里称颂。其子乾虎在他的精心教传之下,武功过人,曾参加泉州擂台赛获胜。懋师拳谱、药书至今犹存,所用的钩镰器械收藏在永春白鹤拳史馆,其传奇的人生事迹也被"永春白鹤拳开发中心"收集成书。

苏 蓉 漳州郭坑镇人。清道光九年(1829 年)武进士,己丑科。

苏陈阳(? —1949.11) 漳州芗城区人。人称秀才庆,清末武秀才。师从漳州团练营总教头何水道习武。曾任团练营右营教头。后以行医为业。

苏显忠(1873—1952) 男,又名昌义,永春县人。白鹤拳名师。从小随父苏诰坑、胞兄苏昌寿苦练白鹤拳诸般武艺及接骨医伤,拳艺精通,指力过人,能擒竹而破之。1923 年经严格选拔,任厦门大学国术教授,并带高徒梁绳章、苏昌栋同往助教,精心培养武术人才。1928 年再次应侨领陈嘉庚先生的邀请,出任厦门大学国术教授,组织国术队,传播白鹤拳,并组织多次宣传表演。1929 年秋与名师潘世讽率"中央国术闽南国术团"一行 20 人到新加坡、马来西亚各地巡回表演,传播拳艺,爱国侨领陈嘉庚赠予牌匾"国粹曙光"。1936 年 5 月应邀参加驻闽第三绥靖区军民运动大会,荣获"发扬国威"牌匾及奖章一枚。1937 年带高徒昌栋、文美参加泉州运动会,荣获"我武维扬"牌匾。1962 年重阳节参加永春名师武术大赛,获金质奖章一枚。显忠一生以弘武报国为己任,长期设馆授徒,并热心指导乡民练武,门生不计其数。

苏振木（1896.9—1969） 泉州惠安县人。太祖拳师。商界称"大车木"，武林中人称"手刀木"。自小习武天生神力，苦练太祖拳，练出手劈断石榴树根的功夫。18 岁那年兵荒马乱，惠安出现瘟疫，在生活所迫的情况下，苏振木背着母亲逃荒到泉州西街。当时西街一大财主的儿子被清源山上的土匪绑票，苏振木知道后便主动找财主说："我如果没本事救出你的儿子，我留下这条命，等着吧。"结果凭功夫胜了土匪头子，土匪只好放人。后财主为他办了一个汽车头蓬，就有了"大车木"这个外号。苏振木为人慷慨仗义，推拿接骨从不收取钱财，反贴病人药费。新中国成立前暗中资助中共地下党，其长子苏再福就在 1949 年光荣加入共产党并担任社区治保主任。

苏文美（1903—1988） 男，又名荣铳，永春县人。从小得到叔父苏显忠器重，口传身教白鹤拳，并掌握医伤接骨技术。1930 年至 1940 年两次去马来西亚定居，设馆传授白鹤拳。回唐山（指大唐江山）后，在家乡村医疗站工作。1974 年后多次到安溪、南安、晋江、德化开馆授徒，多次参加县、市武术表演和各种比赛，获得了不同奖项。1986 年响应国家体委"全国武术遗产挖掘整理工作"号召，积极贡献展品，获得福建省体育委员会颁发的一等奖。1986 年 3 月把珍藏多年的拳经拳谱抄本献给国家，获得国家体委颁发的二等奖证书及雄师奖。

苏昌栋（1906.8—1995.11） 男，字显雷，永春蓬壶观山人。白鹤拳名师。苏懋师乃其高祖，昌栋少年拜苏显忠为师。20 世纪 20 年代末期，随师显忠执教于厦门大学、集美学校，并与厦门武术界名流切磋技术。30 年代，在侨领陈嘉庚宅中参与设立"国医馆"，为集美百姓移轮正骨、推风疗伤。1936—1937 年两度参加同安、泉州军民运动会，载誉归来。1938—1939 年随陈嘉庚到星洲、马来西亚参加"南侨筹赈会"义演活动，筹集资金支援祖国抗战。同时又在师兄梁绳章星马武馆传艺授徒，期间结识侨领李铁民、侨亲辜俊英。"文革"期间多名老干部得到其保护。1959 年以后，与名师苏文美、昭堆、昭楼等人参加省、地、市、县老人组武术表演赛，计获奖六次十项。一生授徒甚众，其事迹载入《泉州体育博览会》《永春白鹤苏氏族谱》等书。

苏文柏（？—1961） 男，漳州芗城区人。民间拳师。居漳州东门石狮巷，师出瀛洲何阳堂，为五祖何阳拳名师，人称"苏柏师"或"斑柏"。后带艺投师于赏师门下，学习白鹤拳。又向赏师岳父苍师学习达尊拳法，将苍师传下的这支发展成为漳州市内达尊拳最大的流派。年轻时，因跌伤而导致驼背，故其专研苦练千斤坠功夫，上部运用短肢取胜。他曾以千斤坠的粘力，10 个青壮年都拉他不动。他是新中国成立前后在漳州享有盛誉的武术前辈，新中国成立后多次当任武术表演比赛的裁判员。1961 年去世。

苏复通（1916.11—1993） 男，漳州龙文区人。何阳拳传人。1924 年开始习武，先后师从苏树、苏大瑞、苏陈阳习练何阳拳。1955 年参加福建省武术表演赛获，二等奖。曾在龙文、龙海等地授徒。

苏再福（1928.6—1992） 男,泉州市人。泉州市武术协会副主席,泉州市鲤成区武协理事长,福建省五祖拳研究会副会长。民国时期随其父苏振木练习太祖拳,后师从陈双喜习练五祖拳。1962年泉州市武术界成立武术研究社,苏再福被推举任副社长,负责管理内勤工作,每周进行义务教学,至1966年"文化大革命"开始武术社解散。动乱时期没有放弃武术传授,利用任铁器厂厂长、书记身份之便,继续传授武术。1987年泉州武术协会成立,任副主席兼任理事长。同年鲤成区武术协会成立,任理事长。1989年任泉州市武术代表团总教练赴菲律宾访问,访菲时参与发起成立"国际五祖拳联谊总会"。1990年任泉州市武术代表团总教练访问日本。

苏瀛汉（1945.11— ） 男,字宗云,永春县人。福建省武协委员。泉州市武协副主席,永春县武术协会副主席,永春翁公祠武术馆副馆长兼秘书长,菲律宾菲华国术总馆顾问,永春怡云武术研究会创会会长,永春白鹤拳传人,中国武术七段。1960年起先后师从潘瑞盈、郑联甲习永春白鹤拳和中医骨伤科。1984年参加永春白鹤拳挖整工作,同年参加福建省武术挖整小组,参与《福建武术拳械录》的部分编写和编审工作。1986年分别获省和全国武术挖整工作先进个人、全国武术挖整工作"雄狮奖"及省"三贡献"二等奖。合著《永春白鹤拳》一书被收入《中华武术文库》,主编《鹤道》刊物,与其子苏君毅整理校注《原传白鹤拳家正法——古典白鹤拳谱六册》,著有《永春白鹤拳基本技术》《永春白鹤拳技手图说》在台湾出版发行,先后在国内外报刊杂志发表武术文章20余篇。2001年获福建省传统武术演武大会优秀奖。2004年代表国家队参加在郑州举行的首届世界传统武术节,获男子南拳一等奖。曾出访马来西亚（任副团长）、菲律宾（任指导员）,2004年率团赴台参加国际鹤法学术研讨会。2006年随福建省武术代表团二度出访台湾,参加台南武艺大会师。2005年由苏瀛汉拍摄的永春白鹤拳系列教学光盘由人民体育音像出版社出版并向全球发行。数十年间接待大批海外及港、台武术团体、个人,开展武术交流和教学活动。2005年被评为泉州市1995—2005年度健身活动先进工作者。

苏水泉（1947— ） 漳州龙文区人。龙文区武术协会副秘书长,漳州市武术协会理事。少年时师从郑金时习练何阳拳。现为龙文田丰双发何阳堂武馆负责人。

苏国基(1952.5—) 男,永春县人。永春白鹤武术研究会会长。1952 年生于观山村美兴堂。从小活泼好动,继承祖传苏显忠高徒文美、昭楼、昭堆、昌栋的白鹤拳法,勤学苦练。1986 年参加全国武术遗产挖掘整理工作,积极贡献展品,被福建省运动委员会评为三等奖。1990 年参加泉州市首届福建南拳锦标赛,获成年组对练第三名。2004 年参加中国福建南少林国际武术大赛,获男子 A 组双器械类金龙奖。2006 年参加马来西亚世界永春代表会武术表演。2006 年任观山小学的武术教练。2007 年任永春第三中学的武术教练。

苏鹭建(1952.10—) 男,厦门市人,原籍永定。大专学历、一级武术裁判。中国武术六段。1964 年师从鼓浪屿孙振寰习通背拳,擅长枪术、拳术。1976 年参加在三明市举行的福建省武术比赛,获拳术、短兵、长兵、对练全能第三名。20 世纪八九十年代担任福建省、厦门市武术比赛裁判工作,历任裁判员、裁判长,多次获得体育道德风尚奖。2004 年参加在武夷山举行的全国太极拳邀请赛,获中年 B 组一等奖。

苏键国(1956.11—) 男,又名苏建国,漳州市芗城区人。中国医疗养生康复专业委员会委员。1969 年开始习武练功,先从祖父苏木水习练家传五祖鹤阳拳及中医学,再拜漳州罗汉拳名师林增辉习练少林罗汉拳械,后随杨启老师习练养生医疗气功。擅长五祖鹤阳拳、少林罗汉拳及大刀、中医气功等。1982 年代表漳州市参加福建省武术观摩比赛,演练的罗汉拳和大刀荣获大会优秀奖(最高奖)。从事武术教学 30 多年,培养漳州及各地青少年武术爱好者逾千人。多年来,把武术、气功、传统中医学融合一体,施一指通经功点穴治疗人体疾病、创伤,为患者解除痛苦。

苏德来(1960.9—) 男,泉州市人。泉州市武术协会副秘书长,泉州五祖拳研究会副会长,洛江区武术协会副会长,省级俞家棍传承人。中国武术六段。1978 年拜五祖拳名家黄清江为师习练南少林五祖拳械。曾荣获泉州市首届福建南拳锦标赛拳术、棍术、器械三项第一名,南少林武术节武术大奖赛一等奖,福建省武术之乡武术比赛南拳第一名,中国福建南少林国际武术大奖赛、闽台南少林武术交流大赛、南少林华夏武术大赛拳术、器械金牌,连续四届荣获全国武术之乡武术比赛拳术、器械一等奖。曾参加中日武术交流,出访马来西亚;担任第六届全国农民运动会开幕式大型文艺表演助理导演和中央电视台《武林大会》五祖拳主教练、解说专家。培养的学生有 200 多人次在各级武术比赛中荣获金牌。

苏思义（1965.1— ） 男，泉州市人。国家级散打裁判，福威国术馆理事长，泉州市武术协会副秘书长，鲤城区武术协会副理事长。自幼随其父苏再福习太祖拳、五祖拳。1976年开始参加福建省青少年儿童武术比赛，多次在省市武术比赛中获奖。1993年成立泉州市鲤城区福威国术馆，任理事长。1994年带领福威武馆学生参加全国武术馆校比赛获得佳绩。1995年担任鲤城区武术代表队总教练，带队参加全国武术之乡武术比赛，学生多次在福建省武术散打比赛中获得金牌和团体总分第一名。1996年后参加全国武术散打新规则培训，合格并担任裁判工作。此后多次担任全国武术散打锦标赛、全国农运会武术比赛、中央电视台"武林大会"的场上裁判，受到好评。1998年在福建省运动会开幕式上，任武术表演副总教练。现任泉州市散打主教练。2002年任泉州散打队主教练，带队参加省运会取得优异成绩。

苏金仟（1965.1— ） 男，永春县人。永春白鹤拳昌栋研究会会长。自幼随祖父苏昌栋苦练白鹤拳，担任过永春白鹤武术研究会副会长兼秘书长，参加省社科项目"永春白鹤拳研究"课题的研究工作，拳医结合，弘扬国粹。2009年5月参加海峡论坛·海峡两岸传统武术交流大赛，获男子鹤拳徒手银奖、长器械铜奖。2010年2月26—28日参加在泉州侨乡体育馆举行的国际南少林武术邀请赛，荣获徒手银奖、双刀银奖。2009年发起成立"昌栋研究会"，担任会长。福建电视台公共频道、永春电视台等多家媒体对其进行过采访报道。

苏金木（1965.4— ） 男，永春县人。永春白鹤武术研究会常务理事，永春白鹤拳昌栋研究会副会长。自幼随祖父苏昌栋苦练白鹤拳术。2009年5月参加海峡论坛·海峡两岸传统武术交流大赛，获男子棍术铜奖。2010年2月26—28日参加在泉州侨乡体育馆举行的国际南少林武术邀请赛，荣获器械（铁尺）铜奖、徒手优秀奖。常年收徒，传授白鹤各种技艺，并为人疗伤正骨。

苏东升（1965.6— ） 男，永春县人。永春白鹤武术研究会副会长。1974年跟文美叔父学习白鹤拳。1991年参加在永春人民会场举行的国际南少林武术交流表演。2005年3月任永春白鹤武术研究会副会长，同年6月在棣兰体育馆出席中日武术交流。2006年9月参加在中华农民体育学园举行的福建省传统武术大赛开幕式并进行武术表演。2009年5月参加海峡论坛·海峡两岸传统武术交流大赛，获男子C组鹤拳铜奖。2010年参加首届海峡两岸闽南文化节暨国际南少林武术邀请赛，获男子C组鹤拳银奖，男子C、D组其他长器械类金奖。

苏祖奋（1965.6—　）　男，永春县人。永春白鹤武术研究会副会长。苏祖奋从小爱好武术，跟父亲学习白鹤拳，同时向本乡老师傅请教求学，18岁起开始跟家父外出设馆传授白鹤拳法，授徒数百人。2004年12月参加中国福建南少林武术大赛，获男子B组棍术类金龙奖。2010年到三明大田教习武狮拳艺，在大田县狮王争霸赛中获得第三名，并被济阳乡政府授"白鹤高飞，发扬舞狮"锦旗一面。2007年任永春三中武术教练。从2002年至今，每年暑假举办白鹤拳培训班，每年的学员都超百名以上，为培养优秀的下一代作贡献。

苏作华（1965—　）　男，又名苏振喆，福清市人，印尼归侨。中国国际教育家协会副秘书长，福建省武术协会常委，三明市少林文武学校校长，三明市华侨学校董事长。中国武术七段。少时在广东跟南拳王邱建国师傅学习南拳、咏春拳及福建地方拳种。1981年入河南嵩山少林寺，被释素云大师收为弟子，赐名"释德华"，为德字辈31代武僧俗家弟子，在少林寺学习少林拳法和各种武术及四书五经等。1989年到三明市以少林精神创办福建省第一所少林文武学校，并建立副校长校务管理系统，推展文、武、艺三方教育。1994年代表福建省武术团前往香港、日本、新加坡等地进行武术表演与交流。1995年后多次参加全国武术工作会议，并荣获"中华武林百杰代表""百名武术最具影响力人物"及"十大武术馆校长"。其校获"全国先进武术学校""福建省先进武术学校"等。1997年担任福建省武术团副团长，率武术代表团出访日本，为中日友好25周年巡回表演，省体委为之颁奖。创校25年来，学生参加了国内外各类武术比赛，获得金银铜牌数百枚，同时为社会培养了大量武术专业人才。

苏学军（1969.9—　）　男，漳州芗城区人。漳州市中医院主治医师，一级武术裁判。1979年入漳州市少年体校师从贾建欣习武。1987年考入福建中医学院。在校期间，参加全国中医学院传统保健体育运动会，获太极拳第一名、太极剑第二名、南拳第三名。1992年参加福建省第十届运动会，获太极拳第二名。多次担任省、市武术比赛的裁判工作。

苏君玉（1973.10—　）　女，永春县人。中药师，永春怡云武术研究会副秘书长，福建社会武术准高级教练员。中国武术六段。7岁始随父苏瀛汉学永春白鹤拳。1984年后开始参加各级武术比赛。2002年参加国际永春白鹤拳演武大会。2004年获中国南少林武术大赛金龙奖、银狮奖。2005年在《永春白鹤拳苏瀛汉系列》书中担任技术示范，同年参加中国·永春—日本·冲绳交流演武大会。2006年参加福建省民间传统武术比赛，获三项一等奖。同年代表福建省参加"全国亿万农民健身活动先进乡镇"武术比赛，获一二等奖，被泉州市政府授予"武英奖"。2007年获泉州市八运会女子甲组

拳术第一名、器械第五名。2008 年代表福建省队参加第六届全国农民运动会,获传统器械银牌、拳术铜牌。2009 年参加海峡论坛·海峡两岸传统武术交流大赛,获一金一银,同年代表福建省参加在台北举行的国际武术节,获一金一银。在全国传统武术比赛中获得拳术金牌。2010 年在全国高等学校《武术套路基础教程》中担任永春白鹤拳技术动作示范。

苏君毅(1977.5—)　男,永春县人。国际南少林五祖拳研究会副秘书长,永春怡云武术研究会会长兼总教练,福建省社会武术准高级教练员。中国武术六段。5 岁始随父苏瀛汉学习永春白鹤拳,7 岁参加晋江地区武术比赛。曾随福建体育学院郑旭旭教授等习散打和长拳,师从台湾何善发习永春三步点槌法。1994 年至 2004 年参加中国南北少林武术大汇演、国际南少林五祖拳联谊总会演武大会、国际永春白鹤拳演武大会等,荣获优秀奖、一等奖。2005 年参加中国·永春——日本·冲绳交流演武大会。2006 年获福建省民间传统武术比赛三项一等奖。同年获泉州市政府授予的"武英奖"。2008 年至 2011 年参加闽台南少林传统武术大赛、海峡论坛·海峡两岸传统武术交流大赛、闽南文化节国际南少林武术邀请赛等,共获得 9 金 1 银。参加全国传统武术比赛,获得拳术、器械两枚金牌。2004 年与父亲苏瀛汉整理校注《原传白鹤拳家正法——古典白鹤拳谱》一套 6 册及《永春白鹤拳基本技术》等在台湾出版及连载。2005 年在人民体育音像出版社出版发行的《永春白鹤拳苏瀛汉系列》中英文双语教学片 15 套 18 碟光盘中担任主示范。先后到埃及、澳大利亚、印度尼西亚传授永春白鹤拳。

苏洲鸿(1977.10—)　男,泉州市人。1990 年师从庄昔聪习武。1992 年参加全国第二届武术馆校武术比赛,获剑术第二名。1993 年参加福建省青少年武术锦标赛,获剑术第一名。

苏圳勇(1979.1—)　男,漳州龙文区人。自幼习武,师从郑木春习练五祖何阳拳。2008 年参加在湖北十堰举办的第三届世界传统武术节,获拳术一等奖,器械、对练两项三等奖。2009 年参加海峡论坛·海峡两岸传统武术交流大赛,获器械对练金奖。

苏飞鸿（1980.12— ） 男，漳州龙文区人。自幼习武，师从郑木春习练五祖何阳拳。2008 年参加在湖北十堰举办的第三届世界传统武术节，获器械二等奖、器械对练三等奖。2009 年参加海峡论坛·海峡两岸传统武术交流大赛，获器械对练金奖，拳术、器械两项银奖。

sun

孙祖武 字仲实，侯官（今福州市）人。宋淳熙十一年（1184 年）武举人。

孙胤武 字伯震，号紫峰，明末清初福建惠安张坂镇崧山杨厝村人。父辈以重金聘请名师，传授胤武及率胞弟孙炎龙、孙灏武功。明万历三十一年（1603 年）胤武中武举人。天启五年（1625 年），胤武进京会试，居第十九名武进士，授江西都司。不久解甲归隐家乡。崇祯元年（1628 年）戊辰科，养精蓄锐已久的胤武不顾年事已高，欣然入都应试，殿试时对答更完善精辟。崇祯帝即批为"御览对策天下第一名"。但当时状元已定，崇祯帝乃赐胤武回家乡惠安跑马围埭为税田，授予江南铜山参将之职。任职期间，胤武勤于王事，训练兵勇，严明纪律，修固海防营寨，保境御敌安民，深受百姓爱戴。由于治军有方，晋为昭武将军。是时，胤武看到官场混乱，国事日非，加上年事已高，遂故告归家居，课读子孙。同时在家乡筹募训练乡勇，在崇武至惠安之要冲大坪山的九岭设十八寨。不久听到清兵外扰，而内乱日繁，京都告急，他毅然典卖掉跑马地税田，携款赴京，拟纾国难，半途闻明亡消息而折返故乡。清廷以高官厚禄诱其出仕，均遭其严词拒绝，最后遭受清朝的镇压。

孙应龙 字从之，长溪（今福安）人。廷试第三。宋开禧元年（1205 年）武举正奏，历知德庆府，本路副总管。

孙正通 元末三明明溪人。原为元行省平章陈友定步卒，以勇力闻名。后归明，数从大将军李文忠征剿诸叛国。奋勇先登，无战不克。遂以积勋升河南汝宁卫指挥使。洪武间，奉命削平漳、泉界宁阳僭号草寇，即于其地敕建督府以镇守之。十余年，内外安攘，远近畏服。边隅一带迄无烽火之警者，皆正通之功也。后卒于官。其乡民特立庙以祀之。

孙其贤 泉州惠安县人。明万历四十四年（1616 年）武进士。

孙应麟 晋江市人。明万历间武举人，卫指挥。

孙孕武 泉州惠安县人。明天启五年（1625 年）武进士。

孙　基（约明崇祯至清顺治） 漳州云霄县人。自幼精于武术，尤以鹤拳、鹰拳著称，尤擅铁砂掌。壮年时，于云陵馆仔前家中立武馆授徒。

孙右文 漳州诏安县人。清朝武举人，任闽安千总。

孙如龙　漳州诏安县人,原籍山东钱岗。清康熙十二年(1673年)武进士,任台湾都督使。

孙士润　永春县人。清康熙二十六年(1687年)丁卯科武举人,康熙二十七年(1688年)戊辰科进士。

孙士澜　字海若,泉州永春县人。清康熙二十七年(1688年)武进士,温州镇标游击,宁波参将。

孙元温　永春县人。清康熙五十年(1711年)辛卯科武举人,浙江中式。

孙廷邦　南平浦城县人。清朝将领。乾隆朝,由行伍拔补枫岭营把总,升建宁镇右营千总,调台湾署镇标右营守备,升署淡水营都司。

孙全谋　字元臣,号澹亭,漳州人,祖籍山西。清代广东水师提督。年轻时投水师入伍,以劳绩拔本标千总,累迁游击。乾隆五十一年(1786年),奉命赴台湾围剿林爽文起义有功,升为广东大鹏营参将,晋罗定协副将,赏戴花翎。乾隆五十七年(1792年),授江南苏松总兵。次年因母亲去世,回闽丁忧。未终丧,浙江海面告警,起全谋为黄岩总兵,于定海洋擒盗首陈言、台湾洋获盗纪梦奇等。嘉庆二年(1797年),授广东提督,辖水陆管兵,加骑都尉世袭。嘉庆九年(1804年)秋被降为都司,训练水军。在洋三载,计擒获盗魁吴亚球、郭婆太等十数,盗伙千余,舟百余,器械无数。嘉庆十三年(1808年),授左翼总兵,旋复提督官。嘉庆十五年(1810年)夏,全谋督师西下电白洋,与贼遭遇,擒贼首朱亚宝等一百三十九人,获船四百只。总督百龄备奏全谋大功,赏还花翎,迁阳江总兵,复世职骑都尉。嘉庆二十一年(1816年),授广东水师提督。但任命下来时,全谋却不幸逝世,年七十有三。全谋对敌果敢,治军严明,为官廉洁,帅粤最久,战功最多,承恩无骄气,获谴无怠心;赏罚分明,士争用命。戎马二十年,大小百余战,蹶而复振,以功名终。

孙云鸿(1795~1862)　字逵侯,一字仪国,漳州市人。广东水师提督孙全谋之孙,清代水师将领。少喜读书,兼练骑射,熟习水性,沿海情势,无不洞悉。道光十五年(1835年)入都,授游击。次年署金门左营游击。道光二十年(1840年)冬升为参将。道光二十一年(1841年)春,护理海坛镇总兵官。是年闰三月,督师击巨寇于猴屿洋,并捣毁其船只。盗魁陈广等聚众抗拒,亦将其一网打尽。闽海肃清,加副将衔。六月,署闽安协副将。十二月,授澎湖水师副将。道光二十九年(1849年),督水师剿海盗于佘山洋、南洋,并将其消灭。咸丰元年(1851年),云鸿奉昭入觐。当时太平军兴起,大江南北风起云涌。朝廷下旨调将以对。闽大吏推荐云鸿,鸿感愤时事,星夜赴大营;统兵攻瓜州、镇江之太平军,逐一破之。不久授南澳镇遗缺总兵官。命未下,云鸿已因劳得疾,请求解兵权回乡医治。同治元年(1862)三月六日卒于家,时年六十有七。著有《公余杂录》、《笔录》、《嘉禾海道说》、《台澎海道说》、《潮信说》等书,世称儒将。

孙道仁(1865—?)　字静山,号退庵,湖南张家界慈利县人。清末福建提督。父孙开华为入闽湘军将领。道仁幼年随父在福建读书,喜习武艺。光绪十六年(1890年),安置在颐和园海军水操内学堂任办事官。光绪二十三年(1897年),道仁统领闽福胜中、前两营;次年,受闽浙总督许应骙委任,总办全闽营务处,不久兼统福强水、陆全军。光绪二十六年(1900年),困擒浦城县刘加福有功,加二品顶戴。光绪二十七年(1901年秋),道仁赴日本考察陆军教育。回国后,即开办福建武备学堂,并出任总办。光绪三十一年(1905年)为福宁镇总兵,不久又世袭骑都尉衔。后升任暂编陆军第十镇统制,成为闽军头面人物。宣统元年(1909年)加封提督衔,后又被清廷任命为福建提督。1912年南京临时政府成立后,孙道仁被任命为陆军中将衔福建都督。民国二年(1913年)袁世凯派李厚基率兵入闽,遣散闽军。孙道仁被迫辞去都督之职,入京接受袁世凯的审查。民国六年(1917年)孙道仁受命担任北京政府总统高等顾问。不久,黎元洪下台,孙道仁去职。民国十一年(1922年)6月黎元洪又上台,委任孙道仁为永威将军,前往甘肃、新疆查禁鸦片。民国十二年(1923年),孙告老回籍。晚年应聘为福建省政府高等顾问,寓居鼓浪屿。民国二十四年(1935年)在厦门病逝。

孙庆云 连江县人。清光绪二十年(1894年)武进士。

孙振寰(1898—1972) 男,河北沧州盐山县人。福建通背拳代表人物,厦门通背武术社创建人、原社长。幼嗜技击,在沧州师从孙振坤、左东君习通背、劈挂拳,之后又学大洪拳、小洪拳、少林门等武艺,练成"通背铁砂掌",并以虎尾三节棍享名。后师从江德湾学六合枪法。经江举荐,到天津"茂源"任保镖。1933年任冯玉祥西北军第二十九军武术教官,在爱国将领宋哲元将军指挥下的长城抗日战争。1934年孙振寰挟技南下,在厦门中南银行任镖师。1935年在厦门创办通背武术社,并在精武体育会厦门分会与英华中学教武术。1954年恢复了通背武术社。1957年代表福建省武术队赴京参加全国武术比赛并获奖。1958年被聘为福建省武术队教练。孙振寰先生将北方著名拳种通背拳传至南国,在厦门培养了一大批武术人才。如今,其弟子创立的国际通背武术联合会,在龙岩、漳州以及香港、澳大利亚、加拿大、意大利等地都设立了分会,继续传播和推广通背武艺。

孙甲水(1915.11—1985.4) 男,漳州芗城区人。民间老拳师,达尊拳重要传人。自幼其随父孙酷励习洪拳(双枝战拳),后拜通元庙住持方碧琅、高复明为师,习练开元派达尊拳。除了继承达尊派梅花战、罗汉颠、蝴蝶展、回望展以及达摩护身棍、梅花棍、三股叉、禅杖、铁尺、钩镰枪、双钩和飞镖等暗器外,还练成"铁盘手"功夫,成为漳州达尊派的一名杰出传人。

孙君梅（1940—　）　女，福州市人。全国政协第八、第九届委员，福建省政协第九届常委，文教卫体专委会副主任，曾任福建师范大学副教授、福建省妇联副主任、福建省体育局正厅级干部、福建省体育总会副主席等，2008 年当选为福建省武术协会会长。任职期间，广泛团结全省武术各界人士，努力以科学发展观推动福建武术事业新发展。多次主办、联办、承办福建省传统武术争霸赛、福建省传统武术精英大赛、海峡论坛·海峡两岸传统武术交流大赛、厦门国际武术大赛及南少林华夏武术大赛等大型武术赛事。率领福建武术代表团参加首届全国武术运动大会并取得优异成绩。重视武术理论的研究和传承，参与《福建武术拳械录》《福建武术史》《福建武术人物志》的编辑出版。多次组织召开福建省武术发展战略研讨会、福建武术学术研讨会等，对福建武术的发展进行深入的研讨和规划。积极开展对台武术文化交流，在她的支持下，中国武术培训基地落户平潭，成为我省第一个国家级武术培训基地，为促进我省民间武术发展迈出重要一步。

孙崇雄（1947—　）　男，福州市人。福建人民出版社副编审，曾任福建人民出版社发行部主任、中国发行协会理事、福建省武术协会委员。中国武术七段。13 岁开始学习武术，曾先后拜庄炳武、林吉仕、郑伙俤老师学习罗汉拳和宗鹤拳。1964 年后跟随万籁声老师学习六合门和自然门，70 年代开始从事武术启蒙教育和武术理论研究。曾培养并向专业队输送高佳敏、魏丹彤等优秀运动员。1992 年受到福建省体育科学学会的嘉奖，被授予"为祖国体育事业争光"的光荣称号，并颁发荣誉证书。出版的专著与合著有《少林六合门》《南拳汇宗》《鹤拳》《少林拳》《虎形拳》《狮形拳》《女子防身术》《抗暴术》等 10 多部。在《中国体育》《武术健身》《武林》等全国各地期刊发表武术专文、武林文艺作品不下 70 余篇。创作了电视剧本《卧虎雄杰》《自然门大师杜心五》等多部电视剧。以福建武林人物为基础，创作了《荡平江湖路》《血染铁袈裟》《凤巢五剑》《奇门三杰》等多部长篇章回小说，由海峡文艺出版社等出版社出版发行。

孙　庆（1948.7—　）　男，厦门市人，原籍河北沧州。通背劈挂拳第七代传人，厦门武术协会通背劈挂拳委员会会长。中国武术六段。1953 年起随父孙振寰习练通背劈挂拳。1959 年参加福建武术锦标赛，获少年组长兵第一名、全能第二名。同年代表福建省参加全国青少年武术赛。1963 年参加福建省少年武术竞标赛，获全能第一名、长兵一等奖。1964 年参加福建省青少年武术锦标赛，获青年组全能第三名、长兵器一等奖。1975 年代表福建省参加第三届全运会，获南拳第六名。1982 年获得全国优秀武术辅导员称号，并任福建省武协委员、厦门市武协副秘书长。2004 年参加在武夷山举行的全国太极拳比赛，获金奖。现兼任沧州通背劈挂拳武术会、龙岩通背劈挂拳武术会、香港通背劈挂拳武术会、加拿大通背劈挂拳武术会、意大利通背劈挂拳武术会、山东庆云通背劈挂拳武术会名誉会长等。

孙建斌(1969.1—) 男,浦城县人。福建省武术协会常务理事,厦门市巨飞武术馆馆长。中国武术六段。1995 年创办厦门市巨飞武术馆。1998 年巨飞武术馆首次承办福建省首届太极拳、剑、推手比赛。2004 年巨飞武馆参加福建省青少年武术散打锦标赛,获得优异成绩。2005 年福建省青少年武术散打锦标赛,巨飞武馆获得 80 公斤级第一名。同年参加厦门市第十七届运动会武术散打比赛,巨飞武术馆代表思明区获得散打 48 公斤级、60 公斤级第一名,56 公斤级第二名。2009 年海峡论坛·海峡两岸传统武术交流大赛,巨飞武馆作为协作单位资助赛事成功举办。2012 年"万杰隆杯"厦门国际武术大赛,巨飞武术馆获得多枚金奖、银奖、铜奖。

SUO

唆 都(? —1285) 蒙古扎剌儿氏,元朝大将,任忽必烈宿卫、福建道宣慰使。元军攻入中原后,其率军围襄阳,夺金刚台寨、笪基窝、青涧寨、大洪山、归州洞诸隘,败宋将,攻下樊城、平江、嘉兴、衢州、处州,又攻建宁府松溪县、怀安县等,为元朝立下赫赫战功。至元十四年(1277 年),升福建道宣慰使,行征南元帅府事,听参政塔出节制。塔出令唆都取道泉州,泛海会于广州之富场。将行,信州守臣来求援曰:"元帅不来,信不可守。今邵武方聚兵观衅,元帅旦往,邵武兵夕至矣。"唆都趋建宁,遇宋兵于崇安,军容甚盛。遂令其子百家奴率兵破宋军于崇安,斩首千余级。宋丞相文天祥、南剑州都督张清合兵将袭建宁,唆都夜设伏败之。转战至南剑,败张清,夺其城。降福州守臣王积翁。攻兴化军(今莆田),至漳州,漳州亦拒守,乃攻之,斩首数千级,知府何清投降。至元十五年(1278 年),复攻下潮州。进参知政事,行省福州。升左丞,行省泉州,招谕南夷诸国。至元十八年(1281 年),改右丞,行省占城。至元二十一年(1284 年),唆都战死。赠荣禄大夫,谥襄愍。

T

ta

塔里赤 康里人。幼颖异,好读书,尤善骑射。元朝将领,从丞相伯颜渡江。塔里赤领军至福建,以功迁福建招讨使。行省承制,命塔里赤为闽广大都督、征南都元帅,总四省军,复漳州,镇压农民义军,后改福建宣慰使。

tan

谭维鼎 字朝铉,号瓶台,广东江门新会区人。夺明经科乡魁,明嘉靖三十七年(1558年)同安县令。当时同安境内倭寇横行,掠杀乡里。饶平、漳州山贼草寇助倭为乱,肆意掠夺,攻袭县城,百姓苦于兵荒。其是时莅位,下车伊始,即按照"未可以战,则谋所以守;既可以战,则谋可以抚"的策略,发动老百姓起来自战自守。旬月之间,筑碉堡百余座,成村村相望之防御工事。又把老百姓按十五之法组织成160多社,使之相互呼应,共同防守,保护乡里安全。他不仅以武功显扬于时,还以其文治闻名于世。

谭 平(1963.7—) 男,山东青岛市人。毕业于南京艺术学院,现任职于福州铁路公安处兼书法、绘画及业余武术教学,全国武术段位制考评员。中国武术六段。年少始习练中国传统武术,以少林龙桩拳和传统陈氏太极拳为主。1989年参加福建省武术比赛,获58公斤级散打第二名和武术表演三等奖。1991年参加华东六省铁路公安系统散打赛,获60公斤级第三名。2008年参加海峡论坛·海峡两岸传统武术交流大赛,获拳术金奖。2009年参加福州武术—国际冲绳刚柔流空手道演武大会,获少林龙桩拳及陈氏太极拳两项金奖。长期担任铁路公安系统制敌格斗技术训练工作,多次担任省、市传统武术及拳击比赛裁判。

谭克明(1963.11—) 男,重庆武隆县人。福州市武术协会常务委员,国家级社会体育指导员,中国武术段位制指导员、考评员,福建省华夏武术发展中心高级技术指导,一级武术裁判。中国武术七段。1973年开始习武至今。1992年到福建师范大学体育系进修,师从胡金焕习太极拳及教学法。1996年代表福建省参加第三届世界太极拳修炼大会,获42式太极拳成年组一等奖。1997年参加迎香港回归全国太极拳邀请赛,获成年组杨式太极拳第一名。先后任省武术院、省电力文体协会、省林业厅、福州老体协的太极拳、剑培训班教练。多次担任省、市太极拳比赛裁判工作。2004年5月获首届

中华武术馆校长研讨会"开拓办校先进个人奖"和"优秀论文奖",同年 11 月论文《太极与人类》获国际"优秀论文作品奖"。论文《太极及人生运动观》获优秀论文作品奖。中国国际武术文化发展研究中心授予"中华武坛精英奖"。

tang

汤 莺 三明将乐县人。南宋武状元。从小喜武,父亲专聘名师教其武艺。汤莺聪颖刻苦,于是武功精进。南宋绍兴二十一年(1151 年)参加科考,中辛未科武状元。绍兴二十四年(1154 年)授琼州路(今海南省)南安军大将军。时南洞王利学叛,莺讨奉高宗皇帝命,征剿叛军。经数次血战,最终平之。琼民感其德,立祠祀焉。

汤 鸎 三明将乐县人。宋咸淳十年(1274 年)武举人。

汤 铖 莆田人。明万历三十八年(1610 年)武进士。

汤 和 字鼎臣,凤阳人。刚毅有智略。洪武改元,王师下福州。和以御史大夫由海道入闽,秋毫无犯,市不易肆。论者谓其为三代之师。

汤刚毅 漳州云霄县人。清乾隆四年(1739 年)武进士,任东莞都司。

汤辉壁 漳州云霄县人。清乾隆六年(1741 年)武举人。

汤天宠 漳州云霄县人。清乾隆三十年(1765 年)武举人。

汤云山 漳州云霄县人。清乾隆三十六年(1771 年)武进士。

汤荣标(1771—1841) 字尚宾,号霞城,福州闽安镇人。清代将领。生于将门望族。祖父汤贵玉,清云骑尉,乾隆五十三年(1788 年)带兵进驻台湾,在战斗中阵亡。父汤宝华世袭任闽安守备、建宁松溪都阃府、烽火门游击,诏赠"武翼都尉"。荣标自幼习武,体魄魁梧,练就一身武艺。因早年丧父,家境贫困,出外谋生。中年遇亲戚推荐,由云骑都尉署闽安都司、澎湖都司,历升泉州、厦门守备、南澳左营游击、闽安协镇、下铜山参将等职。守卫闽安时,于道光间三次奉命护解"皇银"上京,有功加奖。道光十八年(1838 年)海寇侵犯福建沿海,率船队迎战,击沉寇船建立战功,升任闽安都督。道光二十年(1840 年)抗击海寇立功受奖,奉旨回乡,遂立"闽安都督府"牌。道光二十一年(1841 年)病逝,年 70 岁,诰赠"世笃忠贞"匾额。

汤大英 漳州云霄县人。清嘉庆十八年(1813 年)武举人。

汤大吉(约清同治年间) 漳州云霄县人。清把总,人称伯爷。精通武术,擅用籐牌,以盾术闻名,在云霄镇城石牌内社开设"过日子"武馆传授武艺。清同治三年(1864 年)九月,他带武馆拳师随邑绅陈时雍、候补县丞五维章在云霄大番头抗御太平军南方余部进陷云城,病逝后葬于和平河塘村。

汤高中　漳州长泰县人。清朝武举人。

唐如虎　三明将乐县人。宋咸淳十年（1274年）武举人。

唐恒京　晋江市人。明万历间武举人，卫指挥。

唐　绪　漳州云霄县人。清乾隆三年（1738年）武举人。

唐　经　漳州云霄县人。清乾隆六年（1741年）武举人。

唐述先　漳浦县人。清代武进士。清乾隆十五年（1750年）武举人，乾隆十六年（1751年）中武进士。先任侍卫，后任广东碣石总兵，调虎门。

唐邦石　漳州东山县人。乾隆十八年（1753年）武举人。

唐达先（？—1799.2）　漳浦县人。清代武进士。年少丧父，精马步射，为漳浦学武生。清乾隆二十一年（1756年）应乡试中解元。乾隆二十八年（1763年）中武进士，任侍卫。乾隆三十五年（1770年）春，升任普洱镇左营游击。清嘉庆四年（1799年）二月，被流矢所中而亡。

唐道先　漳州云霄县人。清乾隆二十五年（1760年）武举人。

唐登先　漳州云霄县人。清乾隆四十二年（1777年）武举人。

唐国清　漳州云霄县人。清乾隆四十二年（1777年）武举人。

唐开先　漳州云霄县人。清嘉庆三年（1798年）武举人。

唐圣龙（1944.12—　）　男，福清市人。福清南少林武术协会副会长。中国武术六段。出身武术世家，学有五祖拳、太祖拳、龙形拳、罗汉拳、白鹤神功、食鹤拳、少林拳及民间传统兵器。1981年参加莆田地区武术大赛，获第二名。1986年参加全国传统武术比赛，获金牌。1997年参加国际南少林武术节比赛，获银牌。1999年参加福建省第三届传统武术比赛，获优秀奖。2008年参加福建省南少林传统武术比赛，获金牌。2008年12月参加闽台南少林传统武术比赛，获一金一银一铜；2009年参加海峡论坛·海峡两岸传统武术交流大赛，获一金一银。2000年6月赴印尼表演。2005年10月参加中央电视台纪录片《南少林之谜》的拍摄工作。

唐照莲（1961.5—　）　女，山东淮坊市人。大学学历、三明市三元区少体校副校长、武术高级教练、福建省武术协会理事、一级武术裁判、中国武术六段。十一岁开始师从施载煌习武，1977年考入福建师范大学体育系，从郭鸣华老师专修武术。在校期间得到洪正福、胡金焕等知名武术前辈的悉心指教，每年代表高校队参加省级各类型武术锦标赛成绩优异，1984年在福建省职工运动会上获得陈式太极拳第一名、八卦

第二名。1982年大学毕业后从事武术教学30余载,培养出众多武术人才。多年担任省市级武术比赛裁判工作。曾多次被评为市、区先进教师、优秀党员、体育先进工作者等。2002年被国家教育部授予"全国学校体育先进个人"称号。

唐自强(1966.10—) 男,福州市人。福州鸟迹拳协会会长,福州鸟迹拳社副社长,福州市武协会员,福州市台江区武协理事、教练。自幼学习福州地方拳种鹤拳、地术拳法,1984年拜郑礼楷为师习鸟迹拳。擅长鸟迹拳、鹤拳、地术拳法、太极拳。创办福州鸟迹会馆任会长,任福州市鸟迹拳馆教练。在福州、贵州等地授徒,多次参加中日武术交流活动。

唐建伟(1980.11—) 男,漳州芗城区人。1989年入漳州市少体校随贾建欣、郑雅恩习武。1994年参加福建省青少年武术套路锦标赛,获规定拳、刀术、棍术、全能四项第一名。1994年随漳州代表团赴日本谏早市进行武术交流活动。1996年考入集美大学体育学院。2001年毕业后从事业余武术教学训练、裁判工作。2002年考入上海体育学院函授本科。

唐 萱(1991.5—) 女,山东郓城人。福建省武术队武英(健将)级运动员。1997—2001年在山东东营胜利油田二十三中就读,2001年2月—2004年11月在福清西山学校就读并进行武术训练,2004年12月在福建省武术运动管理中心武术队训练至今。2012年参加全国武术套路冠军赛(传统项目),获女子朴刀第一名。同年在全国武术套路精英赛中获女子南刀第一名、南棍第一名。2012年参加第二届鄂尔多斯国际那达慕大会武术比赛,获女子南拳第二名。2013年参加全国武术套路冠军赛(传统项目),获女子翻子拳第一名。同年在全国武术套路冠军赛中获得女子南拳第二名。2014年又在全国武术套路冠军赛(传统项目)中获女子翻子拳第一名。

唐 成(1995.12—) 男,满族,四川省人。2001年在泉州剑影武术学校就读,师从陈东明、蔡普弹习武。2005年参加福建省武术比赛获得棍术一名。2006年参加市运会,获刀术、棍术、拳术三项第一名。2009年参加省赛获得拳术、棍术两项第一名,刀术第二名。2009年参加省中学生运动会获得刀术、棍术两项第一名。2009年参加在省运会中获得刀术、拳术两项第三名,棍术第五名。

tao

陶　健（1959.7—　）　男，祖籍南京，生于建阳市。国际级跆拳道裁判。中国武术六段。12 岁师从胡小平习武。1975 年入建阳少体校武术班，师从蔡楚贤。先后师从洪正福、胡金焕、庄昔义、门惠丰等人习武。1976—1993 年参加省市、全国武术比赛，成绩优异。1981 年参加福建省武术观摩比赛，获一等奖。同年参加全国武术观摩赛，获表演奖。1980 年任建阳少体校武术助理教练，1984 年任建阳地区武警支队散打教练，1988 年调任福州市马尾开发区体校武术教练。1983—1994 年多次担任福建省武术比赛裁判工作。1995 年从事福建省跆拳道项目推广普及、竞赛工作。1996 年调任福州市军体校跆拳道教练。1995 年至今，多次担任福建省和全国跆拳道比赛裁判工作。2000 年被国家教育部、国家体育总局评为"全国青少年体育工作先进个人"。2006 年被中国跆拳道协会授予"裁判工作十年贡献奖"。曾获福建省体育局体育先进工作者，荣立福建省三等功，也获福州市"劳动模范"称号。

陶凌荣（1973.2—　）　男，江苏镇江市人。武英（健将）级运动员，国家级武术裁判。10 岁起习武，师从江苏省武术馆馆长钱源泽老师。1996 年毕业于北京体育大学，期间在门惠丰、阚桂香教授的指导下专攻太极拳。多次参加全国武术锦标赛，获得太极拳、剑前三名。毕业后进入集美大学体育学院武术教研室，担任武术教学与学校武术队的训练工作。多次在全国武术锦标赛中担任裁判工作，在福建省各类武术比赛中担任裁判长、副总裁判长。2004 年至 2008 年受泰国武术联盟总会邀请担任泰国国家武术队教练，获得泰国自参加东南亚运动会武术比赛以来的首枚金牌。在专业和社会武术教学中，所教学生在国内、国际比赛中获得数百枚金奖。

te

特图慎　清光绪三十三年（1907 年）福建将军。

tian

田见龙　漳州诏安县人。清乾隆二十二年（1757 年）武进士。

田在农（1945.12— ） 男，福州市人。福建龙拳第十代传人、武术段位制初段位考评员。中国武术六段。1964年9月拜龙拳第九代传人何永清习练武术。2000年起先后于《中华武术》《少林与太极》杂志中发表武术论文《传统武术美在哪？》《少林南苑有奇葩》《浅析传统武术中的对立与统一》等篇，较系统地论述了传统武术的美学价值、福建龙拳的象形原理与技击特征及中国武术的若干哲理性问题。2001年11月参加福建省"云龙杯"演武大赛，获精致奖牌。致力传统武术的传播工作，注重武德教育，经常关心、指导门徒所办少儿武术培训基地的培训工作。

田金链（1956.4— ） 女，石狮市人。石狮市武术协常委。随卢义荣老师、邱金雄老师习练太极拳。2012年参加在江苏举行的全国农民传统武术比赛，获42太极拳、剑一银一铜。

tong

佟奕霏（1988.10— ） 女，别名佟佳莉，台湾人。一级武术运动员。7岁入漳州市少体校从郑雅恩习武。多次在福建省青少年武术比赛中获前三名。2006年参加全国武术馆校比赛，获太极拳第二名、传统器械第五名。2007年特招进福建公安高等专科学校。2008年参加第六届香港国际武术节武术套路大奖赛，获42式太极拳和张三丰太极剑两项第一名。

童养锐 晋江市人。明隆庆间武举人，泉州卫指挥使。

童 龙 晋江市人。明万历十一年（1583年）武进士，都司。

童与藩 晋江市人。明万历间武举人，泉州卫指挥使。

tu

涂洪畴 漳州诏安县人。清康熙二十六年（1687年）武举人。

涂世禄 漳州诏安县人。清乾隆三十三年（1768年）武举人，任福建提标千总。

涂现彪 漳州诏安县人。清嘉庆七年（1802年）武进士，钦点营用。

涂文彪 诏安县人。清嘉庆七年（1802年）武进士。

涂　震(1862—1928)　漳州诏安县人。清光绪二十四年(1898 年)武进士,钦点营用,任广东省中营补用都司(四品)。

涂基清(1935.9—1995)　男,号依涂师,莆田市人。农工党员,曾任福州市武协委员、福州市太极拳研究会副会长、鼓楼区太极拳研究会会长。毕业于福建体专。原在福州第十九中学任老师。少承家学,随其父习练传统"三十六母拳",后又师从何国华、金祥宝、裴锡荣等学习香店拳、儒家拳、鸡拳、鱼拳、化功拳、太极拳、八卦掌等以及马步刀、五虎刀等拳械。曾担任福建省高等院校武术比赛太极拳裁判工作。

W

wan

万　礼（1612—1659）　又名张要,生平和县琯溪。明末清初郑成功部将。少年喜练拳武,广交朋友。明崇祯年间,张要与堂弟僧道宗(又称达宗)及乡友郭义、蔡禄等 18 人结拜聚义,谋结同心,以万为姓。张要改名万礼(字春宇),又称万一、万大、万九泽,众推张要为首领。"以万为姓集团",继而在诏安二都九甲社安营扎寨,招兵买马,聚众从数百至数千,统据诏安二都,对抗官府,劫富济贫。曾攻打霞葛南陂土堡和夜袭广东饶平黄岗城,声名噪于一时。官府诬称其为"九甲贼"、"老万贼"。后代史学家称其为"以万为姓集团"。清兵入关后,民族矛盾尖锐突出。万礼提出"爱国男儿为国铲清,手执青锋扫妖气"的口号,于清顺治五年(1648 年)十一月,率义军攻打漳浦县城,杀死清兵参将陆大勋。顺治七年(1650 年)五月,郑成功督师到广东揭阳,在其部将施琅的招引下,万礼率领义军加入郑成功抗清行列。在郑军中,万礼攻城略地,筹措粮饷,骁勇善战,屡立战功。顺治八年(1651 年)三月,在广东惠州打山地伏击战大获全胜,由戎旗镇亲随协将升任为前冲镇镇将。以后,在攻打漳州、保卫海澄等战役中都立了大功。顺治十二年(1655 年),升任为后提督,成为郑成功前线"五虎将"之一,南明永历帝敕封为建安伯。顺治十六年(1659 年)七月二十二日,万礼随郑成功部队围攻南京城,在战役中被俘牺牲,郑成功祀万礼神牌于忠臣庙。

万正色（1637—1691）　字惟高,一字中庵,泉州(今鲤城)人。清代福建水师提督。幼时读过几年书塾,家贫辍学,转而习武。清康熙三年(1664 年),正色因招降海盗陈灿有功,被提升为陕西兴安(今安康市)游击。康熙十二年(1673 年),在平定吴三桂叛乱中,正色随军出征,在陕西阳平关打败谭弘,又计取朝天关,攻克七盘关,收复四川广元、昭化(今属广元市)、苍溪等县。至保宁府(今阆中县)后,清兵被困蟠龙山,在突围时,正色手持大刀,一马当先,手刃敌军 10 余员猛将,冲出重围到达陕西汉中府(今南郑县)。因这一仗,万正色被提升山西平鲁卫(今平鲁县)参将。不久,奉命平定兴安府兵变,受到清圣祖的召见和嘉奖,加授湖南岳州(今岳阳县)水师总兵。康熙十八年(1679 年)调任福建水师总兵,继而提升水师提督。康熙二十年(1681 年),改调万正色为陆路提督。后因与总兵王珍不和,互相攻讦,被弹劾"纳贿侵蚀"。圣祖念他屡立战功,赦免死罪罢官回家,保留世职。正色回到泉州后,关心家乡公益事业,曾主持重修泉州洛阳桥,捐俸疏浚城内八卦沟等。康熙三十年(1691 年),正色在家中去世。住宅在今东街第三巷内,故地名叫"万厝埕"。

万籁声（1903—1992） 男，原名万常，学名常青，湖北鄂州市人。我国著名武术教育家、技击家，历任中国武术学会委员、福建省政协委员、省武术协会名誉主席、福州市武术协会顾问组长、市武术馆名誉馆长、武当拳法研究会总顾问等。1920 年考入国立北平农业大学森林系，毕业后留校任教。先后师从杜心五、赵鑫洲、杨畏之、邓芷灵、王芗斋、王荣标等学习武术内外功、道功和药功。1928 年参加在南京举行的全国武术国考，被推为魁首。中央国术馆馆长张之江极力推许，并约聘为该馆教务主任。期间遇罗汉门刘百川，得其真传；逢佛家"同心小补堂"堂主邓学辉，与之学。冬末应两广主席李济深之聘，到广州创办两广国术馆，任馆长，授少将军衔。1932 年在湖南创办国术训练所任所长。1934 年任广西大学体育部主任。1936 年正月，广西南宁举办省武术对抗赛大会，白崇禧专机接万师任总裁判长，并临场示范表演。1937 年卢沟桥事变，到洛阳补充兵训练处任武术教官。1938 年冬末，任国民党中央训练团国术总教官。1942 年应福建省主席刘建绪之邀，到福建永安创办福建体育师范学校任校长。后任福建农学院教授。新中国成立后，在福州东街卫生院任骨伤科医师。1957 年任福建省武术比赛大会总裁判长，表演自然门功夫及卷钢板等武技。随后赴北京参加全国武术评奖观摩大会，获表演奖。1981 年 5 月，以火车头武术总顾问的身份至沈阳参加全国武术观摩交流大会。1982 年被特邀参加全国武术工作会议，受到中央领导的亲切接见。著有《武术汇宗》《原式太极拳图解》《国术教本》《药功秘》《国际武术体育教范》《国际技击武术教范》《国际武术体操教范》《国际气功武术教范》《武术言论集》《中国伤科》《治平之道》等专著。

wang

王　潮（855—897） 字信臣，河南光州固始人。唐代威武军节度使。与弟审邦、审知，人称"王氏三龙"。唐中和元年（881 年），王绪率义军攻陷光州，王氏三兄弟投奔王绪。王潮委为军正，主管钱粮。王绪归附蔡州节度使秦宗权，因未如期交纳赋税受到指责，便率 5000 余人携眷弃城南奔。经江西、广东，进入福建汀州、漳州等地。王绪性猜忌，滥杀无辜。至南安，逼成"竹林兵变"，众人囚禁王绪，推王潮为主。王潮率兵北归，经永春、德化、大田，到达沙县。一路秋毫无犯，闽中广大百姓有口皆碑。泉州人张廷鲁等赶到沙县，奉牛酒犒师挽留，迎王潮回师。光启二年（886 年）八月，王潮率兵攻下泉州，杀刺史廖彦若，向福建观察使陈岩表示归附。陈岩奏请朝廷委王潮为泉州刺史。泉州在王潮兄弟治理下，生产发展。景福元年（892 年），陈岩病死，妻弟范晖自称留后，王潮命审知率军围攻福州，鏖战年余，于次年五月占领福州，各地方势力也纷纷归附。于是据有福建全境，朝廷委其为福建观察使。王潮在福州大兴文教，于乾宁元年（894 年）在福州置义学，召集流亡，发展生产，百姓得以安居乐业。乾宁三年（896 年），福州升为威武军，王潮为节度使、检校尚书右仆射。翌年冬，王潮在福州修筑城垣，号永平城，工未成而卒，赠司空。

王审知（862—925） 字信通，又字详卿，河南光州固始县人。唐末闽王。唐中和元年(881年),随王绪渡江南下,进入福建。"竹林兵变"后,奉长兄王潮为帅。光启二年(886年),王潮攻下泉州。陈岩表其为泉州刺史。景福元年(892年),王潮派审知率兵攻占福州。王潮为福建观察使,审知为副。乾宁四年(897年)王潮卒,审知继任,后加平章事,封为琅琊郡王。后梁开平三年(909年)加授审知中书令、福州大都督府长史,又封为闽王。审知实行保境安民政策,整顿吏治,任人唯贤,使在外地任职的贤达纷纷来归。审知还在福州大兴"四门学",以教闽士之秀者;在各地广设庠序,搜集整理文献,使闽中文教事业得到发展。审知重视发展农业生产,采取"轻徭薄赋"的政策,鼓励垦荒,兴修水利,扩浚福州西湖,鼓励农民种茶,每年输出茶叶五六万斤。重视商业、外贸,开辟外港,使福州成为东南地区对外贸易的重要港口。审知还撤除关卡,免除苛税,由是贸易额扩大,财政收入增加,人民生活相对安定。审知两度扩大福州城池。唐天复元年(901年),于小城外加筑城墙,称为"罗城"。后梁开平元年(907年)筑南北夹城,谓之"南北月城",面积比旧城扩大七倍多。审知笃信佛教,主政时兴建或修复的佛寺达200多座,还铸造金铜大佛。后唐同光三年(925年)卒,谥"忠懿",葬于福州北郊,后移莲花山麓。

王延翰(?—927) 字子逸,河南光州固始人,闽太祖王审知长子,五代十国时期闽国第二任君主。王延翰身材高大,皮肤美白如玉,喜好读书,颇通经史。王延翰初任节度副使,后历任管内都指挥使、特进检校太傅、江州刺史。王审知病重时,命其暂管军府事务。925年,王审知去世,王延翰即位,自称威武留后。926年,后唐任命王延翰为节度使。同年,王延翰自称大闽国王。927年,王延翰的弟弟王延钧以及王审知养子王延禀联手反叛,进军闽国都城福州,抓获并斩杀王延翰,史称闽嗣主,死后葬于福州北关外天王寺东,俗称"王墓山"。

王延禀(?—931) 原名周彦琛,为闽王王审知的养子。后唐明宗天成二年(927年)十二月,王延禀、王延钧联合出兵福州,王延禀顺着闽江先抵福州,打败福州指挥使陈陶,活捉王延翰,并将他斩于紫宸门外,助王延钧夺闽王之位。后唐长兴二年(931)四月,王延禀风闻王延钧染疾,率子王继雄领水军自建州(今建瓯)袭福州。王延禀攻福州西门,王继雄攻东门。王延钧部将王仁达以诈降之计诱杀王继雄,继之又攻王延禀,擒之,囚于别室。王延钧派人至建州招抚,建州王延禀部下杀使者,奉王继升、王继伦兄弟奔吴越。五月,王延禀被王延钧所杀。

王延钧(?—935) 又作王璘,河南光州固始人。闽王王审知次子,王延翰之弟,五代十国时期闽国第三任君主。原任泉州刺史,公元927年,杀兄王延翰自立。公元933年,王延钧称帝,改年号为龙启,国号"大闽"。公元935年,被其子王继鹏所杀害。死后谥号为惠皇帝,庙号太宗(一作谥号齐肃明孝皇帝,庙号惠宗)。

王延羲(?—944) 又作王延曦,河南光州固始人。闽王王审知第八子,闽嗣主王延翰和闽太宗王延钧之弟,五代十国时期闽国第五任君主。王延羲于王继鹏在位时任左仆射、同平章事,因继鹏猜忌宗室,遂装疯卖傻,被王继鹏放置在武夷山中。天福四年(939年),拱宸、控鹤军使朱文进、连重遇反,迎延羲进宫并杀王继鹏,王延羲遂自称威武节度使、闽国王,更名曦,改元永隆,称臣于后晋。天福五年(940 年),王延羲的弟弟建州刺史王延政据兵反叛。同年七月,王延羲在福州西面修建城廓用来防备建州军士。天福六年(941 年)七月,王延曦自称大闽皇,领威武节度使,与王延政的兵众互相攻伐。天福七年(942 年)六月,王延政围攻汀州,王延曦调发漳州、泉州兵五千人救援。天福九年(944 年),被朱文进、连重遇刺杀。

王延政(? — 951) 字行正,河南光州固始人。闽王王审知第十一子,五代十国时期闽国最后一任君主。长兴二年(公元 931 年)建州刺史王延禀乘闽惠宗延钧病,兵攻福州。不料被打败。延钧斩了延禀父子,遣延政至建州安抚百姓,并委以建州刺史。后晋高祖天福四年(939 年),王延羲即位,号景宗。景宗淫虐,延政数次贻书切谏,兄弟逐成仇。天福五年(940 年)三月,王延政率兵与王延曦部将激战,杀了统军使潘师逵,死亡达万人。王延政乘胜攻取了永平、顺昌二城。后晋天福八年(943 年),王延政在建州称帝,国号殷,改元天德。后晋开运二年(945 年)正月,闽国文武大臣派代表到建州迎接王延政和建州兵入福州,取消殷国称号,仍称闽国。天德三年(公元 945 年)八月,南唐陷建州,出降。闽亡。十月南唐以延政为羽林大将军。南唐保大五年(公元 947 年)授安化军节度使,封鄱阳王。保大九年(公元 951 年)改封光山王,不久即逝。

王继鹏(? —939) 后改名王昶,河南光州固始人。闽太宗王延钧长子、王审知之孙。善弓马骑射,五代十国时期闽国第四任君主。王继鹏初封福王。天成二年(927 年),王继鹏的父亲王延钧继位。长兴三年(932 年),王延钧退位,命王继鹏掌管府事。不久王延钧又复位。闽永和元年(935 年),王继鹏与皇城使李仿政变,率领皇城卫士进入宫中,将父王延钧杀死,继位称帝。同年十月,王继鹏声称皇太后令他监国,就在当天即皇帝位,改名为王昶。王继鹏称王后,排除异己,同宗互相残杀。最后被部将连重遇率领拱宸都、控鹤都的兵众焚烧长春宫,被同宗兄弟杀死。

王继勋(生卒不详) 王延政之长子,王审知之孙。精通韬略,善技击,才勇过人,常用兵器为铁鞭、铁槊、铁锤,骁勇善战。军中称他为"王三铁"。晋开运三年(946 年)任泉州刺史。其父王延政倒台后,泉州兵首领留从效乘机配合南唐发动兵变,将王继勋拘押。后被南唐调往金陵。

王 谔 字平叔,建阳市人。父保宜,兵部郎中。晋开运元年(944 年),谔以父荫补将仕郎,后佐太祖定天下,以功赐铁券,其辞云:"卿倚朕如山,朕倚卿如石,山石之固永焉不摧。"宋太平四年(979 年),迁右羽林将军。

王守元 宋景德四年(1007 年)提刑官(武臣)。

王 翼 宋宝元元年(1038 年)提刑官(武臣)。

王三俊 字周士,闽县(今福州市)人。宋乾道八年(1172 年)武举人。

王 节 字景大,长溪(今福安市)人。宋淳熙二年(1175 年)武举人。

王　造　晋江市人。宋淳熙八年（1181 年）武举人。

王　亿　字景文，闽县（今福州市）人。宋淳熙十一年（1184 年）武举人。

王石孙　字宗略，宁德市人。南宋武状元。淳熙十四年（1187 年）中武举第一。丞相赵汝愚见其姿容魁伟，议论英发，以一世人物许之。由黔阳尉特授兴州机宜。开禧中，朝廷选知兵才望之士护江浒，与林仲虎同日被命。累官知高邮军。

王复古　字一之，福清市人。宋淳熙十四年（1187 年）武举人。

王三锡　字子万，长溪（今福安市）人。宋绍熙四年（1193 年）武举人，南宋浙东路公司，武经大夫。《福安市志》字作"子敬"。

王西应　闽县（今福州市）人，祖道之曾孙。宋嘉定元年（1208 年）武举人。

王　介　宋嘉定七年（1214 年）武举人。

王　奉　宋嘉定十六年（1223 年）武举人。

王佐才　字昌辅。崇安（今武夷山市）人，南宋将领。少年聪颖敏捷，善谈兵法，尤精弓马剑戟。建炎间，范汝为发动农民起义，佐才奉命率兵御之。后建阳弓级王延胜等聚众剽掠，官府以佐才为先锋讨平之，以功补承信郎。后升为吉州水军统领。在一次作战中不幸舟毁人亡。吉州人为之立庙。

王　胜　字子奇，安徽合肥人。明正统间为福建都指挥佥事，提督海道。

王世实（1520—1568）　字德孚，号宝峰，石狮永宁镇人。明代抗倭将领。自幼师承家传武艺，喜读诗书。嘉靖十七年（1538 年），世实袭祖父王纪之职，任永宁卫指挥使司镇抚。自感责任重大，立志以"扫尽妖蚊酬国家，攘除贼寇慰平生"自励。军事驰骛之余，仍不辍习文。嘉靖四十年（1561 年），大批倭寇从江浙窜入福建，地处东南沿海的永宁卫城首当其冲。世实指挥永宁卫军民，多次奋勇抗击从海上进犯的倭寇。有一次，倭寇集中战船，蜂拥而至，世实退守高地，发炮击沉倭船 30 余艘，迫使倭寇遁逃。世实又亲率舟师追寇于海上，勇擒贼帅。此役官兵射杀倭寇 180 名，获贼妇 5 名、兵器 301 件。世实沉毅多谋，能征善战，深得抗倭名将俞大猷器重。隆庆二年（1568 年），官军于潮漳附近的龙眼沙海面围攻曾一本，世实任前锋，身先士卒，奋勇冲阵，"旬日三捷"，是役获贼首百余级，并生擒曾一本。世实却在血战中身受铳伤，殁于战阵，年仅 48 岁。

王　麟　字君仁，号四一，晋江市人。明嘉靖年间武举人，水陆参将，泉州卫指挥使。

王　鳌　晋江市人。明嘉靖年间武举人，泉州卫指挥使。

王　霈　晋江市人。明万历间武举人，泉州卫指挥使。

王有麟　晋江市人。明万历二年（1574 年）武进士，参将。

王建策 漳州长泰县人。都督府经历王莹之孙,习练家传军旅武术。明万历七年(1579年)武举人。

王鼎辅 晋江市人。明万历十一年(1583年)武进士,泉州卫指挥使。

王尚忠 晋江市人。明万历二十五年(1597年)武举人,永宁卫舍人。

王尚儒 晋江市人。明万历三十一年(1603年)武举人,永宁卫指挥使。

王严之 石狮永宁镇人。明万历三十一年(1603年)武举人,永宁卫舍人。

王人诰 宁化县人。明万历三十二年(1604年)武进士,潮州程乡镇抚。

王人哲 武平县人。明万历三十二年(1604年)武进士,潮州卫。

王任选 石狮永宁镇人。明万历三十四年(1606年)武举人,永宁前所副千户。

王以中 石狮永宁镇人。明万历三十七年(1609年)武举人,永宁卫舍人。

王士策 永春县人。明熹宗天启元年(1621年)辛酉科武举人。

王维翰 永春县人。明崇祯三年(1630年)庚午科武举人。

王梦熊 晋江市人。行伍出身,明崇祯间松潘坐营都司,骠骑将军。

王明库 字名山,南平浦城人,祖籍陕西榆林县,明朝末年迁居浦城。长身赪面,勇敢有智略。清顺治初,从戎福州,以战功官督标右营把总。顺治十四年(1657年),随海澄公黄梧克复闽安,加总兵衔,擢枫岭营守备。

王 志 字拔葵,外清人。清代将领。康熙三年(1664年),率众归命,授参将,从征岳州、四川,升为副将,加都督同知衔。后调剑州(今南平),以年老乞休,卒年七十五。

王 焞 南平浦城县人。清康熙年间,以军功任建宁协镇右营游击。

王阐中 永春县人。清康熙年间,以援城有功授提标陆路游击。

王锡履 永春县人。清康熙十一年(1672年)壬子科第一名武举人。

王 嘉 永春县人。以军功授澎湖镇守府。

王打兴(1659—1736年) 永春东熙人。为永春名师曾四在永春首传"二十八英俊"中名列第二的门徒,永春白鹤拳第三代杰出人物,是与郑礼、辜喜、辜魁、乐杰齐名的"前五虎"之一。"二十八英俊"得名在前,"前五虎"得名在后。据传王打兴技传闽东北"上四府",终老于江西省弋阳县,其之流派,则远传至日本。源自福建的日本冲绳刚柔流·泊手空手道,多年来派人到永春寻根问祖,与永春白鹤拳友深入地探讨研究,考证二者的渊源关系,他们也如尊其祖师爷一样地尊奉王打兴。王打兴是对永春白鹤拳的发展传播起过重大贡献的杰出人物之一。

王中平 南安市人。清康熙十九年(1680年)武举人,提标右营把总。

王大韬 南安市人。清康熙十九年(1680年)武举人,广东百户。

汪 隆 江南人。武进士,清康熙二十六年(1687年)任。康熙二十九(1690年)年,顺昌谢山东、杨云衢等作乱,剿平之。祀名宦。

王黄鼎 漳州平和县人。清康熙二十六年(1687年)武举人。

王庭锡 同安人。清康熙二十七年(1688年)武进士。

王 玕 武平县人。清康熙三十九年(1700年)武进士,榆林卫守备。

王严龙 安溪县人。清康熙四十五年(1706年)武进士,江淮中军守备。

王仕朝 闽县(今福州市)人。清康熙五十二年(1713年)武举人

王中璜 南安市人。清康熙五十四年(1715年)武进士,广东万州营副总府。

王 奋 永春县人。清康熙五十六年(1717年)丁酉科武举人。

王观涛 南安市人。清康熙五十七年(1718年)武进士。

王庭锡 同安县人。康熙武进士,戊辰科。

王 烈 惠安县人。清康熙六十年(1721年)武进士,卫昌营游击。

王廷彪 晋江市人。清康熙间武举人,古北口总兵。

王 豸 晋江市人。行伍出身,清康熙间广东都司。

王之臣 字奉峨,福安市人。清雍正元年(1723年)武进士。

王世臣 惠安县人。清雍正二年(1724年)武进士。

王 清 同安县安仁后尾人。清雍正二年(1724年)武进士,甲辰科,台湾安平镇副将。

王永清 惠安市人。清雍正八年(1730年)武进士。

王道行 福清市人。清雍正十一年(1733年)武进士。

王 枢 三明将乐县人。清乾隆三年(1738年)武进士,任浙江提标千总,俸满,候升守备。

王 纶 闽县(今福州市)人。清乾隆四年(1739年)武进士。

王天柱 漳州龙海市人。清乾隆十六年(1751年)武进士。

王 鲤 字瑞龙,同安浦口人。清乾隆二十五年(1760年)武科进士名表。

王　森　漳州云霄县人。清乾隆三十五年(1770年)武举人。

王瑞珍　漳州南靖县人。清乾隆三十六年(1771年)武举人。

王瑞琦　漳州南靖县人。清乾隆四十四年(1779年)恩科武举人。

王万春　直隶大兴人。武举,清乾隆四十七年(1782年)任延平协左营都司。

王瑞德　漳州南靖县人。清乾隆五十七年(1792年)武举人。

王建邦　永春县人。清乾隆五十七年(1792年)壬子科武举人。

王青阶　漳州云霄县人。清嘉庆六年(1801年)武举人。

王云龙　永春县人。清嘉庆十三年(1808年)戊辰恩科第一名武举人。

王夺元　漳州南靖县人。清嘉庆二十四年(1819年)武举人,嘉庆二十五年(1820年)武进士。

王为国　永春县人。清道光十一年(1831年)辛卯科武举人。

王得禄(1770—1841)　字百遒,号玉峰,台湾嘉义人。清朝福建水师提督。15岁入武庠习武。清乾隆五十二年(1787年),募集乡勇,随大将军福康安赴台镇压林爽文起义。平息后,叙功赐花翎五品顶戴,授千总。嘉庆元年至五年(1796—1800年),在福建海面巡洋中,屡立战功,擢升金门营游击。嘉庆七年(1802年),随福建水师提督李长庚击蔡牵于东沪洋,擒获百余人。嘉庆九年(1804年),从总兵罗仁太在虎头山洋面,获蔡牵船械甚多。翌年,大败蔡牵于虎井洋,升任澎湖协副将。嘉庆十一年(1806年)五月,再败蔡牵,加总兵衔,擢福宁镇总兵。嘉庆十二年(1807年),调任南澳镇总兵。嘉庆十三年(1808年),擢浙江提督,总统闽、浙兵船,旋调任福建提督。嘉庆十四年(1809年)八月,在黑水洋歼灭蔡牵,被清廷授予二等子爵,赐双眼花翎。他任福建水师提督驻厦门13年,对海防多有建树。道光元年(1821年)春正月,调浙江提督。道光二十一年(1841年)卒于防次,年七十有一。追赠伯爵,加太子太师衔,谥果毅,赐祭葬。

王禧年　字恭通,号新波,福州市人。清代将领。清同治七年(1868年)武进士。授职守备,任漳州提镇前左营补督标、右营守备。

王廷珍　永春县人。清光绪二年(1876年)丙子科武举人。

王　僅(1814—1914)　又名王敬,漳州芗城区人。洪拳主要传人。师从许枫习练洪拳,曾在凤阳府为官。后辞官返乡,在漳州芗城传徒授艺。

王燕腾　永春县人。清光绪八年(1882年)壬午科武举人。

王廷璋　永春县人。清光绪十四年(1888年)戊子科第五名武举人。

王肇中(1871—1937)　男,南平松溪人。1891年中武举人。肇中天生力大,平时习武的大刀重123斤,一对石锁分别为200斤和300斤(以上三物均在其后人家中)。中举后一直在家中闲居。

王以智　连城县人。貌雄伟,膂力过人,精国术,有勇士之称。时太平军入连城,蒋邑令麟昌征召乡兵,得智,深加倚重。清咸丰八年(1858年),率乡兵与太平军激战于龙冈岭,阵亡。其子占魁能传其术,云游四方,教授徒众以数千计。

王灿登(1875—1911)　连江县透堡乡人。黄花岗七十二烈士之一。自幼性情坦率,疾恶如仇。他虽务农,但长在武风甚炽、革命气氛浓厚的环境中,闲时好学技击,身手不凡,常与黄忠炳、曾守辉等人切磋拳术棍法。清光绪三十四年(1908年),灿登加入光复会,宣传革命道理,不遗余力。每论革命总曰:"如山轰石,不至平地不止,未知何日到平地也。"清宣统三年(1911年)三月,同盟会决定举行广州起义,灿登听到此消息,心里特别高兴,他积极报名参加,并对人说:"年来抱负,今天当可实现矣。"三月二十五日,与黄忠炳等同随吴适一行抵广州小东营。二十九日编入黄兴率领的第一路"先锋队",当日下午五时半前往攻打督署,后又转战军械局,遇强敌而不畏惧,巷战中弹尽力竭被执,翌晨英勇就义,时年36岁。

王　鼎(1882.10—1985)　男,又名王夏莲,福州市人。武术名家,上乘梅花拳创始人。王鼎出生在一个武术世家,其祖父是清骑营的骑术教官,其父为清朝武举人。他8岁就开始随父习练梅花拳,后又习鹤拳、少林拳棒等。1912年考入福建省警务部,1923年在福州格致中学任武术教员,1923年在闽侯县创办国术馆被聘为县武术馆教务长。1928年,已逾不惑之年的王鼎考入南京"中央国术馆"。其间,他兼收太极、少林、形意、八卦掌等南北拳种之长,将家传的梅花拳演化为上乘梅花拳。在国术馆毕业典礼上,王鼎先生演练了这套上乘梅花拳,获得了张之江馆长及众教师的好评。王鼎先生从"中央国术馆"毕业返回福建,在闽侯国术馆任国术教练。1932年,李济深、蔡廷锴将军率领十九路军入闽,王被聘为十九路军国术教官。十九路军撤退后,他被聘为警察训练所国术教官。抗战期间,福州沦陷,他隐居金鸡山栽种果树,一面继续研究武术,一面广收门徒。新中国成立后,他多次参加福建省武术活动,被聘为省、市武术裁判。曾任省武协委员、市武协顾问、福州市武术馆副馆长。1984年2月,在福建省召开的"省武术挖掘整理工作"会议上,积极响应号召,在会上献出了珍藏已久的旧拳谱和手稿。著有《上乘梅花拳》一书出版发行。于1985年仙逝,享年103岁。

王于歧(1883—1962)　福州市人。武术名家福州罗汉拳主要传人。幼年随叔父习

鹤拳,青年从云一山习罗汉拳。曾到浙江温州都统衙门教罗汉拳。中年时任福州第二中学监学兼授武术,后任福建省国术馆代理馆长、总教练等。新中国成立后,为福州市政协委员、福建省武术表演赛总裁判。1956年担任全国观摩评奖观摩大会裁判工作。

王荣光(1885—1922) 幼名恩,字润中,永春县人。少年时爱好武术,学习拳击,为人任侠好义。1914年,荣光东渡日本,留学于东京体育会兵事科,并参加孙中山领导的中华革命党。翌年,奉命与余逢时、萧其章由日本回闽,策划讨袁。讨袁斗争结束后,荣光赴北平体育总会继续学习军事。1917年,护法战争开始,荣光回闽,收编民军,并秘密从广东海运一批军械,经惠安崇武港运抵永春。1918年,王荣光与陆军十一旅营长陶质彬、驻德化警备队营长朱德才等人于拂晓突袭永春县城,擒杀北军统带阎广威,宣布永春起义,响应护法。粤军入闽后,荣光被委为闽南护法军军长。1921年8月,北洋军阀闽省督军李厚基派部属马步云率兵进攻永春,荣光不敌,退守永德边界。为保存实力,接受李厚基收编为福建暂编陆军第一师。次年6月,孙中山收编闽省民军为讨贼军,以王荣光为第一路军司令。荣光受命,驰书永、德各部民军,约期在德化会商。同年8月14日,荣光在泉州被北洋军阀李厚基所部杀害,年37岁。

王进添(1887—1980) 男,厦门市人。五祖拳主要传人之一。师从杨捷玉习武,硬功了得。1932年曾在大学路设馆授徒。

王忠瑛(1893—1933) 男,永春县人。老拳师。少从潘贞团学习永春白鹤拳。1928年参加南京第一届国术国考。1929年应陈嘉庚先生邀请,作为闽南国术团成员出访新加坡、马来西亚等国,宣传永春白鹤拳。

王承流 闽县(今福州市)人。清光绪二十一年(1895年)武进士。

王 章(1901—1966) 男,漳州龙文区人。龙文区六石村何阳堂武馆的创馆先师。师从漳州田丰村何阳堂第三代传人五祖拳师苏天良(字湖树)习练五祖何阳拳。后与大树师一起再拜赤岭觉寺春禅师为师,艺成后回到六石村开设何阳堂武馆,长期在六石村传教五祖何阳拳。弟子无数,其中首徒王金尺,王金尺传王元龙、王石坤、王春根等,代代相传。

王占春(1905—1932) 男,漳州龙海市人。革命烈士。自幼在家乡邹塘村随父亲习练拳法,就读省立二师期间任学生委员,参加学生爱国运动。因与捷元堂名师张日章为校友,在此期间随捷元堂赏师习练白鹤拳法,擅长鹤翅双刀。1927年加入中国共产党,是闽南根据地和红军游击队创始人之一。同年以邹塘国术馆(邹塘习练的为漳州白鹤门捷元堂拳法)为基地发展农会会员 5000 多人,并于 1928 年发动漳州南乡起义、1930 年发动漳州北乡起义。1932 年牺牲。

王振匡(1911—) 男,福州永泰县人,安海拳传人。随父习安海拳,是莺岭乡武术馆顾问。

王招来(1912—1975) 男,泉州市人。十余岁自菲律宾归国,先拜五祖拳名师吕鹏琦、林天恩习武。1933 年又进泉州国术馆深造,技术全面,练就一身软硬功夫,铁臂鸳鸯手能斩砖断石,又精于风伤正骨,在晋南一带家喻户晓。20 世纪 40 年代初出师后与师弟周志强辗转石狮镇创办"寿年堂"医馆。20 世纪 60 年代开始任晋江金井医院院长。传播五祖拳门徒众多,学生跨晋、石两市数百人,其中蔡明阳、洪溪赞、姜雄雄、姜志服、王钦赐等门生尤著,为弘扬五祖拳文化做出贡献。

王育英(1913—1999) 男,漳州芗城区人。名拳师、漳州达尊拳代表人物之一。人称"红蟳"。年少习武,师从黄天球习练达尊拳、鹤拳,终成漳州达尊拳、鹤拳名师。1931 年开始在漳州设馆授徒。1952 年代表漳州市参加在福州举行的福建省第一届人民体育运动大会武术观摩赛,荣获一等奖。1957 年参加福建省武术观摩大赛,再获优胜奖。1964 年参加厦漳泉三市武术汇演,获优秀奖。后以行医授拳为业,培养了大批学生,在漳州颇有影响。

王大埕(1920—) 男,福州市人。教授。少年嗜武,1932 年,"中央国术馆"张之江馆长率团到福州宣传武术,王在青年会以一套虎桩 36 步拳法获得了张之江的赞许,嘱即前往南京国术馆幼年班深造。进入"中央国术馆"后,他励精图治,除馆内必修课程外,兼习南、北各家拳械,多次随国术馆表演队分赴沪、杭、平、津及武汉等地表演,宣传武术。抗战开始后回闽。初任福建省体育干部培训班武术教师,后任福州市体育场场长。1942 年任福建省师专体育科助教,两年后转任暨南大学体育讲师。1947 年应聘到台湾成功大学前身台南工学院,后在成功大学升任讲师、副教授、教授。并前后担任体育部主任约 16 年,直至 1986 年退休。台湾文化大学体育系国术组成立后,王兼授《国术教材与教学法》《国术研究法》等课程。

王景春(1917—2002) 男,河南襄城县人。武术名家,原福建省武术协会委员、漳州市武术协会副主席、厦门大学武术协会顾问。中国武术七段。7 岁开始随其父王清元习练心意拳。后又师从苗清木、曹德普、黄剑伯、李雅轩、曹武艺等习练西域拳、梅花拳、太极、形意、八卦、心意六合拳等诸派拳械武功。1936 年参加华北国术散手比赛。1940 年在重庆参加全国国术比赛并获奖,还在军队担任武术教官。他擅技击、形

意、醉八仙，精于双刀、九节鞭、拂尘剑以及阴阳铁扇等。1952 年到漳州芗城居住，并在福、厦、漳、泉等地行医授拳。1957 年与万籁声、孙振环、周飞鹏、周志强、庄子深、洪正福等代表福建省赴京参加全国武术观摩大会并获奖。1984 年再次代表福建省参加在兰州举行的全国武术观摩交流大会，以心意十大形和拂尘剑获大会优胜奖。2001 年返回原籍河南，2002 年因病去世。

王恭尧（1930— ）　男，闽侯县人。福州鱼法代表人物之一。1945 年从陈文茂学罗汉拳和鱼法，后跟陈耀华学上中梅和纵鹤拳。随后开馆授徒，从者甚众。

王炳坤（1931.10—2004）　男，厦门市人。历任省老体协委员，泉州市老体协秘书长，泉州市太极拳协会第一、第二届委员会秘书，第三届理事会顾问，泉州市鲤城区太极拳协会第一届副主席、名誉主席等职。20 世纪 60 年代初遍访泉州老拳师，于 1962 年组建成立了泉州市业余武术研究社。1975 至 1977 年，由原泉州市体委牵头，联合工会等 9 个单位举办两期太极拳骨干培训班，学员达 300 人，培养了大批武术、太极拳人才和骨干。1977 年底在市区先后组建三个太极拳辅导站。1979 年发起创建泉州市太极拳协会，为泉州市武术事业的发展做了大量工作和贡献。1985 年被国家体委授予"新中国体育开拓者荣誉章"。在 1986 年全国武术遗产挖整工作中受到省体委表彰。1993 年、1994 年分别被省老体协、泉州市政府授予"老年体育工作开拓者"称号。

王　建（1934.11— ）　男，福州市人。曾任泉州市武术协会副主席，泉州市太极拳协会副会长、会长；现为泉州市武术协会名誉副主席，太极拳协会名誉会长，泉州市武术段位评定委员会委员，一级武术裁判。中国武术六段。1957 年始练太极拳，1974 年拜入傅钟文门下，后师从门惠丰等诸多老师习拳。曾参加国家武术研究太极拳培训、亚洲武术联合会推手培训。1959 年义务授拳至今。组织培训泉州市太极拳教练、裁判、段位、比赛、大型表演活动等。曾应邀赴印尼授拳、出席国际太极拳发展论坛，撰写太极拳笔记、讲义、论文多篇，发表于《太极》《武当》。被福建省体育局、泉州市体育局授予"群众体育先进个人"称号。

王金榜（1935— ）　男，漳州市人。副教授。少年时拜白振东为师，习南拳。1960 年大学毕业后在浙江体育学院任教。1960—1989 年在杭州大学体育系担任武术教学和训练工作。1963—1980 年多次担任市、省及全国武术比赛裁判、裁判长 10 余次。

王景鸿（1936— ）　男，漳州芗城区人。太祖拳传人。师从康光辉习练太祖拳，又从岳父黄北溪习练白鹤拳。1964 年赴厦门参加福建省武术比赛，获一等奖。曾在芗城等地授徒。

王培锟(1942—) 男,福州市人。教授,曾任上海体育学院教务处副处长、武术系主任,中国武术协会委员,中国武术科学学会常委,上海市武术协会副主席,中国武术协会专家委员会委员,享受国务院特殊津贴的专家。中国武术九段。国际级武术裁判。1964年毕业于上海体院,并留校任教。历任上海体育学院武术队、散手队总教练,上海市武术队总教练。培养出数名优秀教练员以及在全国多次武术比赛中获得前三名的运动员。曾多次应邀赴日本、韩国、马来西亚、菲律宾、意大利、美国、法国等国家讲学,曾担任韩国、印度尼西亚等国家的武术队教练。1976年以来多次在国内外武术比赛中担任总裁判长、裁判长、仲裁主任。被国家体委评为"全国体育优秀裁判员"、"全国武术优秀裁判员",第十一届亚运会"先进工作者"。1983年参加全国武术挖整工作,任工作组副组长。1984年被评为全国武术挖整工作先进个人。1988—1996年,任全国武术训练工作调研组、亚运会武术裁判员训练班教学组、全国散手训练工作调研组、国际武术裁判员训练班教学组、国际武术推广教材编写组等副组长、组长。1995年被评为全国"十大武术名教授"之一。曾出版《福建地术》《少林十三爪》《肘魔》《武术》《刀术》《紫宣棍》《地躺拳》《武林漫谈》等专著和编著,是《中国武术简明词典》《中国武术大辞典》主要编写人之一。发表百余篇武术学术论文。担任中国武术协会制作的向外推广教学录像片《南拳》《剑术》等监制和技术指导。

王元龙(1945—) 男,漳州龙文区人。龙文六石武术馆馆长。青年时师从王金尺习练何阳拳。后长期在本村授徒传艺。

王锐勋(1947.8—) 男,原籍广东东莞,生于香港。中国通背门武术会副会长,香港中国武学会会长,香港警察中国武术会传统武术班教练。毕业于香港能仁书院文史系。幼时随父习洪家拳。12岁在周彪武术班习周家沙拳。15岁师从黄祥习少林黑虎门拳械。26岁于香港成立中国武学会,推广传统武术。曾随多位名师学习杨式太极拳、陈式太极拳、八卦拳、咏春拳及武当张三丰派内家拳、剑术等。51岁师从通臂门黄传勋学习通臂拳械。1980年、1988年两次组队参加在广州举行的中港武术汇演。2008年参加第三届香港国际武术比赛,获通臂门拳械三项冠军。2008年8月于加拿大温哥华参加北美西部中国传统武术观摩表演,获杰出奖。

王华南(1949.5—) 男,福州市人。福建省武术协会常务理事、福州市武术协会副会长、福建省社会武术高级教练、福建省非物质文化遗产"香店拳"代表性传承人、福建省庆香林香店拳俱乐部首任会长、一级武术裁判。中国武术七段。曾任福州市文化局副局长、市文物局局长。13岁跟随香店拳第五代掌门人房利贵习武,学得香店拳的精华。近年来参加各种表演和比赛,特别是2008年以来,多次参加全国、省、市各种武术比赛均获金奖,得到社会各界好评。多年来亲传的弟子50余人,并在福州华侨小学等学校成立香店拳培训基地,使传统的香店拳进入中小学。2005年以来,每年组织纪念恩师诞辰活动和其他活动。率本派弟子参加全国、省、市各项比赛,参赛数百人次,获各种奖数百项。

王言贵(1951.8—) 男,平潭县人。福州总医院原信息科主任,高级医师,正师级干部,福建华武功夫中心副主任,一级武术裁判,一级健身指导员。中国武术六段。1958年以来一直在学拳、练拳和教拳。1980年起跟曾乃梁教授研修太极拳竞赛套路系列,同时向张义敬、陈发城等多位老师请教传统太极拳。多次参加各级武术比赛获得太极拳、剑第一名。先后40多次在省、市及南京军区等单位举办的武术比赛中担任裁判员、裁判长。先后60多次担任各级太极拳培训班教练,参与组织军内外100多次武术太极拳比赛交流等活动。30多次参与指导国外太极拳朋友练习。认真研究"拳医"结合,提出"医疗太极拳运动"等观点,积极宣传、推广太极拳。开展太极拳医疗保健等专题讲座50多场次,发表太极拳与养生等科普文章500多篇。

王书亭(1952.10—) 男,石狮市人。石狮市武术协会常委。随卢义荣老师、邱金雄老师习练太极拳。2012年参加江苏全国农民传统武术比赛,获三铜。2012年在重庆第九届全国武术之乡武术比赛中获太极拳剑一银一铜。

王天成(1953.11—) 男,南安市人。南安市太极拳协会副秘书长,洪濑武术协会副会长,福建华武功夫中心洪濑站站长、总教练,福建省准高级教练。1974年开始习练五祖拳,1979年起在部队习练传统杨式太极拳、械。1987年转业在洪濑工商所,业余时间开始传授国家武术普及套路,经常向泉州市王健、李俊卿、陈秀菇等前辈学习,不断充实自己。2004年起得到太极名师曾乃梁教授的指导。40年来义务教拳,传授学生1000多人。带队参加市、国家太极拳比赛,获得金、银、铜牌200多枚。被南安市太极拳协会评为优秀辅导员,并受到洪濑镇政府表彰。

王　群（1954.6—　）　女，山东人，莆田市少体校教练，中级教练职称，国家级社会体育指导员。中国武术六段。自幼对体育感兴趣，练过排球，但更崇尚中国传统武术，曾代表福建武术团出访新加坡和中国香港等地。培养了多名跆拳道全国冠军、运动健将。积极参加武术类各项社会活动和公益性表演，为全民健身活动做了较大贡献。

王天生（1955.1—　）　男，石狮市人。石狮市绿洲拳道武术馆馆长，石狮市武术协会副秘书长，国际南少林五祖拳七段。1965 年起拜王招来的首徒王钦赐老师习练五祖拳及其器械套路，后双随周盟渊老师习练易筋经及五祖拳。从 1978 年起开始义务传授五祖拳及各种器械，所传学生约 100 多人。2012 年参加南少林华夏武术大赛，获五祖拳、五祖棍两项金奖，被大会评为优秀教练员称号。2013 年参加国际南少林邀请赛，获五祖拳一等奖。

王国昌（1956.1—　）　男，金门人。福建省武术管理中心副主任，原福建省足球队运动员、助理教练。1991 年开始担任福建省武术队领队，二十几年来与总教练代林彬、南拳主教练魏丹彤、太极拳主教练李强等一起，严格要求、科学训练、技术创新，使福建武术队技术水平快速提高，并率领福建省武术队南征北战，在国内外重大比赛中取得优异成绩。1999 年起担任福建省武术协会副秘书长，2012 年起担任福建省武术中心副主任。

王　沈（1956—　）　男，福州市人。福建夏莲上乘梅花拳俱乐部秘书长，福建省拳击协会理事，奥力健身俱乐部主任。19 岁师从陈世明习练上乘梅花拳。1985 年参加首届全国散手大赛福建地区选拔赛（56公斤级），获第二名。创办奥力健身俱乐部 12 年以来，发展 4 家连锁会馆，培训武术学员 1000 多人，多次组队参加省市各项武术比赛，并取得优异成绩。

王永辉（1956.4—　）　男，永春县人。永春联兴武术研究会副会长，永春联盛纸品行政经理。自小爱好武艺，师从永春白鹤拳师苏昭堆老师，后长期得到师兄颜其棹的大力提携和指正。师兄代师传艺，受益匪浅。在工作之余积极配合师兄从事武术文化交流和挖掘整理武术文化工作，并积极参与年轻一代的武术培训工作，同时多次为本会文化对外交流穿针引线、抛砖引玉，为构建和谐社会、促进全民健身做出了应有的贡献。

王长生（1956.7—　）　男，仙游县人。一级社会体育指导员。中国武术六段。早年随民间拳师学练南拳，1983 年起先后拜福建师大陈涵、胡金焕教授、国家级武术教练曾乃梁为师，学习长拳、器械、太极拳等。曾代表莆田市参加福建省第九届运动会、福建省第二届工人运动会武术比赛。多次担任福建省武术比赛裁判工作。开办长生太极馆，积极传播太极文化。指导学员参加香港第六届国际武术节武术套路比赛，获三项第一名。2008 年参加首届闽台南少林传统武术交流大赛，获太极拳对练金奖、男子 D 组陈式太极拳银奖。2009 年参加首届海峡论坛·海峡两岸传统武术交流大赛，获男子 C 组陈式太极拳、太极对练金奖，男子 C 组 42 式太极剑银奖。2011 年担任仙游队教练，参加第八届全国武术之乡武术比赛，共获得 2 枚金奖、8 枚银奖，6 枚铜奖。

王银东（1958.10—　）　男，山东省人。福建华夏武术中心副秘书长兼高级武术指导、福建省鸣鹤拳研究会副秘书长、福州武协鹤展拳社社长，福建省社会武术高级教练，国家级社会体育指导员。中国武术七段。1974 年师从阮宝政习鸣鹤拳。1993 年参加福州国际武术观摩交流大会，获金狮奖。同年福州武术观摩表演大会选拔赛，获一等奖。2004 年参加中国福建南少林国际武术大赛，获银狮奖。2006 年参加惠安华夏武术散打王争霸赛，获金龙奖。2008 年 5 月参加福建省南少林传统武术竞赛，获 1 金 1 银。同年 12 月在福州闽台南少林传统武术交流大赛中荣获 1 金 1 银。2009 年 3 月在福州国际冲绳刚柔流空手道演武大会上获 2 金。同年参加厦门闽台武术交流大赛，获 1 金。曾被福州武协评为"先进个人"和"先进武术工作者"。

王金平（1962.2—　）　男，永泰县人。永泰县武术协会主席，永泰县安海拳研究会会长，永泰县安海武术馆馆长。永泰县濑下武术馆馆长。8 岁开始学习祖传安海拳术、王狼拳和安海烧火棍、五指枪、铁尺等传统器械及伤科疗伤法。40 多年来悉心钻研武学，积累了丰富的教学经验，并多次参加各级武术比赛，获得多枚金牌。所教授的弟子参加历届国际、全国、省、市、县武术比赛，有多人获得金牌。近年来多次带领永泰县武术代表队参加各级武术比赛，均取得佳绩。

王鸿瑜（1962—　）　男，泉州市人。1980 年师从苏再福学南少林拳，多次参加省、地、市武术比赛。1985 年在天津参加全国武术观摩交流大会，获南拳优秀奖。1989 年随泉州武术代表团出访菲律宾。

王千里(1962.9—) 男,福州市人,原籍四川。惠安海滨文武学校副校长,影视制片人。一级武术裁判。自幼习练鸣鹤拳、太极拳剑、散打等;1983年入福州市武术队,师从蔡楚贤学习地术拳。1983年任职于福州市武术协会,1996年借调至福建省武术院工作,1997年回福州市武术协会。1986—1991年参加在省、市国际武术大赛和观摩赛,获地躺拳、醉剑一等奖。1986年参加福建省第九届运动会,获醉剑第一名、对练第三名、团体第一名。1996年至今多次担任省、市武术比赛裁判工作,曾被评为优秀裁判员。1991年任福州影视特技艺术团团长,参加电影《血泊皇陵》、电视《卧虎雄杰》、台湾电视《三妈再生》等剧的武术设计。同年拜万籁声为师,在其指导下编写了电视教学片《中华技击》。2006年策划拍摄系列电视片《武术风光》,任摄制组制片人。1997—2009年为福州鼓山文武学校、福州铁路公安处、省电视台等单位编排大型武术表演节目。

王春根(1962.11—) 漳州龙文区人。少年时师从王金尺习练何阳拳。2004年参加中国福建南少林国际武术大赛,获拳术、大刀两项银狮奖。

王清生(1965.1—) 男,仙游县人。莆田学院体育学院院长、教授。中国武术六段。从小对武术产生浓厚的学习兴趣,在大学期间系统地学习和掌握了武术的基础理论知识、徒手套路和器械套路,师从胡金焕、庄昔聪教授,受益颇丰。曾带队参加省大学生运动会,取得优异的成绩。

王俊武(1970.12—) 男,漳州南靖县人。南靖珩山武术馆馆长,漳州市武术协会理事,福建省武术协会理事。1980年师从蔡良顺习练太祖拳、白鹤拳。1986年到福州精武馆师从许国良习武,后留馆任教。1991年师从中国公安大学赵大元习练八卦掌和擒拿术。1992年回乡创办珩山武术馆。2001年参加福建省传统武术演武大会,获青年组传统拳一等奖和传统器械二等奖。

王文龙（1972.6—　）　男，莆田市人。深圳中豪医疗投资管理有限公司董事长，莆田南少林武术协会副会长。自幼酷爱中华武术，向洪光荣师傅学习莆田南少林传统拳术和器械以及拳击和散打。

王志刚（1972.9—　）　男，石狮市人。石狮市武术协会常委。随卢义荣老师、邱金雄老师习练太极拳。2007 年参加在山东举行的第六届全国武术之乡武术比赛，获太极拳银奖。2009 年参加江苏举行的第七届全国武术之乡传统武术比赛，获太极拳金奖。2010 年参加福建省第二届海峡论坛·海峡两岸传统武术交流比赛，获一银一铜。

王伟大（1981.3—　）　男，漳州龙海市人。龙海市角美镇田里村传统武术馆馆长。1995—1998 年在湖南冷水江市师从杨长清习练梅山拳、青龙拳及武术散打。2003 年任龙海市角美镇田里村传统武术馆馆长。

王冠群（1983—　）　男，惠安县人。大学本科。1989 年入漳州市少体校随郑雅恩、陆剑辉习武，多次在省级武术比赛中获规定拳、剑术、枪术第一名。2002 年特招入福建中医学院。2004 年参加第七届全国大学生武术套路锦标赛，获软器械第二名。同年参加全国中医院校第七届传统保健运动会，获太极器械第二名、三类拳第三名。2006 年留学加拿大温哥华。2008 年参加温哥华地区国际学生才艺大赛，获第一名和最佳才艺奖。现在加拿大从事武术教学、裁判工作。

王克威（Willy Wang）（1983.11—　）　男，晋江市人。菲律宾国家武术协会成员。多次代表菲律宾国家武术队参加国际性比赛并获取优秀成绩：1997 年获广州亚洲青少年武术邀请赛枪术、剑术、长拳全能冠军。1999 年获马来西亚槟州国际武术锦标赛枪术金牌。同年获香港第五届世界武术锦标赛剑术银牌。2001 年获马来西亚第二十一届东南亚运动会枪术金牌、剑术金牌。2003 年获澳门第七届世界武术锦标赛枪术银牌。2003 年获越南第二十二届东南亚运动会枪术金牌、剑术金牌、长拳银牌。2005 年获菲律宾第二十三届东南亚运动会枪术金牌、剑术金牌。2007 年获好运北京世界锦标赛拳术金牌。同年获泰国东南亚运动会三项全能金牌。2008 年获澳门第七届亚洲武术锦标赛刀术、拳术金牌。同年获北京奥运会武术特别赛南拳、南棍全能冠军。

王静平（1984.9— ） 男，漳州龙文区人。10 岁习武，师从王金尺、王元龙、王春根等习练五祖何阳拳。2006 年参加在河南郑州举行的第二届世界传统武术节武术比赛，获双器械一等奖、拳术三等奖。多次参加海峡两岸传统武术交流表演活动。

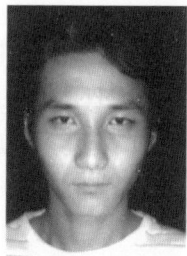

王四方（1985.8— ） 男，漳州龙文区人。自幼习武，师从王春根、王元龙习练五祖何阳拳。2008 年参加在湖北十堰举办的第三届世界传统武术节武术比赛，获拳术二等奖、长器械三等奖。多次参加海峡两岸传统武术交流表演活动。

王　曦（1989.9— ） 男，漳州芗城区人。武术国际健将级运动员。1995 年进入漳州市少体校师从郑雅恩习武。2000—2004 年五次参加福建省青少年武术套路锦标赛，获六项第一名、五项第二名、四项第三名。2002 年进入解放军武术队，在赵宝强老师手下训练。2008 年进入北京武术队，成为严平老师的队员。2006 年参加全国青少年武术套路锦标赛暨首届世界青少年武术套路选拔赛，获长拳第一名、刀术第五名。2007 年特招入华南师范大学。同年参加广东省大学生运动会武术比赛，获长拳第一名、剑术第三名。2008 年参加全国武术套路冠军赛，获长拳第二名。2009 年在第九届全运会武术比赛中获长拳第八名。2010 年获全国武术套路冠军赛长拳第二名。2011 年获全国武术套路冠军赛棍术第一名、精英赛拳术第一名。2013 年在全国传统武术套路冠军赛中获劈挂拳第一名。同年获第十二届全运会长拳全能冠军、第十二届世界武术锦标赛长拳冠军。2014 年在全国武术锦标赛中获长拳第一名、刀术第二名。

王骏杰（1989.11— ） 男，厦门市人。一级武术运动员。1998 年开始习武，师从陈仁忠学习六合自然门、现代竞技武术。2005 年进入福建省体工队试训，2010 年就读于集美大学体育学院。1999 年至 2001 年参加福建省少儿武术比赛，获男子儿童组太极拳第一名，规定拳第一名，剑术第一、第二名，枪术第四名，全能第一、四名。在第十二届福建省运动会武术比赛中获男子乙组拳术、剑术、枪术三项第三名。2004 年获全国武术太极拳锦标赛孙式规定拳第五名、全国青少年武术比赛少年组规定拳第三名。

2007 年获全国武术学校（馆）武术比赛男子甲组太极剑第一名、太极拳第三名。

王艳毅（1990.9— ） 女，泉州市人。福建省武术队武英（健将）级运动员。1998—2002 年在泉州市少体校练习武术，2003 年在福建省体育工作大队武术队进行武术专业训练。2010 年获全国武术套路冠军赛（传统项目）双鞭第一名、全国武术套路精英赛女子南刀第一名、全国武术套路冠军赛（传统项目）女子南拳第三名。2012 年在全国武术冠军赛中获女子南刀第五名。

王志艺（1992.9— ） 男，泉州市人。2000 年就读于泉州剑影武术学校，师从蔡普弹、陈东明习武。2005 年参加福建省青少年武术锦标赛，获地市乙组刀术第一名、全能第一名。2006 年参加第六届全国武术学校武术套路比赛，获传统四类拳术第三名。2007 年参加福建省首届全国武术之乡武术比赛，获南拳第一名、对练第一名。2008 年参加第八届全国武术学校武术套路比赛，获传统拳械三类亚军。2009 年参加海峡论坛·海峡两岸传统武术交流大赛，获 B 组南拳类象形拳、其他长器械和拳术对练金奖。同年参加福建省青少年武术套路锦标赛，获地市甲组剑术第一名、长拳第一名。

王安燃（1995.1— ） 女，连江县人。福建省武术队武英（健将）级运动员。2000 年 9 月至 2003 年 8 月在连江县少体校进行武术训练，2003 至 2008 年在福州少体校训练，2008 年 7 月至今在福建省武术运动管理中心武术队。2011 年参加全国武术套路冠军赛（传统项目），获女子杨式太极拳第一名。2012 年参加全国武术套路冠军赛（传统项目），获女子杨式太极拳第一名。2013 年参加国武术套路锦标赛（太极拳），获女子自选太极拳第八名。同年在全国武术套路冠军赛中获女子太极剑第八名。

汪宏器 漳州市人。明万历五年（1577 年）武进士。

wei

危伯熊 籍贯未详。宋绍熙四年（1193 年）武举人。

魏　敬（599—691） 女，字玉珏，世称魏妈。隋朝中书魏潜之女，系唐玉钤卫翊府中郎将、怀化大将军、开国元勋陈克耕之妻，开漳王陈元光之祖母。唐总章二年（669 年），魏敬随子魏敏、陈敷率军校 58 姓自中原南下援闽，至浙境两子病死。进入浦城，孙二人亦病死。然魏妈坚毅多智，文韬武略，以国事为重，强忍哀痛，继率大军直抵闽南与其子政会师，随即进屯云霄原绥安故城营地。仪凤二年（677 年）陈政兵卒，孙陈元光袭职。在魏敬辅佐下，陈元光平定闽粤，开创漳州。天授二年（691 年），魏敬卒，元光将军以支孙承重。次年，奉敕葬祖母魏氏于云霄半径仙人山之麓，为其结庐守制。魏妈晚年住燕翼宫，遗址尚在云霄本里。魏妈随军戍闽时,已年逾古稀,途中又屡遭亲属病殂之痛,犹长征万里,亲自提兵至镇所,政始得以重振士气,靖寇患于炎荒。政殁后,魏妈虽已年迈,仍辅佐其孙元光将军建功立业。宋绍兴十三年(1143年),特追封其为济顺嘉淑夫人。

魏有声　闽县(今福州市)人。宋乾道五年(1169年)武举人。

魏留家奴　元代邵武守御千户淳子。状貌奇伟,智勇双全。元朝时期战乱不已,留家奴领兵守邵武。陈友谅遣将进攻邵武,城被攻陷后奔建宁。当时有寇首康泰率兵围建宁城,攻破南水门附堞而上,情况危急。留家奴领数骑开门迎战,生擒其猛将花太子者,打击了贼寇的嚣张气焰。后又大战于大洑州,大获全胜。寇首康泰率残部连夜逃去,建宁城遂转危为安。

魏　升(? —1518)　字大临,仙游县人。少年时,其父延聘名师教以击剑、驰槊、射戟、投砾等武艺。16岁时,有一日连射3虎,骁勇非凡。总兵沐有威识其才,留他在军中学兵法、练武艺。明成化年间(1465—1487年)被知县委为总捕,组织民间乡勇,人称"魏家军"。时倭寇进犯南日岛、海门岛、烽火门等地,兴化府太守派他带魏家军前往剿寇。他率部奋战,倭寇败逃。府太守提拔他为把总,留在军中。他不接受,继续带领乡勇,剿匪灭寇。正德十三年(1518年)率兵与敌奋战,身负重创,因伤势过重,数日后卒于家中。魏升能文善武,重仁义,见义勇为,为乡亲做了大量的好事。百姓为纪念他,建壮烈祠以祀之,兴化知府冯驯为其写祭文,林俊为其作记。戚继光仙游平倭时,特地去吊祭。

魏显忠　漳州市人。明万历二十九年(1601年)武进士。

魏学澎　晋江市人。清康熙三十年(1691年)武进士。

魏国泰　字德良,同安人。清代武将。有胆略,补水师提标把总,遂家厦门。康熙六十年(1721年),奉命征剿台湾朱一贵起义,升为洞庭副将。廉洁奉公,严明军纪,兵民不扰。又升金门镇总兵官,未及赴任,时贵州苗族叛乱,檄赴镇远协剿。平苗后,赴金门。乾隆元年(1736年),以军功赐俸。在金门五载,裁罢陋规,岁不下千金。调碣石镇总兵。后补广东右翼镇总兵,未及赴任便去世。子文伟,荫生,补守备,任广东顺德协副将。

魏克昌　漳州南靖县人。清嘉庆十三年(1808年)武举人。

魏嗣昌　漳州南靖县人。清道光八年(1828年)武举人。

魏国宝　漳州南靖县人。清同治四年(1865年)武举人。

魏希农(约1830—1900)　师出清道光南少林智武禅师,传南安一片寺。

魏文豹(1864—1917)　男,字隐南,泉州市人。五祖拳名师。父亲务农,习过拳术。文豹自小随父亲耕种,也喜习拳。20岁后,常游交拳师拳友,拳艺日精。有一次文豹外出归来,父亲要他表演拳术。文豹开拳,父亲与他招架,不意文豹用力过猛,竟把父亲掀倒,从此人们给他起了个"翻天豹"的绰号。文豹拜蔡玉鸣为师,苦练五祖拳法,又与林九如交游甚密。经过长时间苦练脚功，练就"落地金钩剪"绝招。由于魏文豹擅脚法，林九如擅手法，人们称赞"豹脚狗（九）手"。文豹中年设馆授徒，跟他学拳的人很多，妙月和尚既学林九如之手，又学魏文豹之脚，练成"缠脚鹤"。后来，文豹前往厦门，在鼓浪屿富商林尔嘉（菽庄）家设馆授徒，又在厦门开青草药店行医。民国六年（1917 年），魏文豹病逝，享年53 岁。

魏金龙（1880—1911）　男，连江县人。黄花岗七十二烈士之一。因自幼一眼失明，人称"独眼龙"。因家贫失去就学机会，但他聪颖灵巧，意志坚强，胸怀坦荡，偏好拳术。虽仅一眼，犹勤练枪法，射击奇准，弹无虚发，人称其"独眼龙枪"亦泰然随之。金龙虽为农民，却关心国事，每谈及清廷腐败无能，受外国人欺凌，辄气愤填膺。清光绪三十四年（1908 年）欣然加入光复会，常与秋元、清畴、西惠等交流切磋武术技艺，被号为"武师"。宣统三年（1911 年）春，金龙得知同盟会将在广州起义的消息，乃义无反顾，踊跃报名。三月二十五日随吴适一行自马尾乘船经香港抵广州。二十九日编入黄兴率领的第一路"先锋队"，当日下午五时半参加攻打两广督署战斗，后又转战军械局，他身先士卒，冲锋在前，不幸在巷战中中弹壮烈牺牲，时年 31 岁。

魏齐祺（1939.6—　）　男，福州市人。福建省武术协会原副主席兼秘书长，福建省武术院原副院长，现任福建省武协顾问。1959 年考入北京体育大学体武系，武术刀、枪、剑、棍各门成绩优秀。毕业后分配在国家体委工作，向国家体委武术处李天骥学习太极拳和基本原理。1975年调回福建省体委工作后，负责组建福建省武术集训队，参加在北京举行的第三届全运会武术比赛，并载誉而归。在福建省体委党组及全体核心组成员的大力支持下，积极筹建福建省武术专业队。1977 年福建省武术队成立后多次亲任领队，率队参加全国武术比赛和各种活动，取得优异成绩。1978 年，魏齐祺同志奉命积极筹建福建省武术协会。协会成立后，由刘忠路处长担任武协主席，魏齐祺同志任副主席兼秘书长，共任职 30 余年，为福建武术事业发展做出了重要贡献。1981 年，由省武协魏齐祺带领的一干人经过了一年多时间的调研，终于找到了日本冲绳上地流空手道创始人上地完文翁于 1878 年在福州拜师学艺的虎拳名师周子和，了却了日本朋友的心愿；并将此写成了调研报告，以"日本空手道源于福州"为名刊登在《福州日报》上。整理出版了《虎形拳》一书，为中日友谊和武术交流做出了积极的贡献。

魏国良（1952.6—　）　男，厦门市人。厦门神州武术馆馆长、总教练。中国武术六段。自幼习武，18 岁师从陈剑辉、黄维姜、邱思德、曾谋尧等名师苦练五祖拳械。1977 年参加厦门市武术比赛，获表演奖。1980—1982 年连续三年参加厦门市武术比赛，获南拳一等奖。1980 年参加福建省武术观摩赛，获一等奖。同年 5 月代表福建省参加在太原举行的全国武术观摩赛，获表演奖。1982 年参加福建省武术观摩赛，获优胜奖。同年 10 月参加福建省第八届运动会，获拳术、器械两枚铜牌。1983 年参加厦门市

职工运动会武术比赛,获优秀奖。1993年作为特邀代表参加在郑州举行的第三届国际少林武术节,获特别表演奖。1994年参加在福建莆田举行的首届国际南少林武术节,获"铁骑杯"奖杯。曾参加电影《海囚》《在暗杀的黑名单上》及电视剧《郑成功》的拍摄工作。发表论文《论南少林五祖拳手法》《少林五祖拳形、气、用、变诸说》等。

魏丹彤(1968—) 女,福州市人。武英(健将)级运动员,国家级武术教练,福建省政协委员。从小喜武,1977年入选福建省武术队。1986年6月参加"鲁屏杯"全国武术比赛,获对练第七名。同年9月参加"熊猫杯"全国武术精英赛,与吴秋花合作,获对练第三名。1988年5月参加全国武术锦标赛,获南拳第五名。1989年6月参加全国武术锦标赛,获南拳第三名。1990年11月参加全国武术锦标赛,获南拳第四名、双鞭第四名。1991年4月参加广州"健力宝杯"南拳邀请赛,获南拳第二名。1992年4月参加广州南拳邀请赛,获南拳规定套路第二名。同年9月参加全国武术锦标赛套路个人赛,获南拳第三名、南刀第五名。1993年3月参加全国南少林南拳邀请赛,获南刀第一名、南拳第二名、南棍第二名。参加第七届全运会预赛全国武术锦标赛,获南拳第五名、枪术第四名、其他单器械第五名。参加第七届全运会决赛,获南拳全能第四名。参加第二届世界武术锦标赛,获枪术冠军。培养了林凡、黄燕慧、宋林、郑磊石、梁永达、李敬德、周新建等世界冠军和亚洲冠军,被国家体委授予"体育运动荣誉奖章"。

魏明煌(1972.7—) 男,泉州市人。泉州剑影学校教练,一级武术裁判。1986年师从庄昔聪接受武术训练,1989年参加福建少年儿童锦标赛,获刀术、棍术全能第一名。1992年参加全国首届武术馆校赛,获传统拳术一等奖。参加第三届福建省农民运动会,获传统拳、传统器械第一名。1996年参加全国农民运动会,获规定南拳第三名、对练第四名。多次参加福建省武术比赛裁判工作。担任教练工作以来,培养了不少优秀运动员,在全省和全国比赛中获得金牌数十枚,并向省体工队和高校输送人才。

魏丹虎(1986.8—) 男,泉州市人。从小在剑影武术学校习武。2003年参加首届香港国际武术节比赛,获集体刀第一名、棍术第三名。2004年参加泉州国际南少林武术比赛,获南拳金奖、三节棍银奖。2005年参加福建省高校武术比赛,获对练、集体刀、棍术三项第一名,三节棍第二名。2006年参加全国武术锦标赛,获对练第二名、南棍第五名。2007年参加第五届香港国际武术节,获集体刀第一名、对练第一名、南棍第一名。2007年参加第八届全国大学生武术锦标赛,获对练第四名、南刀第七名、三节棍第二名。2007年度荣获学院个人三等功。

卫香莲(1944.1—) 女,山西省人。武术高级讲师,福州华武功夫指导中心主任,福建华武功夫中心副主任。中国武术七段。1965年开始习练武术。毕业于北京体育学院运动系。1970年开始协助曾乃梁训练河南安阳武术队,并独立担任民间太极拳辅导工作。1997年与曾乃梁合编出版《太极拳入门与功法》系列教材,其中《六手太极功入门》被译成日文和英文出版,并拍摄成VCD、DVD在国内外发行传播。此外,参与拍摄《太极拳大系》《中华太极谱》等近40部太极拳教学片,担任武术助理。1999年起担任福州华武功夫指导中心主任,2003年起兼任福建华武功夫中心副主任。1998年起多次赴日本、加拿大、美国等国讲学,被日本多个组织聘为指导讲师和技术顾问,被加拿大朋友太极拳协会聘为名誉主任。2004年被加拿大武术总会授予"武术家终生成就奖"。

wen

文天祥(1236—1282) 男,字宋瑞,号文山,江西吉水县人。民族英雄。宋宝祐四年(1256),他举进士第一。考官王应麟奏其策:"古谊若龟鉴,忠肝似铁石。"曾先后任宁海军节使判官、湖南提刑、赣州知州、平江知府、临安知府、右丞相兼枢密使等。德祐二年(1276),文天祥奉使元军,坚持元军先撤军后议和,被元军伯颜怒拘并押往镇江。途中乘隙脱险,浮水至温州,赴福建,开府(都督府)南剑州(今南平),设抗元指挥机构,募兵收复邵武,旋即领兵攻入江西,收复宁都、雩都等地,收兵汀州,再出兵广东,一时军心大振。景炎三年(1278年)加官太子少保,封信国公。是年,因部属叛变和敌对双方力量悬殊,兵败黄坑,在广东海丰五坡岭战役中不幸被俘,押解元都燕京(今北京)。在敌人面前,大义凛然,威武不屈,利诱不移,于元至元十九年(1282年)就义于燕京柴市。其妻欧阳氏收尸时发现在衣带中写道:"孔曰成仁,孟曰取义。唯其义尽,所以仁至,读圣贤书,所学何事。而今而后,庶几无愧。"噩耗传来,南剑州士民悲痛至极。元灭明立后,为缅怀民族英雄文天祥的高风亮节,在延平府城龙山修建"大忠祠"。

文 清 清咸丰十年至同治二年(1860—1863年)福建将军。

文 煜 清同治七年至光绪三年(1868—1877年)福建将军。

温红卫(1967.4—) 男,龙岩永定县人。龙岩市武术协会副会长。自幼喜爱武术,1988年加入龙岩市散打队,师从陈超文教练学习散打及通背劈挂拳。多次代表龙岩市散打队参加福建省散打比赛,并取得优异成绩。

温凤清（1967.12—　）　女,莆田市人。莆田市体育局科研室副主任,莆田南少林武术协会副秘书长。仙游县第十四、第十五届人大代表,莆田市第五次党代会代表。2000 年至 2008 年担任仙游县体校校长,体校武术队多次荣获全国武术之乡称号以及省武术比赛的团体前三名。2007 年担任第十四届省运会莆田市体育系统竞技备战办主任,省运会集训队副队长。学校先后获"全国业余训练先进单位"、"福建省县级体校先进单位"和"体育贡献奖",以及被评为"国家高水平体育后备人才基地"。她多次被评为省市县优秀教练员、体育先进工作者和优秀共产党员。2001 年被评为全国群众体育先进个人,2003 年、2007 年连续两届被评为莆田市拔尖人才,2008 年评为福建省优秀体校校长。

weng

翁思试　晋江市人。明嘉靖十七年(1538 年)武进士,百户。

翁　械　莆田市人。明嘉靖二十年(1541 年)武进士。

翁　斌　闽县(今福州市)人。清康熙三十年(1691 年)武进士。

翁茂枝　福清市人。清康熙四十五年(1706 年)武进士。

翁圣启　闽县(今福州市)人。清康熙五十七年(1718 年)武进士。

翁国安　福州市人。清雍正十一年(1733 年)武进士。

翁一治　南平市人。清署延协右营游击。

翁　耀　南平市人。清云南昭通镇标游击。

翁矮古(1861—1911)　男,正名冬桂,龙岩市人。身材粗壮,勇力过人,练就一身好武艺。为人正直,仗义执言,对贪官污吏、土豪劣绅疾恶如仇。他在上杭加入三点会,回乡后以传授武术为掩护,秘密组织三点会。两三年后,三点会组织遍及大池、龙门、曹溪、西山、大洋等地,翁矮古成为龙岩三点会的首领。清宣统三年(1911),龙岩闹饥荒,翁率领会员,手持鸟枪、大刀、长矛,向西湖岩山进发,沿途三点会会友和群众闻风响应。翁矮古在西湖岩山竖起义旗,声言支持西山农民,杀尽土豪劣绅,推翻官府统治。翁屯兵西湖岩,威逼岩城,官吏豪绅惊恐万状,派人与起义军协商议和,拖延时间。翁受蒙蔽,放弃攻城。十三日午时许,漳州府洋枪队抵岩,发起进攻。起义军用土炮"九节龙"还击。义军虽人多势众,终于抵挡不住,撤至龙门赤水一带。翌日凌晨,翁矮古在赤水桥遭龙门乡勇伏击,被俘后押解至龙岩城杀害。邓子恢评价这次斗争是"农民自发斗争走向政治斗争的象征"。

翁朝言（1868—1957） 男，官名增培，晋江市人。五祖拳名师、五祖拳十虎之一。朝言系蔡玉明的外甥，自幼跟随蔡玉明学习五祖拳法。由于他身材魁伟高大，乡亲人都称他叫"大个坊"。翁朝言自幼家境贫寒，9 岁开始到厦门宗亲的酱油坊做童工。1883 年左右在蔡玉明回乡传艺及重振大浯塘村翁氏祖传的刣狮阵时，成为蔡玉明的首批弟子之一。1886 年随蔡玉明报名参加武秀才的考试，取得晋江县学第二名武秀才。1889—1892 年间恩科开考时被赐为副榜武举人。1895 年，翁朝言从晋江到厦门岛开馆授徒弘扬五祖拳。到厦门后，先在厦门港太平桥街置地创办酱油坊，后开诊所药店；还担任了厦门港的保长，故有"厦门港皇帝"的称呼；后来在春生堂、万全堂的基础上，注册"松筠堂"正骨疯伤药酒。不久，翁朝言在蔡玉明的支持下，参加了孙中山领导的同盟会，积极参与革命活动。1906 年孙中山到厦门时，还为翁朝言作了"弘行太祖拳"、"赠医送药"、"松筠堂"正骨疯伤药酒的题字。翁朝言一生授徒甚多，包括晋江县大浯塘村宗亲、厦门港渔民及甘勇泉、卢万定、郭雄虎及其子翁荣南等。

翁庆铨（1948.9— ） 男，福建人。福建省社会武术教练，福州罗汉香店拳传人。自幼师从何国华（号飞来师）习武。20 世纪 60 年代曾担任福建省人民委员会警卫班教练、福州市郊区武术协会教练，逢年过节在民间表演各种武术及刚柔特技。2009 年参加国际冲绳刚柔流空手道，获金牛奖、技术风格奖。现任福建省罗汉香店拳武术教练，培养了一批优秀学生。

翁治兴（1949.2— ） 男，福州市人。闽江学院武术教师，福建省武术协会常务理事，福州市武协原副会长兼秘书长，国际级舞龙舞狮教练员、裁判员，一级武术裁判。自幼习武，9 岁师从福州闽侯陈雅老师习虎拳，后又师从福建省队宋国发、金祥宝等名师习长拳类武术和器械，并师从万籁声、余宝炎老武术家研习骨伤科。曾担任福州市武术队、省武术队、闽江学院武术队教练，率队参加全国各级武术比赛并取得优异成绩。多次参加福建省武术比赛和裁判工作，担任裁判员、裁判长、编排长等。曾任福州师范专科学校体育科副主任。武术论文多次在全国、全省获奖。主编的《福州市传统武术简介》被译成日、英文，与他人合著有《武术教程》《福建金狮拳》《龙吟虎啸》等。多次参与国际舞龙套路编审工作。

翁辉勇（1954.10— ） 男，福州市人。福州市第五建筑工程公司党总支书记，福建省体育总会委员，万籁声功夫研究会副会长，福建海峡自然门研究院院长。中国武术六段。1972 年以来，先后师从孙孝松、苗泽余和万籁声等人习南少林武术、少林六合门、罗汉门、张三丰太极拳剑、自然门功夫。1975 年以来，先后在厦门、漳州、晋江、新西兰等地传授武术。2008 年带队参加福建省闽台传统武术大赛，获一枚金牌。参与中央电视台

《走遍中国》（万籁声专辑）、福建电视台综合频道《纪事》（自然门专辑）的拍摄。2009年接受福州电视台《直播福州》和《新闻110》栏目专访。在《精武》和论坛上发表武术论文。参与万籁声纪念画册《万师百年》的编著，任副主编。

翁建生（1955.10— ） 男，福州市人。高级教师，福建华夏武术发展中心副秘书长，永安市太极拳协会副会长，福建省社会武术高级教练，一级武术裁判。中国武术六段。1978年毕业于福建师范大学体育系（武术专修），师从胡金焕教授、刘景秋副教授；同年8月分配到永安一中担任体育教师至今。1998年首批被中国武术协会授予武术六段称号。1982年至1990年多次担任三明市少年儿童武术比赛副总裁判长、福建省少儿武术比赛、福建省第八届和第九届武术比赛的裁判工作。2014年8月在第三届厦门国际武术大赛中荣获男子中年D2组传统太极刀金奖、其他传统太极短器械太极拂尘剑金奖、陈式太极拳竞赛套路铜奖。2014年11月在福建省全民健身运动会传统武术精英大赛中获得男子传统器械银奖、男子传统拳术铜奖，还获得全国传统武术比赛金奖。

翁香莲（1956— ） 女。福建省华武功夫指导中心财务、办公室副主任，一级社会体育指导员。中国武术六段。从20世纪90年代开始师从太极名师曾乃梁习武。2009年至今在福建省老年大学担任太极拳、太极剑、太极扇授课老师，并负责部分省直机关单位的体育武术培训教学工作。2002年荣获福建省八闽巾帼大赛木兰拳、剑、扇金奖。2008年荣获闽台南少林传统武术交流大赛杨氏太极拳金奖。同年荣获南少林华夏武术套路散打争霸赛24式太极拳第一名。2010年荣获首届神州太极拳大赛24式太极拳金奖、32剑金奖、武当太极剑金奖。

翁信辉（1963— ） 男，厦门市人。教育学博士，副教授，中国大学生体育协会空手道分会科研学术委员会主任，国际南少林五祖拳联谊总会副主席，中空协（CKA）国家级裁判，一级武术裁判。1974年随叔公翁荣南、翁悌荣练习五祖拳，后拜许金民、曾谋尧为师练习五祖拳。1982年随庄昔聪老师进行武术专项训练。在校期间担任福建师大社团部副部长、武术协会会长、《师大武坛》主编等。1986年参加全国武术观摩交流大会，获"雄狮奖"。同年借调到福建省武术队，在张大勇教练的指导下，获得第六届全运会武术预赛南拳第六名、决赛第十名。1988年回英塘村创办了"晋江县松筠堂武术馆"。1990年到日本留学，取得教育学硕士学位。2002年回国在集美大学体育学院任教，开设武术、柔道、空手道五祖拳等课程。2004年考取上海体育学院民族传统体育学博士，师从邱丕相教授从事中国武术文化论等研究。2005年至2007年在早稻田大学体育科学学术院从事访问学者研究。2007年至2008年在早稻田大学进行体育人类学博士后研究。出版《南少林五祖拳的历史与文化》一书和参编《南拳汇宗》、民族传统体育学主干课程《武术套路基础教程》等。在《上海体育学院学报》《体育学刊》《体育文化导刊》《体育科学研究》等刊物发表论

文 10 余篇。

翁露芳（1976.9—　）　女，龙岩市人。龙岩市武术协会副秘书长，龙岩二中体育教师。自幼习武，8 岁进入少体校，擅长拳术、剑术、枪术，多次在福建省少年武术比赛及龙岩市区武术比赛中获得好成绩。

翁金狮（1979.11—　）　男，泉州市人。晋江市侨声中学体育教研组长。1989 年 9 月起在泉州剑影武术学校习武，师从庄昔聪。1992 年参加省武术比赛，获刀术第三名。1996 年参加省武术比赛获南拳第一名。1997 年参加省武术比赛，获南拳、刀术第二名。2000 年考入集美大学体育学院民族传统体育专业。2004 年毕业后在晋江市侨声中学任教。近年来撰写数篇论文参加全国省市级评选获奖和发表。2009 年负责课题《新课题下南少林五祖拳普及和推广实验研究》，获泉州市教育科学"十一五"规划立项重点优秀课题。

翁艺敏（1982.9—　）　女，漳州龙海市人。一级武术裁判。1990 年入龙海市青少年宫师从甘更生习武。1999 年参加福建省青少年武术套路锦标赛，获剑术第一名。同年特招入武汉体育学院。2004 年在漳州市少体校任武术教练至今。多次参加福建省武术比赛、海峡论坛·海峡两岸传统武术交流大赛、厦门国际武术大赛等裁判工作。

翁劲斯（1990.10—　）　女，泉州市人，13 岁开始跟随泉州山外山国术馆馆长张晓峰学习五祖拳械。2005 年参加泉州市武术套路锦标赛，获南棍金牌、拳术银牌。同年参加首届中国传统武术比赛，获传统拳术、器械银牌。2006 年荣获福建省首届全国武术之乡比赛传统拳术、器械银牌。同年参加国际南少林武术比赛，获女子组传统拳术、器械金牌。2006 年参加福建省传统武术比赛，获传统器械金牌、拳术金牌。2009 年参加海峡论坛·海峡两岸传统武术交流大赛，获拳术金牌、器械银牌。2010 年参加泉州国际南少林武术邀请赛，获拳术金牌、器械金牌。

WU

无　诸（约公元前 225—前 175）　姓驺氏，闽越王、越王勾践的后代，汉代福建最早的地方政权闽越国的开基王。周显王三十五年（前 334 年），越国被楚国消灭之后，越国的子民纷纷辗转迁移至闽、赣一带，各据一方。至战国晚期，无诸占有福建及周边地区，自称闽越王。秦始皇统一中国后,被废为郡长,秦以其辖地为闽中郡。秦末,陈胜、吴广农民起义,各地纷起响应。尚武强悍的闽越族也积极响应,加入了中原推翻秦王朝的行列。在闽越族首领无诸的率领下,闽越人民挥师北上,与刘邦、项羽部联合,一起攻入武关(今陕西商洛),直捣咸阳,最终推翻了秦王朝。在此后五年的楚汉战争中,无诸又率领闽越军追随刘邦击败了项羽,为汉王朝的建立立下了汗马功劳。由于闽越人在反秦、反楚中勇英善战,功勋卓著,因而受到了汉高祖刘邦的赏识。汉高祖五年(前202年),被刘邦封立为闽越王,治闽中故地,都东冶,辖有今福建全境,浙江南部,江西东部,广东潮、梅地区。闽越族的许多首领也都受勋并得到封赐。闽越国成了汉高祖刘邦首次复立的第一个少数民族地方政权。无诸在武夷山重建闽越国,在城南重新修建了气势宏伟的闽越王城(人称"汉城")。这一时期,无诸统领的闽越国注意休养生息,发展经济,造宫阙,修农田,兴水利,积粮食,冶铁铸器,发展生产,使百姓安居乐业,使闽越国成为东南一隅的军事强国。

巫罗俊(582—664) 男,字定生。先祖巫暹,东晋末年由山西夏县避乱到山东兖州,后迁福建南平。隋大业间(605—616年),罗俊随父迁居宁化。当时宁化称黄连峒,属建州绥城县境。因地处边远山区,官府鞭长莫及,土寇蜂举,百姓不得安宁。巫罗俊能武善谋,很快成为黄连峒的领袖人物。他率众垦荒造田,开山伐木,将木头泛运长江下游一带出售,以其盈利开发黄连,建筑城堡,抵御土寇。唐武德四年(621年),高祖统一全国。但大乱之余,版籍疏脱,黄连仍属边远治理不及之地。贞观三年(629年),巫罗俊亲自到太宗皇帝行宫上奏:黄连地广人多,可以授田定税。唐太宗嘉许这一请求,并授与罗俊一职,令其回黄连继续开发。巫罗俊所辟疆界,东至桐头岭,西至站岭,北至乌泥坑,南至杉木堆,大致是现在宁化及清流、明溪两县的一部分。唐麟德元年(664年),巫罗俊殁,葬竹筱窝。为纪念他的开拓之功,在县衙内左侧建立土地祠,祀罗俊及其夫人塑像,春秋享祭。

巫马奏勋 漳州南靖县人。清乾隆元年(1736年)武举人。

巫必达(1751—1812) 又名巫黑,字有能,连城县人。巫家拳的创始人。必达出生于连城的一个武术世家,祖父巫应寿和父亲巫承辐均精通拳艺,是当地有名的拳师。巫必达从小在家苦练武功,祖父为之特造60公斤大刀、75公斤武石,并精心传授武功及刀法,至青年时已练就一身武艺。为印证武功,继续深造,他只身北上湖北、河南、河北、山东等地寻师访友,将家传拳艺与内家拳相结合,编创了独具风格的巫家拳法。乾隆末年,必达先到湖南株洲大石围李大魁家传艺,后移住湘潭马家河冯南山、冯连山两兄弟家传授拳术。此后,巫家拳在湖南省的湘潭、长沙、株洲、岳阳等地广泛流传,成为湖南最有影响力的拳种之一。巫必达终身未娶,故晚年由冯氏兄弟迎养家中,直至清嘉庆壬申年故去。享年61岁。在全国武术挖掘整理工作中,湖南省体委已编辑《连城巫家拳》一书出版,存入国家武术文库。

巫婉治（1954.9—　　）　女，石狮市人。师从卢义荣、邱金雄习练太极拳。2005 年参加在海口举行的第二届世界太极拳健康大会，获 42 式太极剑二等奖、杨式太极拳二等奖。

吴　玠（1093—1139）　字晋卿，崇安（今武夷山市）人。南宋抗金名将。曾祖吴谦、祖父吴遂、父亲吴辰都是武将，以义烈著称。吴玠青年时便沉着刚毅，懂兵法，善骑射。未满 20 岁，即离乡从军，与弟吴璘同属陕西泾阳军。宋政和四年（1114 年），西夏兵侵边，吴玠以战功任进义县副尉，不久升为队将、副将。宋建炎三年（1129 年）冬以功升忠州刺史。建炎四年（1130 年）春升任泾原路马步军副总管，复任明州观察使，兼陕西路诸路都统制等。金人起兵侵宋，每战常胜，但与吴玠交战多败。吴玠足智多谋，英勇善战，多次击败金兵，金人对其恨之入骨。宋绍兴四年（1134 年），金兵复攻仙人关。经过几番恶战，吴玠终于大破金兵。此次战役，金人兴师动众，皆以为四川可图，自元帅以下皆携带家属，却大败而归，才知吴玠之谋略勇武。自是，金兵再不敢图蜀。捷闻，朝廷授吴玠川、陕宣抚副使。绍兴九年（1139 年）正月宋金和议，金人许归河南、陕西地。高宗以吴玠作战功高，授特进四川宣抚使，开府仪同三司，陕西阶、成等州皆听节制，遣内侍奉赐御札，至则吴玠病重，扶掖接旨。高宗知道甚忧，命地方官就蜀求良医，且令国医驰视。未至，而吴玠已卒于仙人关，时年 46 岁。

吴　栋　南平市人。宋崇宁四年（1105 年）武进士，任福建都巡检使。

吴　璘（1100—1167）　字唐卿，崇安（今武夷山市）人，吴玠之弟。南宋抗金名将。少善骑射，随兄吴玠攻战，积功升阁门宣赞舍人。宋绍兴元年（1131 年），金兵会攻和尚原，吴璘以数千人抗击金兵，因功升统制和尚原军马。不久，又大败金兀术，升任荣州防御使，知秦州。绍兴四年（1134 年），吴璘又与兄长吴玠会合大败金将兀术、撒离喝率领的 10 余万众，朝廷因此升吴璘为定国军承宣使、熙河兰廊路经略安抚使，不久又升为左护军统制、都统制。吴玠卒后，吴璘任神龙卫四厢都指挥使。绍兴十年（1140 年）五月，金人再次进军河南、陕西，宋军兵力分散，情形危急。吴璘与胡世将率兵同心拒敌，二将皆大败金兵收复失地。金将撒离喝大怒，列阵 20 里再战，又被吴璘与姚仲部队合力击败。绍兴十一年（1141 年），吴璘与金统军胡盏激战于剡家湾，大获全胜，收复秦州及陕右诸郡。吴璘代兄镇蜀 10 余年，威名仅次于吴玠，金人亦多年不敢犯境。宋乾道元年（1165 年），吴璘至临安，高宗见吴璘，吴璘还镇之日，朝廷宴饯，仪式隆重。乾道三年（1167 年）吴璘卒于任上。朝廷震悼，赠太师，追封信王。

吴　挺（1138—1193）　字仲烈，武夷山市人，吴璘子。南宋将领。以功补官。宋绍兴三十一年（1161 年），金人毁盟约，宋军收复泰州，金军以兵来争，挺指挥击败金兵，升为熙河经略安抚使。次年，挺被檄攻德顺。挺独趋，身冒矢石，与金短兵奋战，并攻下巩州。

金兵又合兵十万余列栅以拒,吴璘在此督师,命吴挺领骑迎击,占据要地东山,并筑堡以拒。吴璘卒后,服除,任左卫上将军。宋淳熙元年(1174年),改为兴州都统。挺治军有方,设置互市,以物易马。创立边关社仓,赈济灾民。立列十军,阵容严整。礼贤下士,虽遇贱吏不敢怠慢,被称为"惠政将军"。绍熙四年(1193年)致仕,宋光宗诏加封太尉。当年卒,赠少师、开府仪同三司。

吴 茹 字汝弼,长乐市人。宋绍兴二十七年(1157年)武举人。

吴子仪 闽县(今福州市)人。宋乾道八年(1172年)武举人。

吴尧仁 闽县(今福州市)人。宋淳熙八年(1181年)武举人。

吴 赟 字公瑞,闽县(今福州市)人。宋淳熙八年(1181年)武举人。

吴 冲 字一飞,怀安人。宋淳熙十一年(1184年)武举人。

吴奇勋 连城县人。宋绍熙四年(1193年)武举人。

吴希稷 连城县人。宋绍熙四年(1193年)武举人。

吴文益 晋江市人。宋庆元二年(1196年)武举人。

吴 震 宋嘉泰三年(1203年)武举人。乾隆《福州府志·选举》及《三山志·人物》均作"嘉泰二年"。

吴继仲 宋开禧元年(1205年)武举人。

吴逢丑 永福(今永泰县)人。宋嘉定十六年(1223年)武举正奏,任知县。

吴林清 三明将乐县人。元朝将领。少年聪颖,有谋略,膂力过人。曾任百户、千户,镇守将乐,复命为县丞。当时沙县、顺昌、将乐等地民众纷纷举义旗,反抗元朝统治。林清奉命率兵前往镇压。因功授以军民总管。后又在平定漳州抗元义军陈吊眼战斗中立功。以军功受到元帝的召见,并被授予建昌路同知。

吴按摊不花 三明将乐县人。元朝将领。以宣慰元帅守邵武。元末,红巾寇据邵武,聚众数万,分劫顺昌、将乐。按摊不花募兵三千进讨,贼退,二县赖以保全。事闻,授福建行省左参政。

吴汝韬(?—1558) 漳州长泰县人。自幼习武,在当地颇有威名。明嘉靖三十七年(1558年)十月十六日,倭寇入侵家园。吴汝韬率子侄组织乡民奋起抗击,痛杀倭寇。终因寡不敌众,战死阵中。

吴士光 漳州龙海市人。明万历三十二年(1604年)武进士,任南澳把总升福营。

吴炳冲 晋江市人。明万历三十二年(1604年)武进士,卫千户。

吴奇勋　字对廷,连城县人,表席里湖营人。明代巡道中军守备。明天启元年(1621年),武场中式,初授京营把总。崇祯二年(1629年),搜罗将才,授兵巡道中军守备。崇祯四年(1631年),子山寇,奉宪令同上杭知县陈正中会剿于永平寨。杭令被围,勋独冲贼阵,往复救出,以所乘马让陈令,仍率步兵奋呼格杀数十贼,勋亦死之。

吴希稷　字坦然,连城县人,奇勋弟也。明代参将。与兄同登武榜。力能举鼎,初授钦依把总,升北京行都司。己巳,汇选将才,升参将,委守大同关五军七营火器。入援京师,督战卢沟桥,死之。

吴　斌　漳州云霄县人。明天启七年(1627年)武举人,任殿前都指挥使。

吴　觐(?—1647)　男,泉州市人。明末清初义军首领。父亲是本乡佃户。吴觐和弟弟吴二、吴尾成人后,也被地主雇为长工。三兄弟身材魁梧,孔武有力,一人能挑200多斤,同拜乡中拳师黄学官为师。明朝末年,泉州城郭附近乡民相继组织"斗枑会"抗租抗税。吴觐被穷苦佃户推举为乡中斗枑会首领,聚集500余人,联合抗租抗税。吴觐以斗枑会为基础,召集数千人,歃血为盟,揭竿造反。他们互相接应,经常四处活动,打开地方劣绅的仓库,救济贫民,声势十分浩大。清顺治五年(1648年),吴觐的起义队伍发展至数万人。十一月,清军副将马得功率兵入泉州,由地方武装头目做向导,围剿吴觐起义军。清军先诱捕吴尾,将其活活钉死在大门板上。接着,围攻半岭庵大寨,用疑兵计,使吴觐判断失误,以为清兵大军已到。为了保存实力,减少牺牲,下令部属四散躲避。只身逃往笋坑一个山洞中藏匿。大寨便不攻自破,吴觐也很快被抓获,惨遭杀害。清军最后围攻玉叶寨。吴二虽然勇猛善战,因求胜心切,中计被擒,被押至洪濑六甲街处死。

吴　英(1637—1712)　字为高,号愧能,祖居南安,后徙晋江。福建水师提督。自幼随父母迁居厦门,其父吴佩辉曾随郑成功驻守厦门。清康熙二年(1663年),吴英从厦门潜回泉州降清,改以王姓从军,授守备衔。是年,跟从提督王进功攻打延平王郑经,占领铜山城(今东山县),加都司金事衔。不久,实授浙江提标都司。康熙十三年(1674年),因功迁左营游击。第二年,前后收复黄岩、太平、乐清等县,解台州之围,迁升为中军参将。康熙十七年,随石调声驰援泉州,以功升福建督标中军副将。康熙十八年(1679年)擢升同安总兵。康熙二十一年(1682年),迁兴化总兵,驻镇莆田。康熙二十二年(1683年),随施琅攻下台湾,驻台镇抚。后调镇舟山,再擢升四川提督,驻镇四川11年。康熙三十五年(1696年),调任福建陆路提督,旋又改水师提督,驻镇厦门。康熙三十六年(1697年),圣祖南巡,得到皇帝嘉赞,被封为威略将军,仍领福建水师提督事。康熙四十二年(1703年),圣祖再次南巡,又召见吴英,赐御书"作万人敌"匾额。后人以圣祖御书"作万人敌"在同安县立坊纪念。康熙五十一年(1712年)七月,在厦门任上逝世。赠太子少保,赐祭葬。清廷为之建祠纪念,称"将军祠"。大学士李光地为撰墓志铭。

吴维城　宁化县人。明崇祯十三年(1640年)武进士,长乐知县。

吴汝瑜　桐庐县人。清顺治十年(1653年)武进士,任延平卫守备。

吴锡绥　连城县人。清顺治十五年(1658年)武进士,广东罗定州中军副将,升广东西南等处总兵官。

吴　郡(?—1715)　字云士,祖籍安徽凤阳。清代浙江水师提督。祖父吴高,明末京卫指挥使。李自成义军进京时,其父吴贵全家7人被杀,吴郡时年8岁,由老仆携带逃来福建。及长,胆力绝伦,落魄汀、泉间。久于泉,后乃住浦城前墩。清康熙二十二年(1683年)六月,吴郡仗剑从军,随靖海将军施琅进攻澎湖列岛,因功加左都督衔,实授山西大同镇标游击。不久补为天柱营参军。大将军席某督兵征苗族时,命吴郡为前驱,攻破天星、悬落、愁叹几个城寨,在接近滇南彝民杂居的地方杀牛宴饮士卒,炫耀兵威以慑服苗民,郡升为黄州协副将。康熙四十七年(1708年),升为浙江定海镇总兵,驻军舟山,并在倒头澳、长途、双合山、两头洞等处日夜巡防,护送往来的商贾过境,又在舟山添设消防器具以防火灾。康熙四十九年(1710年),福建闹饥荒,吴郡奉命运江浙漕粮赈济。郡租商船与其子兴业分途运送,不到半月,把5万石米运到漳州、泉州。随后署理松江提督。康熙五十一年(1712)年,升浙江水师提督,惕厉官方,简练士卒,葺墩台,勤巡缉。康熙五十四年(1715年)卒于官。予全祭葬,授荣禄大夫,加赠太子太保,谥武宁,从祀昭忠祠及本邑乡贤祠。子兴业,山东东昌府知府。

吴　文　南平浦城县人。康熙朝,以平台湾功官延平协都司。

吴天来　(榜姓李)永春县人。清康熙十一年(1672年)壬子科武举人。

吴　启　本姓阙,漳州南靖县人。清康熙十九年(1680年)武举人。

吴日光　字方炳,三明将乐县人。清康熙二十一年(1682年)武进士,历官严州守备、云南提标、云南大理府右营游击。而仕楚尤久,黄州靖五镇算,历有勋绩。征抚红苗,功居不次。年六十二,卒于官。

吴　霏　漳州云霄县人。清康熙三十六年(1697年)武举人。

吴殿芳　泉州南安市人。康熙三十八年(1699年)武举人,直隶蒲河都司。

吴国士　上杭县人。康熙四十四年(1705年)武举人,湖广督标守备。

吴　班　三明将乐县人。清康熙五十年(1711年)武进士,广东琼府同知、卢山知县、文林郎。

吴　瑶　三明将乐县人。清康熙五十二年(1713年)武进士。

吴　环　三明将乐县人。清康熙五十九年(1720年)武进士。

吴　琳　三明将乐县人。清康熙五十九年(1720年)武进士。

吴　珆　三明将乐县人。清雍正元年(1723年)武进士。

吴必达　榜姓林,字通卿,号碧涯。同安在坊里人。雍正五年(1727年)中武秀才,雍正七年(1729年)中武举人,雍正八年(1730年)中武进士,殿试三甲,分发广东候补。乾隆七年(1742年)补授广东广海寨守备,乾隆十一年(1746年)补授琼州协镇,乾隆十五年(1750年)补授广东寨游击,乾隆二十三年(1758年)补授海门营参将,乾隆二十四年(1759年)升授温州水陆总兵。乾隆二十五年(1760年)入京陛见,赏戴孔雀翎,调补广东左翼总兵,升授广东全省水陆提督军门,调补厦门水师提督军门,兼管澎台水陆官兵。乾隆三十一年(1766年)再次入京,随侍乾隆皇帝拜祭雍正陵墓。其母蒙赐建"萱寿延祺"坊表。必达居官三十余载,革除陋规,整饬营伍,以廉洁著称,军民悦服。晚年致仕归田,捐资购置溪船,以其息钱充双溪书院课士膏火。著有《水师要略》《碧涯诗草》。

吴得元 字长侯,号石村,南安市人。清乾隆元年(1736年)武进士。

吴得升 字晋侯,号雷村,南安人,得元弟。清雍正八年(1730年)武进士,直隶正定府中军,大名府守备。

吴怀瑾 漳州诏安县人。清乾隆元年(1736年)武进士。

吴　江 字清波,南平浦城人。清乾隆元年(1736年)武举人,官浙江提标后营千总。

吴廷槐 漳州平和县人。清乾隆十五年(1750年)武举人。

吴起龙 漳州南靖县人。清乾隆十七年(1752年)武举人。

吴开宗 漳州平和县人。清乾隆十八年(1753年)武举人。

吴对丹 漳州云霄县人。清乾隆二十一年(1756年)武举人,任厦门水师随标把总。

吴虎臣 字炳其,号啸岩,南安市人,得元子。清乾隆二十六年(1761年)武进士,御前侍卫,广东潮州总兵。

吴锡璋(1745—1778)　男,漳州南靖县人。清代武状元。自幼在村中习武,其身材魁梧,臂力过人,精通武艺。清乾隆三十三年(1768年)考中武举人。乾隆四十年(1775年)考中武科第一甲第一名(武状元),被乾隆皇帝钦点为御前侍卫,晋封五品武德骑尉。乾隆皇帝还钦赐"御前侍卫府"和"七叶金绍"匾额悬挂在吴锡璋故居的大门上。乾隆四十三年(1778年)病逝。吴锡璋的后裔至今尚保存着他当年使用的铁制大刀一把,长2米,重50多公斤,刀与柄衔接处镌刻"张茂远制"字样。

吴良辅 漳州平和县人。清乾隆三十五年(1770年)武举人。

吴履光 漳州南靖县人。清乾隆三十六年(1771年)武举人。

吴有光 漳州南靖县人。清乾隆五十九年(1794年)武举人。

吴宪章 漳州南靖县人。清乾隆六十年(1795年)武举人,嘉庆四年(1799年)武进士,钦命正三品,特授大参戎,任台湾鹿港总镇教督府。

吴捷元　漳州南靖县人。清乾隆六十年(1795年)武举人。

吴安邦　苎溪内石兜人。清嘉庆元年(1796年)武进士,丙辰科,候补守备。

吴维翰　漳州南靖县人。清嘉庆六年(1801年)武举人。

吴景阳　漳州平和县人。清嘉庆十三年(1808年)武举人。

吴拔元　漳州南靖县人。清嘉庆十五年(1810年)武举人。

吴援魁　漳州南靖县人。清嘉庆二十一年(1816年)武举人。

吴兆凤　字鸣岗,号梧轩,龙岩万安社人,后移居厦门。兆凤从戎时,海上匪患未息。由于艺勇双全,深得水师提督王得禄器重,积功至艋舟甲营参将,授澎湖协副总兵。其训练戎伍,爱养士卒,卒皆知节度,勇健有力。清道光十二年(1832年),奉命至台湾平定倡乱有功,补澎湖副总兵。

吴邦荣　厦门市同安区人。清道光三年(1823年)道光武进士,癸未科。

吴经魁　漳州南靖县人。清道光二十三年(1843年)武举人。

吴士邦　漳州龙海市人。清道光二十五年(1845年)武进士,任卫守备。

吴晋祥　漳州南靖县人。清道光二十九年(1849年)武举人。

吴清华　字丽山,原籍福清。清代将领。由武生充营伍,以军功升游击,从提督林向荣剿海寇有功,荐升参将,因居厦。咸丰末年,太平军再攻苏杭,清廷命福建出兵援助,调南澳总兵陈世英为统领,清华副之,统率泉厦兵援浙,清华为前锋。抵浙,闻杭州围急,率兵驰援,遣弁向左宫保大营求救。弁被侦获,不得达。太平军乘夜劫营,清华早已戒备,与之达旦激战,太平军退。亟欲驰杭,使城中知援兵至,内外夹攻。讵敌大股忽至,重重围击。陈世英闻报胆怯,藉言众寡不敌,竟先退。清华孤军无援,遂溃,剩亲信十余人,犹与力战,受重伤,知不得脱,遂自刎。

吴鸿源　字春波,清代福建同安县人,居厦门。清代将领。少豪侠不羁。清咸丰三年(1853年)四月,小刀会黄德美集众起义。鸿源募勇船四只,随军征剿,所向克复。提督施得高奇其才,列事以闻。拔补千总,加守备衔。旋增募快艇龙艚五号,四出搜捕,解建宁围,克建阳、崇安、连城等县,功尤多,累叙至花翎都司,以游击尽先升用。咸丰九年(1859年)六月,进兵东坂,累获著名洋匪,以功任金门右营游击。同治二年(1863年)八月,升海坛镇总兵。继而奏护福建水师提督东渡台湾,解嘉义围,克敌庄数十。后因性情耿直,为当道所忌,遂引病归。居四年,法夷败我于马江,退据台湾鸡笼,势甚张。昔时宿将,咸聚福州,谋逐夷援台,竟荐鸿源习台事,且未老,遂起用。时夷逻甚密,鸿源杂贾竖中,冒险入台。至则台人骇且喜,为后路策应。事平,赏头品顶戴,以原职归家,年七十一卒。

吴炳文　漳州南靖县人。清咸丰元年(1851年)武举人。

吴祺英　漳州南靖县人。清咸丰二年(1852年)武举人。

吴春魁　漳州南靖县人。清咸丰九年(1859年)恩科武举人。

吴捷元　漳州云霄县人。清咸丰九年(1859年)武举人。

吴廷名　漳州南靖县人。清同治元年(1862年)武举人。

吴杨名　漳州南靖县人。清同治四年(1865年)武举人。

吴拱辰　漳州南靖县人。清同治九年(1870年)武举人。

吴锦成　宁德柘荣县人。清同治十二年(1873年)武举人。

吴秉璋　漳州南靖县人。清光绪十五年(1889年)武举人。

吴春国　永春县人。清光绪十七年(1891年)辛卯科武举人,千总,历桃源黄坂汛把总。

吴拔祯(1892—1929)　连城县人。清光绪年间武进士、三品蓝翎侍卫、武功将军。吴拔祯出生在连城培田村,从小习武。光绪十四年(1888年)参加乡试,取中第六名举人;光绪十八年(1892年)参加会试,在120名武进士中,获取第33名;后殿试被钦点为三甲第八名蓝翎侍卫。在光绪皇帝御前护驾多年,受到赏识。曾任山东青州营中军守备。族谱中对他的武功、人品评价极高:"形容魁伟,勇力超伦,小试虽屈,大试能伸。持躬勤俭,御下兹人;公恊久废,捐廉鼎新,言行不苟,可为完人。"在他家乡培田村口还有一座光绪帝准造的牌坊,进士第老房子至今还放有他当年练功用的重约300多斤石锁和两个重约40斤的圆石。

吴炳辉　漳州南靖县人。清光绪二十年(1894年)武举人。

吴忠贵　南平市人。清游击,署延平协镇副将。

吴　坤　漳州南靖县人。清末武举人。

吴大批(1872.8—1929.2)　漳州芗城区人。洪拳传人。年少习武,师从许杏雨习练洪拳(又称宋江拳或相公拳)。1918年在漳州设馆威德堂,传下洪拳一脉。

吴维扬(1877—1945)　字松土,乳名遂兴,漳州云霄县人。早年习武,学过医疗航海。清光绪三十四年(1908年)春,参加福州龙山忠义堂同盟会革命组织,并辞去航海职业。他白天以马尾港装卸工的身份秘密宣传民主革命思想;晚上练习刀枪武术,成为同盟会福建支部活跃分子,被选编为革命军陆军五十三团九连四棚正兵。1911年武昌起义胜利后,参加了福建革命军光复福州、炮击于山清兵营的战斗,被闽都督府授予五等勋章。1913年参加讨袁同盟会,编入福建自治军。护法失败后,返邑行医。

吴 龙（1890—1969） 男，漳州芗城区人。民国时期漳州名拳师。曾任清末民初漳州军营武教头。少年从漳州竹巷下武师林南洲习武（林南洲曾任清御林军教头），擅拳棒、钩镰、大刀等器械，精技击，武艺出众。年轻时任漳州军营武教头，传教拳棒武艺。曾应邀李砚邀请，为洋老洲五祖何阳堂传教兵器。吴龙平时与漳州通元庙众武僧交情甚厚，时常一起切磋交流武艺，在漳州一带负有盛名。

吴朝高 闽清人。清光绪十六年（1890 年）武进士。

吴福官（1899—1976） 男，福州市人。功力雄厚，犹如铜身铁骨，犹如落地生根，铁肢扫地。

吴石泉（1905—1968） 男，漳州芗城区人。五兽拳师。15 岁开始习武，师从龙岩徐玉山（字秀环）习练五兽拳和跌打医术。曾在芗城、龙海、南靖、长泰等地行医授拳，传下不少弟子，在当地颇有影响。1956 年迁居龙海石码，以行医为业。

吴 成（1907.1—1934.2） 字自恭，号廷敬，宁德市人。幼时读过 5 年私塾，年轻时随父学习缝纫，夜里学文习字，兼习拳术。民国二十一年（1932 年）春，吴成结识了共产党员周资成而参加革命。1933 年加入中国共产党。12 月，担任东源乡苏维埃政府主席，组建"红带会"农民武装。1934 年 1 月，他带领红带会 100 多人配合福安、霞浦等地革命武装，先后两次围攻霞浦县城，震撼了反动统治。同年 4 月，上西柘洋区苏维埃政府成立，吴成任组织部长。他率领警卫连和红带会（赤卫队）夜袭泰顺县茂竹园反动民团碉堡，缴枪 40 多支，摧毁反动民团设在泰顺、福鼎、霞浦三县交界的重要据点。同年 6 月，吴成任中共霞鼎泰县委委员和县苏维埃政府主席。民国二十四年（1935 年）2 月，吴成带领游击队再次攻打福鼎龟洋保安队，不幸中弹光荣牺牲，时年 27 岁。

吴石根（1908—2003） 男，漳州芗城区人。五兽拳传人。自幼随父亲习练鹤拳，后师从龙岩李万和习练五兽拳，并得到师叔徐邵华的指导。晚年在漳州等地以教拳行医为业，传下不少弟子，为漳州五兽拳的重要传人。

吴志义（1919.11—1998.6）　男,原名吴文成,厦门市人。五祖拳名师。原福建省武术协会委员、福建省五祖拳研究会顾问、厦门市武协顾问。13岁拜五祖拳名师邱剑刚为师,习练五祖鹤阳拳。邱师见其聪颖苦练,甚为器重,赐其名为志义。1963年在厦门市马柱横巷20号创办厦门剑刚武术社,数十年来授武传艺,学生数千,遍布海内外,不少学生参加省、市及全国武术比赛,均取得优异成绩。1982年作为福建省老拳师代表参加在北京举行的全国武术工作会议,在人民大会堂受到党和国家领导人的接见并合影。1983年被评为全国优秀武术辅导员。1998年逝世后,其子吴兹俊、其孙吴冲纬先后担任厦门剑刚武术社社长。

吴彦全（1921.4—2014）　男,石狮市人。石狮新湖武术馆创馆馆长,石狮市第一、第二届政协委员,福建省武术协会委员,泉州市武术协会名誉主席,石狮市武术协会名誉主席。中国武术七段。18岁起师从石狮周志强拳师学练五祖拳。1946年起聘请厦门新坡邱衡煌拳师来玉湖村祠堂传授五祖拳。1972年聘请河南王景春老师来石狮教习长拳、形意拳、太极拳、散打技击等。1984年创办石狮新湖武术馆并担任馆长。自1965年起义务教徒传艺,培养不少武术骨干,为福建省体工大队武术队及高校输送优秀学生达数十人之多,学生在亚洲、全国、省、市各级比赛中屡获佳绩。1983年被评为"全国优秀武术辅导员"称号,1988年被国际武联授予"国际武术社会支持奖",1988年、1992年两次荣获"全国农民体育先进工作者"称号。

吴昌安（1938.12—　）　男,福清市人。福清南少林武术研究会常务副会长兼秘书长,老年体育协会副秘书长。出身武术世家,自幼习练鹤拳、棍术、竞技拳术。1993年春在福清创办石竹山武校,任校长。2000年创办玉融武术俱乐部,对93岁老拳师张本利的武艺进行全面拍摄、记录、整理工作。2001年深入福清各个乡镇挖掘隐存在农村的大批武术传人、秘籍、秘方,发现数十种拳术、兵器套路。在重建福清南少林寺之际,奔走四方筹资,于2004年5月经市文体局、民政局登记批准,成立"福清南少林武术研究会"后,专心投入研究会的工作。同时与海内外武术界开展广泛交流工作,发表多篇武术研究的文章。

吴珊珊（1941—　）　女,泉州市人。副教授,国家级武术裁判。中国武术七段。1959年进入福建省体育学院体育系学习,师从洪正福。1962年7月毕业分配到福州市少体校担任武术教练。曾获得福建省武术比赛女子全能冠军,代表福建省参加华东区及全国武术锦标赛,获剑术第八名、双剑二等奖。参加过第一、第二届全国运动会武术比赛。1973—1980年在武汉体育学院武术教研室任教。1980—1989年在郑州粮食学院（现为郑州理工学院）体育教研室任教。曾任郑州市武术学术研究会主任、武术

裁判委员会主任、"少林杯"全国散打邀请赛总裁判长。1984年、1986年两次参加国家体委武术挖掘整理小组工作。合编《普通高等学校、中等专科学校武术选用教材》一书。1989年调到福建体育学院任教,历任运动系副主任、主任。担任第三届至第七届全运会武术裁判工作及全国武术锦标赛裁判长、副总裁判长。多次带领厦门市武术代表队、厦门市老体协、太极拳代表队参加国际、国内武术比赛获得团体金奖和铜奖。多次被国家武术运动管理中心选派赴日本、韩国、澳门、香港等地担任武术裁判和考察工作。曾获得全国优秀裁判员、厦门市劳动模范、福建省优秀教育工作者等称号。

吴声友(1944.2—) 男,晋江市人。晋江市武术协会副秘书长,晋江市太极拳协会秘书长,晋江老年大学功拳系主任。1967年在福建林学院师从郭国柱副院长习练太极拳、剑。1989年至今从庄长庚习练多种太极拳、剑传统套路和竞赛套路以及刀、扇等。1994年参加上海永年杨式太极拳高级讲习班,经傅钟文大师指教和考核,授结业证书。2001年参加福建省传统武术演武大会,获传统太极拳优秀奖和太极器械一等奖。参加首届武当国际联谊大会、焦作第二届国际太极拳年会、庐山第四届全国武术之乡武术比赛、香港杨氏太极拳国际交流大会、杨氏太极拳西安国际邀请赛、青岛国际杨式太极拳邀请赛、华夏武术散打王争霸赛等太极拳比赛,共获20多项金、银奖。多年练拳不辍,组织、辅导群众习武健身。获泉州市第五届全民健身运动先进个人。

吴祥家(1946.10—) 男,泉州鲤城区人。从小热爱武术,1958年参加泉州市青少年宫武术培训班习武。1959年转入泉州武术研究社,师承武术社社长戴火炎、教练释瑞吉、林祺燕,学习南少林五祖拳。20世纪六七十年代,利用工作之余,曾先后于泉州市区、晋江、石狮、南安等地开馆授徒,学员达数百人之多,传承了南少林五祖拳。以推广南少林五祖拳发展为己任,几十年来始终如一,坚持不懈,为南少林五祖拳在国内外的传播与发展做出了自己的努力。

吴兹俊(1947.2—) 男,厦门市人。厦门市武协委员,厦门剑刚武术社原社长兼总教练,厦门武术协会顾问,中国武术六段。自幼随父亲吴志义习练五祖鹤阳拳。多次参加福建省、厦门市武术比赛获南拳和器械第一名,省传统武术比赛一等奖。参加第八届福建省运动会武术比赛,获传统器械金牌、传统拳术铜牌。1983年参加省武术比赛,获传统器械第一名,传统拳第三名。担任第十届省运会交通厅武术领队。1991年,苏联空手道高手、"阿米德洛夫"轮二副阿列克慕名与其在东渡港区交手切磋后,拜吴为师习五祖拳。多年来,剑刚武术社为社会培养了一大批五祖拳爱好者和武术骨干,在各级武术比赛中获得优异成绩。

吴太理（1948—　）　男，福州市人。福建地术拳委员会顾问，高级教练。1964年师从陈依九老师学习地术拳，现为地术拳西园武术培训中心技术指导。

吴友恒（1948—　）　男，石狮市人。福建省武术协会委员，泉州市武术协会常委，石狮市武术协会荣誉主席，中国武术六段。自幼酷爱武术，先后跟随吴彦全、周志强、邱于灿、王景春等老师习武。1988年参加第一届福建省农民运动会武术比赛，获南拳第一名、对练第一名。同年代表福建省参加首届全国农民运动会武术比赛获优秀奖，《中国体育报》《中华武术》杂志作全面报道。2001年授中国武术六段。多年来义务传授学生数百人，多次担任石狮市武术代表队教练员，参加省、市武术比赛和散打比赛。儿子吴贤举、吴连举入选福建省武术队。吴贤举代表福建省参加全国武术锦标赛和代表国家武术队参加国际武术锦标赛多次获得金牌，获"国家武英级"运动健将，现为福建省武术队专职教练。

吴奕锻（1949.3—　）　男，石狮市人。2000年随卢义荣、邱金雄老师习练太极拳。2005年参加在海口举行的第二届世界太极拳健康大会，获得42式太极拳金牌、42式太极剑银牌。在2006年福建省首届武术之乡太极拳比赛中，获得42式太极拳、剑各一枚金牌。2010年参加福建省第二届海峡论坛·海峡两岸传统武术交流比赛，获42式太极拳、剑二枚金牌。

吴安龙（1950.4—　）　男，泉州市人。泉州市武术协会理事，泉州市太极拳协会理事，鲤城区太极拳协会副主席。1967年始师从刘德明习南少林五祖拳，1979年起师从王健先生学杨式太极拳、械推手，1998年后并从詹闲筱、阚桂香、于志钧诸师习太极推手、陈式竞赛套路、42式拳剑等。1989年参加泉州市太极拳比赛，获48式太极拳第四名。1990年参加泉州市武术比赛，获太极拳、剑第一名。1989年起每年担任市、区武术、太极拳比赛裁判工作，所培养的青少年运动员在比赛都取得好成绩。

吴荣富（1951.3—　）　男，厦门市人。厦门市筼筜新区开发建设公司原人事行政部经理，厦门市武术协会副秘书长，中国武术六段。1964年起，先后师从五祖白鹤拳师林关东、五祖白鹤拳传人柯国丰、厦门市武协主席许金民老师习练五祖白鹤拳。1989年师从云南省武术协会主席何福生习形意拳、八卦太极拳等。担任市武协副秘书长期间，积极开展各项武术工作，参与厦门海西武术大赛、厦门国际武术大赛的筹

备与竞赛工作,并担任比赛大会检录长。多次与来自美国、日本等国和香港、台湾等地区的武术界朋友进行武术友好交流。20 世纪 80 年代开始授徒,传授五祖白鹤拳艺等。

吴孔谈(1952.3—) 男,福州市人。福州市武术协会香店奉委员会会长、福建省庆香林香店奉俱乐部秘书长、新店镇后山武术馆馆长、新店镇后山村青少年活动中心负责人。自幼爱好武术,1969 年拜房利贵为师习香店拳,掌握了徒手套路十套、器械六套和各种功法。1987年至今在后山村自家大院内设馆传授香店拳。

吴振光(1953.8—) 男,福州市人。福州台江少林香店拳武术馆馆长、总教练,个体草药医师、按摩推拿师。中国武术六段。年少随福州徐心波习香店拳功法和风伤正骨、中草药方剂等,为香店拳第七代传人。多次参加省、市各种武术比赛和活动。1997 年受邀前往新加坡传授香店拳门派医术,并治愈了众多病患者。2001 年回国至今仍在行医教拳,带领弟子挖掘整理部分濒临失传的香店拳门派拳械套路,现已整理的器械类有刀术、棍术、伞法、烟杆法,拳术类有硬三战、三步三、地盘、十八学士、八花篮等套路。

吴明怀(1953.11—) 男,石狮市人。石狮自然门学校董事长、校长兼总教练,福建省影视武打演员培训中心主任,福建省武术协会常务理事,泉州市武术协会副主席,福建心五自然门武术研究院名誉院长。中国武术六段。早年拜万籁声为师,苦练六合门、自然门功夫。1988 年创办石狮市自然门学校,经过 20 多年的努力,使自然门学校先后被评为"中国十大民办学校"、"全国语文教学示范基地"等。许多学生毕业后进入北京体育大学等高校深造,学员先后在全国和国际性武术大赛上夺得 400余个奖牌奖杯,培养武术冠军 100 多人次。多年来,石狮自然门学校在全国农运会、石狮市运动会、海博会、石狮建市 20 周年庆典等各类大型社会公益文体活动中表演 400 多场次,先后接待了来自美国、加拿大、法国、罗马尼亚、菲律宾、新加坡等 30 多个国家及香港地区的武术文化组织来校参观、交流访问活动。2003 年获得"中国民办教育发展论坛金奖",2004 年荣获国际级"武术名家金腰带"大奖,2006 年被中国民办教育家协会授予"优秀民办教育家"、"民办学校优秀校长"等称号。

吴英路(1953.12—) 男,泉州鲤城区人。新步国术馆副馆长。自幼爱好武术,于 16 岁拜本村老拳师吴家种师傅学习太祖拳。2010 年成立了新步国术馆,担任副馆长和总教练。近几年来,参加过十几次武术比赛,都取得了很好的成绩:在福建华夏首届武术大赛中荣获个人全能第三名,在第二届闽台武术节海峡两岸武术之星选拔赛中获太祖拳之星,在香港第十届国际武术大赛中夺得三个第一名。

吴明祥(1954.11—) 男,石狮市人。石狮市新湖武术馆馆长,福建省武术协会委员,石狮市武术协会常委,香港世界五祖拳促进会副会长。中国武术六段。自小随父吴彦全习练南少林五祖拳,后跟河南王景春拳师习练长拳、太极拳。1984年协助父亲吴彦全成立"新湖武术馆",并开始义务教授学生,向福建省体工大队、武术队等单位输送的学生多达数十人之多,学生多人次在亚洲、全国、省、市各级比赛中屡获佳绩。1988年代表福建武术代表队参加全国第一届农民运动会,获优秀奖。同年入选福建省武术代表团,赴日本进行武术参访。1992年任教练员参加全国第二届农民运动会。1993年至今任教练员参加七届全国武术之乡比赛。

吴天畴(1955.11—) 男,龙岩漳平人。高级教师,中国体育科学学会会员。中国武术五段。1974年至1978年在龙岩军分区当兵,1978年考入福建师范大学体育系专修武术,1982年毕业后分配至龙岩师范任教。1989年至1999年调至漳平市少体校工作,任总教练。曾代表省高校武术队、龙岩地区武术队参加福建省武术比赛和在福州举行的第八届省运会。多次参加省、市武术活动和武术比赛裁判工作。任漳平市第四至第七届政协委员。2004年荣获漳平市第四批"市管拔尖人才"荣誉称号。从教三十多年,曾四次参加全国论文报告会、五次参加全省的论文报告会。30篇论文在全国、全省的学术论文报告会或在CN级刊物上发表,其中10篇论文获全国或全省的一、二、三等奖和优秀论文奖。

吴 鑫(1956—) 男,漳州龙海市人。1974年师从龙海五祖拳师许旺习练五祖拳械。1983年参加福建省职工运动会武术比赛,表演的传统器械乾坤日月刀获得大会一等奖。同年被选拔代表福建省武术队赴南昌参加全国武术观摩交流大会,再以五祖拳和稀有兵器乾坤日月刀法荣获大会最高奖——优胜奖。1984年参加福建省武术观摩表演赛,获器械第一名。曾应邀参加中华武林精英汇演,演练五祖拳和乾坤日月刀,获得好评。

吴太端(1956.2—) 男,福州市人。福建省武协地术拳委员会副会长,福建地术拳委员会西园武术培训中心主任兼总教练、高级教练。中国武术六段。10岁师从地术拳宗师陈依九学习地术拳,并担任陈依九宗师生前助理教练几十年,培养出许多优秀的武术弟子。在国内各种赛事中多次被评为优秀教练员,现为地术拳专业武术教练。

吴培甘（1956.2—　　）　女，石狮市人。师从卢义荣、邱金雄老师习练太极拳。2011年参加在山东日照举行的第八届全国武术之乡武术比赛，获得太极拳一枚金牌、一枚银牌。

吴秋花（1965—　　）　女，福州市人。武英（健将）级运动员。9岁随张大勇老师习武，1977年入选福建省武术队。1978年，参加在湘潭举行的全国武术比赛，获乙组刀术冠军。1980年10月，获全国武术表演赛女子传统拳二类冠军。1986年9月，获全国"熊猫杯"武术精英赛刀术、传统拳二类两项冠军，个人全能第五名。1987年，获得第六届全运会女子刀术冠军、南拳第三名。1988年，获得国际武术节女子刀术冠军。多次随国家队和省武代表团出访海外诸国及地区。1982年，被福建省人民政府授予三等功。1987年被评为省三八红旗手、新长征突击手、省十佳运动员。1988年，获国家体委颁发的三级体育运动员荣誉奖章。现定居美国旧金山，创办武校，传播中华武术。

吴美雅（1965.9—　　）　女，石狮市人。2009年随卢义荣、邱金雄老师习练太极拳。2010年参加福建省第二届海峡论坛·海峡两岸传统武术交流比赛，获42式太极拳、32式太极剑铜牌。2012年参加在江苏举行的全国农民传统武术比赛，获三枚银牌。2012年参加在重庆举行的第九届全国武术之乡武术比赛，获太极拳铜牌。

吴建家（1966.4—　　）　男，泉州鲤城区人。泉州市鲤城新步国术馆馆长。1977年拜吴家种老拳师为师，从基本功拳母"三战"学起，常年在家中打沙包、扔石锁、练功。1985年受邀到石狮、晋江、南安等地授拳。2010年正式成立泉州市鲤城新步国术馆，任馆长及总教练，担任泉州市武术协会常委。参加第二届海峡论坛武术大赛，获一枚金牌。组建少儿青狮队参加世界闽南文化节狮阵大汇演。2011年参加香港第十届国际武术大赛，以独创双器械双镰刀获第一名。同年7月参加市武协代表团到菲律宾进行武术交流。建馆三年来，带领师兄及学员参加国际及国内比赛近10次，获280多枚金牌。

吴跃文(1967.12— ） 男，泉州市人。泉州市武术协会副秘书长，泉州市五祖拳研究会副秘书长，鲤城区武术协会副理事长，福威国术馆副理事长兼秘书长，一级散手裁判，国际五祖拳段位八段。1981年师从泉州太祖拳师苏再福先生研习太祖拳。1988年担任训练点助教，1990年任鲤城区少林武术协会副秘书长，1991年编排并教练泉州六中学生百人棍队参加首届"泉州南少林武术节"踩街活动，1992年任俞大猷国术馆副馆长，1993年成立福威国术馆并任副理事长兼秘书长。1996年受聘于泉州市中级人民法院任法警系统技能培训武术教练，福建省第十一届运动会开幕式"千人武术表演"武术教练。历任泉州市武术套路、散打、跆拳道裁判，多次出访东南亚各国。

吴仲庸(1968.2— ） 男，武夷山市人。南平市武术协会副秘书长，武夷山市武术协会副会长兼秘书长。1976年9月入崇安县武术队习武。1984年在崇安县第二中学武术队任助理教练。1985年入伍，在武警建阳支队当任武术教官。1990年至今，历任武夷山市少体校武术队教练、主教练、总教练。1997年与章辉、左良辉等人发起并成立了武夷山市武术协会，并当选为第一、第二、第三届武夷山市武术协会副主席兼秘书长。2008年任南平市武术协会副秘书长。1998年被武夷山市人民政府授予优秀武术教练员称号。武夷山武术协会成立以来，组织承办了全国、省、市级多场武术、跆拳道比赛，组织和策划各类节庆晚会和文化广场武术表演。

吴光焰(1968.6— ） 男，石狮市人。泉州市武术协会名誉主席，石狮市武术协会荣誉主席。自幼师从吴彦全、卢义荣习练五祖拳、散打等。1987年参加福建省散打比赛，获48公斤级第一名。1988年—1992年参加中日散打——拳击交流活动，派驻日本4年，为省、市武术事业发展做出贡献。

吴鹭海(1969— ） 男，厦门市人。厦门市武协委员，一级武术裁判。中国武术五段。自幼师从曾谋尧学习五祖拳、械。1981年参加福建省武术比赛，获儿童组南拳第一、全能第三的成绩。以后多次参加福建省武术锦标赛及省运会武术比赛，共获金牌21枚。

吴晨燕（1969.10— ） 男，漳州市人。福建警官学院教师。中国武术六段。1987年获省散打比赛52公斤级冠军，1988年获省拳击比赛51公斤级冠军，同年获华东区三省一市拳击比赛51公斤级冠军并入选国家拳击队，1990年获首届湖北拳击赛51公斤级冠军，1991年获全国拳击比赛54公斤级冠军，1992年获全国拳击比赛54公斤级冠军。1992—1993年进入武汉体育学院运动系本科学习。1993年任福建省拳击队教练、主教练。1995年获国际奥委会主席萨马兰奇签名的国际拳击教练证。1994年后多次担任省拳击赛仲裁委员。所带队员多次获得全国、省、市级各种拳击比赛的金、银奖牌。发表论文6篇。

吴玲玲（1970.9— ） 女，石狮市人。2003年随卢义荣、邱金雄老师习练太极拳。2009年参加在江苏省举行的第七届全国武术之乡武术比赛，获太极拳银牌。2009年参加福建省海峡论坛巾帼武术比赛，获银牌。2010年参加福建省第二届海峡论坛武术比赛，获二金。2011年参加在山东举行的第八届全国武术之乡武术比赛，获太极拳赛银牌、42式太极剑银牌。2013年参加吉林省长春市第十届全国武术之乡武术比赛，获陈式太极拳银牌、武当太极剑银牌。

吴炳法（1971.11— ） 男，南安市人。2003年师从泉州市山外国术馆张晓峰师父学习南少林五祖拳传统套路和器械。2008年代表福建省参加第三届世界传统武术锦标赛，获男子C组南拳器械青龙大刀银牌、男子C组五祖拳铜牌、集体项目铜牌。2009年参加海峡论坛·海峡两岸传统武术交流大赛，获男子C组五祖拳银牌。

吴卫全（1974.4— ） 男，江西宜春市人。莆田市浩然太极馆主教练，莆田市全意太极拳馆馆长。福建省社会武术准高级教练员。12岁开始习武，后师从莆田黄晶忠老师学习陈式太极拳、南少林罗汉拳、二指禅，随厦门大学林建华教授习练形意强身功和形意养生功等。2007年开始任莆田市浩然太极馆主教练，2009年受聘于莆田市涵江第一实验小学太极拳教练。所教学生700多人，其中有不少国际友人和海外华人。培养的学生多次在全国各级武术大赛上获得多枚金牌、银牌。参与拍摄《南少林武术大观之南派一指金光罗汉拳》光碟教学片，擅长二指禅，被电视媒体、各大报纸称为"武林一绝"。

吴晓华（1975.12—　　） 男，龙岩连城县人。福建省武术协会理事，连城县少体校校长，连城武术协会秘书长，国家级武术裁判。1983年开始习武，曾多次获得省武术锦标赛冠军。1994年至今任连城县少体校武术教练。担任武术教练期间，所培养的运动员多次获得省武术锦标赛冠军；向省体工队、省体校输送多名运动员，并获得多项全国武术比赛冠军。组织多次武术比赛，组队参加省、全国各项武术比赛，并取得优异成绩。2002年被龙岩市政府授予体育工作先进个人称号，2006年被龙岩市政府授予优秀教练员称号。

吴贤举（1975.12—　　） 男，石狮市人。武英（健将）级运动员，福建省武术队高级教练，国家级武术裁判。1989年进入福建省体工队武术队进行武术专业训练，多次在全国武术锦标赛、冠军赛中夺得南拳、南棍冠、亚军，曾获得第四届亚洲武术锦标赛男子南拳冠军。1999年退役后任福建省武术运动管理中心教练。2013年担任中国武术队主教练，率队赴菲律宾参加第七届亚洲青少年武术锦标赛，取得优异成绩，为国争光。

吴德志（1975.12—　　） 男，泉州鲤城区人。泉州市鲤城新步国术馆副馆长。12岁开始向吴双固老师学习传统太祖拳。1990年吴建家师傅组建武馆，在他的指导下进行刻苦训练。2010年正式成立泉州市鲤城新步国术馆，开始教习学员。在2011年4月与学员第一次参加福建华夏传统武术大赛，全馆获34枚金牌、19枚银牌；其个人获太祖拳、太祖棍、太祖拳对练三枚金牌，个人全能第三名。参加福州首届华夏杯、福建南少林传统武术大赛、厦门"武术之星"武术大赛等比赛，取得优异成绩。

吴永渝（1977.9—　　） 男，南安市人。泉州市武术协会委员，南安市武术协会副主席，南安市太极拳协会副秘书长。1994年向蔡志坚拳师学习武术，1997年参加省武术教练员培训班，2004年参加太极拳项目裁判员培训班。曾被南安市太极拳协会评为"优秀辅导员"称号。自2000年开设武术培训班以来，学员多次参加市级、全国性、国际性武术比赛并取得优异成绩，其中2009年学员参加第三届南少林华夏武术大赛，荣获6金5银1铜。2010年在香港参加第八届国际武术大赛荣获6金2银，其中本人荣获2金及"金腰带"，并被评为"最佳教练员"称号。

吴福景（1978.6— ） 男，莆田涵江人。一级武术裁判。中国武术六段。自幼习武，酷爱中华武术和传统医学。中学时期随启蒙恩师郑秋明先生系统扎实地学习、掌握武术基本功和刀、枪、剑、棍等拳械技艺。2000年毕业于福建师范大学福清分校体育教育专业，毕业后不断外出拜寻名师高人，十多年来求访足迹遍及国内外十多个省市及港、澳、台、新加坡等地。在拳术功夫上，师承杨氏太极拳名宿广西严翰秀先生和尚派形意拳技击耆老辽宁张世杰先生，深得二位恩师厚爱并倾囊传授。在传统医学医术上，曾多次在福建省中医药大学康复医学院进修，并随广西北海骨伤科名医庞尚武先生用心研习，系统地掌握了针灸和推拿技艺。多年担任福建省内外各大武术套路比赛的裁判工作。

吴晨艳（1979.8— ） 女，莆田市人。福州市武术协会副秘书长。武英（健将）级运动员。中国武术六段。1989年9月在莆田少体校习武，1990年9月调入省体工队进行专业训练。2000年退役后调入福州少体校担任武术教练工作。1995年获得全国武术之乡女子对练冠军。1998年参加全国武术锦标赛，获女子集体拳冠军。1999年在全国太极拳、剑锦标赛中获得集体太极第二名，推手第三名、孙式太极拳第四名。2008年被评为福建武术工作先进个人。2006年代表福州参加第五回中国—冲绳交流武术大会。

吴　敏（1980— ） 女，莆田市人。莆田体育运动学校中级教练。中国武术六段。自幼跟随伯父洪光荣练习武术，后在莆田市少体校武术班训练，1992年又向伯父洪光荣学习拳击、散打、跆拳道、硬气功。从1989年至1993年均代表莆田市参加福建省少儿武术锦标赛，分别荣获长兵器冠军、刀术冠军和拳术冠军。1993年代表中国少儿艺术团武术项目运动员访问土耳其、希腊、罗马尼亚、保加利亚、俄罗斯，并被代表团评为"优秀团员"。1996年参加首届中国莆田国际南少林武术节，荣获大会最高奖优秀奖。1996年参加福建省拳击锦标赛，获女子51公斤级冠军。1997—1999年连续三年荣获福建省跆拳道锦标赛冠军。1998年莆田市委、市政府授予"优秀运动员"称号。

吴　鹤（1982— ） 男，莆田市人。中级教练，运动健将。中国武术六段。自幼跟随父亲洪光荣在永安市少体校武术班习武。1991年、1994年代表中国武术团访问新加坡和香港。1996年和1997年连续荣获福建省青少年拳击锦标赛冠军。1997年、1998年三次荣获福建省跆拳道锦标赛冠军。2000年参加全国跆拳道冠军赛，荣获58公斤级第三名。2005年晋升柔道国家级裁判。1997年至2000年入选中国跆拳道队，备战悉尼奥运会。1998年和2007年被莆田市委、市政府分别授予"优秀运动员"和"先进体育工作者"，多次被评为"优秀裁判员"。

吴秋生（1982.9— ） 男，宁德市人。龙岩市武术协会超威武术馆馆长。自幼热爱武术，1995年开始跟随中学体育教师练习传统武术。2001年在莆田南少林学习南拳。2002年参加龙岩地区散打赛、武术交流赛，均取得优异成绩。

吴冲纬（1983.3— ） 男，厦门市人。现任厦门剑刚武术社社长兼总教练。5岁跟父亲吴兹俊习五祖拳，较全面地掌握了五祖拳技法。2000年6月参加在集美大学体育学院举办的中日武术友好交流演武大会，表演了五祖拳、棍，受到赞赏。参加第一至第三届海峡论坛·海峡两岸传统武术交流大赛，均获五祖拳金奖、南棍金奖。在第一至第四届南少林华夏武术大赛、厦门中华魂、福州武林杯等比赛，获拳械金奖、优秀教练奖。2010年参加海峡两岸民俗文化节（厦门思明）"中华魂"武术健身表演赛，大会授予厦门剑刚武术社"最佳武术传承奖"牌匾。

吴奕鹏（1986.4— ） 男，石狮市人。福建省武术队武英（健将）级运动员。现任教于闽南理工学院。1992—1998年在石狮市新湖武术馆进行业余训练，师从邱金雄老师。1998年入选福建省体工队武术队训练，2001年从长拳项目转为南拳项目。2008年考入集美大学体育学院。2003年参加第五届全国城市运动会武术比赛，获南拳第七名、刀棍全能第八名。2004年参加全国武术套路套路冠军赛（传统项目），获双刀第六名、象形拳第六名。2005年参加第九届全国中学生运动会，获南拳第一名。2008年参加全国武术套路冠军赛，获南拳第八名。2009年参加全国武术套路冠军赛（传统项目），获南刀第一名、象形拳第二名。2011年参加全国武术套路冠军赛，获南棍第四名、南刀第五名。2012年参加全国武术套路冠军赛，获男子象形拳第三名、南刀第四名。2013年参加全国武术套路冠军赛，获男子南刀第三名。

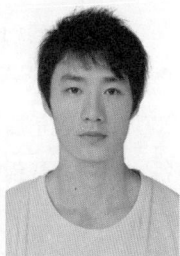

吴培境（1987.12— ） 男，石狮市人。福建省武术队队员，一级武士。1996年起在石狮市新湖武术馆随邱金雄、吴明祥等老师习练长拳。1998年入选福建省体工大队武术队，跟李吉辉、吴贤举、魏丹彤、代林彬等教练习练长拳、南拳等。获得全国少年儿童武术锦标赛棍术第五名。多次获得福建省武术锦标赛男子长拳类全能冠军。在泉州市举行的福建省运动会武术比赛中获男子长拳类全能第三名。

吴自强（1990.3—　）　男，石狮市人。现任晋江市恒斌武术训练中心教练。8 岁开始进入石狮自然门学校，拜吴明怀先生为师习练自然门武术。较好的学习悟性及勤学苦练的精神，使其武术有很大长进，在同学中成为佼佼者。连续三届参加青岛国际武术锦标赛并获得冠军。2010 年获大学生运动会武术比赛南拳冠军。2012 年参加第九届全国大学生运动会武术比赛，获对练项目冠军。曾多次出访澳大利亚、波兰、德国、瑞典等国家进行武术交流表演。

吴倩彬（1992.8—　）　女，浙江宁波市人。福建省武术队武英（健将）级运动员。2000—2004 年在西山文武学校练武学习，2004 年到福建省体育工作大队武术队训练至今。2010 年参加第三届世界青少年武术锦标赛，获女子南拳第一名。2012 年参加全国武术套路冠军赛（传统项目），获女子其他象形拳第一名、女子朴刀第二名。2013 年参加在宁波举行的第十二届全运会武术套路预赛，获女子南拳、南刀、南棍全能第七名。

吴诗雅（1995—　）　女，厦门市人。2001 年师从陈仁忠学习六合自然门、现代竞技武术。现就读于集美大学体育学院，师从宋玲老师。2004 年获得福建省青少年武术套路锦标赛地市女子儿童组枪术第七名。2007 年获地市女子儿童组剑术第五名、枪术第七名。2009 年获福建省第八届中学生运动会武术比赛初中女子组长拳第六名、剑术第二名、枪术第三名。2011 年获福建省青少年武术套路锦标赛馆校女子甲组四类拳第一名。

武　成　通州人。明朝武将。初为泉州卫千户，有勇略，善骑射。正统末，沙尤寇起，成累立战功，升本卫指挥金事。天顺间，龙岩、上杭寇窃发，成复有战功。成化初，召至京，以母老乞归养。寻升福建都指挥金事，总督海道。成性孝友，礼贤敬士，不类行伍中人。

伍昌时　唐朝宁化人。英武多谋略，累征伐有功，为偏将军。王审知据汀州，昌时随之，遂居本县之麻仓里。

伍　全　宁化县人。宋代武毅将军。状貌雄伟，膂力过人，号"黑龙"。绍兴间，齐述婴赣城以叛，势熏灼，募勇敢士讨捕，全以土豪应命招募。与陈某等协力围城，述坚壁以守，伍全叠被铠甲，攀缘登城，持铁戟重百斤转战，万夫披靡，遂攻入城启关。以故诸军第十七将。时边事方棘，全乞边任，屡立奇功，累迁襄阳府诸军都统。会金虏犯顺，虏有骁将求挑战者，制帅察军中唯全可当之，全亦不辞，挺身勇往，以素所服习铁戟前击之，虏将应手而毙。功上闻，转十官，赐金甲名马，赏赉优渥。虏人识其旗帜，见则辟易。终武显大夫。侄廷植受遗泽，终武显郎，知容州北流县。

伍　益　宁化县人。宋开禧初,以功授武略将军。

伍　唐　宁化县人。宋嘉定七年(1214年)武进士,重庆节度判官。

伍梦谐　宁化县人。宋嘉定十六年(1223年)武进士,漳州录事参军。

伍　清　宁化县人。宋绍定中,以从戎功授武毅将军。

伍友仁　宁化县人。明代武举人,刑部主事。

伍宗尧(?—1360)　清流县城关人。隋唐间,宗尧始祖由武林入闽,徙居麻仓(今清流城关)。家世娴熟武略,宗尧自幼习文练武,及长,娴熟兵法。元至正二十年(1360年),陈友谅建国号曰汉,遣大将邓克明统率三路军队入闽,进逼清流,直抵近郊。乡人力请宗尧为首领护城卫乡。宗尧大义凛然,亲率士卒陈设方略,与邓军决战。邓军围清流月余,久攻不克,便派人进城劝降。宗尧及其子希稷、希明、希周、希孔拒绝投降。率守城兵士与邓军决战。由于清流孤城,无后援之兵,无资助之粮,宗尧父子5人一腔忠愤身先士卒,终死于难。家仆、堂弟等皆前仆后继,率众复仇,再与邓军死战。未几,邓军仓皇逃窜,县城赖以保全,人民得以安康。县人怀念宗尧父子一门忠烈,自捐钱物在城东龙津桥尾兴建忠烈祠,奉祀宗尧父子,享受春秋二祭。

伍凌霄　连城县人。清嘉庆二十一年(1816年)武举人,泉州千总。

伍文梅(1986.7—　)　女,连城县人。武英(健将)级运动员。1995年入连城少体校武术队训练,1998年入选福建省体工队武术队,2005年7月毕业于福建体育职业技术学院,2007年考入集美大学体育学院运动系。2002年5月参加全国武术太极拳锦标赛,获杨式太极拳第四名、集体拳第一名。同年7月参加全国青少年武术套路锦标赛,获女子甲组太极拳第一名。2003年参加全国武术套路冠军赛,获团体第三名、集体刀第三名。在第五届全国城市运动会武术比赛中,获太极拳第三名。2004年获全国武术太极拳锦标赛42式太极剑、杨式太极拳、传统杨式太极拳和团体四项第一名。2005年参加第十届全运会武术套路预赛,获太极拳剑全能第十一名、全国武术太极拳锦标赛杨式规定拳第一名、杨式传统拳第二名、集体太极拳第一名。2006年至2009年参加全国武术套路锦标赛、冠军赛,多次获42式太极拳第一名、杨氏式太极拳第二名等成绩。

X

xi

希　元　清光绪十四年至二十年(1888—1894年)福建将军。

xia

夏安和(1944.8—　)　男。福建省直机关老体协拳(剑)、气功委员会副秘书长,福建华武功夫中心办公室主任。中国武术六段。1964年3月应征入伍,勤学苦练步兵六大军事技术及警卫分队训练科目(格斗拳、擒敌拳、捕俘拳、刀拳及刺杀一对一、一对二等);1985年转业地方从事党政工作。2000年师从曾乃梁、黄秀清学练太极拳系列。参加全国第二届手杖健身操培训班,结业后进行传授活动,为健身气功中级教练员。2005年开始参加福建省、全国、国际性中老年体育武术大赛,获金牌5枚、银牌8枚、铜牌3枚。2013年被福建省老体协评为福建省老年人体育健身优秀辅导员。

xiang

向昂驹　福清市人。清康熙五十七年(1718年)武进士。

项雷发　宋嘉熙二年(1238年)武举人。任连江县丞。

项　弘　连城县人。清朝将领。姿貌魁伟,精拳术,善骑射。雍正年间,征选各省技勇赴都。弘应召,由县府起送福州,督抚亲较转送至京。奉旨较技于圆明园,编为勇健营。留京年余,发往边境效用,立功升擢。西征在大将查郎阿部,带千总职衔,游巡塞外,至颉利河等处。乾隆初,发回建宁府任守备职。在建阳力除三虎,民赖以宁。卒后人思其德,建祠以祀。

项启图　连城县人。性刚直,能持平,以救难济急、息事宁人为务。精国技,得祖传之秘。遇不平事,辄期期以为不可,人咸畏威怀德,乡里粹宁。

项华国　连城县人。清乾隆九年(1744年)武举人,任山东、广东千总,题升守备。

项兴元　连城县人。清武生,勇于公益。咸丰八年(1858年)长发之乱,奉命募乡勇御寇,屡挫贼氛。贼至,愈众围之,杀贼而死。

祥　保　清嘉庆二十四年至二十五年(1819—1820年)福建将军。

相昌庆（1985.2—　）　男，安徽涡阳县人。闽南师范大学体育学院武术讲师，一级武术散打裁判。研究生学历。出生在武术世家。2000年于涡阳文武职业学校习文练武。2003年11月参加安徽亳州"闯王杯"散打比赛，获男子56公斤级冠军。2004年考入成都体育学院武术系。参加成都体育学院散打比赛，获56公斤级冠军。参加四川省成都市大学生运动会太极拳比赛，获第二名。2008年考入北京体育大学研究生院，师从李士英教授。在导师的推荐下，在北京体育大学散打队训练，是全国冠军王光霁的陪练。2009年参加北京体育大学散打锦标赛，获男子60公斤级冠军。2011年到福建省闽南师范大学体育学院，承担散打、跆拳道等对抗类项目的教学、训练和科研工作。2012年和2013年担任福建省散打比赛的裁判工作。在专业刊物发表论文6篇，获国家体育总局武术研究院课题1项。

xiao

肖南枢　字杓斋，同安县后埔人。清代将领。少读书通大义，家贫从军。总兵窦振彪延为记室。振彪官厦门提督，奏折书檄多出其手。每巡洋必与俱，料敌决胜，前后获盗无算。道光间，补厦门千总。振彪尝欲为请奖蓝翎，辞不受，以让诸将之有功者。时洋匪江扁鹊最悍，南枢以计招之。扁鹊亦雅闻其名，遂由南枢请降，全活无数。以功署厦门中营守备，卒于任，年52岁。

肖才卿（1936.10—　）　女，南安市人。1960年开始学习简化太极拳，1980年后从师陈秀姑、李俊钦、曾继杰、王建学习杨式85式太极拳及太极拳、剑套路、推手、对练、老六路等。曾参加杨式提高班学习，受傅声远名师指教。1998年11月参加福建省首届太极拳、剑比赛，获女子老年组吴式太极拳第一名，并被授予"体育道德风尚奖"。1992年、1993年参加泉州市鲤城区太极拳、剑比赛，均获老年组42式拳、42式剑、简化拳三项第一。1993年至2006年被聘为泉州市工人文化宫太极拳站辅导员。2009年被泉州市太极拳协会授予"优秀运动员奖"。

肖飞武（1969.4—　）　男，泉州泉港人。福建省武术协会理事，国际功夫联合会传统武术专委会副主任，崇武古城武术馆馆长、总教练。1981—1991年师从民间拳师学习传统武术、基本功及硬气功等。1991—1993年拜在嵩山少林寺武僧队总教头德扬大师门下，后又拜河南许涛为师。1996年开始在家乡泉港举办暑假武术培训班。2001年在崇武成立古城武术馆，亲任馆长兼总教练。多年来该馆组织学员参加大型武术比赛及华夏武术大赛，共获得50金、45银、40铜的好成绩，优秀学员被输送到北京体院、武汉体院、集美大学体育学院等高校就读。自2006年至今已成功举办八届华夏南少林武术大赛，参赛的海内外武术选手近20000人次，成为福建民间有影响力的武术赛事。《中华

武术》等杂志、报刊作了专门报道。

萧　振　晋江市人。宋绍兴二十一年(1151年)武举人。

萧　确　字俊卿,闽县(今福州市)人。宋隆兴元年(1163年)武举人。

萧　绶　字子若,侯官(今福州市)人。宋乾道二年(1166年)武举人。

萧必胜　宋淳熙二年(1175年)武举人。

萧天兴　晋江市人。宋绍熙元年(1190年)武举人。

萧　翼　宋开禧元年(1205年)武举特奏。

萧法明　男,宋朝永泰县人,张慈观的义弟。于南宋创龙尊、狮法,随张大圣云游闽浙赣,传拳于民间。

萧震男　邵武市人。明万历四十七年(1619年)武进士。

萧懋祺　归化人。清顺治五年(1648年)武举人,昌国卫屯务总司。

萧蕃露　武平县人。清康熙五十七年(1718年)武进士。

萧伯实　清朝乾隆年间人。师从刘降、郑宠、林添等人,为永春白鹤拳第五代传人。根据平时三师口传身授,对其所学进行了认真细致的记述和总结归纳,著有《桃源拳术》一书,精辟地阐述了永春白鹤拳的单练功法和心法要旨,对永春白鹤拳的理论性总结做出了重大的贡献。

萧东溪　顺昌县人。清乾隆五十四年(1789年)武举,官至邵武右千总。

萧建邦　漳州南靖县人。清嘉庆十五年(1810年)武举人。

萧捷三　惠安县人。清嘉庆二十五年(1820年)武进士。

萧兴邦(约1804—1853)　马巷厅金门后浦人。清代将领,任厦门水师后营游击。时海盗日炽,他在海上剿贼二十余战,上至浙江,南及汕头,先后获盗百余名,船只、器械无数,升铜山参将。派千总庄维超扮作商人巡缉,在汕头获陈蒲等。复会同各营官兵,拿洋盗吴蚶等多名,始回游击任。后在洋多年患湿气,因病乞休归,咸丰三年(1853年)卒于家。

萧铄德(1883—?)　因擅长纵身,朝力(借力反弹之力)后发制人,手法细腻灵巧而著称。

xie

谢人杰　晋江市人。宋隆兴元年(1163年)武举人。

谢　谠　晋江市人。宋淳熙八年(1181年)武举人,任省仓。

谢必万　晋江市人。宋淳熙十一年(1184年)武举人。

谢学礼　晋江市人。宋庆元二年(1196年)武举人。

谢学诗　晋江市人。宋嘉定元年(1208年)武举人。

谢图南(1192—1273)　同安人,南宋奉直大夫谢绍光次子。少时兼习文武,过目成诵,深得光宗谢太后喜爱。宋嘉定四年(1211年)进士及第,踏入仕途。曾因奉旨招抚方岳农民军,封诰恩及夫人。嘉定十三年(1220年),广东沿海海盗猖獗,海南岛黎民也聚众起事。谢图南受命为琼州安抚使,专任征讨。图南用两年时间做好充分准备,造船备马,组建乌衣军,分海陆二路出击,征抚并用,一举成功。光宗赠匾"南天一柱",封开国男爵,食采同安300户,遂举家定居同安县城,建府第五落于小西门内。后奸相贾似道专权,朝政日非,图南因感仕途凶险,决定急退,告老还乡,以示韬晦。他优游林下,诗酒自乐,崇敬佛道,自号天饴子。咸淳九年(1273年)卒于家。

谢　勋　字致远,建安人。少孤寒,及长,膂力过人。举进士,累历边任。杭州首领黄安俊叛,围杭州,知州张建侯死之。近臣荐勋才武可任,召对称旨。勋会兵进击,安俊败走,仍率士卒捣其巢穴,追获安俊斩之。转右武大夫、遥郡团练使。殁赠威德军节度使,加赠少师。

谢赐荣(1324—1379)　号古峰,下觉里(今夏坊乡)沂州人。明代将领。性刚毅,臂力超人。少时从伯兄习兵法,精通军事韬略。朱元璋在江南期间,赐荣率领数十骑到江苏投奔朱元璋部,并献《太平十策》。朱元璋十分欣赏赐荣的军事才能,命他为典宿卫。赐荣跟随朱元璋攻打常州、宁国、马驼沙,后来又取池州、金华等地,因智勇兼备,战功卓著,提升为指挥同知。继而北拔安庆、江州,破陈友谅部,夺取武昌后,以军功再升为指挥使。后来跟从副将军常遇春取赣州、南雄、南安;跟随大将军徐达攻战张士诚部,屡建军功,被擢升为游击将军左翼都督。洪武元年(1368年),他被封为镇国上将军兼枢密院事。北伐结束,明太祖命他到辽东与辽东镇军刘江协力安抚辽东军民,使辽东人民与朝廷和睦相处。同时,他又在辽东发起屯垦,开荒种粮,免去从中原运输军粮之累。洪武十一年(1378年),赐荣请求回乡省亲扫墓,翌年病逝于家,终年55岁。

谢　瑛　又名陈谢瑛,漳州诏安县人。明万历十七年(1589年)武进士,任南澳总兵。

谢梦彩　漳州龙海市人。明万历十九年(1591年)武举人,任梧桐把总。

谢　璀　漳州芗城区人。明万历三十八年(1610年)武进士,任松梅钦总。

谢　璇　龙溪人。明万历三十八年(1610年)武进士。

谢梦熊　漳州龙海市人。明天启二年(1622年)武进士,任府西门营把总。

谢　春　安溪县人。清顺治十一年(1654年)武举人,山东德州管河千总。

谢光丕 连城县人。孔武有力,善舞刀。大刀重者百余斤,丕一手擎之,宛转如意,抛起落下,承以肩而身不动。事母顺,为人气盛,遇不平与人忤,母止则退。母中风病,侍奉数年,扶持起卧,始终不怠。

谢有生 男,清初永泰县人。先随铁珠学鹤尊、龙尊、狮法、一枝香武功,后创"鸡法"流传于世。

谢世杰 连城县人。清康熙五十二年(1713年)癸巳科武举人。

谢东海 漳州南靖县人。清乾隆三年(1738年)武举人。

谢国兴 漳州诏安县人。清乾隆二十一年(1756年)武举人,任南昌卫领运千总。

谢开先 漳州南靖县人。清乾隆二十七年(1762年)武举人,乾隆三十四年(1769年)武进士。

谢开宗 漳州南靖县人。清乾隆三十五年(1770年)武举人。

谢元鸿 漳州长泰县人。清乾隆四十年(1775年)武进士。

谢世芳 龙岩市人。清乾隆四十五年(1780年)武进士。

谢恩诏 号紫斋,厦门市人,原籍永春。清代将领。乾隆间,奉命赴台征剿林爽文有功,升为龙门协副将。嘉庆九年(1804年),升苏松镇总兵。因海上义军首领蔡牵窜入吴淞港,降为都司。入闽调用,旋补黄岩游击,护瑞安副将。嘉庆十四年(1809年)秋,在渔山外洋从击牵,奋勇鏖战两昼夜,牵赴海死。叙功擢安平副将,升黄岩总兵,署宁波提督。

谢龙骧 连城县人。庠生。英勇有劲节。清咸丰八年(1858年),洪杨溃兵窜连邑。人以骧勇于任事,举为团练长。民众避乱豸山,骧督令垒石斩木,备守御,亲冒矢石,中矛殉难。妻李氏同时殉节。事闻,旌祀,恤赠云骑尉。

谢德生 字书林,连城县人。清咸丰八年(1858年),随孙军门剿寇,保把总,授邵武镇左营千总。光绪元年(1875年),拿口红头乱,率兵征剿,死于阵。追赠昭武都尉。立祠西门内,曰"义勇祠"。

谢如如(1852—1930) 字崇祥,长乐县人。鸣鹤拳一代宗师。13岁随父迁居福州台江星安桥畔,在宝美斋鞋铺学艺,业余向"潘屿八"林达崇学罗汉拳。如如继承师传,结合自己的身材特点,以鹤拳为主,创造出刚柔并行注重"三战"的拳法,因运气时声如鹤鸣,遂命名为"鸣鹤拳"。25岁时广收门徒,白天做工,晚上授拳。清光绪三年至六年(1877—1880年)间,寓居福州的琉球人东恩纳宽量拜如如为师。后来回到琉球,成为日本刚柔流空手道宗师,其拳理、拳法均与鸣鹤拳相通。光绪九年(1883年)起,如如正式开馆授徒。在49年的武术生涯中,收徒众多,成为福州鸣鹤拳的宗师。拳术传播到30多个国

家。民国十九年(1930年)2月8日,如如病逝,享年78岁。谢如如著有《拳论》,其中有"本法以三战为祖,角战为父,双枝为子",此理也为琉球刚柔流空手道所宗。1990年6月,日方在福建省体育中心为其建立显彰碑。

谢天南(1887.9—1939.7)　又名谢清湖,漳州龙海市人。师从尤俊岸、妙月师习练五祖拳,曾在龙海等地传徒授艺。

谢旗鳌　字占斋,南平浦城县人。清光绪二十一年(1895年)武进士。

谢殿元　闽县(今福州市)人。清光绪二十四年(1898年)武进士名表。

谢贤俶　宁化县人。清武举人,四川马边营都司。

谢秀专(1954.7—　)　女,石狮市人。2003年随卢义荣、邱金雄老师习练太极拳。2005年参加在海口举行的第二届世界太极拳健康大会,获两枚银牌。

谢一鸣(1956.12—　)　男,长泰县人。中学高级教师,龙岩市太极拳健身俱乐部主任,一级武术裁判,中国武术六段。毕业于福建师范大学体育系。自幼酷爱武术,擅长拳、太极拳。曾先后被评为龙岩市优秀教师和福建省优秀体育教师。1985—1995年间任长汀一中体育高考武术专项指导教练,先后为各类高等院校输送近百名体育考生。1996年调至龙岩师范学校任校武术队教练,带队参加福建省中师武术比赛,获团体总分第二名。1988年至今先后担任长汀县和龙岩市老年大学太极拳、剑教师,辅导上千名学员和太极拳爱好者并开展太极拳健身运动。2006年任龙岩市老年太极拳运动队教练并参加福建省老年运动会,获团体总分第二名。多次担任福建省传统武术比赛裁判工作。

谢有寿(1957.1—　)　男,宁德市人。经济师,福建省武术协会理事,宁德市武术协会副会长兼秘书长,宁德蕉城区武术协会副会长,中国武术段位考评员、评审员,一级社会体育指导员,一级武术裁判。中国武术六段。毕业于北京农业大学。9岁始随父亲和叔父习武。1971年起先后在福建、河南、河北等地师从郑虎邱、释晓广、李义峰及泰国归侨林际成学习南拳、形意拳、八极拳、劈挂拳、少林十八家拳法、泰拳及器械等。多次参加省内外武术比赛、交流表演等活动。数十年练拳授武,学生众多,在各类武术比赛中获得金、银、铜牌,部分优秀学生考上武汉、上海、成都体育学院等。多次被评为省、市、区优秀武术工作者。

谢永清（1957.4— ） 男，南平松溪县人。松溪县少体校校长，南平市武协副会长，松溪县体育总会秘书长。1976 年就职于松溪县少体校。1997 年 3 月与马麟共同负责松溪县少体校武术班的教学工作。2006 年作为南平市散手代表队领队参加福建省第十三届运动会，获 2 枚银牌。2009 年 8 月作为领队带队参加浙江第六届国际武术传统赛，获 6 枚金牌、9 枚银牌、7 枚铜牌。南平市武术协会第二、第三届副会长。

谢建全（1959— ） 男，泉州市人。上海浦东新区武协主席，福建泉州市武协名誉主席，南少林武僧团高级顾问，俞大猷国术馆名誉理事长，国际南少林五祖拳联谊总会顾问。自幼热爱武术，1974 年上山下山时遇民间老拳师秘传亲授。成年后投身上海创业，一直关心家乡的武术事业，积极参与泉州武协活动，协助俞大猷国术馆创建等。在上海风雨 15 年，白手起家创建了建全集团公司。2005 年当选上海市福建商会第七届理事会副会长，之后又荣膺上海市泉州市区商会创会会长、上海市浦东新区政协常委。此后更是以回馈社会的姿态，积极投身到闽沪两地的武术事业中。2006—2008 年连续两届全资承担中央电视台《武林大会》五祖拳擂台赛，从指导运动员训练到受聘为央视《武林大会》专家评委，均亲临现场工作，使五祖拳在央视首播后一炮走红。2013 年任上海浦东新区武协主席后，又开设五祖拳、永春拳、太极拳等武术培训班，组织沪闽武术交流，培养优秀武术人才。

谢宗明（1962— ） 男，浦城县人。厦门宗明太极养生馆馆长。中国武术七段。自幼酷爱武术，拜陈家沟陈氏太极拳第十一代嫡宗传人陈正雷为师，研习陈式太极老架、新架一、二路，各种太极器械，推手、散手及各种功法。常年带领学生参加省、市、全国及国际太极拳比赛、邀请赛，共获得数十枚金、银、铜牌。曾受聘担任福建省武术院太极拳教练、社会体育指导员，福建省武术协会理事，东莞常平宗明太极拳养生馆馆长，南平市体育总会陈氏太极拳总教练兼健身顾问，邵武市总工会陈氏太极拳协会总教练兼健身顾问，建瓯、浦城等地太极拳协会总教练兼健身顾问。经常应邀赴全国各省市及国外传授陈式太极拳，担任各级武术比赛裁判工作。

谢学良（1963.12— ） 男，厦门市人。思明区少体校武术教练，一级教师。中国武术六段。从厦门五祖拳名家曾谋尧为师，系统地学习五祖拳。后进入厦门市武术队，在名家许金民老师的指导下进行训练。1980 年后多次参加厦门市武术比赛，获得拳术、短器械、长器械、对练冠军，全能冠军。1980 年获福建省武术比赛南拳冠军。1985 年获福建省职工运动会翻子拳第一名。曾被评为精神文明运动员。1986 年获福建省武术比赛南拳、南棍两项冠军。1986 年获得福建省第九届省运会南拳银牌、对练

铜牌。1986年获全国武术比赛雄狮奖。2004年获福建少林国际武术大赛南棍金龙奖、南拳金龙奖。2009年参加厦门海西武术大赛，获五祖拳金奖、南棍金奖。培养了许多优秀武术人才，在省、市武术比赛中获得了优异成绩。担任《天使眼的凶杀》、《郑成功》、《在暗杀名单上》影片武打设计并兼武打演员。

谢振辉（1964.11— ） 男，泉州市人。泉州市武术协会委员，泉州市山外山国术馆教练。自幼追随武术名家苏再福先生习练南少林五祖门拳械。20世纪七八十年代多次参加省、市武术交流大赛，获得优异成绩。经常参加省市、漳泉、海峡两岸武术交流。2008年参加福建省南少林传统武术比赛，获五祖拳第一名、南棍第三名。同年参加第三届世界传统武术锦标赛，获五祖拳铜牌、集体项目铜牌。2009年参加海峡论坛·海峡两岸传统武术交流大赛，获传统器械银牌、五祖拳金牌。

谢晓燕（1970.3— ） 女，龙岩武平县人。龙岩新罗区老年体协秘书长，新罗区健身辅导总站站长，国家级社会体育指导员。积极组织新罗区的各类体育活动，组织群众对武术、太极拳研习；促进了新罗、武平武术活动的开展。

谢宇超（1970.4— ） 男，福州市人。福建华武功夫中心开发部部长，一级社会体育指导员，福建省社会武术准高级教练。中国武术六段。自幼酷爱武术，跟随父亲谢颖慧习练传统南拳及技击散手。2004年加入福建华武功夫中心太极拳修炼队，师从太极名家曾乃梁精研太极拳内家功法。常年担任福建华武功夫俱乐部太极拳教练，并应邀到省市各机关、单位教拳，为慕名前来交流学习的国内外太极拳爱好者教授太极拳。参加各级武术大赛，获得金牌十几枚。

谢向峰（1977.6— ） 男，石狮市人。1998年开始学习太极拳。2005年参加在海口举行的第二届世界太极拳健康大会，获42式太极拳、剑获二等奖。

谢远财（1970.9— ） 男，泉州市人。自幼酷爱武术，1982年师从陈鸿民习武至今。1986—1989年多次获得泉州市鲤城武术比赛一等奖、二等奖、三等奖。1991年获泉州市武术比赛棍术一等奖、拳术二等奖。2007年参加福建省首届全国武术之乡武术比赛，获对练第二名、拳术第三名、棍术第四名。2007年获泉州市第八届运动会对练第一名、禅杖第三名。2008 年参加南少林华厦武术比赛,获器械第二名、拳术优秀奖等。

谢沁芬(1995.1—) 女,江苏镇江人。福建省武术队武英 (健将)级运动员。2001 年开始与妹妹谢沁芳一同在福州市体校从 事武术训练,2005 年 12 月到福建省武术运动管理中心武术队训练 至今。在代林彬主任和李强老师的指导下主攻太极拳。2009 年参 加在澳门举行的第五届亚洲青少年武术锦标赛,获 B 组女子太极拳 第一名。2013 年在全国武术套路冠军赛(传统项目)中,获女子 42 式太极拳第一名。多次在全国武术比赛中获得太极拳、剑前三名。

谢沁芳(1995.1—) 女,江苏镇江人。福建省武术队武英 (健将)级运动员。2001 年同姐姐谢沁芬在福州市体校训练,2006 年 4 月在福建省武术运动管理中心训练至今。2009 年参加全国青少年 武术套路锦标赛暨第五届亚洲青少年武术套路锦标赛选拔赛,获女 子 B 组南拳第二名。2010 年参加全国青少年武术套路锦标赛暨第三 届世界青少年武术套路锦标赛选拔赛,获女子 B 组南刀第一名。 2012 年在全国青少年武术套路锦标赛暨第四世界青少年武术套路锦标赛选拔赛中,获女 子 A 组南刀第一名。2013 年参加全国武术套路冠军赛(传统项目),获女子南刀第二名。 2014 年在全国武术套路冠军赛(传统项目)中,获女子南刀第三名。同年在第七届全国城 市运动会武术套路决赛中,获女子南拳第一名。

xin

辛弃疾(1140—1207) 字幼安,号稼轩,山东济南市人。南宋爱国将领,福建安抚 使。南宋绍兴三十一年(1161 年),金人大举南侵,弃疾组织一支 2000 多人的队伍,参加 耿京领导的抗金义军。后耿京被害,弃疾率领 50 名骑兵冲入金营,活捉叛徒张安国,号召 耿京旧部万余人跟他南下归宋。淳熙二年(1175 年),弃疾任江南西路提刑典狱,不久升 秘阁修撰,改知潭州(今湖南长沙)兼湖南安抚使,编练"飞虎军"。淳熙八年(1181 年),改 知隆兴府(今江西南昌市)兼江西安抚使。同年冬,被主和派弹劾罢官,在江西上饶隐居。 绍熙三年(1192 年)被起用,任提点福建刑狱公事。未满一年,即被召入京,做了半年太府 少卿。同年秋,再度出知福州,兼福建安抚使。弃疾在福州修建郡学,振兴教育;计划制造 一万幅铠甲,招募壮丁,建立一支能征善战的武装力量。因为触犯权贵利益,复被罢官,留 下提举武夷山冲佑观的空衔。嘉泰三年(1203 年),被起用为绍兴知府兼浙东安抚使,后 改知镇江知府;次年又被免职,保留宝谟阁待制官衔。开禧三年(1207 年)秋,又被起用为 枢密院都承旨,但此时弃疾已病重,遂逝于铅山,年 67 岁。后赠少师,追谥"忠敏"。

xing

邢雁灵（1956— ） 女，福州人、祖籍山东。日本菅原综合武道研究所理事，日本中国健身协会会长，日本樱玉健武馆馆长，一级武术裁判。中国武术七段。1976年进入福建师范大学体育系专修武术，师从郭鸣华老师。毕业后分配在福建中医学院任教。1980年到武汉体育学院参加全国高校武术师资进修班，在温敬铭、刘玉华教授的指导下研习武术。担任中医学院武术队主教练，多次带队参加全国中医系统武术比赛并获得优异成绩。1989年到日本攻读硕士学位，后留在日本菅原综合武道研究所研究、传播中华武术。25年来，在日本富山县、名古屋、冈山、埼玉县、东京学艺大学、YM-CA体育专门学校以及西班牙、美国等地传播武术和健身功法，学生数以千计。出版和协助出版了中国传统武术、日本武道等专著13部，在世界各国推广。2005年初成立了日本中国武术健身协会。目前协会有30多个支部、学员1000多人，培养了太极拳指导员250名以上。协会每两年举行一次日中武术国际友好交流演武大会，与会的国家有20个以上，并邀请中国武术专家、教授参加表演与教学。多次带队到中国福建师范大学、福建中医学院、厦门大学、集美大学、福建公安高等专科学校、北京体育大学、北京医科大学、上海体育大学、武汉体育学院、成都体育学院、西安体育学院等高校进行武术交流。

xiong

熊　飞　字云翼，侯官（今福州市）人。宋乾道二年（1166年）武举人。

熊擎柱　长汀县人。清乾隆二十年（1755年）武进士，蓝翎侍卫、四川都司、云南元江营参将、昭通总兵。征缅匪屡捷。剿金川身先士卒，攀蹑绝顶，雪侵肤骨，将士皆股栗。后伤发卒于军。《长汀县志》作乾隆二十二年（1757年）丁丑科武进士。

熊　武　字君右，闽县（今福州市）人。飞之侄，宋淳熙十四年（1187年）武举人。

熊罴友　长汀县人。清乾隆三年（1738年）武举人，处州千总。

熊攀桂（1802—1852） 字圣期，号云台，将乐县人。幼年进私塾读书，18岁操觚笔墨，颇通文理，19岁开始习武，22岁在武举乡试中案元（第一名）。清道光二年（1822年），科中式第四名守府经魁。道光四年（1824年），攀桂遵祖父遗嘱，学习中医，为人治病，但仍坚持习练武艺。他臂力过人，使用的铁制长柄大刀，长3.1米，重80公斤（现保存县博物馆）。道光六年（1826年），任督标。道光九年（1829年），补授泉州陆路提标中营二司厅。道光十七年（1837年），调任台湾南路下淡水营把总。攀桂缉捕外敌有功，次年提任北路彰化县左哨千总（中营守备）。道光二十（1840年）年，辞去官职，在台湾府行医近9

载。患病经熊治愈者甚多,台湾人赞他"妙手回春"。道光三十年(1850年),攀桂举家迁回故里。咸丰二年(1852年),熊攀桂病逝,享年50岁。

xu

徐　镇　字器之,长乐市人。宋绍兴三十年(1160年)武举人。乾隆《福州府志选举》作"林镆",《三山志·人物》作"林锁"。

徐　珏　宋绍熙元年(1190年)武举人。

徐森木　字讷翁,长溪(今福安市)人。省试第二人。宋开禧元年(1205年)武举正奏。终本路路钤。

徐国英　宋嘉定十六年(1223年)武举人。

徐英孙　漳州市人。明弘治十八年(1505年)武进士。

徐　谟　厦门同安区人。明万历四十七年(1619年)武进士,己未科,守备。

徐良臣　永春县人。曾任宁波千总。

徐其祺　字淑则,南平浦城人。清康熙十九年(1680年)武举人,官浙江宁波卫千总。

徐谷捷　莆田市人。清康熙三十年(1691年)武进士。莆田市志作"徐国捷"。

徐登甲　漳州市人。清康熙四十五年(1706年)武进士。

徐攀龙　永泰县人。清康熙四十五年(1706年)武进士,任湖广沔阳卫都守备。

徐怀燕　南平浦城县人。雍正朝,以千总荐举侍卫,官江南泰州营游击,升湖北宜昌协副将。

徐涵虚　字天仪,南平浦城人。宋尚书应龙之后,直隶怀来营都司。涵虚少学文,后习骑射入武学。乾隆六年(1741)中武举,乾隆十年(1745年)中武进士,授湖北荆州卫守备。涵虚为官多年,能体恤民情,造福百姓,颇有建树。

徐梦熊　沂州人。武进士,清乾隆十二年(1747年)任延平协镇副将。

徐　中　字本立,南平浦城县人。清乾隆二十五年(1760年)武举人,官江南金山卫千总。

徐登龙　漳州南靖县人。清乾隆四十五年(1780年)武举人。

徐　瑛　漳州南靖县人。清乾隆四十八年(1783年)武举人。

徐纶元　字胪传,南平浦城县人。清嘉庆三年(1798 年)武举人,以例候补守御所千总。

徐景观　字允光,南平浦城县人。清嘉庆六年(1801 年)武举人,候补守御所千总。

徐学礼　漳州长泰县人。清嘉庆十二年(1807 年)武举人,历任台湾北路中营千总、台湾艋胛营中军守备、台湾新添都司。

徐绍辉　漳州南靖县人。清道光二年(1822 年)武举人。

徐珪璋　漳州南靖县人。清道光十二年(1832 年),恩科武举人。

徐　锟　清道光十二年至十三年(1832—1833 年)福建将军。

徐光邦　漳州南靖县人。清咸丰年间武进士。

徐品铨　侯官(今福州市)人。清光绪九年(1883 年)武进士。

徐寿山(约清末民初)　原籍台湾。自幼习武,后内渡大陆,定居漳州长泰县马洋一带,以务农为业,闲时教授乡民武术。1918 年,由于不满地方政府和地主的横征暴敛,组织村民暴动,攻克长泰县城。

徐秀寰(1875—1960)　男,又名玉珊,龙岩新罗区人。五兽拳创始人。自幼好武,年轻时在城里租一间小店卖小食,晚上到拳术馆师从杨黄拳师学拳练武,后又随师去江西临川习武三年,苦练"武当五祖拳"(龙、虎、鹤、蛇、猴)。徐学艺归来,相继在曹溪、陈陂、西山、大洋各乡开办拳术馆,将五兽动作分别演化编成套路,形成系统的五兽拳。该拳刚柔相济,拳锋怪异,在龙岩城乡广为流传。民国十六年(1927 年),军阀陈国辉手下的营长吴虎慕徐拳技高超,欲以重金聘他传授拳法,被拒绝。20 世纪 20 年代末期,徐在中共龙岩县委领导郭滴人的指引下,走上革命道路,带领数以千计的弟子参加大规模农民武装暴动,并于 1929 年 9 月当选为陈陂区苏维埃政府主席兼赤卫队大队长。红军长征后,徐秀寰辗转闽西南继续教徒授艺,经常为穷人讨公道。民国二十年(1931 年)底到漳州、厦门、泉州一带拳馆逗留两年。民国二十二年(1933 年)回到家乡,以设馆教拳和治伤为业。1955 年 12 月,徐秀寰当选龙岩县副县长,半年后改任政协副主席。1960 年病逝,享年 85 岁。

徐建功(1882—1953)　号如龙,龙岩永定县下洋乡人。太祖拳重要传人。建功从小拜永定陈东乡陈赤米为师,学习太祖拳械和罗脚术;后又从其师伯黄殿荣深造,苦练飞刀、梅花针和铁砂掌等,练就了一身软硬功夫。1928 年,徐建功应漳州芗城区古塘村顶间仔乡亲的聘请,来到漳州古塘传授太祖拳艺,拳号"武艺堂"。武艺堂开馆时,村民踊跃,一开始就有 100 多人学拳。此后数十年间,古塘村学武、练武者从不间断。顶间仔青壮、少年几乎个个练武,并经常参加省、市的武术活动和比赛,锻炼和培养了一批太祖拳好手,远近闻名,如蔡国蛤、蔡亚火、蔡春成、蔡天源、蔡宗麟、蔡琨雨等。该派太祖拳从古塘村再传播到市郊岱山、天宝、塔尾以及龙海步文、蔡坂、长泰岩溪等地,并在当地流传和发展。

徐应拾(1891—1947) 宁德市人。自幼务农,小时读过一年私塾,年轻时苦练武功,为人敦厚正直,仗义勇为,富有正义感,曾为生计应聘当拳师开武馆。民国二十年(1931年),应拾在寿宁结识了叶秀蕃,走上革命道路,同年加入中国共产党。次年春,应拾受叶秀蕃、范式人派遣回半村,秘密成立苏维埃政府,建立党组织,开展革命活动。民国二十二年(1933年)2月组织闽东北工农红军第三支队,任政委。1933年3月领导暴动,暴动胜利后成立半村苏维埃政府成立,应拾任主席。1936年,应拾带领游击队员与民团的战斗中不幸腿部中弹负伤,撤出战斗。1937年9月,应拾被奸细出卖,不幸被俘,惨遭酷刑,最后慷慨就义,年46岁。

徐金栋(1918—2001.4) 字孝义,祖籍莆田。马来西亚徐金栋健身社创立者,第四届国际南少林五祖拳联谊总会主席。小时在祖母鼓励下发奋习武。至10岁时,赴厦门半工半读,师从北方拳师杜一昌。3年后杜师北归回乡后,师从林贤习五祖拳。林贤归隐后得林一娘教导,习练五祖拳柔功法。之后拜煞字门五行拳名师杨约为师。两年后,厦门南普陀寺一禅师收金栋为徒,亲授无极、如意罗汉拳及医术奥秘。抗日战争期间,厦门不幸沦陷,金栋不得不辗转漂泊于南洋,先后开办了源兴号店铺与华安药行。直到1960年,马来西亚叶清海邀请金栋由龙运到吉隆坡授拳。1962年注册成立徐金栋健身社,传授五祖拳、无极拳、罗汉如意拳、煞字门五行拳等。该健身社很快发展成为马来西亚最有影响的武馆之一,并向国外派驻教练,开设分馆。1989年—1990年10月,与菲律宾光汉国术馆馆长卢庆辉等筹划组建国际南少林五祖拳联谊总会,曾荣膺第四届联谊总会主席。

徐心波(1930—1988) 男,福州市人。原福州酿造厂政工干部,香店拳传人。自幼由舅父林金桐带进福州庆香林香店作坊当学徒,系统地学习香店拳的各种功法及本门派医学(风伤正骨、中草药方剂),刻苦钻研,精通香店拳法,还练成铁砂掌、铁脚胳骨硬功,擅长伞法、棍法、刀法、烟杆法等。新中国成立后,曾参加在南校场(今五一广场)举行的福州第一届国术比赛,表演香店拳。多次大型赛事中获得好成绩。1993年10月,其传略入选《福州武林历史人物》。徐心波所传授武医结合出色的弟子有徐梅峰、吴振光、林善泉、徐少霖等。

徐清辉（1945— ） 男，号圭奄，泉州市人。泉州市武术协会副主席、泉州少林寺武术总顾问，国际南少林五祖拳联谊总会副主席。师从泉州戴火炎习练太祖拳。后又师从林清潭习五祖拳。南少林寺复建后，被聘为武术总教练，向寺内武僧传授功夫。之后，又被聘为武警福建总队、省狱警、第六届全国农运会武术队武术总教练以及武林大会仲裁委员。将五祖拳编成简易套路，在泉州市中小学以及台湾天后宫等地大力推广。2003 年参与编写国际南少林五祖拳联谊总会规定拳比赛套路，并亲自进行技术示范和诠释。该套路印制成教材和光盘，向世界各国推广。2008 年 6 月，被泉州市人民政府评为泉州市非物质文化遗产项目泉州南少林五祖拳代表性传承人。

徐梅峰（1950— ） 男，福州市人。沙县凤冈镇政府干部，福州台江少林香店拳武术馆副馆长、教练。1966 年 12 月拜福州徐心波为师学习香店拳；1967 年在房利贵的指导下又学习了五十四母拳、四门脚等拳法，还向曾任南京国术馆教官何国华学习鱼法、鸡法、套路及搏击术；擅长鸡法。2008 年参加福建体育局在宁德地区举办武术比赛，获拳术铜奖、器械优秀奖。2009 年参加福州国际刚柔流空手道演武大会比赛，获铜奖、优秀奖。在教学中注重香店拳的技击性，整理了 23 种对练招式。

徐鲁榕（1955.11— ） 女，山东海阳县人。福建华夏武术发展中心副秘书长，南平市延平区武术协会副会长，南平市武协常务理事，国家级社会体育指导员，中国武术六段。1997—2000 年参加省市各类太极拳培训班。2001 年至今以多种形式培训、指导学员练习太极拳。2001 年参加福建省演武比赛，获陈式太极拳一等奖。2002 年参加首届海峡巾帼健身大赛，获 24 式太极拳银牌。2004 年参加"豪龙杯"全国太极拳交流大会，获传统陈式太极拳金牌、陈式太极拳竞赛套路银牌。2006 年参加第二届海峡巾帼健身大赛，获 24 式太极拳第三名、42 式综合太极拳第四名。2009 年参加第五届中国·焦作国际太极拳交流大赛，获陈式传统太极拳、太极剑两枚金牌。

徐正国（1956— ） 男，霞浦县人，祖籍安徽嘉山县。曾担任宁德地区体委副主任，福建省游泳运动中心党支部书记、副主任，福建省体工大队党委书记、大队长，省体委副主任等，现任福建省体育局局长、党组书记，中国武术协会副主席。研究生学历，留美硕士学位。1973 年进入福建省体工大队排球队，三次获得全国冠军，两次获全国甲级联赛冠军，1983 年获第五届全运会冠军。1976 年至 1991 年，代表中国和福建出访欧美、亚、非 20 多个国家，并以中国排球代表团运动员身份访问西班牙、巴拿马、阿根廷、墨西哥、巴西、智利、哥伦比亚、菲律宾等国家。1990 年、1991 年担任团长率领福建排球代表团访问伊朗、泰国。

徐少霖（1967.1— ） 男，福州市人。福州少林香店拳拳社副社长，台江少林香店拳武术馆副馆长兼顾问，福州庆香林香店拳第七代传人。自幼随其父徐心波练习香店门的各种拳术、器械和医学。在拳械方面擅长搏击、贴身短打，动作迅猛，器械刀、棍注重实战应用，灵活多变。1979年至今，经常参加省、市各种武术比赛和活动。

徐剑平（1981.4— ） 男，漳州芗城区人。1991进入漳州市少体校，师从贾建欣、郑雅恩习武。多次在省级武术比赛中获前三名。1998年参加全国武术馆校比赛，获三节棍一等奖。1999年到福建省公安高等专科学校集训，2001年特招入该校，师从高娅习武。1999年参加国际传统武术比赛暨绝技大赛，获对练特别优秀奖，南拳、软器械优秀奖。2002年参加青岛第四届国际武术锦标赛，获传统拳术第一名、三节棍第二名。2004年参加第六届大学生武术锦标赛，获南拳第三名、集体拳第五名。同年参加第七届全国大学生运动会，获南拳第二名、剑术第五名。2006年到漳州市公安局特警大队工作，获二等功、三等功、个人嘉奖各一次。

许天正（649—718） 字允心，号云峰，唐河南汝南郡（今汝州市）人。唐总章二年（669年），天正随父许陶从陈政戍闽。天正才兼文武，输诚献策，竭力辅佐，为开漳大业立下功劳。后陈政病逝，许陶战死，遂佐陈元光筹划军政事务。天正熟知军事，能以儒术教导群吏，以勇武训练士兵。辅助元光平定惠阳、潮州等地"蛮獠"骚乱，教化泉潮间各少数民族，地方臻于安谧，以功升任中奉大夫兼岭南行军团练副使。漳州初建，陈元光任刺史，许天正任别驾，两人和衷共济，凡事议定而后行。他在州境内建立36堡，防备突发寇难。早先元光为祖母丧事结庐于半径山守制期间，州事全部交托天正代理；后元光殉职，州事仍由天正代摄。天正能文能武，军政之暇，未尝释卷，又喜作诗，被将士誉为军中"邦宪"。他以自身的经历体会，勉励元光之子陈珦勤学上进。天正历官泉潮团练副使、宣威将军兼翊府记室。唐开元六年（718年），天正病逝，葬于香洲的栏马头，祀名宦，入诏安县祠。唐进士四门博士欧阳詹为他立传。

许祖道 字伯广，怀安人。宋乾道五年（1169年）武举人。

许国 字宋卿，怀安人。宋乾道八年（1172年）武举人。

许宗道 字伯阳，怀安人，祖道之兄。宋乾道八年（1172年）武举人。

许凤 字季翔，长乐市人。宋淳熙二年（1175年）武举人。

许必克 字汝能，福清市人。宋淳熙五年（1178年）武举人。

许士知 字格夫，福清市人。宋淳熙五年（1178年）武举人。

许邦光　字谦仲，闽县(今福州市)人，国之弟。宋淳熙十四年(1187年)武举人。

许应辰　字拱之，长乐市人。宋庆元二年(1196年)武举人。

许袭龙　宋宝庆二年(1226年)武举人。

许　燮　字永仲。宋朝。从韩世忠攻范汝为，拔建州大仪、淮阳战皆捷，累升神卫都校。后阻于秦桧，郁不得志，因致病卒，年四十七。

许　辉　字仕魁。宋朝将领。统领民兵，剿乱寇，以功封总兵。与宋室赵知丞为道义交。筑海埭为田，即今许埭也。又舍侍御宅建溥济庵。后人建明德武功祠，于十都蓬山祀之。

许景辉　连城县人。招集义勇防御连城有功，授北团寨巡检。元至元年间，捐资犒众，攻贼获李三等30余人。又攻破伪永兴巢穴，射中左肩，斩其首，并获伪印。授武略将军，终临江路治中。

许国威　泉州晋江市人。明万历十一年(1583年)武进士，都司。

许名威　字应武，三明将乐县人。明朝。由千户中三科。

许光前　字尔章，三明将乐县人。明朝。由舍人中二科。

许世忠　泉州晋江市人。清康熙二十四年(1685年)武进士。

许良彬(1671—1733)　字质卿，龙海市人。清康熙年间贡生，官至福建水师提督。许良彬一生喜读孙吴诸兵法，初随族父许正参与广东的边境防务。康熙六十一年(1722年)为提督蓝廷珍所赏识，奏请皇上以参游补用。历任烽火、澎湖、瑞安、南澳、金门诸镇。曾随施琅大将军收复台湾，立下卓越战功。雍正八年(1730年)擢升为福建水师提督，并兼统辖台澎水陆官兵事务总兵。许良彬品性孝友谦和，对将士考绩升降不以私人喜怒，对族人恩而有序，与布农交往礼让有加，尤为厦门商民所爱戴。年63岁卒于官，加太子少保衔，谥壮毅，晋赠光禄大夫。

许　瑜　诸罗人。清康熙五十二年(1713年)武进士。

许　悦　漳州南靖县人。清康熙五十六年(1717年)武举人。

许名标　漳州诏安县人。清乾隆十六年(1751年)武进士。

许志超　泉州惠安县人。清乾隆年间武举人，金门镇左协副将。

许元升　漳州南靖县人。清嘉庆十五年(1810年)武举人。

许起宗　漳州南靖县人。清道光二年(1822年)武举人。

许清辉　漳州南靖县人。清道光二年(1822年)武举人。

许捷标 同安人。清道光六年(1826年)武进士,丙戌科。

许逢时 漳州市人。清道光八年(1828年)武举人,道光十三年(1833年)武进士。

许　枫 福建永春县人。洪拳主要传人。约于清道光年间来漳州传徒授艺。

许杏雨(约清末年间) 漳州芗城区人。洪拳传人。师从锦舍习武,后在芗城小坑头开设"威德堂"武馆,传授洪拳。

许木可 男,漳州市人。漳州白鹤拳传人。早年拜张杨华为师,为白鹤门捷元堂赏师高足,苦练白鹤拳法,为漳州捷元堂的重要传人,人称"可哥",擅长钩镰枪法。曾到漳州古塘村教授拳、械和藤牌钩镰枪对练等。民国时期和新中国成立后曾参加福建省武术比赛,单练钩镰枪,与洪明合作的钩镰枪对牌获奖。

许乃敬(1915—1997) 男,金门人。自幼好武,弱冠之年到新加坡谋生,拜沈扬德为师学习五祖拳法。学有所成,曾任新加坡明星武术体育学院、新加坡金门会馆国术团武术总教练。为新加坡全国国术总会发起人之一,任研究组副主任、技术顾问等职。1966年在新加坡全国国术表演赛中,与李和祥表演"六门八节",获得南拳对练冠军。

许大元(1931.8—　) 男,漳州东山县人。福建东山兴化老人健身会会长。1958年师从福州赵时贞习练太极拳。1995年任东山兴华老人健身会会长。长期从事老年人太极拳教学、辅导工作,组织各种老年人武术健身活动。

许金民(1938.1—2000.8) 男,金门人。曾任厦门体育运动学校常务副校长,福建省武术协会副主席,福建省五祖拳研究会副会长,厦门市武术协会主席,中华武林百杰,武术高级教练,厦门市第九届人大代表,国家级武术裁判,首批中国武术七段。1950年师从五祖拳名师柯金木习五祖白鹤拳。1957年考入上海体育学院摔跤、武术专业,师从蔡龙云、王菊蓉教授学查拳、华拳、摔跤等。1960年参加市上海武术比赛,获南拳第一名、全能第二名。1961年毕业后留校任教。曾参加上海《师范大学体育系武术教材》《上海市中小学武术教材》《十万个为什么(武术部分)》《武术》等丛书的编写工作。1985—1987年在西安和天津两届国际武术邀请赛、日本第四届全国武术比赛、全国及国际大型武术比赛中任裁判长。曾任上海市高校武术队教练。1977年调回厦门体委工作,并担任市少儿重点业余体校副校长。上海体育学院客座教授。多次组织和承办海峡两岸武术文化交流比赛,参与国家武术竞赛套路《南拳》《南刀》的编写工作。1995年被评为"中华武林百杰"。

许志强（1964.7— ） 男，晋江市人。中国武术六段。1977年在泉州南门富美武术馆拜黄清江为师，学习南少林五祖拳、械。后经石狮周志强、厦门邱思德、吕水劲等名师指点，苦练五祖拳、五祖槌、耙、柳公拐、双铁鞭等套路。1984年在泉州与日本空手道刚柔派首次访华团交流表演，1985年参加福建省武术比赛。1992年参加泉州南少林首届武术节，获表演奖。1993年参加泉州南少林武术大奖赛，获优秀教练奖。1984—2009年先后在华侨大学、延平武术馆、匹克武术队、枫林武术馆、石狮市私立育青学校、福辉武术馆任教练。

许永山（1964.10— ） 漳州南靖县人。南靖县中等职业学校体育教师，南靖县翠眉武术馆馆长，漳州市武术协会理事。大专学历。1985年考入三明师范专科学校武术专业，师从柯英俊习武，毕业后分配到南靖职业学校从事武术教学工作。1989年师从厦门大学林建华老师习练形意拳、散打等。1998年创办南靖翠眉武术馆，在南靖中小学及地方教授武术，并组织学生参加省、市各种武术活动、比赛，多次获奖。

许育玉（1966.12— ） 女，泉州市人。泉州丰泽区太协副秘书长兼竞训组副组长。曾在泉州电视台"跟我学太极"栏目作32式太极剑动作示范。在省海峡巾帼太极拳比赛和国际性太极拳邀请赛中获多枚金牌。常年义务授拳，担任丰泽区政府举办的业余太极拳培训班义务辅导员达3年。福建省体育局授予其"全省百名优秀社会体育指导员"称号。

许顺建（1970.3— ） 男，漳州芗城区人。1980年入漳州市少体校，师从贾建欣习武。多次参加福建省武术比赛获得第一名。1989年参加东南亚武术观摩邀请赛，获三等奖。

许小番（1975.9— ） 男，南安市人。世界双节棍联盟会员，国际双节棍中级教练，南安市武术协会副秘书长。自幼热爱武术，师从南安市武协主席陈初升、俞大猷国术馆总教练苏德来学习拳击、双节棍、五祖拳、青龙大刀等。2008年通过国际双节棍总部考核获中级教练，同年加入世界双节棍联盟。2010年8月获首届"武林杯"武术大赛双节棍金奖、双短棍金奖。2010年11月获第四届华夏南少林武术大赛双节棍金奖、青龙大刀金奖。2010年荣获"南安市武术优秀教练"称号。现组织创建霞美武术训

练基地,任南安市武术协会常务副秘书长。

许月娟(1976.11—) 女,漳州芗城区人。芗城石亭中学一级体育教师,一级武术裁判。1986 年进入漳州市少体校,师从贾建欣习武。多次参加福建省青少年武术套路锦标赛,获单项前三名。1992 年考入集美大学体育学院。1995 年参加福建省大学生运动会武术比赛,获棍术、全能第一名、刀术第二名。1996 年参加全国大学生运动会武术比赛,获南拳第五名。

许加平(1981.2—) 男,江西余干县人。国家级散打裁判,厦门弘武精英散打俱乐部馆长、总教练。1993 年开始在嵩山少林寺武术院和河南省公安学校学习。后进入福建省和国家泰拳队学习,获得福建省武术散打教练员证书和国家级泰拳教练员证书。2000—2001 年参加河南省散打比赛。2004—2005 年参加中国武术散打俱乐部争霸赛,进入 65 公斤级十六强。2008 年参加首届全国泰拳锦标赛,获 67 公斤级第二名。2004 年创办厦门市弘武精英武术散打俱乐部,经准注册成为厦门市首家国家级散打搏击俱乐部。2004 年以来,多次带队参加中国武术散打俱乐部争霸赛、全国散打锦标赛和福建省散打比赛,有多名学员获得全国赛前三名、省赛冠军,为省队和国家队输送了多名优秀学员。2008 年国家泰拳队授予俱乐部为国家泰拳队后备人才基地。

许加官(1984.10—) 男,江西余干县人。厦门弘武精英散打俱乐部副馆长。2000 年开始习武,2003 年在弘武精英散打俱乐部专业散打队学习。2005 年参加中国散打俱乐部争霸赛,进入 70 公斤级十六强。2008 年参加首届全国泰拳锦标赛。2007 年在本俱乐部任武术散打教练。2008 年任弘武精英散打俱乐部集美区灌口分部馆长兼散打教练。

许培莲(1990.7—) 女,泉州市人。1997 年入泉州少体校,2001年在泉州剑影武术学校就读。2005 年参加第五届全国武术之乡武术比赛,获太极拳第一名、传统器械一等奖。2006 年参加福建省首届全国武术之乡武术比赛,获枪术第二名。2007 年参加省第八届运动会武术比赛,获长拳第三名、枪术第二名、剑术第二名。2008 年参加泉州市武术锦标赛,获长拳第一名、剑术第一名、枪术第一名。

许辉阳(1992.3—) 男,泉州市人。泉州市剑影武术学校学生。2003 年就读泉州剑影武术学校,师从陈东明、蔡普弹。2005 年参加福建省青少年武术套路锦标赛,获拳术第二名、刀术第二名、棍术第三名。2007 年参加福建省首届全国武术之乡武术比赛,获棍术第一名、对练第一名。2008 年参加第八届全国武术馆校武术套路比赛,获南拳、南棍、全能第六名。2009 年参加海峡西岸传统武术交流大赛,获男子 B 组南拳类少林花拳、禅杖、拳术、对练金奖。

许文淇(1997.—) 男,厦门市人。武英级运动员。2005 年开始在厦门中和武术馆习武,师从曹玲忠。2008 年转到厦门市体校武术班训练。2010 年参加福建省第十四届运动会武术比赛,获太极拳冠军。2011 年调到省武术队训练。2013 年参加全国太极拳锦标赛,获男子双人武式太极拳第一名、男子武式太极拳第三名。2014 年参加全国青少年武术套路锦标赛,获男子 42 式太极拳第一名、集体项目第一名。

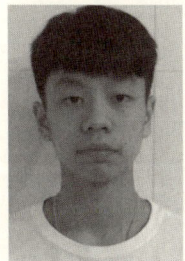

许 利(1999.1—) 男,厦门市人。福建省武术队一级运动员。2008 年开始在厦门市体育运动学校进行武术训练,2011 年到福建省体育职业技术学院武术队训练。2013 年参加全国武术套路锦标赛(太极拳),获男子双人武式太极拳第一名。2013 年参加全国青少年武术套路锦标赛暨第七届亚洲青少年武术比赛选拔赛,获男子 B 组 42 式太极拳第五名。

xue

薛 奕(1052—1082) 字正显,兴化县(今莆田市)人。宋代武状元。中散大夫薛利和的侄儿。薛奕从小习文练武,受到良好教育。由于他勤学苦练,成为一个文武双全的举子。宋熙宁九年(1076 年),薛奕入京应武试。在贡院文考中,举凡孙吴韬略、行军布阵,他都对答如流;在校场上,他骑马拉弓,五矢五中靶心;刀、枪、剑、戟、棍、棒、槊、鞭等十八般武艺,样样精熟;神宗皇帝亲自殿试,录为第一,并当即赋诗云:"一方文武魁天下,四海英雄入彀中。"成为福建有史料记载的第一位武状元。被任命为凤翔府都监,不久提升为正将。元丰年间(1078—1085 年),西夏大举侵宋,薛奕随大将高永能同西夏会战于银川,宋军溃败,薛奕坚守阵地。元丰五年(1082 年)九月,他数次深入前沿阵地视察敌情,被流矢射中头部阵亡,年仅 30 岁。赠防御使。

薛 伟 字丰之,长溪(今福安市)人。宋乾道二年(1166 年)武举人,琥翼大夫、融州知州。

薛祖武 晋江市(今石狮市)人。永历年间中军统领,郑成功部将,从征复台。

薛起受 字允孟,福清市人,文峰薛氏始祖十五代孙。清代将领。将门之后,自幼随父练武,以拳勇驰名远近。善骑射,精棍术、大钯等技艺。年轻时投奔军营,开始戎马生涯。顺治间敕授武误署佐骑尉,正七品本营把总。康熙二十二年(1683 年),倭寇猖獗,朝廷大兵剿澎湖等岛,起受随武义都督、从三品驻护游击丁世芳出征,任先锋领兵而前,攻取虎井、桶盘等屿。进抵鸡笼屿(今台湾基隆),奋勇血战。破竹平,以功加付将衔,诰授武德佐骑尉、正六品罗源营千总,升宣武都尉、正五品直隶马兰守备。引见驻防将军畅春苑,骑射多命中,上悦,爱才勇,功不啬尝,特授武显将军、从二品陕西西安付将、兼管游击事。康熙四十六年(1707 年)报升正二品海坛总兵,诰授骁骑将军。后积劳成疾,卒于官署,年66 岁。

薛陈朝　晋江市人。清康熙间武举人,浙江定海参将。

薛腾高　永春县人。清康熙三十二年(1693 年)癸酉科武举人。(榜姓林,省志南安籍)

薛梦蛟　侯官(今福州市)人。清光绪十八年(1892 年)武进士。

薛章清(1941.6—　)　男,福清市人。福清南少林武术研究会理事,南少林武医科研中心秘书长,福清南少林功夫上薛训练基地总教练。12 岁随父习武学医,系统地学习宗鹤、狗拳、虎尊、练步拳、刀、钯、棍杖、铁砂掌等技艺。曾在三明、建宁、福清等地授徒。近几年参加省市政府举办的民族民间文艺展演——南少林功夫表演达 10 余场次。担任武术表演队武术指导。2005 年、2007 年分别参加中央台、黑龙江电视台在福清拍摄的纪录片《南少林之谜》《寻找南少林》,任剧中南少林功夫演员。参与《福清南少林武术志》编辑。2008 年与长子薛文编写《文峰薛家拳》《上薛赶海鳝刈术》拳械套路。在《中华传统武医》杂志发表武医论文 5 篇。

薛永厚(1942.11—　)　男,福清市人。曾任福清市少林武术协会副秘书长,福清市南少林武术研究会副会长,福清市老体协拳,剑组长兼总教练,福建省万籁声功夫研究会副秘书长,中国武术六段。1966 年于福州拜万籁声为师,学习六合门、自然门、张三丰太极和中医骨伤科。1976 年参加莆田地区首届武术比赛。1991 年参加福建南少林武功表演团,出访新加坡和我国香港等地区。2006 年参加福建省第七届老年人运动会,荣获太极拳、剑金奖。2009 年代表福建省参加第一届全国老年人体育健身大会,荣获太极拳、剑金奖。同年参加海峡论坛·海峡两岸传统武术交流大赛,再次获得太极拳金奖。在省第八届老年人健身大会上,获太极拳、剑两块金牌。

薛　琳（1945.1—　）　男，福清市人。福清南少林武术研究会副会长。自幼热爱武术，随母学医。拜林起桐为师学习拳术。同时，赴四川省学习治疗精神病医术，又拜四川李虎老拳师学习拳术及中草药治肝等医术。

薛茂松（1957.12—　）　男，福清市人。福清南少林武术研究会会长，福清本钿机动三轮摩托车有限公司总经理。13岁随父学太极拳与鹤拳。15岁从薛家杖名师薛永乐、薛吓堂学习文峰薛家杖、南少林棍、扁担锄头法等武技。后又师从南少林还俗和尚林仁贤习少林童子功、少林拳、散打搏击。2005年、2007年先后参加中央电视台《发现之旅》、黑龙江电视台《南少林之谜》《寻找南少林》纪录片在福清的拍摄，任剧中功夫演员。2007年任会长以来，组织各分会参加各级政府部门举办的南少林民间武术展演30余场次。加强对研究会工作的组织领导，完善了各项规章制度，协调组织成立了武医科研组和上薛武术科研中心。

薛　辉（1962.12—　）　男，政和县人。大学本科学历，副教授，福建警官职业学院警训部主任，福建省武术协会理事，国家级武术散打裁判。1980年在建阳县少体校学习武术，1981—1983年在宁德师专体育系专修武术。1984—1985年在上海体育学院进修，在蔡龙云、邱丕相、王培锟、张立德等老师的指导下学习武术散打、拳击等。主要担任《擒拿格斗》、《警察防卫与控制》、《警戒具与武器使用》等警务技能的教学训练与研究。曾参与全国司法警官院校专业教材《警戒具与武器使用》的编写，全国《高职体育与健康》的副主编，学院警务教材《擒拿格斗》、《警察防卫与控制》的主编。撰写的近10篇武术散打专业论文在大学本科学报等CN学术刊物上发表。组织训练的学院散打队，两次荣获全国司法警官院校武术散打比赛团体第三名，为全省政法系统培养输送了大批骨干人才。曾多次担任全国武术散打、泰拳、中外搏击、拳击、全国公安院校武术散打、省武术散打、拳击比赛的裁判工作。曾获国家司法部优秀教师、省司法行政系统先进工作者、省监狱系统先进工作者、省体育先进教师、学院优秀教师等荣誉称号。

薛由康（1966.6—　）　男，福清市人。福清南少林武术表演队队长，高山分会副会长。自幼爱好武术，先拜薛琳为师，学习长拳、五行基本拳（南拳）。后师从永泰县伏口乡梧村蔡璋福学习虎拳、棍械等。2005年师从福清老拳师林有梭学习罗汉拳。2005年10月参加中央电视台纪录片《南少林之谜》的拍摄。2008年5月参加宁德·福建省南少林传统武术竞赛，获优秀奖。2009年参加海峡论坛·海峡两岸传统武

术交流大赛,获拳术银奖、棍术铜奖。

薛从棋(1967.2—) 男,福清市人。福清南少林上薛武术科研中心主任,少林功夫上薛训练基地教练,龙田镇上薛村委会干部。1980年师从伯父薛偕银习练文峰薛家杖,1983年师从薛吓堂学习薛家杖技击十八法,1989年师从福州郑礼楷学习鸟迹拳,1991年至今师从薛章清习练宗鹤拳、少林十三抓、鞭杆等拳械套路及南拳散打技法。2008年5月参加福建省南少林传统武术竞赛,获薛家杖对练第一名。多次参加省、市政府举办的民族民间文化展演——南少林功夫表演。

薛雄武(1978.3—) 男,福清市人。福清南少林功夫上薛训练基地教练,福清南少林上薛武术科研中心副主任。自幼酷爱武术,1986年师从薛章清习练宗鹤拳、虎鹤双形拳、少林连手短打、风魔棍、南院十三枪棍、文峰薛家拳、上薛赶海鳝刈术、扁担法等拳械技艺。参加省市政府举办的民族民间文化展演——南少林功夫表演达10余场次。2005年、2007年先后参加中央电视台、黑龙江电视台《南少林之谜》、《寻找南少林》纪录片在福清的拍摄,任剧中南少林功夫演员。2009年5月参加海峡论坛·海峡两岸传统武术交流大赛,获文峰薛家拳、上薛赶海鳝刈术男子B组银奖。

薛进发(1982.2—) 男,厦门市人。厦门市湖里区少体校工会主席,武术教练,一级武术裁判。1989年开始习武,师从陈仁忠学习六合自然门、太极拳、现代竞技武术等;1993年至1995年就读于厦门少体校,师从洪日新;2001年至2005年就读于集美大学体育学院,师从马庆老师和王继娜。1997年至2002年相继参加省少儿武术比赛、省第十一届运动会武术比赛、省第四届农民运动会武术比赛、省大学生运动会武术比赛等,获得男子长拳、棍术、刀术、枪术、剑术等多项第一名。2003年参加福建省大学生运动会武术比赛,再获得男子组太极拳、枪术、剑术、三人对练四项第一名。其培养的学生多次在省市和全国武术比赛中取得优异成绩。

薛小荣(1985.5—) 男,厦门市人。1989年开始师从陈仁忠学习六合自然门、现代竞技武术等。2004年至2008年就读于集美大学体育学院,师从马庆老师和王继娜。2008年毕业于集美大学体育学院。1997年参加福建省少儿武术比赛,获男子儿童组刀术、棍术、全能第五名。1999年获福建省少儿武术比赛男子少年组棍术第一名。2000年获福建省青少年武术套路锦标赛馆校组男子少年刀术第三名、规定拳第七名、全能第八名。

Y

yan

鄢　峻　男,明朝永泰县人。嘉靖四十年(1561年),倭寇入侵,县衙兵败,峻变卖家产捐兵600多人(约占时全县人口的20%),举义抗倭、逐倭于莆田海上。因受浪击木船启发,遂创刚柔相济的"波浪拳",流传军中及乡人。波浪拳以"三角马"重下盘、多手法而闻名。

鄢正畿　男,明末永泰县人。兵科给事中,清兵入闽时,联合樟、融、荔三县所有寺院和尚、道人、民间武侠、壮士发起反清复明举义,终因兵力不足以失败而告终。举义失败后,隐居深山,在民间传下武艺,使之得以世代流传。

鄢　武(1949—　)　男,字行汉,永泰县人。福建省武术协会第一至第四届委员,永泰县武术协会首任主席兼秘书长,一级教练员,一级武术裁判。中国武术六段。自幼跟随祖父鄢允浑学习永泰地方南拳。1976年毕业于福建师范大学体育系,师从郭鸣华老师专修武术。先后在省教育厅、永泰县体委工作。1972年创办永泰县体校,任校长。先后向省体工队和省、市体校输送了不少优秀运动员。1983年创办永泰县武术协会,任主席兼秘书长。1984年参加福建省武术挖掘整理工作,挖掘整理了永泰的15个拳种,并参与《福建武术拳械录》的撰写工作。长期利用业余时间研究地方南拳,对发源于永泰的虎尊、鹤尊、龙尊、牛拳、地术王狼拳等进行整理和充实。为永泰县被国家体委授予"首批全国武术之乡"做出贡献。1986年永泰县被福建省体委授予全省武术挖整工作先进县,鄢武被评为"全国武术挖整工作先进个人"。担任《永泰县志》编委及核稿人,《中华鄢氏通谱》总谱副主编、福建分谱主编,《永泰县武术志》、《永泰县体育志》主编等。

鄢行辉(1968—　)　男,福州市人。教授,国际武术散手道联盟科技委员会主任。中国散手道协会副主席。少林鹰派传人,全国中医药院校传统保健体育研究会常务理事、科研部部长,全国大学生体协跆拳道分会常务理事,福建省太极拳协会副秘书长。自幼崇医尚武,随名师系统地学习传统武学及民间医术。在北京读大学期间接受正规的武学与中医的教育,系统地研修传统太极拳学与中医学。毕业后遍访各地名师,吸取佛道养生精华,不断提高武医水平,长期从事传统养生保健教学与研究,拍摄了17集南少林武术教学光碟并参与11部教材的编写工作,现已出版发行个人专著10本。创立太极道生命力修复体系。坚持"未病先治,求医不如求己"的养生思想。在福建中医药大学任教期间,培养出数千名武医人才,弟子遍及海内外。

严　京　瓯宁人。清康熙五十四年(1715年)武进士。

严春玉(1894—1977)　男,漳州龙文区人。师从漳州开元寺下院璞山岩方丈如添师习武学医。尽得如添师武功和中医外科医术及各种秘方制作方法,如消癀药膏、八宝丹退癀片(即璞山岩片仔癀)、追疯吊膏、刀枪散、十二味打伤七厘散、麻痛散等多种外伤科秘方。1913年赴新加坡求学深造,1920年回国后迁居城内岳口,开业行医。因其医术精湛,医德高尚,极受人们赞扬,成为民国时期漳州第一位外科名中医。1925年创办岱东武术馆,任馆长。先后聘请了漳州地区著名的白鹤拳师张杨华和太祖拳师康光辉到该馆任教,东乡一带的青少年闻讯纷纷入馆习武。1954年,他参加第三联合诊所,后扩大改称为巷口卫生院,系该院外科中医。他在"文化大革命"的十年浩劫中,受尽磨难。他从事中医外科工作近60年,1977年病终,享年83岁。

严鸿池(1932.6—　)　男,漳州龙文区人。太祖拳传人。1944年师从康光辉习练太祖拳。曾任龙文打山村武术馆馆长。

严孟永(1950.7—　)　男,福州市人。福建省邮电局职工,福建省庆香林香店拳俱乐部副会长。1963年随父严孔兴学习龙尊拳。1966年师从池孝道学习鸣鹤拳。1968年随舅公房利贵学习南少林香店拳,自创九九归一式(三十六散手)。1970年开始传授香店拳,曾在福州市、省邮电局、铁路局、省机电安装公司、闽侯县金屿、永泰县城关、建瓯县车队、漳平煤矿、长乐县城关、西门里、仙岐、漳港等地设馆授徒。1978年11月随房利贵参加全省武术观摩表演大会,获优秀奖。2008年6月被评为福建省省级非物质文化遗产保护项目香店拳代表性传承人。

严赐钟(1959.4—　)　男,漳州龙文区人。太祖拳传人。龙文打山村武术馆馆长。自幼随父亲严鸿池习练太祖拳。1976年又师从康寿领习练太祖拳。曾在龙文、龙海、厦门等地授徒。

严育发（1969.11—　）　男，漳州龙文区人。龙文区武术协会秘书长。自幼习武，先后师从严鸿池、康亚陆习练太祖拳。多次参加省市武术活动和比赛。2006 年参加在郑州举行的第二届世界传统武术节，获拳术二等奖、器械三等奖。

颜　开　永春县人。宋淳熙五年（1178 年）武举人。

颜道清　晋江市人。明万历间武举人，广西永宁卫指挥使。

颜　升　字君华，晋江市人。行伍出身，明万历间福州锦衣卫游击。

颜华殿　永春县人。明神宗万历二十八年（1600 年）庚子科武举人，任澎湖守备。

颜克英　字雄立，晋江市人。明朝后期将领。行伍出身，明崇祯间广东、广西、江左三镇总兵官，征蛮督府都督。崇祯间以擒红夷功，授福州都司。己卯擒海寇刘香，升游击，超迁广东总兵，官移镇广西，转江左加征蛮都督府。善文章，工书法，如泉州府匾额和古山寺、龙山寺坊匾，皆其手书也。

颜思齐（1589—1625）　字振泉，福建海澄（今龙海）人。原以裁缝为业。明万历四十年（1612 年）到日本肥前平户，初为缝工，后从事中日间海上贸易。因仗义疏财，广交朋友，闻名遐迩，是旅日华人中众望所归的头领。明天启元年（1621 年）六月，颜思齐与在日本的闽南人杨天生、陈衷纪、郑芝龙等 28 人结为兄弟，众推举颜思齐为盟主。颜思齐等人同情日本人民的艰难处境，不满幕府的专制统治，决定参与日本农民、町人的政治斗争，准备于中秋节上午起事。后因走漏风声，不得已于中秋前分乘 13 艘帆船逃离日本。9 天后在台湾笨港（又称"北港"）登陆。颜思齐等以台湾诸罗山为根据地，安寨设寨，抚恤平埔族人，大规模垦荒；同时将部下分为 10 寨，各寨设寨主，建立寨寨管理制度。其闽南的亲戚故旧及一些为生活所迫的乡人，陆续奔往投靠，赴台人数多达 3000 余人。在颜思齐领导下的各寨寨努力开发山海，进行海上贸易，发展经济。在笨港东南的平野建设"井"字形街道，分成 9 区，号称"首都"。中区筑大高台，为"开台王府"，东区设读书楼，西区立天妃祠，南区、北区设仓库。天启五年（1625 年）九月，颜思齐往诸罗山打猎，感染风寒而病故。台湾人民在笨港建立"颜思齐先生开拓台湾登陆纪念碑"，在新港妈祖庙前建思齐阁和怀笨楼，供后人凭吊纪念。

颜象电　永春县人。清康熙二年（1663 年）癸卯科武举人，任太原卫守备。

颜　捷　（榜姓李）永春县人。清康熙十九年（1680 年）庚申科武举人。

颜道隆　永春县人。清康熙三十八年（1699 年）已卯科武举人。

颜必爔　永春县人。清康熙五十年（1711 年）辛卯科第三名武举人。

颜扬清 永春县人。清康熙五十二年(1713年)癸已恩科武举人。

颜正芳 永春县人。清康熙五十二年(1713年)癸已恩科武举人。

颜必尊 永春县人。清康熙五十九年(1720年)庚子科武举人。

颜希哲 永春县人。清康熙五十九年(1720年)庚子科武举人。

颜士高 永春县人。清乾隆十七年(1752年)壬申恩科武举人。

颜高飞 同安人。清嘉庆十六年(1811年)武进士,辛未科,都司。

颜调阳 永春县人。清嘉庆十八年(1813年)癸酉科第二名武举人,任连江把总。

颜阁紫 同安人。清道光九年(1829年)光武进士,己丑科。

颜 墀 永春县人。浙江温州总兵。

颜逢春 永春县人。同治甲子洪濑都司,后征台有功保升游击。

颜扬泰 永春县人。征台有功授台湾参将。

颜清光 永春县人。清同治五年(1866年)丙寅补行甲子正科武举人。

颜国泰 永春县人。清光绪十九年(1893年)癸已恩科武举人。

颜文光 永春县人。清光绪二十年(1894年)甲午科武举人,永春城汛把总。

颜拱堪(1917.12—2011) 男,永春县人。永春白鹤拳师。13岁跟随时任福建省永春翁公祠国术馆副馆长颜世德学习太祖拳;18岁又师承白鹤拳师潘世琼;师父过世后,又拜在白鹤拳宗师潘孝德门下学习永春白鹤拳。1985年福建省永春翁公祠武术馆复办,出任副馆长。1952年获永春县首届人民体育运动会国术表演甲级奖状。1984年获晋江地区武术观摩表演赛表演奖。1988年获福建省武术观摩比赛老年组第六名。

颜树炳(1921.7—1994.10) 男,永春县人。青年时期拜潘孝德为师,学习永春白鹤拳。1935年参加第四行政区督察专公署在泉州行的所属各县武术比赛。1936年在莆田举行的第三绥靖区军民运动会比赛中获舞狮表演第一名。1985年8月任翁公祠武术馆理事。1986年参加晋江地区武术观摩表演,获老人组甲等奖。

颜栽培(1942.2—2003) 男,永春县人。泉州市武协副秘书长。20世纪四五十年代师从潘孝德及其弟子颜树炳、颜拱堪、张衡山、黄时芬等。曾任德化武协理事,武术挖整组负责人,组建瓷都舞狮、武术队,多次率学员参加省、市武术比赛并获奖,被《德化县志》收录在

《武术篇》中。曾在《泉州南少林文丛》《武林》等发表武术论文多篇。

颜若英（1943.12— ） 男，宁德市人。宁德市蕉城武术协会副秘书长，宁德市老体协副主席。青少年时期师从民间拳师张芳柏先生学习龙桩拳，1982年起先后师从赵敏师父、福师大胡金焕教授等学习武术器械。1992年起参与太极拳、剑辅导活动。自2000年起及学员先后参加省、市区各类太极拳比赛，共荣获集体项目一等奖1次、二等奖2次、个人项目前三名3次，共计荣获奖牌8次。2004年起先后三次被宁德市武术协会、蕉城区武术协会等单位评为武术协会先进工作者。

颜其棹（1947.2— ） 男，永春县人。永春联兴武术研究会会长。习武50余年，师从永春观山苏昌栋、苏昭堆、苏昭楼等白鹤拳名师。武医兼通，医学上得到昌栋师、昭堆师及中医名家陈锦坵州真传，论著骨伤科专论《永春白鹤拳药酒》及《破解长寿秘诀》分别载入《中国医药发展大会会刊》和《北京国际健康论坛论文集》。参加厦门海峡论坛·海峡两岸传统武术交流大赛，获南拳优秀奖及器械银奖。在首届闽南文化节国际南少林武术邀请赛中获棍术、拳术银奖。弟子余孙毅在海峡论坛·厦门海峡两岸武术交流大赛中获器械对练铜奖，在首届闽南文化节国际南少林武术邀请赛中获得拳术金奖和棍术铜奖。

颜智伟（1954.10— ） 男，广东省新会区人。厦门市体育局巡视员，厦门市武术协会荣誉会长，福建省武术协会副会长，中国武术协会常委。中国武术七段。12岁开始健身、练拳。1966年随二哥练哑铃和吊环，学练摔跤和五祖拳基本功法。经老拳师蔡振辉指点，还得其父颜北成的指教。1976年在部队服役期间，拜福州闽侯扁担拳任师傅为师习练扁担法，并向部队侦察连连长学习捕俘拳。1981年退役后，师从内家拳名师林独英习练形意拳法。将南拳、捕俘拳、摔跤、扁担功法等武术动作加以融合，自创练习套路。2011年8月起与安溪县太极拳协会会长廖达中老先生结缘，学习大成拳、太极拳内功功法。曾任厦门市集美区委和思明区委常委、宣传部长，厦门市体育局副局长。2011年担任厦门海西武术大赛组委会主任，2012—2013年担任厦门国际武术大赛执行主任等职。2013年参加全国"市长杯"武术太极拳比赛，获得最高人气奖。编撰出版《健武人生》全集、《健武人生》集锦、《健武人生》武术招式288式、《健武人生》精选个人武术专辑4套。

颜雅静（1992.10— ） 女，漳州芗城区人。国家二级运动员。1998年进入漳州市少体校武术班，跟随郑雅恩、张毅慧教练习武。2004年参加福建省青少年武术套路锦标赛，获枪术第一名、剑术第二名。2008年参加福建省青少年武术套路锦标赛，获枪术第一名。2011年考入厦门大学，就读于新闻传播学院传播学专业。2012年参加第一届厦门国际武术大赛，获女子传统拳第一名、南拳第三名、剑术第三名。

2014年参加福建省第十五届运动会武术套路比赛(大学生部),获女子传统器械第一名、南刀第二名、南拳第三名。同年参加第三届厦门国际武术大赛,获女子长拳第一名。

衍　庆(约清乾隆年间)　漳州芗城区人。清代漳州开元寺住持。与告老还乡的原御林军教头林南洲交厚,相互切磋武艺,并请林南洲将军营武功器械传教给开元寺僧众。

yang

阳　春　清嘉庆十年至十一年(1805—1806年)福建将军。

杨　友(1077—1127)　字叔端,晋江(今属鲤城)人。宋代武状元。宋政和二年(1112年)武举及第第一(武状元),绍兴初年官知钦州。交趾(今越南)与钦州前任官员因盐利问题,常发生摩擦,几至刀兵相见,交趾遂阴谋举兵犯界。杨友到任后,主动遣使与其修好,并设宴款待交趾国使者于天涯亭。当话锋谈及两国边界问题时,杨友据理力争,执枪直立亭口,威风凛凛地问道:"能否亭前激战几个回合?"交趾使者一时语塞,自知理亏。临别,杨友作诗送之。交趾使者十分敬佩杨友的文事武备,赞赏杨状元的为人,遂打消了进兵大宋的企图。当地的老百姓闻知此事,送杨友一绰号"杨铁枪"。杨友因为官有德政,入祀名宦。

杨　澄　晋江市人。宋宣和三年(1121年)武举人。

杨允济　晋江市人。宋宣和六年(1124年)武举人。

杨惟康　晋江市人。宋绍兴五年(1135年)武举人。

杨　玙　字国佐,长溪(今福安市)人。宋绍兴三十(1160年)武举人。

杨明辉　闽县(今福州市)人。宋淳熙五年(1178年)武举人。

杨　举　字襄叔,闽县(今福州市)人。宋淳熙十四年(1187年)武举人。

杨商佐　字子阳,长溪(今福安市)人。宋庆元五年(1199年)武举正奏。

杨　熊　晋江市人。宋嘉定十三年(1220年)武举人。

杨士倬　侯官(今福州市)人。宋宝庆二年(1226年)武举人。

杨　玉(明朝年间)　漳州长泰县人。自幼习武,身材魁梧。明弘治年间,其姑姑杨阿宝入宫为太子朱厚照乳母。后朱厚照(正德皇帝)登基,欲"从民间选拔孔武有力,无不良记录的良民入冲京卫军"。杨玉经姑姑推荐,入选京卫,后凭武艺迁升至锦衣卫指挥使。

杨友桂(1549—1632)　漳州长泰县人。明万历二年(1574年)武进士,任漳州卫镇抚,江西把总等职。

杨洪震　晋江市人。明万历二十年(1592年)武进士,泉州卫指挥使。

杨超凤　漳州龙海市人。明万历二十三年(1595年)武进士,任滞屿钦总。

杨式武　漳州龙海市人。明天启五年(1625年)武进士,任参将。

杨钺新　漳州龙海市人。明崇祯十七年(1644年)武进士,任柘林守备。

杨瑞凤　仙游县人。明崇祯十七年(1644年)武进士。

杨鹤龄　号三如,奉天锦州人。以正红旗汉军生员,于清顺治八年(1651年)来明溪县莅县事。谙韬略,善骑射。会山寇窃发,闻警即披甲,身先士卒,亲冒矢石,指麾防兵及客兵击走之。

杨壮猷(约1637—1678)　漳州平和县人。清代将领。少有雄略。顺治十三年(1656年)授参将。康熙二年(1663年),随征。克复厦门、铜山等处,汇题叙功,升副将。康熙十四年(1675年),寇逼漳郡。忠勇王黄芳度遣壮猷往平和迎粤师,师未至而郡破。康熙十六年(1677年)三月,大兵克泉。壮猷同守备李良正复收旧旅,克复平和。自是随剿蔡寅、吴淑等,屡立战功。康熙十七年(1678年),随提督公黄芳世督兵援海澄。五月十八日,寇截要路,壮猷被围,孤城困迫。至六月初九日夜城破,壮猷力战,兵尽矢穷,壮猷抗节死。先是,圣祖仁皇帝嘉壮猷绩,升汀州总兵,部文未到而总督姚启圣已报壮猷殉难。追赠骁骑大将军,谥武烈。

杨光地　南安市人。清顺治八年(1651年)武举人,广信总兵。

杨　杰　连城县人。清康熙五十六年(1717年)丁酉科武举人。

杨　普　正白旗人。武进士,清乾隆十七年(1752年)任延平协镇副将。

杨　彪　连城县人。清乾隆十六年(1751年)武进士,候补卫缺守备。

杨　鹏　连城县人。清乾隆二十四年(1759年)武举人。排难解纷,德化乡人。

杨　森　后溪下庄人。清乾隆二十五年(1760年)武进士。

杨华邦　漳州南靖县人。清乾隆二十七年(1762年)武举人。

杨大振　山东滋阳县人。武举人,清乾隆三十二年(1767年)任延平右营都司。

杨国林　漳州南靖县人。清乾隆三十六年(1771年)武举人。

杨定国　漳州平和县人。清乾隆三十六年(1771年)武举人。

杨　桂　后溪下庄人。清乾隆三十六年(1771年)武进士,广东万州营游击。

杨辅国　漳州平和县人。清乾隆五十四年(1789年)武举人。

杨起麟(约乾隆初年—1787)　号祥斋,闽县籍,居厦门。清代将领。清乾隆二十四年(1759年)己卯科武举。会试后,改隶水师,乾隆三十四年(1769年)补提标千总,升中营守备,迁左营游击,调署台湾安平游击。乾隆五十一年(1786年)十一月,台湾林爽文率众起义,起麟带兵剿捕。次年正月,从总兵柴大纪复诸罗,与义军大战,相持北门,前后数十战,擒杀数百人。上功,赏戴花翎,擢广东大鹏营参将。六月,义军再次倾众攻围,常青将军遣起麟赴援,至正音庄,为起义军所截。起麟奋勇当先,当起义军人多势众,起麟冲突不能出被获,最终被杀。事闻,以副将优恤,赐祭葬,入祀昭忠祠,给云骑尉世职,又恩骑尉罔替。

杨宝山　漳州平和县人。清嘉庆五年(1800年)武举人。

杨世昌　漳州南靖县人。清嘉庆五年(1800年)恩科武举人。

杨　华　字良渊,号凤山,金门湖下人。清代将领。任厦门前营外委,从征林爽文,前后八战。嘉庆元年(1796年),升海坛守备,先后擒盗百余,夺八船。奉檄护送琉球贡船,至五虎洋,擒盗蔡老等,夺回被掳水手。逸盗陈阿包招集亡命,四出劫掠,势甚张,剿之白犬洋,擒阿包伏诛,补闽安左营都司。擒盗陈才,复获盗首许跳,补狼山左营游击。累迁京口副将,升苏松镇总兵,署江南提督。乞休归,卒年82。子武镇都司,署澎湖副将。

杨秀登俊(1788—1846)　字千人,号霁林,宁化县人。清代将领。秀登俊本是良荣周之子,出继堂叔良荣选为嗣。良荣选任官台湾北路诸罗守府,阵亡后得赐世袭云骑尉,由秀登俊承袭。秀登俊以守备题补,1820年署理烽火门守备,1822年补授铜山营守备,1824年护理南澳左营游击,1825年福宁三沙左营游击,1827年补授福建水师提标前营游击,后补福建厦门提标中军参将、福建金门总镇等职。总督又奏调他镇守海坛,统辖闽安协镇。秀登俊任南澳左营游击时,海盗猖獗,商旅被害甚多,经他剿抚结合,终于海境平静,商旅安全。任厦门参将期间,协助平息台湾张炳"滋事",以"三日内赶办军需敏捷"纪功。道光二十六年(1846年)逝世,终年58岁。

杨　耀　漳州平和县人。清嘉庆九年(1804年)武举人。

杨用宾　漳州平和县人。清嘉庆十五年(1810年)武举人。

杨安世　漳州平和县人。清道光元年(1821年)恩科武举人。

杨肇炳　漳州平和县人。清道光十二年(1832年)武举人。

杨镇关　漳州长泰县人。清道光二十七年(1847年)武进士。

杨以礼　漳州市人。清咸丰九年(1859年)武进士。

杨捷贤　漳州东山县人。清咸丰九年(1859年)武举人。

杨景昌　古田县人。清光绪六年(1880年)武进士,御前侍卫、四川夔州协左营调马边协和总兵衔,民国四年(1915年)川北镇守使。

杨捷玉（约 1875—?）　厦门市人。五祖拳名师，五祖拳重要传人之一，民众尊称"合伯"。原以捕鱼为生，兼为人治疗风伤、接骨。师从蔡玉明。1920 年在福海宫教习拳棒，训练渔民子弟。1924 年在厦门港沙坡尾开设鹤协国术馆，使五祖拳在厦门岛内扎根并传承，当时吸引了众多青年人积极参与学习五祖鹤阳拳。1931 年入"预状"比武后在鼓浪屿兴办鹤武拳馆。1936 年"九·一八"事变发生，带领鹤武拳馆学生参加闽南国术大会抗日义演活动，鹤协馆学员发展至上千人，次年馆内已容纳不下更多的学员。另因是鼓浪屿子弟的要求，合伯便又在鼓浪屿的七星岩设了鹤武国术馆。十几年间合伯辛勤忙于两馆之间的武艺传授，同时也在厦门各方行医并把高超的伤骨科医术传授给其高徒们。合伯传下五祖拳第三代得意门生个个武医双修，誉满鹭岛。

杨和根（1927.9—2002.11）　男，漳州芗城区人。罗汉拳主要传人。8 岁拜漳州南山寺游方和尚一清为师，习练罗汉门拳械。后随师上九莲山深造，前后几十载，继承了一清大师的罗汉门技艺。其中奇门兵器"乾坤日月轮刀"和"北斗金线钩"颇具特色。后在漳州芗城等地授武传艺。

杨式取（1931.06—　）　男，石狮市人。首批泉州市级非物质文化遗产项目"泉州刣狮"代表性传承人，泉州市武术协会常委，石狮市武术协会名誉顾问，卢厝狮阵武术馆顾问。1945 年师从泉州刣狮名家康师学习太祖拳术、棍术，精通泉州刣狮各种技艺表演及五祖拳、械，在泉州刣狮界享有较高名誉。曾多次参加泉州文化踩街、闽南文化等系列狮阵文化表演活动。常年义务传承狮阵武术。参与《狮阵史略》的整理和出版。

杨汉国（1943—　）　男，泉州惠安县人。通背劈挂拳传人。中国武术六段。1955 年师从河北沧州孙振寰学习通背劈挂拳。1958 年参加福建省武术比赛，获少年组一等奖。1964 年参加在厦门举行的福建省武术锦标赛，获男子甲组全能第一名、枪术第一名。1961 年任厦门市武术集训队教练，同年带队参加省少年武术锦标赛，获团体总分第一名，期间任长兵组裁判。1961 年—1964 年任厦门市体委武术教练期间，摒弃门户之见，深入专访新垵拳乡及各门派拳馆，发掘武术人才，动员武术爱好者，参加市体委组织的各项武术表演、比赛活动。

杨本清(1946—) 男,福州市人。福建夏莲上乘梅花拳俱乐部副主任。早年师从王鼎习上乘梅花拳。福州市武术协会成立后,考取武术教练证。1983年因见义勇为得到福州市武术协会的表彰。2008年12月参加闽台南少林传统武术交流大赛,获银奖。

杨文科(1949.12—) 男,湖南汨罗人。曾担任福建省体育局党组书记、副局长,中国武术协会副主席。1969年1月入伍,历任电台台长、干事、副处长、团政委、军分区政治部主任、政委。2000年4月转业地方工作,曾任福建省直机关党工委副书记,福建省体育局党组书记、副局长。2010年6月任第十届福建省政协常委,民族宗教委员会主任,2009年当选为中国武术协会主席。2013年退休。

杨少明(1952—) 男,籍贯山西翼城,出生于福州。福建农学院武术副教授,省武协委员。1963年师从万籁声习武。1973年进入福建师范大学体育系,师从郭鸣华专修武术。1975年,在郭鸣华老师的带领下,到仙游体校开门办学,协助仙游少体校训练武术队。1976年到三明开门办学,参与三明地区武术选拔赛的裁判工作。毕业后分配在福建农学院体育部至今。长期从事高校武术教学、训练工作。1983年参与编写出版《普通体育理论》,1984年参与编写全国农林水体育教材《武术教科书》,1998年担任《普通高等学校武术教程》编委。撰写多篇武术、太极拳论文。

杨定华(1952.3—) 男,宁德蕉城区人。蕉城区武术协会理事,赤溪武协分会副会长,内文拳第五代主要传承人之一。1965年师从民间拳师杨法麟、杨允祖学习内文拳、南狮及棍术。1970年开始授徒传艺,先后在赤溪镇龟山、宣洋、官岭、油知、界院、赤溪等村以及漳湾镇门下村、飞鸾镇梅田村、城南镇桥头下村设馆授徒。2003年10月参加宁德市传统武术比赛,获成年组男子传统南拳项目个人第三名。2005年9月开始,多次参加市区各级武术比赛,多次获老年组男子传统南拳项目个人第一名。

杨伯华(1952.6—) 福州市人。福建华武功夫中心副主任、福建太极修炼队队长,一级武术裁判。中国武术六段。1968年开始习武,1986年师从曾乃梁习练太极拳、剑系列。1996年参加第三届世界太极修炼大会比赛,获陈氏太极拳竞赛套路一等奖。1997年参加"迎回归"全国太极拳邀请赛,获42式拳、剑一等奖、陈氏太极拳一等奖。1998年参加福建省首届太极拳、剑、推手比赛,获太极推手冠军。2013年参加第二届全国老年人体育健康大会比赛,获杨式太极竞赛套路金奖、华武太极杆银奖等。多次担任省、市武术比赛的裁判工作。1996年至2000年多次担任省太极拳培训班

教练,辅导过日本、韩国、香港、新加坡等国内外太极拳爱好者。常年在华武中心、太极修炼队、社区、机关、学校辅导会员和群众练习太极拳,为弘扬太极拳、为全民健身运动做出贡献。

杨建闽(1959—) 男,漳州市人,原籍山东荣成。漳州市综艺搏击馆馆长。中国武术六段。先师从洪敦耕习练六合门、自然门、通背劈挂、五祖拳等门派拳械,后师从林志谦练散打。多次参加福建省武术观摩交流大会,获拳术、器械一、二等奖。1985年参加闽南金三角武术散打邀请赛,获65公斤级冠军。1986年、1987年连续两年参加福建省武术散手比赛,获65公斤级第一名。1992年创办漳州市综艺搏击馆,开始传拳授艺,培养武术骨干。

杨 升(1961.11—) 男。福建飞龙特卫信息咨询有限公司董事长、总教练,万籁声功夫研究会副会长。从小热爱武术。毕业于福建体育学院、解放军陆军指挥学院、解放军国际关系学院。出身特种部队,转业前曾任中国人民解放军某特种部队副部队长。拜武林泰斗、自然门大师万籁声为师。福建省体育学院毕业后报名从军,成为全国恢复高考后的第一批大学生军官。在特种部队20多年里,苦练技术本领,成为全军侦察兵骨干,并担任中国人民解放军某特种部队副部队长,多次完成组织警卫军政高级领导任务并立功。带出一批部队学员,这些学员转业或退伍后,不少人都成了地方公安机关或保安部门的业务骨干。近年来成立福建飞龙特卫信息咨询有限公司,亲任董事长、总教练,为社会培养特卫专门人才。相继主办武术论坛,邀请国内著名专家研讨传统武术发展的热点问题,受到关注。

杨以能(1962.1—) 男,漳州芗城区人。芗城官园武术馆馆长。师从蔡传汝习练太祖拳法,后成立官园武术馆任馆长。热心传徒授艺,组织群众习武健身,积极参加漳州市开展的各项武术活动。

杨挺雄(1963.2—) 男,宁德蕉城区人。蕉城区武术协会常务理事,赤溪武协分会会长。1976年师从民间拳师杨法麟学习内文拳及棍术,系内文拳第五代主要传承人之一。1989年7月又师从民间拳师张修奇学习鹰爪弹腿、鹰爪功力拳及刁手劈挂拳。2007年7月参加全国传统武术交流大赛,获成年组传统南拳金牌。2005年9月参加国家、省、市武术比赛,三次获成年组传统南拳个人项目第一名。2003年起开始从事武术教学活动。2006年被评为区武协优秀会员。2007年10月成立赤溪武术

协会,担任会长。

杨少雄(1965.3—) 男,莆田市人。博士、教授,福建师范大学体育科学学院社会体育系主任,全国社会体育专业学术委员会常务理事,福建高校武协常委,一级武术裁判,一级散打裁判。中国武术六段。1984年就读于福建师大体育系。1986年代表福建省参加首届"中原杯"全国武术搏击擂台赛,获短兵第四名。1988年在上海体育学院进修武术散打理论与方法。1989年参加国家武术研究院举办的首期全国武术散打教练员培训班学习。2005年起承担民族传统体育学硕士研究生培养工作,2008年获得博士学位。1988年至今,一直从事本专科学生武术套路与散打的普修、专修与选修的教学与训练工作,不间断地承担在福建省举办的各种武术散打与武术套路比赛的裁判工作。发表论文20多篇,主持一项省社科项目、两项省教育厅社科项目、一项闽台区域研究中心项目,参与两项国家社科项目、一项校重点项目的子课题。

杨惠渊(1965.4—) 男,惠安县人。惠安县太极拳协会副会长。1993年开始学练太极拳。2001年5月参加第二届"全国太极拳健身月"泉州市太极拳比赛,荣获陈式太极拳中年男子组第一名、杨式太极拳中年男子组第二名。2002年在第三届"全国太极拳健身月"泉州市太极拳比赛中获陈式太极拳中年男子组第二名。2004年参加泉州武术比赛获32式太极剑中年男子组第一名。2006年在华夏武术散打王争霸赛上获中年男子组32式太极剑金奖、24拳金奖。所训练的学员不下400人。

杨平平(1966.3—) 女,石狮市人。石狮市武术协会常委。2012年参加在江苏举行的全国农民传统武术比赛,获得42式拳、剑二等奖,2012年参加在重庆举行的第九届全国武术之乡武术比赛,以42式太极拳、剑获奖。

杨建清(1968.12—) 男,仙游县人。福建兴达非金属有限公司董事长,莆田南少林武术协会理事,莆田南少林研究会理事。自幼随父习武学医。1989年进北京武术学院武术研究院学校学习,同年荣获莆田市首届运动会武术比赛南拳冠军。1990年5月获中日武术比赛优胜奖,同年6月获中日显彰碑落成典礼暨武术交流大会优秀奖。1992年获"优秀武协委员"称号。1994年参加中国莆田国际南少林武术节,获金奖。1995年在福建省第三届运动会武术比赛中夺得两枚金牌。

杨珊珊（1971.3— ） 女,石狮市人。石狮市武术协会常委。自幼酷爱武术,先后师从王景春、卢义荣、高佳敏、代林彬等老师习练长拳、太极拳等拳种、器械。1991 年参加福建省第二届农民运动会太极拳比赛,获第六名。1992 年参加全国第二届农民运动会太极拳比赛,获第五名。

杨志勇（1971.8— ） 男,漳州芗城区人。漳州市德威武术馆馆长,一级拳击裁判。1988 年师从贾建欣习练长拳、六合拳。1990 年参加福建省拳击邀请赛,获 57 公斤级第一名。1996 年至 2002 年创办漳州市德威武术馆及漳州市德威搏击健身俱乐部,任馆长及教练。多次在省、市武术散手及拳击比赛中担任裁判工作。

杨建平 （1971— ） 男,厦门市人。16 岁师从魏国良老师练习五祖拳法。后在厦门神州武术馆担任教练近十年。1994 年参加在莆田举行的首届国际南少林武术节,获"铁骑杯"一等奖。同年参加在泉州举行的中国嵩山—泉州少林武术大会演。1996 年参加福建省武术演武大会,获青年组传统拳术一等奖。2011 年参加第三届海峡论坛·海峡两岸武术交流大赛,获五祖拳及传统长器械金奖。同年在"海西武术大赛"中获男子 C2 组其他传统南拳及其他传统长器械金奖。2012 年在"万杰隆"杯厦门国际武术大赛获五祖拳银奖。

杨艺芳（1976.8— ） 男,泉州市人。武警某部营职教员。1992 年开始在剑影武术馆习武。1997 年获福建省跆拳道锦标赛 70 公斤级冠军。1998 年获福建省武术散打锦标赛 70 公斤级冠军。

杨广波（1981— ） 男,山东梁山县人。厦门大学国术与健身研究中心培训部主任,一级武术运动员,一级武术裁判,一级散打裁判。1996 年开始习练八极拳、少林拳。2002 年毕业于曲阜师范大学体育学院,2003 年考取武汉体育学院武术学院民族传统体育专业研究生,师从温力教授。在校期间曾随张克俭、高广文教授学习八极拳、翻子拳等传统武术拳械,毕业后在厦门大学体育部任教,从事武术、舞龙舞狮、龙舟等教学与训练工作,多次率队到台湾进行舞龙舞狮交流比赛,并取得优异成绩。多次担任福建省各级武术比赛裁判工作,又跟随刘有缘学习南派吴氏太极拳等。

杨毅文（1982.10— ） 男，漳州芗城区人。自幼习武，1996年师从陈万庆习练太祖拳。多次参加漳州市传统南拳演武大会，获八项一等奖。2001年参加福建省武术演武大会，获器械对练一等奖。2003年参加香港首届国际武术节，获拳术一等奖。曾协助陈万庆老师任诏安县祺宝武术馆教练。

杨明伟（1991.5— ） 男，泉州晋江市人。一级武术运动员，一级武术裁判。中国武术五段。1997年就读于泉州剑影武术学校。2005年参加福建省青少年武术套路锦标赛，获男子乙组南拳第一名、剑术第一名。2006年参加福建省第十三届运动会武术比赛，获男子甲组剑术第一名、南拳第一名。2007年参加第六届全国武术之乡武术比赛，获男子剑术第七名。2008年在第八届全国武术馆校武术套路比赛中，获长拳、剑术全能第一。2009年考入厦门大学公共事务学院。2010年代表厦门大学参加全国大学生武术套路锦标赛，获男子甲组三类拳第六名、集体项目第一名。在福建省第十四届大学生运动会武术比赛中，获长拳第一名、剑术第一名、枪术第二名、甲组集体太极拳第一名。2012年、2013年在全国大学生武术套路锦标赛中，获男子甲组传统三类拳第三名、对练第一名。多次参加福建南少林武术大赛、海峡两岸传统武术大赛、厦门国际武术大赛等，获得长拳、剑术、枪术、对练金牌。

yao

摇 西汉初年闽越族的另一位首领，地位仅次于无诸。秦朝末年，摇与无诸一起率领闽越族加入了中原推翻秦朝的战争。推翻秦朝后，又帮助刘邦打败项羽，建立了汉朝，是闽越族中一位能征善战的军事首领。当无诸被刘邦封为闽越王时，摇被封为东海王，称"闽君"、"闽越君"。其领地在今浙江温、台、处州一带。据《史记》记载，汉惠帝三年（公元前192年），汉廷举高帝时越功，曰闽君摇功多，其民便附，乃立摇为东海王，都东瓯，世俗号为东瓯王。东瓯在今浙江温州。《汉书》也说：夏五月，立闽越君为东海王。通过两次分封，闽越国的国土仅剩下福建全境和江西的铅山县了，势力受到削弱。

姚　筠 字大节，侯官（今福州市）人，俊之从弟。宋隆兴元年（1163年）武举人。

姚　浩 侯官（今福州市）人，俊之之子。宋淳熙五年（1178年）武举人。

姚　灼 字然仲，改名克俊，长溪县（今霞浦县）人。宋绍熙四年（1193年）武举人。

姚　挺 侯官（今福州市）人，浚之之子。宋绍熙四年（1193年）武举人。

姚　洺 侯官（今福州市）人，俊之之子。宋庆元二年（1196年）武举人。

姚简中　字敬甫,长乐市人。宋嘉泰三年(1203年)武举人,慈和县令。乾隆《福州府志·选举》及《三山志·人物》均作"嘉泰二年"。

姚望之　字肖吕,宁德市人。宋宝庆二年(1226年)中武举擢第。

姚　廊　字开之,福安市人。武科正奏,宋代邕州知州。

姚启圣(1624—1684)　字熙止,又字忧庵,浙江绍兴市人。清初大臣。曾任广东香山知县,以军功授温处道佥事,升福建布政使,擢福建总督。用施琅为水师提督,平台湾,晋太子少保,兵部尚书。临阵多变,有奇力,"手勒奔马,用弓至二十石"。康熙十四年(1675年),以军功升为浙江温处道佥事。康熙十五年(1676年)九月,姚启圣以功升福建布政使。康熙十七年(1678年)六月,清廷命姚启圣为福建总督,筹解海澄之围。次年春,姚启圣奏请复设福建水师提督,统一指挥各地水师;康熙十九年(1680年)二月,福建水师提督万正色率舰队攻克海坛,姚启圣等也督师收复海澄,并乘胜渡海,收复金、厦二岛。姚启圣以功升兵部尚书、太子太保兼都察院右副都御史。康熙二十年(1681年)五月,姚启圣再次上疏朝廷,建议进攻台湾,并多次举荐施琅担任福建水师提督负责攻台,得到康熙的支持。康熙命施琅独掌水师,命姚启圣居后"催趱粮饷"。康熙二十二年(1683年),施琅率军攻台,3个月后,郑克塽、刘国轩投降。在攻台军事行动中,姚启圣的后勤保障出色,但在收复台湾后,施琅晋封靖海侯,爵列第一,而姚启圣却未得任何封赏。同年十一月,姚启圣患背疽,愤恚而卒。

姚　堂(？—1723)　字尔升,由龙溪移居晋江。清代福建水师提督。膂力过人且精于骑射,总兵蔡毓荣发现他武功出众,认为"此将门千里驹也",遂任以把总之职。清康熙帝到古北口外巡视,见姚堂气度雄伟,便予以超格提拔。曾任处州总兵、广东提督。康熙六十年至六十二年(1721年—1723年)任福建水师提督。福建素称海防重地,当时所辖台湾岛,尤当冲要,为外人所觊觎。姚堂便亲往镇守,加强战备训练,严密警戒巡逻,使军民和睦相处,海疆多年赖以宁静。1723年逝于台湾。

姚学诗　闽县(今福州市)人。清乾隆元年(1736年)武进士。

姚怀祥(1783—1840)　字斯征,号履堂,侯官(今福州市区)人。清嘉庆二十三年(1818年)举人。

姚云蕉(1942.8—　)　男,江苏镇江市人。厦门市交通委原工会副主席,江西省万载县华夏太极拳培训班教练。1998年始学练太极拳。2001年5月至2002年3月参加厦门市体育局主办的厦门市太极拳辅导员培训班。2005年参加市武协主办的杨式传统太极拳培训班并任班长。同年参加中国武术协会主办的第三届中国·焦作国际太极拳交流大赛,获男子E组太极拳规定套路第五名、42式太极剑第六名。2007年被华夏太极拳师协会授予"太极拳特级教练员"称号。2010年入选《国家非物质文化遗产

传承人名录——武术卷》。1999 年至 2006 年在厦门松柏公园义务教拳,学员近百人。至今仍在厦门、万载两地免费教拳。

姚向颖(1973.3—) 男,莆田市人。福建师范大学体育科学学院副教授,武术游泳教研室副主任,一级武术裁判。中国武术六段。幼时师从福建师大林锦德、黄秀玉教授习武。1991 年考入福建师范大学体育系,师从胡金焕。在学期间曾任福建师范大学大学生武术协会会长。留校任教后,长期从事大学公共体育的武术教学工作,并负责福建师范大学公共体育武术部分的教材和武术选项课程大纲的制定。长期致力武术教育、推广和传播,并撰写多篇学术论文。2014 年带队参加福建省第十五届运动会大学生组武术比赛,取得 8 枚金牌、14 枚银牌、15 枚铜牌的优异成绩。多次参加福建省各类武术比赛裁判工作。

ye

叶　颙(1097—1126 年) 仙游县人。宋代武状元。宋宣和年间(1119—1125 年),叶颙与弟叶颛一起步行到京师(今开封),入太学学习。叶颙为人讲义气,有谋略,喜骑射,跟随名师练习武艺。为抵御金兵入侵,朝廷设武艺谋略科试,宋宣和六年(1124 年)叶颙应试,中武状元。授承节郎,跟随大将刘延庆带兵守卫京城东北部。金兵攻城日急,城危在旦夕。叶颙见寡不敌众,危局难以挽回,对其弟叶颛说:"吾兄弟被义方之训,当勉于忠孝,然不可两全。吾已受命,当登陴战死,以尽臣节。尔其归养,以供予职。"坚守阵地,与金兵血战。宋靖康元年(1126 年),叶颙以身殉国,年仅 29 岁。

叶良臣　字君俞,闽县(今福州市)人。宋乾道五年(1169 年)武举人。

叶南仲　松阳人。宋淳熙二年(1175 年)提刑官(武臣),见《福建通志》(民国)。

叶　彪　连江县人。宋咸淳七年(1271 年)武举人。

叶腾凤　同安人。明万历五年(1577 年)武进士,二甲八名,广东罗定中路守备。

叶　台　漳州龙海市人。明万历二十三年(1595 年)武进士,任南赣坐营。

叶奕世　字烈甫。明天启元年(1621 年)武举人,建宁守备署指挥金事。

叶翼云(1596—1648) 字载九,又字敬甫,厦门市人。明朝末年武进士。明崇祯十三年(1640 年)考中进士,被授为江苏吴江县令。清顺治二年(1645 年),唐王在福州建立隆武政权后,擢升他为辑勋司员外郎,令其督查家乡同安各要务。隆武亡故,改依郑成功。顺治五年(1648 年),清军攻打同安时,与其弟叶翼俊为保卫城池而捐躯,家人亦皆同时殉难。

叶邦翰　漳州市人。明天启二年(1622 年)武进士。

叶应泰　漳州平和县人。明朝武举人。

叶应春　明朝三明将乐县人。嘉靖间，以民生中武试，授将乐所镇抚。剿瓯宁峒贼，有斩获功。倭寇陷兴化，应春领兵固守，寇平，再征永安，破香寮寨。隆庆改元，以功升延平卫左所百户，寻升钦依佥总，署都指挥佥事。

叶　蕃（清初年间）　漳州长泰县人。13岁时拜田头社觉清亭圆通和尚为师，习练武功。成年后身材魁梧，力大无穷，曾空拳打死老虎，赢得"打虎勇士陂头（地名）蕃"美誉。

叶　爵　字尊侯，厦门莲坂人。明崇祯十五年（1642年）壬午武举，历官南京参将。后死难于许湾。

叶玉淮　漳州南靖县人。清康熙二年（1663年）武举人

叶士伟　漳州平和县人。清康熙三十二年（1693年）武举人，任广渠门守御千总。

叶宏祯　同安人。清康熙四十五年（1706年）武进士。

叶　桐　南平市人。清雍正十三年（1735年）武举人，浙江都司。

叶景福　晋江市人。清雍正年间武举人，琼州府都司。

叶健腾　漳州诏安县人。清乾隆十七年（1752年）武进士。

叶映茂　南平浦城县人。清乾隆二十一年（1756年）武举人，由直隶天津卫千总，升广西柳州营守备。

叶时茂　字允丰，号得溪，同安人。清代武将。年轻时拜师习武，勤学不辍。臂力惊人，常提数百斤青石狮一对，环走练武厅10圈锻炼臂力。乾隆二十八年（1763年）武科会元，殿试一甲第三名，是同安县唯一的武探花。历任二等侍卫行走、广西柳州游击、融怀参将、新太副将。居官廉洁奉公，军纪严明，行军所至，秋毫无犯，兵民悦服。曾说："物非我之所有，虽一毫而莫取。"乾隆末年，致仕居家。时地方不靖，时茂率随从生擒贼首，晓以大义，群贼诚服，愿改恶从善，沿海村民得享升平。时茂闲时好吟咏，著有《得溪诗集》。

叶　韬　号碧溪，漳州长泰县人。清代武进士。少年时得高人指教，练就一身武艺硬功。清乾隆三十六年（1771年）考中武举人，乾隆四十三年（1778年）高中二甲进士二十一名。因其擅水，被破格提拔，钦点一甲第四名，赐花翎顶戴，任御前侍卫。乾隆皇帝历次南巡，皆随行护驾。后因乾隆皇帝为试其水性，命其潜水一个时辰，命丧河中，时年不到40岁。

叶　青　漳州诏安县人。清嘉庆元年（1796年）武进士。

叶大经　漳州平和县人。清嘉庆十八年（1813年）武举人。

叶金树　同安溪边人。清嘉庆十九年（1814年）武进士，甲戌科，游击。

叶杨枝　漳州诏安县人。清道光三年（1823年）武进士。

叶梅枝　漳州市人。清道光五年(1825 年)武进士。

叶　阚　漳州芗城区人。清末漳州团练营教头,曾在芗城瀛洲武馆传教军营武艺器械。

叶向日　同安古坑人。清道光六年(1826 年)武进士,丙戌科,钦点卫守备。

叶绍庚　同安上邦人。清道光九年(1829 年)武进士,己丑科,澎湖都司。

叶绍飔　同安上邦人。清道光十六年(1836 年)武进士,丙申科。

叶舒青　同安古坑人。清道光十八年(1838 年)武进士,戊戌科,通永镇都司。

叶春晖　同安古坑人。清道光三十年(1850 年)武进士,庚戌科,漳州山城中军守备。

叶景堂　同安古坑人。清咸丰二年(1852 年)武进士,壬子科。

叶时昌　同安古坑人。清咸丰三年(1853 年)武进士,癸丑科。

叶定国　同安古坑人。清咸丰九年(1859 年)武进士,己未科,台北漳化都阃府。

叶瑞荣　大田县人。清同治元年(1862 年)武举人,有功保奖千总衔。

叶应祥　同安莲山头人。清同治十三年(1874 年)武进士,甲戌科。

叶国器　同安汀溪人。清光绪二十一年(1895 年)武进士,乙未科,钦加都阃衔。

叶章连　明溪县人。以勇力被举为乡义勇队队长。民国二十三年(1934 年)三月,御匪被虏,不屈见杀。

叶耆连(1909.5—1989.5)　又名叶水仪,男,厦门市人。五祖拳名师、主要传人。厦门市海沧区东浮镇孚中央村人。出生于缅甸,9 岁时归国。年轻时期酷爱学习少林五祖鹤阳拳,因此长期居住新坡拜师沈扬德学艺。民国二十四年(1935 年)作为新坡选手之一,代表海澄县参加在漳浦举行的福建全运会,获团体冠军、个人成绩武术第四名。新中国成立后多次代参加全国、省市级比赛成绩优秀。曾在晋江罗平、福州古田平湖、厦门、同安、后溪城内、西亭等地立馆教徒,传承弘扬五祖鹤阳拳派武艺。

叶露平(1940—　)　男,南安市人。马来西亚五祖武术体育会总教练。自幼喜武,在马来西亚拜蔡玉明祖师之第四代传人傅铁为师,学习五祖拳近十年之久。后与五祖拳同门成立雪兰莪五祖健身社。1982 年成立马来西亚武术体育总会并担任总教练。传授少林五祖拳法,学练者颇众。

叶姜赐（1946.2—　）　男，南安市人。南安市武术协会副主席，南安市诗山武术馆常务副馆长兼秘书长。中国武术六段。自 1956 年起拜师学习武术（长拳、少林拳、南拳、跆拳道、太极拳等套路及器械），至今已 50 多年。1960 年至 1965 年，参加县、地（市）及福建省武术锦标赛，均荣获优良成绩。1966 年 5 月至 2008 年 8 月，从事武术教学、教练工作，培养指导学生 5000 多人。1990 年 5 月，荣获"福建省武术馆校教练"证书。曾担任南安、泉州市历届运动会的武术编排裁判工作。2010 年担任南安市武术协会副主席。

叶致余（1949.7—　）　男，福州永泰县人。永泰县武术协会副主席兼秘书长，虎尊拳研究会会长，虎威武术馆馆长。中国武术六段。14 岁开始习练虎尊拳，是虎尊拳的主要代表人物和传人。发表武术论文十多篇。1983 年被评为全国千名优秀武术辅导员，为《中国武术拳械录》《福建武术拳械录》和《永泰县志》撰稿。1985 年参加福州国际武术交流大会，获优秀奖。1986 年被评为省武术挖整工作先进个人。1991 年出访日本进行中国—冲绳第三回武术交流，获一等奖。多次接受日本、英国等武术团体及个人来访。2000 年担任《永泰县武术志》副主编，整编的《虎尊拳谱》收入《永泰县武术志》。

叶胜保（1949.9—　）　男，福州市人。福州市武术协会第五、第六届秘书长，罗汉拳第六代传人，一级武术散打裁判，宁德市光大文武学校校长，福州南北少林罗汉门武术馆馆长，中国武术协会会员，福州市武协副主席，宁德市武协顾问，福州晋安区武协顾问，中国武术七段。11 岁师从陈修如习中医伤骨正位推拿、南北少林罗汉门拳械功法，拳法嫡系传人。郑端人《撩手拳》"擒拿格斗之类"97 步传人。1991 年创办南北少林罗汉门武术馆，任馆长。1998 年创办闽东龙腾武术学校，任校长。2000 年创办宁德光大文武学校，任校长。从武 55 年，参加国际、国家、省、市武术比赛和裁判工作，培养了大批学生，先后三次被《福建日报》等报刊登先进事迹。1997 年被评为民间武术家。1997—2001 年任福州《中国武术段位》评审员。曾任市罗汉拳研究会副会长兼秘书长、市武协崇德拳社社长，受聘于福州市公安局防暴特警支队任武术散打搏击总教练。

叶守平（1953.4—　）　男，福鼎市人。一级社会体育指导员。中国武术六段。1991 年开始学习太极拳，1996 年从师中国十大武术教练曾乃梁。2008 年参加闽台南少林传统武术交流大赛，获 42 式太极拳、剑及杨式太极拳 3 枚金牌。2009 年参加海峡论坛·海峡两岸传统武术交流大赛，荣获 42 式太极拳、剑 2 枚金牌。2010 年参加新加坡首届"云龙子杯"国际武术比赛，荣获 42 式太极拳、剑及杨式太极拳 3 枚金牌。2013 年参加福建省全民健身运动会武术太极拳，比赛荣获 2 枚金牌。2014 年元月参加福建省全民健身运动会传统武术精英大赛，荣获 42 式太极拳、剑 2 枚金牌。

叶智明(1960.8—) 男,永泰县人。永泰县武协副主席,永泰县正阳武馆馆长。自幼拜永泰县盖洋乡虎尊拳第五代传人邓裕元为师。1983年以来随鄂武师从事武术遗产挖掘整理、传承工作。1986年被省体委评为武术遗产挖掘整理先进分子,并发给奖状和龙泉宝剑。1987年参加虎尊拳"上山虎"和"扁担法"套路的拍摄。1992年、1995年分别参加首届和第二届全国武术之乡武术比赛,获得特别优秀奖和一等奖。1995年被省武协、武术院聘为虎尊拳教练。2008年参加闽台南少林武术大赛获得金奖。2009年参加海峡论坛·海峡两岸传统武术交流大赛,获传统拳术金奖。

叶 勇(1962.9—) 男,厦门同安区人。中学一级教师,一级武术裁判,厦门武术协会教练委员会副主任。中国武术六段。1976年进入厦门市体校武术班,师从"中华武林百杰"许金民老师习武。1981年考入福建体育学院,师从洪正福教授,专攻六合门和散打搏击术。曾获得福建省武术散打比赛56公斤级第二名,福建省武术比赛对练第一名、太极拳第二名。1985年毕业后分配至厦门华侨中学担任体育教师至今。

叶晓天(1963.1—) 男,古田县人。福建省社会体育指导中心书记,福建省武术协会副会长。1986年毕业于福建师范大学体育教育专业,在闽江学院任教。1998年调入福建省漳州体育训练基地担任副主任。2005—2008年作为福建省第三批援疆干部任职新疆昌吉州文体局、新闻出版局。在新疆昌吉州工作期间,积极推动各民族武术运动的开展,受到各界好评。援疆结束后,2008年担任福建省武术院书记并兼福建省武术协会副会长,从事福建省传统武术的推广服务及挖掘整理工作,积极推动基层武术开展。自2009年开始,参与筹备、组织和举办第一至第五届海峡论坛·海峡两岸传统武术交流大赛、闽台武术大赛等各类武术比赛,取得圆满成功。2009年11月作为福建省武术代表团副团长率队赴台参赛、交流。2010年和2012年作为福建省代表团团长带队参加两届世界传统武术锦标赛,并取得好成绩。2012年社体中心与福建电视台合作,创办《快乐体育》栏目,积极推广宣传体育、武术运动,受到全省体育及武术爱好者的好评。

叶召金(1969.12—) 男,漳州诏安县人。漳州市武术协会理事,诏安金龙武术馆馆长。1988—1992年在河南省登封县武术学校师从毛永汉习武。曾于1998—2007年创办诏安县金龙武术馆,后经教育部门批准为诏安县金龙文武学校,以武术教学为特色,培养文武兼修的合格人才。

叶文强(1974.9—) 男,南平松溪县人。福建华夏武术发展中心副秘书长,中国武术段位制指导员、考评员,一级武术裁判。中国武术五段。15 岁从王同光练习南拳。1994 年考入福建师范大学体育系,师从胡金焕教授。1995 年获全国高校武术大赛第三名。1998 年特招至广东汕尾边防支队教导队任军事教官。1999 年参加武警边防部队军事比武,获拳术第一名。曾受武警部队嘉奖 12 次、荣立个人三等功 2 次,被评为武警部队优秀教官。2004 年转业任长乐鹤上中学团委书记,两次被评为先进教育工作者。2008 年参加闽台武术交流大赛,获银奖。2009 年参加福州·国际冲绳刚柔流武术大赛,获个人传统器械、套路两项金奖。多次担任福建省武术比赛裁判工作。

叶子雄(1976.11—) 男,泉州市人。现任职于厦门市公安局。1990 年进入泉州剑影武馆开始习武。1992 年 12 月代表剑影武馆参加首届全国武术馆校散打擂台赛,获 52 公斤级亚军。1993 年 8 月参加首届全国武术之乡散打比赛,获 60 公斤级季军。1994 年 8 月参加福建省第三届散打擂台赛,获 60 公斤级冠军。1995 年 8 月参加福建省第四届散打擂台赛,获 60 公斤级冠军。同年 12 月参加福建省公安系统前卫体协散打擂台赛,获 60 公斤级冠军。1996 年 4 月在广东湛江参加全国传统武术散打擂台赛,获 60 公斤级第五名。1996 年参加全国公安系统院校散打擂台赛,获 60 公斤级冠军。

叶炎顺(1977.11—) 男,漳州诏安县人。诏安县祺宝武术馆馆长。1990 年开始习武,后师从陈万庆习练南拳。两次参加漳州市传统南拳演武大会,获四项一等奖。2003 年参加香港首届国际武术节,获传统器械对练一等奖、南拳三等奖。2004 年参加在泉州举办的中国福建南少林国际武术大赛,获器械对练金龙奖、拳术银狮奖。

叶珍羽(2000.9—) 女,南平市人。2009 年开始在南平市松溪县少体校学习,从事业余武术训练。2012 年转到厦门市体校训练,2014 年初转到福建省武术队训练。2013 年参加福建省青少年武术套路锦标赛,获女子乙组南拳冠军。2014 年参加福建省第十五届运动会武术套路比赛,获女子甲组南拳冠军。

yi

怡　良　咸丰二年至三年(1852—1853 年)福建将军。

伊廷惠　宁化县人。清代武举人,永绥协镇。

yin

殷　轼　字行远,南平浦城县人。清雍正七年(1729年)武举人,官枫岭营千总。

ying

应　晁　南平市人。清嘉庆二十一年(1816年)武举人,督标。

英　桂　清同治二年至七年(1863—1868年)福建将军。

郢　西汉初期闽越国首领,无诸的后代。闽越国在郢统治的时代,"甲卒不下数十万",国力不断强盛,以强盛的姿态出现在历史舞台上,成为可与汉朝廷抗衡的地方诸侯。汉建元三年(公元前138年),闽越王郢已平定内部纷争,拥有强盛兵力,并将都城迁回福州。他受到吴太子的教唆,野心勃勃,欲图恢复无诸时代的疆域,效法越王勾践称霸一方,而举兵围东瓯。东瓯力不能敌,派使者向汉廷告急。汉武帝命中大夫严助发会稽兵从海上往援。闽越国知汉兵前来,遂撤兵。建元六年(公元前135年),郢自以为得计,又发兵击南越,试图夺回广东的潮、梅地区。南越王赵胡派使者送书向汉廷求援,汉武帝对闽越国扩张十分不满,调遣两路大军讨伐闽越。郢的部队驻守前方,福州城内兵力空虚,郢的族弟余善在都城发动兵变。《史记·东越列传》记载——余善乃与相、宗族谋曰:"王以擅发兵击南越,不请,故天子兵来诛。今汉兵众强,今即幸胜之,后来益多,终灭国而止。今杀王以谢天子。天子听,罢兵,固一国完;不听,乃力战;不胜,即亡入海。"余善在得到闽越贵族支持后,即刺杀了郢,向汉廷谢罪。汉军见郢已死,未逾仙霞岭,遂北撤。

yong

永　德　清乾隆四十年至四十九年(1775—1784年)福建将军。

you

尤应宪　晋江市人。明万历二十六年(1598年)武进士。

尤俊岸(?—1913)　男,漳州龙海市人,祖籍晋江。蔡玉明亲传弟子,五祖拳重要传人,人称"拳头布袋"。因家境贫穷,从小为蔡家收养,服侍蔡玉明夫妇。俊岸酷爱武术,每日劳作之余,总专心观看蔡玉明教导门徒,并将拳法腿功一一牢记,在暗地里独自操练,后被发现而破格收为门徒,成为蔡门下最重要的弟子之一。尤俊岸娴熟地掌握了五祖拳的各种拳法、技法及拳械套路,因而人称"拳头布袋"。俊岸将一生所学传教漳州石码卢万定。万定后移居印尼,在印尼开办"卢万定国术馆",培养了不少武林俊彦,传下少林五祖拳印尼一派。

尤凤标（约 1877—?） 字祝三，南安官桥镇人。晚清武举人，为"五祖十虎"之一。自少时随蔡玉明学五祖拳法 20 余年，继承蔡氏五祖拳法。1917 年出版了介绍五祖拳的首部专著《中华柔术大全》。该书是尤凤标在蔡玉明口传身教的基础上，根据自己长期练习实践，进行深入的、系统化的文字总结，是迄今为止最完整的一部介绍五祖拳功法的著作，也是研究五祖拳不可多得的资料。他创办了泉州国技传习所，在闽南各地学校中大力提倡、推广"中华柔术"，并利用其中小学国术教师身份在闽南各地进行传播、实践。还著有《柔术课本》《武艺大全》《跌打医书》等。

游昌叔 宋庆元二年（1196 年）武举人。《三山志·人物》作"游叔昌"。

游汉虬 罗源县人。清康熙五十一年（1712 年）武进士，御前侍卫。

游思圣 漳州市人。清乾隆十年（1745 年）武进士。

游凌云 漳州市人。清嘉庆十三年（1808 年）武进士。

游青龙（1830—1900） 男，闽西客家人。近代太祖拳大家，漳州市市美社武术馆创建人。游青龙自幼练武习医，精研苦练 20 余载，内、外、轻功兼修。其个性豪爽、尚武好义。艺成后，他挟技云游，闯荡江湖，广交结义。1892 年夏，已逾不惑之年的游青龙云到漳州，以高超的武功收服了在东门街开米店的市美社人游红婴为首徒；之后，应具帖拜师的市美社人游红婴、游养宜、游碧山、游宿夜和绰号矮古明、古锥沉等六人之请，至市美社开设武馆，立号登龙堂，树帜赵太祖拳派，传教市美社人习练太祖拳、各种器械和八卦阵（即青龙阵）、八仙阵，尤以青龙阵独具特色。在教拳之余，还治医并传授跌打损伤等症的治疗之法。游青龙授徒尽心尽力，倾囊相授，严格要求。他培养的弟子尽得赵太祖拳之真谛，拳术和医术都有很高的造诣和影响，享誉闽南武坛。游青龙自创办市美社武术馆后，则退出江湖，不再游侠，收游红婴为义子，定居市美社。1900 年去逝，享年 70 岁。

游红婴（生卒年不详） 男，漳州市人。漳州太祖拳一代宗师游青龙的首座弟子。游红婴从小嗜武，稍长，习练何阳拳术。约 1890 年，在漳州市东门街巷口经营米店，闲暇时常聚集同社人游养宜、游碧山、游宿夜和矮古明、古锥沉等 6 人在店内一起练功。后拜客家人游青龙为师，并盛请游青龙至市美社开馆授艺。游红婴原本功夫扎实，又得游青龙悉心教导，拳械功夫日益精进，几年后，练就一身精湛的武功，尽得师父真传。游红婴感激青龙师如父般悉心教导，又悯其孤身一人，乃认游青龙为义父，陪侍奉养其终身，为时人所赞颂。

游养宜（1873—1929） 男，漳州市人。漳州市美太祖拳的重要传承人。游养宜天性聪颖，自幼酷爱武术，少年时曾练过何阳拳术，19 岁拜漳州太祖拳一代宗师游青龙为师习练太祖拳和骨伤医术。他练功时，小腿绑着十几斤重铅板，将厝边一株粗大的芭乐树当作铜人打，天天拳脚交加，没几年这株芭乐树就枯死。就这样寒来暑往，苦练 17 年从不间断。1909年始,游养宜教其长子游长春习练太祖拳艺。1914年后,陆续收市美社人游秀泉、游沤、游厚皮、游添霖、游丰源、游分等为门徒,悉心传教太祖拳艺及骨伤医术。游养宜承前启后,为市美太祖拳的传承与发展做出了卓越的贡献。他培养的门徒,后来都成为市美太祖拳传人的佼佼者。

游振辉(1882—) 男,又名古令,闽西客家人。师从清末漳州团练营总教练何水道,为其得意门生之一。他精通十八般武艺,招法纯熟,勇猛刚劲,变化灵活,且注重实战,尤以奇异兵器月眉大刀、虎尾刀、斜矛枪为拿手绝活,年轻时代已名闻遐迩,享誉武坛。游振辉在辛亥革命之前,任漳州团练营左营教练。民国初年,漳州团练营解散,游振辉与其师弟右营教练苏扬辉以"双发堂"为号,应各地武馆邀请,以传艺为生。1925年,漳州精武体育会龙溪国术馆成立,游振辉受聘为国术馆武术教练,主教器械。1926年,又应市美社武术馆邀请,莅馆传教正统清御林军营的公步兵器套路和武狮法。游振辉授艺时,尽心尽力,一丝不苟,而且注重武德教育,培养造就了一代德艺双馨的杰出高手。游振辉武艺高超,武德高尚,为闽南武术发展特别是为市美太祖拳流派的臻至完善做出了重大的贡献。

游长春(1900—1933) 男,又名作田,漳州市人。漳州市美太祖拳重要传承人和代表性人物之一,革命烈士。9岁师从其父游养宜习武学医。在游养宜的精心栽培下,勤学苦练,得其嫡传,各种拳械无不精纯,尤擅腿法与棍术。稍长,代父传教及门弟辈游秀泉、游沤、游厚皮、游添霖、游丰源、游分等及族人习练太祖拳、械、阵。1926年,游长春执掌市美武术馆。为充实丰富武馆器械、狮法,他摒弃门户之见,延请原"双发堂"拳师游振辉来馆传授军营公步器械和武狮,并易堂号为"双发登龙堂",以不忘师恩,沿用至今。在游长春的努力下,市美太祖拳形成一门比较完善、自成体系、在当时闽南地区影响较大的太祖流派之一。1932年4月红军入漳,游长春组织并领导贫苦农民闹革命,任漳州市东乡农协会主席;市美武术馆大部分成员参加农民赤卫队,打土豪、分田地。红军离漳后,游长春参加了闽南红三团,坚持地方武装斗争。1933年12月,由于叛徒告密,游长春不幸被捕,坚贞不屈,在漳州市区中山公园门口英勇就义,时年33岁。

游秀泉(1904—1946) 男,又名水龙,漳州市人。漳州市美太祖拳重要传承人,革命烈士。游秀泉自幼丧父,家境贫困,从小意志坚强,胸怀坦荡,偏好技击。早年拜游养宜为师,学习太祖拳法及骨伤医术。稍长,得益于游长春亦兄亦师般的指教,后又随游振辉习练军营公步器械及武狮,兼收并蓄,熔于一炉,晨昏苦练,诸般武艺精进超群。1932年4月红军入漳,游秀泉与师兄游长春一起组建了漳州东乡农民协会与农民赤卫队,任农协会副会长、赤卫队副队长,打土豪分田地、闹革命。红军离漳后,游秀泉与游长春一起参加了闽南红三团,继续坚持地方武装斗争。1945年8月受中共闽南特委派

遣,到长泰、安溪一带发展新区,扩大游击队。1946年农历三月游秀泉在长泰县城执行任务时被捕,后遭反动便衣队残酷枪杀,时年42岁。

游添霖(1910—1982) 男,漳州市人。漳州市美太祖拳的重要传承人。曾任龙海县政协委员,龙海县华侨医院副院长。游添霖幼年拜游养宜为师学太祖拳及骨伤医术,稍长,得益于游长春亦师亦兄般的指教,后又随游振辉习练军营公步器械和武狮。游添霖悟性极高,又狠下苦功,练就一身强健的体魄和精湛的武艺。1933年,参加中央国术馆龙溪分馆举办的国术表演赛,获阵头大刀第二名殊荣。1932年4月红军进漳,游添霖随游长春闹革命,参加农协会和赤卫队,任农协会组织委员。1933年12月,游长春牺牲后,游添霖不顾个人安危,执掌市美社武术馆。除继续在市美社传艺外,还到龙文、龙海、华安等市、县(区)村社设馆教徒,徒众达数百人。游添霖不但精通武术,还深明医理,在练武授徒之余,并行医治跌打损伤、中医内、妇科等症,积累了丰富的经验。1957年应聘到龙海华侨医院任主治医师,直至退休。

游丰源(1913—1999) 男,漳州市人。为漳州市美太祖拳重要传承人和代表性人物。曾任福建省武术协会委员,漳州市龙文区医院骨伤科主治医师。从小嗜武,幼年拜游养宜为师,习武学医。稍长,得益于游长春亦兄亦师般的指教,后又随游振辉习练军营公步器械、武狮。每日闻鸡起舞,月下练功,坚持不懈,功夫日精。1933年参加中央国术馆龙溪分馆的国术表演赛,获连环八卦掌对练第一名、头节翻拳第六名。游丰源于1957年执掌市美社武术馆。除在当地继续教徒授艺外,还组织弟子参加省、市各种武术交流、表演和比赛。"文革"期间被扣上"反动拳师"黑帽而被囚禁。改革开放后,他响应国家号召,积极推广和发展市美太祖拳,恢复10个旧馆,开辟了12个新馆;还多次组织并派出门徒参加国家、省、市的各种武术观摩、交流、选拔、比赛,获奖颇丰。1986年,游丰源积极参加全国武术挖掘整理工作,参与《福建省武术拳械录》的编辑,并将馆藏的青龙大刀、鹿茸画戟、虎尾枪、趟刀、斜矛枪等5件旧兵器赠送给国家体委收藏;获全国武术挖掘整理雄狮奖,福建省武术挖掘整理先进个人。同年8月,日本拳圣武道馆金城昭夫馆长还慕名专程来漳拜访游丰源,同他进行了武艺交流。几十年来,他培养了数以千计的学生,在各自的岗位上为武术教育、推广和发展做出了自己的贡献。

游 分(1914—1990) 男,漳州市人,漳州市美太祖拳的重要传承人。自幼随父游养宜习武学医,稍长,得益于长兄游长春的指教,后又随游振辉习练军营公步器械和武狮。勤勉刻苦,常年练习不辍,深得太祖拳精奥。练拳之余,经常为群众治疗跌打损伤等症,医人无数,备受赞誉。游分不仅继承了父兄精湛的武艺,而且继承了长兄游长春的革命遗志。1936年,加入了闽粤边区红军游击队,在乌山一带开展游击战争。战斗之余,常教战士们习武练拳,增强杀敌本领。1942年起,在中共闽南特委的领导下,

建立地下交通站,发展游击武装。1947 年 8 月,转入闽粤赣边纵队闽南支队,直到新中国成立。"文革"期间,被无理扣上"反动拳师"的黑帽而被囚禁,遭受打击和迫害。曾先后在芗城、龙文、龙海、华安、南靖等市县(区)多个村社设馆教徒,从艺者数百人。

游幼波(1941—) 男,福州市人。20 世纪 50 年代初始先后师从邹宁生、洪正福、宋国发、郑志雄、林燧、郭孔照、曾乃梁等习练南拳、杨式太极拳、八卦拳、少林拳等。1983 年起作为福建省武术挖掘整理工作组成员,参加福建省的武术挖整工作,成绩突出,并被评为全国武术挖整工作先进个人。1985 年参加全国太极拳邀请赛,获 88 式第二名。现任福州市武协业余教练。

游兆熙(1948.10—) 男,漳州平和县人。中国武术六段。自幼随父游朝俊及祖父习练太祖拳。龙溪师范学校毕业后到平和三中从事武术教学工作。曾任平和县武术协会秘书长、县少体校校长。

游清文(1958.7—) 男,漳州市人。漳州市美太祖拳重要传承人和代表性人物。7 岁随父游丰源练拳,在父亲的严格要求下,苦练研习太祖拳 30 余载。1979 参加龙溪地区武术交流会,获太祖棍一等奖。同年获福建省武术交流会太祖棍二等奖。1984 年获漳州市武术选拔赛鹿茸画戟一等奖。1986 年获全国武术挖掘整理雄狮二等奖。1980—1999 年期间,随父同往或代父在晋江、厦门、芗城、龙海、云南、长泰、华安、南靖等市县 20 多个武馆进行授徒传艺。其父逝世后,游清文执掌市美社武术馆,经常组织新秀俊彦参加国家、省、市级各种武术观摩、交流、选拔、比赛,取得瞩目的成果。近十年来,多次组团参加南少林国际武术大赛、海峡论坛·海峡两岸传统武术交流大赛等大型武术比赛活动,并在赛会上演示了市美太祖拳青龙阵,受到一致好评。游清文还经常与台湾武术界友人进行切磋,增进两岸武术交流。2010 年主持并参与漳州太祖拳青龙阵申报为市级、省级非物质文化遗产保护名录,均获成功。2013 年组织有关专家与学者并参与编辑出版《闽南记忆丛书——太祖拳》一书。

游建华(1958.10—) 男,漳州市人。漳州市美太祖拳的重要传承人。7 岁开始随伯父游丰源练拳,数十年苦练从不间断。1982 年获漳州市武术表演赛鹿茸拒虎叉一等奖。1984 年获漳州市武术选拔赛流精拳一等奖。1986 年获全国武术挖掘整理雄狮三等奖。2011 年获第三届海峡论坛·海峡两岸传统武术交流大赛传统南刀金奖。1980—1999 年期间,随伯父及堂兄游清文同往或代伯父在芗城、龙海、云霄、长泰、华

安、南靖、龙文等市县(区)10 多个武馆授徒传艺。其伯父逝世后,担任市美社武术馆副馆长。近十年来,多次组团参加南少林国际武术大赛、海峡论坛·海峡两岸传统武术交流大赛等大型武术竞赛和表演、交流活动,获得优异成绩。2012 年 6 月应福建省人民政府、省文化厅邀请,游建华亲率市美武术馆精英俊秀在福州市三坊七巷表演了漳州太祖拳青龙阵,受到专家的一致赞誉。2013 年组织有关专家与学者并参与编辑出版《闽南记忆丛书——太祖拳》一书。

有　凤　清咸丰三年至六年(1853—1856 年)福建将军。

yu

于　成　江都人,洪武间以功升福建都指挥佥事。

于宝善(约 1900—1967)　男,天津人。民间武术师。民国时期曾任南京中央国术馆教员,后定居厦门。曾在厦门烈士纪念碑下教武术。每早在玉屏巷住宅的屋顶晨练太极拳,星期天常去鼓浪屿探访同是北方人的武友孙振寰;对孙师提出欲在通臂武术社免费教太极拳,孙师同意。1954 年初至 1957 年 9 月,在鼓浪屿传授太极拳 108 式、太极剑、太极推手、形意拳、八卦散手、梅花拳、八仙剑、梅花拳对打、空手夺枪、空手夺匕首等。1956 年末起又在厦门教授太极拳。新中国成立以来,于宝善多次担任省、市武术比赛副裁判长、裁判长。1957 年,于宝善担任福建省武术观摩评奖大会副评判长。大会结束时,裁判员进行表演,于宝善表演一套形意八式拳。20 世纪 60 年代初,厦门中医院中药库房着火时,于宝善用双手推开厚实的铁门,让消防队员冲入库房,扑灭了大火。

于爱华(1953.8—　)　女,山东省人。龙岩市新罗区太极拳协会主席,龙岩市老体协健身俱乐部副秘书长,太极拳健身俱乐部主任,国家级社会体育指导员。中国武术五段。1997 年开始练习太极拳。2007 年开始每年领队参加福建省华武功夫中心培训与太极拳赛事。2010 年组织策划 500 人的"体彩杯"太极拳系列大型展示活动。2012 年与龙岩市、区文体局、体彩管理中心联合举办全市太极拳邀请赛。2013 年被评为福建省老年人体育健身优秀辅导员。参加福建省第七届老运会、山东省太极拳赛、海峡论坛·海峡两岸传统武术交流大赛、福建省"盛天杯"神州大赛等多种比赛,均获得团体及个人太极拳、剑金奖、银奖。

于海滨(1982.11—　)　男,吉林省蛟河市人。自幼喜爱摔跤散打,2001 年考入吉林大学体育学院,师从全国武术冠军李廷奎副教授专修武术,学习武术套路和搏击理论与技术。2005 年考入厦门大学研究生院,师从林建华教授专修武术教育训练学,特别研习形意拳、八卦掌、太极拳和养生功法等理论和方法。在校期间为海外教育学院美国及菲律宾班武术授课。2006 年参加在郑州举行的第二届世界传统武术节比

赛,获健身功法一等奖。2008年就职于泉州师范学院体育学院,担任民传专业武术教学,并随泉州五祖拳名师周盟渊、蔡长庆研习五祖拳。2013年、2014年相继参加并通过全国武术段位制太极拳、五祖拳的培训考核。2014年参加海峡两岸武术演艺和美国家庭夏令营武术交流表演。现在台湾攻读博士学位。

于博宇(2004—) 男,福州市人。自2010年开始习武,师从陈仁忠学武。现就读于厦门康乐第二小学。2013年获福建省青少年武术套路锦标赛馆校组男子丙组剑术第一名。

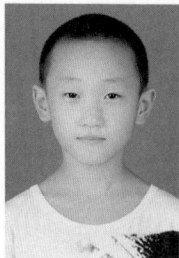

余 善 东越王。余善杀郢后,事实上已掌握闽越国大权,便自立为王。汉廷为避免用兵,只好再封余善为东越王。在余善治理闽越20余年间的前期,同汉廷相安无事,闽越经济进一步发展,国力强盛。在这种情况下,余善的野心膨胀起来,企图扩张领土,称霸一方。他经常挑起战争,举兵侵扰其他百越族,甚至兼并邻国。而且开始在一些重大问题上挑战汉朝廷的权威,最后竟拥兵自重,自刻"武帝"玺以自立,公然与汉王朝分裂。为了强化中央集权,汉武帝刘彻决心消灭逆反诸侯,于是派四路大军南下征讨,对闽越国进行包抄围剿。开始时,余善虽然在边境的初战中取得了一些胜利,但其实力远不能和汉朝的四路大军抗衡,汉军从水陆四面进逼,形势急转而下。这时,部下因担心朝廷降罪,遂合谋杀死了余善,一起投降了汉朝廷。

余 新(? —1659) 明末清初郑成功的重要部将。自郑成功1647年金门誓兵抗清起,余新就追随郑成功,并参与了抗清的大小战役。清顺治八年(1651年)五月,余新以前卫镇统领身份,参与郑成功进攻漳浦的战役,打败了清总兵王邦俊。1652年,郑成功围攻漳州长泰县,在县城外江东山部署兵马,灭清虏的潮、汀两路马兵、水师。战后,余新升任援剿右镇。清顺治十二年(1655年)四月,郑成功驻兵思明州,永历赐封,援剿右镇余新改任前锋镇。顺治十六年(1659年),在郑成功北伐金陵(南京)一役中,余新被满清官兵活捉,后被杀害。

余鼎试 字图南,南平浦城县人。清康熙二十三年(1684年)武举人,康熙二十七年(1688年)成进士,官湖广清浪卫都司金书,兼理邮传。恤丁民,厘积弊,在任六载,人甚德之。

余高贤 永春县人。清康熙二十三年(1684年)甲子科武举人。

余宗美 永春县人。以御寇功任南平千总。

余宝炎（1907.11—2002.9） 男,曾名余炎炎,法号德炎,福州市人,祖籍湖北孝感。福州鸣鹤拳的主要传人和代表人物,原福建省武协委员、福建省武协鸣鹤拳研究会会长、福州市武术馆副馆长、福州市武协顾问、著名骨伤科专家。先后师承鸣鹤拳名宿肖铄德、谢崇祥习鸣鹤拳,得鸣鹤拳真传。曾多次代表福州市武术代表团应邀出访日本、新加坡等国进行讲学、演武、交流,国外媒体竞相报道。他多次为前来拜访的国外武术同仁演绎鸣鹤拳术,传授技艺。余宝炎学识渊博,武医双馨,他将平生所学武艺整理、编写成《白鹤拳真传》《白鹤拳真传补遗》等珍贵资料,流传后人;并有《脉决精微》《外伤内治》等医学著作传世。他善心仁术,闻名遐迩,慕名而来求医者络绎不绝。在数十年的武术生涯中,培养了一大批武术俊彦,为传承鸣鹤拳做出了贡献。

余丹秋（1947.6— ） 男,福州市人。福建省武术协会理事,福建省武术协会鸣鹤拳研究会会长、总教练,福州市武术协会常务理事,福建鸣鹤拳余宝炎学术研讨中心主任,永春怡云武术研究会顾问。中国武术七段。8岁随父亲余宝炎习武,悉得鸣鹤拳及器械真传。历年来多次参加国内外武术研讨工作,并率鸣鹤拳研究会同仁接待日本、新加坡、马来西亚等国家和香港、台湾地区武术界的访问、研讨、交流和比赛。在2008年举行的闽台南少林传统武术大赛和2009年海峡论坛·海峡两岸传统武术交流大赛中均获金牌。中央电视台、福建电视台、福州电视台等媒体多有播报,《家园》《海峡都市报》《海峡体育》《海峡健康导报》等报刊杂志均有专题报道。

余由秋（1950.4— ） 男,福州市人。骨伤科医师、鸣鹤拳传人,曾任福建省武协鸣鹤拳研究会副会长、副总教练,福建省鸣鹤拳余宝炎学术研讨中心副主任,日本空手道刚柔流协会技术顾问。6岁与兄长余丹秋随父亲余宝炎习武,得鸣鹤拳及器械真传。历年来多次参加国内外武术交流表演及研讨工作。主要负责鸣鹤拳武术表演队的培训工作,率队在接待日本、新加坡、马来西亚等国家与香港、台湾地区的武术交流表演中得到很高的赞誉,尤其在中日武术交流活动中发挥了很大作用,被日方特聘为技术顾问。

余代伟（1995.1— ） 男,福州市人。泉州南少林国际学校武术教练。2005年进入福州市体校就读,接受武术训练。2007年进福建省体校就读、训练。2008年进福建省体工队武术队训练。同年参加福建省青少年武术套路锦标赛,获棍术第一名、长拳第三名、刀术第三名。2010年在全国武术套路(传统项目)冠军赛中获"体育道德风尚奖"。2011年参加第十四届福建省大学生运动会,获长拳第一名、剑术第一名、枪术第二名。2012年从福建省体工队正式退役。

俞大猷(1503—1580) 字志辅,号虚江,晋江(今泉州市)人,祖籍安徽凤阳。明代著名军事家、武术理论家、实战家、抗倭名将。其天资聪颖,少怀大志,勇敢机敏。拜泉州名儒赵本学学易,又专习拳棍骑射等武艺,成为百发百中得好射手。后又拜永春刘邦协、同安李良钦为师,学习荆楚剑法(棍术),成为集古今棍法之大成者。俞大猷一生处于明代中叶我国东南沿海倭患最为猖獗的时代,在民族处于危急关头,俞大猷奔赴抗倭最前线,指挥俞家军和倭寇浴血奋战,共斩倭寇 25000 余人,解救百姓于水火之中。俞大猷戎马生涯 47 年,四为参将,六为总兵,身经百战,屡建奇功。作战时从来都是"先计后战,不贪近功,不战则已,战必全胜"。他对军事武艺和民间武艺有深入研究和独到见解。把李良钦的荆楚长剑,结合实战需要,著成《剑经》《射法》,被戚继光收入其兵学名著《纪效新书》。在《剑经》中提出的"顺人之势,借人之力","旧力略过,新力未生","刚在他力前,柔乘他力后"等技击法则具有普遍意义,是古代武艺理论体系中的精华。明嘉靖四十年(1561 年),俞大猷在南征途中专程到少林寺查访,发现少林僧人所习棍法"传久而讹,真诀皆失矣"。遂带宗擎、普从僧徒二人南下,凡三年亲授棍法,使俞家棍法在少林寺广为流传。著有《正气堂集》传世。

俞咨皋 字克迈,晋江市人。明万历间武举人,福建总兵官。

俞倬 莆田市人。清康熙十二年(1673 年)武进士。

俞炎 莆田市人。清康熙五十四年(1715 年)武进士。

俞学天 宁化县人。清雍正十一年(1733 年)武进士,坐京提调。

玉德 清代闽浙总督,署福州将军。乾隆五十一年(1786 年)起历任山东按察使、安徽按察使、安徽布政使。乾隆五十四年(1789 年)授刑部侍郎。乾隆六十年(1795 年)升山东巡抚。嘉庆元年(1796 年)调浙江巡抚。嘉庆五年(1800 年)升闽浙总督,署福州将军。嘉庆七年(1802 年)5 月,因上奏将营伍操演不当,被拔去花翎,部议革职,后从宽留任。嘉庆八年(1803 年),江西匪徒滋事,毗连闽界,奉旨驰往建宁一带查办,玉德拿获首犯,赏还花翎。嘉庆十年(1805 年),奉命剿办义举蔡牵。后被发往伊犁效力赎罪。

裕瑞 清道光二十八年至咸丰元年(1848—1851 年)福建将军

裕禄 清光绪二十一年至二十三年(1895—1897 年)福建将军。

yuan

元稹(1897—1977) 姓孙,名慧,福建惠安县人。习太祖拳、绵拳,通正骨及中医内科。1913 年依妙月禅师出家,1945 年任泉州崇福寺住持。晚年整编其妙月禅师遗著《太祖拳法》《伤科经络疗法》。

袁崇焕（1584—1630） 字元素，广东东莞市人。明代著名军事家。曾任福建邵武知县、兵部尚书等。明万历四十七年（1619年）中进士后，授福建邵武知县。明决有胆略，尽心民事，冤抑无不伸。素矫捷有力，尝出救火，着靴上墙屋如履平地。后投笔从戎，任兵部尚书，守卫辽东，屡次击退后金的进攻，指挥明军获得宁远大捷、宁锦大捷和京城保卫战的胜利。崇祯三年（1630年）因崇祯帝中反间计，以为他与后金有密约，将其杀害。袁崇焕一生文武双全，满腹经纶，清廉为名，智勇兼备，研究整理了一套具有重大价值的军事理论。

袁绳武 宁德柘荣县人。清乾隆二十七年（1762年）武举人。

袁九皋 长汀县人。清嘉庆六年（1801年）武进士。

袁琼娜（1943.12— ） 女，泉州市人。1990年开始学练太极拳，2001年师从施载煌学习杨式传统太极拳。2004年参加香港国际太极拳交流大会，获女子花甲组太极剑金奖、集体综合太极拳冠军。同年参加全国老年太极拳比赛（南宁），获女子花甲组太极剑冠军。2005年参加成都全国友好城市老年太极拳比赛，获团体一等奖。2008年参加中国邯郸第十一届国际太极拳运动大会，获集体拳械亚军。2009年参加海峡论坛·海峡两岸传统武术交流大赛，获女子D组太极剑金奖。曾被厦门市评为"全市老年教育先进工作者"，从学人员千余人次以上。

袁丽英（1961.8— ） 女，厦门市人，原籍汕头。厦门剑刚武术社副社长、副总教练兼秘书长。中国武术六段。15岁跟吴兹俊习五祖拳。蝉联第一、第二、第三届海峡论坛·海峡两岸传统武术交流大赛南拳金奖、传统器械金奖。2009年作为福建武术队成员参加台北武术节·全球华人传统武术交流大赛，获南拳、棍术金奖。参加南少林华夏首届中国—新加坡武术比赛、郑成功杯武术比赛、厦门中华魂武术比赛、福州武林杯武术比赛，拳械比赛都获金奖。蝉联第一、第二届福建华夏传统武术邀请赛个人全能第一名和三个金奖。参加第二届厦门国际武术大赛，获个人全能第一名和三个金奖。2013年参加福建省首届传统武术争霸赛，获传统拳金奖、传统器械金奖。被省武协授予"优秀运动员奖"牌匾。

袁文达（1978.11— ） 男，武夷山市人。武夷山市体校武术教练，一级武术裁判。2001年11月在福建省"云龙杯"传统武术演武大会中荣获青少组传统器械项目二等奖、青少组传统拳项目三等奖。2004年12月在"豪龙杯"武夷山全国拳交流大会中获男子D、E组24式太极拳第二名。多次带队参加全省武术比赛，2005年、2008年两次被武夷山市市政府评为武术优秀教练员。2009年至今担任福建省青少年武术锦标赛、海峡论坛·海峡两岸传统武术交流大赛、华夏南少林武术大赛等裁判工作，曾被评为优秀裁判员。

Z

za

扎拉芬 清嘉庆十七年至二十四年(1812—1819年)福建将军。

zeng

曾公亮(999—1078) 字明仲,号乐正、晓窗,泉州市人。楚国公刑部郎中曾会次子,宋代《武经总要》的主要撰编者。父曾会,官至刑部郎中、集贤殿修撰、明州知州。北宋天圣二年(1024年)中一甲第五名进士,历仕仁宗、英宗、神宗三朝,累官至枢密使、同中书门下平章事、昭文馆大学士,封鲁国公,以太傅致仕。他一生勤政爱民,致力革弊兴利,为实现富国强兵的理想而努力奋斗,并且积极奖励贤才,力荐王安石为右相,支持熙宁变法,是北宋中期一位颇有作为的政治家,《宋史》和朱熹《三朝名臣言行录》都赞颂他"所至举职,皆有能名"。他也是北宋文坛一位较有影响的大学者,除撰写不少诗文外,还主持编纂《英宗实录》《勋德集》《武经总要》和参与编纂《新唐书》。特别是《武经总要》,全书历经5年修成,仁宗亲自为该书写序,是我国古代一部军事科学大百科全书,内中还记载着世界上最早的三种火药配方和工艺程序,成为后世武学的必修课程。

曾 旦 宁化县人。宋绍圣元年(1094年)武进士,邵武司法参军。

曾亨甫 字会叔,闽县(今福州市)人。宋嘉泰三年(1203年)武举人。《福建省志·人物志》作"曾用甫",乾隆《福州府志·选举》及《三山志·人物》均作"嘉泰二年"。

曾子浩 侯官(今福州市)人。宋嘉定十六年(1223年)武举人。

曾 先 字彦登,长汀县人。营武出身。少年刚强好胜,因出人命而被拘囚。时有朝廷下旨,在汀州招募民间好手戍边,时人皆畏缩无敢行者,唯独曾先勇敢应募,于是大家纷纷效仿,结果共得千余人。曾先作战勇敢,因功升校尉雄关军统领。嘉定间累升至武经郎,知南军兼权琼管。

曾有章 漳州龙海市人。明天启二年(1622年)武举人。

曾 四 明崇祯年间永春人。白鹤拳第二代重要传人。初师从颜起诞,继投方七娘学白鹤拳,在白练寺(教练寺)中学武十余载,并与方七娘结为夫妻。清朝康熙年间,携其妻方七娘回永春,住在县城西门外后庙辜厝,相继培养了乐、王、林、蔡、邱、吴、许、周、康、张、辜、李、白等诸姓二十八人,人称"二十八英俊"。乐杰居第一,王大兴居第二,其子曾绿及李元卿、林洴、辜喜、陈传、张居、染布应、辜魁、辜班、辜助、林椎、姚虎、潘贤、叶福、刘灶等皆是当时白鹤拳高手。其传人之中,郑礼、辜喜、辜魁、乐杰、王大兴五人世称"前五虎"。曾四对白鹤拳在永春的传播发展有着重大贡献,被后世尊称为"前永春名师"。

曾居庆(1599—1648) 字朝乾,漳州平和县人。明末武秀才。历任平和县团练长、平和营游击、参将副总兵。后参加抗清义军,被清兵所杀。

曾 松 字崇秀,漳州平和县人。勇而多智,设县后,箭管、芦溪等盗起,松单骑破之。贼望风骇遁,咸曰:"二松锐不可当。"和赖以安。郡建孝义坊,登其名曰"冠带义士"。

曾崇俊 字友湖,漳州平和在坊人。有勇力,能用二十斤刀,所披铜铠,壮士服行十余步即倒。明嘉靖间,饶平民张琏作乱。胡宗宪合诸路兵督剿,俞大猷将兵一万五千人,道经平和,崇俊请谒焉。大猷嘉其勇略,留为乡导先锋,遂直走柏嵩关,捣其巢穴,俘斩千余。乘胜潜使说琏党执琏。寇平班师,大猷晋副总兵,加节钺,崇俊封武功郎。又于嘉靖辛酉获贼首刘大升,钦行赏银五百两,授百户职。塑像祀霞湖祠。

曾 谟 榜姓王,漳州平和县人。清康熙十一年(1672年)武举人。

曾应联 晋江市人。清康熙四十八年(1709年)武进士。

曾 龙 漳州市人。清康熙五十一年(1712年)武进士。

曾善纯 漳州平和县人。清乾隆元年(1736年)武举人。

曾刚毅 漳州云霄县人。清乾隆三年(1738年)武举人。

曾国选 惠安县人。清乾隆年间武举人,千总署兴化守备。

曾允福 厦门同安人。清代水师参将。嘉庆五年(1800年),入水师营为舵工。历年驾船出洋,缉盗多获,拔左营外委。嘉庆十二年(1807年)二月,在广东泥泞洋与蔡牵船对敌,石伤足。旋于目门洋获艇贼李五等八名。十一月,攻蔡牵于浮鹰洋,获其船,擒三十人,阵斩一人,股复被创。明年冬,击获小人帮贼伙。嘉庆十四年(1809年)春,与战于料罗洋,再击之于小伯屿,获陈全等三名。遂由金门把总,荐擢闽安守备。获贼竿塘,猝遭风,落水不死,授南澳左营游击。屡获洋盗周阿泉、李帽席、陈阿啜、林狗、黄光、陈士安等。道光元年(1821年),署提标后营游击,护闽安副将,署提标参将。举军、政卓异,调台湾中军游击。擒获盗吴包舵、陈姿惜、黄菁等,擢艋舟甲营参将。卒于官。

曾南英 字启俊,同安岳口人。清嘉庆二十二年(1817年)武进士,丁丑科,海坛副总兵。

曾致成 漳州平和县人。清道光五年(1825年)武举人。

曾金榜 漳州平和县人。清同治二年(1863年)武进士,军功保举尽先都司。

曾闻勇 宁化县人。清武举人,开封府守备。

曾大猷 漳州平和县人。初授把总,驻漳浦。清乾隆三十三年(1768年),逆匪卢茂率众攻城。泊西门,大猷御之,斩贼党黄是等,士卒竞奋拒贼,城得保全,浦民德之。叙功,赐蓝翎、白金,以守备即用。骁勇丕著,擢从经略进剿云南,卒于军。荫其子振,官至钦州参将。

曾超群 漳州平和在坊人。禀性刚勇,膂力过人。少负贩,堂兄捷魁曰:"天生汝此等材质,何自弃为也?速宜图一进身之路,勉之。"后入伍,技艺超越,开十二力重弓,矢无虚发。历补至同安营把总。适乾隆五十二年(1787年)台湾林爽文起事,随忠勇公福康安带兵赴台征剿。扎营之处,早夜巡防,遇匪徒则率众奋力争先,贼徒挠败。乃于大城厝与贼打仗阵亡。忠勇公福具奏,上嘉其功,赐金一百两祭葬。并赏给其子云骑尉世职,袭次完时,给予恩骑尉罔替。子恩贵,授水师右营守备,署金门游击。

曾　木(1913.6—2005.1) 漳州芗城区人。白鹤拳、太祖拳师及主要传人,人称"黑毛师"。12岁开始习武,16岁师从捷元堂张杨华习练白鹤拳,19岁师从习艺堂康光辉习练太祖拳。1933年参加漳州国术表演赛,"中央国术馆"馆长张之江将军亲临观摩。与岱东国术馆蔡顺良表演三股叉、藤牌刀对练,曾木以单练八卦十字获奖。1935年参加第五届省运会,曾木所在的龙溪国术代表队获男子团体第三名。同年参加在龙岩举行的省赛,以拳术、对练空手进双刀获一等奖。1955年参加全国武术比赛,与蔡耳、康六表演矛对盾对练获优秀奖。1964年参加漳泉厦三市武术汇演,获优秀奖。长期在漳州芗城等地授徒,培养了一大批学生。

曾九龙(民国年间) 漳州芗城区人。白鹤拳、太祖拳传人。早年师从张杨华、康光辉习练白鹤拳、太祖拳。曾在芗城岱东国术馆任馆长。1935年参加在漳浦举行的福建省第五行政区运动会,与曾木对练空手进双刀获奖。同年在龙岩参加省赛,与曾木对练朴刀对叉获一等奖。

曾谋尧(1938—2012.3) 男,厦门市人,原籍惠安。原厦门市思明区少体校校长,思明区体委副主任,福建省武术协会委员,福建省五祖拳研究会副会长,厦门市武术协会副主席,一级武术裁判。少年时拜厦门五祖拳名师黄维姜、邱继仕为师,苦练五祖拳。曾任厦门市思明区少体校校长,思明区武术馆馆长兼武术队主教练,思明区政协委员;曾应聘担任厦门大学、鹭江大学武术教练;任中国通俗小说研究会会员,撰写长篇小说《蔡玉明》,担任电影《海囚》、《郑成功》、《在暗杀名单上》的武打设计。1999年获福建南拳研究会论文优秀奖、南拳优秀奖。1979年参加在南宁举行的全国武术观摩表演大赛获特邀优秀奖;与黄清江、邱思德双人对打,荣获一、二等奖。几十年来在厦门培养了一大批优秀学生,为五祖拳的传播和发展做出贡献。

曾乃梁（1941.11—　）　男，福州市人。国家级武术教练，国家级武术裁判，福建华武功夫中心主任，中国武术协会委员，福建省武术协会顾问，中国武术研究院专家委员会委员。中国武术九段。曾任福建省武术协会副主席，是享受国务院政府特殊津贴的优秀专家。12 岁开始习武，师从福建太极、南拳名师王于岐。1959 年考入北京体育学院武术系，1967 年武术研究生毕业，师从张文广教授。1977—2002 年任福建省武术队主教练。培养出大批的优秀运动员和教练员，获全国及国际武术比赛冠军者超百人次，其中有 4 人次获世界冠军、6 人次获亚洲冠军。1991—1994 年多次担任国家武术队领队和主教练，带队参加第一届世界武术锦标赛、第四届中日太极赛、首届东亚运动、首届国际太极拳邀请赛、第十二届亚运会。曾先后担任韩国、菲律宾、印尼等国家的武术队教练，并带队参加亚洲、世界武术锦标赛。2001 年 3 月受中国武协邀请，赴三亚参加首届世界太极拳健康大会名家演示并作专家辅导。1987 年发表论文"太极运动推向世界战略之初探"，获首届全国武术研讨会优秀奖。多篇论文在《中华武术》《武术健身》《武林》《中国体育》（外文版）等杂志上发表。参与编撰《中国大百科全书》体育卷、《中国武术大辞典》部分条目。被聘为《中国武术大百科全书》的编委，并参与《中国武术史》《中国武术段位制》《国际武术推广教材》的审定工作。1982 年、1983 年两次获福建省人民政府记功。1992 年获福建省人事厅记大功，获得福建省授予的"五一劳动奖章""福建省劳动模范""福建优秀专家"。两次获国家"体育运动荣誉奖章"，被中国武术协会评为"中国当代十大武术教练"，并获得"世界太极科技贡献奖"。2004 年被加拿大武术联合总会授予"武术家终生成就奖"。2012 年被《中华武术》杂志社等单位评为 30 年来最具武术影响力人物之一。

曾美英（1944.3—　）　女，莆田市人。副教授，国家级武术裁判。中国武术八段。长期担任上海体育学院武术专业的教学与训练工作，多次担任国际武术邀请赛、全国武术锦标赛和冠军赛、国际及全国武术太极拳比赛的总裁判长、副总裁判长、裁判长工作。曾担任全国木兰拳培训班的教员，中国武术协会的太极拳专家组成员，两次赴西部讲学。多次应日本武术太极拳协会、日本函馆太极拳协会、南大阪太极拳协议会邀请前往日本讲学，并多次担任美国、日本、法国、韩国等国家的太极拳访华团的教练工作。参加《中华体育词典》《全国体育学院教材》的编写工作。《太极拳运动》影碟教材技术指导。《中国武术段位制·太极拳辅导丛书》编写人之一，影碟教材技术指导。《木兰拳竞赛套路》《木兰拳竞赛规则》的编写、整理、修改执笔人之一。《木兰拳竞赛套路 VCD 影碟教材》技术监督。在《上海体育学院学报》《中国体育报》《精武》刊物上发表了《武术跳跃动作摆莲腿的力学分析》《四式太极拳竞赛套路三型、三法之研究》等多篇学术论文。

曾继志（1949.1—　）　男，泉州市人。泉州市武术协会理事，泉州市太极拳协会理事，鲤城区太极拳协会副主席。12 岁从祖父曾庆明（文谟师）学习南派武术。1963 年入泉州武术社,跟随释瑞吉。1974年跟随北京体院陈慰本教授练太极拳、散手等。1981年向傅声远及其父傅钟文大师学杨式拳、刀、剑、杆及推手。1987年向阚桂香教授学习陈式太极拳。1989年在北京武术研究院学习杨、陈、吴、孙式竞赛套路。同年任省十一届运动会开幕式千人武术表演教练之一。长期以来在三明、清流、南安、惠安等地及有关单位传播、推广南少林武术及太极拳运动。从学者众,部分学员已是开展武术运动的负责人、教练员、裁判员,有的曾在全国、省、市大赛中获得好名次。

曾锦冰(1950.7—) 男,福州市人。自然六合武馆馆长,福建海峡自然门研究院副院长。中国武术六段。1966年始从黄松村、郭伯煊、李三皋习南少林龙庄、罗汉拳、狗法。1971年正式拜著名武术教育家、技击家万籁声为师,学少林六合门、自然门功夫、太极拳械及自然门技击功法。1972年起从事武术教学活动。1984年福州市武术协会成立,被聘任为教练。同年,受恩师万籁声委托,出任自然六合武馆馆长。1989年,被聘为福建医学院武术教练。1990年,被湖南九巍山万籁声自然门武术馆聘为副馆长兼总教练。1993年,被东方功夫武术研究院聘为副院长。1994年,被福建海峡自然门研究院聘为副院长。1997年,被福州市保安公司聘为武术教练。

曾国强(1950.12—) 男,晋江安海市人。现任永春怡云武术研究会副会长,曾任泉州市武协常委、晋江市武协副秘书长。少年时师从永春白鹤拳师潘瑞荡学武。1984年参加永春白鹤拳挖整工作。1985年为永春翁公祠武术馆理事。1986年获福建省武术挖整工作"三贡献"一等奖。多次参加国际南少林五祖拳联谊总会和泉州市武协举办的年会和学术研讨会,并发表论文。现在缅甸仰光义务传授永春白鹤拳。

曾显权(1951.7—) 男,永春县人。永春白鹤拳协会常务副秘书长,桃源武术馆副馆长,永春白鹤拳段位评审委员会办公室主任,福建社会武术高级教练。中国武术六段。16岁开始跟随林登琴、林云猛等师傅学练白鹤拳,并得到郑文存、张衡山、苏昭楼等名师的指教。多次参加社会各级武术交流表演。中央电视台、福建电视台、东南电视台、泉州电视台、永春电视台、香港电视台对其曾作多次报道。台湾中国电视公司节目部导演、摄影师赖宗正先生于2009年6月专程来永春对本人专访。2013年6月作为永春白鹤拳代表到台湾进行武术交流。荣获"迎奥运杯"第六届香港国际武术节套路大奖赛南器械男子组第三名、传统南拳男子组第五名。多次参加海峡论坛·海峡传统武术交流大赛、闽台南少林传统武术交流大赛、闽南文化节国际南少林武术邀请赛等大型武术赛事,获得男子D组大刀金奖和南拳金奖、银奖。

曾　碰（1953.3—　）　男，福州市人，原籍惠安县。福建灵令万簌声六合自然门武术研究院副院长兼总教练，福建省武术协会鸣鹤拳研究院副秘书长、副总教练，福建搏技武术馆副馆长。中国武术六段。1967年先后师从三明林泽安、晋江王金盾习达尊拳、白鹤拳，从王家镇习六合自然门。1972年拜武术名家万簌声为师，学习自然门功夫。1979年拜菲律宾卢庆辉为师，1980年又拜福州名师佘宝炎习鸣鹤拳及陈修如学太极拳。擅长白鹤拳、鸣鹤拳、六合自然门拳械。1973年起先后在福建长乐、顺昌、晋江、南安、石狮、泉州、闽侯、福州及广东汕头、珠海等地传艺授徒。1992年参加全国武术散打培训班、全国武术教练员培训班学习并结业。1988年参加中日显彰碑落成纪念演武大会，获演武奖。1999年参加福建省南拳研讨会，获南拳演练优秀奖。

曾秀端（1964.8—　）　女，厦门市人。副教授，厦门大学国术与健身研究中心办公室主任，厦门市武术协会木兰拳研究会副会长。中国武术六段。1981年考入福建体育学院，毕业后在厦门大学体育教学部从事普通体育课和武术专项课的教学、训练和研究工作。2001年参加福建省传统武术演武大会，获中年组木兰拳、木兰剑两项一等奖。2004年参加第七届上海国际武术博览会荣获中年组木兰拳、木兰剑两项一等奖。2006年获教育学硕士学位。发表了30多篇论文，其中10多篇在全国核心刊物上发表，2篇论文获福建省优秀科研成果奖；参与厦门大学新世纪教材大系《木兰拳》及《武术与健身教程》教材的编写。

曾卫红（1970.3—　）　女，福州市人。留日硕士，福建体育职业技术学院讲师，福建华武功夫中心副主任，国家级社会体育指导员，一级武术裁判员，一级健身气功裁判。中国武术七段。从小随父亲曾乃梁习练太极拳。在日本留学和工作期间，宣传、展示中国太极文化，创立了太极拳组织红友会。应日本鸟取县 NHK 文化中心、体育协会等组织聘请，常年担任健身气功与太极拳的讲师，先后被日本横滨太极拳拳友会、大阪武术协会等聘请为太极拳教练，并翻译出版三部日语版太极拳书籍。多次参加闽台南少林传统武术交流大赛、"盛天杯"首届神州武术大赛等，获得太极拳对练、华武太极剑、42式太极拳、42式太极剑等多项金牌。多次担任国内、国际武术比赛裁判。2011—2013年应国家健身气功管理中心委派，赴加拿大、德国、葡萄牙、澳大利亚、新西兰等国承担健身气功教学工作，荣获国家健身气功中心颁发的"对外教学贡献奖"。曾在《中华太极谱》太极教学片做动作示范，为主创制作《拉筋拍打12法》和《太极暖身 ABC》教学光盘，并担任动作示范。在国内外刊物上发表了多篇太极拳学术论文。

曾景龙（1974.12— ） 男,泉州市人。1989年入泉州剑影武术馆习武。1992年参加首届全国武术馆（校）武术比赛,获二等奖。1994年参加第二届全国武术馆（校）武术比赛,获南拳第四名。1995年参加全国武术演武大会比赛,获二等奖。

曾　强（1984.2— ） 漳州芗城区人。二级武术运动员,漳州电信局职员。1990年进入漳州市少体校师从郑雅恩习武。1999年参加福建省青少年武术套路锦标赛,获南拳、集体项目两项第一名,规定拳、刀术、棍术三项第二名。2003年考入仰恩大学。2006年参加福建省大学生运动会武术比赛,获太极拳第二名。

增益州 漳州平和县人。清雍正十三年（1735年）武举人。

增　海 清乾隆三十四年（1769年）福建将军。

增　祺 清光绪二十三年至二十五年（1897—1899年）福建将军。

zhai

翟承恭 宋皇佑三年（1051年）提刑官（武臣）,见《福建通志》（民国）。

zhan

詹敦仁（914—979） 字君泽,祖籍河南光州固始。祖父詹缵随王审知入闽,任前锋兵马使,后退居仙游县植德山下。父詹世隆,兵曹录事参军。敦仁幼受家学,早岁曾上书劝闽王王昶入贡朝廷,其文才受到王昶赏识。王昶请他参决军机大事。敦仁鄙薄王昶杀父夺位,坚辞不就。南唐灭闽（945年）,留从效任清源军节度使,据有漳、泉二郡。敦仁和留从效过往甚密,留从效邀他当属官,敦仁力辞不获,于是求监南安县小溪场。敦仁上任,看到这里山川雄壮,人物夥繁,便具文申请设县,略谓:"土沃人稠,舟航可通,若益以邻界,因今之地,可以置县。"果得批准,并增割南安近地,取名清溪[宋宣和三年（1121年）改为安溪],敦仁即为首任县令。敦仁为政,德惠居多,邑人"荷畚执筐,各安职业"。他重视文教,在《初建清溪县记》中,写有"地华人质,业儒者寡……日教之,令固不敢不勉,而从令之教,尔邑之人,当交相劝勉,以副令之愿望"。谆谆劝导,语重心长。但他不乐当官,在任一年多,便推荐闽王王审知孙王直道继任。宋太平兴国四年（979年）去世,著有《清隐集》。

詹　荣（1500—1551） 字仁甫,三明尤溪县人。明嘉靖五年（1526年）中进士,是嘉靖年间的著名将领,曾任兵部左、右侍郎,两度主持兵部工作。詹荣驻守北方边关重镇山西大同十多年,屡屡击退鞑靼军的进犯,为保卫边关做出重大贡献,被誉为"司马高名霄汉间,乞身一疏动龙颜;兵戈已息云中警,剑履仍辞阙下班"。

詹　鹏　晋江市(今石狮市)人。万历年间都督同知。

詹殿擢(1733—1797)　男,字鼎园,平潭县人。清代将领。幼习骑射,及壮升浙江镇海营参将。曾因皇帝南巡,以校练水操称旨,赏赐貂皮、绸缎。后授温州镇总兵,历任 9 年。嘉庆二年(1797 年)病卒,享年 64 岁。追赠武功将军。

詹功显(1772—1854)　字鹤峰,平潭县人,詹殿擢次子。清代总兵。祖父元官,任福建台湾澎湖协把总。父殿擢,因屡立战功,升任浙江镇海营参将,后授温州镇总兵官。功显自幼受家庭熏陶,酷爱武艺,熟读诗书,兴趣广泛,且聪慧非凡。嘉庆元年(1796 年),功显在海坛加入清军水师,充任营弁。此后,随水师提督李长庚、王得禄和海坛镇总兵孙大刚出洋征剿蔡牵等海匪,因战功,升任海坛镇左营把总,后擢福建水师提标中营右哨千总。道光二十年(1840 年)升为澎湖协水师副将,为澎湖地区最高军事武官。越年,奉旨由澎湖协副将简放金门镇,升金门镇总兵。道光二十三年(1843 年)十二月,功显升任浙江水陆提督,驻防宁波。道光二十六年(1846 年)十一月,告老还乡。功显回海坛后,重视教育,倡捐重建兴文书院,以振文风。咸丰四年(1854 年),功显病故,享年 82 岁。

詹永和(1845—1895)　男,漳州南靖县人,祖上移居台湾,定居淡水龟山乡。抗日义军首领。詹永和幼年时读过两年私塾,长大后从事农耕。他精拳术,为人豪爽侠义,深得乡人敬重。清光绪二十一年(1895 年),日本侵略者强占我国台湾。詹永和义愤填膺,振臂高呼:"吾辈乃汉人之子孙,岂能替日寇作牛马为奴隶乎?是父母所生者随我来!"在他的号召下,组织一支抗日义军,同仇敌忾,誓杀敌寇。詹永和倾尽家产充作粮饷,率义士们揭竿抗日。1895 年 5 月 23 日,詹永和带队在龙寿尾狙击日军南进侦察大队,因我方武器低劣,众寡悬殊,在与日军激战中不幸中弹,壮烈牺牲。

詹绍安　闽清人。清光绪三年(1877 年)武进士。

zhang

张　谨　字信美,唐代闽北人。福建招讨使。谨沉机雄毅,英略捷发。黄巢起义,率精兵数万至闽中。谨率师迎战,多所冲陷。后与义军遇于政和团练,即今铁山,杀伤甚多。起义军以奇兵绝道,士卒乏食,疲困不能斗,谨意气自如。其偏将郭荣赤颊长髯,勇敢有气力,能挽一石弓,举重千斤。谨与荣及诸校江、李、曹、葛、许、蒋等十八人,持白刃突入贼阵,斩首百余级。后黄巢起义军探知王师矢尽无援,奋力还击。自旦至晡,十八人俱死,荣亦死,谨被创甚,乃握刀其踝,瞪目大骂,最终被起义军所杀。妻子及荣妻皆大骂而死。

张从晟　五代浦城人。州里豪右,才兼文武,仕至浦城制置副使、工部尚书。

张知雄　宋景祐间（1034—1038 年）提刑官（武臣）。

张显普　宋庆历间（1041—1048 年）提刑官（武臣）。

张　发　字伯和，永福（今永泰县）人。宋绍兴三十年（1160 年）武举人。

张时用　字庭实，闽县（今福州市）人。宋乾道五年（1169 年）武举人。

张　凑　闽县（今福州市）人。宋乾道八年（1172 年）武举人。

张次郭　晋江市人。宋淳熙二年（1175 年）武举人。

张　鹏　连江县人，甲元之弟。宋淳熙二年（1175 年）武举人。

张时修　闽县（今福州市）人，时用之弟。宋淳熙二年（1175 年）武举人。

张次仲　晋江市人。宋淳熙十一年（1184 年）武举人。

张泳之　字叔潜，怀安人。宋淳熙十一年（1184 年）武举人。

张大用　晋江市人。宋淳熙十一年（1184 年）武举人。

张虎臣　晋江市人。宋开禧元年（1205 年）武举人。

张公复　侯官（今福州市）人。宋嘉定四年（1211 年）武举人。

张景忠　永福（今永泰县）人。宋宝庆三年（1226 年）太学两优释褐（宋代学制之一）第一人。

张靖山　闽县（今福州市）人。宋绍定五年（1232 年）武举人。

张　合　永福（今永泰县）人。宋淳祐七年（1247 年）武举人。

张三丰（约 1264—1415）　原名张之冲，福建邵武和平镇坎下村人。为武当派开山祖师、世人奉为太极拳始祖、明英宗赐号"通微显化真人"，明宪宗特封号为"韬光尚志真仙"，明世宗赠封他为"清虚元妙真君"。《福建通志》载："张子冲号三丰，邵武磲下人，卖柴为业，常遇吕岩于建阳龙游桥上，归遂弃妻儿，寄迹北胜寺……"《明史》载："张三丰，辽东懿州人，名全一，一名君宝，三丰其号也。以其不修边幅，又号张邋遢……"张三丰所创的武学有：王屋山邋遢派、三丰自然派、三丰派、三丰正宗自然派、日新派、蓬莱派、檀塔派、隐仙派、武当丹派、狄龙派等最少十七支。清代大儒朱仕丰评价张三丰说："古今炼道者无数，而得天地之造化者张三丰也。"明成祖朱棣多次派人寻访张三丰不遇。张三丰是丹道修炼的集大成者，主张"福自我求，命自我造"。他所创立的武当张三丰道家学派和武术流派，为后世留下极其丰厚的文化遗产，深受海内所敬仰。

张慈观（生卒未详）　男，宋朝永泰县人。道士、人称"猴圣王"。四岁时父亡，随母改

嫁至平甲,从小当放牛娃。因与道人有缘,遂入道观修炼习武。他勤修苦练,武艺日精。先后研创出"牛法"、"猴法"、"鹤尊"等独特拳术。后云游闽、浙、赣三省,传拳三省各地,并为各地铲除恶人地痞无数。自称大圣,民间称之"猴圣王"。后世纷纷建道观供奉之,台湾就有张圣君庙数百座。福州地区多称张真君庙;永泰称大圣庙。大圣之故事广为流传。据传明中叶吴承恩所写《西游记》小说,许多素材取自于张慈观。

张　玉（约元末至明初）　漳州云霄县人。父亲张谪任元枢密知院,戍守北平。元亡后,归属明太祖。张玉素习武艺,骁勇善战,因捕鱼海子喇哈有功,授济南卫副千户,累都指挥同知。明建文元年(1399年)为燕王靖难出谋划策,夺取北平,拔取蓟州,役后擢指挥金事,后被南军所杀,获封河间王,谥忠武。

张性佑　惠安县人。以义勇举。元招信校尉、泉州翼百户。明洪武年间迁入大田县。

张　机　福宁(今霞浦县)人。明嘉靖二十年(1541年)武进士。《宁德地区志》作霞浦人,明嘉靖十七年(1538年)武进士。

张奇峰　字拔甫,晋江市人。明嘉靖间武举人,贵州副将。

张　云（明嘉靖年间）　女,字英敏,漳州诏安县人。善武射箭和儿科医术,明嘉靖帝敕封一品英济夫人。

张　经（1492—1555）　字廷彝,号半洲,侯官(今福州市)人。官居七省(福建、浙皖、两湖、两广)经略,后晋升为兵部尚书。张经身材魁梧,武艺超群,且足智多谋。明正德十二年(1517年)进士,出任浙江嘉兴知县。明嘉靖十六年(1537年)升兵部右侍郎,总督两广军务。后以功升兵部左侍郎,不久又升右都御史、兵部尚书。嘉靖三十三年(1554年),倭患严重,东南沿海各省纷纷告急。朝廷忙起用丁忧在家的张经,令总督江南、江北、浙江、山东、福建、湖广诸军,便宜行事。张经慷慨起行,但因军队未经训练,连战不利,朝廷以"久战无功"降张经为右都御史兼兵部右侍郎。张经忍辱负重,选将练兵,誓灭倭寇。张经指挥的大军夹击倭寇,取得了石塘湾大捷、川沙洼大捷。又在王江泾与倭寇大会战,斩寇1900余人,焚溺倭寇不可胜数,称"东南第一战功"。而严嵩心腹赵文华却诬奏张经"用兵不力",多次上疏弹劾张经"养寇糜财"。皇帝偏信严嵩、赵文华的话,认为张经"养寇不战",王江泾大捷是赵文华的功劳,于是下旨囚捕张经问罪。张经被囚送入京,皇帝全然不听张经申述,仍令斩首示法。一代忠良张经含冤九泉,时年63岁。

张品则　漳州长泰县人。明万历七年(1579年)武举人。

张　理　漳州云霄县人。明万历十三年(1585年)武举人。

张兆元　漳州云霄县人。明万历十六年(1588年)武举人。

张进贤　漳州市人。明万历十六年(1588年)武举人。

张和藩　漳州云霄县人。明万历十九年(1591年)武举人。

张用贤　漳州市人。明朝武举人,明万历二十年(1592年)武进士,任湖广参将。

张邦翰　漳州龙海市人。明万历二十年(1592年)武进士,任镇抚。

张嘉策　晋江市人。明万历二十年(1592年)武进士。

张　铉　高浦所人。明万历二十年(1592年)万历武进士,壬辰科以解元中,广西军门坐营都司。

张　爵　漳州云霄县人。明万历二十二年(1594年)武举人。

张　斌　漳州云霄县人。明万历二十二年(1594年)武举人。

张　斐　漳州云霄县人。明万历二十五年(1597年)武举人。

张鸾三(? —1622)　福宁州(今福鼎)人。年轻时,便以不畏强暴、见义勇为而名闻闾里。明天启二年(1622年)八月,海盗千余人突袭秦屿。张鸾三带领乡勇坚守城堡,组织乡亲多次打退海盗进攻。海盗复倾巢从樟岐登岸,绕八都桥攻城。张鸾三率众殊死抗击,终因敌众我寡,城被攻破。张鸾三等43人被害,其余勇士亦从容就义。

张万甲　漳州云霄县人。明万历四十三年(1615年)武举人。

张汝进　漳州云霄县人。明万历四十三年(1615年)武举人。

张大命　南平建阳市人。明万历四十四年(1616年)武进士,都指挥使。

张启元　漳州云霄县人。明天启元年(1621年)武举人。

张飞虎(? —1643)　字甫发,号任轩,漳州云霄县人。自幼习武,明天启五年(1625年)武进士,任兴化钦总、甘肃抚标中军。后被李自成部将贺锦所杀。

张殿邦　漳州市人。明天启五年(1625年)武进士。

张济辅　漳州云霄县人。明崇祯六年(1633年)武举人,任参将。

张　木(1613—1701)　又名万五,法号道宗(或达宗),漳州平和县人。16岁出家,拜东山古来寺时中和尚为师,文武同修。后任长林寺开山僧,传授南少林洪拳。清顺治八年(1651年)创立天地会。

张吉人　漳州市人。明崇祯九年(1636年)武举人。

张　维　漳州云霄县人。明崇祯九年(1636年)武举人。

张鼎新　南安市人。明崇祯九年(1636年)武举人,广东阳山营守备。

张志贤　漳州平和县人。明朝武举人。

张兆凤　长汀县人。明崇祯十六年(1643年)武进士,游击。

张南任　南安市人。明崇祯十六年(1643年)武进士,明江南亳州守备,清抚标中军泉州威仪营。

张黄捷　漳州市人。明崇祯十五年(1642年)武举人,崇祯十六年(1643年)武进士,任广东南雄副将。

张用贤　平和县人。明崇祯十七年(1644年)武进士,湖广参将。

张国柱　字虎臣,陕西省人。官至副总兵,镇延平。值揭竿蜂起,山海交讧,蔓延八郡。清顺治四年(1647年)八月建宁陷,延六邑,先后遭掠。孤城四面受敌,官民危疑。国柱从容守御,冲围陷阵,辄以身先。所至,望风解散,拾所弃军资器械无算。闻其声者,有小张飞之目。顺治五年(1648年)三月,大兵复建宁,延围以解。反为同事所诬,几受拷掠,百姓愿以身代。当道悟,寝其事。改海口云霄镇,卒于阵。

张天禄　(?—1659)陕西榆林人,隶汉军镶黄旗,明末清初将领。明朝末年与弟张天福率义勇从军,积功至总兵。福王时,大学士史可法督师,令屯瓜洲为前锋。豫亲王师下江南时,天禄、天福率所部三千人降清。顺治三年(1646年),战婺源,俘获黄道周。顺治四年(1647年)授江南提督。顺治九年(1652年),郑成功围漳州,清廷命天禄火速驰援,迫使成功引退。后天禄留驻延平(今南平),围剿山寇。顺治十一年(1654年),明鲁王将张名振攻打崇明,天禄奉命返松江御战,结果战败。江南总督马鸣佩劾天禄失舟师三百余及炮械,匿未报;闽浙总督佟泰劾天禄与名振通书,于是逮下刑部夺官,降职三等。

张运中　宁化县人。清顺治十四年(1657年)武举人,浦城参将。

张腾龙　惠安县人。清康熙九年(1670年)武进士。

张其猷　漳州平和县人。清康熙二十六年(1687年)武举人。

张天隆　晋江市人。清康熙二十七年(1688年)武进士。

张天骏(1685—1752)　字鸣佩,号牧堂,祖籍浙江杭州。清代福建水师提督。才智过人,总兵崔某爱其才,提任温标右营把总,后升千总。清康熙、雍正之际,率部巡战于温州沿海。屡获战功受到嘉奖。康熙六十年(1721年),台湾告警,授海坛守备。破黄辉昭盗窝,升水师提标游击。雍正皇帝大加奖赏,数月间三迁官至闽安副将。雍正十三年(1735年)任南澳总兵。后历任襄阳、苏松、台湾诸镇总兵,乾隆十一年(1746年)任福建水师提督。所至恤民爱兵,兴利除害。年69岁致仕,归里卒。

张天禧　连城县人。清康熙五十年(1711年)武举人。

张蒲璧　惠安县人。清康熙五十七年(1718年)武进士,太湖参将。

张永德　连城县人。清雍正四年(1726年)武举人。

张月怀 连城县人。清雍正七年(1729年)武举人,碣石卫千总。

张民钦 字存恭,南平浦城县人。清雍正八年(1730年)武进士,官广东钦州营守备。

张大力 连城县人。清雍正十年(1732年)武进士。改名大勇。浙江后营千总。

张忠国 连城县人。清雍正十年(1732年)武进士,处州左营千总,广东军标右营游击。

张 钰 字质坚,号彬园,漳州长泰县人。清雍正十三年(1735年)武举人,后移居台湾。

张国镇 连城县人。清雍正十三年(1735年)武进士,嘉兴右营守备。

张 钺 连城县人。清雍正十三年(1735年)武进士,惠来守备。

张大弓 连城县人。清乾隆元年(1736年)武举人。

张国宝 连城县人。清乾隆三年(1738年)武举人,钱塘太湖水师营千总,迁守备署都司。

张国安 连城县人。清乾隆六年(1741年)武举人。

张念勋 东山县人。清乾隆六年(1741年)武举人。

张其焯 南平县人。清乾隆六年(1741年)武举人,浙江温州镇大荆营卫守备。

张国梁 连城县人。清乾隆九年(1744年)武举人,东昌卫千总。

张国标 连城县人。清乾隆十年(1745年)武进士。三等侍卫,安顺府提标前营游击,升上江副将,雷琼镇、处州镇总兵,署浙江提督。

张治安 字麟坡,晚号医楼,清上杭古田人。乾隆十二年(1747年),文武通考,中武举,授杭州千总,不久升玉环守备,后升台州都司。任满考核,军、政两项均名列第一,送兵部引见,授龙泉游击。龙泉无城郭,盗窃案经常发生,便亲自带队擒拿窃贼并给予惩治。后升为宁海参将。乾隆四十九年(1784年),乾隆帝南巡杭州时担任保卫,在西湖行宫受召见,赏赐貂缎、佩包等物。十月,升任绍兴副将。次年正月,补缺,派往湖州,任处州总兵,负责筹建乍浦炮台。治安为官清廉,为百姓所拥戴。

张国榜 连城县人。清乾隆十五年(1750年)武举人,江南大河卫千总。

张承烈 嘉兴市人。武举人,千总,清乾隆二十年(1755年)任将乐把总。

张 超 漳州东山县人。清乾隆十八年(1753年)武举人。

张思绅 连城县人。清乾隆十八年(1753年)武举人,浙江严州协都司,衢州左营游击,四川潼绵游击,护理协镇。

张虎臣　龙岩上杭县人。清乾隆十九年(1754年)武进士。

张玉振　漳州云霄县人。清乾隆二十一年(1756年)武举人。

张玉振　漳州平和县人。清乾隆二十四年(1759年)武举人(解元)。

张经邦　漳州市人。清乾隆二十七年(1762年)武举人。

张观文　连城县人。清乾隆三十年(1765年)武举人,云南元江营守备,鹤丽镇都司,赏戴花翎。累迁湖南乾州游击,长沙参将,升协镇。

张朝佐　连城县人。清乾隆三十年(1765年)武举人,闽安协千总。

张丹桂　上杭县人。清乾隆三十一年(1766年)武进士。

张简魁　漳州南靖县人。清乾隆三十六年(1771年)武举人。

张启泰　漳州云霄县人。清乾隆四十四年(1779年)武举人。

张见龙　连城县人。清乾隆四十四年(1779年)武举人,碣石右营千总。

张高生　同安县厦门市人。清代水师将领。年轻时入伍水师,被提拔为福建水师提标中营把总。乾隆六十年(1795年),多次与李芳园等海盗激战,后又与蔡牵部拼死作战,多有杀获。总督魁伦赏银币及奖武牌,仍记大功二次,先予千总顶戴。嘉庆三年(1798年),因功升为前营左哨千总,调为广东南澳左营守备。后护送船只往浙江时,遇风袭击,船翻人亡。

张廷光　漳州云霄县人。清乾隆四十八年(1783年)武举人,任厦门水师千总、南澳福营守备。

张国梁　漳州云霄县人。清乾隆四十八年(1783年)武举人,任南澳左营千总。

张殿英　漳州南靖县人。清乾隆五十四年(1789年)恩科武举人。

张朝发(1795—1840)　字骏亭,惠安崇武镇人。清代定海总兵。出身于贫苦渔家,幼年随父外出谋生,在福鼎定居。及长,在鱼行当雇工,后到福建总督府应募水兵,取名朝发。他善使板斧,擅潜游,人称之"水獭精"。因打仗骁勇,被福建水师提督李长庚提拔为把总。嘉庆年间,蔡牵义军踞崳山,朝发潜水凿沉其战船多艘,迫使蔡牵拔寨而去,以功升参将。道光二十年(1840年)五月,中英鸦片战争爆发后,清廷擢升朝发为浙江定海总兵。七月,在战斗中朝发被炸断左腿。英军趁机攻入城内,定海遂陷。朝发由部属护送至镇海抢救,终因流血过多而壮烈殉国,时年45岁。

张良槐　贵州天定府人。武举人,清嘉庆十年(1805年)任延平协镇副将。

张瑞昌　漳州云霄县人。清嘉庆六年(1801年)武举人。

张家驹　漳州龙海市人。清嘉庆十年(1805年)武进士,任卫守备。

张克昌　漳州云霄县人。清嘉庆十二年(1807年)武举人。

张春晖　漳州云霄县人。清嘉庆十五年(1810年)武举人。

张联奎　甘肃安化镇人。清武进士,嘉庆二十三年(1818年)任延平协镇副将。

张　斌　漳州平和县人。清嘉庆二十三年(1818年)恩科武举人。

张志斌　龙岩市人。清道光三年(1823年)武进士。

张　镇　漳州南靖县人。清道光十四年(1834年)武举人。

张　然　晋江(今石狮)人。清道光年间游击。道光二十一年(1841年)在鼓浪屿抗英阵亡。

张苍荣(约1846—1930)　男,永春县人。漳州捷元堂白鹤拳初祖。清光绪年间,张苍荣举家迁居漳州府城内北桥街,受雇北门街郑瑞珠香烛店为制香师傅,世称其为"苍师"。苍师精白鹤拳、达尊拳,技艺精湛,功力深厚,为始将白鹤拳传入漳州者。他在漳州培养了不少白鹤拳、达尊拳弟子,其中著名的白鹤拳师张杨华(赏师)、达尊拳名师苏文柏等均是其高徒,将永春白鹤拳传入漳州并发扬光大。

张大汉(1851—1921)　男,字阿汉,号铁手,漳州芗城人。民国时期漳州著名武师、少林五祖何阳堂第二代重要传人。生性耿直,不善言辞。童年适遇何阳师在漳州洋老洲社设馆授徒,乃拜何阳师为师,苦练五祖何阳拳。他不分昼夜,勤学苦练,洞悉内外功之奥秘。练就深厚内功和外功"铁沙手"。成为清末民初漳州南厢一带享有盛名拳师。张大汉首徒张寿河,亦徒亦侄,弥加严教,学有所成,稍有名气,秉承衣钵,先后任杉巷尾、洋老洲两社武馆教师和龙溪国术馆教师、名誉教师,给何阳堂拳派留下了不朽的声名。

张鸣谦　永春县人。清咸丰九年(1859年)己未恩科并补行戊午正科武举人。

张长和(1859.9—1933.12)　男,福州市人。民国时期福州著名武师。早年从纵鹤拳宗师方世培习练鹤拳,后再拜泉州武僧李金其学猴法,从古田依红师学习鸡法,从莆田文运师学练五撞拳等。曾在福州三保、东门、新店、茶亭等地设馆授徒,被誉称"茶亭和",为当时福州著名拳师"三和"之一。主要学生有张祖柄、方丽英、陈仕添等。

张清香(约清末民初)　男,漳州长泰县人。出生于武术世家,从小习武,擅长达尊拳法和骨伤科医术。在家乡开设武馆,授徒传艺。张清香出生武术世家,功底深厚,又虚心好学,到各地武馆拜师学艺、切磋武术。张清香拳法以达尊拳为主,广泛融合百家之长,形成独具一格的拳法,称"溪园拳"。在家兴办武馆,开门授徒,徒弟遍及漳北各县,成为闽南著名拳师。张清香为人侠义,扶弱扶困,在乡间享誉盛名。长泰爱国华侨戴献洛,每次返乡都聘请张清香为保镖。张探花是张清香之女,其拳风勇猛刚强,又不失细腻柔韧,在对抗中刚柔并济,出奇制胜,吸引不少拳师常慕名前来切磋比武。张探花成了远近闻名的侠女。

张杨华(1871—1944) 　男,原名杨华,人称"赏师"(或掌师),漳州芗城区人。民国时期漳州精武体育会总教练,龙溪国术馆馆长,漳州捷元堂国术馆创始人。张杨华本姓杨,青年时期师从永春白鹤拳师张苍荣习练白鹤拳,后被张师招赘为婿,遂易名张杨华。张杨华练功十分刻苦,数年后全面继承了苍师的白鹤拳法和伤科医法,漳州不少武术爱好者慕名投到张杨华门下。1892年,张杨华开始在漳州创立捷元堂国术馆,授徒传艺。1931年起任福建龙溪国术馆主教师,培养了许多白鹤拳高手。民国十四年(1925年),漳州精武体育会龙溪国术馆成立,赏师被龙溪县长聘为国术馆馆长并主教拳法,开始了他的武术教学生涯。在龙溪国术馆期间,赏师不负众望,桃李满园,其高足郑文、张日章、郑文龙、洪明、曾木等多次在省、区、县赛上夺冠。民国二十二年(1933年),赏师组织了漳州规模盛大的国术表演赛,"中央国术馆"馆长张之江等亲临观摩。门下高足张日章参加民国时期福建省最大规模的国术擂台赛(1934年)并获得冠军。赏师不仅武艺精深,且心胸开阔,海纳百川。他坚持精武精神,抛弃门户之见,使漳州武坛得以出现百花齐放的格局。台湾武师陈九龙、广东张昌辉、龙海康光辉等名拳师都在赏师的支持下来漳州传播不同流派的武术。民国三十三年(1944年)农历七月二十九,73岁的赏师仙逝,弟子云集为他送行,一时漳州城里出租的孝服竟然断货。

张昌辉　广东省人。民国期间旅居漳州教子桥一带,武术师。曾任十九路军国术教官,带艺投贴于白鹤门漳州捷元堂赏师门下。在捷元堂和习艺堂传下不少南派器械套路。漳州习艺堂八卦阵中的四套器械对练和七步连枝套路也是张昌辉所传授,待御巷武馆的弄狮法也是张昌辉传授。后受漳州官园人招赘,定居官园终老。张昌辉所传捷元堂弄狮法有空手打狮、大刀杀狮、虎鬼娘医狮、五鬼弄醒狮、醒狮跳桌等。

张梦麟　建瓯县人。清光绪六年(1880年)武进士。

张鸿年　侯官(今福州市)人。清光绪十二年(1886年)武进士。

张庆铭　闽县(今福州市)人。清光绪十八年(1892年)武进士。

张渊澜　屏南县人。清光绪十八年(1892年)武进士。

张国恩　永春县人。清光绪二十三年(1897年)丁酉科武举人。

张　佶　宁化县人。清代武举人,荆州左卫守备。

张运中　宁化县人。清代武举人,参将。

张寿河(1887—1958) 男,字汉兴,号景嵩,漳州市人。漳州著名武师。童年在洋老洲何阳堂武馆学拳,得名拳师张大汉之真传,勇力过人,为武馆之冠。少年拜名医游子祺学习岐黄之术。1918年北军驻扎漳州,军纪不严,到处横行欺压百姓,他十分愤慨,曾与北军巡逻队十多人搏斗,空手夺枪,吓跑北军,此事留为后人传颂。辛亥革命后任漳属禁烟局总稽查,公正无私,不惧权贵,加之素有过人之勇,宵小之徒闻风畏慑!1938年漳官洪线公路建设,他任总监工,公路建成后辞职返漳,因感军阀割据,报国无门,毅然隐退芗江,悬壶济世以终天年。闲时仍在瀛洲何阳堂武馆传教拳术。1946年龙溪国术馆恢复组织,受聘为国术教师,新中国成立之初改聘名誉教师。主持抗美援朝捐献举行武术表演,担任总裁判。

张本利(1909.11—2011) 男,原名张思俊,福清市人,祖籍长乐。福清南少林武术研究会原总顾问。7岁随父习武,11岁父亲去世,随母到福清,与开外科药店的兄长共同谋生。1920年,经人介绍进福清国术馆当学徒,师从时任福建省国术馆教练的傅星华学艺7年,19岁后留馆任教。1937年,福清举办第二届体育运动会,国术作为主要竞赛项目,张本利(当时名张思俊)获个人总优胜。抗日战争爆发,张任抗日部队大刀队教练,1938年后任国术馆馆长。1944年福清国术馆解散后做小生意,张本利从此隐姓埋名。新中国成立后进福清酒厂当车间修理工直至退休。1961年,他应酒厂领导之请第一次做武术表演。1987年,日本冲绳县中国武术拳圣武道馆馆长金城昭夫到中国专门前来拜访。2000年6月,为纪念"显彰碑"建立10周年,冲绳县显彰碑维持管理委员会会长渡嘉敷唯贤专门送来贺状。2004年福清南少林武术研究会成立,张本利被选为副会长,后为研究会总顾问。他不顾自己95岁高龄,多次接受新加坡、法国、日本、加拿大、美国、澳大利亚武术团体的采访和表演交流。

张胜英(1912—1992) 男,原籍惠安县,后迁至漳州定居。民间武师。16岁师从永春人陈少雄习武学医,后又从泉州五祖拳师(不知其名)习练五祖拳。1933年开始在厦门设馆武陵堂授徒传艺。1937年迁居漳州芗城区,以行医为业,业余教拳授徒。曾在1958年和1963年的省武术比赛中获奖。

张日章(1914.5—1948.3) 男,漳州芗城区人。漳州白鹤拳重要传人。少年时拜在漳州白鹤拳名师张杨华门下,练习白鹤拳。他练功十分刻苦,几年以后,不仅掌握了白鹤拳派的各种拳械套路,而且练就了铁腿功、铁砂掌和轻功等功法。民国二十三年(1934年),福建省国术馆在福州举行福建省国术擂台赛(省考),吸引了全省128名各派武林高手,是民国时期福建规模最大的一次国术擂台赛,张日章战胜多名对手,在半决赛

与决赛中又分别战胜了福州鹤拳高手黄性贤和古田虎桩老将黄术美,最后夺得该次擂台赛冠军。赛后受聘厦门警局担任国术技击总教练。民国二十六年(1937年),抗战爆发,张日章训练并率闽南抗日大刀队与福州昔日擂台对手黄性贤率领的福州大刀队会合,携手同赴淞沪战场,痛杀日本侵略者。后来转战浙赣等地。民国三十四年(1945年)抗战胜利,参与光复台湾,并定居台湾,惜英年早逝。

张 云(1915.4—1994.9) 男,漳州市人。白鹤、太祖拳师。1923年跟其父学鹤拳三战,1926年跟岳顶剃头师林有才学习罗汉拳棍,1931年在岱东国术馆跟赏师学捷元堂白鹤拳。20多岁时在岱东国术馆跟辉师学习艺堂太祖拳,同时跟新华西石狮巷的苏文柏学习何阳堂五祖拳、达尊拳。30多岁后一直坚持自练,每早四点多起床练功,并有一定排打功。1964年参加厦漳泉三市武术会演,获二等奖。1984年参加在兰州举行的全国武术观摩交流大会,获罗汉拳、罗汉棍二等奖。1984年参加龙溪地区武术比赛,获男子老年组传统拳一等奖。长期在芗城、龙文、龙海、南靖、平和、华安等地教馆授徒,建捷元堂、习艺堂两旗帜。曾主教东园武馆。

张衡山(1921—2011) 男,永春县人。曾任翁公祠武术馆副馆长、总教练。青年时期拜潘孝德为师,学习永春白鹤拳。1935年参加第四行政区督察专员公署在泉州举行的各界武术表演比赛。1936年在莆田举行的第三绥靖区军民运动会中获团体总优胜。1984年参加在建阳举行的省武术观摩表演,获男子老人组传统拳术、传统器械双第一名。1985年参加在天津举行全国武术交流大会,获男子老人组传统拳术铜质奖章。

张寿民(1932—) 男,古田县人。龙尊拳代表人物。古田县武术馆馆长,福建省武协委员。1952年师从郑益水习武。1958年以来,先后在部队、江西吉水、福建古田等地设馆授徒。1983年被评为全国优秀武术辅导员。1983—1985年参加宁德地区和福建省武术挖整组工作。1986年被评为全国武术挖掘整理工作先进个人。

张秀芳(1942.1—) 女,江苏省人。福州武术协会木兰拳委员会会长、总教练。1975年学习太极拳,继而学习木兰拳。1995年至上海木兰拳培训中心进修,获教练员证。2000年被聘省教练参加首届全国木兰拳赛获优秀表演奖。2001年参加首届演武,获木兰扇剑第二名。2002年任八闽中国健身赛教练,获老年组木兰拳系列第一名和道德风尚奖奖牌。2006年赴上海国际木兰拳赛任教练,带领中老两队均获二等奖。2007年赴新加坡首届木兰国际赛任领队、教练,运动员获一等奖。2008年再次领队任教练赴上海国际木兰赛,获一等奖。2009年6月首次创编36式和谐扇自著小册子和光盘。

张朝坤(1942.10—) 男,厦门市人。厦门市武术协会常务理事、厦门市翔安区武术协会顾问、厦门正和武馆终身荣誉馆长、五祖鹤阳拳传人、中国武术六段。自幼酷爱武术,四处寻师求艺。1965年师从曾谋尧先生习武。从事五祖拳传承、研习五十余载。得到五祖拳名师黄维姜、邱继仕、邱思德、邱武耀等前辈的传艺受教,特别深受邱继仕前辈的直接传授,关系亲如父子,打造其纯正扎实的功底。1986年与曾先生筹建思明武术馆,担任教练工作。1990年被聘为万鹭武术馆副馆长。1994年创办神州武馆,担任总教练工作。数十年来辛勤地培育着五祖拳学生、弟子。现已年过七十,仍一如既往地扶持"正和武馆","信源武术队",培养大批运动员参加各级别武术大赛,成绩显著,硕果累累。

张锦武(1947.7—) 男,闽侯县人。福建闽侯少林武术馆馆长,福州闽侯武术学校校长,闽侯武术协会会长,闽侯政协常委委员,福建武协委员,福州武协委员、教练。中国武术七段。1963年后开始进行武术专业训练教学,拜师多位。1984年创办福建闽侯武术馆、武术学校、武术协会,培养省市武术教练、武术健儿参加县、市、省、全国和国际武术比赛,荣获100多枚金、银、铜牌。1998年荣获中国武术协会武术贡献奖,并入选《中国武术协会中华武图典》。编辑出版武术丛书《神州武术》《闽侯武术》。1980年编写少林伏虎拳、少林香店拳、鸡拳等,吸引国内外名家前来学武,获武术界高度评价。

张敬国(1948.7—) 男,福州市人。曾从事情报、英文翻译工作多年,现为福建省武术协会地术拳委员会副会长。1966年师从一代宗师陈依九学习地术拳。在师父的指导下,较全面地掌握了地术拳上、中、下盘的攻防技术,在应用于散打的实用方面也有较深的研习与探讨。平时常与同门师兄弟及其他拳种的拳友一起切磋武艺,均取得不菲的成绩。在地术拳申报国家级非物质文化遗产项目的前期工作中,做出了一定的努力。为维护、巩固和壮大地术拳委员会,推进地术拳的发展做出了应有的努力。

张 瑜(1948—) 女,福州市人。原福州大学副教授,一级社会体育指导员。中国武术六段。30年前曾师从陈修如、林隧等武术名家学习太极、罗汉、八卦掌等拳术,1997年向曾乃梁教授系统地学习研究太极拳。自1998年参加福建省第一届太极拳、剑推手比赛至今,共参加省市、全国、国际等太极拳大赛20余场,共获得20金、8银、4铜。退休前,曾任福州大学女职工体育部部长,带领广大教职工学练太极拳,并带队参加各项比赛和健身活动。退休后,继续研究拳术,带队参加省市高校各项比赛。现任福大老体协拳剑协会会长。2008年被授予"福建省高等学校优秀共产党员"

称号。

张大勇（1949.11— ） 男，福州市人。福建省体工队原武术队教练，曾任福建省武术协会副秘书长、福建省少林武术馆馆长、福建省武协地术拳委员会名誉会长，现任世界中医骨伤科联合会医武功夫研究会会长、世界医武功夫研究院院长等。自幼学医习武。师从陈存筹、陈依九习地术拳法，又师从鼓山涌泉寺和尚达志禅师学习少林拳和草药伤科，师从陈应龙学习子午针法和起针发功，后得著名骨伤专家王和鸣的传教。1977年担任福建省武术队教练，培养出林秋萍、吴秋花、赵培德、陈祖龙、吴贤举、付亚芬等一批优秀运动员。1979年参加国家体委武术调研组工作。曾任福建武术代表团教练，出访香港、澳门等地区并进行武术交流表演。2000年作为国家体委外派武术专家，前往菲律宾任教。曾在电影《木棉袈裟》中担任武打设计，在《中华武术》中担任武术指导。连续三次受省人民政府和省体委表彰，被省人民政府奖励记功一次，被授予"优秀教练员"称号。1988年获国家体委颁发的三级运动荣誉奖章。2003年后定居菲律宾，创办无痛针灸整脊骨伤专科，为华人、菲律宾人和各国友人治病。与王培锟教授合著《福建地术》，另著有医武系列丛书《功夫足按》《功夫推拿》《功夫指诊》《功夫整脊》《图解医武功夫整脊手法》等书。

张修奇（1949.8— ） 男，福清市人。福建省武术常务理事，宁德市武协副会长，蕉城区武协会长。中国武术六段。8岁习武，13岁师从民间拳师郑智年学习白鹤拳，1983年拜河北雄县鹰爪翻子拳第三代传人陈正耀为师学习鹰爪翻子拳。擅长白鹤拳、罗汉拳、劈挂拳、鹰爪翻子拳及枪、棍、朴刀、单刀等。1985年起从事义务武术教学活动。编著有《鹰鹤拳法》《鹰鹤擒拿点打法》《中华武术宁德蕉城武术志名录篇》。

张召祺（1950.9— ） 男，宁德古田县人。宁德师范学院体育系副教授，宁德市武术协会副会长。1973年考入福建师范大学体育系，师从郭鸣华教授专攻武术技术与理论。大学毕业后在宁德师范学院（原宁德师专）任教至今，致力体育教育、武术专业教学、训练和科研、裁判工作。培养了数百名有较高水平武术理论与技术的老师、教练、武术辅导员。1992年参加在山东潍坊举行的全国体育科学大会，其论文发表在《体育科学》刊物上。30多年来，主持、组织参与并解说宁德市各项武术表演节目，多次担任宁德市武术套路比赛、散手比赛的总裁判长、仲裁主任等职。1986年考进山西大学全国高校武术助教研究生班。在全国著名武术家、教授陈盛甫、陈济生、王培生、陈小旺等名家的精心指导下，研习武技和理论。结业后，秉承师训，坚持不懈，刻苦磨炼，熟练掌握鞭杆、春秋大刀、形意拳、陈氏太极拳等并不断传授学生。徒弟达万余人，遍布全国各地。

张灵三（1952.5—　）　男，宁德古田县人。福建省武术协会委员，一级武术裁判。从小热爱武术，1974年进入福建师范大学体育系，师从郭鸣华专修武术。后又拜洪正福为师，习练六合门、自然门功夫。曾在建阳地区、宁德地区、莆田仙游少体校武术队协助教练工作。毕业后在南平体委工作，后担任南平市体委主任。1984年参加福建省武术挖掘整理小组，参与福建省武术挖整工作，由于工作突出，被国家体委评为全国武术挖掘整理工作先进个人。1985年担任全国第二届工人运动会武术比赛裁判工作，多次担任福建省武术比赛裁判长。

张敬祥（1954.2—　）　女，福州市人。福建省武术协会地术拳副会长，福建省武术协会理事。1966年从陈依九师父习练地术拳。1979年参加福州市武术比赛，获一等奖。1980年参加福建省武术比赛，获二等奖。1982年参加福建省武术比赛，获第二名。1984年参加福州市第七届工人运动会武术比赛，获优胜奖。参加福建省第二届工人运动会武术比赛，获个人拳术第四名、个人精神文明奖、三人对练第四名。1989年参加福建体院30周年庆暨"石化杯"东南亚地区武术观摩大会，获二等奖。1990年参加国际武术比赛，获金龙奖。1984年被台江区评为优秀教练员。

张贞汉（1954.3—　）　男，福建省武术协会地术拳委员会常务理事，尚武培训中心主任兼教练，福建省社会武术准高级教练。中国武术六段。14岁开始习武，先后拜李梓斌、许发清、李学舜、林祖铭等人为师，学习地术拳、鹤拳、猴拳、狮拳、棍术等。十几年来，坚持锻炼，从不间断。在习武的同时，努力学习掌握传统中医骨伤科，为本门同仁及广大群众疗伤接骨，经治者数以万计。1977年起开始授徒，带领学生参加各类武术活动和比赛，共获得奖牌数十枚。

张　珉（1954.5—　）　男，福州市人。中国武术六段。1973年师从著名武术家、教育家万籁声学习少林六合门、罗汉门、张三丰太极和自然门功夫等。1980年以来，先后在福建晋江、长乐、泉州等地授徒。2008年参加福建省闽台传统武术大赛，获得银牌、铜牌各一枚。积极参与中央电视台《走遍中国》（万籁声专辑）、福建电视台综合频道《纪事》（自然门专辑）、福州电视台《直播福州》和《新闻110》的拍摄工作。任万籁声纪念画册《万师百年》常务编委。1999年以来，先后任福建省武术院教练、福建海峡自然门研究院理事长、福建省武术协会万籁声功夫研究委员会常委等职。

张志富（1954.7— ） 男，福州市人。福建灵令万籁声六合自然门武术研究院副院长兼自然门武功总教练。1973年初拜万籁声为师，学习六合门（韦陀门）、罗汉门（灵令门）、劈挂、形意、八卦、张三丰原式太极拳、自然门等武功。1984—1995年在闽侯、南屿、甘蔗等地教拳。1995—1999年在长乐、潭头等地教拳。

张国山（1956.6— ） 男，漳州芗城区人。中国武术四段。8岁跟随父亲张云习练太祖拳、白鹤拳、少林罗汉拳。1971年读中学时，师从李金麟习练十二路弹腿。1975年开始跟随父亲在芗城、龙海、南靖、平和、华安等地授徒。曾于2001年创办芗城区传奇武术馆，授徒传艺。

张祖达（1957.12— ） 男，晋江市人。泉州市公路局晋江分局会计。自幼喜爱武术，1990年师从石狮市金林武馆馆长杨荣辉学习大成拳浑圆桩。1999年元月师从北京中意武馆馆长姚承荣习武。2003年拜湖南中南体院院长张礼义为师，学习大成拳。同年被聘为中国大成拳研究会常务理事、武术健身教练及"天下武林名家传"编辑部编委。长期积极宣传武术健身及尚武精神，义务传授武术养生、武术健身技能。2002年受聘为泉州市武协委员。2006年成立泉州武魂传播有限公司。2008年加入中国武协，成为会员。

张丽娟（1958.9— ） 女，莆田仙游县人。仙游县文体局原副局长，仙游县侨联副主席，国家级社会体育指导员，一级健身气功裁判员。中国武术六段。先后师从国家级武术教练曾乃梁及省内太极名师。2008年以来参加香港国际武术比赛、南少林华夏武术争霸赛、闽台南少林传统武术大赛、海峡论坛两岸传统武术大赛、厦门国际武术大赛等多项武术赛事，荣获太极拳、剑、对练等数十枚金奖、银奖或第一、第二名。2011年参加第八届全国武术之乡武术比赛，获得太极拳、太极剑银奖。2012年参加第九届全国武术之乡武术比赛，获得42式太极拳、42式太极剑两枚金牌，并在闭幕会上进行太极拳冠军表演展示。同年在厦门国际武术大赛中，再次获得太极拳、剑、扇三项第一名。多年来，坚持利用业余时间义务辅导广大武术爱好者，并组织参加各级武术交流比赛，为促进武术发展、推动全民健身做出贡献。

张华斌（1960.7—　）　男,同安县人。厦门中和武术馆副馆长。中国武术六段。自幼随外祖父——厦门武术名家吴志义习练五祖鹤阳拳及长短器械,勤学苦练 30 余年。1982 年、1983 年参加厦门市武术比赛,获优秀奖和一等奖。1993 年起担任厦门中和武术馆副馆长。1998年师父去世后继任厦门剑刚武术社社长 11 年。在主持武术社期间,积极授徒传艺,组织学生参加各级武术比赛、活动,学生在各级武术比赛中获得优异成绩。

张泉榕（1963.10—　）　男,晋江市人。泉州市鲤城泉榕国术馆馆长、总教练,泉州螳螂门研究会副会长,原泉州市尚德国术馆副馆长兼主教练。1982 年起拜五祖拳名师陈鸿民先生为师,在泉州开元寺习练南少林五祖拳、器械、散打等;拜螳螂拳名师诸心泉先生为师,习练南螳螂拳、螳螂剑、螳螂门独门器械——螳螂双爪等。长年练功不辍,业余传艺授拳,从学者甚众。带领学员参加首届海峡两岸闽南文化节国际南少林武术邀请赛、第二届海峡论坛·海峡两岸传统武术交流大赛、南少林华夏武术大赛、泉州市传统武术锦标赛暨国际南少林武术邀请赛、世界闽南文化节暨国际南少林传统武术邀请赛等,多次获得金、银、铜奖等奖项及"优秀教练"、"优秀组织"等称号。

张宏伟（1966.8—　）　男,山东省人。福建省武术队领队,福建省武协副秘书长,健将级运动员。1982 年 2 月—2006 年 3 月在福建省田径队当运动员、教练,2006 年 3 月至今任福建省武术管理中心训练科科长、武术队领队,带领省武术队员参加国内、国际武术比赛,取得优异成绩。2008 年 6 月至今任福建省武术协会副秘书长。

张文彬（1969.12—　）　男,浙江温州市人。西山教育集团董事长兼总校长,福清市政协常委,中国民办教育家协会常务理事,中国民办教育家联谊会副会长,福建省中学生体育协会副会长,福建省武术协会副会长。10 岁在河南嵩山少林寺习武。1986 年参加在河南郑州举行的国际武术散打擂台赛,获冠军。1989 年与人合作创办了一家武术学校。1990 年南下福建。1994 年创办福建西山武术学校(1997 年更名为西山文武学校,2003 年更名为西山学校),之后相继创办了福建西山高级中学、福清西山职业技术学校、江西省西山学校、南昌市西山高级中学、厦门安防科技学院。2001 年在人民大会堂被授予"中华爱国之星"荣誉称号,2004 年被中国教育家协会授予"民办教育卓越成就奖",2005年当选为"2004 中国教育(民办)风云创新人物",2006 年被推选为"2005 教育改变中国年度人物",2007 年当选为"首届全国中小学校园文化建设十佳卓越校长",2008 年被中国民办教育协会授予"全国民办教育先进工作者",2008 年被中国教育家联合会、中国民办教育家协会等单位

评为"中国十大杰出民办教育家",同时当选为中国民办教育家协会常务理事。

张晓峰(1972.7—) 男,泉州市人。泉州山外山国术馆馆长,晋江市五祖拳传习中心主任,泉州市五祖拳传承人,泉州市武术协会常务副秘书长,国际南少林五祖拳八段。中国武术六段。自幼追随武术名家苏再福先生习练南少林五祖门拳械。参加全国首届武术之乡武术比赛,获南拳冠军。代表国家队参加第二届世界传统武术节武术比赛,获拳术、器械两项金牌。参加多届海峡论坛·海峡两岸传统武术交流大赛,获多项冠军。连续三年参加全国武术之乡武术比赛,在传承人展示中获最佳表演奖。2014年代表福建省参加首届全国武术大会,获大刀、王祖拳两枚金牌。被福建省武警总队、福建省监狱系统、泉州市中级人民法院等聘为武术总教练。被聘为全国第六届农民运动会开幕式表演助理导演、武术副总教练,获省委、省政府荣誉证书。连续两年被中央电视台聘请为武林大会五祖拳擂台赛场上裁判及主教练。学员总人数超过10000人,共获得1000多枚奖牌,向社会各界及体育院校输送了大批人才。为泉州市中小学生五祖拳健身操创编者、《泉州市南少林五祖拳基础教程》主笔。

张水莲(1973.7—) 女,南靖县人。闽南师范大学体育学院武术副教授。1993年以武术为专项考进北京师范大学体育系,师从于周之华教授,系统地接受了4年的本科武术专修学习。1997年7月毕业后在闽南师范大学体育学院(原漳州师范学院)担任专任体育教师,从事体育教育专业武术普修课程及大学体育武术课程的教学。发表多篇有关武术教学、训练的论文。

张松平(1974.5—) 男,长泰县人。漳州市武协理事。8岁开始习武。1993年考入福建中医学院。1995年参加全国第二届高校武术比赛,获南拳第一名。毕业后进入长泰县少体校,从事武术教学工作。

张小丽(1975.5—) 女,诏安县人。漳州市少体校副校长,一级武术裁判。1986年进入漳州市少体校师从贾建欣习武。多次获福建省青少年武术套路锦标赛前三名。1993年考入福建中医学院。1994—1997年参加全国第一、第二、第三届高等院校武术比赛、福建省第十届大学生运动会和全国中医药院校第五届传统保健运动会等五次国家、省级院校武术比赛,共获三项第一名、六项第二名、一项第三名和"优秀运动员"称号。2004年考入福建中医院研究生部,攻读神经精神专业。

张永贵（1977.8— ） 男，永泰县人。福建省武术协会地术拳委员会常务理事，福建省精武特卫培训学院副院长，闽中南少林武术院副院长，福州市武术协会办公室副主任。中国武术六段。毕业于湖北师范学院。1993年开始跟随胡成武老师学练地术拳。曾被福建警察学院和福州市公安局晋安分局聘为搏击教练。2001年参加福建省传统武术演武大会，获对练一等奖。2004年参加福建南少林国际武术大赛，获对练、地术拳金龙奖。2008年福建省南少林传统武术大赛，获对练、器械第一名。同年参加闽台南少林传统武术大赛，获对练、拳术金奖。2009年参加福州武术—国际冲绳刚柔流空手道演武大赛，获对练、拳术金牛奖。2013参加首届福建省传统武术争霸赛以及省全民健身运动会传统武术大赛，均获金奖。2008年参加中央电视台探索与发现栏目《中华武术》《武术博览》和福建电视台、海峡卫视等媒体的拍摄报道。

张毅慧（1979.1— ） 女，漳州芗城区人。一级武术裁判。1989年进入漳州市少体校师从贾建欣、郑雅恩习武。参加福建省青少年武术套路锦标赛，获多项前三名。1994年随漳州市政府体育代表团赴日本谏早市进行武术交流活动。1995年考入集美大学体育学院。1999年参加福建省大学生运动会，获南拳、刀术、棍术三项第一名。同年参加全国体育院校武术比赛，获集体拳第五名。2000年毕业后到漳州市少体校任武术教练。带队参加福建省青少年武术套路锦标赛，获16个团体第三名。2002年进入上海体育学院进修本科。2004年受市政府委派，对印尼武术运动员进行集训，所带队员在印尼全运会上获得1金1银。有多篇武术论文发表于《漳州体育科技》。

张　丽（1981.6— ） 女，湖南常德市人。厦门市医学高等专科学校讲师，一级武术裁判。中国武术五段。2007年成都体院民族传统体育学硕士研究生毕业。发表科研论文7篇。所培养的学生在2011年8月参加福建省第十四届大学生运动会武术比赛，获得团体第四名、集体太极第二名、个人单项3个第三名、1个第四名的好成绩。2014年7月在集美大学举行的福建省第十五届运动会（大学生部）武术比赛上，获得单项7金1银3铜，女团第一名、总分排名第二的佳绩。

张君贤（1981.10— ） 男，龙海市人。讲师，武英级运动员，一级武术裁判。1993年入漳州市少体校从郑雅恩习武。多次在省级武术比赛中获前三名。1997年考入福建高等专科学校中专部。同年参加全国武术演武大会，获双鞭第二名。1999年参加国际传统武术暨绝技大赛，获双鞭特别优秀奖、对练优秀奖。2000年参加全国第六届大学生运动会，获太极拳第二名。同年考入上海体育学院。2002年参加全国太极拳剑比赛，获集体8式、16式、24式太极拳三项第一名，32式太极剑第二名。2003年参加全国武术套路冠军赛、全国体院对抗赛、全国农民运动会，三次获传统器械第

一名。2004 年考入上海体育学院研究生院。2007 年毕业后到苏州大学体育学院任体育老师。2005 年—2008 年在《武术科学》《福建体育科技》等刊物上发表 4 篇论文。

张艺平（1983.10— ）　男，漳州芗城区人。1994 年师从林其塔习练太祖拳、达尊拳。2000 年在漳州市光华武术馆担任教练。多次参加漳州市传统武术演武大会,获五项一等奖。2001 年参加福建省传统武术观摩比赛,获器械二等奖、拳术三等奖。2004 年参加泉州国际南少林武术大赛,获南刀金龙奖、拳术铜牛奖。2006 年参加国际武联在郑州举办的第二届世界传统武术节武术比赛,获拳术一等奖、刀术三等奖。多次参加漳州市武术界与英国、日本武术团体交流表演活动。

张　杰（1986.1— ）　男,龙海市人。武英（健将）级运动员。1993 年进入龙海青少年宫跟随甘更生教练习武。多次获省运动会、省武术套路锦标赛全能、单项第一名。1998 年进入福建省体工队师从代林彬教练。1999—2002 年参加全国青少年武术套路锦标赛,获长拳、棍术、剑术多项第一名。2004—2013 年,代表福建武术队参加全国武术套路锦标赛、冠军赛、精英赛等,多次获得长拳、剑术、枪术前三至前六名。2005 年赴台湾进行武术交流表演。2007 年特招入集美大学体育学院。

张君丽（1986.5— ）　女,龙海市人。一级武术裁判。1993 年进入漳州市少体校师从郑雅恩习武。1999—2004 年六次参加福建省青少年武术套路锦标赛,获 9 项第一名、4 项第二名、4 项第三名。2004 年考入华东理工大学。2005—2006 年参加上海市武术比赛、上海市大学生运动会,获传统拳两项第一名。2008 年参加全国大学生武术套路锦标赛,获女子对练第二名。同年保送至华东理工大学攻读研究生。

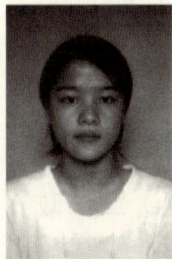

张清奥（1990.8— ）　男,泉州市人。2005 年就读于泉州市剑影武术学校,师从陈东明、蔡普弹习武。2007 年参加福建省传统武术比赛,获地术拳第一名、器械第二名。2008 年参加福建省青少年武术锦标赛,获南拳第二名、刀术第三名。同年参加第八届全国武术学校武术套路比赛,获传统拳械四类季军。2009 年参加海峡论坛·海峡两岸传统武术交流大赛,获南拳类象形拳、其他长器械金奖。

张逸昭（1994.8— ）　男,漳州芗城区人。二级武术运动员。2002 年进入漳州市少体校武术班,跟随郑雅恩、张毅慧、林春梅教练习武。2004—2008 年五次参加福建省武术套路锦标赛,获 4 项第一名、2 项第二名、5 项第三名。

张　婷（1995.9—　） 女，漳州芗城区人。二级武术运动员。2003年进入漳州市少体校武术班，跟随郑雅恩、张毅慧、林春梅教练习武。2007年参加福建省青少年武术套路锦标赛，获刀术、棍术、全能三项第一名、南拳第二名、规定拳第三名。2008年参加福建省青少年武术套路锦标赛，获南拳第一名、棍术、集体项目两项第三名。2012年参加福建省青少年武术套路锦标赛，获女子甲组南拳第二名、刀术第二名、棍术第三名。2014年考入厦门大学新闻系，继续在校武术队训练比赛。

张丹妮（1995.12—　） 女，泉州市人。2008年进入泉州剑影武术学校就读，师从陈东明、蔡普弹两位教练。2006年参加省运会，获刀术第二名、棍术第六名。2007年在省赛中获得刀术第一名、棍术第二名。2008年在省赛获得拳术第三名、棍术第六名、刀术第二名。2009年在省赛中获得拳术第一名、棍术第一名、刀术第一名。

章仔钧（868—941） 字仲举，号彰良，浦城县人。唐朝末年，群藩割据，仔钧晦迹田园，年逾四十不仕。唐乾宁间，王审知镇守福州，向唐朝廷奉表称臣，又礼贤下士。仔钧以审知尚知有唐，于唐天祐（904—907）中，登门拜谒王审知，献攻、战、守三策。审知一见大喜，待为上宾，恨相见之晚。王审知奏请唐朝廷封仔钧为高州刺史、检校太傅、西北面行营招讨制置使，选步骑卒五千，交仔钧率领，屯戍浦城，以"独当江南右臂，坐控二浙要口"。仔钧屯兵浦城西岩山，爱护士卒，体恤民情，治军严明，知能善用。仔钧屯戍一方30余年，地方得以安宁。累加光禄大夫、持节高州诸军事。五代闽永隆三年（941年）卒。卒后赠金紫光禄大夫、上柱国武宁郡开国伯、忠宪王。

章仁政 仔钧第七子。南唐时，官靖边指挥使，立功擢威武大将军兼内外军事。

章仁鉴 仔钧第九子。南唐时，官耀武指挥使兼威武将军。

章次郭 闽县（今福州市）人。宋乾道八年（1172年）武举人。

章德高 宋开禧元年（1205年）武举人。

章茂隆 永春县人。清康熙二十四年（1685年）武进士，广东肇协都司，碣石守备。

章　琳 南平市人。清福宁镇标，福安左营游击，署桐山营参将。

章　辉（1965.10—　） 男，武夷山市人。武夷山市岚谷乡党委副书记，南平市武术协会副主席，武夷山市武术协会主席。少年时期开始习练长拳、南拳、太极拳。1985年大学毕业至今长期坚持武术教学训练。先后担任武夷山青少年宫（原崇安县）武术队辅导员、教练，武夷山市少体校武术队教练、总教练。1997年，同吴仲庸、左良辉、赖泉水等人发起并

成立了武夷山市武术协会,当选为武夷山市武术协会第一至第三届主席,南平市第二、第三届武术协会副主席。被武夷山市人民政府授予 1999 年度、2000 年度优秀武术教练称号。2001 年在福州参加了福建省太极拳提高班培训。同年在建阳参加南平市中级教练培训,得到了曾乃梁、胡金焕、吴姗姗等名家指点。

zhao

赵易简　宋天圣初年(约 1023 年)提刑官(武臣),见《福建通志》(民国)。

赵宋昌　字奕之,永福(今永泰县)人。宋乾道二年(1166 年)武举人。

赵与堂　宁化县人。宋宝庆二年(1226 年)武进士,建宁司户参军。

赵万年　字方叔。武举人(科年不详),南宋武德大夫。

赵良寿　科年不详。敦武校尉。

赵　圭　明洪武中为福建都指挥使。刚直忠厚,训练士卒,号令严明,恩威并济。在任十年,军民皆敬之。

赵有开　溪头人。明嘉靖四十四年(1565 年)武进士,乙丑科二甲八名,烽火寨把总。

赵继先　南平市人。明隆庆二年(1568 年)武进士,延平卫指挥佥事。

赵有声　侯官(今福州市)人。清康熙四十二年(1703 年)武进士,全州营守备。

赵廷魁　漳州漳浦县人。清乾隆二十六年(1761 年)武进士,任侍卫,云南腾越总兵。

赵世芳　厦门市人。清代将领。嘉庆十四年(1809 年),随提督王得禄击海贼凤尾帮于海坛洋面,又随追蔡牵浙江黑水洋,鏖战方酣,连掷火器,烧沉贼舟。事闻,石朱笔圈其名,赏奖武银牌。擢把总,累迁海坛左营守备。率师出笔架山洋面,缉获王尚玉等五贼,拔救出难民之被掳者。补福宁左营游击,署烽火门参将。后因商船被劫,降为守备,捕获盗首自赎。丁艰归,卒于家。

赵大魁　号建侯,长乐市人。清光绪十六年(1890 年)武进士名表,钦点守备。

赵培德(1962—　)　福州市人。原福建省武术队队员。8 岁开始习武,15 岁入少体校武术班学习,1978 年入选省武术队。1981 年以来,获全国武术比赛男子传统拳、南拳亚军 2 次,季军 3 次。1982 年受福建省人民政府和省体委表彰各 1 次。同年又被省人民政府授予三等功。曾多次随国家和省武术代表团出访日本、菲律宾等国家和香港、澳门地区。

赵　越（1963— ） 女,黑龙江省宝清县人。闽南师范大学体育学院教授。自幼跟随家兄赵世斌、赵世新习武。1984年考入牡丹江师范学院体育系,师从郭仪。1988年毕业至今在高校从事武术教学与科研工作。2000年、2003年脱产在北京体育大学进修、访问两年,师从宫万民先生。2001年到漳州师院体育系任教,担任大学武术选项课、传统养生、体育教育专业、社会体育专业的武术普修课教学等。撰写专著2部,课题5项,发表论文20余篇。专著《少林秘宗拳实用法》在2008年荣获漳州市第三届社会科学优秀成果三等奖,《闽台传统体育文化促进两岸关系和谐发展研究》被中国首届体育非物质文化遗产学术大会评为一等奖。

赵双印（1966.10— ） 男,河北省邯郸市人。厦门理工学院太极拳文化研究所所长、教授。杨氏太极拳第六代传人,邯郸太极拳学院客座教授,永年太极拳武馆副馆长兼总教练。自幼酷爱武术,曾习练长拳、杨氏太极拳、陈氏太极拳、大成拳等。1989年考入河北体院武术专业,系统地学习武技及理论。多次参加大型武术学术研讨会和武术比赛,1997年被永年国际太极拳组委会授予"太极拳名家"称号。致力于研究并传播太极拳及太极文化,学生遍布40多个国家。2006年应美国犹他大学、犹他山谷康复中心邀请,赴美进行传统太极拳讲学。2008年由国务院委派,赴菲律宾任华校督导及菲华体育总会太极拳教练,被体育总会授予"功绩显赫"盾牌。担任中国商务部主办的非洲高层太极拳培训班教师,受到广泛好评。河北电视台《真语人生》《故事了坊》等多家媒体对其事迹进行专访、报道。发表学术论文30余篇,出版专著《中华武术史略》、《清代武术史》、《杨式太极拳体用》,《中国教育报》、《河北日报》、《燕赵都市报》等9家媒体对其进行书评。2009年于河北电视台录制了45集《传统杨氏85式太极拳》电视教学片,并进行近一年的连载播出,受到广大电视观众的热烈好评。

赵　容（1972.8— ） 女,永泰县人。永泰县正阳武馆副馆长。自幼拜第六代虎尊传人叶智明为师,习练骏身拳、上山虎、齐眉棍、扁担术、铁尺、四门等拳术。1995年参加全国武术之乡传统武术比赛,获一等奖。2008年参加福建省闽台南少林武术交流大赛,获一金一银。2009年参加海峡论坛·海峡两岸传统武术交流大赛,获两枚金牌。同年参加全国武术之乡传统大赛,获两枚银牌。

zheng

郑彦华 宁化县人。南唐人。世为本省诸州刺史。彦华少隶节度使李弘义帐下,尝射杀乳虎。元宗攻福州,大将王崇文遣卒李兴登楼车谩骂,弘义不胜愤,募生得兴者。彦华夜缒出城外,伏濠旁,明日遂得兴。后剑州刺史陈海以水军来攻,彦华率所部降海,署为军校。南唐与周师相拒淮南,彦华大小百余战,身被五十余创,累迁至镇海军节度使、同平章事。旋从后主归宋,为左千牛尉大将军。

郑少显 福州市人。宋绍兴间(1131—1162年)武进士。

郑 磁 字济仲,闽县(今福州市)人。宋绍兴二十一年(1151年)武举人。

郑 矼 字信仲,闽县(今福州市)人,磁之兄。宋绍兴二十四年(1154年)武举人。

郑 易 字简之,闽县(今福州市)人。宋绍兴二十七年(1157年)武举人。

郑 觉 字民先,闽县(今福州市)人,造之侄孙。宋隆兴元年(1163年)武举人,终提举邕州永平寨。

郑 恭 字子安,福清市人。宋乾道二年(1166年)武举人,终惠州巡检。

郑 应 字刚冲,籍贯未详,衡之侄。宋乾道五年(1169年)武举人。

郑兴裔 宋乾道六年(1170年)提刑官(武臣)。见《福建通志》(民国)。

郑 霆 连江县人。宋乾道八年(1172年)武举人。

郑 震 连江县人。宋淳熙二年(1175年)武举人。

郑 槐 宋淳熙五年(1178年)提刑官(武臣)。见《福建通志》(民国)。

郑 炎 闽县(今福州市)人,子遇之弟。宋淳熙五年(1178年)武举人。

郑子遇 闽县(今福州市)人。宋淳熙五年(1178年)武举人。

郑良佑 字光辅,侯官(今福州市)人。宋淳熙十一年(1184年)武举人。

郑显大 字梦应,闽县(今福州市)人。宋淳熙十一年(1184年)武举人。

郑 钢 字叔浩,闽县(今福州市)人。宋淳熙十四年(1187年)武举人。

郑良叔 晋江市人。宋绍熙元年(1190年)武举人。

郑 素 行可之侄。宋绍熙元年(1190年)武举人。《三山志·人物》作"郑肃"。

郑 缙 宋绍熙元年(1190年)武举正奏。

郑公侃 宋开禧元年(1205年)武举乙丑科状元。

郑嗣之 长乐市人,椿年之子,恭、求年之侄。宋开禧元年(1205年)武举人,终知化州。

郑仪之 公侃之兄。宋嘉定元年(1208年)武举特奏。

郑 容 宋嘉定四年(1211年)武举正奏。

郑天翼　字辅叔,闽县(今福州市)人,浚之子。宋嘉定十三年(1220年)武举人,授修职郎,官将使。

郑日奋　闽县(今福州市)人。宋嘉定十六年(1223年)武举人。

郑景温　宋嘉熙二年(1238年)武举人。

郑文灏(1467.5—1547)　字德远,号一崖。文灏身材魁梧,武艺超群,为人正直,急公好义,深受乡里推崇。壮年时,受命守卫银场,盗贼不敢觊觎,因此得福宁州守器重,奖以"尚义官"称号。明弘治十八年(1505年),文灏受知州命训练民兵,保卫乡里。他所训练的民兵250人,英勇善战,柘洋境内得以安宁。还经常奉令巡逻州境,维护地方治安,屡获州官嘉奖。明正德六年(1511年),盗匪侵犯芦门,州守万廷采命文灏带领民兵筑城镇守。芦门城竣工之后,他在背山面溪的山后村筑起半爿城,与芦门城遥相呼应。通过筑城镇守,使盗匪不得骚扰,百姓得以安居。明嘉靖六年(1527年),地方不靖,代巡兵备道调郑文灏率领士兵守卫芦门,并假以银牌。他守备有方,盗贼敛迹。晚年,他摒弃公事,隐居村舍,督导子孙勤耕苦读。嘉靖二十六年(1547年)病逝,享年80岁。

郑德厚(明嘉靖初—?)　字克淳,浦源村人。生于明嘉靖初,少负壮志,习文练武,熟谙武略,为乡亲所器重。明嘉靖三十八年(1559年),浦源村遭匪首徐颙六率匪徒300余人劫掠,德厚召集乡勇400余人增援抗击,匪溃败逃遁。嘉靖四十年(1561年),德厚与其兄组织乡勇出剿山匪刘大眼,擒拿其头目朱二、黄孝四、郑品十等人送官府究办,其残部溃散。嘉靖四十二年(1563年),倭寇骚乱周墩,劫掠烧杀,德厚为安乡保民,与众乡亲筹集白银百余两,赶筑塞堡,日夜巡逻,加强防御,乡里得以安宁,德厚因此倍受乡民敬重。德厚卒年不详。

郑以忠　漳浦县人。明万历五年(1577年)武进士。

郑宏猷　漳州龙海市人。明万历二十三年(1595年)武进士,任悬钟钦总。

郑学曾　漳州龙海市人。明万历三十二年(1604年)武进士。

郑芝龙(1604—1661)　小名一官,字飞虹,南安市人。郑芝龙生性荡逸,不喜读书,好耍拳棍。明天启元年(1621年),往广东香山澳(今澳门),寻母舅黄程(海商)。两年后为舅父押货到日本长崎,结识在当地侨居的泉州人李旦和海澄人颜思齐等,结义为兄弟,并同日本女子田川松结婚,翌年生子郑森,后改名成功。天启四年(1624年)春,郑芝龙与颜思齐等驾船到台湾,以此作为海上贸易根据地。次年九月,颜思齐病故,郑芝龙成为首领,他迅速发展武装力量,不久便成为东南沿海最著名的海上武装集团,所至官兵莫能抗。明崇祯元年(1628年)九月,郑芝龙受到明政府招抚,授予海防游击之职。从此,郑芝龙以明将身份讨伐海盗山寇,不久以功升参将,不断壮大实力,逐渐控制了整个福建洋面。崇祯六年至十二年(1633—1639年),郑芝龙率部在湄洲洋面多次击败入侵的荷兰船队,以功晋升为总兵。在追剿海寇、抗击荷兰侵略的同时,郑芝龙大力发展海上贸易,从经营中牟利,因此富甲八闽。崇祯十七年(1644年),福王朱由崧立,封郑芝龙为南安伯。清顺治二年(1645年),南都失守,郑芝龙同原礼部尚书黄道周等迎立唐王朱聿键于福州,改元隆武。唐王封郑芝龙为平国公,执掌军国大权。顺治三年(1646年),郑芝龙降清,几天后即被清廷挟持北去。顺治九年(1652年)受封同安侯。顺治十二年(1655年),遭御史龚鼎孳疏劾,郑芝龙被革爵职入监。顺治十四年(1657年),郑芝龙及其眷属被流放到宁古塔,顺治十八年(1661年)被杀,其子郑世恩、郑世荫、郑世默等同时被诛。

郑以忠　漳州长泰县人。明万历四十四年(1616年)武进士,任四川游击。

郑成功(1624.7—1662.5)　原名郑森,乳名福松,字明俨,号大木,南安石井人,出生于日本平户。杰出的政治家、军事家和民族英雄。福松7岁回到安平,拜师读书,取名森。郑森从小读《春秋》《左传》和孙吴兵法等书,经常练习击剑、射箭、马术,能文能武。清顺治二年(1645年)五月,郑芝龙与黄道周等人在福州拥立唐王朱聿键,改元隆武。郑森晋谒隆武帝,御赐国姓朱,改名成功。顺治三年(1646年),成功被隆武帝封为忠孝伯,拜御营中军都督,挂招讨大将军印,率军镇守军事要冲仙霞关。八月,郑成功率众于烈屿誓师抗清。以厦、金两岛作为抗清基地,联合各路抗清义军,分陆军为72镇、水师为20镇;建立五军制,设局督造战船及大炮、刀、枪、盔甲等兵器,装备部队。顺治十五年(1658年),郑成功亲统战船数千艘,从金、厦扬帆北上,进入长江,攻崇明,克瓜州,又亲自带兵攻夺镇江,紧接着挥师直捣南京。由于郑成功自恃兵强势盛,中了清军的缓兵之计,北伐军连战失利,大将甘辉、陈魁、张荣等阵亡,郑成功只好撤师回厦门。顺治十七年(1660年),郑成功出师东征台湾。顺治十八年(1661年)三月,郑成功亲率数万大军,乘战船从金门料罗港向台湾进发,与荷兰军展开水陆激战,最后光复赤崁城,收复全台湾。台湾收复后,郑成功领导军民大力开发与建设台湾,委任官员,制订法律,兴办学校,培养人才,布置军队屯田,发展文化。清康熙元年(1662年)初,郑成功闻其父郑芝龙被害,十分悲愤。四月,又因部将拥其子郑经拒命,怒极,于五月初八日去世。

郑　经(1643—1681)　又名锦,字式天,号贤之,祖籍南安,郑成功之长子。清顺治十八年(1661年),成功率师取台湾,命经镇守思明(厦门),调度沿海各岛。成功逝世后,在台诸将举其弟郑袭护理国事,并分兵准备抗拒郑经。消息传来,郑经即在思明继位发丧,一面整师准备渡台。清康熙元年(1662年)十月,他率师东渡,迅速平定叛乱,于翌年正月又返回思明。康熙二年(1663年)十月,清方调集大军,会合投诚诸军及荷兰的舰队进攻金、厦,郑经不敌,退守铜山(今东山县)。康熙三年(1664年)三月,郑经与洪旭等率师东渡,于初十日抵达台湾。郑经在台湾继承成功的遗志,分配诸镇垦荒,寓兵于农。他把政事委于陈永华。永华善治国,督诸镇垦田,栽种五谷,插蔗煮糖,修埕晒盐,广事兴贩,国用日足。他接纳洪旭"文事、武备,两者不可缺一"的建议,令各镇于农隙时教习武艺,"春秋操练阵法",从此"台湾日盛,田畴市肆,不让内地"。康熙六年至八年(1667—1669年),清廷两次派人到台湾议抚,郑经均坚持"照朝鲜例",议未成。康熙十六年(1677年),康亲王先后遣人前来议和,他仍持"照朝鲜例",议不成。自败回台湾后,郑经心情抑郁,不理政事,日近醇酒妇人。康熙二十年(1681年)正月二十八日病卒。

郑鸿逵 字羽公,南安市人,郑芝龙异母弟。明崇祯十三年(1640年)武进士,山东登莱副总兵。封伯爵,晋定国公。

郑 开(?—1779) 乳名洪,漳州云霄人。少居高塘村,因家贫习武并皈依佛门,僧名提喜、涂喜,人称洪二和尚,又称洪桃李。清乾隆二十六年(1761年),从广东惠州返闽,在云霄高溪观音亭(址在今溪塘村)创立天地会。翌年,以僧名提喜在高溪观音庙传徒,发展会众。乾隆三十三年(1768年),天地会举行首次反清行动,卢茂等组织300多名会众攻打漳浦县城,遭清官兵镇压。乾隆三十四年(1769年)冬至越年春,李少敏联络诏安、平和会众,制"大明"红绫扎付,提出拥举一位"明代后裔朱振兴",因事泄失败。两次起义均由提喜"暗中指使、不露名姓"。乾隆四十四年(1779年)三月,郑开于高溪观音亭病逝。其子继承其父衣钵,取名行义,又名续培和尚,天地会案发后,被捕解福州,经"反复细勘,熬刑究诘",终被杀害。后天地会均设洪二和尚牌位。

郑 礼(1654—?) 名际礼,字启让,永春县人。永春白鹤拳第三代重要传人。师从方七娘、曾四习武。七娘见郑礼心诚意坚,即把自己的技艺全部传授给他。礼勤学苦练,毫不松懈,功夫日深。郑礼艺成之后,与师兄林椎、姚虎等人挟技远游闽赣,以武会友,切磋技艺,打擂降牛,制恶除暴,以拳术名遐迩。这大大丰富了白鹤拳的内容,扩大了白鹤拳的影响,也在各地播下了白鹤拳的种子。其一生传人不可胜数,门生遍布八闽大地及海内外,比较有名的有刘降、郑养、郑宠、林添、卢益、李昱、蔡熙、林全等人。后世诸多鹤拳流派系出于郑礼门下,为历代武林所尊崇称誉。晚年,郑礼埋名隐姓,不外出,在乡中以卖豆腐度生。人问其故,他都以病为辞对之。

郑世雄 永春县人。清初授衢州副总兵。

郑世英 永春县人。清初授台州游击。

郑 淳 福州市人。清康熙八年(1669年)武举人。

郑翁秀 (榜姓洪)永春县人。清康熙十一年(1672年)壬子科武举人。

郑何进 福州市人。清康熙二十年(1681年)武举人。

郑 淇 福州市人。清康熙二十年(1681年)武举人。

郑 毅(1654—1731) 字乔傅,永春县人。习太祖拳。清康熙二十六年(1687年)丁卯科中武举,次年登武进士及第。三十五年(1696年)春任广西全州营中军守备,后升武德将军,护理参将事。

郑 宠(1673—1755) 字启命,号幸锡,永春东门人。师从白戒、郑礼,为永春白鹤拳第四代主要传人,与林添、郑畔、辜初、辜荣同享"后五虎"之誉。郑宠除在永春传授其子郑科生及郑樵等多人外,还技传大田县陈铁寓、阿进(阿达),继传安溪县陈裼、林灶,再传永泰嵩口张承球等福建"上四府"诸县,福州鹤拳与其有着直接的渊源关系。郑宠是永春白鹤拳传承史上占有重要地位的人物之一。卒于乾隆二十年(1755 年)正月,享年 83 岁。

郑如浦　永春县人。清康熙二十六年(1687 年)丁卯科武举人。

郑　梓　福州市人。清康熙三十二年(1693 年)武举人。

郑春色　永春县人。康熙三十五年(1696 年)丙子科第三名武举人,善书。省志作姓林。

郑良士　榜姓黄,永春县人。康熙三十六年(1697 年)丁丑科武进士。

郑秉谠　晋江市人。清康熙四十五年(1706 年)武进士。

郑斯保　永春县人。清康熙四十五年(1706 年)武进士,江南扬州卫守备。省志作晋江籍。

郑丙遇　永春县人。清康熙四十七年(1708 年)戊子科武举人(翁秀子)。

郑　樵　清乾隆年间永春东门人。师从蔡熙、郑宠,为永春白鹤拳第五代主要传人。在师承的基础上,结合自己长期的教学实践,对永春白鹤拳进行了系统性的总结,著有《自述切要條文》一书,是其一生的心血。此书通俗易懂、条文缕析,对后学研究永春白鹤拳大有助益。

郑　嵩　南安市人。清乾隆二十四年(1759 年)武举人,由晋江学中式,台湾安平营守备。

郑宗茂　永春县人。清乾隆四十四年(1779 年)己亥科武举人,署泉州提标右营千总。

郑簪缨　永春县人。清乾隆五十三年(1788 年)戊申恩科武举人。

郑宗芙　永春县人。清乾隆六十年(1795 年)乙卯科武举人。

郑占魁　永春县人。清嘉庆六年(1801 年)辛酉科武举人。

郑嘉猷　永春县人。清嘉庆九年(1804 年)甲子科武举人。

郑春光　永春县人。清嘉庆十二年(1807 年)丁卯科武举人。

郑重光　永春县人。清嘉庆二十四年(1819 年)己卯科第四名武举人。

郑有勋　永春县人。清道光十四年(1834 年)甲午科武举人。

郑志仁　永春县人。清咸丰九年(1859 年)己未恩科并补行戊午正科武举人。

郑玉鸣　永春县人。清同治元年(1862 年)壬戌恩科并补行辛酉正科武举人。

郑文辉　永春县人。清同治元年(1862年)壬戌恩科并补行辛酉正科武举人。

郑精锐　永春县人。清同治五年(1866年)丙寅补行甲子正科武举人。

郑辉勋　永春县人。清同治十二年(1873年)癸酉科武举人。

郑梁材　永春县人。清光绪二年(1876年)丙子科武举人。

郑谦光　永春县人。清光绪二年(1876年)丙子科武举人。

郑国梁　永春县人。清光绪八年(1882年)壬午科武举人。

郑安邦　永春县人。清光绪间署湄洲游击。

郑明龙　永春县人。清光绪十一年(1885年)乙酉科武举人。

郑登光　清代乾隆、嘉庆年间福建永泰人。虎尊拳名师。师从李元珠习虎拳,得"虎腿"技艺,名扬武坛。当地民间至今有"登光腿、昭北手"之说。

郑步恭　外号永福四,永泰县洑口乡人。清末民国初,郑步恭吸取虎尊拳精髓,加以发展提高,"日月连环腿"是其杰作。郑的子孙三代长期住在福州三保码头,开船栈兼武馆,授徒颇多,其中周子和(乳名宽宽)颇有名气。后子和又在其家乡岐田一带开馆授徒,传人不少。日本琉球人上地完文也求教于郑步恭,因而虎尊拳传到日本,形成了实力雄厚的"上地流空手道",并传到西欧和北美,目前20多个国家流行此道。1985年7月31日日本冲绳县中国武术拳圣武道馆馆长金城昭夫来本县洑口访问虎尊拳故乡。

郑　贞(1891.3—1943.5)　男,字雅轩,建瓯县人。幼随父习武,清末任骑尉,平时设塾教授武艺,后担任建瓯乡村师范武术教员。民国元年(1912年)任保甲局长,接受同盟会员朱剑鸣等的策划,与延建邵警备司令徐镜清等一起响应起义,使建瓯兵不血刃即宣告光复。民国十五年(1926年)冬,北伐军第二军第六师进驻建瓯,郑贞出任公安局主任,团结各界人士,维护社会治安。民国二十六年(1937年),建瓯设立区公所,郑贞出任第四区区长。由于郑贞秉性刚直,办事公道,得到各界信任,被推选任县禁烟委员会主任委员、育婴堂董事会董事,还主持修建钟楼、孔庙、飞机场等项建设事业。民国三十一年(1943年)五月,日寇飞机轰炸建瓯,大片民房毁于大火,无辜民众死伤累累,郑贞极为气愤,致心脏病发作逝世,终年52岁。

郑联甲(1891—1966)　男,字世冠,永春县人。永春白鹤拳主要传人,人称"鸽师"。少从郑秘学习永春白鹤拳。民国初年出洋经商,商余练武授徒为乐。20世纪30年代曾在马来西亚槟城、双莪港口、马六甲、泉兴山等地设馆授徒,对白鹤拳理论深有研究、技有专长。曾在吉隆坡与人较技,名闻南岛。1948年回国后仍传武授徒。新中国成立后,多次参加晋江地区及县武术表演并获奖。1986年其子郑裕民把其遗存古白

鹤拳谱贡献给国家,先后获福建省武术挖整工作"三贡献"二等奖及国家"雄狮奖"。其业绩载入《中国武术人名辞典》。

郑　瀛　侯官(今福州市)人。清光绪二十一年(1895年)武进士。

郑文存(1906—2005)　男,字奕收,永春县人。白鹤拳代表人物之一。泉州市武术协会副主席,省武协委员。11岁在海外习武,20岁回国后即从事武术教学。1936年参加驻闽第三绥靖区军民运动会。1952年参加福建省第一届人民体育运动会武术表演。1983年被评为全国优秀武术辅导员。1985年当选为永春县七届政协委员,同年被评为"全国健康老人"。1986年被评为省武术挖整工作先进个人。郑文存习武一生,终生授武,徒众无数,经常参加省、市举办的武术活动。于2005年过世,享年99岁。

郑　文　男,漳州市人。漳州捷元堂白鹤拳师。郑文母亲为捷元堂张杨华(赏师)的亲妹杨文定。郑文自小随舅父赏师张杨华习练捷元堂白鹤拳法,腿法出众,脚膁过硬,擅长门后打。民国二十一年(1932年)参加福建省第一次国术表演赛,获"武士"称号。民国二十二年(1933年),郑文随福建代表队参加了南京第二届国术国考,成绩列丙等,获"勇士"称号。此后被政府吸收为警员,官至漳州警局局长,惜早逝。

郑文龙(1911—1984)　男,漳州平和县人。白鹤拳名师。自幼酷爱武术,其父延聘武师授以武艺。稍长,拜龙溪国术馆张杨华(赏师)为师,专修永春白鹤拳。18岁时,即在国术馆中协助教务,在武林中崭露头角。时有永春前辈"梳头师",白鹤拳法已臻化境,在赏师支持下,文龙再拜"梳头师"为师,三年尽得鹤法精髓。1932年参加龙溪国术比赛夺冠。1934年参加福建省第五行政区运动会,获国术表演赛第一名。20世纪50年代组织福建少林国术团,在闽南、潮汕、海陆丰授徒。1957年定居香港,以行医为业。曾任官塘社区中心潮艺会和西贡福潮惠同乡会国术教练。1969年在北角英皇道设馆,公开教授白鹤拳。馆名为"福建少林永春白鹤拳社",是香港开埠以来第一间福建少林拳馆。一生授徒无数,生徒遍布港九及东南亚各地。

郑青龙(1915—1978)　男,又名郑永平,南安市人。太祖拳师。7岁随父郑德山(又称天德师,与妙月师是师兄弟)习武学医,在父亲的精心传授下,加之天资聪慧,又勤奋苦练,尽得父亲太祖拳艺,兼修罗汉拳、达尊拳、白鹤拳。善使双刀、春秋大刀等。早年行走江湖,解放初移居晋江安海,1956年在安海卫生院任中医骨伤科主治医师主任。1958年参加福建省第一届运动会武术比赛,荣获成人组传统拳术、刀术一等奖。一生致力弘扬传统武术,桃李遍海内外。为后世留下了《太祖拳传统套路》《传统器械》拳谱二卷,《正骨伤科》三卷。

郑文修（1916—1977） 男,永春县人。师出永春鹏翔郑氏先祖郑礼、郑宠、郑樵拳法一脉,为郑氏白鹤拳法的重要传承人之一。郑文修一生为传播、弘扬武术,培养后人鞠躬尽瘁,较为出色的有郑其川、郑启双等人。

郑金时（1918.11—2007） 男,漳州龙文区人。老拳师,五祖何阳拳主要传人。1924年开始习武,先后师从苏树、苏大瑞、苏陈阳习练五祖何阳拳。1955年参加福建省武术表演赛,获器械对练一等奖、拳术二等奖。1986年在全国武术挖掘整理工作中贡献古兵器,被评为三等奖、荣获国家"雄狮奖"。多年主持漳州双发何阳堂武馆,曾先后在龙海马崎村、小坑头、程溪镇、南坑、龙文区、六石村、石井村等地设馆授艺,广授门徒。精通中医骨伤科医术,长期以行医为业。

郑连来（1919—2002） 男,泉州市人。原福建省武术协会委员、泉州市武协副主席,泉州少林花拳代表人物之一。中国武术七段。1930年师从林朝泰学习少林花拳,其后师从承天寺瑞玺禅师学习北派拳械。1962年加入泉州市业余武术研究社,并多次参加全省武术比赛获奖。1986年参加了《福建武术拳械录》部分条目的编撰工作,并被评为全国武术挖整工作"雄狮奖"。1996年与其长子郑昆明共同点校、整理、注译了《剑经》等6部武学著作,并合作出版了《泉州少林古拳谱注译》,于当年被评为福建省武术挖整工作先进个人。

郑能祥（1919—1986） 男,又名朱宅灿,福州市人。福州纵鹤拳代表人物之一。1934年师从"朱宅二"习纵鹤拳。1939年随师赴台湾授徒。1960年后又从方美源习纵鹤拳,得其真传。

郑光鼎（1930— ） 男,福州市人。福州市物资局主席,曾任中华全国体育总会福州市分会主席、福州市体委主任。1984年应北美洲上地流唐手道协会邀请,以副团长的身份率领福州市武术友好访问团出访美国。1986年应邀随福州市武术代表团出访日本冲绳,任副团长。1985年获国家体委颁发的"新中国体育开拓者"荣誉奖。

郑贡生（1934.9— ） 男,福州市人。福建省精华太极委会副会长。1980年开始练习太极拳。1985年开始授徒。多次参加福州市武协太极拳委员会举办的各种太极拳比赛,获得多项冠军。1998年参加福建省首届杨式太极拳,荣获第一名。参加福建省首届推手竞赛套路,获第六名。2007年参加陈式太极拳竞赛,获第一名。2009年参加福州武术国际冲绳刚柔流空手道演武大会,获杨式银牛奖。2009年参加福州武术国际冲绳刚柔流空手道演武大会,获陈式金牛奖。多次参加省市各式太极拳、剑辅导员、骨干培训班,成绩合格。2006 年被福州市武术协会太极拳委员会评为年度先进工作者。

郑金泉(1936.10—) 男,福州市人。中国传统武术高级教练。中国武术六段。1966 年拜林燧为师,习练少林拳、太极拳和八卦掌等传统武术。擅长杨式太极拳和八卦掌。1982 年福州市第一届太极拳观摩表演赛,任太极剑组副裁判长。曾任福州市武协柔拳社顾问、区武协委员、福州市武术培训中心副秘书长兼八卦门总教练等。入选《中国民间武术家名典》、《共和国专家成就博览》(世纪珍藏版)、《二十一世纪中华传统武术名师》、《二十一世纪中华武林百杰》。

郑　仁(1940.11—) 男,福州市人。福建省武术管理中心首任主任兼武术院院长。1996 年当选中国武术协会委员,曾担任福建省武术协会第五届副会长、第六届顾问等职。1965 年毕业于北京体育学院体操武术系,同年参加第二届全国运动会大型团体操《革命赞歌》的编创工作。毕业后分配到江西共产主义劳动大学总校任教。1971 年调回福州市总工会工人文化宫体育科任科长。在文化宫工作 15 年期间,组织举办全市厂矿企事业单位职工武术教练员培训班上百次,聘请省市各拳种门派拳师担任教练员。1985 年组织福建省职工代表队参加第二届全国工人运动会。1986 年调福建省体委群体处任副处长,协助处长刘忠路主抓全省武术工作。1988 年开始,负责组建福建省农民武术代表队,参加第一至第五届全国农民运动会并获得可喜成绩。1993 年负责筹建福建省武术院。1994 年福建省武术院成立,担任首任院长。从 1990 年到 2001 年间,配合国家体委武术运动管理中心,负责福建省开展争创"全国武术之乡"的活动。在第一至第三届评选活动中,全省共有 7 个县市(其中第一届 4 个,第二届 2 个,第三届 1 个)被评为"全国武术之乡"。1996 年被国家体委武术运动管理中心授予"全国武术之乡贡献奖"。

郑港水(1941.6—2003.12) 男,漳州芗城区人。漳州五兽拳传人。中国武术五段。1955 年师从李万和习练五兽拳。1964 年曾在福建省武术比赛获奖。2001 年参加福建省"云龙杯"武术演武大会,获优秀奖。1991 年开始在芗城浦头武术馆任教。

郑礼楷(1943.10—) 男,长乐市人。福州市武协委员兼郊区武协副会长,台江区武协副主席,福州柔迹拳社终身社长,福州市鸟迹武术馆馆长。中国武术六段。幼慕武术,潜心从文。1976 年师承集舞武于一身的郑祥瑞先生,专习仿鸟迹拳。经过多年演练探索,编创了一套具有雀类为标、穿空串地、轻巧快捷特点的独创现代拳理及练功方法,终成为今日在福州地区威名大盛的"鸟迹拳"。1983 年福州市武协

将"鸟迹拳"列为六大拳种之一,1984 年福建省武术挖掘会议上列之为二十九拳种之一。设馆授徒 30 余载,以技取胜,速效见长,生源不断,已达 20000 余众。

郑宝珠(1944.12—) 女,漳州南靖县人。1975 年师从王鹭习练太极拳,1996 年先后向林秀榕、石金寅、贾建欣学习太极拳、剑,并得到周育玲、陈思坦、曾乃梁的传授与指导。1999 年参加福建省第五届老运会,获 42 式太极拳、32 式太极剑两项第一名。同年参加全国中老年人太极拳比赛,获 42 式太极拳、剑优胜奖。2001 年参加首届世界太极拳健康大会,获 42 式太极拳、剑第四、第六名。2002 年参加全国武术太极拳锦标赛,获老年组二项第三、第四名。同年开始在芗城区腾飞太极拳辅导站授拳。

郑金嵩(1945—) 男,漳州芗城区人。白鹤拳传人。早年师从漳州白鹤拳名师黄金镇习武,曾随师在漳州龙文区等地传授白鹤拳,培养了一批白鹤拳弟子。

郑 忠(1945—) 男,英籍华人,祖籍长乐市。20 世纪 50 年代随父母移居香港,开始习武。后在夏威夷拜福建同乡郑威为师,练习咏春拳。60 年代留学英国。1966 年在英伦三岛开设连锁咏春武馆,并兼任欧洲咏春拳总教练、后应沙特多根王子热邀,担任其咏春拳师父,同时做其贴身保镖达 17 年。1991 年回乡广收门徒,传授咏春拳。在其倾心努力下,咏春拳于 2009 年被纳入福建省第三批非遗保护项目。出版咏春拳专著《108 木人桩实用法》(英文版)。曾应邀担任电视连续剧《李小龙传奇》咏春拳总顾问和带领弟子参演该剧,出演电影《咏春小龙》主要角色等。

郑高能(1945.12—) 男,龙岩市人。厦门市武协委员,香港国际通背劈挂拳联合会副会长,厦门通背研究会副会长。中国武术六段。1964 年师从河北沧州著名武术家孙振寰老师学习通背劈挂拳,几十年习练不辍。潜心于通背劈挂拳理与技艺的探索,特别注重传统武技与现代散打的结合运用,以及对中国式摔跤的教学与研究。几十年来在厦门培养了一批学生。

郑贞祥（1946.9— ） 男,福州市人。福州市武术协会委员,福州郊区武术协会副会长,福建夏莲上乘梅花拳俱乐部副主任。中国武术六段。自幼习练长拳。1967年师从著名拳师王鼎(夏莲)练习上乘梅花拳、太极拳、太极剑、少林拳、梅花刀等拳术。几十年来习武不断,并坚持收徒授艺。担任福州郊区武术协会副会长,福州市武术协会散打、拳击教练。与同门师兄弟协力创办了福建夏莲上乘梅花拳俱乐部。

郑美华（1946.10— ） 女,漳州芗城区人。漳州芗城腾飞馆太极拳辅导站负责人。1980年开始习武,先后师从林启龙、张祖模学习太极拳、剑。两次参加漳州市太极拳比赛,获四项第一名。1998年参加福建省首届太极拳、剑、推手比赛,获吴式太极拳第一名。同年创立芗城腾飞馆太极拳辅导站,开始传授太极拳及健身功法。

郑昆明（1948—1997） 男,泉州市人。20世纪50年代起秉承家学,从其父郑连来先生练习泉州少林花拳、罗汉拳、行者拳和北派拳械等。1962年随父加入了泉州业余武术研究社,参加了期间的一切活动。1960年后赴永春接受永春白鹤拳名师潘孝德先生教诲。在《武林》等报刊杂志上发表武术论文20余篇,并被泉州南少林武术研究会和泉州国际五祖拳联谊会等会刊录用。1996年与其父郑连来先生共同点校、整理、注译了《剑经》等6部武学著作,合并出版了《泉州少林古拳谱注译》。

郑永绥（1949.8— ） 男,福州市人。福州市武术协会委员,福建夏莲上乘梅花拳俱乐部副主任。从小学习长拳,1965年师拜王鼎(夏莲)老师练习上乘梅花拳、太极拳、八卦拳、查拳、梅花刀等拳术。几十年来习武不断,并坚持收徒授艺。1982—1990年任福州市武术协会会计、福州武术馆教练,并协助其开展日常工作。1992年第十届省运会期间,任福建省邮电系统体育代表团武术队教练,队员获两枚铜牌。第十六届市运会期间,任武术裁判。

郑昆渊（1950.7— ） 男,泉州市人。泉州市武术协会副秘书长,泉州市俞大猷研究会理事,泉州市少林花拳研究会会长。7岁随父亲郑连来先生研习少林花拳迄今。1962年随父加入了泉州市业余武术研究社,参加了期间的一切活动。1984年加入了泉州市武术运动协会。2002年被聘为泉州市武术协会委员,期间参加了一切大型活动和国际比赛并多次得奖。2004年参加第一届南少林国际武术大赛,获银狮奖。2010年发表《浅谈南少林花拳(花拳八法)》一文被《泉州南少林文存》收录。

郑香俤(1952.5—) 男,长乐市人。长乐市武术协会副会长,长乐市武术馆副馆长。自幼习练传统南拳,1972年拜福州庆香林香店拳宗师房利贵为师,专练香店拳,为香店拳第六代传人。1975年首次代表长乐县武术代表队参加莆田地区民间传统武术比赛,获1金1银。2008—2009年期间多次代表长乐市参加全国、省地市级武术和散打比赛,获金奖、一等奖等众多奖项。为香店拳成为省、市级文化遗产保护项目提供了大量有价值的海内外历史资料。2009年国家报刊《国家人文地理》、美国《侨报》、福建《海峡都市报》、《海峡卫视》等报记者先后采访、报道其人其事。

郑钟国(1953.3—) 男,福州市人。曾任福建省武术协会万籁声功夫研究会副会长,福建省武术院教练,福建海峡自然门研究院常务副院长,山东枣庄自然门散打俱乐部总教练,福州市武协委员。中国武术六段。1972年师从万籁声学习少林六合门、自然门、罗汉门、张三丰原式太极拳及各种器械。长期从事武术教学和交流工作,在全国各地授徒众多。参加中央电视台四套《走遍中国》、福建电视台综合频道《自然门专辑》、福州电视台《直播福州》和《新闻110》的拍摄工作。创建"万籁声武学网",任《万师百年》副主编。2007年10月作为福建省文化体育交流团成员访问金门。2008年参加闽台传统武术大赛,获银牌。

郑一民(1955—) 男,莆田市人。历任中国人民解放军海军南海舰队训练基地中队长、参谋,中国人民保险公司三明市三元支公司、莆田县支公司经理,中国人寿保险公司莆田分公司总经理、太平人寿保险有限公司福建分公司总经理。中国武术六段。自幼喜武,习练少林拳、太极拳、太极剑等;注重武德修养,致力于武术的发扬及推广;任职期间,多次赞助武术比赛活动。2005年,太平人寿保险有限公司福建分公司赞助福建省体育代表团,承担参加江苏举行的第十届全运会全部保险费用。

郑锦云(1955.10—) 女,福州市人。福建东方功夫俱乐部副理事长。2001年师从自然门黄勤龙老师。2002年参加福建省传统武术比赛,获木兰拳、剑两项一等奖。2005年参加全国亿万妇女健身大赛,获木兰拳、剑、扇团体第二名。2006年参加海峡巾帼健身比赛,获木兰剑第一名、拳第二名、扇第三名。2007年参加新加坡举办"金航杯"国际武术大赛,获木兰拳、对剑、集体剑三项金牌。2009年参加福州—日本冲绳刚柔流空手道流赛,获木兰拳、拂尘剑两项银牛奖。

郑旭旭（1957.2—　）　男，宁德福鼎市人。集美大学教务处处长、集美大学体育学院院长、教授，国际级武术散打裁判员，中国体育学会武术分会常委，福建省大学生武术协会副会长，福建省武术协会副会长，福建省武术运动管理中心技术顾问。1974年开始从事武术活动，曾任福鼎城关第四小学武术队教练，并带队参加地区、省级比赛。1977年考入宁德师专中文系，毕业后留校体育系任武术教师。1984年考入武汉体育学院研究生部体育教学理论与方法专业，师从温敬铭教授、刘玉华教授等。1995年至1996年在日本国立上越教育大学、私立早稻田大学访问学习。2006年10月至2007年3月作为高级研究学者赴日本早稻田大学访问学习。1987—1998年在福建体育学院工作，担任学院武术散打教练，多次带队参加福建省武术散打比赛，获得团体冠军。1997年、1998年作为福建省武术散打集训队教练，带队参加全国武术散打锦标赛并取得良好成绩。多次担任全国武术散打比赛裁判工作，五度担任福建省运动会武术散打比赛总裁判长。受中国武术协会派遣，赴孟加拉国达卡为南亚四国培训武术散打裁判员。曾在越南河内、加拿大多伦多以及中国香港、澳门等地担任国际武术比赛的裁判工作。出版《格斗空手道》《从术至道——近现代日本武术发展轨迹》等专著，主编《21世纪民族传统体育发展论集》《中国武术导论》（民族传统体育专业主干教材），参编《中国武术教程》（全国体育院系通用教材）。主持两项国家社会科学基金项目、一项国家体育总局软科学项目，获得福建省社会科学优秀奖二三等奖。发表《近现代中日武术发展的比较研究》《中日武术对佛学、佛教借鉴的研究》《柔道走向世界的启示》等有较大影响的学术论文。

郑萌禧（1957.1—　）　男，福州市人。福建省武协鸣鹤拳研究会副会长、副总教练，鸣鹤拳俱乐部馆主、总教练。9岁拜师陈依连学习鸣鹤拳，17岁拜鸣鹤拳倪起良为师，与其情同父子。后经倪起良师父介绍又拜谢崇祥大徒弟林贞南（番仔师）为师。后因前三位师父相继过世，于1983年师从鸣鹤拳研究会会长余宝炎。多次参加省市武术比赛，并获得金、银、铜牌。2003年，市武协授予"优秀组织奖"和"技术风格奖"。同年创立鸣鹤拳俱乐部，任馆主兼总教练。

郑清萍（1957.6—　）　男，石狮市人。武术段位考评员。2001年师从邱金雄、卢义荣习练各式太极拳、器械等。2010年参加第二届海峡论坛·海峡两岸传统武术交流比赛，获得42式太极拳、剑金牌、银牌。2011年参加第八届全国武术之乡武术比赛，获得42式太极剑银牌、陈式太极拳铜牌。2012年参加全国传统武术比赛，获得42式太极拳、剑两枚银牌。同年参加全国农民武术比赛，获得其他传统太极拳金牌、42式太极剑银牌。2013年在第十届全国武术之乡武术比赛中，获陈式太极拳金牌、武当太极剑铜牌，被大会授予"武德风尚运动员"称号。

郑亚卿（1958.9— ） 女，永春县人。永春县公安局二督警官。长期以来，随其夫潘长安习练永春白鹤拳和接骨疗伤。任永春白鹤拳孝德研究会教练，积极辅助其夫推动永春白鹤拳的发展，多次赴新加坡、马来西亚进行武术交流。2010 年获第二届海峡论坛·海峡两岸传统武术交流大赛女子中年组传统拳金奖、女子中年组其他传统器械银奖。

郑庆勇（1961.7— ） 男，永春县人。白鹤拳传人。10 岁跟随祖父郑文存习练永春白鹤拳。12 岁开始参加民间舞狮活动。14 岁随祖父到各地教拳传艺。1981 年参加晋江地区武术比赛，获一等奖。1984 年参加在兰州市举行的全国武术观摩表演赛，获优秀金牌奖。后参加泉州市、福建省和国家的武术大赛数十次之多，均获优等奖项。2002 年应邀赴马来西亚参加国际五祖拳联谊会武术交流表演。2012 年应台湾永春白鹤拳协会会长杨文旗先生邀请，赴台湾进行为期 7 天的交流表演。1995 年开始接任大羽武术馆馆长之职。国内外爱好武术者纷纷到大羽武术馆学习拳艺，其中有法国、摩尔多瓦、白俄罗斯、乌克兰等国的拳师。一些外国学生参加在泉州举办的国际南少林武术大赛中获得金牌。本地学员在历次武术大赛中共获得近百枚奖牌。

郑进宝（1962.7— ） 男，霞浦县人。福州市武术协会副会长，市武协太极拳专业委员会会长。中国武术六段。自幼体弱多病，为强身健体，随表哥学习白鹤拳。习武之后，身体逐渐强健，学习成绩提高。1980 年顺利考上天津一所大学。天津自古以来武风盛行，各派武术汇聚交流。在大学期间跟随天津武术师傅李欢津习练八极拳、形意拳、太极拳等拳种。毕业后在福州工作，练武成了工作之余的最大爱好。1995 年跟随太极名家曾乃梁、胡金焕学习各流派太极拳。多次参加福州市举办的太极拳比赛，获得金奖、银奖和贡献奖。

郑凤忠（1963.1— ） 男，福州市人。福建西湖宾馆保卫科干事，福建灵令万籁声六合自然门武术研究院副院长兼总教练。中国武术六段。20 世纪 80 年代初拜万籁声为师。1984 年入选福州市青年武术队。1985 年参加"友谊杯"全国散打比赛，获 75 公斤级冠军。1986 年参加"少林杯"全国散打比赛，获 70 公斤级第四名。1987 年参加全国拳击锦标赛。担任福建省第十届运动会拳击裁判、全国青少年拳击集训赛裁判及福州国际武术节武术裁判。

郑木春(1964.4—) 男,漳州龙文区人。漳州田丰武术馆馆长,龙文区武术协会副秘书长,五祖何阳拳主要传人。中国武术五段。从小随父亲郑金时习练双发何阳拳的拳术、器械、对练、舞狮、八卦阵及中医骨伤科医术。曾多次在省、市传统武术比赛中获奖。2009年参加在中国台北举行的世界华人武术比赛,荣获二等奖。先后随父亲到龙文区、龙海市及本村双发何阳堂武馆任教。2003年在龙海市颜厝镇设馆授徒,2004年至2010年先后培养出的众多学员,曾在2004年福建南少林武术大赛中荣获金奖,在2008年湖北十堰武当山世界武术节荣获金奖。现以行医为业。

郑英秀(1964.2—) 女,泉州市人。泉州市武术协会委员、泉州少林花拳传人。自幼拜郑连来老师练习南少林花拳。从1981年开始多次参加省、市武术比赛,并多次担任省、市武术、散打比赛裁判工作。曾连续获得2004至2006年国际南少林武术大赛传统拳术金牌、双器械金牌。2006年参加福建省农民运动会武术锦标赛,获拳术第一名、传统器械第一名、棍术第二名、集体项目第二名。2008年、2009年参加两届海丝文化节表演,均获武英奖称号。2014年参加在厦门翔安举行的武术精英电视大奖赛,获得女子传统拳术、短器械、长器械全能冠军。并在全国传统武术比赛中获得拳术、器械两项第一名。

郑为民(1964.8—) 男,永春县人。永春英才武术研究会会长。自幼爱好武术,1979年拜师全国千名武术优秀辅导员郑文存先生、郑庆勇先生学习永春白鹤拳。在2009年全民健身活动工作中成绩显著,被评为先进个人,期间积极参加各项武术交流表演活动。2009年5月参加海峡论坛·海峡两岸传统武术交流大赛,获中国武术协会男子C组器械类银奖、鹤拳类铜奖。2010年2月参加泉州首届海峡两岸闽南文化节、国际南少林武术邀请赛,获男子C、D组大刀银奖、男子C组鹤拳银奖。

郑 彪(1964.11—) 男,宁德屏南县人。屏南森林公安局副局长,福建心五自然门武术研究院外联部主任,宁德市心五自然门武术研究院副院长。中国武术五段。1991年师从自然门毛志坚习武,后师从黄勤龙学习自然门、六合门武当原式太极拳。2007年参加新加坡"金航杯"国际武术大赛,获武当原式太极拳金牌。

郑建武(1964.12—) 男,莆田市人。上海国际食品城董事长,莆田南少林武术协会副会长兼秘书长。中国武术六段。自幼酷爱武术。1978年拜洪光荣为师,习练南少林传统武术、拳击、散打、硬气功等。

郑雅恩（1965.1— ） 女，漳州龙海市人。福建省武术协会常务理事，漳州市武术协会副秘书长，高级武术教练，一级武术裁判。7岁师从洪剑影习武。1980年入漳州市少体校师从贾建欣习武。曾多次参加福建省武术比赛获拳术、枪术、剑术第一名。1985年考入福建体育学院。1989年毕业后任漳州市少体校、芗城区少体校武术教练，培养的运动员在省、全国、国际各级武术比赛中取得优异成绩，向解放军体工队和福建省体工队输送了王曦、欧阳舒婷等优秀武术运动员。2003年受漳州市政府委派，赴印尼巨港市进行武术交流活动。

郑志坚（1966.6— ） 男，福州市人。福建警察学院副教授，一级武术散打裁判。1985年考入福建体育学院，师从林荫生、郑旭旭专修武术散打。1989年起在福建公安专科学校（现为福建警察学院）警训部从事散打格斗教学及散打运动队的训练工作。20年间多次以主教练或助理教练的身份，带领学校散打队参加福建省及全国性的各项散打比赛，并取得优异成绩。曾荣获"福建省优秀教师"称号以及省公安厅颁发的"个人三等功"奖章。曾多次担任福建省武术散打锦标赛及省运会散打比赛的裁判长。

郑海英（1966.8— ） 女，龙海市人。石狮市美澳商贸有限公司总经理，南安市武术协会副主席，南安市武荣武术馆副馆长，石狮自然门武术学校校友总会名誉会长，一级武术裁判。中国武术六段。2002年开始学练陈式太极拳。2013年参加厦门大学国术与健身研究中心举办的形意强身功、形意养生功的培训班学习。曾多次参加海峡论坛·海峡两岸传统武术精英赛、厦门国际武术大赛、华夏南少林传统武术大赛、邵武三丰（故里）传统武术大赛、"郑成功杯"传统武术大赛、南安第九届运动会武术比赛等，共获得28枚金牌、4枚银牌。多次担任省内及台湾传统武术比赛的裁判。

郑谋勇（1967— ） 男，泉州市人。泉州市太极拳协会副秘书长，中级教练。中国武术五段。1988年大学时开始学练太极拳，先后习练杨式、国家竞赛套路、陈式老架等多拳种太极拳、刀、剑等。多次参加全国、省、市级各种太极拳比赛，获得多项次的金、银牌。长期教授学员，曾创立一家大型国企太极拳俱乐部并亲任教练。曾发表多篇文章及新闻报道，起草裁判员、段位培训班（考评）方案等，为泉州市太极拳的普及与推广做出了自己的努力。

郑　华（1971.10—　）　男，漳州漳浦县人。一级拳击裁判，漳浦县少体校武术、拳击教练员，漳浦德才文武学校校长，福建省武术协会理事，漳州市武术协会理事。1989年考入漳州龙溪师范学校体育班，师从贾建欣习武。1992年参加福建省第十届运动会拳击比赛，获63.5公斤级第三名。长期在漳浦县从事武术、拳击教学训练工作。2000年创办漳浦德才文武学校，向福建省体工队输送了谢龙旺等多名优秀拳击运动员。

郑晓嵘（1973.11—　）　男，永春县人。永春县公安局特警队教官，永春县永春拳协会副秘书长，永春白鹤拳鹏翔研究会执行会长，鹏翔武术馆馆长，《永春白鹤拳之擎天画卷》武术顾问，《武魂》杂志社永春白鹤拳鹏翔研究会采编部主任。从小习武，继承了永春鹏翔桃源殿郑氏先祖郑礼、郑宠、郑樵的白鹤拳法。常年组织学生练武，参加市、县组织的各种武术活动。参加海峡两岸传统武术大赛、第六届世界传统武术锦标赛、全国传统武术比赛等，均获金、银牌优异成绩。近年来共取得14枚金牌、6枚银牌、2枚铜牌。在北京《武魂》杂志社发表《白鹤拳与养生》《白鹤拳与国术考》等多篇文章。于2013年登上《武魂》杂志第8期封面人物。兼任桃城中心小学校外武术辅导员。

郑志伟（1975.7—　）　男，永春县人。永春白鹤拳孝德研究会副会长。8岁开始习练永春白鹤拳，勤于苦练，体壮拳坚，善舞南狮，拳械兼通。获二级跆拳道裁判员，福建省武术院、武术协会颁发的白鹤拳教练资格。参加2010年首届海峡两岸闽南文化节国际南少林武术邀请赛，获男子B组其他拳术类银奖，男子A、B组拳术对练铜奖，男子B组其他长器械类铜奖。

郑祖杰（1977.5—　）　男，福清市人。福建青年联合会常委，福清南少林武术研究会副会长，福建传统咏春拳（海峡）文化发展中心副董事长。从小练习传统武术，1988年学练咏春拳。曾先后参加电视连续剧《李小龙传奇》及电影《咏春小龙》的拍摄，出演功夫演员角色，并担任咏春拳功夫动作指导及主演程国坤（李小龙）的咏春拳动作替身。2009年以来开办多种类型咏春拳特训营，积极保护和传承咏春拳。

郑定超（1982.10—　）　男，厦门市人。厦门城内少林兴华武术馆馆长。1992年开始学习五祖鹤阳拳，1995—1998年在集美大学武术培训中心学习武术竞赛套路。1998年考进集美大学体育学院五年制专科班学习。2006年至今跟民间拳师学习少林吐纳内功、硬功、少林拳法。2009年成立城内南少林兴华武术队。2012年创办厦门城内少林兴华武术馆。武馆现有学员150多名，学员曾多次参加省、市武术比赛及厦门

国际武术大赛等。

郑磊石（1983.8— ） 男，长乐市人。国际级武术运动健将，集美大学体育学院武术教师，福建省武术协会常务理事。国家级武术裁判。1991 年进入长乐市少体校习武。1992 年入选福建省体育工作大队武术队，师从代林彬总教练、魏丹彤。2004 年获全国武术锦标赛双鞭季军，第七届全国大学生运动会武术套路比赛南拳冠军。2005 年入伍。2005 年获第十届全国运动会武术套路决赛南拳、南棍全能冠军，第八届世界武术锦标赛南拳冠军。2007 年获第八届全国大学生运动会规定南刀冠军。2008 年获全国武术套路冠军赛南棍冠军。2009 年获第十一届全国运动会武术套路预赛南棍冠军，全国武术传统赛南拳冠军、南棍冠军。2010 年 4 月获全国武术套路锦标赛南棍冠军。2010 年 8 月获全国武术套路冠军赛南棍冠军。多次随中国武术奥运会代表队和省队赴欧洲、香港、澳门等地区进行友好访问和宣传表演活动。曾获解放军授予的二等功一次、三等功两次、福建省政府授予的一等功一次、福建省五一劳动奖章、福建省新长征突击手各一次。

郑志平（1986.2— ） 男，漳州龙海市人。龙海市泰安武术馆馆长。2000 年入漳州精艺搏击馆师从邱建明习练散手与拳击。2006 年师从陈金水习练传统太祖拳。同年创办龙海市泰安武术馆。2007 年参加中央电视台 2008 康龙武林大会五祖拳（散手）选拔赛，进入三十二强。

郑　彬（1987.10— ） 男，漳州芗城区人。1994 年入漳州市少体校师从郑雅恩习武。1999—2005 年 7 次参加福建省青少年武术套路锦标赛，获四项第一名、三项第二名、三项第三名。2004 年到福建省公安高等专科学校集训，2005 年特招进入该校。2006 年参加全国大学生武术套路锦标赛，获朴刀第五名。2007 年参加第五届香港国际武术节武术套路大奖赛，获南棍第三名。2008 年参加第六届香港国际武术节武术套路大奖赛，获南棍、朴刀两项第一名。

郑志芸（1989.4— ） 女，漳州龙海市人。一级武术运动员。6 岁入漳州市少体校师从郑雅恩习武。1999—2004 年 6 次参加福建省青少年武术套路锦标赛，获七项第一名、八项第二名、五项第三名。2007 年参加全国武术馆校比赛，获棍术第四名、南拳第六名。2008 年特招进入厦门大学。同年参加海峡论坛·海峡两岸传统武术比赛，获双刀银奖。2010 年参加全国大学生武术比赛，获女子南刀第二名，双刀第三名。2011 年在全国大学生武术比赛中获得女子南刀第一名。

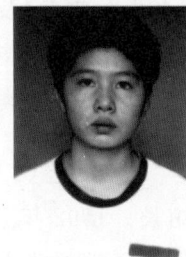

郑少谊（1992.6—　）　女，广东东莞市人。福建武术队国际健将级运动员。2000—2004 年在福清西山文武学校就读，2004 至今在福建省体工大队武术队训练。2009 年在第十一届运动会上获得女子刀棍全能第七名。2013 年在第十二届运动会"鞍钢杯"中获团体第四名。2013 年参加全国武术套路冠军赛，获女子棍术第一名。2013 年在全国武术套路冠军赛中获女子刀术第一名。2013 年代表中国队参加第十二届世界武术锦标赛，再次夺得女子棍术第一名。2014 年在全国武术套路冠军赛中又夺取了女子刀术、棍术两项冠军。

郑　方（1993.8—　）　男，三明市人。2000 年在泉州剑影武术学校就读，并且在陈东明、蔡普弹两位教练的带领下开始习武。2008 年参加福建省武术套路锦标赛，获枪术第一名、剑术第一名。2009 年参加福建省武术套路锦标赛，获枪术第一名、剑术第一名。

郑欣梅（1993.9—　）　女，漳州芗城区人。国家二级运动员。2000 年进入漳州市少体校武术班，跟随郑雅恩、张毅慧教练习武。2004 年参加福建省青少年武术套路锦标赛，获集体第一名，规定拳、剑术、枪术、全能四项第三名。

郑宇心（1999.9—　）　女，福州市人。福建省武术队队员，一级武士。2004 年 9 月至 2009 年 8 月在福州市体育运动中心从事武术训练，2009 年 9 月至 2011 年 8 月在福建省体校训练，2011 年 9 月至今在福建省职业技术学院武术队训练。2010 年参加在莆田举行的福建省第十四届运动会武术套路比赛，获女子乙组枪术第一名。2013 年参加全国青少年武术套路锦标赛暨第七届亚洲青少年武术比赛，获女子 B 组 42 式太极拳第三名。

zhong

钟明亮（1228 年—1290 年）　男，广东省长乐县（今五华县）人。元代中期农民起义领袖。擅武艺，有谋略。至元二十四年（1287）冬，钟明亮在福建汀州领导畲汉人民起义，以武力反抗元朝统治。他"拥众十万，声援数郡。"活动于今福建龙岩、漳州、邵武，江西赣州、宁都，广东南丰、循州、梅州三省交界地区。在他的影响下，广东董贤举、江西丘元、谢主簿、福建泉州陈七师、兴化朱三十五等纷纷起义,互相呼应。元朝调集大批军队围攻,钟明亮采用流动作战的方法,出没无常,东击则西走,西击则东逸,使元军疲于奔命。为了在军事上取得主动,他曾两次假降,而后又重新举事。元军围剿数年,始终未能取胜。至元二十七年,钟明亮病逝,起义趋于失败。

钟维岳 漳州龙海市人。明隆庆五年(1571年)武进士,任广东琼崖参将。

钟士高 漳州诏安县人。清朝武举人。

钟国用 漳州诏安县人。清朝武举人。

钟高矞 上杭县人。清乾隆七年(1742年)武进士。

钟虎翀 上杭县人。清嘉庆七年(1802年)武进士。

钟宝三(1834—1904) 字泮宗,号鉴堂,上杭县人。清代福建水师提督。祖父虎翀曾任玉泉营游击,父炳斋袭父职官至总兵。宝三幼年喜欢练武,他身材魁梧,膂力过人,人称"将门虎子"。咸丰元年(1851年),其父在镇南关(今友谊关)殉职,年仅18岁的宝三即赴军营袭职,任金门镇右营守备。在任期间,以清剿"海盗"有功,升任海坛总兵。先后镇压永春林俊农民起义军和兴泉乌白旗农民起义军,以功擢升厦门水师提督。尔后调任浙江宁波水师提督,平定倭乱,使海疆得以安宁。咸丰七年(1857年),任福建水师提督,接连攻下被太平军占领的泰宁、建宁、邵武等县城。后与总督王懿德不和,解甲归田。光绪九年(1883年),徐宗干继任巡抚,认为宝三是个将才,乃修本上奏朝廷,让其担任汀漳道总兵。同年,宝三辞职返乡,隐居圆通山带发修行,成为虔诚的佛门居士。光绪三十年(1904年)卒于圆通山,享年70岁。

钟炳生(1898—1935) 男,宁洋县人。革命烈士。身体魁梧,为人忠厚,练就武功,善于使用大刀。民国二十三年(1934年)5月,工农红军独立第九团从永安县城退出后,辗转来到张家山、吴地一带山区,建立革命根据地。钟炳生被群众选为乡苏维埃主席。由于形势变化,红九团于民国二十四年(1935年)初撤离这块根据地,只留下少量红军和工作人员坚持游击斗争。当地的地主武装民团在红军主力部队走后,就猖狂活动起来。一天,民团团长带领民团包围了张家山。朝钟炳生连开三枪,其当场牺牲。1950年宁洋县人民政府成立后,追认钟炳生为烈士。

衷云龙 字屺庵,崇安(今武夷山市)人。清顺治十七年(1660年)武进士。

zhou

周用亨 字通文,宁德市人。知循州,宋绍熙元年(1190年)武举正奏。

周师望(生卒年不详) 古田人。宋理宗绍定二年(1229年)己丑科武举恩科状元。

周中孚　福清市人。宋宝祐元年(1253年)武举人。

周文郁　金门所人。明万历十七年(1589年)武进士,己丑科,以解元中,广东都司金书。

周鹤芝　字九元,福清市人。明末清初抗清将领。精于武艺,行侠仗义,当地土豪劣绅视之为眼中钉,屡欲加害于他。后来,鹤芝专事劫富济贫,成为有名的"汪洋大盗"。明崇祯年间,鹤芝接受招安,任把总,负责稽查海上船只。明崇祯十七年(1644年),清兵入关,鹤芝举兵抗清,南明唐王封他为水军都督。他以舟山为基地,发展抗清武装。后与主将黄斌卿不和,改任平海将军,统领水军。清顺治二年(1645年),平国公郑芝龙要投降清廷,曾拉鹤芝同降,鹤芝以死劝阻。郑芝龙降清后,鹤芝移兵海坛,设总镇署,树起抗清复明大旗。顺治三年(1646年)正月,南明唐王封鹤芝为平鲁伯,命其镇守海口、镇东两城,四月建立抗清基地。十月,与郑彩率师攻占福州,因寡不敌众,兵败而归。是年年底,他在清兵的围攻下,退海坛火烧屿。顺治十年(1653年),鹤芝随郑成功部队在福清、长乐登陆,一度攻下海口、镇东二城和长乐松下等地,后转战海坛。不久,海坛被清兵攻陷,鹤芝不知去向,今平潭敖东乡大福村的临海山冈上有一坟,相传为周鹤芝之墓。

周金汤　莆田市人。明崇祯十三年(1640年)武进士。

周延禧　晋江市(今石狮市)人。明崇祯年间参将,以呈海防策恩授。

周全斌(? —1670)　字邦宪,明末清初同安县人。原郑成功部将。清顺治八年(1651年)随郑成功抗清,常献进兵之策,授房宿镇。跟随郑成功转战南北,骁勇善战,屡立战功,先后任左先锋镇、右戎旗镇。顺治十八年(1661年)又随郑成功出征台湾后,总督承天府南北诸路。郑经主台时,督理五军务。翌年回厦门,九月大败侵犯厦门的清军。清康熙三年(1664年),金门、厦门失守后降清。康熙四年(1665年)随施琅征台湾任副帅,至澎湖遭风引还,编入汉军正黄旗,封承恩伯。

周　琦　字朝勋,长乐市人,后徙居厚安。清康熙六年(1667年)武进士。历官保安卫,满家硐滦州、云南抚标,建宁协游击。

周得震　漳州平和县人。清康熙二十年(1681年)武举人。

周用祯　建宁县人。清康熙三十三年(1694年)武进士。

周　隆　永春县人。任长福守备。

周　胜　永春县人,周隆子。台湾千总。

周　麟　永春县人,周胜子。任福宁千总。

周朝麟　永春县人。清康熙三十八年(1699年)己卯科武举人。

周联慧　角尾人。清康熙四十八年(1709年)武进士,己丑科。

周　试　字廷功,南平浦城县人。清雍正十年(1732年)武举人,官卫千总。

周　诩　字友虞,南平浦城县人。清乾隆元年(1736年)武举人,官浙江宁波营千总。

周天璋　漳州平和县人。清乾隆二十七年(1762年)武举人。

周奠邦　漳州平和县人。清乾隆四十八年(1783年)武举人。

周大经　漳州平和县人。清乾隆五十七年(1792年)武举人(解元)。

周自超(1760—1837)　原名栢,字子兰,号岚溪,永春县人。清代将领。幼聪颖,博学能诗文,勇力过人,中武举人。乾隆五十八年(1793年),考中武进士一甲第三名,钦点探花及第,被委为侍卫。随御驾至热河,抓获刺客,以功赐独眼花翎,赏穿黄马褂,诰封武功将军。嘉庆初,同安人蔡牵在福建沿海聚众起义,清廷命孙全谋等会师厦门镇压。自超奉令率水师营,为清廷效力卖命。他善于领兵,屡破义军,以功被派驻镇金门。嘉庆七年(1802年)八月,被任命代理海门总兵,兼管平海。自超镇压蔡牵有功,提升为崖州参将,兼香山水陆协统,保荐提举为虎门总兵。后萌退志,告病乞归。返里后,每日以赋诗弹琴自娱,从此自甘淡泊,萧然如寒士。一心课督子孙读书写字,耕种田园,亦绝口不谈战功。

周占魁　漳州平和县人。清嘉庆三年(1798年)武举人。

周龙榜　永春县人。清嘉庆五年(1800年)庚申恩科武举人。

周振威　漳州平和县人。清嘉庆九年(1804年)武举人。

周根盛　漳州平和县人。清朝武举人。

周忠魁(1865—1966)　号诚卿,乳名开湖,福鼎市人。自幼勤学好射。清光绪七年(1881年),应福宁镇台武秀才试,名列第一。光绪九年(1882年),任福宁镇巡捕官、周墩汛官;后升任福州提台,各营台总稽查及泉州提督署巡捕官。不久后考入闽省常备军随营学堂,毕业后任孙道仁部福建陆军第十镇营司务长。清宣统元年(1909年),又考入陆军部福建讲武堂军官班。在学期间,加入同盟会。宣统三年(1911年),武昌起义爆发,忠魁率一批志士跟随福建革命军总指挥许崇智,投入于山之战,任作战指挥部参事。攻占于山后,他身先士卒,与清军展开激烈巷战,并捣毁将军衙门。民国二年(1913年),临时大总统孙中山颁授忠魁开国奖章一枚、二等勋章执照一面,并补授其为厦门水师游击,不久被擢为诏安游击。民国四年(1915年),袁世凯复辟帝制,忠魁被列为"孙文叛党"而遭捕。袁世凯倒台后,获释回乡。出狱后,回乡从事教育,曾在霞浦任省立第三中学体育教员、私立汉英中学国语教员,率先提倡推广普通话授课和开展体育活动。晚年,忠魁回乡定居。他种薯栽菜,清廉自守,同时又力襄乡梓办教育,深受乡民敬仰。1963年,忠魁百岁华诞。1966年10月3日病逝,享寿101岁。

周子和(1874—1926)　字永宽,号郇山道者,闽侯县人。清末民初福州虎拳代表人物、日本上地流空手道的师祖。从小喜爱武术,初拜永泰县南派武术高手李昭北为师。后

又得蒲岭名师指点,练就铁砂掌和一指功。周子和擅长的拳种很多,其中以虎形拳为最。清光绪二十三年(1897年),日本琉球学生上地完文(又作上地完翁)来榕拜周子和为师,学拳练武13年,同时还学习伤科草药。清宣统二年(1910年),上地完文回到日本冲绳,把所学拳术广为流传。年深月久,渐发展为今流行于冲绳岛一带的上地流空手道(拳术)。此后上地流空手道传于美、加、菲、法、英、澳和香港等十几个国家和地区。1984年3月30日,日本冲绳上地流空手道协会长上地完英和北美洲上地流空手道协会周志玛存会长率领的26人的代表团来南屿寻根访祖,确认周子和是他们空手道的始祖。子和能诗、善书法,至今他故居墙上还残留着"郋山道观"巨幅大楷和诗词。

周志强(1916—1991) 男,泉州市人。曾任晋江县政协委员、晋江县卫生协会副主席、石狮镇卫生协会主席、石狮医院院长、中医骨科医生、省武协委员、泉州市武协副主席、福建少林五祖拳研究会会长。为五祖拳第三代传人林天恩之婿,幼随林学五祖拳,得其传。少年初露角色,人称为"五祖双雄"。自1936年起,在石狮开馆授徒。1956年创办寿年堂诊所,复四处奔波创办石狮医院。1957年、1958年、1984年三次代表福建省武术队参加全国武术观摩大会。1983年应国家体委邀请,在上海举办的全运会上表演了五祖拳。1986年,与其子周盟渊合著《南少林五祖拳》,获国家体委颁发的"雄狮奖"二等奖。"文革"初期被撤去院长职务,1971年又以"反动拳师"、"历史反革命"的罪名判处有期徒刑20年。平反后,出任福建少林五祖拳研究会会长。响应国家体委提出的抢救民间武术的号召,积极组织漳、泉、厦之同仁对五祖拳进行讨论、总结、挖掘、整理,编写出版《少林五祖拳拳械录》。周志强传下晋江、石狮、香港、澳门等五祖拳支系。

周飞鹏(约1916—1991) 男,山东省人。自幼习武,擅长罗汉拳、太极拳、棍术,尤其惯用三节棍。20世纪50年代初,自山东经湖南、江西等地沿途设擂台比武,卖跌打损伤膏药。进入福建长汀后,携妻(李群英,湖南长沙人,亦武功高强,相传超过夫君)定居长汀城关,受聘于长汀中医院任骨伤科医生,兼开夫妻骨伤科店铺,店门前插武林旗、刀、枪、剑、棍等器械,设擂比武,广交天下习武之人。1958年在福建省武术观摩大会上获比赛奖第一名、表演奖第二名。同年在全国武术比赛中获三等奖和罗汉拳表演一等奖。50年代末,授艺教徒。1981年底在福建省武术协会成立大会上当选为省武术协会委员。卒于1991年。

周河汉(1930—2006) 男,永春县人。白鹤拳师。1950年拜潘孝德为师,学习永春白鹤拳及中医正骨术,获得师父真传。一生医伤接骨,深得单位及邻里好评。1952年参加晋江地区武术观摩表演,获优秀奖。1957年参加永春县武术表演大会,获优秀奖。1984年参加晋江地区武术表演观摩,获成绩优秀奖。一生勤学苦练,不好功名,不求虚荣,严格要求,自始至终"持四善、懔十戒"。1985年永春翁公祠武术馆复馆时被聘为理事兼教练，一生安贫乐道，不求名利，武德高尚，传徒授艺从不收费。徒弟遍及永春、南安、安溪、晋江、泉州、香港等。

周　铨(1938—　)　男，福州市人。福州市少林体校武术教练。1952年师从万籁声习六合门。1958年参加全国武术比赛。1959年、1975年代表福建省参加第一届、第三届全国运动会武术比赛。1960年任厦门、漳州、泉州武术集训班教练。1975年第三届全国运动会任福建省武术队教练兼运动员。1978年任华东三城市武术比赛福州队教练。长期担任福州市体校武术教练，培养了一大批优秀武术运动员。

周盟渊(1944.9—　)　男，曾用名周明渊，石狮市人。中医骨科医师。石狮侨乡武术馆馆长，福建省武协常务理事，香港世界五祖拳促进会会长，曾任福建少林五祖拳研究会秘书长、泉州武协副会长。自幼从父周志强学习五祖拳法。1964—1970年在广州师从黄啸侠（广东省武协主席）习练手拳与练步拳。1970年从广州中山医学院毕业，分配到贵州工作不久后，离职回到家乡石狮。创办石狮侨乡武术馆，传教少林五祖拳，培养了不少优秀学生。曾经多次与日本、菲律宾、新加坡、马来西亚、印尼、美国等武术界朋友切磋、交流。1983年被中国武术协会授予"全国千名优秀武术辅导员"称号。1986年被国家体委评为"全国武术挖掘整理工作先进个人"与"武术雄狮奖"二等奖。编写出版《南少林五祖拳》《南少林五祖棍》《五祖拳制胜奇招》《图解防身制暴108招》《达摩易筋经》《南少林五祖拳简史》等专著和论文，负责中国武术段位制系列教材《五祖拳段位制技术教程》的编写工作。曾应邀为全国武术功力竞赛教练员讲授硬气功训练法。2008年6月被泉州市人民政府评为泉州市非物质文化遗产项目泉州南少林五祖拳代表性传承人。

周焜民(1945—　)　男，泉州市人。曾任泉州晚报总编辑、中共泉州市委秘书长、市政府副市长、福建省武术协会副主席、国际南少林五祖拳联谊总会第十届理事会主席。现为中国武术协会委员、福建省武术协会顾问，国家级非物质文化遗产项目代表性传承人。自幼受父亲启蒙习武，1962年起分别师从武术名师戴火炎、林祺燕及父执张应祺等学拳，后又拜厦门林独英为师，兼修北拳及太极拳。1968年毕业于厦门大学中文系汉语言文学专业。1987年受命组建泉州市武术协会，出任协会主席12年，推动泉州武术繁荣并逐步上升为城市品牌。1989年与国际五祖拳界知名人士卢庆辉、徐金栋、叶清海等共同发起成立国际南少林五祖拳联谊总会，2005年出任第10届联谊总会主席。2007年率队参加中央电视台《武林大会》，连续两年推出五祖拳擂台赛，受聘为擂台赛副总评判长。出任泉州少林寺复建委员会副主任，指导成立武僧团，培养南少林武术传人。积极推动五祖拳作为福建省级和国家级非物质文化遗产的申报工作并取得成功。倡导五祖拳进学校，普及少林五祖拳这一非物质文化遗产。1986年撰写电视专题《泉州南少林》，被中央电视台评为优秀专题片。自著或合作编写出版了《泉州南少林文

丛》《泉州南少林研究》《五祖门研究》《泉州太祖拳》《五祖拳谱》《五祖史略》《泉州南少林文存》等多部武术专著,参与编辑及审定出版《福建武术拳械录》之五祖拳部分。1983 年论文《五祖拳辨》获国家挖掘整理优秀论文奖。

周金伙(1949—) 男,福州市人。福州市台江区原区长。师从陈依九习地术拳法。1979 年获全国武术观摩交流大会和全国第四届运动会武术表演特邀奖。著有《福建少林狗拳》一书。

周勇铁(1952.2—) 男,漳州芗城区人。漳州市武术协会太极拳分会会长,福建省健身气功协会常委,国家级社会体育指导员,一级健身气功裁判员。自幼曾学习南拳三战、四门拳、五兽拳等。1979 年师从孙国政习练长拳,再师从洪敦耕学习六合拳等。后结识武术前辈王景春老师,并向其学习形意等武学知识。常年在漳州市中山公园太极拳辅导站向群众传授太极拳、健身气功及各种武术。受聘为漳州市建设银行、国税局、地税局、海关、老年体协等单位传授太极拳和健身方法。2007 年至 2010 年期间,应邀前往龙岩传授陈式太极拳等,学员众多。1998 年率领漳州市武术代表队参加福建省首届太极拳比赛,获得三金六银的好成绩。2003 年—2009 年率队参加三届海峡两岸巾帼太极拳大奖赛和海峡两岸传统武术大赛、全国第三届健身气功锦标赛等,均获得优异成绩。

周海光(1953.1—) 男,山东博兴县人。福建夏莲上乘梅花俱乐部顾问。中国武术六段。14 岁习武,曾师从王鼎(夏莲)、万籁声、宋国发练习各种武术套路,多年来坚持习武并把传统武术运动的发展作为自己应尽的义务。

周锦通(1957.3—) 男,永春县人。永春县翁公祠武馆副馆长。从小跟随父亲周河汉练习白鹤拳,经常参加县以及乡镇的武术表演。2002 年参加第四届泉州旅游节世界永春白鹤拳国际演武大赛,2008 年参加闽台南少林传统武术交流大赛。2009 年参加厦门海峡论坛·海峡两岸传统武术交流大赛,获鹤拳银奖、器械铜奖。2010 年参加第二届海峡论坛·海峡两岸传统武术交流大赛,获器械银奖。2012 年参加"郑成功杯"传统武术大赛,获鹤拳金奖。同年 12 月参加首届中国——新加坡群英武术大赛,获鹤拳银奖、器械金奖。2013 年参加福建省首届传统武术争霸赛,获鹤拳铜奖、器械银奖。同年参加泉州"金鑫杯"福建传统南拳精英赛,获鹤拳、器械二等奖。

周爱慧(1962.12—) 女,大田县人。1974 年 10 月进入大田县体委少年武术班,跟随洪正福老师和郭天从老师习武。1976 年 10 月进入福建省武术队集训,1977 年正式调入省体工队武术队。曾经获得 1976—1980 年的全省武术全能冠军。1978 年在全国武术比赛中获得乙组女子传统器械长穗剑冠军。1979 年获得全国武术比赛女子传统器械长穗剑第四名,全国女子传统拳术六合拳第五名。1983 年在全国运动会上获得女子传统器械长穗剑第四名。

周金盛(1963.1—) 男,永春县人。永春大羽村党支部书记,福建省社会武术准高级教练。从小习练永春白鹤拳。2002 年 6 月 15 日,为前来永春大羽村视察调研的时任福建省省长习近平表演了白鹤拳术。担任大羽村委会主任、书记以来,在上级领导的支持下致力以挖掘、弘扬以白鹤拳文化为主要内容的社会主义新农村建设。2007 年以来筹资数百万元建成永春白鹤拳史馆,建成 1000 平方米的演武场和一套白鹤拳文化景观,吸引了国内外众多的游客。乌克兰、白俄罗斯、摩尔多瓦等国家的武术爱好者专门组织到这里学习永春白鹤拳。1993 年参加泉州南少林武术大奖赛,获传统拳术比赛一等奖。1999 年在首届泉州旅游节南少林传统武术比赛重男,获南拳组一等奖。2012 年参加第二届"郑成功杯"传统武术大赛,获技术风格奖、优秀教练奖和优秀组织奖(福建省体育局)。2013 年参加首届台湾国际武术文化节,获徒手对练、棍术两项第一名、南拳第二名。

周将哲(1966.4—) 男,永春县人。厦门永春商会副会长,厦门泉州商会常务理事,永春白鹤拳孝德研究会副会长。自幼对武术情有独钟,立志习武强身,少年时拜潘孝德高徒颜拱堪为师,勤学苦练,颇得白鹤拳功法。孝德研究会成立后,鼎力推动会力工作。现商余仍勤练不辍。

周杰仁(1967.12—) 男,福州市人。福建博技武术馆副馆长、教练。中国武术六段。1979 年师从梁守忠学习福建少林罗汉门、自然门等。1986 年开始在福州拼搏武术馆任教练。1992 年至今任福建博技武术馆副馆长。2005 年参加南少林罗汉拳《三正》《八步》《四门》《十四字》教学 VCD 的拍摄工作,教学片由人民体育音像出版社出版,梁守忠讲解、周杰仁示范。

周进成（1968.5— ） 漳州平和县人。平和中南武术馆副馆长兼教练。中国武术五段。1983年入平和少体校师从游兆熙习练传统南拳、长拳。1996年参加在厦门举办的海峡两岸武术大赛，获拳术、棍术、对练二等奖。论文《群众性武术探索》获漳州市首届武术论文研讨会三等奖。曾在平和县少体校任教练。

周育红（1972— ） 女，北京大兴县人。1980年入北京大兴县少体校师从范文强习武。1984年随父迁居漳州，后入漳州市少体校师从贾建欣习武。1986年参加福建省少儿武术比赛，获规定拳、对练第三名。1988年返回原籍后重入大兴县少体校习武。1991年参加北京市青少年武术比赛，获南拳第一名。

周育玲（1974— ） 女，北京大兴县人。原漳州市侨联文武艺学校校长，武英（健将）级运动员。中国武术六段。1980年入北京大兴县少体校师从范文强习武。1984年随父迁居漳州后，入漳州市少体校师从贾建欣习武。1986年入选福建省体工队，师从曾乃梁、高娅习武。曾获中日太极拳对抗赛孙氏太极拳冠军、杨式太极拳亚军。在全国武术比赛中共获冠军4次，亚军12次。曾出访日本、新加坡等国和我国香港等地区进行武术交流活动。2000年创办漳州龙文区进鑫文武艺学校（2002年更名为漳州市侨联文武艺学校），任校长。后调回福建省体工队人事处（现体育职业技术学院）。

周育和（1974— ） 男，漳州龙海市人。漳州市武术协会白鹤拳分会副秘书长，龙海市岭兜武术馆主教练。师承洪跃坚习练捷元堂拳法，经常参加各大武术比赛和交流活动。曾获2012年第四届海峡论坛·海峡两岸传统武术交流大赛白鹤拳金牌、2013年世界闽南文化节暨国际南少林传统武术邀请赛日月铲金牌、2013年福建省首届传统武术争霸赛白鹤拳金牌和大刀金牌。

周永盛（1976— ） 男，龙海市人。集美大学体育学院讲师，一级武士，国家级武术散打裁判。中国武术六段。自幼习武，1994年进入福建体育学院，师从林荫生、郑旭旭教授专修散打。曾多次参加福建省武术散打比赛，获得65公斤级冠军。1998年毕业后留校任教，从事武术散打教学、训练工作，培养了不少优秀学生，在各个不同岗位上发挥积极作用。

周　填（1977.3—　）　男，石狮市人。石狮市侨乡武术馆副馆长，石狮市武术协会副秘书长，香港世界五祖拳促进会副秘书长。自幼随父亲周盟渊学习五祖拳法。1992年参加在海南举行的"东方武馆杯"首届全国武术馆校武术比赛，获拳术、器械一等奖。1993年参加首届全国武术之乡武术比赛，获表演优秀奖。现于石狮市侨乡武术馆传教五祖拳。

周　斌（1980.4—　）　男，宁德市人。武术国际健将，福建省体育职业技术学院教师，福建省体育总会委员，福建省青年联合会委员，宁德市武术协会顾问及技术总指导，国家级武术裁判。1992年入选福建省体工队武术队，师从代林彬。2006年入选国家武术队，并任队长、团支部书记。1997年获全国少年"武士杯"武术比赛太极拳冠军。1999年至2004年获全国男子武术套路锦标赛太极拳或太极剑冠军。2005年4月获第十届全运会男子武术套路预赛太极拳剑全能冠军。2006年、2007年、2008年相继获得全国武术套路锦标赛、冠军赛、精英赛自选太极拳、42式太极拳、太极剑冠军。2009年获第十一届全国运动会武术决赛男子太极拳、太极剑全能冠军。2007年、2008年参加中央电视台春节联欢晚会《行云流水》《盛世雄风》的太极拳表演，获得广泛好评。参加国家体育总局主办的"武术边疆西部行"公益活动。多次随中国武术代表团赴欧洲及东南亚等20多个国家和地区进行武术表演，宣传和推广中国武术。2002年、2003年连续两次获福建省体育局优秀运动员金牌突击手称号。宁德市政府授予其突出贡献奖，福建省政府记一等功一次。福建省新长征突击手称号、福建省"五一劳动奖章"、福建省十佳运动员称号、全国体育运动荣誉勋章获得者。

周少坚（1983—　）　男，永春县人。福建省社会武术中级教练，永春县桃城小学校外武术教练，永春县鹏翔武术馆副馆长。自幼随爷爷周河汉习练永春白鹤拳。自1994年起，就经常跟随爷爷一起到各个乡镇表演技艺，先后多次参加各级传统武术比赛。2012年参加郑成功杯传统武术大赛，获白鹤拳银奖、器械银奖。同年9月参加"万杰隆杯"厦门国际武术大赛，获白鹤拳银奖、器械金奖。2013年参加闽南文化节暨国际南少林传统武术邀请赛，获鹤拳二等奖、器械二等奖。同年参加福建省首届传统武术争霸赛，获器械银奖。2014年11月参加第八届华夏南少林武术大赛，获鹤拳金奖、器械银奖。

周雅亮（1985.11—　）　女,石狮市人。2006 年随卢义荣、邱金雄老师习练太极拳。2006 年参加福建省首届武术之乡太极拳比赛,获得一金一银。2007 年代表石狮武术之乡参加在山东日照举行的第六届全国武术之乡武术比赛,获得太极拳、剑二枚金牌。

周炎川（1988.7—　）　男,漳州龙海市人。福建省武术队武英（健将）级运动员。1995 年师从甘更生、陈国林习武。多次参加省、市级武术套路锦标赛获前三名。2001 年特招入福州市军体校。同年参加第十届省运会武术比赛,获集体基本功第一名。2008 年入选福建省体工队武术队。同年参加全国武术锦标赛,获太极拳第八名。2011 年参加全国武术套路冠军赛,获太极拳第四名。

周新建（1994.4—　）　男,厦门市人。福建省武术队武英（健将）级运动员。2004 年开始在厦门市少体校练习武术,师从洪日新老师。2007 年到福建省体工队武术队,在代林彬、魏丹彤等老师的指导下进行刻苦训练。2011 年参加全国第七届城市运动会,获男子南拳第三名。2012 年在全国青少年武术套路锦标赛暨第四届世界青少年武术套路锦标赛选拔赛中,获男子南拳第一名、男子南刀第二名。同年在世界青少年武术锦标赛（澳门）中,获男子南刀第一名。2013 年获全国武术套路冠军赛（传统项目）男子南拳第一名。2014 年获全国武术套路冠军赛（传统项目）男子南拳第一名、男子南刀第二名。2013 年在国际武术第三套竞赛规定套路南拳教学片中进行示范演练。

周吴棋斌（1996.1—　）　男,漳州市人,福建省武术队武英（健将）级运动员。2007 年开始在龙海博立武术馆习武。2008 年转到厦门市体校武术班训练。2010 年参加福建省第十四届运动会武术比赛,获刀术冠军。2011 年调到省武术队训练,参加第七届全国城市运动会,获南拳第七名。2013 年参加全国武术套路冠军赛（传统项目）,获男子男棍第一名。2014 年参加全国青少年武术套路锦标赛,获男子南棍第一名。

zhu

朱文明　晋江市人。建炎二年（1128 年）戊申科武进士,福建兵马副都督。

朱梦得　宋嘉定十年（1217 年）武举人。

朱孟崇　漳州平和县人。明朝清宁义民,以骁勇名。正德间,官兵征芦溪,崇为首阵,获渠魁江六子等。府嘉其功,申请赏银二百余两,崇不自为功,辞金不受。又招抚象湖贼唐流斌等,一方宁息。

朱　颜　莆田市人。明正德十二年(1517年)武进士。

朱　宽　石狮永宁镇人。明嘉靖三十四年(1555年)武举人,永宁卫右所百户。

朱　玑　其先淮安人。明嘉靖末,倭讧海上,玑以右卫指挥使守烽火门,屡战有功。明隆庆二年(1568年),广贼曾一本寇闽,玑率舟师乘胜追之,中炮死。诏以玑死事袭官,进二级。

朱一龙　漳州龙海市人。明万历十四年(1586年)武进士,任南路参将。

朱　祥　字豫庵,南平浦城县人。清顺治八年(1651年)武举人,官盛京神武卫千总,历升湖广沔阳卫掌印都司金书。

朱凤飞　漳州平和县人。清康熙二十年(1681年)武举人。

朱　文　晋江市(今石狮市)人。行伍出身,康熙年间金门镇水陆提督。

朱一贵(1682—1721)　男,原名朱祖,漳州长泰县人。自幼习武,清康熙五十二年(1713年)移居台湾,因其武功好被招募为凤山县衙役。因不满官府暴政,于康熙六十年(1721年)发动起义,攻取台湾府城,自称"中兴王",后兵败被杀。

朱世德(1693—1769)　莆田仙游县人。龙尊拳创始人。自幼出家师从林铁珠和尚学拳。清雍正元年(1723年)南少林寺被抄,逃散流寓外地30余年。清乾隆二十三年(1758年)到福建古田设馆授徒,学生有李姚、余光祖、余来安、余祈贤等。

朱　山(生卒年不详)　字世德,绰号"瞎眼朱师",仙游县人。少年时拜名僧铁珠为师,学习武艺。数年后,得其真传,武功超群。后在古田杉洋传武。光祖及其弟宗祖、光维拜其为师。随后,杉洋李姚、余来安和屏南忠洋村韦铜涛亦造门拜师。朱山悉心向6人传授龙桩拳。朱山授徒的消息不胫而走,引来许多习武者。光祖在杉洋县丞山修建一座武术馆(现存),作为恩师居住和课徒之所。馆成,杉洋百余人及古田、宁德、屏南、罗源、闽侯等县许多青少年竞相来馆学拳,一时门徒云集。清乾隆三十四年(1769年),宁德、古田、屏南3邑突发寇警,百姓惊惶逃避,朱山着手创立乡社。他委派德武兼备者执教,遴选德高望重的高徒余元昂为总乡社社长,以守土御寇。乡社订立二十一条规约,号令严明,社员共同遵守。在诸多规格不一的武术组织中,除了主要传授龙桩拳外,还传授刀剑、枪矛、杖棍等武艺,盛况空前。乡社在防范匪寇骚扰中起了很大作用。后来,朱山在南洋授徒达5年之久,扶掖不少龙桩高手。

朱廷臣　南平浦城县人。清雍正朝,枫岭营千总,升绍兴协右营守备。

朱廷美　东山县人。清乾隆六年(1741年)武举人。

朱时超　东山县人。清乾隆三十三年（1768年）武举人。

朱元魁　漳州平和县人。清乾隆三十六年（1771年）武举人。

朱廷芳　漳州市人。清乾隆三十六年（1771年）武举人。

朱　濆（1749—1808）　漳州云霄县人。生性强悍，少年习武，有胆略义气。清乾隆三十七年（1772年），他率领一批随从冲破海禁，被推为出海商运的船运帮主，活跃于闽浙台海上沿线。清嘉庆十年（1805年），集众2万余人公开抗清，被推为镇海王，率船队进屯台湾淡水、凤山和宜兰等地。嘉庆十二年（1807年）底，他在台海黑水洋同清水师狭路相逢，击毙水师提督李长庚，但坐船被后援清军王得禄、邱良功击沉而阵亡。

朱清芳　漳州平和县人。清嘉庆十五年（1810年）武举人。

朱应魁　东山县人。清咸丰九年（1859年）武举人。

朱建聪（1936—　）　男，漳州芗城区人。白鹤拳传人。师从漳州捷元堂名师黄海西习练白鹤拳法，曾在芗城等地设馆授徒。

朱圣熙（1952.5—　）　男，莆田市人。福建省武术协会理事，中国武术六段。自幼酷爱武术，先后师从莆田林庄、林玉树、蓝少周、黄光兰等习武。曾在民间、学校授徒。《湄洲日报》曾报道其习武经历。2009年参加海峡论坛·海峡两岸传统武术交流大会表演（莆田会场）。参加第三届中国（莆田）南少林武术文化节，表演的南鹰拳获金奖。参加第三届和第四届南少林华夏武术大赛、第二届海峡论坛武术大赛，共获金奖一枚、银奖两枚、铜奖五枚。

朱雪华（1957.1—　）　男，厦门同安区人。厦门华星化工实业有限公司董事长、工程师，同安区五祖鹤阳拳研究会会长，香港世界五祖拳促进会副理事长。13岁拜五祖鹤阳拳第四代传人叶其良为师，因吃苦耐劳，坚持不懈，故得师之真传，并从学中草药、中医学等。参加厦门海西武术大赛和第三、第四届海峡两岸传统武术大赛，共获得到拳术、器械10枚金牌。参加在台湾举办的国际武术大赛，获金牌。担任团长带领武术团参加在厦门、漳州、台湾举行的8届国际武术大赛，共获得6届团体总冠军。建立了同安区五祖鹤阳拳溪边社区、丙洲社区、洪塘头社区、西湖社区、东山社区等培训基地，锻炼者达数百人。于2014年作词《中华南拳风》，在江湖侠音乐比赛中获得冠军，成为厦门国际武术大赛的闭幕式歌曲。撰写了《南少林五祖鹤阳拳拳格口诀》一书。组织参加

同安区武术公誉活动 50 场,得到广泛的赞同。

朱奋发(1965.7—) 男,晋江市人。澳门福建同乡会名誉会长,澳门泉州同乡会副会长,红日体育会会长,国际武术联合会 A 级武术套路裁判,澳门青少年武术学校主教练。自幼随家父朱新中学习南少林功夫。1979 年移居澳门。对习文练武痴心不减,遂多处求教。1987 年参加第一届澳门武术公开赛,获棍术冠军。2004 年参加第一届世界传统武术邀请赛,获八极拳一等奖。2006 年参加第二届世界传统武术邀请赛,以"疯魔棍"套路为澳夺得一等奖。2006 年、2008 年获澳门特区政府颁发体育奖状。2009 年创办红日体育会。20 世纪 80 年代起,在澳门多间学校及社团担任教席。培养了黄诗龙、黄诗华、文月云、朱志伟、朱雅如、高冠智、高蓉智、黄文坤等武术套路和散打运动员,在世界、亚洲、东亚、世青和亚青武术锦标赛中,获得金、银、铜牌十余枚,其中朱志伟更获特首何厚铧颁发功绩奖状、获 2009 年十大杰出运动员殊荣,并多次获特区政府通令嘉奖。

朱家新(1966.7—) 男,莆田市人。莆田学院体育学院副院长、教授,一级运动员,一级武术裁判。13 岁起师从当地民间拳师施国镇习少林韦陀拳。18 岁考入华东师范大学体育系,在孙建国、顾正瑞老师的指导下,系统地进行武术训练。并在上海市武术馆、精武馆练习拳击、散打等,师从钱仁锬、张立德等老师。多次获得上海市大学生专业组武术比赛南拳、棍术和传统器械第一名,上海市拳击锦标赛 54 公斤冠军、56 公斤散打亚军等。1988 年毕业分配到浙江大学体育部工作,1996 年调至莆田高专体育系(现莆田学院体育学院)。多次带领学生参加福建省大学生武术比赛、省拳击比赛和散打比赛,获得好成绩。主持教育部人文社科课题、福建省社科课题等 6 项,在《北京体育大学学报》《上海体育学院学报》等专业类期刊上发表论文 50 多篇,出版专著 1 部。所主持的《武术》课程被评为"福建省级精品课程",所负责的"体育教育专业"被评为"福建省特色专业"。

朱月明(1972.5—) 男,河南省人。武英(健将)级运动员,集美大学体育学院讲师,国家级健身气功指导员。中国武术六段。毕业于武汉体育学院。1992 年参加全国武术锦标赛,获自选剑术第四名、集体项目第三名。1993 年获全国武术锦标赛暨第七届全运会预选赛劈挂拳第六名。1994 年参加嵩山—泉州国际南少林武术大会演,获传统器械、传统拳术两项第一名。1999 年参加国际传统武术暨绝技大赛,获劈挂拳、醉剑两项特别优秀奖(最高奖)。1997 年率院队参加全国体育学院武术对抗赛,获太极拳第三名。率院队参加福建省第十、第十一届大学生运动会,均获团体冠军。2000 年、2004 年曾任省高校武术队教练,参加全国第六、七届大学生运动会,均取得优异成绩。2000 年、2004 年两次获福建省体育教学成果二等奖。

朱 帆(1985.9—) 女,三明市人,籍贯闽侯。在三明市体育局工作,二级社会体

育指导员,中级武术教练,一级武术裁判。师承家母全国南拳冠军付亚芬女士。曾获得福建省少儿武术套路锦标赛女子南拳第一名,福建省第十三届大学生运动会武术比赛比赛女子甲组(A)自选南拳第一名、棍术第二名、刀术第三名。2008 年至今,每年均担任福建省、三明市的青少年武术套路锦标赛裁判工作。参加"獬豸杯"第八届香港国际武术节,获得杰出贡献裁判奖。曾在三明市青少年宫担任多年武术教师,其学生曾获省、市级武术套路锦标赛各奖项近百个。

朱斌强(1986.9—) 男。一级武术运动员,泉州南少林国际学校散打教练。2001 年获福建省拳击锦标赛 67 公斤级冠军,同年获得福建省散打锦标赛 65 公斤级冠军。2003 年获福建散打锦标赛 65 公斤级冠军,同年被中国武警体工队特招。2004 年代表福建省参加全国散打联赛获 65 公斤级第五名。2005 年获全国武术散打擂台赛 70 公斤级冠军。2013 年代表中国参加首届中印精英对抗赛,获 75 公斤级冠军。指导的运动员有 6 位在省市及全国武术比赛中获得冠军,有 3 位获第二名,有 2 位获第三名。

诸心泉(1955.3—) 男,生于泉州,原籍江苏。福建省武术协会理事,泉州市螳螂门研究会会长,泉州市尚德国术馆馆长,泉州市武术协会副秘书长,永春白鹤拳昌栋研究会顾问,一级武术裁判。中国武术六段。13 岁师从上海陈德景学拳,又师从香港洪敦品学南派螳螂拳,后师从黄清江习五祖拳。1992 年协助洪敦品老师整理编著出版《南派螳螂门揭秘》一书。多年来参与组织、举办各种武术赛事,代表泉州市武术协会出访东南亚国家进行武术交流活动。2006 年参加泉州国际南少林武术大赛,荣获南派螳螂拳、螳螂双爪器械二项金牌。同年参加福建省首届全国武术之乡武术比赛,获南派螳螂拳第三名、螳螂双爪器械第五名。被泉州市人民政府授予"优秀武术工作者"称号。2008 年参加闽台南少林传统武术大赛,获南拳、刀术银奖。2009 年参加第三届南少林华夏武术大赛,获南派螳螂拳、螳螂双手剑双金牌。2010 年参加第二届海峡论坛·海峡两岸传统武术交流大赛,获南派螳螂拳、螳螂棍两枚金牌。

zhuang

庄汉辅 晋江市人。宋乾道二年(1166 年)武举人。

庄　舒 晋江市人。宋绍熙四年(1193 年)武举人。

庄渭阳 祥露人。明万历十一年(1583 年)武进士,癸未科二甲八名,琼州左参将。

庄志传 字可赞,号念虚,晋江市人。明万历二十年(1592 年)武进士,广西都督,封昭勇将军。

庄安世(1574—1644) 字可平,号念德,晋江(今属鲤城)人。明代武状元。自幼好武艺,明万历三十五年(1607年)九月武举会试武状元及第。其时杨镐指挥的四路明军被后金击败,使朝野一片震惊,庄安世挺身而出,被神宗命为北方守备,在通州协助徐光启练兵。熹宗即位,庄安世壮志难酬,曾称病解甲归乡。思宗即位,庄安世被召入京,任武英殿侍讲筵官、兵部主侍卫、锦衣卫侍领。几年后,后金兵再次攻入明境,深入腹地,朝廷召庄安世带兵入援,但杨嗣昌主张与后金言和,而养精蓄锐埋伏于商洛山中的李自成农民军也乘机攻入河南,崇祯帝内外交困,调集庄安世等人马围剿,但依然久攻不下。崇祯十七年(1644年)三月十七日,李自成的"大顺军兵临北京城下,大明江山岌岌可危。状元庄安世身先士卒,冲向城中。他负伤拼搏,阵亡于京郊沙场。

庄　烈 漳州龙海市人。明天启二年(1622年)武进士,任贵州都使司。

庄朝宗 漳州南靖县人。清顺治四年(1647年)武举人。

庄　鲲 晋江市人。清乾隆二十五年(1760年)武进士。

庄芳机(1797—1868) 漳州平和县人。自幼在蓝凤将军府做家童,学文习武。17岁参加广东武科考试,夺得武举人之魁。官至二品,拜受武显将军,镇守广东南粤、浙江温州等地方总兵官。

庄希泉(1888.9—1988.5) 男,安溪县人,生于厦门。希泉童年读过6年私塾,并练武术。清光绪三十二年(1906年)随父到上海,因常往上海泉漳会馆,结识一批革命志士,决心追随孙中山从事革命。清宣统三年(1911年)冬受上海军政府委托,组织南洋募饷队,到南洋募款。翌年加入中国同盟会。民国十一年(1922年)回厦门创办厦南女子中学,希泉任董事长。民国十四年(1925年)加入国民党。民国二十六年(1937年)到香港,主持福建救亡同志会,协助香港台湾革命同盟会出版《战时日本》杂志。1941年冬香港被日本占领,他撤到桂林。日本投降后,在新加坡和中国香港等地经营苏联和中国影片。1950年回国,历任第一、第二届全国人大代表,第三、第四、第五届全国人大常委会委员,第六届全国政协副主席;中央华侨委员会副主任,全国侨联副主席、代主席、主席,中华人民共和国体育运动委员会委员,华侨大学董事长,中国华侨历史学会会长。1988年5月14日,庄希泉因病在北京逝世,享年100岁。

庄子深(1913—1996) 男,泉州市人。晋江少林武术馆馆长,泉州武术研究社社长,泉州剑影武术馆创馆馆长,泉州罗汉拳,地术拳法代表人物,骨伤科专家。自幼酷爱武术、醉心正骨,还在孩提时代便随父庄九弓学习南少林五枚花拳,尔后拜在南少林罗汉门一代宗师候君焕门下研习罗汉门功夫。随着年龄之增长、学业之精进,其求知欲感强,于是遍访名师、先后师承12位老师学习武医之道,其中对其成长影响较深的是泉州的

候君焕、福州的郑忆山、山东的曹毓卿、河北的柴剑痴、湖北的张标。在武术的领域里,他师承的技艺是相当广泛的,涉及了南北少林,内外多家拳械,经他传授而流传至今的少林五枚花拳、罗汉拳、少林地趟犬法、八仙掌、柴家太极、达摩棍、海底珊瑚钩、疯魔枚等都是别具一格的武林瑰宝。1942年,他因一拳击毙国民党驻军钱东亮旅长的狼犬而被委以上尉国术教官、闽南抗敌自卫队大刀队队长,后又通过擂台竞技被推选为晋江少林国术馆馆长。1957年,同万赖声、周志强等7人代表福建省参加新中国第一次全国武术观摩比赛大会,尔后多次担任全国及省市武术比赛大会的裁判工作。1962年泉州成立武术研究社,被推选为社长。1989年创办泉州首家剑影武术馆。1994年创办了泉州剑影武术学校,出任终身名誉校长。

庄长庚(1934.7—) 男,晋江市人。泉州市武术协会委员,晋江市武术协会副会长,晋江市太极拳协会副会长、总教练。中国武术六段。1959年始练太极拳。1991年参加国家体委武术研究院举办的太极拳、剑竞赛套路训练班,师从李秉慈、张继修。1993年后多次到上海师从傅钟文习练杨式太极拳、械、推手等。擅长传统杨式太极拳、剑、刀、推手及陈、杨、吴、孙、42式太极拳、剑等。1997年被泉州市评为第一届全民健身活动先进个人。2002年获第九届全国推新人大赛最佳辅导奖。传略入选《中华太极人物志》《当代中华武坛精英名录》《当代中国传统武术名人名家辞典》。

庄垂埕(1935.10—) 男,晋江市人。省武协委员,晋江市武协主席。多次参加国际性武术研讨、交流活动。1990年参加泉州武术代表团出访日本,进行武术文化交流。参与筹建晋江武术协会,并任第一届武协第一副主席,第二、第三届主席,积极推动晋江为全国武术之乡。积极传授武术并与现任青阳国术馆长、副馆长、总教练、秘书长等,支持加强国术馆成员的训练和参赛活动。荣获武术之乡全国单掌开砖第二名。在地市县武术比赛中荣获8枚金牌、8枚银牌、10枚铜牌,单项比赛中22次第一名和全能冠军一次。

庄玉明(1936—) 男,三明市人。三明老体协科研会副主任。中国武术七段。8岁习武,师从民间武术家连旗山等,学练形意、八卦、少林拳等。新中国成立后,在读书与工作的数十年间,从不放弃对中华武术的酷爱与追求。后师拜曾乃梁和孙玉君的高徒张瑞萱等名家大师,技艺、武德水平不断提升,曾多次在国内、国际的太极拳比赛中获金牌、银牌或一等奖等。在基层还多次担任太极拳、剑比赛裁判长,长期坚持义务传拳授艺,发挥余热,奉献社会,学徒逾千人。为纪念先师连旗山先生,他还创编了旗山41式太极拳、旗山龙蛇太极拳、旗山28式太极剑等,发表了《久练太极益心智》《感悟太极的心理卫生》《心静,乃太极拳道修炼的基本功夫》《漫话太极》《太极修炼何以讲究灵》等多篇论文。退休前曾被评为福建省优秀共产党员,是福建省"五一劳动奖章"获得者等。

庄昔贤（1945.8— ） 男，泉州市人。著名武术家庄子深之次子，自幼随父习武，擅长醉拳、醉剑、醉禅杖。12岁即代表福建省参加全国武术比赛。1964年在上海获华东地区武术比赛一等奖。多次在省赛中获得第一名。1963年受聘担任泉州青少年宫业余武术教练。泉州武术研究社成立后任长拳教练。1977年带福建省队参加全国武术比赛任教练。担任电影《忍无可忍》《小城春秋》的武术顾问。

庄燕北（1948— ） 男，漳州龙海市人。五祖拳传人。曾任龙海市武术协会副会长、福建省武术协会委员。1966年开始随兄长习练六合拳、黑虎拳、青龙拳及刀枪、棍棒等。1967年师从龙海五祖拳名师许旺习练五祖拳、械，在许旺师的精心指导下继承和精研五祖拳法。1972年经万慕适介绍，到福州正式拜万籁声为师，学练六合门套路、自然门应用拳以及学医等，受到万师的垂爱和传授。1981年、1983年相继参加福建省武术观摩表演大会、福建省职工运动会武术比赛，荣获五祖拳一等奖。

庄昔义（1949.3— ） 男，泉州市人。泉州丰泽区太极拳协会顾问，安海五祖拳学会名誉会长及总教练。自小随父庄子深学习少林拳、罗汉拳、少林地趟犬法、少林花拳及刀、枪、剑、棍等。1975年任邵武少体校武术教练。1978年该校学生代表建阳地区参加省第七届运动会，获武术团体冠军。在邵武少体校期间，培养了一大批武术优秀学生，在全国、全省武术比赛中取得优异成绩，不少学生已成为福建省各阶层武术骨干。1989年泉州剑影武术馆成立任副馆长。1994年任泉州剑影武术学校副校长兼武术总教练。

庄持斌（1949.4— ） 男，永春县人。永春县永春拳协会、永春白鹤拳研究会常务理事，永春白鹤拳鹏翔研究会顾问。1962年开始师从于白鹤拳名师颜拱堪、黄时芬习练鹤法。五十多年研习不辍。经庄清富的特别指点，武技得到长足的进步，尤其擅长铁钯和徒手套路八分的演练。1979年以来参加过十多次大型武术交流表演，均获同行的赞誉，在国际国内各级武术大赛中共获五金七银。业余时间在本地授徒，并为患者疗伤、正骨、理筋推拿。

庄建江（1955— ） 男，晋江市人。晋江市青阳垵埕国术馆馆长，晋江市武术协会副秘书长。师承五祖白鹤拳师庄垵埕。担任泉州市第四届运动会晋江市体育代表团武术代表队教练，全队荣获运动会武术比赛总分第二名。作为1992年鲤城武术赛领队，中国泉州南少林武术节晋江市武术代表队一队领队，并在武术大奖赛中获得一等奖、三等奖、优秀奖、武术踩街优胜奖等优异成绩。

庄昔聪（1957.8—　）　男,泉州市人。华侨大学教授,泉州剑影实验学校校长,福建省武术协会副会长,泉州市武术协会副会长,中国武术协会青少年与学校武术工作指导委员会委员,国家级武术裁判。中国武术八段。从小跟随父亲庄子深学习少林罗汉拳、花拳和地术拳法,曾代表福建省参加第三、第四届全国运动会和第三届全国工人运动会,在第三届全运会上获得南拳第七名。1976年在福建省武术比赛中,获成年组总分(全能)、南拳及自选器械3项第一名。翌年又获省成年组拳术、长兵械、短兵械3项第一名。1977年考入福建师范大学体育系,师从郭鸣华专修武术。毕业后留校任教。1979年、1980年参加全国武术观摩比赛,获优胜奖和一等奖。1986年调至华侨大学体育学院任教。1989年3月协助父亲庄子深创办泉州剑影武术馆,并担任副馆长、总教练。1994年创办泉州剑影武术学校。同年被评为泉州市非物质文化遗产项目泉州南少林五祖拳代表性传承人。2010年当选福建省大学生体育协会武术分会副会长。2010年在第六次全国武术工作会议上当选为中国武术协会青少年与学校武术指导委员会委员。多年担任福建省武术比赛裁判长、总裁判长,担任全国武术比赛裁判长。2011年被泉州市政府授予优秀教练员称号。多次获评泉州市先进体育工作者。主要论著有《泉州武术的历史与现状探究》《庄子深与泉州罗汉拳》《中国功夫操》《儿童歌谣・成语武术操》等。

庄碧莲（1960.1—　）　女,石狮市人。2003年随卢义荣、邱金雄老师习练太极拳。2005年参加在海口举行的第二届世界太极拳健康大会,获24式太极拳、32式太极剑两枚银牌。

庄一鹏（1965.7—　）　男,泉州市人。国家级武术散手裁判,任职于泉州市公安局刑侦支队。自幼师从庄昔聪习武。1985年参加全国武术观摩交流大会,获优秀奖。1987年参加省首次散手大赛,获70公斤级金牌。在国际散手邀请赛(北京)、第七届全运会、1996年全国散手锦标赛担任裁判工作。

庄　海（1966—　）　男,沈阳人。副教授、武英(健将)级运动员,泉州南少林国际学校副校长,国际级武术散打裁判,福建警察学院副教授,中国警察搏击队主教练,公安部警务实战训练基地教官。6岁习武,师从佟庆辉习戳脚、翻子拳和刀、枪、棍、剑等。曾获沈阳市武术比赛戳脚第二名、拦刀第三名。16岁参加沈阳市首届散手比赛,获52公斤级冠军。1984年5月参加全国散手比赛。1985年被特招入辽宁武警总队散

打队。1985 年代表辽宁参加全国武警比赛,获 56 公斤级冠军,在前卫队成立集训队后被调入北京。前后 8 次获全国武术散打比赛 56 公斤级冠军,2 次获得国际武术散打比赛冠军。从武警部队退役后考入北京体育大学,毕业后先在华侨大学任教,后调入福建警察学院。多次担任全国散打比赛的裁判工作。

庄莹莹(1989.7—) 女,莆田仙游县人。国际级武术健将。自幼习武,1999 年入莆田市少体校训练,2001 年入福州市少体校训练,2002 年入福建省体育工作大队武术队训练。2006 年获全国武术套路冠军赛太极剑第二名。2007 年获全国青少年武术套路锦标赛太极拳第一名,亚洲青少年武术套路锦标赛 42 式太极拳第一名、全国武术套路冠军赛太极拳第四名。2008 年获全国武术套路锦标赛(传统项目)太极剑第二名。2009 年获第十一届全运会武术套路锦标赛太极拳、太极剑全能第五名,全国武术套路锦标赛(传统项目)孙式太极拳第二名。2007 年获第四届亚洲青少年武术锦标赛女子 42 式太极拳冠军。2013 年获第十二届世界武术锦标赛女子太极拳冠军。

庄 吉(1995.9—) 女,回族,泉州市人。武英(健将)级运动员。4 岁开始跟随父亲学习武术。2006 年参加香港国际武术大赛,获全能第一。2007 年进入上海体育学院集训,后成为专业武术运动员。曾代表上海体院参加第三届世界青少年武术套路锦标赛选拔赛,获第一名。2010 年参加福建省运动会武术套路锦标赛,获个人全能第一名。2012 年参加全国武术套路冠军赛,获传统双器械第一名。2013 年参加世界闽南文化节暨国际南少林传统武术邀请赛,获女子 C 组传统拳术和其他器械一等奖。同年通过高水平运动员选拔进入厦门大学管理学院学习。2014 年代表厦门大学参加福建省第十五届大学生运动会武术套路比赛,获女子剑术和传统项目第二名。同年参加中国大学生武术锦标赛,获女子传统器械第一名。

zhuo

卓孝恭 宋绍熙元年(1190 年)武举人。

卓望雷(1665—1715) 男,字亚子,号潜谷,漳州南靖县人。清代武进士。少年因家境贫寒而外出谋生,在漳州的一家武馆做伙夫。由于长期耳濡目染,逐渐爱上了武术。闲时在旁观看武馆师傅教授徒弟,私下揣摩研练,暗练武功。康熙三十二年(1693 年)卓望雷考中武举人。翌年,晋京赴试,考中武进士,康熙赐封武德将军。此后,卓望雷在军中屡立战功,于康熙五十四年(1715 年)十一月初六猝死,雍正年间诰赠昭勇将军,命官正三品。(卓望雷的姓名在不同版本的史志中不相同。民国版县志为"卓望雷",而 1997 年版的县志称为"庄梦雷",实则同属一人。南靖县西郊芙山村的卓氏宗祠,正厅上方悬挂着"卓进士"的匾额,供桌正中供奉着昭勇将军的神位。)

卓秋元（1882—1911）　男,连江县人。黄花岗七十二烈士之一。自幼刚正直爽,幼时入私塾读书,少年时代即跟随长辈习武,经常隐于山村之中拉弓打猎,讲义气,喜欢打抱不平。清光绪三十二年(1906 年),秋元与胞兄孝元同时加入透堡秘密团体"广福会"。光绪三十四年(1908 年),兄弟两人积极拥戴吴适为"广福会"大哥,后改称"光复会",成为同盟会福建十四支部的一个革命组织。秋元在光复会中悉心练武,并毫无保留地向同志传授,共商反清救国大计。秋元常愤慨表示:"宁可舍身报国,不能苟且偷生。"是光复会的一名中坚分子。宣统三年(1911 年)春,孙中山决定在广州起义,派林觉民回福建招募爱国志士前往参加,秋元积极响应,随吴适率领的 26 名志士组成的队伍,到马尾乘船转经香港赴广州。三月二十九日编入黄兴率领的第一路"选锋队"。当天下午五时三十分,选锋队首战总督署告捷。当转战军械局时,在东辕门与李准卫队相遇,双方展开激战。秋元肩扛炸弹,勇敢冲向军械库,不幸中弹倒地,壮烈殉难,时年 29 岁。

卓建林（1964.10—　）　男,南安石井镇人。福建省武术协会委员,南安市武术协会副主席,石狮陈式太极拳协会顾问,石狮美澳商贸有限公司董事长,北京丝绸之路服装 CAD 福建公司总经理,一级武术裁判。中国武术六段。9 岁跟随父亲学习南拳。1979 年应征入伍,在部队训练军体拳、擒拿格斗和少林拳。1988 年拜南安柳城武术馆林互助为师学习五祖拳。1990 年担任南安柳城武术馆常务副秘书长。2013 年 7月带队参加厦门大学国术与健身研究中心举办的形意强身功、形意养生功培训班。2010年来多次参加厦门国际武术大赛、海峡论坛·海峡两岸传统武术交流大赛、华夏南少林武术大赛、邵武三丰(故里)传统武术等大赛的裁判工作。2013 年应台中市政府邀请,担任两岸武术精英赛副总裁判长。参与策划并成功举办第一、第二届"郑成功杯"传统武术大赛。曾多次带队参加国内、国际武术比赛,获得 108 枚金奖、69 枚银奖及各种荣誉称号。多年来积极推动民间武术健身活动,为南安武术事业的发展捐资捐款。

zi

紫　莲（约清咸丰至光绪年间）　又称红莲,漳州芗城区人。漳州开元寺第四十四世僧,武医双修,曾任通元庙住持。

zong

宗　擎（约 1543—?）　明代少林寺著名武僧、俞大猷棍法的重要传播者。嘉靖辛酉(1561 年),抗倭名将俞大猷奉命自云中(山西大同)赴沿海抗倭前线,路经嵩山少林寺,观看寺僧为之演棍,认为少林棍已"传久而讹,真诀皆失。"少林寺住持小山请大猷指教,大猷说"非旦夕可授而使悟也"。于是小山从寺僧年少有勇者中选出宗擎、普从,随俞大猷赴抗倭前线学习实践。大猷谆谆教之俞家棍三年之久,习而练,练而用,二僧练得"十步一人,千里不留行"。后二僧回归少林寺,将所学棍法传于少林寺,精者达近百人。万历丁丑(1577年),宗擎在北京神机营遇到调兵马粮草的俞大猷,俞备感欣喜,临别题《诗送少林寺宗擎有序》。宗擎继承了俞大猷棍法,对俞家棍的传播做出了重要贡献。

ZOU

邹勇夫 字愈,光州固始(今河南固始县)人。少习武,善骑射,且知兵法。唐中和元年(881年),寿州(今安徽寿县)人王绪率农民军攻克光州,邹勇夫随同乡王潮、王审知兄弟投奔王绪军,充任军校。唐光启元年(885年),王绪领军南下入闽,勇夫亦随军入闽。王绪生性猜忌,将士不满,勇夫协助王潮擒囚王绪,并拥王潮为军中之主。后来,在王氏率军取泉州、攻福州的战斗中,勇夫均积极参与,立下功勋,因而深得王氏兄弟的信任,后参与军政大事,成为重要助手。梁开平三年(909年),梁太祖朱温封王审知为闽王,王审知以勇夫为尚书左仆射,协助治理闽疆。后晋天福四年至七年(939—942年),南唐蓄谋并吞闽地。闽王王曦(王延曦,称帝后改名王曦)命勇夫率军镇守闽北要冲归化镇(今泰宁县城),加封邹勇夫为威武军节度使、银青光禄大夫、尚书左仆射兼御史大夫、上柱国。当时,归化镇一带历经兵燹,"民户凋残,道路榛塞"。邹勇夫先集中兵力剿灭盘踞在金铙山(今泰宁、建宁交界处)的割据武装,然后招集四方流亡百姓,修理废弃房屋,鼓励开垦荒地,兴修水利,发展生产,并实行轻徭薄赋。在战乱中,独归化镇一带百姓安居乐业,人民纷纷越境来归,辖内日渐繁荣。不久,邹勇夫去世,闽王赠鲁国公,泰宁人尊邹勇夫为"开泰公"。

邹次凤 长乐市人。宋淳熙五年(1178年)武举人。

邹应魁 字伟长,号榕斋,金门人。明代抗倭将领。自幼聪明颖悟,勤奋攻读,立志功名。因敬仰俞大猷的豪情壮志,遂弃文习武,立志荡寇卫民。他勤学苦练,学得一身武艺,且精通兵法。明嘉靖二十五年(1546年)登武举,嘉靖二十六年(1547年)中进士,授所镇抚职。嘉靖三十四年(1555年),倭寇侵犯江苏,朝廷下诏天下,征用将才。总督张经以应魁归大猷统率,命应魁提兵据守平望桥。不久,倭寇来犯,应魁以偏师绕其后,击败之,追斩和追溺倭寇1000多人。而后领兵在衢山、吴淞、嘉定、上海、江阴、川沙窑、黄窑港等地,与倭寇激战,擒斩倭贼尤多,战绩赫赫。经兵部论功,升永宁卫指挥使,再升福建都司署都指挥佥事,诰授昭勇将军。应魁将赴福建就任,监军唐顺之上书巡抚,请求让应魁以福建衔领浙直事,专守江南。嘉靖四十二年(1563年),总督吴桂芳请派应魁为惠潮参将,应魁赴粤,遇上贼船百余艘。又联合诸路军兵,大破贼兵。后魁遂请求离职回家,闭户读书,校对《春秋》《左传》,寄情诗酒,著有诗稿行世,还有《射法》一书。终年76岁。

邹云亭(1733—1802) 名天翔,字羽修,号征祖,连城县人。云亭幼读经史,通《春秋》,尤精书法。青年习武,臂力过人。清乾隆三十年(1765年)举乡试,中第17名举人,授厦门长泰千总。因其"文韬武略胸纵横",不久便提升福宁府守备。云亭多年来目睹海疆频遭海盗骚扰,故在任守备期间,为保疆守土计,积极培训大批文武兼备人才,全力以御外侮。所以在福宁"春秋仅两更",政绩卓著,名重一时。此时云亭意识到保疆卫国首先需有德才兼备、文武出众的大批人才,方保无虞,于是无志仕途,"秣马离旌",致仕归里,潜心育才。辞官回家后,在雾阁鳌峰山麓长坝里建书屋、辟武场,"择子弟贤达者"严格施教,授文习武。早授经史、晚教兵法、晴练武艺、雨习文章,文武并重,前来求学青年不可胜数。清嘉庆七年(1802年)卒于家,时年69岁。

邹　经(约1740—1805)　字年官,号耕庐,别号畲五,连城县人。清代乾隆、嘉庆年间抗击海盗、保卫海疆的著名将领。乾隆七年(1742年),邹经出生于一个雕版印刷业之家,在严父的督教下,"博学文经、搜罗三坟五典;精通武纬韬略,贯虱穿杨",遂成文武兼全之青年。乾隆三十年(1765年)中武举人,初授厦门提标。经才识过人,乾隆三十八年(1773年)提升为烽火门千总,到任六日又委署本营守备。乾隆四十七年(1782年)调署铜山营守备,次年又授南澳守备。因抗击海寇有功,嘉庆二年(1797年)提升为铜山营参将,诰封三代。嘉庆五年(1800年)提升为台湾安平营水师协镇,兼带左右二营印务,出守台湾。率领台湾军民抗击海寇,屡建战功。福建巡抚余义龙特授嘉匾"人中龙虎"。嘉庆九年(1804年)三月,嘉庆帝降旨晋升邹经为台湾水师提督。但谕旨抵台,而经因积劳成疾,已逝于安平营署,享年65岁。台湾军民无不痛哭吊唁,福建满汉大员纷纷莅堂祭吊。次年,长子德辉扶枢归里,葬于北邙之岗。

邹朝龙　漳州龙海市人。清朝武举人。

邹龙章　漳州龙海市人。清朝武举人。

邹攀龙　漳州龙海市人。清朝武举人。

邹金林(1916—2012.2)　男,江西丰城市人,生于福建建瓯。曾任福建省武协委员、三明地区武术协会主席。少从周文奎习武。1944年在三元县国术馆任武术教员。新中国成立后多次参加省、市武术活动。1983年被评为全国优秀武术辅导员。

邹儒林(1934.7—　)　男,漳州芗城区人。12岁师从漳州名师苏文柏习武,后自学太极拳。1998年参加福建省首届太极拳、剑、推手比赛,获吴式太极拳第一名。2001年参加福建省传统武术观摩比赛,获翻子拳优秀奖。

邹文樵（1944.10— ） 男,莆田市人。莆田南少林武术协会副会长兼常务副秘书长。1971 年在福州军区政治部保卫处保卫队接受擒拿格斗训练,之后坚持训练。部队转业后,在莆田市体委办公室工作,在武术挖掘整理工作中做了大量细致工作。1991 年在莆田市体委负责群体科工作。1993 年任莆田市武术协会第二届委员会秘书长。2007 年任莆田市武术协会副会长兼常务副秘书长。2008 年莆田市武术协会更名为莆田南少林武术协会,任副会长兼常务副秘书长。

邹长美（1945.12— ） 女,长乐市人。长乐市体育总会理事,长乐市武术协会常委,长乐市太极拳协会副会长,一级社会体育指导员。1995 年师从王煌官老师学习太极拳,1998 年开始习练木兰拳。1997 年参加福建省武术之乡武术比赛,获团体 24 式太极拳二等奖、太极剑三等奖。多次参加长乐市运动会武术比赛,获 24 式太极拳、32 式太极剑第一名。2009 年参加海峡论坛·海峡两岸传统武术交流大赛,获女子 D 组其他太极器械银奖。

邹天平（1953.7— ） 男,福州闽侯县人。福州榕福集团物业分公司副总裁,福州市武术协会委员,福州市太极拳研修会副会长、秘书长、教练。中国武术五段。1974 年在武警部队习散打、擒拿格斗术。1979 年师从金镟学习少林罗汉拳、上乘梅花拳、香店拳、鹤拳、八卦掌及太极拳、剑、刀、推手等。1990 年参加福州国际武术观摩表演大会,获金龙奖。

ZU

祖凡尼（1969— ） 男,意大利通背劈挂拳武术会会长。曾学习多种拳种后,师从洪传勋、王锐勋学习通背劈挂拳。在意大利开设通背劈挂拳武术会。所教学生曾多次参加意大利及欧洲中国武术锦标赛并获得金、银奖。

ZUO

左宗棠（1812—1885） 字季高,一字朴存,湖南湘阴县人。清光绪年间军机大臣、两江总督。清道光十二年(1832 年)中举,三次进京会试均落第。一度主讲醴陵渌江书院,后入湖南巡抚骆秉章幕府,职司章奏。咸丰十年(1860 年),由曾国藩推荐,以兵部郎中加四品卿衔率军赴江西、皖南镇压太平军。翌年,升太常寺卿,继擢浙江巡抚。同治二年

（1863 年），擢闽浙总督。同治四年（1865 年），击败太平军李世贤、汪海洋部，被封为一等恪靖伯，节制赣、闽、粤三省军务，赏戴双眼花翎。翌年六月，到福州设立正谊书局，刊印先贤遗书，将延搁 30 多年的道光《福建通志》付梓。七月，奏请在福州马尾设立福建船政局，创立了福建船政学堂，推荐沈葆桢任船政大臣，为中国近代培养了一大批军事人才，加强了中国海军力量。九月间，调任陕甘总督。同治六年（1867 年），率兵镇压捻军。翌年到十二年间（1868—1873 年），打败西北回民军，发帑安置饥民和降众，开垦荒地，教以区田代田法。同治十三年（1874 年），晋升为东阁大学士。光绪元年（1875 年），为钦差大臣督办新疆军务，率兵讨伐阿古柏，平定天山南、北路，收复乌鲁木齐、吐鲁番等地，阻遏俄、英对新疆的侵略，以功封二等侯。光绪七年（1881 年），任军机大臣，继任两江总督。光绪九年（1883 年），督师云南。光绪十一年（1885 年）七月，病逝福州，谥"文襄"。有《左文襄公集》传世。

参考文献

福建省地方志编纂委员会编.《福建省志·人物志》(上).北京:中国社会科学出版社,2003.10

福建省福州市地方志编纂委员会编.《福州市志》(第7册).北京:方志出版社,1999.8

福州市地方志编纂委员会编.《福州市志》(第8册).北京:方志出版社,2000.12

《福州郊区志》编委会编.《福州郊区志》.福州:福建教育出版社,1999.12

福建省福州市鼓楼区地方志编纂委员会编.《鼓楼区志》.北京:方志出版社,2001.1

台江区地方志编纂委员会编.《台江区志》.北京:方志出版社,1997.6

《仓山区志》编纂委员会编.《仓山区志》.福州:福建教育出版社,1994.11

福州市马尾区地方志编纂委员会编.《马尾区志》.北京:方志出版社,2002.5

福清市编纂委员会编.《福清市志》.厦门:厦门大学出版社,1994.4

福建省闽侯县地方志编纂委员会编.《闽侯县志》.北京:方志出版社,2001.12

长乐市地方志编纂委员会编.《长乐市志》.福州:福建人民出版社,2001.11

连江县地方志编纂委员会编.《连江县志》.北京:方志出版社,2001.8

福建省罗源县地方志编纂委员会编.《罗源县志》.北京:方志出版社,1998.11

闽清县地方志编纂委员会编.《闽清县志》.北京:群众出版社,1993.12

永泰县地方志编纂委员会编.《永泰县志》.北京:新华出版社,1992.4

福建省平潭县地方志编纂委员会编.《平潭县志》.北京:方志出版社,2000.10

福建省莆田市地方志编纂委员会编.《莆田市志》.北京:方志出版社,2001.11

莆田县地方志编纂委员会编.《莆田县志》.北京:中华书局,1994.10

莆田市城厢区地方志编纂委员会编.《城厢区志》.北京:中国社会科学出版社,1999.12

仙游县地方志编纂委员会编.《仙游县志》.北京:方志出版社.1995.12

涵江区地方志编纂委员会编.《涵江区志》.北京:方志出版社,1997.8

泉州市地方志编纂委员会编.《泉州市志》.北京:中国社会科学出版社,2000.5

《鲤城区志》编纂委员会编.《鲤城区志》.北京:中国社会科学出版社,1999.12

晋江市地方志编纂委员会编.《晋江市志》.三联书店上海分店,1994.3

石狮市地方志编纂委员会编.《石狮市志》.北京:方志出版社,1998.9

安溪县志编委会编.《安溪县志》.北京:新华出版社,1995.4

永春县志编纂委员会编.《永春县志》.北京:语文出版社,1990.10

德化县地方志编纂委员会编.《德化县志》.北京:新华出版社,1992.4

福建省惠安县地方志编纂委员会编.《惠安县志》.北京:方志出版社,1998.7

福建省晋江市地方志编纂委员会编.《晋江市志》(简本).北京:方志出版社,2001.11

厦门市地方志编纂委员会编.《厦门市志》.北京:方志出版社,2004.1

同安县地方志编纂委员会编.《同安县志》.北京:中华书局.2000.10

漳州市地方志编纂委员会编.《漳州市志》(5卷本).北京:中国社会科学出版社,1999.11

漳州市芗城区地方志编纂委员会编.《芗城区志》.北京:方志出版社,1999

东山县地方志编纂委员会编.《东山县志》.北京:中华书局,1994.9

华安县地方志编纂委员会编.《华安县志》.厦门:厦门大学出版社,1996.4

南靖县地方志编纂委员会编.《南靖县志》.北京:方志出版社,1997.12

平和县地方志编纂委员会.《平和县志》.北京:群众出版社,1994.4

福建省龙海县地方志编纂委员会编.黄剑岚主编.《龙海县志》.北京:东方出版社,1993.6

漳浦县地方志编纂委员会编.《漳浦县志》.北京:方志出版社,1998.4

福建省云霄县地方志编纂委员会编.《云霄县志》.北京:方志出版社,1999.12

福建省诏安县地方志编纂委员会编.《诏安县志》.北京:方志出版社,1999.12

龙岩地区地方志编纂委员会编.《龙岩地区志》.上海:上海人民出版社,1992.10

龙岩市地方志编纂委员会编.《龙岩市志》.北京:中国科学技术出版社,1993.5

连城县地方志编纂委员会编.《连城县志》.北京:群众出版社,1993.11

福建省武平县县志编纂委员会编.《武平县志》.北京:中国大百科全书出版社,1993.10

永定县地方志编纂委员会编.《永定县志》.北京:中国科学技术出版社,1994.4

上杭县地方志编纂委员会编.《上杭县志》.福州:福建人民出版社,1993.9

长汀县地方志编纂委员会编.《长汀县志》.北京:三联书店,1993.8

福建省漳平市地方志编纂委员会编.《漳平县志》.北京:三联书店,1995.12

福建省三明市地方志编纂委员会编.《三明市志》.北京:方志出版社,2002.8

永安市地方志编纂委员会编.《永安市志》.北京:中华书局,1994.4

尤溪县志编纂委员会编.《尤溪县志》.福州:福建省地图出版社,1989.4

将乐县地方志编纂委员会编.《将乐县志》.北京:方志出版社,1998.7

明溪县地方志编纂委员会编.《明溪县志》.北京:方志出版社,1997.12

清流县地方志编纂委员会编.《清流县志》.北京:中华书局,1994.12

大田县地方志编纂委员会编.《大田县志》.北京:中华书局,1996.11

福建省宁化县志编纂委员会编.《宁化县志》.福州:福建人民出版社,1992.9

沙县地方志编纂委员会编.《沙县志》.北京:中国科学技术出版社,1992.4

福建省建宁县地方志编纂委员会编.《建宁县志》.北京:新华出版社,1995.4

泰宁县地方志编纂委员会编.《泰宁县志》.北京:群众出版社,1993.4

南平市地方志编纂委员会编.《南平地区志》.北京:方志出版社,2004.4

南平市志编纂委员会编.《南平市志》(上下册).北京:中华书局,1994.9

邵武市志编纂委员会编.《邵武市志》.北京:群众出版社,1993.9

武夷山市市志编委会编.《武夷山市志》.北京:中国统计出版社,1994.8.

松溪县地方志编委会编.《松溪县志》.北京:中国统计出版社,1994.8

建瓯县地方志编纂委员会编.《建瓯县志》.北京:中华书局,1994.3

浦城县地方志编纂委员会编.《浦城县志》.北京:中华书局,1994.9

顺昌县地方志编纂委员会编.《顺昌县志》.北京:中国统计出版社,1994.8

光泽县地方志编纂委员会编.《光泽县志》.北京:群众出版社,1994.9

政和县地方志编纂委员会编.《政和县志》.北京:中华书局,1994.2

福建省宁德地区地方志编纂委员会编.《宁德地区志》.北京:方志出版社,1998.11

宁德市地方志编纂委员会编.《宁德市志》.北京:中华书局,1995.11

福建省福安市地方志编纂委员会编.《福安市志》.北京:方志出版社,1999.12

福鼎市地方志编纂委员会编.《福鼎县志》.福州:海风出版社,2003.11

寿宁县地方志编纂委员会编.《寿宁县志》.厦门:鹭江出版社,1992.7

柘荣县地方志编纂委员会编.《柘荣县志》.中华书局出版,1995.5

周宁县地方志编纂委员会编.《周宁县志》.北京:中国科学技术出版社,1993.5

古田县地方志编纂委员会编.《古田县志》.中华书局出版,1997.12

福建省屏南县地方志编纂委员会编.《屏南县志》.北京:方志出版社,1999.4

福建省霞浦县地方志编纂委员会编.《霞浦县志》.北京:方志出版社,1999.12

(宋)梁克家修纂.《三山志》.福州:海风出版社,2000.8

(明)何乔远编撰.《闽书》(1~5册).福州:福建人民出版社,1994.6

(明)黄仲昭修纂.《八闽通志》(上、下).福州:福建人民出版社,1990.5

(清)曾日瑛等修,李绂等纂.《汀州府志》.北京:方志出版社,2004.10

《福州府志》.福州:海风出版社,2001.7

连城县地方志编纂委员会编.(清)《连城县志》(康熙版).北京:方志出版社,1997

(清)周学曾等.《晋江县志》(道光版).福州:福建人民出版社,1990.7

(清)徐景熹,福州市旧志点校.福州市地方志编纂委员会整理.《福州府志》(乾隆版).福州:海风出版社,2001

(清)陈廷枢,樊跃旭、邢晋雪、陈达锦点校.《永安县志》(顺治版).北京:方志出版社,2004

南靖县地方志编纂委员会整理.《南靖县志》(乾隆版).南靖县印刷厂承印,1992

南靖县地方志编纂委员会整理.《南靖县志》(民国稿本).南靖县印刷厂承印,1994

庄培松.《漳州历史人物·南靖卷》.北京:警官教育出版社,1992

昌沧,周荔裳.《中国武术人名词典》.北京:人民体育出版社,1994

李一端,蔡祖贤等.《福州武术》.福州市武术协会内部刊物.1993

贾建欣.《漳州武术人物志》.漳州市文化与出版局审批,漳州市桥南印刷有限公司承印,2009

林建华.《福建武术史》.厦门:厦门大学出版社,2013.11

后　记

在福建武术发展的历史长河中,涌现出无数的武艺出众者和英雄豪杰,他们或许是奋战疆场的勇猛将士,或许是武功高强的武状元、武进士、武举人,抑或是各个拳种门派的创始人和传承人、拳师、武艺修炼者。总之,他们是福建武术发展史上的杰出人物,是福建人尚武精神代代相传的体现和典范。虽然历经久远,但永远值得我们的追忆和怀念。

新中国成立以来,特别是改革开放以来,福建武术更是以迅猛之势,在传统武术、竞技武术、社会武术、两岸交流、对外传播、科学研究、理论著述等方面快速的、全面发展和突破。有一批体育(武术)领导者、管理者,为福建武术的发展倾尽心力、呕心沥血;更有一大批高校及中小学武术教师,在校园中辛勤耕耘,默默奉献,培养着数以千万计的具有尚武精神的全面发展人才;福建省武术队教练们爱岗敬业,扎实创新,终年奋战在训练场上,为我省、为国家培养出一批批全国武术冠军和世界武术冠军;基层少体校及武馆武校的教练、教师不辞劳苦,辛勤地培育着武术新苗,使福建武术后备人才队伍不断壮大,优秀人才脱颖而出;广大武术运动员,为了攀登技术高峰,汗流八斗,铁枪练断,不断攻克技术难关,一次次为福建武术展示出辉煌;无数的民间老拳师、各流派武术传承人、武术教练、年轻武术新秀,为继承、传播和发扬福建优秀传统武术文化不畏艰辛,百折不回,不断取得可喜的成就……所有这些人物和事迹,都令人感佩、振奋和自豪。所有为福建武术发展做出努力、贡献和影响的人们,应该载入史册。

《福建武术人物志》历经数载,终于截稿付梓。在完成《福建武术人物志》过程中,始终得到福建省社会体育指导中心、福建省武术协会领导的重视和大力支持。特别是福建省社会体育指导中心主任、省武术院原院长林文贤同志,自始至终对本书的编辑工作给予大力支持,及时帮助解决具体问题和困难。多次组织召开全省专家教授、各地市武协主席专题编审会议,对书稿进行认真讨论审议,提出具体意见和原则,并给予经费上的大力资助。

感谢福建省武术协会孙君梅会长对本书的大力支持与帮助,她在百忙中亲临每一次书稿编审会议,从武术发展的高度,宏观地把握了本书的编辑原则与方向,在编辑和出版过程中给予了大量的关心和帮助,并热情地为本书作了序言。

感谢厦门大学原党委副书记、常务副校长潘世墨教授,在我担任体育部主任时,他是我的直接领导。他分管着学校众多关键部门,却始终把学校体育工作放在重要的位置,长期支持和关心学校体育工作。在他的领导下,厦大体育快速发展,取得了不少骄人的成绩。当我提出请他为本书作序时,他当即爽朗应允。借此机会,向潘校长表示诚挚的敬意!

感谢《福建武术人物志》编审委员会各位委员、专家、教授和各市武术协会主席,为本书提供了武术人物资料,同时提出了大量宝贵意见和建议,使本书能够在既定的大框架下,不断充实、修正、完善、提高。

感谢厦门大学社科处处长陈武元教授、厦门大学体育教学部主任林致诚教授对于本书出版的大力支持,对该书的出版给予经费的资助。

感谢各地市的朋友们,在编写过程中给予了无私的支持和大量的帮助,一次次地协助收集、补充材料,核对信息。

感谢福建省委原秘书长、省人大常委会副主任、省武术协会总顾问黄文麟先生再次为本书题写了书名。感谢厦门大学出版社蒋东明社长对本书的出版给予大力的支持和帮助;感谢陈进才副编审、郑丹编辑对本书的精心编辑,感谢美术编辑李夏凌老师对本书的精美设计,他们的责任心与敬业精神令人钦佩。

本书的出版,得到了福建省社会体育指导中心、厦门大学人文社会科学繁荣计划项目基金(2015)资助,在此一并表示衷心的感谢!

编 者

于厦门大学海滨东区

2015 年 3 月 25 日

图书在版编目(CIP)数据

福建武术人物志/林建华主编.—厦门:厦门大学出版社,2015.6
ISBN 978-7-5615-5396-1

Ⅰ.①福… Ⅱ.①林… Ⅲ.①武术家-人物志-福建省 Ⅳ.①K825.47

中国版本图书馆 CIP 数据核字(2015)第 023424 号

官方合作网络销售商： dangdang 当当.com 亚马逊 amazon.cn JD.京东.COM

厦门大学出版社出版发行

(地址:厦门市软件园二期望海路 39 号 邮编:361008)
总 编 办 电 话:0592-2182177 传真:0592-2181253
营销中心电话:0592-2184458 传真:0592-2181365
网址:http://www.xmupress.com
邮箱:xmup @ xmupress.com
厦门集大印刷厂印刷
2015 年 6 月第 1 版 2015 年 6 月第 1 次印刷
开本:787×1092 1/16 印张:36.5 插页:2
字数:800 千字 印数:1～3 000 册
定价:120.00 元
本书如有印装质量问题请直接寄承印厂调换